JPT 중급자를 위한

NEW
JPT
한권으로
끝내기 INTER-MEDIATE
600

이최여희, 양정순, 사토 요코, 송경주 공저

다락원

NEW JPT
한권으로
끝내기 600

지은이 이최여희, 양정순, 사토 요코, 송경주
펴낸이 정규도
펴낸곳 (주)다락원

초판 1쇄 발행 2009년 8월 14일
개정판 1쇄 발행 2023년 4월 18일
개정판 3쇄 발행 2024년 12월 10일

책임편집 이지현, 임혜련, 손명숙, 송화록
디자인 장미연, 박은비

다락원 경기도 파주시 문발로 211
내용문의: (02)736-2031 내선 460~465
구입문의: (02)736-2031 내선 250~252
Fax: (02)732-2037
출판등록 1977년 9월 16일 제 406-2008-000007호

ISBN 978-89-277-1275-6 14730
        978-89-277-1273-2 (SET)

http://www.darakwon.co.kr

- 다락원 홈페이지를 방문하시면 상세한 출판 정보와 함께 동영상 강좌, MP3 자료 등
  다양한 어학 정보를 얻으실 수 있습니다.
- 다락원 홈페이지를 방문하거나 QR코드를 스캔하면 MP3 파일 및 관련 자료를 다운
  로드 할 수 있습니다.

머리말

공부하는 데 빠르고 쉬운 길은 정말로 없는 것일까요?

새로운 언어를 배우고 그 능력을 측정하는 것은 쉬운 일은 아닙니다. JPT시험을 처음 도전하는 분들의 만족과 성공적인 결과에 다다를 수 있는 길잡이 교재의 선택이 이 상황을 어느 정도 해결하는데 도움이 될 것이라고 생각합니다.

공부하는 데 있어서 왕도가 없을지는 모르지만, 그 나름대로의 규칙과 방법은 항상 존재하는 법입니다. 이젠 학습자 여러분 스스로가 주인공이 되어 자신만의 방식을 만들어 가면서 공부하십시오. 이 책이 그 길을 안내해 주리라 기대합니다.

JPT에서는, 실제로 많이 사용되는 기본적인 어휘나 표현에 대한 평가, 기본적으로 꼭 알고 있어야 하는 문법적 내용들에 대해서는 반드시 출제됩니다. 따라서 일상생활에서「아주 기본이 되는 어휘나 표현, 반드시 알아 두어야만 하는 문형이나 문법」등에 집중해야 합니다.

또한 애매하게 알고 있는 문법 지식은 성적 향상에 결코 도움이 되지 않습니다. 일본어에 대한 정확한 문법 지식이 우선되지 않으면 아무리 많은 문제를 외운다 하여도 그것은 결코 '1회성 지식'에 지나지 않을 것이며 출제자가 조금만 응용하여 문제를 낸다면, 당황한 나머지 함정에 빠져 버리게 되고 말 것입니다. 이 책의 청해 파트는 사진묘사, 질의응답, 회화문, 설명문으로 구성되어 있고, 청해의 핵심을 파악할 수 있도록 핵심 어휘와 핵심 문장을 제시하였습니다. 독해 파트는 문제 유형을 품사별로 분류하여 각 품사별로 체계적인 학습을 위해 공략 문제와 실전 문제로 구성하였습니다. 마지막으로 실제 시험과 같이 구성된 실전 모의고사로 실력을 점검하고 실전에 대비 할 수 있습니다. 이는 높은 점수를 획득하는 데 큰 도움이 될 것입니다.

아무쪼록 본 교재로 JPT를 준비하는 여러분들의 실력 향상과 목표 도달에 도움이 되기를 바랍니다. 끝으로 이 교재가 나오기까지 고생하신 다락원 관계자 분들께 감사의 말씀을 드립니다.

포기하지 마십시오. 이제, 시작입니다!!

저자 일동

이 교재는?

한번 제대로 JPT에 뛰어들 분을 위한 교재입니다!

이제 중급 단계에 들어서서 일본어 능력시험(JLPT)으로는 2급을, JPT로는 600점을 목표로 한 학습자를 위한 교재입니다. 하지만 단순한 JPT시험 교재가 아닙니다. JPT 시험에 제대로 뛰어들어서 얼마가 걸리든 900점대까지 가보겠다 하고 결심을 꽉꽉 굳힌 분을 위한 **JPT 필수 대비서**입니다. 왜냐하면 이 교재 안에 있는 방대한 문제양에 힘들 수도 있기 때문입니다.

지금까지의 대충 넘기기식 JPT 대비서가 아닙니다!

기존의 점수대별 JPT 대비서를 보면 단순히 문제를 나열하고 그 문제를 푸는 팁이나 해설로 이루어진 것이 대부분입니다. 이런 형식은 JPT에 처음 도전하는 학습자에게 생소한 방식이며, 학습자를 전혀 고려하지 않은 방식입니다. 이 교재는 여타 교재와 전혀 다른 **3단계 공략법**을 통해 실제 문제에 쉽게, 제대로 다가갈 수 있도록 구성되어 있습니다.

청해파트의 특징을 살린 3단계 공략법!

청해는 전체 PART를 테마별로 나누어 ① 1단계 워밍업인 **표현 다지기**, ② 2단계 실전을 위한 받아쓰기 형식의 **실전 감각 익히기**, ③ 3단계 실전 문제 풀기로 이루어져 있습니다. 이렇게 단계별로 문제에 접근하면서 실전 문제에 좀 더 쉽게 다가갈 수 있으며, 600점 레벨의 풍부한 문제를 접할 수 있습니다.

독해파트의 특징을 살린 3단계 공략법!

독해는 문법 항목이 PART5~7에 고루 분포되어 있는 것에 착안하여 그것을 하나로 묶고, 독해문인 PART8을 따로 떼어 놓았습니다.

PART5~7은 ① 1단계 기본 단어 혹은 문법 익히기, ② 2단계는 단골로 등장하는 **꼭 출제되는 구문 익히기**, ③ 3단계 실전 문제 풀기로 이루어져 있습니다. 1단계에는 제시 단어를 외웠는지 바로바로 확인할 수 있는 실력 간단 체크, 2단계에는 방금 다룬 문법 사항이 실제 문제에서는 어떤 형식으로 나오는지 풀어 보는 실전 감각 익히기 문제가 딸려 있습니다.

PART8 독해문은 JPT600 레벨에 자주 등장하는 테마를 다루며, ① 1단계에서는 **자주 등장하는 어휘, 표현**, ② 2단계에서는 **실전 감각 익히기**, ③ 3단계 실전 문제 풀기로 이루어져 있습니다.

JPT란?

일본어 Communication 능력을 측정하는 시험

JPT는 급수별 시험인 일본어 능력시험(JLPT)의 여러 가지 문제점을 연구, 개선하여 개발한 시험입니다. 학문적인 일본어 지식의 정도를 측정하기보다는 언어의 본래 기능인 Communication 能力을 측정하기 위한 시험입니다. 따라서 사용빈도가 낮고 관용적, 학문적인 어휘는 배제하고, 도쿄를 중심으로 한 표준어가 중심이 되고 있습니다. 즉 JPT는 실용에 초점을 맞춘 일본어 능력 측정 시험이라고 할 수 있습니다.

수험자의 정확한 일본어 실력 평가

JPT는 청해와 독해로 구성되어 있으며, 이 두 가지 유형으로 Speaking 능력과 Writing 능력을 측정 가능하게 개발되어 있습니다. 각 PART별로 쉬운 문제에서 어려운 문제까지 난이도가 고르게 분포되어 있어, 수험자의 언어구사 능력을 정확하게 측정할 수 있습니다.

문항과 점수

JPT는 청해 100문항과 독해 100문항으로 구성되어 있으며, 각 점수를 합한 것이 총점이 됩니다. 각각의 최저 점수는 5점, 최고 점수는 495점으로, 총점은 최저 10점에서 최고 990점이 됩니다. 실제 JPT에서는 총 정답수로 채점되는 것이 아니라, 특정한 통계처리에 의해 상대평가 방식으로 채점됩니다.

시험의 구성 및 문제 유형

구분	유형	시간	문항수	배점
청해	PART 1: 사진묘사	45분	20문항	495점
	PART 2: 질의응답		30문항	
	PART 3: 회화문		30문항	
	PART 4: 설명문		20문항	
독해	PART 5: 정답찾기	50분	20문항	495점
	PART 6: 오문정정		20문항	
	PART 7: 공란메우기		30문항	
	PART 8: 독해		30문항	
		95분	200문항	990점

공략 3단계로 JPT 끝내기

PART 1-4

공략 1단계
표현다지기

짧은 표현 듣고 빈칸 채우기

시험에 출제됐던 문장을 익히는 워밍업 단계. 짧은 문장 안에 들어가는 단어나 표현을 음성을 들으며 채워 넣으면 된다. 단어를 넣은 다음 해석을 참고하여 외워 두자.

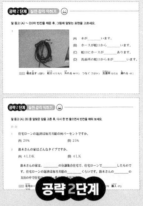

공략 2단계
실전 감각 익히기

문제 풀며 빈칸 채우기

문제 푸는 요령을 훈련하는 단계. 우선 음성을 들으며 빈칸을 채워 보자. 아래의 단어와 함께 여러 번 들으며 문장을 완전히 이해해 보자.

공략 3단계
실전 문제 풀기

미니테스트로 실전 대비하기

실전과 같은 속도로 문제를 풀고 정답지에 마킹하는 연습을 한다.

PART 5-7

공략 1단계
단어 및 기본 문법 & 실력간단체크

각 문법 항목에서 기본적으로 외워야 할 단

어를 제시했다. 외운 것을 바로 확인할 수 있는 실력 간단 체크도 실려 있다.

공략 2단계
문법의 활용과 주요 구문

문법의 기본 설명과 함께 시험에 꼭 출제되는 주요 구문을 정리해 놓았다. 문법 사항이 PART 5~7에서 각각 어떤 식으로 출제되는지 알 수 있는 실전 감각 익히기 문제도 함께 실려 있다.

공략 3단계
실전 문제 풀기

앞에서 배운 문법 사항이 들어간 PART 5~7 문제를 1회로 구성하였다. 어디에 중점을 두고 문제를 풀어야 할지 정답을 고르는 감각이 점점 몸에 익혀질 것이다.

PART 8

1 일기, 생활문

공략 1단계
주제에 대한 체크 사항 & 어휘, 표현

JPT 600 레벨에서 출제되는 주제를 선별하여 출제되는 유형과 잘 풀기 위한 팁을 실어 놓았다. 또한 주제에 따른 알아 두어야 할 어휘, 표현도 함께 실어 놓았다.

공략 2단계
실전 감각 익히기

실전 문제를 풀기 전 문제 푸는 감각을 익히기 위한 연습문제가 실려 있다. 해설을 토대로 어떻게 문제를 풀어나가면 좋을지 그 감각을 익히도록 한다.

공략 3단계
실전 문제 풀기

각 주제와 관련된 실전 문제를 직접 풀어볼 수 있다. 실전과 같이 시간을 정해 놓고 그 시간 안에 풀 수 있도록 훈련한다.

부록

실전모의고사

실제 JPT 시험에서 600점 이상을 맞을 수 있도록 600점 레벨의 문제로만 이루어진 모의고사를 실었다. 시간을 정해 두고 정답지에 실제로 마킹을 하며 문제를 풀어 보자.

해설집

청해와 독해의 공략 3단계, 실전모의 테스트, 실전모의고사의 정답과 해설, 단어가 모두 실려 있다. 스크립트는 물론 문제도 함께 싣고, 후리가나를 달아 사전 없이 해설집만으로도 학습이 가능하다. 별책으로 제공.

목차

독해

PART 5 정답찾기 / PART 6 오문정정 / PART 7 공란메우기

청해
600
한권으로
끝내기

PART 1

사진묘사

1. 사람, 동물
2. 실내 장면
3. 실외 풍경

PART 2

질의응답

1. 의문사가 있는 경우
2. 의문사가 없는 경우
3. 시사, 비즈니스

PART 3

회화문

1. 일상생활
2. 관용어, 속담
3. 시사, 비즈니스

PART 4

설명문

1. 일상생활
2. 시사, 비즈니스

PART 1

사진묘사

PART 1은 청해의 첫 도입부로, 사진이라는 시각적인 수단과 음성 언어를 통하여 응시자의 청취력 및 순간적인 판단력을 평가하기 위한 파트입니다. PART 1에서는 사진 속 인물이나 동물에 대한 묘사, 집 안이나 사무실·가게·거리·공원·역 등의 풍경에 대한 묘사 문제가 나와요.

〈꼭 외워야 할 필수 표현〉을 통해 사람의 복장·동작·자세에 대한 어휘와 사물의 상태·건물·장소에 대한 어휘를 익히고, 공략 1, 2, 3단계를 통해 일본어 음성이 귀에 익숙해지도록 연습해 보세요.

유형 공략

1 앉는 동작을 나타내는 표현으로 座る 이외에 しゃがむ, 正座する, 腰掛ける 등도 함께 알아 둡시다.

2 두 명 이상의 인물이 등장할 때에는 등장인물 간의 차이점을 주의 깊게 보세요.

3 사물을 이용한 문제에서는 가방을 어깨에 메고 있는지, 손에 들고 있는지 등과 같이 구체적인 동작을 나타내는 어휘를 떠올려 보세요.

4 동물이 등장하는 문제는 虎が横たわっています(호랑이가 누워 있습니다)와 같이 어떤 자세를 취하고 있는지 주의 깊게 관찰해 봅시다.

예제 次の写真を見て、その内容に合っている表現を(A)から(D)の中で一つ選びなさい。

(A) 子どもたちがゴミを拾っています。
    줍고

(A) 아이들이 쓰레기를 줍고 있습니다.

(B) 運動場で体操をしています。 → 体操를 모르더라도 운동장을 알면 오답임을 알 수 있어요.
    체조를 하고

(B) 운동장에서 체조를 하고 있습니다.

(C) サッカーボールを集めています。
    모으고 → 600점대에서 중요한 단어입니다.

(C) 축구공을 모으고 있습니다.

(D) 子どもたちが集まってしゃがんでいます。
    쭈그리고 앉아

(D) 아이들이 모여서 쭈그리고 앉아 있습니다.

+해설 예제의 사진은 아이들이 모여서 쭈그리고 앉아 있는 모습이에요. 拾う(줍다), 体操をする(체조를 하다), しゃがむ(쭈그리고 앉다)와 같은 동작을 나타내는 표현을 미리 익혀 두어야만 풀 수 있어요.

+단어 拾う 줍다 運動場 운동장 体操 체조 サッカーボール 축구공 集める 모으다 しゃがむ 쭈그리고 앉다

꼭 외워야 할 필수 표현

사람, 동물 🎧002

사람의 외모

すらりとしている 날씬하다

ほっそりとしている 호리호리하다

頭がはげている 대머리이다

前髪がある 앞머리가 있다

ひげがある 수염이 있다

髪を三つ編みにする 머리카락을 세 갈래로 땋다

ポニーテールをしている 포니테일로 묶다

사람의 복장

袖をまくっている 소매를 걷고 있다

蝶結びをする 나비 리본을 묶다

ツーピースを着ている 투피스를 입고 있다

バッグを提げる 가방을 들다, 가방을 메다

パンツをはいている 바지를 입고 있다

ボタンがはめてある 버튼이 잠겨 있다

浴衣を着ている 유카타를 입고 있다

重ね着風 겹쳐 입기 스타일

縞模様の服 줄무늬 옷

水玉模様のブラウス 물방울 무늬 블라우스

ひざ丈ワンピース 무릎 길이 원피스

チェック柄のプリーツスカート
체크무늬 플리츠 스커트

リボンベルト付きパンツ
리본 모양의 벨트가 있는 바지

レース付きスカート 레이스 달린 치마

사람의 동작

● 자세

腰を下ろす 앉다

腰掛ける 걸터앉다

しゃがんでいる 쭈그리고 앉아 있다

下を向いている 고개를 숙이고 있다

そっぽを向く 외면하다, 상대를 무시하다

空を仰いでいる 하늘을 우러러보고 있다

店の中を覗き込む 가게 안을 들여다보다

向き合う 서로 마주보다

振り向く 뒤돌아보다

足を組む 다리를 꼬다

足を投げ出す 다리를 뻗다

足を踏む 밟다

後ろ向きになっている 등을 돌리고 있다

頭を掻く 머리를 긁적이다

頭を撫でる 머리를 쓰다듬다

腕組みをする 팔짱을 끼다

顔を出す 얼굴을 내밀다

顔を伏せている 고개를 숙이고 있다

肩車をする 목말을 태우다

肩を組む 어깨동무하다

首を振る 고개를 흔들다

背を向けて立っている 등을 돌리고 서 있다

背伸びをする 기지개를 켜다

つま先で立つ 까치발을 하다, 까치발을 딛다

手にする 손에 쥐다

手をあごに当てる 손을 턱에 대다

両手をつく 양손을 짚다

両手を広げる 양팔을 벌리다

身を乗り出す 몸을 내밀다

肘をついている 팔꿈치를 괴고 있다

肘を曲げる 팔꿈치를 구부리다

頬づえをつく 손으로 턱을 괴다

仰向けになっている 반듯하게 누워 있다

うつ伏せになって寝る 엎드려 자다

ふんぞりかえる 거들먹거리며 몸을 젖혀 앉다

壁にもたれている 벽에 기대고 있다

横になっている 누워 있다

横たわっている 누워 있다

寄りかかる 기대다

• 교통

ケーブルカーに乗る 케이블카를 타다

踏切を横断する 건널목을 횡단하다

踏切の手前で止まる 건널목 바로 앞에서 멈추다

リフトに乗る 리프트를 타다

路地を走る自転車 골목길을 달리는 자전거

• 일상

居眠りをする 앉아서 졸다

殺虫剤をまく 살충제를 뿌리다

肩をたたく 어깨를 두드리다

杖をついている 지팡이를 짚고 있다

手をつないで歩く 손을 잡고 걷다

手すりに掴まる 난간을 붙잡다

段差を下りている 길턱을 내려가고 있다

ネットを取り付けている 그물망을 설치하고 있다

ボタンを押す 버튼을 누르다

柵を飛び越える 울타리를 뛰어 넘다

望遠鏡で見る 망원경으로 보다

• 취미, 놀이, 운동

穴釣りをしている 얼음 낚시를 하고 있다

編み物をする 뜨개질을 하다

お手玉を投げている 공주머니를 던지고 있다

ギターを弾く 기타를 치다

ゴルフをする 골프를 치다

昆虫採集をしている 곤충 채집을 하고 있다

シーソーに乗っている 시소를 타고 있다

滑り台を滑ろうとする 미끄럼틀을 타려고 하다

そりに乗っている 썰매를 타고 있다

立ち読みをしている 서서 책을 읽고 있다

たこをあげている 연을 날리고 있다

鉄棒にぶら下がっている 철봉에 매달려 있다

縄跳びをしている 줄넘기를 하고 있다

バイオリンを弾く 바이올린을 켜다

ビリヤードをする 당구를 치다

ブランコを押している 그네를 밀고 있다

フルートを吹いている 플루트를 불고 있다

ペダルを漕ぐ 페달을 밟다

水遊びをしている 물놀이를 하고 있다

虫取り網を握っている 잠자리채를 쥐고 있다

• 일

ガソリンを入れている 휘발유를 넣고 있다

カバーを付けている 덮개를 씌우고 있다

カバーを外している 덮개를 벗기고 있다

キーボードを打っている 키보드를 치고 있다

車を洗車している 차를 세차하고 있다

車を前向きに止める　차를 정면을 향해 세우다

携帯電話を見ている　휴대전화를 보고 있다

辞書を開いている　사전을 펴고 있다

バーコードをスキャンする　바코드를 스캔하다

スタンプを押している　스탬프를 찍고 있다

タイヤを交換する　타이어를 교환하다

タブレットに触っている　태블릿 PC를 만지고 있다

荷物を押している　짐을 밀고 있다

荷物を担いでいる　짐을 짊어지고 있다

ノックしている　노크하고 있다

パソコンをしている　컴퓨터를 하고 있다

パンフレットを折っている　팸플릿을 접고 있다

本を並べている　책을 진열하고 있다

名刺を交換している　명함을 교환하고 있다

苗を植えている　모종을 심고 있다

田植えをしている　모내기를 하고 있다

● 집안일

お茶を入れる　차를 타다

おむつをかえる　기저귀를 갈다

魚をさばいている　생선을 손질하고 있다

掃除機をかける　청소기를 돌리다

長靴を拭いている　장화를 닦고 있다

はたきでほこりを払う　먼지떨이로 먼지를 털다

布巾で拭く　행주로 닦다

ほうきで掃く　빗자루로 쓸다

水やりをしている　물주기를 하고 있다

餅をついている　떡을 찧고 있다

浴衣を縫っている　유카타를 꿰매고 있다

동물

足を噛んでいる　다리를 물고 있다

後に付いていく　뒤를 따라 가다

犬が吠える　개가 짖다

枝の上に座っている　나뭇가지에 앉아 있다

切り株に止まっている　그루터기에 머물고 있다

草をくわえている　풀을 입에 물고 있다

草をむしっている　풀을 뜯고 있다

氷の上を滑る　얼음 위를 미끄러지다

尻尾を立てている　꼬리를 세우고 있다

空を飛んでいる　하늘을 날고 있다

巣でくつろいでいる　둥지에서 쉬고 있다

翼を広げている　날개를 펴고 있다

床をひっかく　바닥을 발톱으로 긁다

横跳びをしている　옆으로 뛰고 있다

バタバタと飛び上がっている
푸드덕푸드덕 날아오르고 있다

止まり木に止まっている
(새장 속의) 홰에 앉아 있다

1 사람 (003)

음성을 듣고 _____ 안에 들어갈 적당한 말을 적어 넣으세요.

1 足を_____います。 다리를 내뻗고 있습니다.

2 _____を_____います。 유카타를 꿰매고 있습니다.

3 女の子は_____を_____います。 여자아이는 소매를 말아 올리고 있습니다.

4 椅子に座って_____います。 의자에 앉아 거들먹거리며 몸을 젖히고 있습니다.

5 男の人は腕を_____椅子に_____います。 남성은 팔짱을 끼고 의자에 기대어 있습니다.

6 _____の上で_____をしています。 얼음 위에서 얼음 낚시를 하고 있습니다.

7 女の人が_____を_____かばんを持っています。 여성은 팔꿈치를 구부려 가방을 들고 있습니다.

8 男の子は_____に_____います。 남자아이는 철봉에 매달려 있습니다.

9 男の人が_____を_____います。 남성은 짐을 짊어지고 있습니다.

10 男の人は店の中を_____います。 남성은 가게 안을 들여다보고 있습니다.

11 子どもはお手玉を空中に_____います。 아이는 콩주머니를 공중에 던지고 있습니다.

12 男の人は_____をしています。 남성은 모내기를 하고 있습니다.

13 庭の_____を_____います。 정원의 울타리를 뛰어넘고 있습니다.

14 _____をつけて泳いでいます。 튜브를 끼고 헤엄치고 있습니다.

15 _____をしています。 기지개를 켜고 있습니다.

16 _____で星を見ています。 망원경으로 별을 보고 있습니다.

---

1 投(な)げ出(だ)して	2 浴衣(ゆかた), 縫(ぬ)って	3 袖(そで), まくって	4 ふんぞりかえって
5 組(く)んで, もたれて	6 氷(こおり), 穴釣(あなづ)り	7 肘(ひじ), 曲(ま)げて	8 鉄棒(てつぼう), ぶら下(さ)がって
9 荷物(にもつ), 担(かつ)いで	10 覗(のぞ)き込(こ)んで	11 投(な)げて	12 田植(たう)え
13 柵(さく), 飛(と)び越(こ)えて	14 浮(う)き輪(わ)	15 背伸(せの)び	16 望遠鏡(ぼうえんきょう)

17 女の人が＿＿＿＿＿を＿＿＿＿＿いるところです。　여성은 길턱을 오르고 있는 중입니다.

18 男の人が＿＿＿＿＿を＿＿＿＿＿います。　남성이 등을 돌리고 있습니다.

19 ＿＿＿＿＿が＿＿＿＿＿を渡っています。　보행자가 횡단보도를 건너고 있습니다.

20 ＿＿＿＿＿でテーブルを＿＿＿＿＿います。　행주로 테이블을 닦고 있습니다.

21 お茶を＿＿＿＿＿に＿＿＿＿＿います。　차를 종이컵에 따르고 있습니다.

22 赤ちゃんが＿＿＿＿＿になっています。　아기가 등을 돌리고 있습니다.

23 子どもが＿＿＿＿＿を＿＿＿＿＿います。　아이가 머리를 긁적이고 있습니다.

24 男の子は＿＿＿＿＿をしています。　남자아이는 곤충 채집을 하고 있습니다.

25 女の子は＿＿＿＿＿を追いかけています。　여자아이는 다람쥐를 쫓고 있습니다.

26 店員たちが＿＿＿＿＿の＿＿＿＿＿をしています。　점원들이 개점 준비를 하고 있습니다.

27 ＿＿＿＿＿をついて、時計を見ています。　턱을 괴고 시계를 보고 있습니다.

28 お年寄が＿＿＿＿＿歩いています。　노인이 터벅터벅 걷고 있습니다.

29 ＿＿＿＿＿をついて＿＿＿＿＿としています。　양손을 짚고 일어서려고 합니다.

30 男の人は＿＿＿＿＿に＿＿＿＿＿を当てています。　남성은 이마에 손을 대고 있습니다.

31 ＿＿＿＿＿を二人で手を＿＿＿＿＿歩いています。　좁은 길을 둘이서 손을 잡고 걷고 있습니다.

32 傘の＿＿＿＿＿をしています。　우산의 물을 빼고 있습니다.

33 レジで商品の＿＿＿＿＿を＿＿＿＿＿しています。　계산대에서 상품의 바코드를 스캔하고 있습니다.

34 ＿＿＿＿＿で立って商品を＿＿＿＿＿としています。　까치발을 들어 상품을 집으려고 합니다.

---

17 段差(だんさ), 上(あ)がって　**18** 背(せ), 向(む)けて　**19** 歩行者(ほこうしゃ), 横断歩道(おうだんほどう)
20 布巾(ふきん), 拭(ふ)いて　**21** 紙(かみ)コップ, 注(そそ)いで　**22** 後(うし)ろ向(む)き　**23** 頭(あたま), 掻(か)いて
24 昆虫採集(こんちゅうさいしゅう)　**25** りす　**26** 開店(かいてん), 準備(じゅんび)
27 頬(ほお)づえ　**28** とぼとぼ　**29** 両手(りょうて), 立(た)ち上(あ)がろう
30 額(ひたい), 手(て)　**31** 小道(こみち), つないで　**32** 水切(みずき)り　**33** バーコード, スキャン
34 つま先(さき), 取(と)ろう

2 동물 (004)

음성을 듣고 _____ 안에 들어갈 적당한 말을 적어 넣으세요.

1 うさぎが_____と跳ねています。 토끼가 깡총깡총 뛰고 있습니다.

2 虎が石の上に_____休んでいます。 호랑이가 돌 위에 누워 쉬고 있습니다.

3 鳥が巣の中で_____います。 새가 둥지 안에서 한가로이 쉬고 있습니다.

4 コアラが木に_____います。 코알라가 나무에 매달려 있습니다.

5 カンガルーの袋に赤ちゃんが_____います。 캥거루의 주머니에 아기가 들어 있습니다.

6 草原でシマウマの群れが_____います。 초원에서 얼룩말 무리가 풀을 먹고 있습니다.

7 パンダがボールと_____います。 판다가 공을 가지고 놀고 있습니다.

8 りすが_____を食べています。 다람쥐가 도토리를 먹고 있습니다.

9 こいぬが靴を_____います。 강아지가 신발을 물고 있습니다.

10 かめが_____と水の中を泳いでいます。 거북이가 유유히 물속을 헤엄치고 있습니다.

11 犬が尻尾を_____います。 개가 꼬리를 세우고 있습니다.

12 ぞうが_____えさを取っています。 코끼리가 코를 늘여서 먹이를 잡고 있습니다.

13 鹿にせんべいを_____います。 사슴에게 전병을 먹이고 있습니다.

14 ペンギンが海に_____います。 펭귄이 바다로 뛰어들고 있습니다.

15 家の_____にはとがたくさんいます。 집 지붕에 비둘기가 많이 있습니다.

16 わしが_____飛んでいます。 독수리가 하늘 높이 날고 있습니다.

17 アヒルが_____をよちよちと歩いています。 오리가 연못 주변을 뒤뚱뒤뚱 걷고 있습니다.

18 オウムが鳥かごの中で_____います。 앵무새가 새장 안에서 뛰놀고 있습니다.

19 孔雀が_____います。 공작이 날개를 펴고 있습니다.

20 真っ白な猫が_____を歩いています。 새하얀 고양이가 담 위를 걷고 있습니다.

---

1 ぴょんぴょん	2 横(よこ)たわって	3 くつろいで	4 掴(つか)まって
5 入(はい)って	6 草(くさ)を食(た)べて	7 戯(たわむ)れて	8 どんぐり
9 噛(か)んで	10 悠々(ゆうゆう)	11 立(た)てて	12 鼻(はな)を伸(の)ばして
13 食(た)べさせて	14 飛(と)び込(こ)んで	15 屋根(やね)	16 空高(そらたか)く
17 池(いけ)の周(まわ)り	18 跳(は)ね回(まわ)って	19 翼(つばさ)を広(ひろ)げて	20 塀(へい)の上(うえ)

공략 2 단계 실전 감각 익히기 🎧 005 ──────────────

잘 듣고 (A) ~ (D)의 빈칸을 채운 후, 그림에 알맞는 표현을 고르세요.

1

(A) 顔を＿＿＿＿＿＿います。

(B) ＿＿＿＿＿＿に乗っています。

(C) 腕を＿＿＿＿＿＿います。

(D) 氷の上で＿＿＿＿＿＿をしています。

┼단어 **伏せる** 숙이다 **そり** 썰매 **腕を組む** 팔짱을 끼다 **氷** 얼음 **穴釣り** 언 호수면을 깨고 하는 낚시

2

(A) 二人は＿＿＿＿＿＿に乗っています。

(B) 女の人は＿＿＿＿＿＿を＿＿＿＿＿＿います。

(C) 男の子は＿＿＿＿＿＿に＿＿＿＿＿＿います。

(D) 女の子は＿＿＿＿＿＿に＿＿＿＿＿＿います。

┼단어 **シーソー** 시소 **ブランコ** 그네 **鉄棒** 철봉 **ぶら下がる** 매달리다 **手すり** 난간 **掴まる** 잡다

3

(A) 窓に＿＿＿＿＿＿をまいています。

(B) 女の人は＿＿＿＿＿＿を＿＿＿＿＿＿います。

(C) ＿＿＿＿＿＿で植木鉢に＿＿＿＿＿＿をしています。

(D) 女の人は＿＿＿＿＿＿に向かって水を＿＿＿＿＿＿
います。

┼단어 **殺虫剤** 살충제 **まく** 뿌리다 **ネット** 그물 **取り付ける** 달다, 설치하다 **ホース** 호스 **植木鉢** 화분
水やりをする 물을 주다 **水をかける** 물을 뿌리다

4

(A) _____が空を_____います。

(B) 鳥が_____で_____います。

(C) 大きな_____が_____あります。

(D) _____が_____にとまっています。

5

(A) 二人は_____います。

(B) 子どもは_____を_____っています。

(C) 男の子は女の子の_____を_____
います。

(D) 二人は_____を組んで_____を見つめ
ています。

6

(A) 子どもが_____を_____います。

(B) 子どもが_____を_____います。

(C) 女の人が_____いるところです。

(D) 雨の中、子どもと_____をつないで
_____を歩いています。

7

(A) 女の人が＿＿＿＿＿に服を＿＿＿＿＿います。

(B) ＿＿＿＿＿が女の人に＿＿＿＿＿います。

(C) 女の人が＿＿＿＿＿を連れて歩いています。

(D) 女の人が＿＿＿＿＿を＿＿＿＿＿かばんを持っ
ています。

➕단어 服を着せる 옷을 입히다　飛びかかる 덤벼들다　連れる 데리고 가다　肘を曲げる 팔꿈치를 구부리다

8

(A) ＿＿＿＿＿は草を＿＿＿＿＿います。

(B) 尖った口で＿＿＿＿＿を＿＿＿＿＿います。

(C) 2匹の＿＿＿＿＿が＿＿＿＿＿います。

(D) 子ゾウが親ゾウの＿＿＿＿＿を＿＿＿＿＿きま
す。

➕단어 さい 코뿔소　くわえる (입에) 물다　尖った口 뾰족한 입　むしる 쥐어 뜯다, 잡아 뽑다　かば 하마
後を付けてくる 뒤를 쫓아 오다

9

(A) 子どもがペンギンを＿＿＿＿＿います。

(B) 子どもがペンギンを＿＿＿＿＿います。

(C) ペンギンが子どもに＿＿＿＿＿います。

(D) ペンギンが＿＿＿＿＿の上を＿＿＿＿＿ながら
遊んでいます。

➕단어 ペンギン 펭귄　触る 만지다　掴まる 꽉 잡다, 붙잡다　滑る 미끄러지다

10

(A)　エンペラーペンギンと＿＿＿＿＿サイズです。

(B)　＿＿＿＿＿の前で＿＿＿＿＿を取っています。

(C)　友だちと＿＿＿＿＿をしています。

(D)　＿＿＿＿＿を測るために＿＿＿＿＿の前に立っています。

＋단어　**エンペラーペンギン** 황제펭귄　**解説板(かいせつばん)** 안내판　**ポーズを取(と)る** 포즈를 취하다　**背比(せいくら)べ** 키 재기
身長(しんちょう)を測(はか)る 키를 재다　**柱(はしら)** 기둥

1	B	(A) 伏(ふ)せて	(B) そり	
		(C) 組(く)んで	(D) 穴釣(あなづ)り	
2	B	(A) シーソー	(B) ブランコ, 押(お)して	
		(C) 鉄棒(てつぼう), ぶら下(さ)がって	(D) 手(て)すり, 掴(つか)まって	
3	C	(A) 殺虫剤(さっちゅうざい)	(B) ネット, 取(と)り付(つ)けて	
		(C) ホース, 水(みず)やり	(D) 火(ひ), かけて	
4	D	(A) 鷹(たか), 飛(と)んで	(B) 巣(す), くつろいで	
		(C) 鳥(とり)かご, 置(お)いて	(D) みみずく, 切(き)り株(かぶ)	
5	B	(A) 向(む)かい合(あ)って	(B) 背(せ), 向(む)けて立(た)	
		(C) 頭(あたま), 撫(な)でて	(D) 肩(かた), 山(やま)	
6	D	(A) 長靴(ながぐつ), 拭(ふ)いて	(B) サンダル, はいて	
		(C) 段差(だんさ)を下(お)りて	(D) 手(て), 遊歩道(ゆうほどう)	
7	D	(A) 犬(いぬ), 着(き)せて	(B) 犬(いぬ), 飛(と)びかかって	
		(C) さる	(D) 肘(ひじ), 曲(ま)げて	
8	A	(A) さい, くわえて	(B) 草(くさ), つついて	
		(C) かば, 向(む)かい合(あ)って	(D) 後(あと), 付(つ)けて	
9	B	(A) 触(さわ)って	(B) 見(み)つめて	
		(C) 掴(つか)まって	(D) 氷(こおり), 滑(すべ)り	
10	B	(A) 同(おな)じ	(B) 解説板(かいせつばん), ポーズ	
		(C) 背比(せいくら)べ	(D) 身長(しんちょう), 柱(はしら)	

次の写真を見て、その内容に合っている表現を(A)から(D)の中で一つ選びなさい。

1

(A)　(B)　(C)　(D)

2

(A)　(B)　(C)　(D)

3

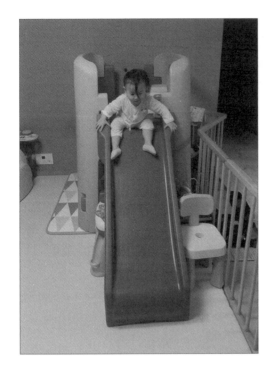

(A)　(B)　(C)　(D)

4

(A)　(B)　(C)　(D)

5

(A) (B) (C) (D)

6

(A) (B) (C) (D)

7

(A) (B) (C) (D)

8

(A) (B) (C) (D)

9

(A) (B) (C) (D)

10

(A) (B) (C) (D)

2 실내 장면

유형 공략

1 사진을 보고 어떤 사물이 있는지 미리 파악하고 그 사물이 거꾸로 놓여 있는지, 쌓여 있는지 등을 주의 깊게 살펴 보아야 합니다.

2 은행, 음식점, 사무실 등에서 사용되는 생활용품에 대한 어휘도 익혀 두세요.

3 **特売**(특매), **禁煙席**(금연석), **立ち入り禁止**(출입 금지) 등과 같은 광고 및 안내문에 자주 등장하는 어휘도 중요합니다.

4 うえ(위), した(아래), あいだ(사이), そと(밖), なか(안), みぎ(오른쪽), ひだり(왼쪽) 등과 같이 위치나 방향을 나타내는 표현과 さつ(권), ほん(자루) 등과 같이 사물을 세는 조수사도 알아 두세요. 또한 시간을 나타내는 표현이나 가격을 나타내는 표현도 정리해 두는 것이 좋아요.

예제 次の写真を見て、その内容に合っている表現を(A)から(D)の中で一つ選びなさい。

➤ 벽이 아니라 피아노 위에 있으므로 틀림

(A) 壁に写真がかけられています。
　　　　　　　　　걸려

(A) 벽에 사진이 걸려 있습니다.

➤ しまう의 뜻을 알아야 오답임을 알 수 있어요.

(B) 音楽の本がしまってあります。
　　　　　　　　치워져

(B) 음악 책이 치워져 있습니다.

(C) ピアノの上にトロフィーが置いてあります。
　　　　　　　　　　　　　놓여

(C) 피아노 위에 트로피가 놓여 있습니다.

(D) チェックのテーブルクロスがかけられています。
　　　　　　　　　　　　　　　　　　　　덮여
➤ '테이블보' 같은 생활 단어도 알아 둡시다.

(D) 체크무늬 테이블보가 덮여 있습니다.

➕해설 위의 사진은 피아노 위에 트로피가 놓여 있는 모습이므로 정답은 (C)입니다. 문제에 나온 사진(写真), 트로피(トロフィー), 테이블보(テーブルクロス) 등의 사물을 나타내는 단어 뿐만 아니라, 체크(체크무늬)와 같이 사물의 모습을 나타내는 표현도 같이 알아 두세요.

➕단어 **壁** 벽　**写真** 사진　**しまう** 치우다　**トロフィー** 트로피　**テーブルクロス** 테이블보

꼭 외워야 할 필수 표현

실내 장면 🎧008

집 안

お湯があふれている 뜨거운 물이 넘치고 있다

生(い)け花(ばな)が置(お)いてある 꽃꽂이가 놓여 있다

椅子(いす)が折(お)り畳(たた)まれている 의자가 접혀 있다

植木鉢(うえきばち)がある 화분이 있다

蛇口(じゃぐち)から水(みず)が出(で)る 수도꼭지에서 물이 나오다

蛇口(じゃぐち)にホースがつないである
수도꼭지에 호스가 이어져 있다

洗濯物(せんたくもの)が干(ほ)してある 빨래가 널려 있다

壁(かべ)に立(た)てかけられている 벽에 기대 세워져 있다

食(た)べ残(のこ)しがある 먹다 남은 것이 있다

ちり取(と)りが置(お)いてある 쓰레받기가 놓여 있다

ドライヤーがかけてある 드라이어가 걸려 있다

ドレッサーが置(お)いてある 화장대가 놓여 있다

部屋(へや)の片隅(かたすみ)にある 방의 한구석에 있다

カーテンがかかっている 커튼이 걸려 있다

障子(しょうじ)が閉(し)めてある 장지문이 닫혀 있다

新聞(しんぶん)で覆(おお)われている 신문지로 덮여 있다

押(お)し入(い)れにしまってある 벽장에 넣어져 있다

日傘(ひがさ)がかけてある 양산이 걸려 있다

蓋(ふた)が閉(し)めてある 뚜껑이 덮여 있다

布団(ふとん)が敷(し)いてある 이불이 깔려 있다

ホースが輪(わ)になっている
호스가 동그랗게 말려 있다

사무실

足跡(あしあと)で汚(よご)れている 발자국으로 더러워져 있다

鍵(かぎ)が差(さ)し込(こ)まれている 열쇠가 꽂혀 있다

キーボードの上(うえ)にある 키보드 위에 있다

しおりが挟(はさ)んである 책갈피가 끼워져 있다

書類(しょるい)が整(ととの)えてある 서류가 정리되어 있다

ドアが半開(はんびら)きになっている 문이 반쯤 열려 있다

紐(ひも)で縛(しば)ってある 끈으로 묶여 있다

引(ひ)き出(だ)しが開(あ)けっ放(ぱな)しになっている
서랍이 열린 채로 있다

左(ひだり)から二番目(にばんめ)にある 왼쪽에서 두 번째에 있다

本(ほん)が詰(つ)められている 책이 담겨 있다

ポスターが貼(は)ってある 포스터가 붙어 있다

名刺箱(めいしばこ)がある 명함 상자가 있다

사물의 상태

● 모습, 모양

置(お)き去(ざ)りにされている 방치되어 있다

置物(おきもの)が取(と)り揃(そろ)えられている
장식품이 골고루 갖춰져 있다

席(せき)が設(もう)けられている 자리가 마련되어 있다

備(そな)え付(つ)けられている 마련되어 있다

机(つくえ)の上(うえ)に転(ころ)がっている 책상 위에 굴러다니고 있다

扉(とびら)が付(つ)いている 문이 달려 있다

空(あ)きがある 빈 곳이 있다

画面(がめん)が乱(みだ)れる 화면이 어른거리다

紙(かみ)が丸(まる)めてある 종이가 둥글게 뭉쳐 있다

がらがらになる 텅텅 비다

きちんと並(なら)べてある 가지런히 늘어져 있다

ぎっしりと積(つ)まれている 빼곡하게 쌓여 있다

皿(さら)に盛(も)りつけられている
접시에 보기 좋게 담겨 있다

散乱(さんらん)している 흩어져 있다

下向 (したむ) きに置 (お) かれている　뒤집어 놓여 있다

逆 (さか) さまに置 (お) いてある　거꾸로 놓여 있다

ずらりと並 (なら) んでいる　죽 놓여 있다

たっぷり盛 (も) られている　듬뿍 담겨 있다

散 (ち) らかっている　어질러져 있다

つぶれている　찌그러져 있다

所狭 (ところせま) しと積 (つ) まれている　가득 쌓여 있다

ばらばらになる　뿔뿔이 흩어지다

引 (ひ) っくり返 (かえ) っている　뒤집어져 있다

伏 (ふ) せてある　엎어져 있다

ぼろぼろになる　너덜너덜해지다

山積 (やまづ) みになっている　산더미처럼 되어 있다

横一列 (よこいちれつ) になっている　옆으로 나란히 되어 있다

●의상, 잡화

上履 (うわば) きが置 (お) かれている　실내화가 놓여 있다

棒針 (ぼうばり) と編針 (あみばり)　대바늘과 뜨개 바늘

毛糸 (けいと) で編 (あ) まれている　털실로 짜여 있다

背 (せ) もたれにかけてある　의자 등받이에 걸려 있다

服 (ふく) が畳 (たた) んである　옷이 개어져 있다

服 (ふく) が吊 (つ) るしてある　옷이 (옷걸이 등에) 걸려 있다

가게

大売 (おおう) り出 (だ) し中 (ちゅう) である　대대적으로 판매 중이다

おしぼりが置 (お) いてある　물수건이 놓여 있다

開店 (かいてん) の準備 (じゅんび) をする　개점 준비를 하다

買 (か) い物 (もの) かごが積 (つ) み上 (あ) げられている
쇼핑 바구니가 쌓여 있다

閑散 (かんさん) としている　한산하다

車 (くるま) を止 (と) める　차를 세우다

コップを伏 (ふ) せて置 (お) く　컵을 엎어 놓다

小物 (こもの) が揃 (そろ) えてある　소품이 가지런히 있다

シャンデリアが飾 (かざ) られている
샹들리에가 장식되어 있다

新刊 (しんかん) コーナー　신간 코너

垂 (た) れ幕 (まく) がかかっている　현수막이 걸려 있다

電灯 (でんとう) がぶら下 (さ) がっている　전등이 매달려 있다

ベルト付 (つ) きポールが立 (た) てられている
벨트 차단봉이 세워져 있다

防犯 (ぼうはん) カメラがついている　방범 카메라가 달려 있다

ナプキンが重 (かさ) ねてある　냅킨이 포개어져 있다

電光表示板 (でんこうひょうじばん) がついている　전광판이 켜져 있다

取 (と) り出 (だ) し口 (ぐち) から出 (で) てくる
(자판기) 투출구에서 나오다

値札 (ねふだ) が付 (つ) いている　가격표가 붙어 있다

광고, 안내, 표지 등

運賃 (うんちん) を精算 (せいさん) する　운임을 정산하다

座席番号 (ざせきばんごう) が書 (か) いてある　좌석 번호가 쓰여 있다

自動改札機 (じどうかいさつき) がある　자동개찰기가 있다

発車時刻表 (はっしゃじこくひょう) が置 (お) いてある　열차 시간표가 놓여 있다

路線図 (ろせんず) が貼 (は) ってある　노선도가 붙어 있다

バス停 (てい) の案内看板 (あんないかんばん)　버스 정류장의 안내 간판

販売中止 (はんばいちゅうし) になっている　판매가 중단되다

忘 (わす) れ物 (もの) 取扱所 (とりあつかいじょ) の案内図 (あんないず)　유실물 보관소 안내도

10分 (じゅっぷん) ごとに加算 (かさん) される　10분마다 가산된다

２４時間最大料金 (にじゅうよじかんさいだいりょうきん)　24시간 최대 요금

1 집안 (009)

음성을 듣고 _____ 안에 들어갈 적당한 말을 적어 넣으세요.

1 日本の_____な人形が並んでいます。 일본의 전통적인 인형이 나란히 있습니다.

2 テーブルの上に_____が置いてあります。 테이블 위에 꽃꽂이가 놓여 있습니다.

3 トースターでパンを_____いるところです。 토스터로 빵을 굽고 있는 중입니다.

4 蛇口にホースが_____あります。 수도꼭지에 호스가 연결되어 있습니다.

5 引き出しの中に_____の缶切りがあります。 서랍 안에 여러 가지 크기의 깡통 따개가 있습니다.

6 鏡の横に_____がかけてあります。 거울 옆에 드라이어가 걸려 있습니다.

7 ドレッサーに_____が並んでいます。 화장대에 화장품이 늘어서 있습니다.

8 大きさの_____フライパンが３つかけてあります。 크기가 다른 프라이팬 3개가 걸려 있습니다.

9 ベランダの_____に掃除機があります。 베란다 구석에 청소기가 있습니다.

10 ピアノの上に_____が並んでいます。 피아노 위에 사진액자가 늘어 놓아 있습니다.

11 机の上に_____が置いてあります。 책상 위에 책꽂이가 놓여 있습니다.

12 玄関に_____があります。 현관에 화분이 있습니다.

13 白い花を_____花瓶が目立っています。 하얀 꽃을 꽂은 꽃병이 눈에 띕니다.

14 部屋のドアは_____になっています。 방문이 반 쯤 열려 있습니다.

15 マンションのベランダに布団が_____あります。 아파트 베란다에 이불이 널려 있습니다.

---

1 伝統的(でんとうてき)	2 生(い)け花(ばな)	3 焼(や)いて	4 つないで
5 色(いろ)んなサイズ	6 ドライヤー	7 化粧品(けしょうひん)	8 違(ちが)う
9 隅(すみ)	10 写真立(しゃしんた)て	11 本立(ほんた)て	12 植木鉢(うえきばち)
13 生(い)けた	14 半開(はんびら)き	15 干(ほ)して	

음성을 듣고 _____ 안에 들어갈 적당한 말을 적어 넣으세요.

1 _____がファイルに挟^{はさ}んであります。 책갈피가 파일에 끼워져 있습니다.

2 書類^{しょるい}がクリップで_____います。 서류가 클립으로 고정되어 있습니다.

3 _____カレンダーが置いてあります。 스케줄 캘린더가 놓여 있습니다.

4 一定^{いってい}の_____でパソコンが置いてあります。 일정한 간격으로 컴퓨터가 놓여 있습니다.

5 _____なので、中に入ってはいけません。 청소 중이니 안에 들어가면 안 됩니다.

6 真ん中^{まなか}にあるコピー機^きは_____しています。 한가운데에 있는 복사기는 고장 났습니다.

7 机^{つくえ}の上に_____の紙^{かみ}コップがあります。 책상 위에 꽃무늬 종이컵이 있습니다.

8 キャビネットの中は_____です。 사물함 안은 텅 비었습니다.

9 本立^{ほんた}てに書類が_____に並んでいます。 책꽂이에 서류가 순서대로 꽂혀 있습니다.

10 コンセントにプラグが_____います。 콘센트에 플러그가 꽂혀 있습니다.

11 写真^{しゃしん}が_____になっています。 사진이 흩어져 있습니다.

12 黒板^{こくばん}に文字^{もじ}が_____と書いてあります。 칠판에 글씨가 빽빽이 쓰여 있습니다.

13 古^{ふる}い書類に_____や_____が付^ついています。 오래된 서류에 먼지와 얼룩이 묻어 있습니다.

14 小さな_____が置いてあります。 작은 화분이 놓여 있습니다.

15 電話機^{でんわき}の横^{よこ}に_____があります。 전화기 옆에 명함 상자가 있습니다.

1 しおり	2 留(と)められて	3 スケジュール	4 間隔(かんかく)
5 掃除中(そうじちゅう)	6 故障(こしょう)	7 花柄(はながら)	8 がらがら
9 順番(じゅんばん)どおり	10 差(さ)し込(こ)まれて	11 ばらばら	12 びっしり
13 ほこり, 汚(よご)れ	14 植木鉢(うえきばち)	15 名刺箱(めいしばこ)	

3 가게 (011)

음성을 듣고 _____ 안에 들어갈 적당한 말을 적어 넣으세요.

1　男性用の服や_____が揃っています。　남성복이나 소품이 갖추어져 있습니다.

2　素敵な_____が一番上の段にあります。　멋진 롱부츠가 제일 윗단에 있습니다.

3　キッチン用品が_____と並んでいます。　주방용품이 가득히 늘어 놓아져 있습니다.

4　雑貨屋に_____の置物が置かれています。　잡화점에 유리 구두 장식품이 놓여 있습니다.

5　ハンカチや_____などがかけてあります。　손수건이나 스카프 등이 걸려 있습니다.

6　壁には_____が貼ってあります。　벽에는 상품 포스터가 붙어 있습니다.

7　_____にカートが置いてあります。　가게 앞에 카트가 놓여 있습니다.

8　真正面にこの地区の_____があります。　정면에 이 지역의 안내도가 있습니다.

9　_____を販売しています。　커피 기계를 판매하고 있습니다.

10　丸い電灯が_____います。　둥근 전등이 매달려 있습니다.

11　店の_____に木のベンチがあります。　가게 처마 밑에 나무 벤치가 있습니다.

12　店内には商品が_____陳列されています。　가게 안에는 상품이 깔끔하게 진열되어 있습니다.

13　酒屋にはビールなどの各種酒類が_____います。　술가게에는 맥주 등의 각종 주류가 갖춰 있습니다.

14　夏の_____で、大売り出し中です。　여름 감사 세일로, 대방출 판매 중입니다.

15　花模様の_____や_____があります。　꽃무늬의 양산이나 차양 있는 모자가 있습니다.

---

1 小物(こもの)	2 ロングブーツ	3 所狭(ところせま)し	4 ガラスの靴(くつ)
5 スカーフ	6 商品(しょうひん)のポスター	7 店先(みせさき)	8 案内図(あんないず)
9 コーヒーマシン	10 ぶら下(さ)がって	11 軒下(のきした)	12 きちんと
13 取(と)り揃(そろ)えられて	14 感謝(かんしゃ)セール	15 日傘(ひがさ), 日(ひ)よけ帽子(ぼうし)	

4 음식점, 서점, 은행 등 상점 (012)

음성을 듣고 _____ 안에 들어갈 적당한 말을 적어 넣으세요.

1   ファミリーレストランの入り口に_____が立っています。
    패밀리 레스토랑 입구에 인형이 서 있습니다.

2   おいしそうなデザートが_____されています。   맛있어 보이는 디저트가 진열되어 있습니다.

3   丸いテーブルに_____のテーブルクロスがかけられています。
    둥근 테이블에 레이스가 달린 테이블보가 덮여 있습니다.

4   このドイツ風レストランの_____は午後10時です。
    이 독일풍 레스토랑의 폐점 시간은 오후 10시입니다.

5   ここで_____してはいけません。   여기에서 서서 읽으면 안 됩니다.

6   _____まで本が積まれています。   천장까지 책이 쌓여 있습니다.

7   カウンターの後ろに_____と郵便物があります。   카운터 뒤에 소포와 우편물이 있습니다.

8   出口の前に_____があります。   출구 앞에 카운터가 있습니다.

9   ここは外貨の_____専用の窓口です。   여기는 외화 환전 전용 창구입니다.

10 銀行の_____掲示板に番号が表示されています。   은행의 전광판에 번호가 표시되어 있습니다.

11 銀行の中に_____が設置されています。   은행 안에 방범 카메라가 설치되어 있습니다.

12 テーブルの上に丸めた_____が置いてあります。   테이블 위에 둥글게 만 물수건이 놓여 있습니다.

13 _____の準備をしています。   개점 준비를 하고 있습니다.

14 テーブル_____きれいな花が置いてあります。   테이블마다 예쁜 꽃이 놓여 있습니다.

15 ビルのロビーに_____箱があります。   건물 로비에 네모난 상자가 있습니다.

---

1 人形(にんぎょう)	2 ディスプレー	3 レース付(つ)き	4 閉店時間(へいてんじかん)
5 立(た)ち読(よ)み	6 天井(てんじょう)	7 小包(こづつみ)	8 カウンター
9 両替(りょうがえ)	10 電光(でんこう)	11 防犯(ぼうはん)カメラ	12 おしぼり
13 開店(かいてん)	14 ごとに	15 四角(しかく)い	

5 역내 (013)

음성을 듣고 _____ 안에 들어갈 적당한 말을 적어 넣으세요.

1 コインロッカーに荷物を_____ことができます。 코인 로커에 짐을 맡길 수 있습니다.

2 階段の両側に_____があります。 계단 양쪽에 에스컬레이터가 있습니다.

3 全ての席に_____が書かれています。 모든 좌석에 좌석 번호가 쓰여 있습니다.

4 中央に_____が置いてあります。 중앙에 열차 시간표가 놓여 있습니다.

5 _____の店は24時間開いています。 구내 가게는 24시간 열려 있습니다.

6 駅の構内にある_____カレー屋です。 역 구내에 있는 서서 먹는 카레집입니다.

7 改札口に_____5台が並んでいます。 개찰구에 자동개찰기 5대가 나란히 있습니다.

8 地下鉄の_____が貼ってあります。 지하철 노선도가 붙어 있습니다.

9 東京メトロでの_____の案内です。 도쿄 메트로에서의 분실물 안내입니다.

10 _____が置いてあります。 자동 정산기가 놓여 있습니다.

11 このエスカレーターは_____の時間帯だけ使えます。

이 에스컬레이터는 출퇴근 시간에만 사용할 수 있습니다.

12 10時の羽田空港行きの電車は8両_____です。 10시 하네다 공항행 전철은 8량 편성입니다.

13 _____の待合室に椅子があります。 유리창으로 된 대기실에 의자가 있습니다.

14 このエレベーターは体の_____なお客様専用です。 이 엘리베이터는 몸이 불편한 손님 전용입니다.

15 予約券の_____は2番の窓口で行っています。 예약권 수속은 2번 창구에서 하고 있습니다.

1 預(あず)ける	2 エスカレーター	3 座席番号(ざせきばんごう)
4 発車時刻表(はっしゃじこくひょう)	5 構内(こうない)	6 立(た)ち食(ぐ)い
7 自動改札機(じどうかいさつき)	8 路線図(ろせんず)	9 忘(わす)れ物(もの)
10 自動精算機(じどうせいさんき)	11 ラッシュ	12 編成(へんせい)
13 ガラス張(ば)り	14 不自由(ふじゆう)	15 手続(てつづ)き

잘 듣고 (A) ～ (D)의 빈칸을 채운 후, 그림에 알맞는 표현을 고르세요.

1

(A)　水が＿＿＿＿＿＿います。

(B)　ホースが蛇口から＿＿＿＿＿＿います。

(C)　蛇口にホースが＿＿＿＿＿＿あります。

(D)　洗面所の蛇口から水が＿＿＿＿＿＿います。

➕단어 **噴き出す** 내뿜다　**蛇口** 수도꼭지　**外れる** 빠지다　**つなぐ** 연결하다　**洗面所** 화장실　**漏れる** 새다

2

(A)　毛糸と＿＿＿＿＿＿と＿＿＿＿＿＿があります。

(B)　六つの＿＿＿＿＿＿が＿＿＿＿＿＿あります。

(C)　＿＿＿＿＿＿のカーディガンがあります。

(D)　＿＿＿＿＿＿で＿＿＿＿＿＿カーディガンがあり

　　　ます。

➕단어 **毛糸** 털실　**棒針** 대바늘　**編針** 뜨개바늘　**編む** 뜨다　**～かけ** ～하다 만　**カーディガン** 카디건

3

(A)　＿＿＿＿＿＿に扉が＿＿＿＿＿＿います。

(B)　入り口には＿＿＿＿＿＿が＿＿＿＿＿＿います。

(C)　＿＿＿＿＿＿に＿＿＿＿＿＿いる所があります。

(D)　＿＿＿＿＿＿の前に＿＿＿＿＿＿が置かれています。

➕단어 **下駄箱** 신발장　**扉** 문　**付く** 붙다　**垂れ幕** 현수막　**かかる** 걸리다　**空く** 비다　**上履き** 실내화

4

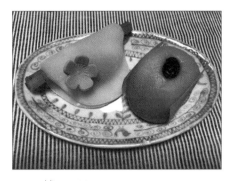

(A) たくさんの＿＿＿＿＿が並べてあります。

(B) ＿＿＿＿＿を作っている＿＿＿＿＿です。

(C) ＿＿＿＿＿を＿＿＿＿＿葉が置いてあります。

(D) 皿の上に＿＿＿＿＿が置いてあります。

＋단어 餅 떡　包む 싸다

5

(A) 布団が＿＿＿＿＿います。

(B) カーテンが＿＿＿＿＿あります。

(C) 壁に＿＿＿＿＿がかけてあります。

(D) 布団の上に＿＿＿＿＿が広げてあります。

＋단어 布団 이불　散らかる 어지러지다　カーテン 커튼　額縁 액자　広げる 펴다, 펼치다

6

(A) お風呂が＿＿＿＿＿います。

(B) お風呂の蓋は＿＿＿＿＿あります。

(C) シャワーヘッドは＿＿＿＿＿に置かれています。

(D) ＿＿＿＿＿にシャンプー類が＿＿＿＿＿います。

＋단어 沸く 끓다　蓋 뚜껑　シャワーヘッド 샤워기 헤드　洗面台 세면대　シャンプー類 샴푸류　備え付ける 비치하다

7

(A) 陳列棚は＿＿＿＿＿です。

(B) 商品に＿＿＿＿＿が付いています。

(C) ＿＿＿＿＿が＿＿＿＿＿と並んでいます。

(D) 倉庫には箱が＿＿＿＿＿と積まれています。

＋단어 **陳列棚** 진열대　**がらがら** 텅텅 비어 있는 모양　**値札** 가격표　**農作物** 농작물　**所狭しと** 물건이 꽉 차 있는 모양
倉庫 창고　**ぎっしり** 가득찬 모양　**積む** 쌓다

8

(A) ＿＿＿＿＿が＿＿＿＿＿います。

(B) ＿＿＿＿＿の画面が＿＿＿＿＿います。

(C) フロント＿＿＿＿＿越しに＿＿＿＿＿が見え
ます。

(D) ＿＿＿＿＿の革が破れて＿＿＿＿＿になって
います。

＋단어 **カーナビ** 자동차 내비게이션　**画面** 화면　**乱れる** 흐트러지다, 어른거리다　**フロントガラス** (자동차의) 앞 유리
～越し ～너머　**ハンドル** 핸들　**革** 가죽　**破れる** 찢어지다　**ぼろぼろ** 너덜너덜

9

(A) カップが＿＿＿＿＿あります。

(B) ラテアートが＿＿＿＿＿あります。

(C) ＿＿＿＿＿の下にスプーンが置いてあります。

(D) スプーンでカップの中の＿＿＿＿＿を
＿＿＿＿＿いるところです。

＋단어 **伏せる** 엎어 놓다　**ラテアート** 라떼 아트　**茶たく** 찻잔을 받치는 접시　**すくう** 건지다

10

(A) テレビの画面が_____あります。

(B) _____は机の上に転がっています。

(C) _____の下に_____が置いてあります。

(D) _____テレビがあります。

➕단어 **受話器** (じゅわき) 수화기　**転がる** (ころがる) 굴러 다니다　**リモコン** 리모컨　**壁掛け** (かべかけ) 벽걸이

1　C　(A) 噴(ふ)き出(だ)して　　　　　　(B) 外(はず)れて
　　　　(C) つないで　　　　　　　　　　(D) 漏(も)れて

2　D　(A) 棒針(ぼうばり), 編針(あみばり)　(B) ボタン, はめて
　　　　(C) 編(あ)みかけ　　　　　　　　(D) 毛糸(けいと), 編(あ)まれた

3　C　(A) 下駄箱(げたばこ), 付(つ)いて　　(B) 垂(た)れ幕(まく), かかって
　　　　(C) 下駄箱(げたばこ), 空(あ)いて　　(D) 入(い)り口(ぐち), 上履(うわば)き

4　D　(A) 餅(もち)　　　　　　　　　　(B) 餅(もち), ところ
　　　　(C) 餅(もち), 包(つつ)む　　　　　(D) 和菓子(わがし)

5　C　(A) 散(ち)らかって　　　　　　　(B) 開(あ)けて
　　　　(C) 額縁(がくぶち)　　　　　　　(D) 浴衣(ゆかた)

6　B　(A) 沸(わ)いて　　　　　　　　　(B) 閉(し)めて
　　　　(C) 洗面台(せんめんだい)　　　　　(D) 壁(かべ), 備(そな)え付(つ)けられて

7　B　(A) がらがら　　　　　　　　　　(B) 値札(ねふだ)
　　　　(C) 農作物(のうさくぶつ), 所狭(ところせま)し　(D) ぎっしり

8　A　(A) カーナビ, 付(つ)いて　　　　　(B) スマホ, 乱(みだ)れて
　　　　(C) ガラス, 森(もり)　　　　　　(D) ハンドル, ぼろぼろ

9　B　(A) 伏(ふ)せて　　　　　　　　　(B) 描(か)いて
　　　　(C) 茶(ちゃ)たく　　　　　　　　(D) 泡(あわ), すくって

10　A　(A) 消(け)して　　　　　　　　　(B) 受話器(じゅわき)
　　　　(C) 手帳(てちょう), リモコン　　　(D) 壁掛(かべか)け

次の写真を見て、その内容に合っている表現を(A)から(D)の中で一つ選びなさい。

1

(A)　(B)　(C)　(D)

2

(A)　(B)　(C)　(D)

3

(A) (B) (C) (D)

4

(A) (B) (C) (D)

5

(A) (B) (C) (D)

6

(A) (B) (C) (D)

7

(A)　(B)　(C)　(D)

8

(A)　(B)　(C)　(D)

9

(A) (B) (C) (D)

10

(A) (B) (C) (D)

3 실외 풍경

유형 공략

1 건물, 상점, 길거리, 횡단보도, 버스 정류장, 공원 등을 배경으로 문제가 자주 출제되므로, **噴水**(분수), **商店街**(상점가), **歩道**(인도), **歩道橋**(육교) 등의 어휘를 익혀 둡시다.

2 단순히 풍경만을 묘사하는 것이 아니라 **船が浮いています**(배가 떠 있습니다), **屋台が並んでいます**(포장마차가 줄지어 있습니다)와 같이 실외에 있는 사물의 모습을 묘사하는 문제가 나오기도 해요.

3 풍경 묘사에 대해서는 **道に沿って並木がある**(길을 따라 가로수가 있다), うっそうとしている(울창하다)와 같은 구체적인 표현을 익혀 둡시다.

예제 次の写真を見て、その内容に合っている表現を(A)から(D)の中で一つ選びなさい。

(A) やしの木が植えてあります。
야자나무 심어져

(A) 야자나무가 심어져 있습니다.

(B) 海辺にパラソルがあります。
→ 바닷가 풍경이 아니므로 오답

(B) 바닷가에 파라솔이 있습니다.

(C) 人々がプールで泳いでいます。
수영하고

(C) 사람들이 수영장에서 수영하고 있습니다.

(D) 川に沿って木が植えられています。
→ '강을 따라'라는 단어를 정확히 모르면 오답을 고를 수 있어요.

(D) 강을 따라 나무가 심어져 있습니다.

＋해설 예제의 사진을 보면 수영장이라는 것을 알 수 있어요. 수영장 주변에 있는 **やしの木**(야자나무), **パラソル**(파라솔)이 어떤 모습을 하고 있는지 알아야만 풀 수 있는 문제로, 사진을 보고 미리 장소를 파악하면 쉽게 정답을 고를 수 있답니다.

＋단어 **やしの木** 야자나무 **植える** 심다 **海辺** 바닷가 **パラソル** 파라솔 **〜に沿う** 〜을/를 따르다

실외 풍경 (017)

버스, 전철 등 탈 것

遮断機が上がっている　차단기가 올라가 있다

席が空いている　좌석이 비어 있다

線路と車道が並行している
선로와 차도가 나란히 놓여 있다

出口は３箇所ある　출구는 3군데 있다

手前に停止線がある　바로 앞에 정지선이 있다

広い待合室である　넓은 대합실이다

踏切に進入している　건널목에 진입하고 있다

路線番号が書いてある　노선 번호가 쓰여 있다

ホームの真ん中にキオスクがある
플랫폼 한가운데 매점이 있다

４時に電車が出発する　4시에 전철이 출발한다

車が行き交う　자동차가 오가다

通行禁止になっている　통행 금지이다

電車に吊り広告がぶら下がっている
전철에 광고판이 매달려 있다

トラックが通っている　트럭이 지나가고 있다

バイクが倒れている　오토바이가 넘어져 있다

バイクが止まっている　오토바이가 서 있다

バスが走っている　버스가 달리고 있다

船が泊まっている　배가 정박해 있다

歩道橋の下にトラックがある
육교 밑에 트럭이 있다

ボートが停泊している　보트가 정박해 있다

路上駐車している　노상주차하고 있다

상점, 길거리, 주차장 등

● 상점가

看板商品を販売する　주력 상품을 판매하다

立ち入り禁止　출입 금지

立ち読み禁止　서서 읽기 금지

暖簾がかけられている　포렴이 걸려 있다

モニターが置かれている　모니터가 놓여 있다

びっしりと立ち並んでいる　빽빽이 줄지어 있다

服を着せられたマネキン　옷을 입힌 마네킹

● 길거리

アスファルトで舗装されている
아스팔트로 포장되어 있다

石が敷かれている　돌이 깔려 있다

閑散としている　한산하다

粗大ゴミが置いてある　대형 쓰레기가 놓여 있다

粗大ゴミが排出されている
대형 쓰레기가 배출되어 있다

電線が垂れ下がっている　전선이 매달려 있다

のどかな街である　한적한 거리이다

人通りが多い　사람의 왕래가 잦다

歩道がある　인도가 있다

丸いマンホールがある　둥근 맨홀이 있다

水溜まりができている　물웅덩이가 생겨 있다

道が空いている　길이 한산하다

道端に放置されている　길가에 방치되어 있다

屋台が並んでいる　포장마차가 줄지어 있다

レンガが敷かれている　벽돌이 깔려 있다

看板が立てられている　간판이 세워져 있다

掲示板が立てられている　게시판이 세워져 있다

立て看板がある　입간판이 있다

立て札が立てられている　팻말이 세워져 있다

垂れ幕が掛かっている　현수막이 걸려 있다

横型の看板が多い　가로로 된 간판이 많다

高層マンションが建っている
고층 아파트가 서 있다

高層ビルがそびえている　높은 빌딩이 솟아 있다

線で区切っている　선으로 구분되어 있다

駐車場機器が設置してある
주차 기기가 설치되어 있다

平屋の家が建てられている
단층 집이 지어져 있다

ビルがずらりと並んでいる
빌딩이 잇달아 줄지어 있다

屋根のない駐車場　지붕이 없는 주차장

イルミネーションが点灯している
조명 장식에 불이 들어오고 있다

街灯がところどころ切れている
가로등이 군데 군데 끊겨 있다

提灯が吊るしてある　초롱이 매달려 있다

공원, 캠핑장 등 야외

観覧車が見える　관람차가 보이다

噴水がある　분수대가 있다

道が大きく曲がっている　길이 크게 굽어 있다

道が分かれている　길이 갈라져 있다

たき火をしている　모닥불을 피우고 있다

展望台が見える　전망대가 보인다

日よけのテントが張ってある　차양막이 쳐져 있다

자연, 풍경 등

石造りの橋がある　돌로 만들어진 다리가 있다

うっそうとした森である　울창한 숲이다

枝が伸びている　가지가 뻗어 있다

穏やかな海である　평온한 바다이다

かかしが立っている　허수아비가 서 있다

枯れ木が立っている　고목이 서 있다

川沿いに花が咲いている　강가에 꽃이 피어 있다

草が生い茂っている　풀이 우거졌다

煙が上がっている　연기가 나고 있다

桜の並木道である　벚꽃 가로수 길이다

芝生が張られている　잔디가 뻗어 있다

水面が輝いている　수면이 빛나고 있다

つたで覆われている　담쟁이덩굴로 덮여 있다

つららが下がっている　고드름이 매달려 있다

波打っている湖　물결치고 있는 호수

並木が植えてある　가로수가 심어져 있다

葉が塀にくっついている　잎이 담장에 붙어 있다

花が枯れている　꽃이 시들어 있다

花が咲き誇っている　꽃이 화려하게 피어 있다

花が満開になっている　꽃이 만개했다

花盛りである　꽃이 한창이다

花びらが散っている　꽃잎이 지고 있다

花びらがまばらに浮いている
꽃잎이 간간이 떠 있다

船が湖に浮かんでいる　배가 호수에 떠 있다

窓越しに森が見える　창문 너머로 숲이 보이다

湖を横切っている　호수를 가로지르다

水が溜まっている　물이 괴어 있다

1 버스, 전철 등 탈 것 🎧 018

음성을 듣고 _____ 안에 들어갈 적당한 말을 적어 넣으세요.

1 湖にボートが_____しています。 호수에 보트가 정박해 있습니다.

2 危ないから_____はお止めください。 위험하니까 뛰어들어 승차하는 것은 하지 마십시오.

3 この座席は_____席です。 이 좌석은 교통약자석입니다.

4 電車の席が_____います。 전철의 좌석이 비어 있습니다.

5 自動車が_____を渡っています。 자동차가 건널목을 건너고 있습니다.

6 バイクが_____います。 오토바이가 넘어져 있습니다.

7 飛行機が_____います。 비행기가 비행하고 있습니다.

8 _____の100円玉が出ています。 거스름돈 100엔짜리 동전이 나와 있습니다.

9 電車のドアが_____閉まっています。 전철 문이 완전히 닫혀 있습니다.

10 銀座を_____行くバスです。 긴자를 경유해서 가는 버스입니다.

11 ホームに快速電車が_____きます。 역 플랫폼에 쾌속 전철이 미끄러지듯 들어옵니다.

12 _____のタクシーが並んでいます。 빈 택시가 줄지어 있습니다.

13 電車の中に_____がぶら下がっています。 전철 안에 광고판이 매달려 있습니다.

14 バイクが_____より前で止まっています。 오토바이가 정지선보다 앞에 서 있습니다.

15 飛行機が_____いるところです。 비행기가 이륙하고 있는 중입니다.

1 停泊(ていはく)	2 駆(か)け込(こ)み乗車(じょうしゃ)	3 優先(ゆうせん)	4 空(あ)いて
5 踏切(ふみきり)	6 倒(たお)れて	7 飛行(ひこう)して	8 おつり
9 完全(かんぜん)に	10 経由(けいゆ)して	11 滑(すべ)り込(こ)んで	12 空車(くうしゃ)
13 吊(つ)り広告(こうこく)	14 停止線(ていしせん)	15 離陸(りりく)して	

2 횡단보도, 버스 정류장, 도로 ⌾ 019

음성을 듣고 _____ 안에 들어갈 적당한 말을 적어 넣으세요.

1 　車の行き交う_____です。 차가 오가는 교차로입니다.

2 　道路脇に_____があります。 도로변에 인도가 있습니다.

3 　バイクが道路を_____います。 바이크가 도로를 가로지르고 있습니다.

4 　緊急車両だけ_____できます。 긴급 차량만 통과할 수 있습니다.

5 　_____一車線の道路です。 편도 1차선 도로입니다.

6 　高層ビルが_____並んでいます。 고층 빌딩이 죽 늘어서 있습니다.

7 　バス停の前をタクシーが_____います。 버스 정류장 앞을 택시가 지나가고 있습니다.

8 　車が_____のインターチェンジを降りています。 차가 고속도로 나들목을 나오고 있습니다.

9 　この_____は長すぎます。 이 횡단보도는 너무 깁니다.

10 　バス停に_____が貼られています。 버스 정류장에 전단지가 붙어 있습니다.

11 　多くの車が_____を走っています。 많은 차가 차도를 달리고 있습니다.

12 　車道と歩道が_____分けてあります。 차도와 인도가 확실히 나눠져 있습니다.

13 　高速道路の_____は工事中です。 고속도로의 1차선은 공사 중입니다.

14 　ここは_____専用の道路です。 여기는 보행자 전용 도로입니다.

15 　バスの_____が書いてあります。 버스 노선 번호가 쓰여 있습니다.

---

1 交差点(こうさてん)	2 歩道(ほどう)	3 横切(よこぎ)って	4 通過(つうか)
5 片側(かたがわ)	6 ずらりと	7 通(とお)って	8 高速道路(こうそくどうろ)
9 横断歩道(おうだんほどう)	10 チラシ	11 車道(しゃどう)	12 はっきり
13 第一車線(だいいちしゃせん)	14 歩行者(ほこうしゃ)	15 路線番号(ろせんばんごう)	

3 상점, 길거리, 주차장 등 🎧 020

음성을 듣고 ＿＿＿＿ 안에 들어갈 적당한 말을 적어 넣으세요.

1 屋台が＿＿＿＿＿に並んでいます。 포장마차가 일렬로 줄지어 있습니다.

2 たくさんの＿＿＿＿＿がたまっています。 많은 낙엽이 쌓여 있습니다.

3 商店街が＿＿＿＿＿としています。 상점가가 한산합니다.

4 店内は比較的＿＿＿＿＿います。 가게 안은 비교적 비어 있습니다.

5 賑やかな＿＿＿＿＿です。 북적북적한 번화가입니다.

6 ＿＿＿＿＿ではゆっくりと運転すべきです。 스쿨존에서는 천천히 운전해야 합니다.

7 駐車場に車が＿＿＿＿＿されています。 주차장에 차가 이중주차 되어 있습니다.

8 体の不自由な方の＿＿＿＿＿です。 몸이 불편한 분을 위한 주차 공간입니다.

9 ビルの前に自転車＿＿＿＿＿があります。 건물 앞에 자전거 두는 곳이 있습니다.

10 ビルの前に＿＿＿＿＿の看板が立てられています。 가게 앞에 세로로 된 간판이 세워져 있습니다.

11 ＿＿＿＿＿のゴミがころころと転がっています。 길가에 쓰레기가 데굴데굴 굴러 다니고 있습니다.

12 宝くじ売り場の窓口が＿＿＿＿＿並んでいます。 복권 판매 창구가 죽 늘어서 있습니다.

13 ガス工事のため、＿＿＿＿＿になっています。 가스 공사 때문에 통행금지입니다.

14 ＿＿＿＿＿に粗大ゴミがあります。 공터에 대형 쓰레기가 있습니다.

15 空き缶や＿＿＿＿＿などはこの箱に捨てられます。 빈 깡통이나 빈 병 등은 이 상자에 버릴 수 있습니다.

---

1 一列(いちれつ)	2 落(お)ち葉(ば)	3 閑散(かんさん)	4 空(す)いて
5 繁華街(はんかがい)	6 スクールゾーン	7 二重駐車(にじゅうちゅうしゃ)	
8 駐車(ちゅうしゃ)スペース	9 置(お)き場(ば)	10 縦型(たてがた)	11 道端(みちばた)
12 ずらっと	13 通行禁止(つうこうきんし)	14 空(あ)き地(ち)	15 空(あ)き瓶(びん)

4 공원, 캠핑장 등 야외 (021)

음성을 듣고 _____ 안에 들어갈 적당한 말을 적어 넣으세요.

1 一本の_____が立っています。 한 그루의 고목이 서 있습니다.

2 木^きがこんもりと_____いる森が見えます。 나무가 울창하게 우거진 숲이 보입니다.

3 遠^{とお}くに_____が見えます。 멀리 관람차가 보입니다.

4 階段^{かいだん}の上には_____があります。 계단 위에는 전망대가 있습니다.

5 公園^{こうえん}の入り口に_____が植^うえてあります。 공원 입구에 은행나무가 심어져 있습니다.

6 タイヤで作った_____があります。 타이어로 만든 그네가 있습니다.

7 _____のテントが張^はってあります。 차양막이 쳐져 있습니다.

8 広場^{ひろば}の真ん中^{まなか}に_____があります。 광장의 한가운데에 분수대가 있습니다.

9 道^{みち}に_____低^{ひく}いフェンスがあります。 길을 따라 낮은 울타리가 있습니다.

10 _____から水が出ています。 스프링클러에서 물이 나오고 있습니다.

11 キャンプ場^{じょう}で_____をしています。 캠핑장에서 모닥불을 피우고 있습니다.

12 空^{そら}に風船^{ふうせん}が_____と浮^うかんでいます。 하늘에 풍선이 둥실둥실 떠 있습니다.

13 花^{はな}びらの上に蝶^{ちょう}が_____います。 꽃잎 위에 나비가 앉아 있습니다.

14 どんよりとした_____です。 어두침침한 흐린 하늘입니다.

15 雪の上にくっきりと_____が残^{のこ}っています。 눈 위에 뚜렷이 발자국이 남아 있습니다.

---

1 枯(か)れ木(き)	2 生(お)い茂(しげ)って	3 観覧車(かんらんしゃ)	4 展望台(てんぼうだい)
5 銀杏(いちょう)	6 ブランコ	7 日(ひ)よけ	8 噴水台(ふんすいだい)
9 沿(そ)って	10 スプリンクラー	11 たき火(び)	12 ふわふわ
13 止(と)まって	14 曇(くも)り空(ぞら)	15 足跡(あしあと)	

5 자연, 풍경 등 (022)

음성을 듣고 _____ 안에 들어갈 적당한 말을 적어 넣으세요.

1 池に橋が二つ_____います。 연못에 다리가 2개 놓여 있습니다.

2 旗が風に_____います。 깃발이 바람에 펄럭이고 있습니다.

3 遠くにきれいな_____が見えます。 멀리 예쁜 야경이 보입니다.

4 海の水面が_____と輝いています。 바다 수면이 반짝반짝 빛나고 있습니다.

5 丸太がぎっしりと_____います。 통나무가 빽빽이 쌓여 있습니다.

6 _____は桜の木に囲まれています。 연못 주위는 벚나무로 둘러싸여 있습니다.

7 明るく光る_____が夜空を横切っています。 밝게 빛나는 유성이 밤하늘을 가로지르고 있습니다.

8 木の下に_____が落ちています。 나무 아래에 도토리가 떨어져 있습니다.

9 山は_____で美しいです。 산은 꽃이 한창이라서 아름답습니다.

10 _____とした森があります。 울창한 숲이 있습니다.

11 山の_____に美しい田園風景が広がっています。 산기슭에 아름다운 전원 풍경이 펼쳐져 있습니다.

12 _____水が流れています。 맑은 물이 흐르고 있습니다.

13 白い_____が広がった美しいビーチです。 하얀 모래밭이 펼쳐진 아름다운 해변입니다.

14 真正面に２つの_____が見えます。 바로 정면에 2개의 폭포가 보입니다.

15 雲の_____から太陽が見えます。 구름 사이로 태양이 보입니다.

1 かかって	2 はためいて	3 夜景(やけい)	4 きらきら
5 積(つ)まれて	6 池(いけ)の周(まわ)り	7 流(なが)れ星(ぼし)	8 どんぐり
9 花盛(はなざか)り	10 うっそう	11 ふもと	12 澄(す)んだ
13 砂浜(すなはま)	14 滝(たき)	15 切(き)れ間(ま)	

58

잘 듣고 (A) ～ (D)의 빈칸을 채운 후, 그림에 알맞는 표현을 고르세요.

1

(A) ＿＿＿＿＿＿番号が書いてあります。

(B) ＿＿＿＿＿に木が＿＿＿＿＿あります。

(C) 道路は＿＿＿＿＿で＿＿＿＿＿います。

(D) ＿＿＿＿＿ビルのある＿＿＿＿＿な駅です。

＋단어 路線番号 노선 번호　道路脇 도로변　落ち葉 낙엽　覆う 덮다　高層ビル 고층 빌딩　都会的だ 도회적이다

2

(A) ズボンが＿＿＿＿＿あります。

(B) 服が＿＿＿＿＿重ねてあります。

(C) かごから洗濯物が＿＿＿＿＿います。

(D) ＿＿＿＿＿洗濯物が＿＿＿＿＿されています。

＋단어 干す 말리다　畳まれる 개다, 개키다　重ねる 겹쳐 놓다　かご 바구니　洗濯物 세탁물　あふれる 넘치다
取り込む 거두어들이다　整理整頓する 정리 정돈하다

3

(A) 店の前に＿＿＿＿＿がついています。

(B) ワンピースが＿＿＿＿＿されています。

(C) ＿＿＿＿＿を着せられた＿＿＿＿＿があります。

(D) ＿＿＿＿＿を知らせる＿＿＿＿＿が掲げられて
います。

＋단어 防犯カメラ 방범 카메라　ディスプレーする 진열하다　マネキン 마네킹　知らせる 알리다
垂れ幕 현수막　掲げる 내걸다

4

(A) 花が＿＿＿＿＿＿いWTます。

(A) 花が＿＿＿＿＿＿います。

(B) 花畑に＿＿＿＿＿＿があります。

(C) チューリップ畑の中に＿＿＿＿＿＿が立てて
あります。

(D) 水面にチューリップの花びらが＿＿＿＿＿＿に
浮いています。

＋단어 **咲き誇る** 화려하게 피다, 한창 피다　**花畑** 꽃밭　**かかし** 허수아비　**水面** 수면　**花びら** 꽃잎
まばらに 드문드문, 간간이

5

(A) ＿＿＿＿＿＿の木が植えてあります。

(B) ＿＿＿＿＿＿駐車している車があります。

(C) ＿＿＿＿＿＿の上に石が敷かれています。

(D) 駐車場に＿＿＿＿＿＿が敷かれています。

＋단어 **やし** 야자나무　**路上駐車** 노상 주차　**敷く** 깔다, 밑에 펴다　**レンガ** 벽돌

6

(A) ここに＿＿＿＿＿＿が捨てられます。

(B) ＿＿＿＿＿＿を収集している所です。

(C) ＿＿＿＿＿＿が山積みになっています。

(D) 生ゴミ＿＿＿＿＿＿が設置されています。

＋단어 **空き缶** 빈 캔　**粗大ゴミ** 대형 쓰레기　**収集する** 수집하다　**資源ゴミ** 재활용 쓰레기
山積みになる 산더미처럼 쌓이다　**生ゴミ** 음식물 쓰레기　**処理機** 처리기　**設置** 설치

7

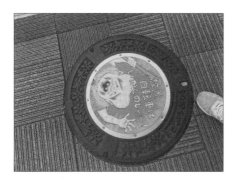

(A) ＿＿＿＿＿＿されていない道です。

(B) マンホールの＿＿＿＿＿＿が開いています。

(C) 自転車を＿＿＿＿＿＿してはいけません。

(D) マンホールから＿＿＿＿＿＿が上がっています。

＋단어 **舗装する** 포장하다 **マンホール** 맨홀 **蓋** 뚜껑 **放置する** 방치하다 **煙** 연기

8

(A) ＿＿＿＿＿＿が浮いています。

(B) ＿＿＿＿＿＿が＿＿＿＿＿＿あります。

(C) ＿＿＿＿＿＿が＿＿＿＿＿＿に並んでいます。

(D) ＿＿＿＿＿＿に電線が＿＿＿＿＿＿います。

＋단어 **提灯** 초롱 **吊るす** 매달다 **屋台** 포장마차 **軒下** 처마 밑 **電線** 전선 **垂れ下がる** 아래로 드리워지다

9

(A) 店の＿＿＿＿＿＿が＿＿＿＿＿＿あります。

(B) ＿＿＿＿＿＿がぶら下がっています。

(C) 店頭に＿＿＿＿＿＿が＿＿＿＿＿＿置かれています。

(D) 店の前に電飾＿＿＿＿＿＿があります。

＋단어 **吊り広告** 광고판 **ぶら下がる** 매달리다 **店頭** 점포 앞 **目玉商品** 특별 세일 상품 **ずらっと** 죽, 줄줄이
電飾スタンド看板 네온·전구 등을 이용한 입간판

10

(A) _____に自転車が放置されています。

(B) 道路の真ん中に_____ができています。

(C) _____のため道路が_____としています。

(D) _____に_____が取り付けられています。

+단어 道端(みちばた) 길가　放置(ほうち)する 방치하다　水溜(みずた)まり 물웅덩이　通行禁止(つうこうきんし) 통행금지　閑散(かんさん) 한산　道路標識(どうろひょうしき) 도로 표지　取(と)り付(つ)ける (기계 따위를) 달다, 설치하다

1　B　(A) 路線(ろせん) | (B) 道路脇(どうろわき), 植(う)えて
　　　(C) 落(お)ち葉(ば), 覆(おお)われて | (D) 高層(こうそう), 都会的(とかいてき)

2　A　(A) 干(ほ)して | (B) 畳(たた)まれて
　　　(C) あふれて | (D) 取(と)り込(こ)まれた, 整理整頓(せいりせいとん)

3　B　(A) 防犯(ぼうはん)カメラ | (B) ディスプレー
　　　(C) スーツ, マネキン | (D) オープン, 垂(た)れ幕(まく)

4　A　(A) 咲(さ)き誇(ほこ)って | (B) スプリンクラー
　　　(C) かかし | (D) まばら

5　A　(A) やし | (B) 路上(ろじょう)
　　　(C) 芝生(しばふ) | (D) レンガ

6　A　(A) 空(あ)き缶(かん) | (B) 粗大(そだい)ゴミ
　　　(C) 資源(しげん)ゴミ | (D) 処理機(しょりき)

7　C　(A) 舗装(ほそう) | (B) 蓋(ふた)
　　　(C) 放置(ほうち) | (D) 煙(けむり)

8　B　(A) ボート | (B) 提灯(ちょうちん), 吊(つ)るして
　　　(C) 屋台(やたい), 横一列(よこいちれつ) | (D) 軒下(のきした), 垂(た)れ下(さ)がって

9　D　(A) 扉(とびら), 閉(し)めて | (B) 吊(つ)り広告(こうこく)
　　　(C) 目玉商品(めだましょうひん), ずらっと | (D) スタンド看板(かんばん)

10　D　(A) 道端(みちばた) | (B) 水溜(みずた)まり
　　　(C) 通行禁止(つうこうきんし), 閑散(かんさん) | (D) 歩道橋(ほどうきょう), 道路標識(どうろひょうしき)

공략 3 단계 　실전 문제 풀기 　024

次の写真を見て、その内容に合っている表現を(A)から(D)の中で一つ選びなさい。

1

(A)　(B)　(C)　(D)

2

(A)　(B)　(C)　(D)

3

(A) (B) (C) (D)

4

(A) (B) (C) (D)

5

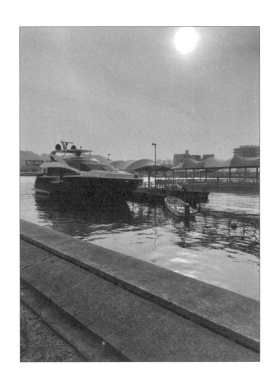

(A) (B) (C) (D)

6

(A) (B) (C) (D)

7

(A) (B) (C) (D)

8

(A) (B) (C) (D)

9

(A) (B) (C) (D)

10

(A) (B) (C) (D)

Ⅰ　次の写真を見て、その内容に合っている表現を(A)から(D)の中で一つ選びなさい。

1

(A)　(B)　(C)　(D)

2

(A)　(B)　(C)　(D)

3

(A)　(B)　(C)　(D)

4

(A)　(B)　(C)　(D)

5

(A)　(B)　(C)　(D)

6

(A)　(B)　(C)　(D)

7

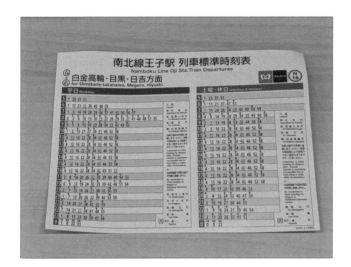

(A) (B) (C) (D)

8

(A) (B) (C) (D)

9

(A) (B) (C) (D)

10

(A) (B) (C) (D)

11

(A) (B) (C) (D)

12

(A) (B) (C) (D)

13

(A) (B) (C) (D)

14

(A) (B) (C) (D)

15

(A) (B) (C) (D)

16

(A) (B) (C) (D)

17

(A) (B) (C) (D)

18

(A) (B) (C) (D)

19

(A) (B) (C) (D)

20

(A) (B) (C) (D)

PART 2

질의응답

PART 2는 질문에 대한 적절한 응답을 찾는 짧은 회화문 문제가 나옵니다.
연이어 이어지는 문장의 의미를 파악하고 질문의 포인트를 잡는 순간적인
판단 능력을 요구하는 문제들로 구성되어 있어요.
질문을 들을 때 어떤 의문사가 쓰였는지 주의 깊게 듣고 그에 맞는 대답을
고를 수 있어야 합니다.
의문사가 없는 경우 화자의 어조에 신경 쓰며 들어 보세요. 또한 관용적인
표현과 비즈니스 표현들도 나오므로 평소에 잘 익혀 두는 것이 좋아요.

1 의문사가 있는 경우

유형 공략

1 何, どこ, どの, どんな, どれ, 誰(だれ), いつ, いくら 등의 의문사를 중점적으로 들어야 합니다. 何의 경우는 何(なん)のた めに, 何時(なんじ), 何(なん)で와 같이 다양한 형태로 출제될 수 있고 목적·수단·방법·이유·시간 등이 정답이 될 수 있어요.

2 いつ의 경우는 주로 시간을 묻는 질문이 많은데, 이때 시제에 유의하여 대답을 골라야 합니다.

3 どこ의 경우는 장소를 묻는 질문이 많으며, どこにもありません(어디에도 없습니다), どこへもいきません(아 무 데도 가지 않습니다) 등의 응답 표현도 익혀 두면 좋아요.

4 誰(だれ)(누구)의 경우는 인물에 대한 질문으로, 誰(だれ)が読(よ)んだ, 誰(だれ)と会(あ)った 등과 같이 구체적인 행위도 잘 들어야 하며, 読(よ)む나 読書(どくしょ)する처럼 대체되는 어휘나 会(あ)う나 合(あ)う와 같이 발음이 같은 어휘도 익혀 두어야 합니다.

5 どう는 どうですか, どうしましたか, どうしますか와 같이 상태 및 진행 상황 등 다양한 대답을 요구할 수 있 으므로 들려주는 문장의 단어를 꼼꼼히 체크해야 합니다.

6 그밖에 って, っけ 등과 같은 회화체 표현도 알아 둡시다.

예제 次の言葉の返事として、最も適したものを(A)から(D)の中で一つ選びなさい。

> '누구와'를 캐치했다면 응답 중
> 인물에 대해 말하는 것을 고르면 됩니다.

昨日偶然(くうぜんだれ)誰とばったり会ったって言ったっけ。 | 어제 우연히 누구와 딱 만났다고 했던가?

(A) 中村(なかむら)さんが偶然(ぐうぜん)お金(かね)を拾(ひろ)ったそうだよ。 | (A) 나카무라 씨가 우연히 돈을 주웠다고 해.

(B) 昨日中村さんの発表会(はっぴょうかい)があったんだよ。 | (B) 어제 나카무라 씨의 발표회가 있었어.

> 우연히 만났다고 했으므로 맞지 않아요.

(C) この人は中村さんにぴったり合(あ)うタイプだと
思う。 | (C) 이 사람은 나카무라 씨에게 딱 맞는 타입이라 고 생각해.

> 질문의 会う와 혼동하지 않도록!

(D) 高校(こうこう)の同級生(どうきゅうせい)の中村だよ。見違(みちが)えるほど変(か)わっ
ていたよ。 | (D) 고등학교 동창인 나카무라야. 몰라볼 정도로 변했더라.

> 인물을 말하고 있으므로 정답이에요.

+해설 문제를 듣고 무엇을 묻는 문제인지 파악합시다. 誰라는 의문사가 나왔으므로 인물에 대한 대답을 떠올려야 해요. 하지만 보 기에 모두 인물이 등장하므로 섣불리 답을 골라서는 안 되고, ばったり会(あ)う(딱 만나다)라는 표현을 염두에 두면서 답을 골 라 봅시다.

+단어 偶然(ぐうぜん) 우연히　拾(ひろ)う 줍다　発表会(はっぴょうかい) 발표회　ぴったり合(あ)う 딱 맞다　同級生(どうきゅうせい) 동창　見違(みちが)える 몰라보다

의문사가 있는 경우 (027)

何(なに・なん)

1 A この箱に何を入れましたか。 이 상자에 무엇을 넣었습니까?
   B 手持ちの小銭を入れました。 수중에 있던 잔돈을 넣었습니다.

2 A 目玉焼きに何をかけますか。 계란 프라이에 무엇을 뿌려요?
   B 醤油をかけます。 간장을 뿌립니다.

3 A これから何をするつもりですか。 지금부터 무엇을 할 생각인가요?
   B 素敵なカフェでランチを食べるつもりです。 멋진 카페에서 점심을 먹을 생각이에요.

4 A 予約は何日前からできますか。 예약은 며칠 전부터 할 수 있습니까?
   B 年末は十日前からできます。 연말에는 10일 전부터 할 수 있습니다.

5 A 何か悩みでもありますか。 뭔가 고민이라도 있어요?
   B にきびがひどくて悩んでいます。 여드름이 심해서 고민입니다.

どこ

6 A どこかいい店でもありますか。 어딘가 좋은 가게라도 있습니까?
   B それがですね、駅の近くに新しくできた店があるんですよ。
      그게 말이죠. 역 근처에 새로 생긴 가게가 있어요.

7 A 出前はどこにしようかな。 배달은 어디로 할까?
   B 口コミを参考にして選んだらどう？ 후기를 참고해서 고르는 게 어때?

どの

8 A カールはどのくらい持ちますか。 컬은 어느 정도 유지되나요?
   B 個人差がありますが、４ヶ月は持続します。 개인차가 있지만, 4개월은 지속됩니다.

9 A 塩はどのくらい入れたらいいんですか。 소금은 어느 정도 넣으면 되나요?
   B 小さじ半分くらい入れてください。 반 작은 술 정도 넣어 주세요.

どんな

10 A 宴会をするにはどんなレストランがいいですか。 연회를 하기에 어떤 레스토랑이 좋은가요?

B 人数が多いから広い所がいいと思います。 인원이 많으니까 넓은 곳이 좋다고 생각합니다.

11 A 山田さんはどんな人だと言われていますか。 야마다 씨는 어떤 사람이라고 하나요?

B 根が明るく、情け深い人だと言われています。 천성이 밝고, 인정이 많은 사람이라고 합니다.

どれ

12 A カメラって、どれを買えばいいんでしょうか。 카메라는 어느 것을 사면 좋을까요?

B 詳しい説明のあるのがいいんじゃない？ 자세한 설명이 있는 것이 좋지 않을까?

13 A 間取りはどれにする？ 방구조는 어느 것으로 할거야?

B リビングとキッチンがあって、部屋が一つあるのがいい。
거실과 주방이 있고 방이 하나 있는 게 좋겠어.

14 A この野菜はどれくらい煮たらいいですか。 이 채소는 어느 정도 삶으면 되나요?

B 弱火で十分に煮てください。 약한 불에서 충분히 삶아 주세요.

どちら

15 A 和風と洋風、どちらを選択するつもりですか。 일본식과 서양식, 어느 쪽을 선택할 것입니까?

B 洋風よりも和風を選ぼうと思います。 서양식보다도 일본식을 고르려고 합니다.

どう

16 A 味はどうですか。 맛은 어떻습니까?

B あっさりとしていて、口に合います。 담백하고 입맛에 맞습니다.

なぜ

17 A なぜそんなに落ち込んでいるんですか。 왜 그렇게 침울해하고 있어요?

B お小遣いがもらえなかったからです。 용돈을 받지 못 했거든요.

82

誰(だれ)

18 **A** 新入社員の中で誰が一番やる気がありますか。 신입사원 중에 누가 가장 의욕이 넘치나요?

 B 佐藤さんが一番積極的にやっています。 사토 씨가 가장 적극적으로 하고 있습니다.

19 **A** 誰かに覗かれたと思わない？ 누군가가 엿보는 것 같지 않아?

 B うん、さっき足音もしたし、誰だろう。 맞아, 아까 발소리도 들렸어. 누구지?

いつ

20 **A** 進路はいつ決めたの？ 진로는 언제 정했어?

 B 高校２年生の時、オープンキャンパスに行って決めたの。
 고등학교 2학년 때, 대학 탐방에 다녀와서 정했어.

いくら

21 **A** クーポンを使うと、支払い金額はいくらになりますか。 쿠폰을 사용하면, 지불 금액은 얼마가 됩니까?

 B ５％引きになりますので、2,500円です。 5% 할인이 되므로 2,500엔입니다.

1 의문문(何) 🎧 028

음성을 듣고 _____ 안에 들어갈 적당한 말을 적어 넣으세요.

1 A 日曜日にはだいたい、家で何をしますか。일요일에는 대체로 집에서 무엇을 하나요?

   B _____をしたり、_____をしたりします。빨래를 하거나 청소하거나 합니다.

2 A おいしそうですが、何という_____ですか。맛있어 보이는데, 무슨 요리예요?

   B _____といいます。스키야키라고 합니다.

3 A _____に着(つ)いたらまず何をしますか。회사에 도착하면 먼저 무엇을 합니까?

   B コーヒーを_____ながらスケジュールを_____ます。
   커피를 마시면서 스케줄을 확인합니다.

4 A 今度の_____、晴(は)れていたら何をしようと思いますか。

   이번 주말에 날씨가 좋으면 무엇을 할 생각인가요?

   B 家族_____で遊園地(ゆうえんち)へ行こうと思います。가족끼리 유원지에 갈 생각입니다.

5 A 秋葉原(あきはばら)では主(おも)に何を_____いますか。아키하바라에서는 주로 무엇을 팔고 있습니까?

   B 電気(でんき)_____やDVDなどを売っています。

   전자 제품이나 DVD 등을 팔고 있습니다.

6 A 何(なん)で_____ているんですか。왜 허둥대고 있어요?

   B 携帯(けいたい)を_____に_____しまったんです。휴대 전화를 화장실에 빠뜨려 버렸어요.

7 A 先生に何と_____ましたか。선생님께 무슨 말을 들었습니까(선생님께서 뭐라고 하셨습니까)?

   B 来年も今年のように_____と言われました。내년도 올해처럼 열심히 하라고 말씀하셨습니다.

8 A お母さんは今、何をしていますか。어머니는 지금 무엇을 하고 있습니까?

   B 赤ちゃんにミルクを_____います。아기에게 분유를 먹이고 있습니다.

---

1 洗濯(せんたく), 掃除(そうじ)   **2** 料理(りょうり), すき焼(や)き   **3** 会社(かいしゃ), 飲(の)み, 確(たし)かめ

4 週末(しゅうまつ), 水入(みずい)らず   **5** 売(う)って, 製品(せいひん)   **6** 慌(あわ)て, トイレ, 落(お)として

7 言(い)われ, 頑張(がんば)れ   **8** 飲(の)ませて

9   A　いつもとは違って＿＿＿＿＿＿な服を着ているけど、何かいいことでもあるの？

평소와는 달리 멋진 옷을 입고 있는데, 뭔가 좋은 일이라도 있어?

　　B　今日、ピアノの＿＿＿＿＿＿があるんだ。 오늘 피아노 발표회가 있어.

10   A　何のためにそんなに一生懸命＿＿＿＿＿＿の練習をしているんですか。

무엇을 위해 그렇게 열심히 유도 연습을 하고 있습니까?

　　B　＿＿＿＿＿＿選手になるためです。 국가 대표 선수가 되기 위해서입니다.

11   A　鈴木さんは田村さんに何を＿＿＿＿＿＿あげましたか。

스즈키 씨는 다무라 씨에게 무엇을 빌려 주었습니까?

　　B　＿＿＿＿＿＿を貸してあげました。 우비를 빌려 주었습니다.

12   A　ずいぶん＿＿＿＿＿＿に読んでいますね。何の記事ですか。

꽤 진지하게 읽고 있군요. 무슨 기사입니까?

　　B　地球＿＿＿＿＿＿の影響による＿＿＿＿＿＿破壊に関する記事です。

지구온난화의 영향에 의한 환경 파괴에 관한 기사예요.

13   A　何の＿＿＿＿＿＿がしましたか。 무슨 냄새가 났나요?

　　B　＿＿＿＿＿＿ようなにおいがしました。 타는 듯한 냄새가 났습니다.

14   A　そんなところで何をしているんですか。 그런 곳에서 무엇을 하고 있습니까?

　　B　＿＿＿＿＿＿が＿＿＿＿＿＿ので探しているんです。 명함이 보이지 않아서 찾고 있습니다.

15   A　京都にある＿＿＿＿＿＿な建物には何がありますか。 교토에 있는 유명한 건물에는 무엇이 있습니까?

　　B　古い＿＿＿＿＿＿や世界遺産の＿＿＿＿＿＿などがあります。

오래된 절이나 세계유산 건축물 등이 있습니다.

---

9 おしゃれ, 発表会(はっぴょうかい)　　　　**10** 柔道(じゅうどう), 国家代表(こっかだいひょう)

11 貸(か)して, 雨具(あまぐ)　　　　**12** 真剣(しんけん), 温暖化(おんだんか), 環境(かんきょう)

13 におい, こげた　　　　**14** 名刺(めいし), 見当(みあ)たらない

15 有名(ゆうめい), 寺(てら), 建物(たてもの)

음성을 듣고 _____ 안에 들어갈 적당한 말을 적어 넣으세요.

1 A 学校の_____にどこか_____時もありますか。
   학교 마치고 돌아가는 길에 어딘가 들를 때도 있나요?

   B はい、たまに_____に行きます。 예, 가끔 서점에 갑니다.

2 A _____はどうでしたか。 영화는 어땠어요?

   B 思ったより_____です。 생각보다 지루했어요.

3 A 明日、雨なら_____はどうなりますか。 내일 비가 내리면 하이킹은 어떻게 됩니까?

   B たぶん_____になるでしょう。 아마 중지가 되겠지요.

4 A どれくらい_____ましたか。 어느 정도 알아들었습니까?

   B _____くらいしか分かりませんでした。 반 정도밖에 못 알아들었습니다.

5 A 今年はどんな_____を立てましたか。 올해는 어떤 계획을 세웠습니까?

   B 一人で_____だけではなく_____を旅行しようと思っています。
   혼자서 국내뿐 아니라 세계를 여행하려고 생각하고 있습니다.

6 A _____の中でどんな本を読みますか。 전철 안에서 어떤 책을 읽나요?

   B _____小説とか_____を読みます。 추리소설이나 주간지를 읽습니다.

7 A どうして_____が好きではないんですか。 왜 시골을 좋아하지 않나요?

   B _____ばかりで、_____だからです。 밭뿐이라서 지루하기 때문이에요.

8 A どうして電車を_____てしまったんですか。 왜 전철을 놓쳤습니까?

   B 電車に乗ろうとした時、ドアが_____乗れなかったんです。
   전철을 타려고 했을 때 문이 닫혀서 탈 수 없었습니다.

---

1 帰(かえ)り, 寄(よ)る, 本屋(ほんや)　　2 映画(えいが), つまらなかった

3 ハイキング, 中止(ちゅうし)　　4 聞(き)き取(と)れ, 半分(はんぶん)

5 計画(けいかく), 国内(こくない), 世界(せかい)　　6 電車(でんしゃ), 推理(すいり), 週刊紙(しゅうかんし)

7 田舎(いなか), 畑(はたけ), 退屈(たいくつ)　　8 逃(のが)し, 閉(し)まって

9   A   この＿＿＿＿＿を押すとどうなりますか。 이 버튼을 누르면 어떻게 되나요?

    B   ＿＿＿＿＿が鳴って、＿＿＿＿＿なります。 벨이 울려서 시끄러워집니다.

10 A   昨日の＿＿＿＿＿の試合はどうでしたか。 어제 야구 시합은 어땠습니까?

    B   ＿＿＿＿＿なことに、２対１で＿＿＿＿＿でした。 유감스럽게도 2대 1로 역전패 당했습니다.

11 A   あの＿＿＿＿＿はどういう意味ですか。 저 표지는 어떤 의미입니까?

    B   あれは＿＿＿＿＿で、車両の通行を一方向だけに限るという意味です。
        저것은 일방통행으로 차량 통행을 한 방향만으로 제한한다는 의미입니다.

12 A   どちらにお＿＿＿＿＿いたしましょうか。 어디로 연결해 드릴까요?

    B   ＿＿＿＿＿売り場をお願いします。 액세서리 매장으로 부탁합니다.

13 A   ＿＿＿＿＿してからどのぐらい＿＿＿＿＿ましたか。
        단신 부임하고 나서 어느 정도 시간이 지났나요?

    B   ３年＿＿＿＿＿ところです。 이제 막 3년 지났습니다.

14 A   どんな人が＿＿＿＿＿の女性ですか。 어떤 사람이 이상형의 여성입니까?

    B   ＿＿＿＿＿で、やさしくて、一緒にいて楽しい人です。
        사교적이고 상냥하며 함께 있어서 즐거운 사람입니다.

15 A   石田さんはこの＿＿＿＿＿についてどう思いますか。
        이시다 씨는 이 의견에 대해서 어떻게 생각합니까?

    B   最初は＿＿＿＿＿しましたが、今は＿＿＿＿＿しています。
        처음에는 반대했지만 지금은 찬성합니다.

3 의문문(誰) 🎧 030

음성을 듣고 _____ 안에 들어갈 적당한 말을 적어 넣으세요.

1　A _____で傘を_____立っている人は誰ですか。

　　개찰구에서 우산을 들고 서 있는 사람은 누구입니까?

　　B 鈴木さんの娘さんです。 스즈키 씨의 따님입니다.

2　A この_____のマフラーは誰のですか。 이 뜨다 만 머플러는 누구의 것입니까?

　　B さっき、みちこさんが_____いたから、たぶんみちこさんのでしょう。

　　아까 미치코 씨가 뜨고 있었으니 아마 미치코 씨의 것이겠지요.

3　A 誰に_____をしましたか。 누구에게 생활비를 보냈습니까?

　　B 日本で勉強している_____にお金を送りました。

　　일본에서 공부하고 있는 아들에게 돈을 보냈습니다.

4　A 誰から_____をもらいましたか。 누구에게 연하장을 받았습니까?

　　B アメリカにいる_____からもらいました。 미국에 있는 친구로부터 받았습니다.

5　A 道が_____やすいですが、誰がここまで運転してきたんですか。

　　길이 미끄러지기 쉬운데 누가 여기까지 운전해서 온 것입니까?

　　B 私は_____だったので、姉が運転しました。 저는 숙취가 있었기 때문에 누나가 운전했습니다.

6　A 誰からそんな_____を聞いたの？ 누구에게서 그런 소문을 들었어?

　　B 木村さんから聞いたんですが、_____にしか_____みたいです。

　　기무라 씨에게서 들었는데 소문에 지나지 않았던 것 같습니다.

7　A 誰と_____したんですか。 누구와 야근했습니까?

　　B 石田さんと鈴木さんです。10時ごろ、一緒に帰りました。

　　이시다 씨와 스즈키 씨입니다. 10시쯤 같이 집에 갔습니다.

---

1 改札口(かいさつぐち), 持(も)って　　2 編(あ)みかけ, 編(あ)んで　　3 仕送(しおく)り, 息子(むすこ)
4 年賀状(ねんがじょう), 友(とも)だち　　5 滑(すべ)り, 二日酔(ふつかよ)い　　6 うわさ, うわさ, すぎなかった
7 残業(ざんぎょう)

88

8 　A　誰が＿＿＿＿＿＿＿＿＿＿に当_あたったんですか。누가 당첨되었습니까?

　　B　山田_{やまだ}さんです。＿＿＿＿＿＿＿＿＿＿だったんですよ。야마다 씨입니다. 크게 적중했어요.

9 　A　東京商社_{しょうしゃ}に＿＿＿＿＿＿＿＿＿＿を送った人は誰だっけ？도쿄상사에 팩스를 보낸 사람은 누구였지?

　　B　＿＿＿＿＿＿＿＿＿＿田中_{たなか}さんが送ったと思います。아마 다나카 씨가 보냈을 겁니다.

10 　A　ドバイ＿＿＿＿＿＿＿＿＿＿へ誰を＿＿＿＿＿＿＿＿＿＿するつもりですか。두바이 지사에 누구를 파견할 생각입니까?

　　B　まじめで、＿＿＿＿＿＿＿＿＿＿している小田_{おだ}さんを＿＿＿＿＿＿＿＿＿＿するつもりです。
성실하고 시원시원한 오다 씨를 파견할 생각입니다.

11 　A　空港_{くうこう}には誰か＿＿＿＿＿＿＿＿＿＿ことになっていますか。공항에는 누군가 마중 나오기로 되어 있습니까?

　　B　いいえ、誰も来ません。＿＿＿＿＿＿＿＿＿＿を見ながら私たちだけでホテルまで行きます。
아니요, 아무도 오지 않습니다. 가이드 북을 보면서 우리끼리 호텔까지 갈 거예요.

12 　A　今度の＿＿＿＿＿＿＿＿＿＿で誰に投票_{とうひょう}するつもりですか。이번 선거에서 누구에게 투표할 생각입니까?

　　B　環境問題_{かんきょうもんだい}と教育政策_{きょういくせいさく}の改善_{かいぜん}を＿＿＿＿＿＿＿＿＿＿に掲_{かか}げている候補者_{こうほしゃ}に投票します。
환경 문제와 교육 정책 개선을 공약으로 내세운 후보자에게 투표할 겁니다.

13 　A　＿＿＿＿＿＿＿＿＿＿のMVPは誰だったんですか。작년 MVP는 누구였습니까?

　　B　＿＿＿＿＿＿＿＿＿＿の井上_{いのうえ}さんがもらいました。끈기 있게 노력하는 이노우에 씨가 받았습니다.

14 　A　今回の＿＿＿＿＿＿＿＿＿＿セミナーに＿＿＿＿＿＿＿＿＿＿が参加しますか。이번 국제 세미나에 누가 참가합니까?

　　B　誰が参加するかはよく知らないけど、＿＿＿＿＿＿＿＿＿＿の３人だそうです。
누가 참가할지는 잘 모르지만, 영업부의 3명이라고 합니다.

15 　A　さっき、＿＿＿＿＿＿＿＿＿＿がしたような気がするんですが、誰か来たんですか。
아까 발소리가 났던 것 같은데, 누가 왔습니까?

　　B　はい、＿＿＿＿＿＿＿＿＿＿にクリスさんが来ました。예, 병문안으로 크리스 씨가 왔습니다.

---

8 くじ, 大当(おおあ)たり　　　　**9** ファックス, たしか

10 支社(ししゃ), 派遣(はけん), はきはき, 派遣(はけん)　　**11** 出迎(でむか)えてくれる, ガイドブック

12 選挙(せんきょ), スローガン　　**13** 去年(きょねん), 頑張(がんば)り屋(や)

14 国際(こくさい), 誰(だれ), 営業部(えいぎょうぶ)　　**15** 足音(あしおと), お見舞(みま)い

4 의문문(いつ・いくら・いくつ) 🎧031

음성을 듣고 _____ 안에 들어갈 적당한 말을 적어 넣으세요.

1 A この階に_____はいくつありますか。 이 층에 부서는 몇 개 있습니까?
  B 人事課、_____、経理課のみっつです。 인사과, 총무과, 경리과 3개입니다.

2 A _____付きの部屋の家賃はいくらですか。 목욕탕이 딸린 방의 방세는 얼마입니까?
  B _____10万円です。 한 달에 10만 엔입니다.

3 A _____はいくらですか。 운임은 얼마입니까?
  B _____で3500円です。 학생 할인으로 3,500엔입니다.

4 A 高橋さんのお子さんは_____ですか。 다카하시 씨의 자녀분은 몇 살인가요?
  B 今年、6歳に_____です。 올해, 6살이 되었다고 합니다.

5 A このカメラ、_____見えますが、いつから_____んですか。
    이 카메라, 오래되어 보이는데 언제부터 사용했습니까?
  B 3年前からですが、これは父からもらった物なので、かなり_____だと思います。
    3년 전부터인데, 이것은 아버지께 받은 것이라서 꽤 오래됐을 거예요.

6 A 農産物の_____はいつからですか。 농산물 시장 개방은 언제부터 했습니까?
  B ずいぶん_____からだと思います。 꽤 예전일 겁니다.

7 A 田村さんはまたいつものように_____ですか。いつまで待ちますか。
    다무라 씨는 또 여느 때처럼 지각입니까? 언제까지 기다립니까?
  B いつまでも待つ_____いかないから、あと30分だけ待つことにしましょう。
    언제까지고 기다릴 수는 없으니까 앞으로 30분만 기다리도록 합시다.

8 A これを_____するには_____はいくらくらいかかりますか。
    이것을 수리하려면 비용은 얼마 정도 듭니까?
  B _____かかりますので、新しい物を買った方が_____です。
    꽤 드니까 새로운 것을 사는 것이 더 낫습니다.

---

1 部署(ぶしょ), 総務課(そうむか)	**2** 風呂(ふろ), 一月(ひとつき)
3 運賃(うんちん), 学割(がくわり)	**4** おいくつ, なったそう
5 古(ふる)く, 使(つか)っている, 年代物(ねんだいもの)	**6** 市場開放(しじょうかいほう), 前(まえ)
7 遅刻(ちこく), わけには	**8** 修理(しゅうり), 費用(ひよう), 結構(けっこう), いい

9　A　_____がいつになるか教えてくださいませんか。출고가 언제 될지 가르쳐 주시지 않겠습니까?

　　B　_____ございませんが、私もよく分かりません。죄송하지만, 저도 잘 모르겠습니다.

10　A　いくらまで_____もらえますか。얼마까지 싸게 해 줄 수 있습니까?

　　B　20パーセントまでは_____できます。20퍼센트까지는 깎아 줄 수 있습니다.

11　A　今回の大会では_____をいくつに分けましたか。이번 대회에서는 팀을 몇 개로 나누었습니까?

　　B　_____と_____のふたつに分けました。청군과 백군, 두 팀으로 나누었습니다.

12　A　緊急時の_____場所はいくつありますか。긴급 시의 피난 장소는 몇 군데 있습니까?

　　B　32箇所です。ホームページで_____説明しています。

　　32개소입니다. 홈페이지에서 자세히 설명하고 있습니다.

13　A　会費の_____はいつまでですか。회비 납입은 언제까지입니까?

　　B　今日の4時半までなので、早く_____ください。오늘 4시 반까지이니까 빨리 지불해 주세요.

14　A　寿司を_____でいくつまで食べられますか。초밥을 한 입에 몇 개까지 먹을 수 있습니까?

　　B　_____がはずれたことがあったので、ふたつまでしか食べられません。

　　턱이 빠진 적이 있어서 2개까지 밖에 못 먹습니다.

15　A　あっという間に年末ですね。_____はいつですか。

　　눈 깜짝할 사이에 연말이 왔네요. 송년회는 언제입니까?

　　B　_____の金曜日、午後7時からです。이번 주 금요일 오후 7시부터입니다.

9　出庫(しゅっこ), 申(もう)し訳(わけ)　　　10　安(やす)くして, 値引(ねび)き

11　チーム, 青(あお), 白(しろ)　　　12　避難(ひなん), 詳(くわ)しく

13　納入(のうにゅう), 支払(しはら)って　　　14　一口(ひとくち), あご

15　忘年会(ぼうねんかい), 今週(こんしゅう)

잘 듣고 빈칸을 채운 후, (A) ～ (D) 중 질문에 맞는 대답을 고르세요.

1 ＿＿＿＿＿＿の田中さんはどんな方ですか。

(A) かなりの＿＿＿＿＿＿です。

(B) 田中さんはまだ＿＿＿＿＿＿いません。

(C) 取引先との＿＿＿＿＿＿を成功させました。

(D) 田中さんの＿＿＿＿＿＿は部下の意見にも＿＿＿＿＿＿タイプです。

┿단어 八方美人 팔방미인　打ち合わせ 협의　成功する 성공하다　上司 상사　部下 부하
　　　　耳を傾ける 귀를 기울이다　タイプ 타입, 형

2 ＿＿＿＿＿＿はどこにありますか。

(A) ここはりんごが＿＿＿＿＿＿です。

(B) この＿＿＿＿＿＿の１階にあります。

(C) お土産で＿＿＿＿＿＿を買いました。

(D) 両親と友だちへの＿＿＿＿＿＿です。

┿단어 お土産屋 기념품 가게　お土産 기념품

3 景気が＿＿＿＿＿＿するとすれば、いつ頃でしょうか。

(A) ＿＿＿＿＿＿が回復するのに２、３日かかります。

(B) 甘いケーキを食べると＿＿＿＿＿＿がすぐ取れる人もいます。

(C) ＿＿＿＿＿＿によいものはビタミンが＿＿＿＿＿＿なものです。

(D) ２、３年後になると思いますけど、今は回復の＿＿＿＿＿＿が見られません。

┿단어 景気 경기　回復する 회복하다　体調 몸 상태　豊富だ 풍부하다　兆し 징조, 조짐

4　本の貸し出しの_____をするために、何をすればいいですか。

(A) まず、この_____に名前と住所を_____してください。

(B) 借りた本を_____した場合は_____しなければなりません。

(C) 本の_____期間は8日間ですから、気をつけてください。

(D) 貸し出し期間の_____はインターネットでできますが、一回限りです。

➕단어　**貸し出し** 대출　**空欄** 공란　**入力する** 입력하다　**紛失する** 분실하다　**弁償する** 변상하다　**延長** 연장
　　　～限り ～만, ～뿐

5　見本はいつごろ_____もらえますか。

(A) _____は5月20日までです。

(B) _____が変更されたのですか。

(C) 今週の金曜日までに_____します。

(D) _____は金曜日まで延長しました。

➕단어　**納品先** 납품처　**申請期間** 신청 기간　**延長する** 연장하다

6　冬休みに何をする_____ですか。

(A) 冬は_____寒くありません。

(B) 日本に_____と思っています。

(C) 彼女は日本に行った_____です。

(D) 日本は_____し、_____所ですね。

➕단어　**以前** 이전　**～より** ～보다　**～はずだ** ～일 터이다, ～일 것이다(과거 일에 대한 확신)

7   この店、結構＿＿＿＿＿＿＿ですね。コースはいくらなんですか。

(A) ＿＿＿＿＿＿＿の寿司で有名な店ですよ。

(B) 他の店の＿＿＿＿＿＿＿で、意外に安いですよ。

(C) 鈴木さんの＿＿＿＿＿＿＿の店を紹介してもらいました。

(D) ＿＿＿＿＿＿＿はおいしくないからおすすめしたくありません。

＋단어 結構 패　イクラ 연어알　寿司 초밥　半額 반값　意外に 의외로　行き付け 단골

8   アメリカ支社へ誰を＿＿＿＿＿＿＿しましたか。

(A) ＿＿＿＿＿＿＿から派遣されたジョンと申します。

(B) 海外に派遣されることは実に＿＿＿＿＿＿＿なことです。

(C) 山田さんです。英語もできるし、＿＿＿＿＿＿＿人ですから。

(D) 我が社はアメリカとイギリスとフランスに＿＿＿＿＿＿＿があります。

＋단어 支社 지사　派遣する 파견하다　実に 실로, 참으로　名誉 명예　頼りになる 의지가 되다

9   この＿＿＿＿＿＿＿パン、いいにおいがしますが、何で作ったんですか。

(A) 子どものおやつとしてパンは＿＿＿＿＿＿＿ですね。

(B) ＿＿＿＿＿＿＿で簡単にパンのデコレーションができます。

(C) 近所に＿＿＿＿＿＿＿パン屋があって、いつもいいにおいがしています。

(D) ＿＿＿＿＿＿＿、小麦粉と卵とベーキングパウダーを入れて作りました。

＋단어 もってこい 안성맞춤　デコレーション 장식　小麦粉 밀가루　ベーキングパウダー 베이킹 파우더

10 連休はどのようにお＿＿＿＿＿＿＿＿になりましたか。

(A) ＿＿＿＿＿＿＿＿でもしようと思っています。

(B) ＿＿＿＿＿＿＿＿をしに韓国に行きたいです。

(C) ＿＿＿＿＿＿＿＿行かず家でごろごろしてばかりいました。

(D) はい、今まで＿＿＿＿＿＿＿＿にもかからず、＿＿＿＿＿＿＿＿に過ごしてきました。

+단어 連休 연휴　過ごす 보내다, 지내다　ごろごろ 빈둥빈둥　～てばかりいる ～하고만 있다
病気にかかる 병에 걸리다

11 次回の＿＿＿＿＿＿＿＿のために今から何を準備すればいいですか。

(A) 履歴書と研究計画書を＿＿＿＿＿＿＿＿してください。

(B) ぎりぎりですが、＿＿＿＿＿＿＿＿間に合うと思います。

(C) これを押すと次回から＿＿＿＿＿＿＿＿にログインできます。

(D) ＿＿＿＿＿＿＿＿を取得するために、６ヶ月間準備してきました。

+단어 準備する 준비하다　履歴書 이력서　ぎりぎり 빠듯함　次回 다음 번　自動的 자동적
ログインする 로그인하다　資格を取得する 자격증을 따다

12 あの姉妹は見分けがつかないほど＿＿＿＿＿＿＿＿いますね。

(A) ええ、私は＿＿＿＿＿＿＿＿の姉妹の姉です。

(B) はい、姉はまだ＿＿＿＿＿＿＿＿いません。

(C) 階段の上に＿＿＿＿＿＿＿＿いる人が妹さんですよ。

(D) そうですね。＿＿＿＿＿＿＿＿と固くなりますよ。

+단어 姉妹 자매　見分けがつく 분간하다, 구분하다　双子 쌍둥이　煮る 삶다

13 _____はいつですか。

(A) _____の時間は8時です。

(B) 梅雨の時期は_____が多いです。

(C) だいたい7月の_____ごろです。

(D) 窓は_____まで開けておいてください。

+단어 梅雨明け[つゆあ] 장마가 끝남　夜明け[よあ] 동이 틈, 새벽　湿気[しっけ] 습기　だいたい 대체로　なかば 절반, 중간

14 今度の_____は誰なの？

(A) _____は見たことがありません。

(B) お兄ちゃんだよ。一番最初に_____たから。

(C) 鬼の話は本当に_____。

(D) 木村先生は_____と呼ばれています。

+단어 鬼[おに] 술래, 도깨비　捕まる[つか] 잡히다　恐ろしい[おそ] 두렵다　鬼先生[おにせんせい] 호랑이 선생님

15 このドア、_____いてちゃんと閉まらないんですが、どうすればいいですか。

(A) 耳を_____よく聞いてください。

(B) ねじの部分に_____をさしてください。

(C) よく切れないんですか。包丁を_____ください。

(D) ずっと料理をしなかったから、腕が_____しまいました。

+단어 錆びる[さ] 녹슬다　耳をすます[みみ] 귀를 기울이다　ねじ 나사　潤滑油[じゅんかつゆ] 윤활유　さす (액체를) 부어 넣다, 치다
包丁[ほうちょう] 식칼　研ぐ[と] 갈다, 닦아서 윤을 내다　腕が錆びる[うでさ] 솜씨가 녹슬다

1	A	取引先(とりひきさき)	(A) 八方美人(はっぽうびじん)	(B) いらっしゃって
			(C) 打(う)ち合(あ)わせ	(D) 上司(じょうし), 耳(みみ)を傾(かたむ)ける
2	B	お土産屋(みやげや)	(A) 有名(ゆうめい)	(B) ビル
			(C) お菓子(かし)	(D) お土産(みやげ)
3	D	回復(かいふく)	(A) 体調(たいちょう)	(B) 疲(つか)れ
			(C) 回復(かいふく), 豊富(ほうふ)	(D) 兆(きざ)し
4	A	予約(よやく)	(A) 空欄(くうらん), 入力(にゅうりょく)	(B) 紛失(ふんしつ), 弁償(べんしょう)
			(C) 貸(か)し出(だ)し	(D) 延長(えんちょう)
5	C	届(とど)けて	(A) 見積書(みつもりしょ)	(B) 納品先(のうひんさき)
			(C) お届(とど)け	(D) 申請期間(しんせいきかん)
6	B	つもり	(A) 以前(いぜん)より	(B) 行(い)こう
			(C) はず	(D) きれいだ, いい
7	B	高(たか)そう	(A) イクラ	(B) 半額(はんがく)
			(C) 行(い)き付(つ)け	(D) 定食(ていしょく)
8	C	派遣(はけん)	(A) イギリス	(B) 名誉(めいよ)
			(C) 頼(たよ)りになる	(D) 支社(ししゃ)
9	D	手作(てづく)り	(A) もってこい	(B) 生(なま)クリーム
			(C) 手作(てづく)り	(D) レシピどおり
10	C	過(す)ごし	(A) 海外旅行(かいがいりょこう)	(B) ショッピング
			(C) どこにも	(D) 病気(びょうき), 元気(げんき)
11	A	申(もう)し込(こ)み	(A) 用意(ようい)	(B) 急(いそ)げば
			(C) 自動的(じどうてき)	(D) 資格(しかく)
12	C	似(に)て	(A) 双子(ふたご)	(B) 帰(かえ)って
			(C) 立(た)って	(D) 煮(に)すぎる
13	C	梅雨明(つゆあ)け	(A) 夜明(よあ)け	(B) 湿気(しっけ)
			(C) なかば	(D) ゆうがた
14	B	鬼(おに)	(A) 鬼(おに)	(B) 捕(つか)まって
			(C) 恐(おそ)ろしかった	(D) 鬼先生(おにせんせい)
15	B	錆(さ)びて	(A) すまして	(B) 潤滑油(じゅんかつゆ)
			(C) 研(と)いで	(D) 錆(さ)びて

次の言葉の返事として、もっとも適したものを(A)から(D)の中で一つ選びなさい。

1 答えを答案用紙に書き入れなさい。 Ⓐ Ⓑ Ⓒ Ⓓ

2 答えを答案用紙に書き入れなさい。 Ⓐ Ⓑ Ⓒ Ⓓ

3 答えを答案用紙に書き入れなさい。 Ⓐ Ⓑ Ⓒ Ⓓ

4 答えを答案用紙に書き入れなさい。 Ⓐ Ⓑ Ⓒ Ⓓ

5 答えを答案用紙に書き入れなさい。 Ⓐ Ⓑ Ⓒ Ⓓ

6 答えを答案用紙に書き入れなさい。 Ⓐ Ⓑ Ⓒ Ⓓ

7 答えを答案用紙に書き入れなさい。 Ⓐ Ⓑ Ⓒ Ⓓ

8 答えを答案用紙に書き入れなさい。 Ⓐ Ⓑ Ⓒ Ⓓ

9 答えを答案用紙に書き入れなさい。 Ⓐ Ⓑ Ⓒ Ⓓ

10 答えを答案用紙に書き入れなさい。 Ⓐ Ⓑ Ⓒ Ⓓ

11 答えを答案用紙に書き入れなさい。 Ⓐ Ⓑ Ⓒ Ⓓ

12 答えを答案用紙に書き入れなさい。 Ⓐ Ⓑ Ⓒ Ⓓ

13 答えを答案用紙に書き入れなさい。 Ⓐ Ⓑ Ⓒ Ⓓ

14 答えを答案用紙に書き入れなさい。 Ⓐ Ⓑ Ⓒ Ⓓ

15 答えを答案用紙に書き入れなさい。 Ⓐ Ⓑ Ⓒ Ⓓ

2 의문사가 없는 경우

유형 공략

1 お出かけですか(외출하시나요?)에 대해 **ええ、ちょっとそこまで**(예, 잠깐요)라고 응답하는 것과 같이 관용적인 인사말은 꼭 익혀 둡시다.

2 의문사가 없기 때문에 말하는 사람의 어조에 유의하며 들어야 해요.

3 의문사가 없는 질의 응답 표현에는 주로 물건의 상품평, 의뢰, 권유, 부탁, 허가, 제3의 인물의 이야기, 몸 상태 및 질병에 관한 이야기, 예약, 여행 등이 화제가 되므로 이와 관련된 회화 표현을 익혀 두세요.

4 ~てもいい(~해도 좋다), ~ていただけませんか(~해 주시지 않겠습니까?), ~てはいけない(~해서는 안 된다), ~ほうがいい(~하는 편이 좋다), ~すべきだ(~해야 한다)와 そうだ, らしい, ようだ와 같은 표현도 익혀야 합니다.

예제 次の言葉の返事として、もっとも適したものを(A)から(D)の中で一つ選びなさい。

漢方薬を飲んでいるから、お酒は勘弁してください。
　　　　　　　　　　　　　　　　　좀 봐주세요

> '한약', '봐주세요' 등을 캐치해야 문제를 풀 수 있다.

한약을 먹고 있으니까 술은 좀 봐주세요.

(A) では、楽しくお酒が飲めますね。

(A) 그러면 즐겁게 술을 마실 수 있군요.

(B) お酒を飲む学生を許すつもりです。

(B) 술을 마시는 학생을 용서할 생각입니다.

(C) では、お酒は飲まなくてもかまいませんよ。
　　　　　　　~하지 않아도 괜찮습니다

(C) 그러면 술은 마시지 않아도 괜찮아요.

(D) 漢方薬を飲むと体の調子がよくなりますよ。

> '한약'만 듣고 답으로 고르기 쉽다.

(D) 한약을 먹으면 몸 상태가 좋아져요.

+해설 예제는 동료나 친구들 사이에서 볼 수 있는 일상적인 대화로 ~てください를 이용한 표현입니다. 문제의 화자가 좀 봐달라는 부탁을 하고 있으므로 (C) では、お酒は飲まなくてもかまいませんよ가 정답이에요. 그 밖에 飲めます와 같은 가능 표현 및 つもり 등의 표현도 익혀 둡시다.

+단어 漢方薬 한약 　勘弁 용서함, 참음 　許す 허락하다, 용서하다 　かまわない 상관없다

의문사가 없는 경우 🎧035

기본 인사

1 **A** ご遠慮なく、召し上がってください。 사양 말고 많이 드세요.

   B いただきます。 잘 먹겠습니다.

2 **A** 今日はお招きいただき、ありがとうございます。 오늘은 초대해 주셔서 감사합니다.

   B どうぞ、お上がりください。 자, 어서 들어오세요.

3 **A** わざわざお迎えに来てくださり、どうもありがとうございます。
   일부러 마중 나와 주셔서 감사합니다.

   B 日本は初めてなので当然です。 일본은 처음이니 당연합니다.

허가, 금지

4 **A** この乗り物は6歳以下の子どもも乗れますか。 이 놀이기구는 6세 이하의 아이도 탈 수 있나요?

   B いいえ、危ないですから、だめです。 아니요, 위험해서 안 됩니다.

5 **A** 人に迷惑をかけてはいけませんよ。 남에게 피해를 줘서는 안 됩니다.

   B はい、注意します。 예, 주의하겠습니다.

6 **A** 隣の席に座ってもよろしいですか。 옆 좌석에 앉아도 될까요?

   B はい、いいですよ。 예, 괜찮습니다.

의뢰, 부탁

7 **A** このテレビ、修理してもらいたいんですが。 이 텔레비전, 수리해 줬으면 하는데요.

   B ちょっと見せていただけませんか。 잠깐 보여 주시겠습니까?

8 **A** 切符の買い方を教えてください。 표 사는 방법을 가르쳐 주세요.

   B まず、行き先のボタンを押してください。 먼저 행선지 버튼을 누르세요.

물건, 상품

9 A 折りたたみ椅子は運べますか。 접이식 의자는 운반할 수 있나요?

   B いいえ、運べません。 아니요, 운반할 수 없습니다.

10 A ちょっとウエストがきついのですが、他の物にかえてもらえませんか。
      좀 허리가 끼는데요, 다른 것으로 바꿔주시겠어요?

   B 一つ上のサイズでよろしいでしょうか。 하나 큰 사이즈로 드리면 될까요?

교통, 부상, 몸상태

11 A 初診なんですが。 초진인데요.
   B 診察券を作りますから、少々お待ちください。 진찰권을 만들어야 하니까 잠시 기다려 주세요.

12 A 注射を打ちますから、用意して待っていてください。 주사를 놓을 테니까 준비하고 기다려 주세요.
   B 注射室で待てばいいんですか。 주사실에서 기다리면 되나요?

시간, 예약, 여행

13 A ホテルは駅の近くにありますか。 호텔은 역 가까이에 있습니까?

   B はい、歩いて５分ぐらいの距離です。 예, 걸어서 5분 정도 거리입니다.

14 A 外国人観光客がずいぶん集まっていますね。 외국인 관광객이 꽤 모여 있네요.

   B はい、この辺には古い建物などがありますからね。 예, 이 근처에는 오래된 건물 등이 있으니까요.

제3의 인물, 전문, 추량

15 A 営業部の山口さんに惚れたんですね。 영업부의 야마구치 씨에게 반했군요.

   B そんなことはこれっぽっちもありません。 그런 일은 추호도 없어요.

16 A 車の鍵を落としたようです。 자동차 열쇠를 잃어버린 것 같습니다.

   B スペアキーがあるから持ってきます。 여분 열쇠가 있으니까 갖고 오겠습니다.

권유, 조언

17 A 空気が乾燥しているから、喉が痛くなりますね。 공기가 건조해서 목이 아픕니다.

B のどあめでも食べたらどうですか。 목캔디라도 먹으면 어떻습니까?

18 A 学園祭に多国籍料理の屋台を出店しませんか。
학교 축제에 세계 요리 푸드 트럭으로 참여하지 않을래요?

B いいですよ。でも、 あまり手の込まない料理にしましょう。
좋아요, 하지만 그다지 손이 많이 가지 않는 음식으로 해요.

기타

19 A 久しぶりにいい天気なんだから、 ドライブにでも行こうか。
오랜만에 좋은 날씨이니까, 드라이브라도 갈까?

B いいよ、気分転換になりそう。 좋아, 기분전환이 될 것 같아.

20 A 空いている日を教えて。 시간되는 날을 알려 줘.

B 確実に空いている日が分かったら連絡する。 확실하게 일정이 정해지면 연락할게.

1 기본 인사 (036)

음성을 듣고 _____ 안에 들어갈 적당한 말을 적어 넣으세요.

1 A ご_____に、おっしゃってください。 기탄없이 말씀해 주세요.
　 B はい、分からないことがあれば、お話しします。 예, 모르는 것이 있으면 이야기하겠습니다.

2 A ご_____でした。 수고하셨습니다.
　 B いいえ、とんでもないです。 아닙니다, 별 말씀을요.

3 A どうぞ、お_____ください。 자, 어서 들어오세요.
　 B いいえ、今日はすぐ失礼します。 아니요, 오늘은 바로 가 보겠습니다.

4 A また_____ください。 또 오세요.
　 B はい、また参ります。 예, 또 오겠습니다.

5 A もうそろそろ_____いただきます。 이제 슬슬 돌아가겠습니다.
　 B それでは、すぐにタクシーをお呼びします。 그러면 바로 택시를 부르겠습니다.

6 A ごめんください。 계십니까?
　 B はい、_____ですか。 예, 누구십니까?

7 A お_____ですか。 외출하십니까?
　 B ええ、ちょっとそこまで。 예, 잠깐 요 앞에요.

8 A お風呂に入りますか。 목욕하실 건가요?
　 B いいえ、_____どうぞ。 아니요, 먼저 하세요.

9 A たくさん召し上がってください。 많이 드세요.
　 B では、_____いただきます。 그럼, 사양 않고 먹겠습니다.

10 A _____に合いますか。 입에 맞으십니까?
　 B はい、味が濃くも薄くもなくおいしいです。 예, 맛이 진하지도 싱겁지도 않고 맛있습니다.

---

1 遠慮(えんりょ)なさらず　　2 苦労(くろう)さま　　3 上(あ)がり　　4 いらっしゃって　　5 帰(かえ)らせて
6 どちらさま　　7 出(で)かけ　　8 お先(さき)に　　9 遠慮(えんりょ)なく　　10 お口(くち)

음성을 듣고 _____ 안에 들어갈 적당한 말을 적어 넣으세요.

1　A　すみませんが、私は_____は食べられません。 죄송하지만, 저는 돼지고기는 못 먹습니다.
　　B　だめだったら、残^{のこ}してもいいですよ。 못 드시면 남겨도 됩니다.

2　A　風邪の時、_____いけない食べ物はありますか。 감기 걸렸을 때, 먹으면 안 되는 음식은 있습니까?
　　B　_____は食べないでください。 차가운 것은 먹지 말아 주세요.

3　A　漢方薬^{かんぽうやく}を飲んでいるから、お酒は_____してください。 한약을 먹고 있으니까 술은 좀 봐 주세요.
　　B　そういうことなら、お酒は_____かまいませんよ。 그런거라면 술은 마시지 않아도 괜찮아요.

4　A　このペン、_____してもいいですか。 이 펜, 빌려도 됩니까?
　　B　はい、自由に_____ください。 예, 자유롭게 쓰세요.

5　A　そんな_____言葉は使ってはいけません。 그런 저속한 말은 사용해서는 안 됩니다.
　　B　すみません。つい口がすべってしまいました。 죄송합니다. 무심결에 나와 버렸어요.

6　A　道を渡^{わた}ってもいいですか。 길을 건너도 됩니까?
　　B　いいえ、赤信号^{あかしんごう}の時に道を_____いけません。 아니요, 빨간불일 때 길을 건너면 안 됩니다.

7　A　髪を短く_____もらいたいです。 머리카락을 짧게 잘라 주었으면 합니다.
　　B　このくらいの_____でよろしいですか。 이 정도 길이로 괜찮으시겠습니까?

8　A　この魚を食べてもいいですか。 이 생선을 먹어도 됩니까?
　　B　変^{へん}な_____がするから、食べない方がいいです。
　　　이상한 냄새가 나니까 먹지 않는 편이 좋습니다.

---

1 豚肉(ぶたにく)	2 口(くち)にしては, 冷(つめ)たいの	3 勘弁(かんべん), 飲(の)まなくても
4 お借(か)り, お使(つか)い	5 下品(げひん)な	6 渡(わた)っては
7 切(き)って, 長(なが)さ	8 におい	

3 물건, 상품 (038)

음성을 듣고 _____ 안에 들어갈 적당한 말을 적어 넣으세요.

1 A 私が_____あげたケーキ、おいしかった？ 내가 만들어 준 케이크, 맛있었어?

　　B うん、すごくおいしかったよ。_____を教えて。 응, 굉장히 맛있었어. 만드는 방법을 가르쳐 줘.

2 A ねえ、このお店の_____、おいしいそうよ。 있잖아, 이 가게 화과자 맛있대.

　　B では、_____に買って行こうかな。 그러면 기념 선물로 사 갈까.

3 A これ、課長の_____のようですね。 이거, 과장님이 잃어버린 물건인 것 같네요.

　　B お名前がここにあるので、_____と思います。 이름이 여기에 있으니까 틀림없어요.

4 A _____なイメージがあるんですが、結構(けっこう)高いんでしょう。
　　고급스러운 이미지가 있는데, 꽤 비싸지요?

　　B 昔(むかし)は高かったんですが、_____が下がったので安くなりました。
　　옛날에는 비쌌지만, 값어치가 떨어져서 싸졌습니다.

5 A 新しいスマホはよく売れていますか。 새로운 스마트폰은 잘 팔리고 있습니까?

　　B はい、_____ように売れています。 예, 날개 돋친 듯이 팔리고 있습니다.

6 A 2、3日前、_____を送ったんですが、届(とど)きましたか。
　　2, 3일 전에 청소기를 보냈는데 도착했나요?

　　B こちらではよく分からないんですが、届(とど)いたかどうか_____してみます。
　　여기에서는 잘 모르겠는데, 도착했는지 어떤지 확인해 보겠습니다.

7 A この_____と同じものはありますか。 이 털실과 같은 것은 있습니까?

　　B 同じ色のはありますが、_____が少し違(ちが)います。 같은 색은 있지만 굵기가 조금 다릅니다.

8 A これはとても_____ノートパソコンらしいですね。 이것은 매우 평판이 좋은 노트북인 것 같네요.

　　B はい、こちらの新製品(しんせいひん)は軽(かる)くて、_____に便利ですよ。
　　예, 이 신제품은 가벼워서 가지고 다니기 편리해요.

---

1 作(つく)って, 作(つく)り方(かた)　　2 和菓子(わがし), お土産(みやげ)　　3 忘(わす)れ物(もの), 間違(まちが)いない

4 高級(こうきゅう), 値打(ねう)ち　　5 飛(と)ぶ　　6 掃除機(そうじき), 確認(かくにん)

7 毛糸(けいと), 太(ふと)さ　　8 評判(ひょうばん)の, 持(も)ち運(はこ)び

음성을 듣고 ＿＿＿＿ 안에 들어갈 적당한 말을 적어 넣으세요.

1 A スピードの＿＿＿＿＿です。20キロもオーバーしていますね。
　　속도 위반입니다. 20킬로미터나 오버했어요.

　 B すみません。＿＿＿＿＿病院に行かなければならないんです。
　　죄송합니다. 서둘러 병원에 가야만 하거든요.

2 A 吐き気もするし、お腹がきりきりします。 토할 것 같고, 배도 쿡쿡 쑤십니다.

　 B ＿＿＿＿＿のようですね。 三日分の薬を＿＿＿＿＿します。
　　장염같군요. 3일분 약을 처방하겠습니다.

3 A 空気が＿＿＿＿＿しているから、喉が痛くなりますね。 공기가 건조해서 목이 아프네요.

　 B ＿＿＿＿＿でも食べたらどうですか。 목캔디라도 먹는 게 어떨까요?

4 A 運転＿＿＿＿＿を持っていますか。 운전면허증을 가지고 있습니까?

　 B はい、でも＿＿＿＿＿ドライバーです。 예, 하지만 장롱면허입니다.

5 A この薬を3時間＿＿＿＿＿塗ってください。 이 약을 3시간 마다 발라 주세요.

　 B 薬を塗ったら、＿＿＿＿＿の跡は残らないんですか。 약을 바르면 화상 흉터는 남지 않나요?

6 A ＿＿＿＿＿を抜くんですか。 사랑니를 뽑습니까?

　 B いいえ、＿＿＿＿＿を治療するんです。 아니요, 충치를 치료하는 것입니다.

7 A 車に＿＿＿＿＿ほうですか。 차멀미를 하는 편입니까?

　 B はい、＿＿＿＿＿ほうです。 예, 심한 편입니다.

8 A 足首を＿＿＿＿＿んですが、治らないんです。 발목을 삐었는데 낫지 않네요.

　 B 1ヶ月くらい＿＿＿＿＿をしなければなりませんね。 1개월 정도 깁스를 해야겠네요.

---

1 出(だ)しすぎ, 急(いそ)いで	2 腸炎(ちょうえん), 処方(しょほう)	3 乾燥(かんそう), のどあめ
4 免許証(めんきょしょう), ペーパー	5 ごとに, やけど	6 親知(おやし)らず, 虫歯(むしば)
7 酔(よ)う, ひどい	8 くじいた, ギプス	

음성을 듣고 _____ 안에 들어갈 적당한 말을 적어 넣으세요.

1　A 　_____ に人はたくさん来ましたか。전시회에 사람은 많이 왔습니까?

　　B 　はい、たくさんの人が来ていて、すごく_____ いました。

　　　　예, 많은 사람이 와서 굉장히 붐비었습니다.

2　A 　週末の旅行は楽しかったですか。주말 여행은 즐거웠습니까?

　　B 　道路の渋滞がひどくて、楽しいどころか、もう旅行は_____ です。

　　　　도로 정체가 심해서 즐겁기는커녕, 이제 여행은 지긋지긋합니다.

3　A 　そろそろお花見の_____ だね。이제 곧 꽃구경 시즌이네.

　　B 　週末、桜を見に行こう。주말에 벚꽃 보러 가자.

4　A 　この荷物を韓国に送りたいんですけど。이 짐을 한국에 보내고 싶은데요.

　　B 　_____ がかなりかかりますが、よろしいでしょうか。수수료가 꽤 드는데, 괜찮으십니까?

5　A 　今度の旅行の_____ は？이번 여행 예산은?

　　B 　_____ と宿泊パッケージで一人あたり10万円ぐらいだよ。

　　　　항공권과 숙박 패키지가 1인당 10만 엔 정도야.

6　A 　_____ をお願いできますか。체크인을 부탁할 수 있습니까?

　　B 　はい、お客様のお名前をお願いします。예, 손님의 성함을 알려 주세요.

7　A 　明日の約束、_____ ？내일 약속, 기억해?

　　B 　うん、明日、午後5時に渋谷駅でしょ？응, 내일 오후 5시 시부야역이지?

8　A 　_____ はなさいましたか。예약은 하셨습니까?

　　B 　はい、_____ でしました。예, 인터넷으로 했습니다.

---

1 展示会(てんじかい), 混(こ)んで　　**2** うんざり　　**3** シーズン

4 手数料(てすうりょう)　　**5** 予算(よさん), 航空券(こうくうけん)　　**6** チェックイン

7 覚(おぼ)えている　　**8** 予約(よやく), インターネット

6 제3의 인물, 전문, 추량 🎧 041

음성을 듣고 _____ 안에 들어갈 적당한 말을 적어 넣으세요.

1 A 山田さんの_____を取るのは難しいですか。 야마다 씨의 비위를 맞추는 것은 어렵습니까?

   B はい、山田さんはちょっと_____なタイプですからね。
   예, 야마다 씨는 좀 변덕스러운 타입이니까요.

2 A 中村さんが_____したって。 나카무라 씨가 이직했대.

   B 本当ですか。知りませんでした。 정말입니까? 몰랐습니다.

3 A 田中さんが落ちたというのは本当ですか。 다나카 씨가 떨어졌다는 것이 정말입니까?

   B はい、本当です。でも受験に_____なんて、田中さんらしくないですよね。
   예, 정말입니다. 하지만 입시에 실패하다니, 다나카 씨답지 않지요.

4 A 父は_____だから困ります。中田さんのお父さんも同じですか。
   우리 아버지는 완고해서 난감해요. 나카다 씨의 아버지도 같나요?

   B いいえ、_____ではないですけど、けちで大変です。
   아니요, 완고하지는 않지만 구두쇠라서 큰일입니다.

5 A この頃、中村さんはずいぶん_____だと思わない？
   요즘, 나카무라 씨는 꽤 바빠 보인다고 생각하지 않아?

   B そうだね。_____で働いているね。 그렇네. 먹지도 마시지도 않고 일하고 있어.

6 A 田中さんは_____企業の課長ですか。 다나카 씨는 대기업 과장입니까?

   B いいえ、_____ですよ。 아니요, 평사원입니다.

7 A みどりさん、来ないね。バレエの_____がある日かな。
   미도리 씨, 안 오네. 발레 연습이 있는 날인가?

   B はい。でも、今日、_____を休むかも知れないと言ってました。
   예, 하지만 오늘 연습을 쉴지도 모른다고 말했었습니다.

8 A 吉田さんは_____根気強いですね。 요시다 씨는 보기와는 달리 끈기가 있군요.

   B ところが、意外にもそそっかしい一面もあるようです。 그런데 의외로 덤벙대는 면도 있는 듯 합니다.

---

1 機嫌(きげん), 気(き)まぐれ	2 転職(てんしょく)	3 失敗(しっぱい)する
4 頑固(がんこ), 頑固(がんこ)	5 忙(いそが)しそう, 飲(の)まず食(く)わず	6 大手(おおて), 平社員(ひらしゃいん)
7 稽古(けいこ), 稽古(けいこ)	8 見(み)かけによらず	

7 권유, 조언 (042)

음성을 듣고 _____ 안에 들어갈 적당한 말을 적어 넣으세요.

1 A コピー機の使い方が分からないのですが、教えていただけませんか。
   복사기 사용법을 모르는데 가르쳐 주시지 않겠습니까?

   B この_____に詳しく書いてありますが、福田さんに聞いた方がいいですよ。
   이 설명서에 자세히 적혀 있지만, 후쿠다 씨에게 묻는 편이 좋아요.

2 A あのう、ちょっと_____が悪いんですが、早く帰らせていただけませんか。
   저, 좀 몸 상태가 안 좋은데요, 빨리 집에 가도 되겠습니까?

   B 顔色が悪いですね。今日は家で_____休んだ方がいいですね。
   안색이 좋지 않군요. 오늘은 집에서 푹 쉬는 편이 좋겠네요.

3 A 明日の５時ごろ、_____に来てください。 내일 5시 정도에 찾으러 오세요.

   B 私はその時、都合が悪いので、_____の者を来させます。
   저는 그때 사정이 있어 다른 사람을 오게 하겠습니다.

4 A 布団と枕を押し入れにしまいましょうか。 이불과 베개를 벽장에 넣을까요?

   B いいえ、後で_____ますから、そのままにしておいてください。
   아니요, 나중에 정리할 거니까 그대로 두세요.

5 A 急ぎの用がなければここで_____しましょうか。 급한 일이 없으면 여기서 잠깐 쉴까요?

   B _____でも降りそうだから、早く帰った方がいいですよ。
   큰비라도 내릴 것 같으니까 빨리 돌아가는 것이 좋겠어요.

6 A ここに止めてはいけませんよ。あそこに_____しましょう。
   여기에 세워서는 안 됩니다. 저기에 주차합시다.

   B さっきちらっと見ましたけど、_____でした。 아까 언뜻 봤는데, 자리가 다 찼습니다.

7 A 出かける前に注意すべきことはありますか。 외출하기 전에 주의해야 할 점은 있습니까?

   B はい、出かける時は、_____をきちんとしてください。
   예, 외출할 때는 문단속을 철저히 해 주세요.

8 A 会社の_____に久しぶりに屋台で一杯飲まない？
   퇴근하는 길에 오랜만에 포장마차에서 한 잔 하지 않을래?

   B いいよ。この辺は_____と屋台が多いよね。 좋아. 이 근처는 의외로 포장마차가 많지.

---

1 説明書(せつめいしょ)	2 調子(ちょうし), ゆっくり	3 取(と)り, 代(か)わり
4 片付(かたづ)け	5 一休(ひとやす)み, 大雨(おおあめ)	6 駐車(ちゅうしゃ), 満車(まんしゃ)
7 戸締(とじ)まり	8 帰(かえ)り, 意外(いがい)	

8 기념일, 날씨 (043)

음성을 듣고 _____ 안에 들어갈 적당한 말을 적어 넣으세요.

1 A もう12月なのに、雨ばかり降っていますね。 벌써 12월인데 비만 내리네요.
   B はい、珍しいことです。やはり、_____のせいですね。
      예, 별난 일입니다. 역시 이상 기후 탓이지요.

2 A 今朝は_____が降って、きれいでしたね。 오늘 아침에는 첫눈이 내려서 예뻤지요.
   B はい、朝、カーテンを開けたら一面真っ白でした。 예, 아침에 커튼을 걷었더니 온통 새하얬습니다.

3 A 道に_____が立ち込めていました。 길에 안개가 자욱했습니다.
   B _____の中を走るのもなかなかいいもんですね。 안개 속을 달리는 것도 꽤 좋네요.

4 A 気持ちいい_____が吹いていますね。 기분 좋은 산들바람이 부네요.
   B ええ、本当に今日はさわやかな日です。 예, 정말로 오늘은 상쾌한 날입니다.

5 A 洗濯物が_____で濡れたの。 세탁물이 소낙비에 젖었어.
   B それじゃ、_____直した方がいいかもね。 그럼, 다시 세탁하는 것이 좋을지도 몰라.

6 A 年も明けたし、神社へ_____に行こうか。 새해도 밝았고 신사에 참배하러 갈까?
   B いいですね。私も初詣でに行きたかったんですよ。 좋아요. 저도 신년 참배 하러 가고 싶었어요.

7 A 昨日から家でずっとしめ縄を飾ったりしています。そちらも忙しいですか。
      어제부터 집에서 계속 금줄을 장식하기도 하고 있습니다. 그쪽도 바쁩니까?
   B はい、うちもお正月の準備に_____います。これから料理に取り掛かります。
      예, 저희도 설 준비에 쫓기고 있습니다. 지금부터 요리를 시작할 겁니다.

8 A _____の日、金魚すくいをしましたか。 축제 날, 금붕어 건지기를 했나요?
   B いいえ、しませんでした。 아니요, 하지 않았어요.

| 1 異常気象(いじょうきしょう) | 2 初雪(はつゆき) | 3 霧(きり), 霧(きり) | 4 そよ風(かぜ) |
| 5 にわか雨(あめ), 洗(あら)い | 6 お参(まい)り | 7 追(お)われて | 8 祭(まつ)り |

110

잘 듣고 빈칸을 채운 후, (A)～(D) 중 질문에 맞는 대답을 고르세요.

1 午後2時までにフロントで_____してください。

(A) 2時前に、部屋から_____いいんですね。

(B) フロントで_____ができるんですね。

(C) 12時までに_____しなければなりませんね。

(D) _____はフロントではやらないんですね。

+단어 **フロント** 프런트 **チェックアウト** 체크아웃 **プリントアウト** 출력, 인쇄 **チェックイン** 체크인

2 **最近、元気がなさそうですね。何か**_____**でもありますか。**

(A) ええ、いくら_____腕が上がらなくて。

(B) ええ、_____で病院へ行って来ました。

(C) ええ、全ての悩みが_____解決しました。

(D) ええ、思ったより元気なので、今は_____いません。

+단어 **腕が上がる** 실력이 늘다 **風邪気味** 감기 기운 **すっきり** 말쑥이, 산뜻이 **解決する** 해결되다, 해결하다
思ったより 생각보다

3 **ほうきまで手にして、忙しそうですね。奥さんに**_____**んですか。**

(A) ええ、_____ですが、妻は忙しくない方です。

(B) ええ、両手で耳を覆うと、妻の_____は聞こえません。

(C) ええ、妻とのかねてからの_____に外食をしました。

(D) ええ、日曜日なので_____休みたかったんですが、仕方がないです。

+단어 **共働き** 맞벌이 **覆う** 감싸다, 덮다 **小言** 잔소리, 꾸지람, 불평 **かねて** 미리, 전부터 **外食** 외식
のんびり 유유히, 한가로이 **仕方がない** 어쩔 수 없다

4 あ、いいにおい。一口＿＿＿＿＿いいですか。

(A) 子どもを＿＿＿＿＿させてください。

(B) なにとぞ口を＿＿＿＿＿ください。

(C) どうぞ、お口に＿＿＿＿＿いいのですが。

(D) お願いだから、＿＿＿＿＿も話さないでください。

+단어 一口 ひとくち 한 입　なにとぞ 아무쪼록, 부디　口を入れる くちをいれる 참견하다　一言 ひとこと 한마디

5 飲み会に＿＿＿＿＿ことがありますか。

(A) ぜひ飲み会に＿＿＿＿＿ください。

(B) はい。週に２、３回は＿＿＿＿＿ます。

(C) はい。＿＿＿＿＿が多くて、遅く帰りました。

(D) いいえ、昨日の＿＿＿＿＿はあまりよくなかったよ。

+단어 誘う さそう 권유하다, 꾀다, 불러내다　声をかける こえをかける 말을 걸다, 부르다　大酒飲み おおざけのみ 대주가　ネタ 소재, 재료

6 ＿＿＿＿＿のは好きですか。

(A) はい。それでは、お言葉に＿＿＿＿＿。

(B) お母さんに＿＿＿＿＿んじゃありませんよ。

(C) ＿＿＿＿＿があまくて解けそうですね。

(D) はい、でも今はダイエットのために＿＿＿＿＿いるんです。

+단어 甘い あまい 달다, 무르다, 헐겁다　お言葉に甘えまして ことばにあまえまして 말씀을 고맙게 받아들여　甘える あまえる 응석을 부리다　結び目 むすびめ 매듭　解ける ほどける (저절로) 풀어지다　我慢する がまんする 참다

7 このコーヒー、濃すぎてちょっと＿＿＿＿＿ね。

(A) いいえ、＿＿＿＿＿のは好きじゃないので。

(B) 文字が小さすぎて＿＿＿＿＿よ。書き直して。

(C) ボートを＿＿＿＿＿ください。あまり進まないですね。

(D) お湯を注いで、少し＿＿＿＿＿どう？

＋단어 **油っこい** 느끼하다　**書き直す** 다시 쓰다　**ボートを漕ぐ** 보트를 젓다　**お湯を注ぐ** 뜨거운 물을 붓다

8 くしゃみが出たり、鼻水が出たり、どうも＿＿＿＿＿のようです。

(A) では、＿＿＿＿＿に載せてください。

(B) では、袖を＿＿＿＿＿働きましょう。

(C) では、まず熱を＿＿＿＿＿みましょう。

(D) では、＿＿＿＿＿をチェックしましょう。

＋단어 **どうも～のようだ** 아무래도 ～같다　**体重計** 체중계　**載せる** 위에 두다, 얹다　**袖をまくる** 소매를 걷다　**測る** 재다　**肥満度** 비만도

9 味噌汁に＿＿＿＿＿が入っていました。

(A) 味噌汁以外に＿＿＿＿＿があります。

(B) 日本の＿＿＿＿＿は味噌で作るんですね。

(C) 申し訳ございません。すぐお＿＿＿＿＿します。

(D) 髪の毛を切るのなら＿＿＿＿＿に行ってください。

＋단어 **味噌汁** 일본식 된장국　**髪の毛** 머리카락　**梅干し** 매실 장아찌　**取り替える** 바꾸다, 교환하다

10　_____と_____だけなんて、もううんざりです。到着はまだですか。

　(A) 新宿に行くには_____に乗ればいいです。

　(B) トンネルを_____ともうすぐだから我慢してね。

　(C) すばらしかったです。山の_____もきれいでした。

　(D) 本当に見えないんですか。目をよく見開いて_____してください。

11　田中さんが_____するそうです。

　(A) _____は北海道支社ですね。

　(B) どうして_____のか分かりません。

　(C) 単身赴任の_____を教えてください。

　(D) 田中さんからの_____はありませんでした。

12　中村さん、そこにある_____を取ってくれない？

　(A) そうね、_____ような_____がしますね。

　(B) これ？これは_____じゃなくて_____だよ。

　(C) _____七味を_____食べるのが好きです。

　(D) _____したものが箸についています。

13 _____はお墓まいりに行きますか。

(A) はい、_____が参ります。

(B) はい、_____を飾りました。

(C) はい、_____みんなで行きます。

(D) はい、_____は８月にあります。

+단어 **お盆** 오본〈음력 7월 보름〉 **お墓まいり** 성묘 **参る** 오다, 가다〈겸양어〉
門松 가도마쓰〈일본에서 새해에 문앞에 장식하는 소나무〉

14 明日からは久しぶりに_____が出るそうです。

(A) 子どもの時は_____が走ると怖かったです。

(B) 台風が南の方から_____、明日は雨ですね。

(C) 明日は風も吹き、_____と大粒の雨が降るらしいです。

(D) ずっとじめじめとしていたのに、台風が_____ということですね。

+단어 **日差し** 햇볕, 햇살 **稲妻が走る** 번개가 치다 **北上する** 북상하다 **バラバラ** 후드득(연속적으로 소리를 내면서
비 따위가 날아오는 모양) **大粒** 굵은 방울, 큰 방울 **じめじめ** 구질구질, 눅눅, 축축 **去る** 떠나다, 가다

15 _____ものですが、お納めください。

(A) _____きます。

(B) お_____なさい。

(C) _____さまでした。

(D) _____ございます。

+단어 **お納めください** 받아 주세요

1	A	チェックアウト	(A) 出(で)れば	(B) プリントアウト
			(C) チェックイン	(D) ホテルの予約(よやく)
2	A	悩(なや)み	(A) 努力(どりょく)しても	(B) 風邪気味(かぜぎみ)
			(C) すっきり	(D) 心配(しんぱい)して
3	D	頼(たの)まれた	(A) 共働(ともばたら)き	(B) 小言(こごと)
			(C) 約束(やくそく)どおり	(D) のんびり
4	C	食(た)べても	(A) 静(しず)かに	(B) 入(い)れないで
			(C) 合(あ)えば	(D) 一言(ひとこと)
5	B	誘(さそ)われた	(A) 誘(さそ)って	(B) 声(こえ)をかけられ
			(C) 大酒飲(おおざけの)み	(D) 寿司(すし)のネタ
6	D	甘(あま)い	(A) 甘(あま)えまして	(B) 甘(あま)える
			(C) 結(むす)び目(め)	(D) 我慢(がまん)して
7	D	飲(の)みづらい	(A) 油(あぶら)っこい	(B) 読(よ)みづらい
			(C) 漕(こ)いで	(D) 薄(うす)くしたら
8	C	風邪(かぜ)	(A) 体重計(たいじゅうけい)	(B) まくって
			(C) 測(はか)って	(D) 肥満度(ひまんど)
9	C	髪(かみ)の毛(け)	(A) 梅干(うめぼ)し	(B) 汁物(しるもの)
			(C) 取(と)り替(か)え	(D) 美容院(びよういん)
10	B	山(やま), 空(そら)	(A) 山手線(やまのてせん)	(B) 抜(ぬ)ける
			(C) 紅葉(こうよう)	(D) 観察(かんさつ)
11	A	転勤(てんきん)	(A) 転勤先(てんきんさき)	(B) 転職(てんしょく)した
			(C) 暮(く)らし方(かた)	(D) 伝言(でんごん)
12	B	七味(しちみ)	(A) 焦(こ)げた, におい	(B) 七味(しちみ), こしょう
			(C) どこにでも, かけて	(D) ねばねば
13	C	お盆(ぼん)の時(とき)	(A) 電車(でんしゃ)	(B) 門松(かどまつ)
			(C) 家族(かぞく)	(D) お祭(まつ)り
14	D	日差(ひざ)し	(A) 稲妻(いなずま)	(B) 北上(ほくじょう)して
			(C) バラバラ	(D) 去(さ)る
15	D	つまらない	(A) 行(い)って	(B) 帰(かえ)り
			(C) ごちそう	(D) ありがとう

공략 3 단계 실전 문제 풀기 045

次の言葉の返事として、もっとも適したものを(A)から(D)の中で一つ選びなさい。

1　答えを答案用紙に書き入れなさい。　　Ⓐ　Ⓑ　Ⓒ　Ⓓ

2　答えを答案用紙に書き入れなさい。　　Ⓐ　Ⓑ　Ⓒ　Ⓓ

3　答えを答案用紙に書き入れなさい。　　Ⓐ　Ⓑ　Ⓒ　Ⓓ

4　答えを答案用紙に書き入れなさい。　　Ⓐ　Ⓑ　Ⓒ　Ⓓ

5　答えを答案用紙に書き入れなさい。　　Ⓐ　Ⓑ　Ⓒ　Ⓓ

6　答えを答案用紙に書き入れなさい。　　Ⓐ　Ⓑ　Ⓒ　Ⓓ

7　答えを答案用紙に書き入れなさい。　　Ⓐ　Ⓑ　Ⓒ　Ⓓ

8　答えを答案用紙に書き入れなさい。　　Ⓐ　Ⓑ　Ⓒ　Ⓓ

9　答えを答案用紙に書き入れなさい。　　Ⓐ　Ⓑ　Ⓒ　Ⓓ

10　答えを答案用紙に書き入れなさい。　　Ⓐ　Ⓑ　Ⓒ　Ⓓ

11　答えを答案用紙に書き入れなさい。　　Ⓐ　Ⓑ　Ⓒ　Ⓓ

12　答えを答案用紙に書き入れなさい。　　Ⓐ　Ⓑ　Ⓒ　Ⓓ

13　答えを答案用紙に書き入れなさい。　　Ⓐ　Ⓑ　Ⓒ　Ⓓ

14　答えを答案用紙に書き入れなさい。　　Ⓐ　Ⓑ　Ⓒ　Ⓓ

15　答えを答案用紙に書き入れなさい。　　Ⓐ　Ⓑ　Ⓒ　Ⓓ

3 시사, 비즈니스

유형 공략

1 사업상으로 만난 사람과 나누는 인사 표현 및 관용 표현을 익혀 두는 것이 중요합니다.

2 일의 진행 및 경기 현황에 사용되는 '주식(株式)', '환율(為替)', '인상(値上げ)', '인플레이션(インフレ)', '재고(在庫)' 등과 같은 단어를 알아 두어야 합니다.

3 회사에서 주로 일어나는 상황인 부재중일 때의 전화, 전화 내용의 전달, 잔업, 회의 시간, 출장, 사무실 일 등과 관련된 **外出中です**(외출 중입니다), **やり直す**(다시 하다), **見通しが明るい**(전망이 밝다), **まだ届いていません**(아직 도착하지 않았습니다) 등의 표현을 알아 둡시다.

4 비즈니스 상황에서 필요한 **お・ご~いただく, お・ご~する, お・ご~になる**와 같은 상하 관계에 따른 경어 표현도 익혀 두세요.

예제 次の言葉の返事として、もっとも適したものを(A)から(D)の中で一つ選びなさい。

この書類、何ページかが抜けているようですから、確認してください。

> '빠져 있다'는 동사 抜ける를 캐치하자!

이 서류, 몇 페이지인가가 빠진 것 같으니 확인해 주세요.

(A) はい、あらかじめ書類を配っていただきました。

(A) 예, 미리 서류를 나누어 주셨습니다.

(B) この本、確認してみたら600ページもあるんです。

> '확인하다'라는 단어만 듣고 정답으로 고르지 않도록 주의하세요.

(B) 이 책, 확인해 보니 600페이지나 되더군요.

(C) 自分の名前が抜けているのを見てがっかりしています。

(C) 자신의 이름이 빠져 있는 것을 보고 실망하고 있습니다.

(D) また確認してからやり直します。

> 다시 하겠습니다

(D) 다시 확인하고 나서 고치겠습니다.

+해설 문제에 나오는 단어만 가지고 답을 유추하면 안되고 문장 전체의 의미를 파악해 맥락에 맞는 대답을 골라야 하는 문제로, 정답은(D) **また確認してからやり直します.** 입니다. 그 밖에 **~ていただきます**(~해 주시다), **がっかりしている**(실망하고 있다) 등의 표현도 알아 두세요.

+단어 **抜ける** 빠지다 **確認する** 확인하다 **あらかじめ** 미리 **配る** 나눠 주다 **ある** (수량이) 되다
がっかりする 실망하다

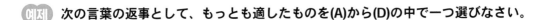

118

시사, 비즈니스 (047)

일의 진행, 경기 현황

1 A あの件はどうなっているのですか。 그 건은 어떻게 되었습니까?
　 B 確認中です。 확인 중입니다.

2 A 品質検査の担当者はいつ戻りますか。 품질 검사 담당자는 언제 돌아옵니까?
　 B 市場調査をしに行ったので、いつ戻れるか分かりません。
　　 시장 조사를 하러 갔기 때문에 언제 돌아올지 모릅니다.

3 A 去年の売り上げはよくなかったんですね。 작년의 매상은 좋지 않았지요?
　 B はい、赤字でした。 예, 적자였습니다.

4 A この件についてご提案がございますか。 이 건에 관해서 제안이 있으십니까?
　 B はい、こちらをご覧ください。 예, 이쪽을 봐 주십시오.

5 A まだ担当が決まってないんだけど、君はどう？ 아직 담당은 정해지지 않았는데, 자네는 어떤가?
　 B ぜひ私にやらせてください。 꼭 제가 하게 해 주세요.

6 A 協力していただけませんか。 협력해 주시지 않겠습니까?
　 B 申し訳ございません。今回は力になれません。 죄송합니다. 이번에는 힘이 되어 드릴 수 없습니다.

7 A 見本はいつごろ届けてもらえますか。 견본은 언제쯤 받을 수 있습니까?
　 B 今週の金曜日までにお届けします。 이번 주 금요일까지는 보내겠습니다.

8 A 会議の日程が二日前倒しされました。 회의 일정이 이틀 연기되었습니다.
　 B ということは今週の会議は木曜日ですね。 그렇다는 것은 이번 주 회의는 목요일이군요.

의뢰, 부탁, 계약

9 A あらかじめ契約書をきちんと読んでおいた方がいいです。
　　 미리 계약서를 제대로 읽어 두는 편이 좋습니다.
　 B はい、前もって読んでおきます。 예, 미리 읽어 두겠습니다.

10 A 広告宣伝の担当の方をお願いします。 광고 담당하시는 분을 부탁드립니다.
　 B あいにくほかの電話に出ております。 공교롭게도 다른 전화를 받고 있습니다.

11 A この文書をワードで作成してもらえませんか。 이 문서를 워드로 작성해 줄 수 없습니까?

B はい、かしこまりました。 예, 알겠습니다.

12 A そろそろ仕事に取り掛かってください。 슬슬 일에 착수해 주세요.

B はい、分かりました。 예, 알겠습니다.

13 A 田村さんの提案は何ですか。 다무라 씨의 제안은 무엇입니까?

B 賃金引き上げ交渉のことです。 임금 인상 교섭에 대한 것입니다.

14 A 確認を頼んでいた契約の件、どうなった？ 확인 부탁했던 계약 건, 어떻게 되었지?

B その契約は納期に関して再度の調整が必要です。
그 계약은 납기일에 관해 재차 조정이 필요합니다.

기타

15 A 今月の電気料金は先月と比べてかなり上がりましたね。
이번 달 전기 요금은 지난달에 비해 꽤 올랐네요.

B ええ、今月から値上げになったからです。 예, 이번 달부터 인상되었기 때문입니다.

16 A ニュースによると、戦争が起きて罪のない子どもたちが犠牲になったそうです。
뉴스에 의하면, 전쟁이 일어나서 죄 없는 아이들이 희생되었다고 합니다.

B 戦争中の国の子どもたちが可哀そうでなりません。 전쟁 중인 국가의 아이들이 너무 불쌍합니다.

17 A 会社の労使交渉はどうなりましたか？ 회사의 노사 교섭은 어떻게 되었습니까?

B すったもんだのあげく終止符を打ったそうです。 옥신각신한 끝에 종지부를 찍었다고 합니다.

18 A あの政治家はどうして免職になったんですか。 저 정치가는 왜 면직되었습니까?

B 企業からわいろを受け取ったからです。 기업으로부터 뇌물을 받았기 때문입니다.

19 A アルバイト募集のポスターを見たんですが、どんな仕事ですか。
아르바이트 모집 포스터를 보았는데요, 어떤 일입니까?

B 本の宣伝です。 책 광고입니다.

20 A 社員の給与の基準はありますか。 사원의 급여 기준은 있습니까?

B はい、あります。普通、年功序列で、定期的に昇給します。
예, 있습니다. 보통 연공서열제에 의해 정기적으로 급여가 올라갑니다.

1 일의 진행, 경기 현황 048

음성을 듣고 _____ 안에 들어갈 적당한 말을 적어 넣으세요.

1 A _____期間はどれくらいですか。 품질 보증 기간은 어느 정도입니까?

  B 1年間ですが、故意に壊した場合、保証は受けられません。

  1년간이지만 고의로 고장을 낸 경우에는 보증은 받을 수 없습니다.

2 A 去年の_____はどうでしたか。 작년 매출액은 어땠습니까?

  B 去年も_____でした。 작년도 적자였습니다.

3 A さすがだね。契約がうまく_____よかった。 역시 대단해. 계약이 잘 성사되어서 다행이야.

  B _____ください。 치켜세우지 말아 주세요.

4 A 20パーセント_____した価格で購入できますか。 20퍼센트 할인된 가격으로 구입할 수 있습니까?

  B 会社に戻って_____からお返事いたします。 회사에 돌아가 검토하고 나서 답변 드리겠습니다.

5 A 今年の売り上げの_____はどうですか。 올해 매상의 전망은 어떻습니까?

  B 売り上げの_____は5パーセントくらい高くなりそうです。

  매상 증가율은 5퍼센트 정도 높아질 것 같습니다.

6 A 今後_____しそうな株を教えてください。 앞으로 값이 오를 것 같은 주식을 가르쳐 주세요.

  B 私はよく分かりません。株の動きを見て、_____してください。

  저는 잘 모릅니다. 주식의 움직임을 보고 판단하세요.

7 A _____は上がるけど、給料は上がらないですね。 물가는 오르는데, 월급은 안 오르네요.

  B ええ、それで財布の紐をきつく_____います。 예, 그래서 허리끈을 꽉 졸라매고 있습니다.

8 A _____まであと3日しかありません。 마감까지 앞으로 3일밖에 없습니다.

  B ええ、急がないと間に合いませんね。 예, 서두르지 않으면 시간에 맞출 수 없겠군요.

---

1 品質保証(ひんしつほしょう) 2 売(う)り上(あ)げ高(だか), 赤字(あかじ) 3 まとまって, おだてないで

4 値引(ねび)き, 検討(けんとう)して 5 見通(みとお)し, 伸(の)び率(りつ) 6 値上(ねあ)がり, 判断(はんだん)

7 物価(ぶっか), 締(し)めて 8 締(し)め切(き)り

2 의뢰, 부탁, 계약 (049)

음성을 듣고 _____ 안에 들어갈 적당한 말을 적어 넣으세요.

1　A　すみません。この_____資料を借りてもいいですか。　실례합니다. 이 소장 자료를 빌려도 될까요?

　　B　はい、いいてす。でもすぐに_____ください。　예, 괜찮습니다. 하지만 바로 돌려 주세요.

2　A　お_____はご一緒になさいますか。　계산은 같이 하시겠습니까?

　　B　いいえ、別々にしてください。　아니요, 따로따로 해 주세요.

3　A　ドルを円に_____くださいませんか。　달러를 엔으로 바꿔 주시지 않겠습니까?

　　B　はい、いくら_____なさいますか。　예, 얼마 환전 하시겠습니까?

4　A　日本商社との契約は_____ましたか。　일본상사와의 계약은 끝났습니까?

　　B　はい、_____ました。　예, 끝났습니다.

5　A　お願いがあるんですが、_____のメールをすぐ送れますか。
　　　부탁이 있는데요, 사과 메일을 바로 보낼 수 있습니까?

　　B　来週月曜あたりに_____予定ですが、今すぐは無理です。
　　　다음 주 월요일쯤에 발송 예정인데, 지금 당장은 무리입니다.

6　A　前回の_____にミスがあったから、修正してください。
　　　지난번의 계약서에 실수가 있었으니 수정해 주세요.

　　B　何度も確認したので大丈夫だと思いましたが、申し訳ありません。
　　　몇 번이나 확인했기 때문에 괜찮다고 생각했는데, 죄송합니다.

7　A　お送りくださった_____が読めないんですが、メールで送っていただけませんか。
　　　보내 주신 팩스를 읽을 수가 없는데, 메일로 보내 주시지 않겠습니까?

　　B　はい、今すぐお送りいたしますので、ご確認いただけましたらお電話ください。
　　　예, 지금 바로 보내 드릴 테니 확인하시면 전화 주세요.

8　A　課長、デザインに対するお客様の希望をまとめました。
　　　과장님, 디자인에 대한 손님의 요청을 정리했습니다.

　　B　それを_____にして作ってください。　그것을 시안으로 해서 만들어 주세요.

---

1 所蔵(しょぞう), 返(かえ)して	2 勘定(かんじょう)	3 替(か)えて, 両替(りょうがえ)
4 済(す)み, 終(お)わり	5 お詫(わ)び, 発送(はっそう)	6 契約書(けいやくしょ)
7 ファックス	8 たたき台(だい)	

음성을 듣고 _____ 안에 들어갈 적당한 말을 적어 넣으세요.

1 A 日本人はゴールデンウィークに、どこへ行きますか。 일본인은 황금연휴에 어디에 갑니까?
   B _____、海外へ行きます。 대체로 해외에 갑니다.

2 A _____は銀行振込みですか。 급료는 은행 자동이체입니까?
   B はい、妻が_____しています。 예, 아내가 관리하고 있습니다.

3 A 会社でどんな仕事をしていますか。 회사에서 어떤 일을 하고 있습니까?
   B 読者が_____したコンテンツをまとめる仕事です。 독자가 투고한 콘텐츠를 정리하는 일입니다.

4 A 部長に_____をもらいましたか。 부장님께 결재를 받았습니까?
   B まだですが、午後までには上司に_____をあおぎます。
      아직인데, 오후까지는 상사에게 결재를 요청하겠습니다.

5 A 昼ごはんを食べてからは何をしますか。 점심 식사가 끝나고 나서는 무엇을 합니까?
   B 午前中に上がってきた書類に_____ます。 오전 중에 올라온 서류를 훑어봅니다.

6 A この作業は_____そうに見えますが。 이 작업은 간단한 것처럼 보이는데요.
   B はい、でも何回も続けると_____が多くなりますよ。
      예, 하지만 몇 번이나 계속하면 실수가 많아집니다.

7 A どうしたんですか。コピー機が故障しているんですか。 무슨 일이에요? 복사기가 고장 났어요?
   B ええ、コピー機に紙が_____ました。 예, 복사기에 종이가 걸렸습니다.

8 A 明日、面接があるんだ。なんだかどきどきする。
      내일 면접이 있어. 왠지 가슴이 두근두근거려.
   B 面接官にいい_____を持ってもらえるように、_____には十分気を付けて。
      면접관에게 좋은 인상을 줄 수 있도록 말투를 충분히 신경 써.

---

1 だいたい   2 給料(きゅうりょう), 管理(かんり)   3 投稿(とうこう)
4 決裁(けっさい), 決裁(けっさい)   5 目(め)を通(とお)し   6 簡単(かんたん), ミス
7 ひっかかり   8 印象(いんしょう), 話(はな)し方(かた)

잘 듣고 빈칸을 채운 후, (A) ~ (D) 중 질문에 맞는 대답을 고르세요.

1 _____はどれくらいですか。

(A) _____期間は一週間だけです。

(B) 品質保証書をお_____ください。

(C) 締め切りは_____しか残っていないです。

(D) ２年間ですが、_____修理となる場合もあります。

+단어 **特売** 특별 판매 **品質** 품질 **保証書** 보증서 **締め切り** 마감 **有料** 유료 **修理** 수리

2 韓国も_____のせいで、物価が高いですね。

(A) はい、_____な物がたくさんあるからうれしいです。

(B) でも、ここは日本の_____のように高くありません。

(C) それで、趣味や娯楽などの_____を_____節約しています。

(D) はい、季節の_____だから、_____が流行っています。

+단어 **インフレ** 인플레이션 **〜せいで** 〜탓으로 **激安** 초저가, 염가 **富士山** 후지산〈지명〉 **娯楽** 오락
支出 지출 **削る** 줄이다 **節約する** 절약하다 **変わり目** 환절기 **インフルエンザ** 인플루엔자, 독감

3 昇進は_____に応じて行っていますか。

(A) いいえ、彼は_____したばかりです。

(B) はい、勤務時間は_____に８時間です。

(C) はい、昇進して_____になりました。

(D) はい、でも実績によって_____に差が生じます。

+단어 **昇進** 승진 **勤務年数** 근무 연수 **〜に応じて** 〜에 따라 **原則的** 원칙적 **係長** 계장(님) **実績** 실적
生じる 생기다

4   日本の場合、_____交渉はいつ頃行われますか。

(A) _____時間は9時間と決まっています。

(B) だいたい_____から_____までのようです。

(C) 労使間の問題はなるべく_____で解決すべきです。

(D) 3月に一部の業種で_____があったそうです。

＋단어 **労使** 노사 **交渉** 교섭 **労働時間** 노동 시간 **なるべく** 가능한 한 **対話** 대화 **解決する** 해결하다

〜べきだ 〜해야 한다 **業種** 업종 **ストライキ** 파업

5   このごろ、_____はどうですか。

(A) 素晴らしい_____でした。

(B) あまり_____方です。

(C) アイスクリーム_____です。

(D) 本当にきれいな_____です。

＋단어 **景色** 경치, 풍경

6   上司に_____ことはありますか。

(A) 日本語の_____を教えてください。

(B) やむを得ず_____の機嫌を取っています。

(C) 私の上司は気分が_____お天気屋です。

(D) いつも_____ばかりで、そんなことは一度たりともありません。

＋단어 **誉める** 칭찬하다 **誉め言葉** 칭찬하는 말 **やむを得ず** 어쩔 수 없이 **機嫌を取る** 비위를 맞추다

お天気屋 기분파, 변덕쟁이 **〜たりとも** 〜일지라도

7   高いですね。すこし＿＿＿＿＿ください。

(A) この＿＿＿＿＿に負けた。

(B) はい。＿＿＿＿＿ですから。

(C) ＿＿＿＿＿ならいいですよ。

(D) そうですね。＿＿＿＿＿が勝ちですね。

+단어 負ける 지다, 봐주다, 값을 깎아 주다　負けるが勝ち 지는 것이 이기는 것

8   彼女が首になるなんて、＿＿＿＿＿がいかない。

(A) ＿＿＿＿＿ことですね。

(B) 彼女は首が＿＿＿＿＿んですか。

(C) ＿＿＿＿＿がよく分からないって？

(D) それじゃ、＿＿＿＿＿でもしよう。

+단어 合点がいかない 납득이 되지 않다　平均点 평균 점수

9   部長の＿＿＿＿＿は本当に読みにくいです。

(A) ＿＿＿＿＿は週に何枚書きますか。

(B) ＿＿＿＿＿は下手ですから、やめましょう。

(C) ＿＿＿＿＿タッチができると便利です。

(D) ＿＿＿＿＿文字がある時、どうしますか。

+단어 手書き 손으로 직접 쓴 글씨　ブラインドタッチ 자판을 보지 않고 치는 것

10　新製品の_____に参りました。

(A) この工場には立派な_____があります。

(B) 入国許可証明書を_____でございます。

(C) 2階の営業部の_____にご案内します。

(D) _____の贈り物は何がいいと思いますか。

+단어 打^うち合^あわせ 협의　設備^{せつび} 설비　許可^{きょか} 허가　証明書^{しょうめいしょ} 증명서　申請^{しんせい} 신청
内祝^{うちいわ}い 집안끼리 주는 축하 행사 및 그 선물　贈^{おく}り物^{もの} 선물

11　そんなことは_____ですよ。

(A) それじゃ、_____を頼むよ。

(B) ケーブルカーが_____、通ります。

(C) _____は食べなかったんです。

(D) _____仕事をしたんですね。

+단어 朝飯前^{あさめしまえ} 식은 죽 먹기, 아주 쉬움　お使^{つか}い 심부름　頼^{たの}む 부탁하다　ケーブルカー 케이블 카

12　園内は_____可能ですか。

(A) 通知できますが、2、3日_____ます。

(B) 通話できますが、_____短くしてください。

(C) 通過できますが、_____方がいいです。

(D) 通学できますが、来年から_____方がいいです。

+단어 園内^{えんない} 원내　通話^{つうわ} 통화　可能^{かのう} 가능　通知^{つうち} 통지, 알림　通過^{つうか} 통과　通学^{つうがく} 통학

13　暇だったら、ちょっと＿＿＿＿＿＿くれない？

(A) はい、何を＿＿＿＿＿＿いいですか。

(B) いいえ、私の＿＿＿＿＿＿には何もありません。

(C) でも、＿＿＿＿＿＿は何もありません。

(D) はい、＿＿＿＿＿＿だから一緒に外食に行きましょう。

＋단어 **手を貸す** 도와주다　**借り物** 빌린 물건　**外食** 외식

14　新製品の＿＿＿＿＿＿に力を入れてください。また、品質検査も正確にしてください。

(A) 新製品が＿＿＿＿＿＿で、とてもうれしいです。

(B) はい、分かりました。それらの＿＿＿＿＿＿心配しなくてもいいです。

(C) ＿＿＿＿＿＿の担当者は市場調査をしに行って、まだ戻ってきていません。

(D) 商品の品質保証期間以内でしたら、＿＿＿＿＿＿できます。

＋단어 **開発** 개발　**力を入れる** 노력하다, 주력하다　**検査** 검사　**正確だ** 정확하다　**好評** 호평　**担当者** 담당자
市場調査 시장 조사　**交換** 교환

15　件名と宛先が空欄になっている＿＿＿＿＿＿をもらったことがありますか。

(A) ええ、＿＿＿＿＿＿くらいあります。

(B) ええ、空欄にちゃんと＿＿＿＿＿＿ました。

(C) ええ、＿＿＿＿＿＿をかけてどうもすみません。

(D) ええ、宛先不明で＿＿＿＿＿＿が戻ってきました。

＋단어 **件名** 건명, (메일의) 제목　**宛先** 수신자　**空欄** 공란　**迷惑メール** 스팸메일　**書き込む** 기입하다
迷惑をかける 폐를 끼치다　**不明** 불명

128

1	D	保証期間(ほしょうきかん)	(A) 特売(とくばい)	(B) 持(も)ち
			(C) あと２日(ふつか)	(D) 有料(ゆうりょう)
2	C	インフレ	(A) 激安(げきやす)	(B) 富士山(ふじさん)
			(C) 支出(ししゅつ), 削(けず)って	(D) 変(か)わり目(め), インフルエンザ
3	D	勤務年数(きんむねんすう)	(A) 昇進(しょうしん)	(B) 原則的(げんそくてき)
			(C) 係長(かかりちょう)	(D) 昇進(しょうしん)
4	B	労使(ろうし)	(A) 労働(ろうどう)	(B) ３月(さんがつ), ４月(しがつ)
			(C) 対話(たいわ)	(D) ストライキ
5	B	景気(けいき)	(A) お寺(てら)	(B) よくない
			(C) ケーキ	(D) 景色(けしき)
6	D	誉(ほ)められた	(A) 誉(ほ)め言葉(ことば)	(B) 上司(じょうし)
			(C) 変(か)わりやすい	(D) 怒(おこ)られて
7	C	負(ま)けて	(A) 熱(あつ)さ	(B) 高(たか)い
			(C) 千円(せんえん)ぐらい	(D) 負(ま)ける
8	A	合点(がてん)	(A) 信(しん)じられない	(B) 痛(いた)い
			(C) 平均点(へいきんてん)	(D) 雪合戦(ゆきがっせん)
9	D	手書(てが)き	(A) 葉書(はがき)	(B) 書(か)くこと
			(C) ブラインド	(D) 読(よ)めない
10	C	打(う)ち合(あ)わせ	(A) 設備(せつび)	(B) 申請中(しんせいちゅう)
			(C) 会議室(かいぎしつ)	(D) 内祝(うちいわ)い
11	A	朝飯前(あさめしまえ)	(A) お使(つか)い	(B) 朝晩(あさばん)
			(C) 朝(あさ)ごはん	(D) 夜遅(よるおそ)くまで
12	B	通話(つうわ)	(A) かかり	(B) なるべく
			(C) 通(とお)らない	(D) 通(かよ)う
13	A	手(て)を貸(か)して	(A) 手伝(てつだ)えば	(B) 手(て)の中(なか)
			(C) 借(か)り物(もの)	(D) 暇(ひま)
14	B	開発(かいはつ)	(A) 好評(こうひょう)	(B) 点(てん)については
			(C) 品質検査(ひんしつけんさ)	(D) 交換(こうかん)
15	A	迷惑(めいわく)メール	(A) ２件(にけん)	(B) 書(か)き込(こ)み
			(C) 迷惑(めいわく)	(D) メール

次の言葉の返事として、もっとも適したものを(A)から(D)の中で一つ選びなさい。

1　答えを答案用紙に書き入れなさい。　　Ⓐ　Ⓑ　Ⓒ　Ⓓ

2　答えを答案用紙に書き入れなさい。　　Ⓐ　Ⓑ　Ⓒ　Ⓓ

3　答えを答案用紙に書き入れなさい。　　Ⓐ　Ⓑ　Ⓒ　Ⓓ

4　答えを答案用紙に書き入れなさい。　　Ⓐ　Ⓑ　Ⓒ　Ⓓ

5　答えを答案用紙に書き入れなさい。　　Ⓐ　Ⓑ　Ⓒ　Ⓓ

6　答えを答案用紙に書き入れなさい。　　Ⓐ　Ⓑ　Ⓒ　Ⓓ

7　答えを答案用紙に書き入れなさい。　　Ⓐ　Ⓑ　Ⓒ　Ⓓ

8　答えを答案用紙に書き入れなさい。　　Ⓐ　Ⓑ　Ⓒ　Ⓓ

9　答えを答案用紙に書き入れなさい。　　Ⓐ　Ⓑ　Ⓒ　Ⓓ

10　答えを答案用紙に書き入れなさい。　　Ⓐ　Ⓑ　Ⓒ　Ⓓ

11　答えを答案用紙に書き入れなさい。　　Ⓐ　Ⓑ　Ⓒ　Ⓓ

12　答えを答案用紙に書き入れなさい。　　Ⓐ　Ⓑ　Ⓒ　Ⓓ

13　答えを答案用紙に書き入れなさい。　　Ⓐ　Ⓑ　Ⓒ　Ⓓ

14　答えを答案用紙に書き入れなさい。　　Ⓐ　Ⓑ　Ⓒ　Ⓓ

15　答えを答案用紙に書き入れなさい。　　Ⓐ　Ⓑ　Ⓒ　Ⓓ

Ⅱ 次の言葉の返事として、もっとも適したものを(A)から(D)の中で一つ選びなさい。

21 答えを答案用紙に書き入れなさい。

22 答えを答案用紙に書き入れなさい。

23 答えを答案用紙に書き入れなさい。

24 答えを答案用紙に書き入れなさい。

25 答えを答案用紙に書き入れなさい。

26 答えを答案用紙に書き入れなさい。

27 答えを答案用紙に書き入れなさい。

28 答えを答案用紙に書き入れなさい。

29 答えを答案用紙に書き入れなさい。

30 答えを答案用紙に書き入れなさい。

31 答えを答案用紙に書き入れなさい。

32 答えを答案用紙に書き入れなさい。

33 答えを答案用紙に書き入れなさい。

34 答えを答案用紙に書き入れなさい。

35 答えを答案用紙に書き入れなさい。

36 答えを答案用紙に書き入れなさい。

37 答えを答案用紙に書き入れなさい。

38 答えを答案用紙に書き入れなさい。

39 答えを答案用紙に書き入れなさい。

40 答えを答案用紙に書き入れなさい。

41 答えを答案用紙に書き入れなさい。

42 答えを答案用紙に書き入れなさい。

43 答えを答案用紙に書き入れなさい。

44 答えを答案用紙に書き入れなさい。

45 答えを答案用紙に書き入れなさい。

46 答えを答案用紙に書き入れなさい。

47 答えを答案用紙に書き入れなさい。

48 答えを答案用紙に書き入れなさい。

49 答えを答案用紙に書き入れなさい。

50 答えを答案用紙に書き入れなさい。

PART 3

회화문

PART 3는 짧은 회화문을 들으며 그 회화가 진행되고 있는 장면, 대화 내용 등의 개괄적 혹은 구체적인 정보나 사실을 정확하게 청취하는 능력과 결론을 추론해 내는 능력을 평가하기 위한 파트입니다.

대화 속의 어휘가 문제 풀이에 중요한 포인트가 될 수 있으니 시사·정보 전달·회사 생활 등에 관련된 어휘를 익혀 두세요. 또한 관용구와 속담도 등장하니 같이 익혀 두세요.

유형 공략

1 일상생활 회화문에서는 주로 물건과 사물·사건과 사고·날씨 및 건강 상태에 대해 나오므로 이에 관련된 단어를 익히도록 하세요.

2 대화에 등장하는 의문사를 잘 듣고 말하는 사람의 어조 또한 잘 파악하며 듣는 것이 중요합니다.

3 제시된 질문의 요지를 재빨리 파악하여 들려주는 회화의 내용을 짐작해 보세요.

4 회화에 등장하는 대상이 모두 정답에 해당되는 것이 아니라는 것에 주의하면서 문제를 풀어 보세요.

예제 次の会話をよく聞いて、後の問いにもっとも適したものを(A)から(D)の中で一つ選びなさい。

会話の内容と合っているのはどれですか。

(A) 和食を食べる。

(B) 外食しに行く。

(C) イタリア料理を作る。

(D) 魚を煮ているところである。

회화의 내용과 맞는 것은 어느 것입니까?

(A) 일본 음식을 먹는다.

(B) 외식하러 간다.

(C) 이탈리아 요리를 만든다.

(D) 생선을 조리고 있는 중이다.

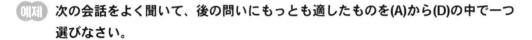

> 식단, 메뉴

女　夕食の献立は何にする？

> 어려운 단어이지만 반찬이란 것은 알아 둡시다.

男　煮魚と漬物にしようと思っているよ。

女　私はスパゲッティとチキンサラダが食べたい。

男　じゃ、家で作るのは面倒くさいからイタリアンレストランに行こう。

> 이 문장만 캐치하면 답을 쉽게 고를 수 있어요.

여: 저녁 식단은 뭐로 할 거야?

남: 생선조림과 채소 절임으로 하려고 해.

여: 난 스파게티와 치킨 샐러드가 먹고 싶어.

남: 그럼, 집에서 만드는 건 귀찮으니까 이탈리안 레스토랑에 가자.

+해설 예제의 질문에서 '저녁 식단'을 묻고 있으므로 '何'에 해당되는 대상을 주의 깊게 들어야 합니다. 그러나 面倒くさい(귀찮다)와 行こう(가자)를 파악하지 못하면 정답을 찾을 수 없어요. 또한 제시되는 대상이 모두 정답에 해당되는 것이 아니라는 것을 유의하며 가타카나 단어도 익혀 둡시다.

+단어 献立 식단　煮魚 생선조림　漬物 채소 절임　面倒くさい 귀찮다

일상생활 (055)

1 A 診察を受ける前に何をしますか。 진찰을 받기 전에 무엇을 하나요?

   B 腕をまくって、血圧を測ってください。 소매를 걷고, 혈압을 재 주세요.

2 A 出前を頼もうと思っているけど、何にする？ 배달 음식을 시키려고 하는데, 뭐로 할 거야?

   B 私はてんぷらうどんにするよ。 나는 튀김우동으로 할게.

3 A この野菜はどう切りましょうか。 이 야채는 어떻게 자를까요?

   B きゅうりは輪切り、玉ねぎはみじん切りにしてください。
오이는 통으로 둥글게 썰고, 양파는 잘게 잘라 주세요.

4 A インスタント食品はなぜ体に悪いのですか。 인스턴트 식품은 왜 몸에 안 좋나요?

   B 食品添加物や塩分が多く含まれているからです。
식품첨가물과 염분이 많이 함유되어 있기 때문입니다.

5 A どんなスタイルになさいますか。 어떤 스타일로 하시겠어요?

   B この女優の髪型のようにしてください。 이 여자 배우의 머리 모양처럼 해주세요.

6 A 検針予定日ってどういうことですか。 검침 예정일이라는 어떤 것입니까?

   B メーターを調べに来る日のことです。 계량기의 눈금을 조사하러 오는 날을 말하는 것입니다.

7 A 家を探しているんですが、なかなか見つかりません。 집을 찾고 있는데, 좀처럼 찾을 수 없어요.

   B あそこの不動産屋に結構ありますよ。 저쪽 부동산에 꽤 있어요.

8 A 共益費はどのように支払いますか。 관리비는 어떻게 지불합니까?

   B 家賃に含まれていますので、家賃だけ振り込めばいいです。
집세에 포함되어 있기 때문에 집값만 납입하면 됩니다.

9 A 大規模な竜巻が発生したそうですね。 대규모의 회오리가 발생했다고 하네요.

   B 破壊力が大きくて、大きな被害を受けたようです。 파괴력이 커서 큰 피해를 입은 듯 합니다.

10 A あ！雨粒が落ちてきた。こんなに晴れているのに！ 아! 빗방울이 떨어졌어. 이렇게 맑은데.

   B さっきまでの雨のしずくが木の葉から落ちてきたんじゃない？
아까 내렸던 빗방울이 나무에서 떨어진 거 아냐?

11 A 雨がざあざあ激しく降って前が見えないくらいだったよ。
비가 주룩주룩 심하게 내려서 앞이 안보일 정도였어.

   B 傘を差していても土砂降りの雨ならびしょ濡れになっちゃうね。
우산을 쓰고 있어도 장대비라면 흠뻑 젖어 버리네.

12　A　強風による停電が各地で発生しているみたいです。
　　　강풍에 의한 정전이 각지에서 발생한 것 같습니다.

　　B　倒木で電線が切断され、電気が止まったそうですね。
　　　쓰러진 나무에 전선이 절단되어 전기가 끊겼다고 하네요.

13　A　だんだん日が長くなって、もう春が来たようです。
　　　점점 해가 길어져서 이제 봄이 온 듯 합니다.

　　B　そうですね。日差しも暖かくていい季節になりましたね。
　　　그렇네요. 햇살도 따뜻해서 좋은 계절이 되었네요.

14　A　どうして通れないんですか。왜 지나갈 수 없나요?

　　B　この先の道路は工事中だからです。이 앞 도로는 공사 중이기 때문입니다.

15　A　付き合っている人はいますか。사귀고 있는 사람은 있나요?

　　B　はい、来年あたり結婚するかもしれません。예, 내년 정도에 결혼할 지도 모릅니다.

16　A　田村さん、いける口だと聞きましたよ。다무라 씨, 술을 꽤 잘 마신다고 하던데요.

　　B　いいえ、それほどでもありません。人並みですよ。
　　　아뇨, 그정도는 아니에요. 남들 마시는 만큼은 마십니다.

17　A　田中さんをどう思っていますか。다나카 씨를 어떻게 생각하나요?

　　B　田中ははきはきしていますが、少しワンマンです。다나카는 시원시원하지만, 조금 독단적입니다.

18　A　特急電車は何分おきに来ますか。급행 열차는 몇 분마다 옵니까?

　　B　平日は10分おきに来ますが、週末は20分おきに来ます。
　　　평일은 10분마다 오지만 주말은 20분마다 옵니다.

19　A　どうして国道の一部が塞がってしまったんですか。왜 국도의 일부가 봉쇄되었나요?
　　B　雪崩が発生して、道路に大量の雪が積もってしまい、通行止めになったそうです。
　　　눈사태가 발생해서 도로에 대량의 눈이 쌓여 통행금지가 되었다고 합니다.

20　A　どうして電車が運休になったんですか。왜 전철이 운행 중지가 되었나요?
　　B　風が強いと電車が脱線したり転覆したりするおそれがあるからです。
　　　바람이 강하면 전철이 탈선하거나 전복할 우려가 있기 때문입니다.

1 몸 상태 (056)

음성을 듣고 _____ 안에 들어갈 적당한 말을 적어 넣으세요.

1 疲れが取れなくて_____が_____しました。피로가 풀리지 않아 증상이 악화되었습니다.

2 目が_____します。 눈이 따끔거립니다.

3 目が_____、よく見えません。 눈이 침침해서 잘 안 보입니다.

4 鼻が詰(つ)まって、_____眠(ねむ)れない。 코가 막혀 숨쉬기 힘들어서 잠들 수 없다.

5 大声(おおごえ)で叫(さけ)んだら、声が_____。 큰소리로 외쳤더니 목소리가 쉬었습니다.

6 蚊(か)に_____足がかゆいです。 모기에 물려 발이 가렵습니다.

7 長く座っていて足が_____ました。 오랫동안 앉아 있어서 다리가 저렸습니다.

8 _____が痛くて何も食べられません。 사랑니가 아파서 아무것도 먹을 수 없습니다.

9 食べすぎで胃(い)が_____ようです。 과식해서 체한 것 같습니다.

10 お酒を飲みすぎて顔が_____います。 술을 너무 많이 마셔서 얼굴이 부었습니다.

11 お腹を_____と痛いです。 배를 만지면 아픕니다.

12 緊張(きんちょう)すると_____が出ます。 긴장하면 식은땀이 납니다.

13 _____にかかったことがあります。 수두에 걸린 적이 있습니다.

14 _____をしなければなりません。 깁스를 해야만 합니다.

15 目に_____ができて、よく見えません。 눈에 다래끼가 생겨서 잘 안 보입니다.

16 友だちは_____がひどい方です。 친구는 입덧이 심한 편입니다.

17 朝起きると、_____がします。 아침에 일어나면 현기증이 납니다.

18 体が_____し、食欲(しょくよく)もないです。 몸이 나른하고 식욕도 없습니다.

---

1 症状(しょうじょう), 悪化(あっか)	2 ちくちく	3 かすんで	4 息苦(いきぐる)しくて
5 かれました	6 刺(さ)されて	7 しびれ	8 親知(おやし)らず
9 もたれた	10 むくんで	11 触(さわ)る	12 冷(ひ)や汗(あせ)
13 みずぼうそう	14 ギプス	15 ものもらい	16 つわり
17 めまい	18 だるい		

2 사물, 장소, 위치 （057）

음성을 듣고 _____ 안에 들어갈 적당한 말을 적어 넣으세요.

1 _____ 期間と _____ 期限が表示されています。 유통 기한과 소비 기한이 표시되어 있습니다.

2 このちゃわんは _____ で、税込み1000円です。 이 밥그릇은 특가로 세금 포함 천 엔입니다.

3 この販売機は _____ なので使えません。 이 판매기는 고장 나서 사용할 수 없습니다.

4 事務所 _____ のお知らせが書いてあります。 사무소 이전의 알림이 쓰여 있습니다.

5 美術館に有名な画家が描いた _____ がある。 미술관에 유명한 화가가 그린 유화가 있다.

6 _____ を避けて、 _____ の良い場所で保存します。
고온다습한 곳을 피하고 통풍이 잘 되는 곳에서 보관합니다.

7 国産の高 _____ な素材で作った品物です。 국산의 질이 좋은 소재로 만든 물건입니다.

8 どの店も _____ ネタが自慢です。 어느 가게나 신선한 재료가 자랑입니다.

9 _____ がなくなり次第 _____ となります。 재고가 없어지는 대로 판매가 종료됩니다.

10 大型サイズの _____ のまな板です。 대형 사이즈의 강화 유리 도마입니다.

11 家庭用品は全て _____ を受けることができます。 가정용품은 모두 A/S를 받을 수 있습니다.

12 お手持ちの _____ でお買い物ができます。 가지고 있는 상품권으로 쇼핑을 할 수 있습니다.

13 _____ で共同購入しました。 온라인 쇼핑으로 공동구매 했습니다.

14 見本とは全然 _____ こともあります。 견본과는 전혀 다른 경우도 있습니다.

15 _____ のレシートはその場ですぐ発行できます。
구매하신 물건의 영수증은 그 자리에서 바로 발행할 수 있습니다.

1 賞味(しょうみ), 消費(しょうひ)	2 特価(とっか)	3 故障中(こしょうちゅう)
4 移転(いてん)	5 油絵(あぶらえ)	6 高温多湿(こうおんたしつ), 風通(かぜとお)し
7 品質(ひんしつ)	8 新鮮(しんせん)な	9 在庫(ざいこ), 販売終了(はんばいしゅうりょう)
10 強化(きょうか)ガラス	11 アフターサービス	12 商品券(しょうひんけん)
13 通信販売(つうしんはんばい)	14 違(ちが)う	15 お買(か)い上(あ)げ

3 날씨 🔊 058

음성을 듣고 _____ 안에 들어갈 적당한 말을 적어 넣으세요.

1 _____空に、虹が出ました。 비 갠 하늘에 무지개가 떴습니다.

2 天気予報では晴れの_____のに、いきなり雨が降りました。
일기 예보에서는 맑을 거라 했는데 갑자기 비가 내렸습니다.

3 _____が止んだ後は少し涼しくなります。 소나기가 그친 뒤에는 조금 시원해집니다.

4 東へ進む_____の影響で晴れます。 동쪽으로 나아가는 고기압의 영향으로 맑습니다.

5 _____の雨が降り続いています。 장대비가 계속 내리고 있습니다.

6 _____が続いてダムも_____しまいました。 가뭄이 계속되어 댐도 말라 버렸습니다.

7 1日の_____は70ミリを記録しました。 1일 강수량은 70밀리리터를 기록했습니다.

8 _____は南から北、_____は約10メートルです。 풍향은 남에서 북, 풍속은 약 10미터입니다.

9 雨粒が屋根を_____、落ちている。 빗방울이 지붕을 두드리면서 떨어지고 있다.

10 激しい波が_____なりました。 심한 파도가 잔잔해졌습니다.

11 小雨が_____降っています。 가랑비가 부슬부슬 내리고 있습니다.

12 今日の最低気温は_____13度です。 오늘의 최저 기온은 영하 13도입니다.

13 春風が_____と吹きます。 봄바람이 살랑살랑 붑니다.

14 _____は少しずつ北上するにしたがって勢力が弱くなりました。
장마 전선은 조금씩 북상함에 따라 세력이 약해졌습니다.

15 _____の影響で桜の_____時期が早くなりました。
온난화의 영향으로 벚꽃의 만개 시기가 빨라졌습니다.

16 豆粒のような_____が降ってきました。 콩알 같은 우박이 내려왔습니다.

17 初霜が降りた日、窓ガラスまでも白く_____いました。
첫서리가 내리던 날, 창문의 유리까지도 하얗게 얼었습니다.

---

1 雨上(あめあ)がりの	2 はずだった	3 夕立(ゆうだち)
4 高気圧(こうきあつ)	5 どしゃぶり	6 日照(ひで)り, 干上(ひあ)がって
7 降水量(こうすいりょう)	8 風向(かざむ)き, 風速(ふうそく)	9 叩(たた)きながら
10 穏(おだ)やかに	11 しとしと	12 零下(れいか)
13 そよそよ	14 梅雨前線(ばいうぜんせん)	15 温暖化(おんだんか), 満開(まんかい)
16 ひょう	17 凍(こお)って	

음성을 듣고 _____ 안에 들어갈 적당한 말을 적어 넣으세요.

1 レポートが誰かに_____ので、また書かなければなりません。
누군가가 보고서를 가져가서 다시 써야 합니다.

2 _____で埋_{うず}まった_____の位置_{は あく}を把握します。 눈사태로 매몰된 구조자의 위치를 파악합니다.

3 _____になって、冷蔵庫_{れい ぞう こ}の食材が全部_____しまいました。
정전이 되어서 냉장고의 식재료가 전부 썩어 버렸습니다.

4 _____を犯_{おか}すと_____になります。 법률을 위반하면 범죄가 됩니다.

5 _____に携帯電話_{けい たい でん わ}を_____することは危険_{き けん}です。
보행 중에 휴대 전화를 조작하는 것은 위험합니다.

6 山で木を_____山火事_{やま か じ}になったようです。 산에서 나무를 태워서 산불이 난 것 같습니다.

7 大木_{たい ぼく}が倒れて_____が_____います。 큰 나무가 쓰러져 산길이 막혔습니다.

8 万一_{まん いち}の事故に_____新_{あら}たに標識_{ひょう しき}を設_{もう}けました。 만일의 사고에 대비해서 새로 표지를 설치했습니다.

9 _____を浄化_{じょう か}せずにそのまま流すと、環境が_____しまいます。
폐수를 정화하지 않은 채로 그대로 흘러 보내면 환경이 파괴되어 버립니다.

10 _____を求める_____が今週から始まりました。
임금 인상을 요구하는 동맹 파업이 이번주부터 시작되었습니다.

11 _____が起こると罪のない子どもが_____になります。
전쟁이 일어나면 죄 없는 아이들이 희생됩니다.

12 犯罪_{はん ざい}の_____のため、_____を設置_{せっ ち}しました。 범죄 방지를 위해 방범 카메라를 설치했습니다.

13 現金_{げん きん}_____の警備_{けい び}を強めています。 현금자동지급기의 경비를 강화하고 있습니다.

---

1 取(と)られた
2 雪崩(なだれ), 遭難者(そうなんしゃ)
3 停電(ていでん), 腐(くさ)って
4 法律(ほうりつ), 犯罪(はんざい)
5 歩行中(ほこうちゅう), 操作(そうさ)
6 燃(も)やして
7 山道(やまみち), 塞(ふさ)がれて
8 備(そな)えて
9 廃水(はいすい), 破壊(はかい)されて
10 賃上(ちんあ)げ, ストライキ
11 戦争(せんそう), 犠牲(ぎせい)
12 防止(ぼうし), 防犯(ぼうはん)カメラ
13 自動支払機(じどうしはらいき)

14 ＿＿＿＿＿＿＿＿が紛失するおそれがあります。 소포가 분실 될 우려가 있습니다.

15 ＿＿＿＿＿＿＿＿の場合はサービスセンターに電話してください。 급한 경우에는 서비스 센터에 전화하세요.

16 年が改まって、新しい＿＿＿＿＿＿がスタートしました。 해가 바뀌어 새로운 정책이 시작되었습니다.

17 住民の協力で＿＿＿＿＿＿中の犯人を早く＿＿＿＿＿＿することができました。
주민의 협력으로 지명 수배 중인 범인을 빨리 체포할 수 있었습니다.

18 机の角に＿＿＿＿＿＿大事な物を＿＿＿＿＿＿しまいました。
책상 모서리에 부딪쳐 중요한 것을 깨뜨려 버렸습니다.

---

14 小包(こづつみ)   15 お急(いそ)ぎ   16 政策(せいさく)
17 指名手配(しめいてはい), 逮捕(たいほ)   18 ぶつけて, 壊(こわ)して

잘 듣고 (A), (B) 중 알맞은 답을 고른 후, 다시 한 번 들으면서 빈칸을 채워 보세요.

1 試合はどうなりましたか。

(A) 引き分け　　　　　　　　(B) 逆転勝ち

女　今日の試合、勝った？

男　最初は３対２で勝っていたんですが。

女　_____したの？

男　_____でした。

➕단어　引<small>ひ</small>き分<small>わ</small>け 무승부　逆転勝<small>ぎゃくてん が</small>ち 역전승　最初<small>さいしょ</small> 처음　逆転負<small>ぎゃくてん ま</small>け 역전패

2 子どもに解熱剤をどれくらい飲ませますか。

(A) ひとさじ　　　　　　　　(B) １/２さじ

女　_____をあげますから、薬局へ寄ってください。

男　はい。ところで、熱のある時、子どもに解熱剤を飲ませてもいいですか。

女　_____は多いから、_____にしてください。

男　はい、ありがとうございます。

➕단어　解熱剤<small>げ ねつざい</small> 해열제　〜さじ 〜숟가락, 〜술　処方箋<small>しょほうせん</small> 처방전　薬局<small>やっきょく</small> 약국　寄<small>よ</small>る 들르다

3 この二人は今どこにいますか。

(A) 映画館　　　　　　　　　(B) 眼科

女　あ、どうしよう。眼鏡を忘れてきた。

男　え？眼鏡をかけているのを見たことないけど、_____の？

女　いつもはコンタクトレンズをしているんだけれど、昨日_____ちゃったの。

男　それじゃ、字幕が_____ね。

➕단어　眼科<small>がん か</small> 안과　コンタクトレンズ 콘택트 렌즈　字幕<small>じ まく</small> 자막

4　田中さんはなぜしょんぼりしていますか。

(A) 結果が悪かったから　　　　　(B) 木から落ちたから

女　田中さんはなぜ＿＿＿＿＿＿いるんですか。

男　この前、＿＿＿＿＿＿を受けたそうなんですが、たぶんそのせいだと思います。

女　結果はどうなりましたか。

男　それが、＿＿＿＿＿＿と聞きました。

＋단어 しょんぼり 기운 없이 풀이 죽은 모양　落ち込む 침울해하다　昇進 승진　せい 탓, 이유

5　男の人はどうして雨が降っていると思っていますか。

(A) 水滴が落ちたから　　　　　(B) 小雨がちらついているから

男　あ! 雨粒が＿＿＿＿＿＿きた。

女　こんなに＿＿＿＿＿＿のに？

男　うん、頭に水が＿＿＿＿＿＿落ちてきたよ。

女　さっきまでの雨の＿＿＿＿＿＿が木の葉から落ちたんじゃない？

＋단어 水滴 물방울　小雨 가랑비　ちらつく 물이나 비가 조금씩 내리다　雨粒 빗방울　一滴 한 방울
しずく 물방울

6　寿司屋に行く理由は何ですか。

(A) 一緒に食べた所だから　　　　　(B) 食材がいいから

男　帰りに時間ある？ 駅前の寿司屋に行かない？

女　この前、一緒に＿＿＿＿＿＿所だよね。

男　そうだよ。今日は金曜日だから、きっといい＿＿＿＿＿＿が＿＿＿＿＿＿いるはず
だよ。

女　じゃ、行こう。

＋단어 寿司屋 초밥집　食材 식자재　ネタ 소재, 재료

7 　男の人は何をしながら遊びましたか。

(A) こまを回して遊んだ。　　　　　　(B) 隠れんぼうをして遊んだ。

　女　子どもの時、何をして遊びましたか。

　男　私は＿＿＿＿＿を回したり、＿＿＿＿＿＿をしたりしました。

　女　妹さんは何をして遊んでいましたか。

　男　＿＿＿＿＿＿をしたり電車ごっこをしたりしていました。

+단어　こまを回す 팽이를 돌리다　隠れんぼう 숨바꼭질　馬乗り 말타기　電車ごっこ 기차놀이

8 　何について相談しようと思っていますか。

(A) 就職　　　　　　　　　　　　　(B) 進学

　男　先生、＿＿＿＿＿＿いただいてもよろしいですか。

　女　いいよ。どうしたの？

　男　実は、＿＿＿＿＿＿のことでご＿＿＿＿＿＿があるんですが…。

+단어　相談 상담　就職 취직　進学 진학

9 　男の人はストレスを解消するため何をしますか。

(A) 激しく運動をする。　　　　　　(B) 軽い運動をする。

　女　ストレス＿＿＿＿＿＿のために何をしますか。

　男　前は食べたり飲んだりしましたが、＿＿＿＿＿＿を招くおそれがあるのでやめました。

　女　今は何をしますか。

　男　＿＿＿＿＿＿と汗をかく程度の運動をします。

+단어　解消 해소　生活習慣病 성인병　招く 초래하다, 불러오다　おそれがある 우려가 있다
うっすら 희미하게, 어렴풋이　程度 정도

10 報告書はどうなりますか。

(A) 他社に渡る。　　　　　　　　　　(B) 会社に戻ってくる。

女　開発部の研究報告書が＿＿＿＿＿＿こと、知っていますか。

男　ええ、知っています。そのせいですごく＿＿＿＿＿＿になったじゃないですか。

女　ええ。でも、報告書が他社に＿＿＿＿＿＿前に犯人が捕まって報告書は会社に
＿＿＿＿＿＿されるそうです。
本当に＿＿＿＿＿＿しました。

✚단어 **他社**(たしゃ) 다른 회사　**開発部**(かいはつぶ) 개발부　**研究報告書**(けんきゅうほうこくしょ) 연구 보고서　**盗む**(ぬす) 훔치다　**大騒ぎ**(おおさわ) 큰 소동　**捕まる**(つか) 잡히다
返還(へんかん) 반환　**ほっとする** 한숨 놓다

1	A	逆転負(ぎゃくてんま)け, 引(ひ)き分(わ)け
2	B	処方箋(しょほうせん), ひとさじ, 半分(はんぶん)
3	A	目(め)が悪(わる)い, なくし, 読(よ)めない
4	A	落(お)ち込(こ)んで, 昇進試験(しょうしんしけん), 落(お)ちた
5	A	落(お)ちて, 晴(は)れている, 一滴(いってき), しずく
6	B	食(た)べた, ネタ, 入(はい)って
7	A	こま, 馬乗(うまの)り, 隠(かく)れんぼう
8	B	お時間(じかん), 留学(りゅうがく), 相談(そうだん)
9	B	解消(かいしょう), 生活習慣病(せいかつしゅうかんびょう), うっすら
10	B	盗(ぬす)まれた, 大騒(おおさわ)ぎ, 渡(わた)る, 返還(へんかん), ほっと

次の会話をよく聞いて、後の問いにもっとも適したものを(A)から(D)の中で一つ選びなさい。

1 ここはどこですか。

(A) 病院

(B) 薬局

(C) 郵便局

(D) スーパー

2 次の会話で焼き物は何を意味していますか。

(A) 魚

(B) 鳥

(C) 陶器

(D) 焼き肉

3 男の人が野菜サンドイッチを選んだ理由はどれですか。

(A) 安いから

(B) 野菜が好きだから

(C) 胃の調子がよくないから

(D) ハムチーズは食べたから

4 この人はなぜ濡れましたか。

(A) 風向きが南だったから

(B) 傘を持っていなかったから

(C) 粉雪がさらさら降ったから

(D) 大粒の雨が激しく降ったから

5 いつまで荷物を預けますか。

(A) 27日

(B) 29日

(C) 30日

(D) 31日

6 お母さんは隣の人に何を贈りますか。

(A) タオル

(B) コップ

(C) ハンカチ

(D) お茶セット

7 海に落とした携帯電話はいつ買った物ですか。

(A) 今日

(B) 昨日

(C) 3日前

(D) 一週間前

8 男の人がエアコンを廃棄した理由はどれですか。

(A) ファンの騒音

(B) リモコンの紛失

(C) フィルターの故障

(D) 高額な設置費用

9 今回の火事の原因はどれですか。

(A) 花火

(B) 料理

(C) タバコ

(D) 火遊び

10 行方不明になった原因はどれですか。

(A) 地震

(B) 山崩れ

(C) 崖崩れ

(D) 雪崩

11 季節はいつですか。

(A) 初春

(B) 初夏

(C) 真夏

(D) 晩秋

12 会話と合っているのはどれですか。

(A) 二人ともぐっすり寝た。

(B) 昨夜は雷が鳴らなかった。

(C) 今日は雨が降っていない。

(D) 今日はとても疲れたので家に帰る。

13 男の人は何を始めようと思っています
か。

(A) ヨガ

(B) 柔道

(C) 水泳

(D) ゴルフ

14 女の人はどこが痛いですか。

(A) 頬

(B) 歯

(C) 足

(D) お腹

15 男の人はこれから何をしようと思って
いますか。

(A) 電話する。

(B) 窓を開ける。

(C) 買い物をする。

(D) クーラーをつける。

2 관용어, 속담

유형 공략

1 관용어 및 속담이 들어 있는 회화문은 전반적인 내용을 이해해야 정답 찾기가 수월합니다.

2 관용어 및 속담을 모르면 문제에 대한 답을 유추하기 어려우므로 속담 및 관용구의 다양한 표현을 익혀 두세요.

예제 次の会話をよく聞いて、後の問いにもっとも適したものを(A)から(D)の中で一つ 選びなさい。

男の人が思っているのはどれですか。

(A) 鬼に鉄棒

(B) うどの大木

(C) あばたもえくぼ

(D) 水清ければ魚すまず

남자가 생각하는 것은 어느 것입니까?

(A) 범에 날개

(B) 덩치만 크고 쓸모없는 사람

(C) 제 눈에 안경

(D) 사람이 지나치게 결백하면 남이 따르지 않는다

男 中村さんの彼氏と会ったことある？

女 ううん。中村さんはがっちりとしてかっこいい — 탄탄하고
ってよく言うけど、実際はどうなんだろう？

男 僕、この前会ったんだけど、彼氏は丸々とした — 살쪘다는 의미
体つきだったよ。好きになると欠点も素敵に見
えるってことだね。 → 이 문장에서 속담을 떠올려 보세요.

남: 나카무라 씨의 남자친구랑 만난 적 있어?

여: 아니. 나카무라 씨는 몸이 다부지고 멋지다고 자주 말하지만 실제로는 어떨까?

남: 나, 이전에 만났었는데 남자친구는 동글동글 한 몸집이었어. 좋아하면 결점도 멋지게 보이 는 법이잖아.

+해설 여기서는 **あばたもえくぼ**(곰보도 보조개, 제 눈에 안경)라는 속담을 아는 것이 중요하며, 전반적인 회화의 내용을 이해하 지 못하면 정답을 유추하기 어려워요. **欠点も素敵に見える**(결점도 멋지게 보인다)를 들어야 올바른 정답을 고를 수 있답 니다.

+단어 **鬼に鉄棒** 범에 날개, 힘·능력이 있는 자가 더욱 힘을 얻게 됨 **うどの大木** 덩치만 크고 쓸모없는 사람
体つき 몸매, 체격 **欠点** 결점

관용어, 속담 (063)

관용어

1 A 鈴木さんは人から肩を貸してもらうことなく、一人で会社を成長させたんです。
   스즈키 씨는 남들로부터 도움을 받지 않고 혼자서 회사를 성장시켰던 것입니다.

   B 本当にすごい方なんですね。 정말로 대단한 분이군요.

2 A 障害のあるマラソン選手の逸話を聞いて感動したよ。
   장애가 있는 마라톤 선수의 일화를 듣고 감동했어.

   B あの選手は歯を食いしばって苦境を乗り越えたそうです。
   그 선수는 이를 악물고 곤경을 극복했다고 합니다.

3 A 去年みたいには負けないぞ。 작년처럼 지지는 않을 거야.

   B 去年は逆転ホームランに涙を呑んだけど、今日は絶対に勝ってね。
   작년에는 역전 홈런에 눈물을 삼켰지만 오늘은 꼭 이겨.

4 A 今までのことは水に流した方がいいですよ。 지금까지의 일은 없던 일로 하는 것이 좋아요.

   B そうしようと思っていますが、彼の顔を見たら、また腹が立ちそうです。
   그렇게 하려고 생각하지만, 그의 얼굴을 보면 또 화가 날 것 같아요.

5 A オリンピックでのサッカーの試合見た？かろうじて勝てたね。
   올림픽 축구 시합 봤어? 가까스로 이겼더군.

   B ええ、我を忘れて応援しました。 예, 정신없이 응원했습니다.

6 A げっそりと骨と皮だけになってしまって。どうかしましたか。
   살이 쏙 빠져 피골이 상접하네. 무슨 일이라도 있었어요?

   B ええ、先日まで長期入院していました。 예, 요전까지 오랫동안 입원했습니다.

7 A 鈴木さんは冗談を真に受けてそのまま信じてしまうんですよね。
   스즈키 씨는 농담을 곧이 듣고 그대로 믿어 버리네요.

   B そうですね。鵜呑みにするタイプですよね。 맞아요, 통째로 받아들이는 타입이지요.

8 A あの人は残酷だな。 저 사람은 잔인하군.

   B ええ、血も涙もない人間だよ。 응, 피도 눈물도 없는 인간이야.

9 A 木村さんはうまく課長の機嫌を取っているね。 기무라 씨는 과장님의 기분을 잘 맞추네.

   B ええ、相づちをうったり、お酒を注いだりしてね。 예, 맞장구를 치거나 술을 따르거나 하면서요.

10 A 私が紹介してあげた人とみゆきさんが結婚することになったの。

내가 소개해 준 사람과 미유키 씨가 결혼하게 되었어.

   B 人の世話を焼いている暇があったら、自分の相手を見付けたらどう？

남의 일을 돌봐줄 여유가 있다면, 자신의 상대를 찾아보는 것이 어때?

속담

11 A 姑と嫁の争いに終りはないですね。どちらかの味方につくわけにもいかず…。

고부간 갈등은 끝이 없네요. 어느 편을 들 수도 없고…

   B そうですね。本当に痛し痒しの問題です。 맞아요. 정말 다루기 어려운 문제예요.

12 A 世界発明品コンテストで中村さんが優勝しました。

세계 발명품 콘테스트에서 나카무라 씨가 우승했습니다.

   B 私は彼の創造力に一目置いていました。 저는 그의 창의력에 경의를 표했습니다.

13 A ニュースによると、A社は無理な投資のせいで破産したそうです。

뉴스에 의하면 A사는 무리한 투자 때문에 파산했다고 합니다.

   B そうですか。これからはA社の破産を他山の石として徹底した投資計画を立てましょう。

그렇습니까. 앞으로는 A사의 파산을 타산지석으로 삼아 철저한 투자 계획을 세웁시다.

14 A まいったなあ。苦労ばかりで、いいことは一つもないよ。

미치겠다. 고생만 하고 좋은 일은 하나도 없어.

   B 骨折り損のくたびれもうけですね。 고생만하고 애쓴 보람이 없군요.

15 A うちの課長は大風呂敷を広げるから、後で一々確認しなければいけなくて大変です。

우리 과장님은 허풍을 떨면서 큰소리를 쳐서 나중에 일일이 확인하지 않으면 안 되서 힘듭니다.

   B へえ、そうですか。うちの課長は突然怒り出すので困っています。

아, 그렇습니까? 우리 과장님은 갑자기 화를 내서 난처합니다.

16 A やる前にはいろいろ考えてみたんですが、やってみたら思ったより簡単でした。

하기 전에는 여러모로 생각해 봤지만, 해 보니까 생각보다 간단했습니다.

   B 案ずるより産むが易しだったんですね。 걱정하는 것보다 해보는 것이 쉬웠던 법이군요.

17 A 田中さんは元彼女に彼氏ができたことを聞いて、少し後悔しているらしいよ。

다나카 씨는 예전 여자친구에게 남자친구가 생겼다는 것을 듣고, 조금 후회하는 것 같아.

   B 逃がした魚は大きいってことですか。 놓친 물고기가 크다는 것입니까?

18 **A** 山田さんと中村さんはよくもめるけれど、原因は何ですか。

야마다 씨와 나카무라 씨는 자주 옥신각신하던데, 원인은 뭐예요?

B さあ、私は知らないけど、「知らぬが仏」という言葉もあるし、気にしないでね。

글쎄, 나는 잘 모르겠지만 '모르는 게 약'이라는 말도 있고, 신경 쓰지마.

19 **A** アメリカに留学に行った高橋さんからの連絡はまだ来ない？

미국으로 유학 간 다카하시 씨에게 아직도 연락 안 왔어?

B 「便りのないのはよい便り」だと言うじゃない。元気に過ごしているでしょう。

'무소식이 희소식'이라고 하잖아. 잘 지내고 있겠지.

20 **A** え、そのスマホ、新しく買ったの？ 私もそれを買えばよかったかな。

어, 그 스마트폰, 새로 산거야? 나도 그 스마트폰을 살 걸 그랬나?

B 隣の花は赤いんだよ。 남의 떡이 더 커보이는 법이야.

1 관용어 🎧 064

음성을 듣고 _____ 안에 들어갈 적당한 말을 적어 넣으세요.

1 심하게 놀라 당황하다, 겁을 먹다 → あわを_____

2 자신의 실력을 충분히 발휘하다 → 腕を_____

3 힘을 빌려 주다 → 肩を_____

4 갑작스런 일로 매우 놀라다 → 肝(きも)を_____

5 겸손하다 → _____が低い

6 막힘없이 술술 잘 이야기하다 → 舌(した)が_____

7 보살피다, 돌보다 → 世話を_____

8 종지부를 찍다, 결말을 내다 → 終止符(しゅうしふ)を_____

9 옥구슬 굴러가듯 맑고 아름다운 목소리 → 玉を_____ ような声

10 피도 눈물도 없다 → _____も_____もない

11 눈물을 삼키다, 분한 마음을 억누르다 → 涙を_____

12 멀리 내다보다 → _____目で見る

13 매우 갖고 싶어서 참을 수 없다 → _____から手が出る

14 자유롭게 행동하다 → 羽(はね)を_____

15 상대가 강해서 대적할 수 없다 → _____が立たない

16 피골이 상접할 정도로 말랐다 → 骨と_____になる

17 지나간 일은 없던 것으로 하다 → 水に_____

18 눈을 의심하다, 직접 보고도 믿지 않다 → 目を_____

19 귀가 밝다, 소식을 빨리 듣다 → 耳が_____

20 도중에 다른 일로 시간을 허비하다 → 道草(みちくさ)を_____

1 食(く)う	2 振(ふ)るう	3 貸(か)す	4 つぶす	5 腰(こし)
6 回(まわ)る	7 焼(や)く	8 打(う)つ	9 転(ころ)がす	10 血(ち), 涙(なみだ)
11 のむ	12 長(なが)い	13 喉(のど)	14 伸(の)ばす	15 歯(は)
16 皮(かわ)	17 流(なが)す	18 疑(うたが)う	19 早(はや)い	20 食(く)う

2 속담 🎧 065

음성을 듣고 _____ 안에 들어갈 적당한 말을 적어 넣으세요.

1   내일은 오늘과 다른 상황이 될 테니까 고민하지 않는 것이 좋다 → 明日は＿＿＿＿＿が吹く

2   되든 안 되든, 운을 하늘에 맡기고 → 一か＿＿＿＿＿

3   일이란 실제로 해보면 걱정했던 것보다 쉽게 할 수 있다 → 案ずるより＿＿＿＿＿が易し

4   덩치만 크고 도움이 되지 않는 사람 → うどの＿＿＿＿＿

5   세상에는 괴로운 일도 있고 즐거운 일도 있다 → 苦あれば＿＿＿＿＿、楽あれば＿＿＿＿＿

6   로마에 가면 로마법을 따르라 → 郷に＿＿＿＿＿郷に＿＿＿＿＿

7   뜻하는 성과를 얻으려면 그에 마땅한 일을 해야 한다 → ＿＿＿＿＿に入らずんば＿＿＿＿＿を得ず

8   모르는 게 약이다 → 知らぬが＿＿＿＿＿

9   좋은 일은 주저하지 않고 빨리 하는 것이 좋다 → 善は＿＿＿＿＿

10   타산지석 → ＿＿＿＿＿の石

11   세상에 공짜는 없다 → ＿＿＿＿＿より高いものはない

12   고생만 하고 애쓴 보람이 없다 → ＿＿＿＿＿損のくたびれもうけ

13   놓친 기회가 더 좋아 보인다 → ＿＿＿＿＿魚は大きい

14   무소식이 희소식 → ＿＿＿＿＿のないのはよい＿＿＿＿＿

15   남의 떡이 더 커 보인다 → ＿＿＿＿＿の花は赤い

16   아닌 밤중에 홍두깨, 엉뚱한 말이나 행동 → 寝耳に＿＿＿＿＿

17   일찍 일어난 새가 벌레를 잡아 먹는다 → ＿＿＿＿＿は三文の徳

18   백 번 듣는 것보다 한 번 보는 것이 더 낫다 → ＿＿＿＿＿は＿＿＿＿＿にしかず

19   지는 것이 이기는 것이다 → 負けるが＿＿＿＿＿

20   사람이 지나치게 청렴하면 남이 따르지 않는다 → 水＿＿＿＿＿魚すまず

1 明日(あした)の風(かぜ)	2 八(ばち)か	3 産(う)む	4 大木(たいぼく)
5 楽(らく)あり, 苦(く)あり	6 入(い)っては, 従(したが)え	7 虎穴(こけつ), 虎子(こじ)	8 仏(ほとけ)
9 急(いそ)げ	10 他山(たざん)	11 ただ	12 骨(ほね)折(お)り
13 逃(に)がした	14 便(たよ)り, 便(たよ)り	15 隣(となり)	16 水(みず)
17 早起(はやお)き	18 百聞(ひゃくぶん), 一見(いっけん)	19 勝(か)ち	20 清(きよ)ければ

잘 듣고 (A), (B) 중 알맞은 답을 고른 후, 다시 한 번 들으면서 빈칸을 채워 보세요.

1 女の人は中田さんをどう思っていましたか。

(A) 人間味のない人　　　　　　　(B) 情愛が深い人

男　ゆみさん、アメリカから派遣された中田さんを知ってる？

女　うん、_____も_____もない人だと聞いた。

男　_____と違って、愛情が_____人だよ。ミキさんがその中田さんと結婚するそうだよ。

女　信じられない。あんなにいやがっていたのに。

➕단어 **人間味** 인간미　**愛情が深い** 애정이 깊다　**派遣する** 파견하다　**血も涙もない** 피도 눈물도 없다　**噂** 소문
いやがる 싫어하다

2 女の人は企画書の作成についてどう思っていますか。

(A) すぐにできる。　　　　　(B) 手に余る。

男　伊藤さん、今度の企画書は検討しましたか。

女　はい、何ヶ所か_____を見つけたんですが。

男　12時までに企画書を新しく_____してください。

女　申し訳ないんですが、私の手にはちょっと_____なさそうです。

➕단어 **企画書** 기획안, 기획서　**作成** 작성　**手に余る** 힘겹다, 벅차다　**検討する** 검토하다　**手に負えない** 힘에 부치다,
감당할 수 없다

3 男の人は女の人をどう思っていますか。

(A) うどの大木　　　　　　(B) 鬼に金棒

女　山田さん、手が空いているんだけど、何か手伝ってあげようか。

男　いいえ、引っ越しセンターに全部_____から、ゆっくり休んでいて。

女　でも、せっかくここまで来たんだから、何かやりたいんだけど。

男　大丈夫。大事なお皿も_____くれたし、本も_____くれたし、
もう十分ですよ。

➕단어 **うどの大木** 덩치만 크고 쓸모없는 사람　**鬼に金棒** 범에 날개　**手が空く** 틈이 나다　**便利屋** 심부름 센터

4　女の人はどんな人ですか。

(A) 噂を早く聞き付ける人　　　　　　　　(B) 人の噂をするのが好きな人

　男　木村さん、今回のテストの結果を聞きましたか？

　女　うん、私はもう＿＿＿＿＿＿＿＿＿よ。

　男　木村さんはやはり＿＿＿＿＿＿＿＿＿ですね。いつ聞いたんですか。

　女　結果が発表されて＿＿＿＿＿＿＿＿＿耳にしたよ。

＋단어　聞き付ける 들어서 알다　耳が早い 귀가 밝다, 소식 듣는 것이 빠르다　耳にする 듣다

5　鈴木さんの声はどうですか。

(A) 澄んでいる。　　　　　　　　　　(B) かれている。

　男　鈴木さんと＿＿＿＿＿＿＿＿＿に行ったことがありますか。

　女　いいえ、ありません。

　男　鈴木さんと一緒に行ってみてください。玉を＿＿＿＿＿＿＿＿＿ような＿＿＿＿＿＿＿＿＿
　　　ですよ。

　女　本当ですか。ぜひ一緒に行きたいですね。

＋단어　澄む 맑다, 깨끗하다　かれる (목소리가) 잠기다　玉を転がすようだ 옥구슬 굴러가듯 맑고 아름답다

6　女の人はなぜうれしがっていますか。

(A) ほしかったものを所有できたから　　　(B) 子どもに買ってあげたから

　女　喉から手が＿＿＿＿＿＿＿＿＿ほどほしかった物をやっと手に＿＿＿＿＿＿＿＿＿よ。

　男　本当？それ、特別限定版でしょ？

　女　＿＿＿＿＿＿＿＿＿フリーマーケットで＿＿＿＿＿＿＿＿＿の。

＋단어　所有する 소유하다　喉から手が出る 몹시 탐이 나다　手に入れる 손에 넣다　限定版 한정판
　　　運よく 운 좋게

7 女の人はなぜ怒っているのですか。

(A) 朝寝坊をしたから　　　　　　　　(B) 時間を無駄にしているから

女　また＿＿＿＿＿＿をしているの。そうでなくても、二度寝して11時半に起きたんじ
　　ゃない。

男　ちょっと＿＿＿＿＿＿よ。

女　時は＿＿＿＿＿＿よ。若い時にしかできないことがあるんだよ。＿＿＿＿＿＿しゃ
　　んとしなさい。

➕단어 **朝寝坊をする** 늦잠을 자다 **無駄にする** 헛되게 하다 **昼寝** 낮잠 **二度寝** 아침에 한 번 깼다가 다시 잠
時は金なり 시간은 금이다 **ごろごろ** 뒹굴뒹굴, 빈둥빈둥 **しゃんと** 꼿꼿하게, 단정하게

8 女の人が男の人に言いたいことは何ですか。

(A) 口車に乗せる　　　　　　　　(B) 口はわざわいの門

男　ああ、どうしよう。伊藤さんの＿＿＿＿＿＿をつい口を滑らせて＿＿＿＿＿＿よ。

女　木村さん、気をつけないと＿＿＿＿＿＿のつかないことが起きるよ。

男　分かっているんだけど、つい…。

➕단어 **口車に乗せる** 감언이설로 속이다 **口はわざわいの門** 입은 화의 근원 **秘密** 비밀 **つい** 무심코, 그만, 어느덧
口を滑らす 무심코 말해 버리다, 실언하다 **取り返しがつかない** 돌이킬 수 없다

9 次の会話をことわざで表現したものはどちらですか。

(A) 隣の花は赤い　　　　　　　　(B) 他山の石

男　ママ、お兄ちゃんのスマホ、僕のより＿＿＿＿＿＿。

女　色は違うけど、中身はまったく＿＿＿＿＿＿だよ。

男　でも、お兄ちゃんのが僕のより＿＿＿＿＿＿そうだよ。だから僕にも同じ物を買っ
　　てくれよ。

➕단어 **隣の花は赤い** 남의 떡이 더 크다, 남의 것이 좋게 보이다 **他山の石** 타산지석 **中身** 알맹이, 내용물
まったく 전혀, 완전히, 참으로

156

10　女の人が男の人に言いたいことは何ですか。

(A) 便りのないのがよい便り　　　　(B) 郷に入っては郷に従え

　　男　山田さん、チエさんから＿＿＿＿＿あった？電話もメールもないから心配だよ。

　　女　＿＿＿＿＿暮しているから、電話をしないんでしょう。

　　　　心配する＿＿＿＿＿よ。

　　男　この前、教えてくれた＿＿＿＿＿に電話してみようか。

　　女　え？やめてよ。今、あそこは午前4時だよ。

＋단어　便^{たよ}りのないのがよい便^{たよ}り 무소식이 희소식　郷^{ごう}に入^いっては郷^{ごう}に従^{したが}え 로마에 가면 로마법을 따르라
　　　　無事^{ぶじ}に 무사히, 탈 없이

1	A	血(ち), 涙(なみだ), 噂(うわさ), 深(ふか)い
2	B	ミス, 作成(さくせい), 負(お)え
3	A	任(まか)せた, 割(わ)って, 破(やぶ)って
4	A	聞(き)いた, 耳(みみ)が早(はや)い, すぐ
5	A	カラオケ, 転(ころ)がす, 声(こえ)
6	A	出(で)る, 入(い)れた, 運(うん)よく, 見(み)つけた
7	B	昼寝(ひるね), 寝(ね)させて, 金(かね)なり, ごろごろせずに
8	B	秘密(ひみつ), しゃべっちゃった, 取(と)り返(かえ)し
9	A	いいみたい, 同(おな)じ物(もの), よさ
10	A	連絡(れんらく), 無事(ぶじ)に, ことない, 連絡先(れんらくさき)

次の会話をよく聞いて、後の問いにもっとも適したものを(A)から(D)の中で一つ選びなさい。

1　地震が起きた時、してはいけないことは何ですか。

(A) 外に飛び出す。

(B) 避難所に早く行く。

(C) 明るい場所に隠れる。

(D) 火を消す。

2　女の人はどう思っていますか。

(A) 鈴木さんの味方になるのは正しい。

(B) 中村さんの味方になるのは正しい。

(C) 鈴木さんの味方になるのは正しくない。

(D) 中村さんの味方になるのは正しくない。

3　会話の内容と合っているのはどれですか。

(A) 反応はよくなかった。

(B) よどみなくよく発表した。

(C) 最初から最後まで緊張した。

(D) 言ってはならないことを言ってしまった。

4　会話の内容と合っているのはどれですか。

(A) 子どもの看病でコンサートに行けなかった。

(B) チケットを友達の誕生日にプレゼントした。

(C) 自分が風邪を引いてコンサートに行けなかった。

(D) コンサートのチケットをやっと手に入れてコンサートに行った。

5　木村さんはどうやってお金をもうけましたか。

(A) 父から株をもらって

(B) 10箇所の銀行に貯金して

(C) お金持ちで株をたくさん買って

(D) 将来値が上がることを期待して投資して

6　会話の内容と合っているのはどれですか。

(A) 男性はいいせっけんを買って自慢している。

(B) 女性はただでもらうことをよくないと思っている。

(C) 男性は欲張りで、女性にせっけんをあげない。

(D) 女性はせっけんをもらって、ありがたいと思っている。

7　部長が首になったことをどう思っていますか。

(A) 知らぬが仏

(B) 寝耳に水

(C) 負けるが勝ち

(D) 骨折り損のくたびれもうけ

8　会話の内容と合うことわざはどれですか。

(A) 善は急げ

(B) あばたもえくぼ

(C) 苦あれば楽あり

(D) 百聞は一見にしかず

9　男の人はどんなタイプですか。

(A) 夜型

(B) 新型

(C) 朝型

(D) 古い型

10　鈴木さんの資料はどうなりますか。

(A) 失敗したから破棄される。

(B) 参考資料として利用される。

(C) いいアイディアなのに捨てられる。

(D) ベストアイディアだから推薦される。

③ 시사, 비즈니스

유형 공략

1 비즈니스 상황에서 많이 쓰이는 단어를 익히고, 회화가 이루어지고 있는 상황을 이해해야 합니다.

2 시사·정보 전달·구직·회의 내용 및 일하는 내용에 관한 문제가 출제되므로 이와 관련된 표현을 익혀 두세요.

3 600점대에서는 させていただきます, 伺う 등의 표현도 알아 두는 것이 좋아요.

4 질문을 먼저 보고 회화의 내용을 짐작하여, 문제지에서 질문의 응답이 될 만한 것을 적으면서 문제를 풀어 보세요.

예제 次の会話をよく聞いて、後の問いにもっとも適したものを(A)から(D)の中で一つ 選びなさい。

<u>求人広告</u>を出す時に<u>留意</u>しなくてもいいことは どれですか。

> 문제를 먼저 읽고 대화에서 '유의점'에 집중해서 들어 보세요.

(A) 就業場所

(B) 勤務年数

(C) 労働環境

(D) 仕事の内容

구인 광고를 낼 때 유의하지 않아도 되는 것은 어느 것입니까?

(A) 근무 장소

(B) 근무 연수

(C) 노동 환경

(D) 일의 내용

女 鈴木さんの後任は決まりましたか。

男 いいえ、まだです。それで求人広告を出そうと 思っています。

女 求人広告を出す時には、就業場所、勤務時間、 労働環境、仕事の内容などを正確に書かなけれ ばなりませんよ。

> 듣고 메모해 두세요!

여: 스즈키 씨의 후임은 결정되었습니까?

남: 아니요, 아직입니다. 그래서 구인 광고를 내 려고 생각하고 있습니다.

여: 구인 광고를 낼 때에는 근무 장소, 근무 시간, 노동 환경, 일의 내용 등을 정확히 써야 합니 다.

+해설 문제지에 제시된 보기를 통해 문제를 빨리 파악하는 것이 중요합니다. 질문에 留意(유의)가 있는 것으로 보아 '유의점'을 물 어보는 것을 알 수 있으므로, 들려주는 회화에서 유의해야 할 점에 대해 주의 깊게 듣고 올바른 정답을 찾아야 해요.

+단어 求人広告 구인 광고 就業 취업, 작업 勤務 근무 労働環境 노동 환경 後任 후임

시사, 비즈니스 🎧069

1 A ABC売り場にお取りつぎをお願いします。 ABC매장으로 연결 부탁합니다.

　 B おつなぎしますので、少々お待ちください。 연결해 드릴테니 잠시 기다려 주세요.

2 A 山田と申しますが、伊藤さんをお願いします。 야마다라고 하는데요, 이토 씨를 부탁합니다.

　 B あいにくほかの電話に出ております。 공교롭게도 다른 전화를 받고 있습니다.

3 A 伊藤さんの会社は週休三日ですね。 이토 씨의 회사는 주 4일 근무군요.

　 B ええ。その代わり、木曜日はすごく忙しいです。 예, 그 대신 목요일은 매우 바쁩니다.

4 A 山田部長はもうギリシャへ行きましたか。 야마다 부장님은 벌써 그리스에 가셨습니까?

　 B いいえ、まだです。確か、来月行くはずです。 아니요, 아직입니다. 아마 다음 달에 갈 것입니다.

5 A 担当者と連絡を取りたい時にはどうすればいいですか。
　　 담당자와 연락하고 싶을 때는 어떻게 하면 됩니까?

　 B お手数ですが、弊社のホームページのメールフォームに入力してください。
　　 번거로우시겠지만, 저희 회사 홈페이지의 메일 형식에 입력해 주세요.

6 A 今も貿易の仕事をしていますか。 지금도 무역 일을 하고 있습니까?

　 B いいえ、適性に合わなくて、辞めました。 아니요, 적성에 맞지 않아서 그만두었습니다.

7 A お仕事は何ですか。 어떤 일을 하시나요?

　 B 弁護士事務所に勤めています。 변호사 사무실에서 근무하고 있습니다.

8 A ご相談申し上げたいことがあります。 상의 드리고 싶은 일이 있습니다.

　 B 明日の午前中ならいつでもいいですよ。 내일 오전 중이라면 언제라도 괜찮습니다.

9 A 急用ができてミーティングを金曜日の午後に延期していただきたいです。
　　 급한 일이 생겨서 미팅을 금요일 오후로 연기하고 싶습니다.

　 B その日は特に予定が入っていないからいいですよ。 그 날은 특별한 예정이 없으니까 괜찮습니다.

10 A 単身赴任をしなければならない場合が多いですか。 단신 부임을 해야만 하는 경우가 많습니까?

　 B はい、国内だけではなく、海外にも単身赴任することが多くなりました。
　　 예, 국내뿐만 아니라 해외에도 단신 부임을 하는 경우가 많아졌습니다.

11 A 不景気で売り上げが伸びないんです。 불경기라서 매상이 오르지 않습니다.

　 B そうですね。その上、リストラの噂もありますよ。 그렇네요, 게다가 정리해고 소문도 있습니다.

12 A 新製品の売り上げはどうでしたか。 신제품 매출은 어떻습니까?

B 売れ行きは好調なので、増産してほしいです。 판매 흐름이 좋아서 생산을 늘리고 싶습니다.

13 A 市販品の反応はどうですか。 시판 제품에 대한 반응은 어떻습니까?

B 小売店からよくクレームが来ます。 소매점에서 자주 불만 사항이 들어옵니다.

14 A ビジネスビザをもらうためには何が要りますか。 비즈니스 비자를 받기 위해서는 무엇이 필요합니까?

B 雇用契約書が必要です。 고용계약서가 필요합니다.

15 A お客様から返品が来ているそうです。 손님으로부터 반품이 들어온다고 합니다.

B 出荷前に何度もチェックしていますが、一応もう一度検査しておきます。
출하 전에 몇 번이나 체크하지만, 일단 다시 한 번 검사하겠습니다.

16 A 交差点で、警察に呼び止められて怒られていましたね。
교차로에서 경찰에 불려 질책을 받고 있었더군요.

B はい、もう二度と信号無視はしないと心に決めました。
네, 두 번 다시 신호 무시는 하지 않도록 마음 먹었습니다.

17 A 錆びないようにするにはどんな方法がありますか。 녹슬지 않게 하는 방법에는 어떤 방법이 있습니까?

B 金属の表面にメッキする方法があります。 금속 표면에 도금하는 방법이 있습니다.

18 A 商品棚ががらがらなんですが、品出しは何時に終わりますか。
상품 진열장이 텅텅 비었습니다만, 상품 진열은 몇 시에 끝납니까?

B ５時頃には商品が揃う予定です。 5시 정도에는 상품이 갖춰질 예정입니다.

1 정보 전달 🎧 070

음성을 듣고 _____ 안에 들어갈 적당한 말을 적어 넣으세요.

1 社会のルールを_____生活をすべきである。 사회의 규칙을 지키면서 생활해야 한다.

2 _____には最高・最低_____があります。 고속도로에는 최고·최저 속도 제한이 있습니다.

3 ビジネスビザをもらうためには_____が要ります。
비즈니스 비자를 받기 위해서는 고용계약서가 필요합니다.

4 激しい運動は_____方がいいです。 과격한 운동은 삼가는 것이 좋습니다.

5 一方通行を逆行する車両には_____がかされます。
일방통행을 역주행하는 차량에는 벌금이 부과됩니다.

6 健康のためには_____の摂取を_____べきです。
건강을 위해서는 콜레스테롤의 섭취를 피해야 합니다.

7 _____を満喫している人が増えているそうです。 독신 생활을 만끽하는 사람이 늘고 있다고 합니다.

8 日本の料理の味は_____です。 일본 요리의 맛은 담백합니다.

9 結婚_____が遅くなる傾向がある。 결혼 적령기가 늦어지는 경향이 있다.

10 インフルエンザの流行によって_____となっています。 독감 유행에 따라 임시 휴교하였습니다.

11 テロ防止のため、外国人への_____が厳しくなります。
테러 방지를 위해 외국인의 입국심사가 엄격해집니다.

12 中火で調理するとガス代が_____できる。 중간불로 조리하면 가스 요금을 절약할 수 있다.

13 カードを_____場合はすぐにご連絡ください。 카드를 분실한 경우에는 바로 연락해 주세요.

14 運転免許証やパスポートなどを_____して、お_____ください。
운전면허증이나 여권 등을 지참하고 와 주십시오.

15 国民健康保険証は郵便で_____いただきます。 국민건강보험증은 우편으로 송부하겠습니다.

---

1 守(まも)りながら	2 高速道路(こうそくどうろ), 速度制限(そくどせいげん)	3 雇用契約書(こようけいやくしょ)
4 控(ひか)えた	5 罰金(ばっきん)	6 コレステロール, 控(ひか)える
7 独身生活(どくしんせいかつ)	8 淡白(たんぱく)	9 適齢期(てきれいき)
10 臨時休校(りんじきゅうこう)	11 入国審査(にゅうこくしんさ)	12 節約(せつやく)
13 紛失(ふんしつ)した	14 持参(じさん), 越(こ)し	15 送付(そうふ)させて

음성을 듣고 _____ 안에 들어갈 적당한 말을 적어 넣으세요.

1 _____を2、3日延ばしていただけませんか。 마감을 2, 3일 연장해 주시지 않겠습니까?

2 _____は_____の状態を反映しています。 주가는 경기 상태를 반영하고 있습니다.

3 _____ファイルを_____してメールを送付します。
회의 자료 파일을 첨부해서 메일을 송부하겠습니다.

4 _____開発には山田物産が10％_____しています。
배터리 개발에는 야마다물산이 10% 출자하고 있습니다.

5 _____が来ないように出荷前にチェックしています。
반품이 오지 않도록 출하 전에 체크하고 있습니다.

6 クレームが入ってきたら_____して修理します。 불만 사항이 들어오면 회수하여 수리합니다.

7 詳しくは、添付_____をご覧ください。 자세한 것은 첨부 자료를 봐 주십시오.

8 売れ行きが好調な製品に_____しています。 판매 흐름이 좋은 제품에 투자하고 있습니다.

9 _____の景気回復が続いています。 제조업 주도의 경기 회복이 진행되고 있습니다.

10 製品の納期に_____いただきたいです。 제품 납기에 맞춰 주시길 바랍니다.

11 定例会議の時刻が_____こともあります。 정례 회의의 시각이 앞당겨지는 경우도 있습니다.

12 _____の見直しが検討されています。 소비세의 수정이 검토되고 있습니다.

13 景気は緩やかな_____が続くと見られます。 경기는 완만한 오름세가 지속될 경향이 보입니다.

14 ファイルの管理を_____しています。 파일 관리를 담당하고 있습니다.

15 念のために重要なファイルは_____しておいた方がいいです。
만약을 대비해 중요한 파일은 백업해 두는 것이 좋습니다.

---

1 締(し)め切(き)り	2 株価(かぶか), 景気(けいき)	3 会議資料(かいぎしりょう), 添付(てんぷ)
4 バッテリー, 出資(しゅっし)	5 返品(へんぴん)	6 回収(かいしゅう)
7 資料(しりょう)	8 投資(とうし)	9 製造業主導(せいぞうぎょうしゅどう)
10 間(ま)に合(あ)わせて	11 繰(く)り上(あ)がる	12 消費税(しょうひぜい)
13 上向(うわむ)き傾向(けいこう)	14 担当(たんとう)	15 バックアップ

잘 듣고 (A), (B) 중 알맞은 답을 고른 후, 다시 한 번 들으면서 빈칸을 채워 보세요.

1 男の人はどうしてホームドアを取り付けるべきだと思っていますか。

(A) 自殺を防ぐため (B) 自然災害を防ぐため

女 電車の大規模な＿＿＿＿＿の原因は何だと思う？

男 地震とか台風とか、いわゆる＿＿＿＿＿？

女 それもあるんだけど、一番多いのは列車への＿＿＿＿＿自殺なんだって。

男 そうなんだ。安全のためにも各駅に＿＿＿＿＿を設置すべきだね。

＋단어 **ホームドア** 스크린 도어, 안전문 **取り付ける** 달다, 설치하다 **べきだ** ~해야 한다 **自殺** 자살
防ぐ 막다, 방지하다 **自然災害** 자연재해 **大規模** 대규모 **遅延** 지연 **いわゆる** 소위, 이른바
飛び込み自殺 (전철 등에 뛰어드는) 투신자살 **設置** 설치

2 なぜため息をついていますか。

(A) 似たようなことを何回もするから (B) 難しいことばかり繰り返すから

男 ため息をつくなんて、何かあったんですか。

女 ＿＿＿＿＿ことばかり繰り返して、もう＿＿＿＿＿ちゃいました。

男 田中さんは＿＿＿＿＿して何年経ちましたか。

女 もう6年目になりました。

＋단어 **ため息をつく** 한숨을 쉬다 **繰り返す** 되풀이하다, 반복하다 **単調だ** 단조롭다 **飽きる** 싫증나다, 물리다
経つ (시간이) 지나다, 경과하다

3 シェフの募集に何が必要ですか。

(A) 履歴書1枚と写真2枚 (B) 履歴書2枚と写真2枚

男 シェフの＿＿＿＿＿を見て、電話したんですが。

女 レストランで＿＿＿＿＿ことがありますか。

男 はい、あります。ホテルで＿＿＿＿＿間働きました。

女 履歴書と写真を＿＿＿＿＿持参して、明日の午後3時までに来てください。

＋단어 **シェフ** 요리사, 주방장 **募集** 모집 **持参する** 지참하다

4 女の人はこれからどうしますか。

(A) 取引の報告書を直接渡す。　　　(B) 取引の報告書をメールで送る。

　女　取引の報告書をメールで送ろうと思うんですが…。

　男　申し訳ございませんが、直接＿＿＿＿＿＿いただけませんか。

　女　今日はちょっと＿＿＿＿＿＿が悪くて、席を＿＿＿＿＿＿ことができないので、
　　　明日9時ごろ寄ります。

　男　じゃ、お願いします。

+단어　直接_{ちょくせつ} 직접　お越し_こ 오심, 가심　都合が悪い_{つごう わる} 형편이 안 되다　席を外す_{せき はず} 자리를 비우다　寄る_よ 들르다

5 部長は何時に外回りから戻ってきますか。

(A) 2時ごろ　　　　　　　　　　　(B) 3時ごろ

　男　部長、2時までにお戻りになれますか。

　女　2時は＿＿＿＿＿＿だけど、3時までには＿＿＿＿＿＿と思う。スケジュールが変
　　　更になったの？

　男　はい、会議が1時間＿＿＿＿＿＿ことになりました。

+단어　外回り_{そとまわ} 외근　お戻りになる_{もど} 돌아오시다　繰り上がる_{く あ} 시간이 앞당겨지다

6 なぜ遅くまで仕事をしていますか。

(A) お詫びの電話をするため　　　(B) 退社時間が決まっていないから

　女　退社時間は決まっているんじゃないですか。

　男　はい、決まってるんですが、残業があると、＿＿＿＿＿＿には帰れません。

　女　今日はどうしてこんな時間まで＿＿＿＿＿＿をしているんですか。

　男　お客さんから＿＿＿＿＿＿が入ってきて、＿＿＿＿＿＿の電話をしなければならな
　　　いんです。

+단어　お詫び_わ 사죄　退社時間_{たいしゃ じ かん} 퇴근 시간　残業_{ざんぎょう} 잔업, 야근　定時_{てい じ} 정시　クレーム 불만 사항

7   昇進試験はいつですか。

(A) 3月14日   (B) 3月16日

　男　山田さん、＿＿＿＿＿＿＿＿昇進試験ですね。

　女　ええ、私は昇進が＿＿＿＿＿＿＿＿いるのでかなり焦っています。

　男　試験はいつですか。

　女　今日が3月14日ですよね。＿＿＿＿＿＿＿＿です。

＋단어 昇進 승진 焦る 초조하게 굴다, 안달하다

8   何のために電話をしましたか。

(A) 契約書の確認   (B) 空席の確認

　女　もしもし、山田課長いらっしゃいますか。

　男　あいにく席を外しておりますが、よろしければご＿＿＿＿＿＿＿＿を承ります。

　女　お送りした契約書のご＿＿＿＿＿＿＿＿をお願いしたいのですが。

　男　はい、＿＿＿＿＿＿＿＿ました。

＋단어 空席 공석 あいにく 공교롭게도 伝言 전하는 말 かしこまりました 알겠습니다

9   女の人が見た交通標識は何ですか。

(A) 進入禁止   (B) Uターン禁止

　男　通りすぎたと思わない？ さっき、左に＿＿＿＿＿＿＿＿べきだったんだよ。

　女　どこかで＿＿＿＿＿＿＿＿しなくちゃ。

　男　この道に入って＿＿＿＿＿＿＿＿しよう。

　女　だめだよ。車はこの道に＿＿＿＿＿＿＿＿って標識があるじゃない。

＋단어 交通標識 교통표지판 Uターン禁止 유턴 금지 通りすぎる 지나쳐가다

10　会話の内容と合っているのはどちらですか。

(A) 木村さんはファイルを消した。

(B) 木村さんはコンピューターを使いこなしている。

　　　女　中山さん、何か気掛かりな事でもありますか。

　　　男　ええ、実は大切なファイルを＿＿＿＿＿＿してしまったんです。バックアップ

　　　　　ファイルもないし、どうしよう。

　　　女　木村さんがファイルの管理を＿＿＿＿＿＿いるから聞いてみましょう。

　　　男　あ、そうですね。木村さんなら＿＿＿＿＿＿してくれるはずですね。

> ➕단어 　使(つか)いこなす 잘 다루다　気掛(きが)かりだ 마음에 걸리다, 걱정이다　削除(さくじょ)する 삭제하다
> 　　　　バックアップファイル 백업 파일　管理(かんり) 관리　解決(かいけつ)する 해결하다

1	A	遅延(ちえん), 自然災害(しぜんさいがい), 飛(と)び込(こ)み, ホームドア
2	A	単調(たんちょう)な, 飽(あ)き, 入社(にゅうしゃ)
3	B	募集(ぼしゅう), 働(はたら)いた, 3年(さんねん), 2枚(にまい)ずつ
4	A	お越(こ)し, 都合(つごう), 外(はず)す
5	B	無理(むり), 戻(もど)れる, 繰(く)り上(あ)がる
6	A	定時(ていじ), 残業(ざんぎょう), クレーム, お詫(わ)び
7	B	そろそろ, 遅(おく)れて, 2日後(ふつかご)
8	A	伝言(でんごん), 確認(かくにん), かしこまり
9	A	曲(ま)がる, Uターン, Uターン, 入(はい)れない
10	B	削除(さくじょ), 担当(たんとう)して, 解決(かいけつ)

次の会話をよく聞いて、後の問いにもっとも適したものを(A)から(D)の中で一つ選びなさい。

1　男の人について正しいのはどれですか。

(A) 11時に仕事に行く。

(B) 12時に同僚に会う。

(C) 13時に先輩に会う。

(D) 14時にハローワークに行く。

2　内国人の場合、何が必要ですか。

(A) 定期券

(B) 身分証明書

(C) 外国人登録証

(D) クレジットカード

3　制限速度はなぜ30キロですか。

(A) 工事中だから

(B) 道路が狭いから

(C) 一般道路だから

(D) 学校があるから

4　女の人はなぜ合格できなかったのですか。

(A) 1次試験で落ちたから

(B) 合格が取り消されたから

(C) 更新の基準に満たなかったから

(D) 願書提出の締切日を逃したから

5　女の人が気にかけていることはどれですか。

(A) 専攻分野

(B) 満員電車

(C) 不採用通知

(D) 缶詰の在庫

6　話題になっているのはどれですか。

(A) 番組

(B) テレビ

(C) 電子製品

(D) シートベルト

7　休暇はいつからいつまでですか。

(A) 5月3日から5月6日まで

(B) 8月4日から8月9日まで

(C) 7月30日から8月5日まで

(D) 7月31日から8月3日まで

8　山田さんに何を伝えますか。

(A) 納期の延長

(B) 納期の公示

(C) 納期の再開

(D) 納期の再確認

9　男の人はどうしてパンが買えなかったのですか。

(A) 品出しが終わったから

(B) 出荷されていなかったから

(C) 購入個数制限を超えたから

(D) 当日分の在庫がなかったから

10　会話の内容と合っているのはどれですか。

(A) 商品の見本を係長に提出する。

(B) ロッカーの中に商品の見本がある。

(C) 部長の事務室は鍵がかかっている。

(D) 商品の見本を部長から返してもらう。

11 どうして書類を直木さんのかばんに入れますか。

(A) 直木さんのかばんは丸いから

(B) 直木さんのかばんは大きいから

(C) 直木さんのかばんは四角形だから

(D) 直木さんのかばんにはしわがあるから

12 会話の内容と合っているのはどれですか。

(A) チケットの予約はもう済んだ。

(B) インターネットで予約はできる。

(C) インターネットで予約の確認はできる。

(D) 予約の問い合せは9008番である。

13 女の人が泊まる所はどこですか。

(A) 千葉

(B) 東京

(C) 神戸

(D) 長崎

14 セミナーはいつ終わりますか。

(A) 2時頃

(B) 3時頃

(C) 4時頃

(D) 5時頃

15 会話の内容と合っているのはどれですか。

(A) 鶏肉の売り上げが上がった。

(B) この人たちは焼き鳥を食べに行く。

(C) 男の人は鶏肉の安全性が気掛かりである。

(D) 弱火で調理すると安全である。

Ⅲ 次の会話をよく聞いて、後の問いにもっとも適したものを(A)から(D)の中で一つ選びなさい。

51 どこで待ちますか。

(A) 居間
(B) 休憩室
(C) 応接間
(D) 待合室

52 小包は何で運ばれますか。

(A) 船便
(B) EMS
(C) 国際宅配便
(D) 航空便

53 今、何時ですか。

(A) 1時頃 (B) 3時頃
(C) 4時頃 (D) 5時頃

54 男の人が運動を始めようとする理由はどれですか。

(A) 肩こりを治すため
(B) ダイエットをするため
(C) 姿勢を矯正するため
(D) 健康診断があるため

55 会話の内容と合っているのはどれですか。

(A) 1階の駐車場は満車である。
(B) 2階の駐車場には空きがない。
(C) 駐車料金は2時間なら600円になる。
(D) 2階の駐車場は1階より安い。

56 どうして傘を持っていきたくないのですか。

(A) 田舎臭いから
(B) 置き忘れるから
(C) やっかいだから
(D) 雨が止んでいるから

57 なぜ男の人はまた電話しなければなりませんか。

(A) 12月20日にニューヨークへ行くから
(B) 12月20日のニューヨーク行きは満席だから
(C) 12月24日のニューヨーク行きのフライトをキャンセルするから
(D) 12月24日のニューヨーク行きの席に空きができたか確認する必要があるから

58 お客さんが欲しがっているのはどれですか。

(A) 小さなサイズのトレーナー
(B) 大きなサイズのトレーナー
(C) ださいデザインのトレーナー
(D) おとなしいデザインのトレーナー

59 社長について正しいのはどれですか。

(A) 謙虚な人である。
(B) 傍若無人である。
(C) 肩で風を切っている。
(D) 仕事の上では厳しい人である。

3 회화문

60 女の人はいくら払いますか。

(A) 5000円　　　　(B) 6000円

(C) 7000円　　　　(D) 8000円

61 会話の内容と合っているのはどれですか。

(A) アメリカンデザインである。

(B) 限定150台だけの掃除機である。

(C) お支払い方法には銀行振り込みがある。

(D) ヨーロピアンデザインのラジオを買う。

62 会話の内容と合っているのはどれですか。

(A) 頬がげっそりとこけている。

(B) 運動しても体重が減らないようである。

(C) 水泳やエアロビクスをする予定である。

(D) 運動してからすっかり変わった。

63 ヨーロッパにはなぜ行けなくなりましたか。

(A) 卒業の準備をするから

(B) 席が空いていないから

(C) 就職活動で忙しいから

(D) 繁忙期で高くなったから

64 松下さんが電話した目的は何ですか。

(A) 松下さんがシカゴで結婚することを知らせるために

(B) マリさんの結婚式の日にちの変更を知らせるために

(C) 松下さんが留学しにシカゴへ行くことを知らせるために

(D) マリさんの結婚式に参列できないことを知らせるために

65 男の人は今どんな心情ですか。

(A) すっとしている。

(B) ぞっとしている。

(C) ほっとしている。

(D) ぼうっとしている。

66 会話の内容と合っているのはどれですか。

(A) 男の人は一日中何もしないでいた。

(B) 二人は上司と部下の関係である。

(C) 2週間も掃除をしなかった。

(D) 毎週日曜日に休暇を取った。

67 会話の内容に合っている調理法はどれですか。

(A) 大根は弱火で煮込む。

(B) 大根は薄切りにする。

(C) キャベツは角切りにする。

(D) にんじんは強火で炒める。

68 男の人はこれからどうしますか。

(A) 新しい物に交換する。

(B) 代金を返す。

(C) 画面を修理する。

(D) 製品のレシートをあげる。

69 女の人はどれにしますか。

(A) さばの塩焼き

(B) 炭焼き牛タン

(C) 焼きそば

(D) 鉄板ステーキ

70 女の人は男の人に何と忠告していますか。

(A) よいことはすぐにやった方がいい。

(B) 他人の物は何でもよさそうに見える。

(C) 今いる所の習慣や決まりに従うべきである。

(D) 世の中には楽しいことも苦しいこともある。

71 会話の内容と合っているのはどれですか。

(A) 家賃は8万円である。

(B) 共益費は18万円である。

(C) ひとつの部屋がある家である。

(D) 男の人は家賃が高くも安くもないと思っている。

72 どんなものを買いましたか。

(A) シルクの縞柄のスカーフ

(B) シルクの無地のスカーフ

(C) レーヨンの縞柄のスカーフ

(D) レーヨンの無地のスカーフ

73 この人は何を計っていますか。

(A) 脈　　　　　　　(B) 体温

(C) 血圧　　　　　　(D) 体重

74 女の人はなぜ飲み会に参加できませんか。

(A) 書類の整理があるから

(B) 予約時間に間に合わないから

(C) 戻りが遅くなるおそれがあるから

(D) 早く家に帰らないといけないから

75 検疫証明を受けるのはどれですか。

(A) 酒　　　　　　　(B) ハム

(C) ガム　　　　　　(D) タバコ

76 納期はどれくらい遅れますか。

(A) 1週間　　　　　(B) 2週間

(C) 3週間　　　　　(D) 4週間

77 何をしているところですか。

(A) 庭で洗車しているところです。

(B) 駐車場で駐車しているところです。

(C) 交通違反で罰金を取られているところです。

(D) ガソリンスタンドでガソリンを入れているところです。

78 女の人は何のためにここにいますか。

(A) 保険証を作るために

(B) 膝の検査を受けるために

(C) 膝の治療を受けるために

(D) コンタクトレンズを買うために

79 女の人はどうして目を疑いましたか。

(A) 骨と皮になったから

(B) 歯切れがよい人だから

(C) 意外な人が1位になったから

(D) 内向的な性格の人が多いから

80 返品率はどうなりましたか。

(A) 先月に比べて0.2％上がった。

(B) 先月に比べて0.2％下がった。

(C) 先月に比べて5.2％上がった。

(D) 先月に比べて5.2％下がった。

PART 4

설명문

PART 4는 뉴스, 일상생활 정보, 광고 등의 설명문을 듣고 질문에 답하는 형식으로, 청해 문제 중 가장 어려운 부분에 속합니다. 긴 설명문을 읽어 주고 그것을 바탕으로 3~4개의 질문을 제시함으로써 상당한 수준의 종합적인 일본어 능력을 평가하고 있어요.

설명문을 듣고 나서 문제를 풀면 내용을 잊어버리거나 중요 내용을 놓칠 수 있으니 문제를 먼저 파악한 후 지문을 듣도록 합시다. 숫자나 장소, 기간 등을 헷갈리게 하여 오답을 유도하는 문제도 나오니 집중해서 메모를 하며 들어 보세요.

예제 次の文章をよく聞いて、後の問いにもっとも適したものを(A)から(D)の中で一つ選びなさい。

> 운동부족 때문에 '무엇'이
> 일어나는지 집중해서 들어 보세요.

運動不足で起こるものはどれですか。

운동 부족 때문에 일어나는 것은 어느 것입니까?

(A) 腰痛 (ようつう)

(A) 요통

(B) 過労 (かろう)

(B) 과로

(C) 水不足

(C) 물 부족

(D) 食欲増加 (しょくよくぞうか)

(D) 식욕 증가

> 메모를 해 두고 정답 선지와
> 비교해 보세요.

交通機関の発達(はったつ)や科学技術の進歩(しんぽ)に伴(ともな)って、生活が便利になり、体を動かす機会が減ってきています。運動不足で起こるものには疲れやすさ、睡眠不足(すいみんぶそく)、食欲低下(しょくよくていか)、腰の痛み、ストレス増加などがあげられます。そのため、自分に合った運動方法を見つけ、日常生活の中で運動習慣(しゅうかん)を身につけるのが重要です。

교통 기관의 발달이나 과학 기술의 진보에 따라, 생활이 편리해져 몸을 움직일 기회가 감소하고 있습니다. 운동 부족 때문에 일어나는 것에는 잦은 피로, 수면 부족, 식욕 저하, 허리 통증, 스트레스 증가 등을 들 수 있습니다. 그렇기 때문에 자신에게 맞는 운동 방법을 찾고, 일상생활 속에서 운동 습관을 익히는 것이 중요합니다.

+해설 제시된 질문은 '운동 부족으로 일어날 수 있는 것'을 묻는 것이므로 지문을 듣고, '무엇'에 해당되는 단어를 잘 캐치하여 메모하도록 합시다.

+단어 腰痛(ようつう) 요통　過労(かろう) 과로　交通機関(こうつうきかん) 교통 기관　発達(はったつ) 발달　科学技術(かがくぎじゅつ) 과학 기술　進歩(しんぽ) 진보　～に伴う(ともな) ～에 따르다, 수반하다　機会(きかい) 기회　睡眠(すいみん) 수면　食欲(しょくよく) 식욕　低下(ていか) 저하　身(み)につける 익히다

꼭 외워야 할 필수 표현

일상생활 (076)

인물 소개

● 〜屋 (〜한 사람)

お天気屋 기분파

頑張り屋 노력가

気取り屋 젠체하는 사람

のんびり屋 태평한 사람

欲張り屋 욕심쟁이

● 〜主義者 (〜주의자)

完璧主義者 완벽주의자

実力主義者 실력주의자

中立主義者 중립주의자

平和主義者 평화주의자

● 사람

朝型人間 아침형 인간

教育ママ 자녀 교육에 극성스런 어머니

方向音痴 방향치, 길치

マザコン 마마보이

● 성격

愛想がない 무뚝뚝하다

勇ましい 씩씩하다, 용감하다

臆病者だ 겁쟁이다

押しが強い 억지가 세다

落ち着いている 차분하다

怒りっぽい 화를 잘 내는 성미이다

けちだ 인색하다

険悪だ 험악하다

気難しい 까다롭다

好印象だ 인상이 좋다

子どもっぽい 어린애 같다

こまめだ 부지런하다

根気強い 끈기가 있다

さもしい 천박하다, 치사하다

純真だ 순진하다

情にもろい 정에 약하다, 정에 휩쓸리다

愛情が深い 정이 많다

しぶとい 고집이 세다

信頼できる 믿음직스럽다

素直だ 순수하다, 솔직하다

ずぼらだ 흐리터분하다, 답답하다

責任感が強い 책임감이 강하다

せっかちだ 성급하다

善良だ 착하다

そそっかしい 덜렁대다

そっけない 쌀쌀 맞다, 붙임성 없다

だらしない 야무지지 못하다, 칠칠치 못하다

強がりを言う 강한체하다, 허세를 부리다

とぼける 시치미 떼다, 얼빠지다

生意気だ 버릇없다, 건방지다

怠ける 게으르다

根が明るい 천성이 밝다

はきはきしている 성격이 시원시원하다

朗らかだ 명랑하다

物忘れ 잘 잊어버림

利口だ 영리하다

礼儀正しい 예의 바르다

생활 정보 안내

● 음식, 요리

ボリュームのあるランチ 양이 많은 점심

塩焼き 소금구이

炭焼き 숯불구이

鉄板焼き 철판구이

● 교육

親子トラブル 부모 자식간의 트러블

義務教育 의무 교육

ネガティブなイメージ 부정적 이미지

ポジティブなイメージ 긍정적 이미지

価値観を押し付ける 가치관을 강요하다

● 상점

税込み 세금 포함

食料品 식료품

通販 통신 판매, 인터넷 쇼핑

購入する 구입하다

● 주거

公益費 관리비

住宅ローン 주택 취득·건축 비용 전용 대출 상품

取り次ぎ 중개인

分譲住宅 분양 주택

礼金 사례금

● 안내

お見舞い時間 병문안 시간

本人確認 본인 확인

保険証 보험증

熱帯夜 열대야

睡眠不足 수면 부족

引き出す 인출하다

振り込む 이체하다

入金する 입금하다

● 교통

空車 (택시의) 빈 차

空席 빈자리

交通違反 교통 위반

終点 종점

終電 마지막 전철

制限速度 제한 속도

通勤定期券 출퇴근 정기권

満席 만석, 만원, 자리가 꽉 참

快速 쾌속

各駅停車 역마다 정차함

急行 급행

特急 특급

エコノミークラス 이코노미석

ビジネスクラス 비즈니스석

ファーストクラス 일등석

シートベルト 안전벨트

駆け込む 뛰어들다, 뛰어 들어가다

搭乗する 탑승하다

満タンにする (휘발유를) 탱크에 가득 채우다

足を広げて座る 다리를 벌리고 앉다

行列に割り込む 행렬에 끼어들다

席を先取りする 좌석을 먼저 차지하려 하다

狭い隙間に入り込む 좁은 틈새에 비집고 들어가다

いたずら電話 장난 전화

絵文字 그림 문자

音声通話 음성 통화

携帯メール 문자 메세지

断わりの電話 거절 전화

モーニングコール 모닝콜

ローミングサービス 로밍 서비스

● 전화 응대

声が途切れる 소리가 끊어지다

口頭で伝える 구두로 전하다

受話器を取る 수화기를 들다

着信メロディーが流れる 착신음이 흐르다

チェックする 체크하다

通話を録音する 통화를 녹음하다

連絡先を削除する 연락처를 삭제하다

伝言を承る 전언을 받다

データ通信量を確認する 데이터 사용량을 확인하다

電源を切る 전원을 끄다

電波が届かない 전파가 닿지 않다

電話が混線する 전화가 혼선되다

電話を回す 전화를 돌리다

ボリュームを大きくする 소리를 크게 하다

マナーモードに切り替える 매너 모드로 바꾸다

用件を聞く 용건을 듣다

4 설명문

1 인물 소개 🎧 077

음성을 듣고 _____ 안에 들어갈 적당한 말을 적어 넣으세요.

1 仕事において_____がはっきりしています。 일에 있어서 좋고 싫음이 확실합니다.

2 少し_____だけど、_____で優しい人です。 조금 완고하지만, 성실하고 상냥한 사람입니다.

3 活発で_____で、周りから愛されるタイプです。 활발하고 명랑해서 주위에서 사랑받는 타입입니다.

4 しつこく_____ので嫌われる時もあります。 끈질기게 매달리기 때문에 미움 받을 때도 있습니다.

5 彼は_____が強くて、_____を言います。 그는 고집이 세고, 허세를 부립니다.

6 山田さんは利口で、_____がいいです。 야마다 씨는 영리하고, 기억력이 좋습니다.

7 いつも急いでいるし、_____で短気な人です。 항상 서두르고 조급하며 성급한 사람입니다.

8 _____が明るく、_____深いです。 천성이 밝고, 인정이 깊습니다.

9 _____と義務感を持って、物事をこなす人です。
책임감과 의무감을 갖고, 모든 일을 철저하게 하는 사람입니다.

10 情に_____やすいところがあります。 정에 휩쓸리기 쉬운 부분이 있습니다.

11 課長は少し_____人です。 과장님은 조금 엉뚱한 사람입니다.

12 _____で、周りの影響を受けやすいです。 순진해서 주위의 영향을 받기 쉽습니다.

13 _____と_____を重視しています。 정의와 의리를 중시하고 있습니다.

14 何事も_____そつなくこなすタイプです。 어떤 일도 요령 있게 실수 없이 잘하는 타입입니다.

15 よく気がつき、人々に細かい_____をします。 눈치가 빠르고 사람들에게 세세한 배려를 합니다.

1 好(す)き嫌(きら)い	2 頑固(がんこ), 誠実(せいじつ)	3 朗(ほが)らか	4 ねだる
5 押(お)し, 強(つよ)がり	6 物覚(ものおぼ)え	7 せっかち	8 根(ね), 人情(にんじょう)
9 責任感(せきにんかん)	10 流(なが)され	11 変(か)わった	12 素直(すなお)
13 正義(せいぎ), 義理(ぎり)	14 器用(きよう)に	15 気配(きくば)り	

2 생활 정보 안내 (078)

음성을 듣고 _____ 안에 들어갈 적당한 말을 적어 넣으세요.

1 味も品質も_____を目指しています。 맛도 품질도 일류를 목표로 하고 있습니다.

2 季節の_____は天気が変わりやすいです。 환절기에는 날씨가 변덕스럽습니다.

3 年齢別利用率を見ると、_____の利用率が高い。 연령별 이용률을 보면, 젊은 층의 이용률이 높다.

4 並んでいる列に_____いけません。 늘어서 있는 줄에 끼어들어서는 안 됩니다.

5 朝晩と日中の温度差が小さいという_____があります。
아침저녁과 낮의 기온 차가 작다는 특징이 있습니다.

6 暗証番号は生年月日など、_____されやすい番号はお避けください。
비밀번호는 생년월일 등 추측하기 쉬운 번호는 피해 주세요.

7 時間外に当行のATMを利用して_____を引き出すと_____が必要になります。
시간외 당행 ATM을 이용해서 예금을 인출하면 수수료가 필요합니다.

8 _____のいい国では外でも気軽に現地の無料Wi-Fiが使えます。
통신 환경이 좋은 나라에서는 밖에서도 손쉽게 현지의 무료 와이파이를 사용할 수 있습니다.

9 人間は睡眠パターンによって_____と_____に分かれます。
인간은 수면 패턴에 따라 아침형 저녁형으로 나누어집니다.

10 暑くて寝苦しい熱帯夜が続いて_____になりました。
더워서 잠자기 힘든 열대야가 계속되어 수면 부족이 되었습니다.

11 _____の条件を_____場合は無料になります。 소정의 조건을 만족한 경우 무료입니다.

12 品目別の購入率を見ると、米, 果物の順で高い_____となっています。
품목별 구입률을 보면 쌀, 과일 순으로 높은 비율로 되어 있습니다.

13 山に登る時は_____を持っていった方がいいです。 산에 오를 때는 우비를 갖고 가는 것이 좋습니다.

14 私の家は、_____ローンで購入しました。
우리 집은 주택 융자로 구입했습니다.

15 他の患者に_____となる行為をしないようにしてください。
다른 환자에게 폐가 되는 행위를 하지 않도록 해 주세요.

---

1 一流(いちりゅう)	2 変(か)わり目(め)	3 若年層(じゃくねんそう)	4 割(わ)り込(こ)んでは
5 特徴(とくちょう)	6 推測(すいそく)	7 預金(よきん), 手数料(てすうりょう)	8 通信環境(つうしんかんきょう)
9 朝型(あさがた), 夜型(よるがた)		10 睡眠不足(すいみんぶそく)	11 所定(しょてい), 満(み)たした
12 割合(わりあい)	13 雨具(あまぐ)	14 住宅(じゅうたく)	15 迷惑(めいわく)

음성을 듣고 ＿＿＿ 안에 들어갈 적당한 말을 적어 넣으세요.

1 図書館内で＿＿＿＿＿が鳴った時、移動せずにその場で電話に出る人がいます。
도서관내에서 착신음이 울렸을 때, 이동하지 않고 그 자리에서 전화를 받는 사람이 있습니다.

2 あいにく席を＿＿＿＿＿おります。 공교롭게도 자리를 비웠습니다.

3 お＿＿＿＿＿ですが、担当の方に営業部まで来ていただきたいと思います。
수고스럽겠지만, 담당자께서 영업부까지 와 주셨으면 좋겠습니다.

4 新製品の＿＿＿＿＿の件でお電話いたしました。 신제품 매상 건으로 전화 드렸습니다.

5 ＿＿＿＿＿番号は、現在使われておりません。 지금 거신 번호는 현재 사용하지 않습니다.

6 お約束した件ですが、＿＿＿＿＿させていただきます。 약속한 건 말인데요, 변경하겠습니다.

7 発送前にメールで＿＿＿＿＿します。 발송 전에 메일로 알려 드리겠습니다.

8 用件はメモを＿＿＿＿＿ながら聞きます。 용건은 메모를 적으면서 듣습니다.

9 ＿＿＿＿＿した方は特別割引料金プランがご利用できます。
신규 가입한 분은 특별 할인 요금제를 이용할 수 있습니다.

10 会議の時はマナーモードに＿＿＿＿＿ください。 회의 때는 매너 모드로 바꿔 주세요.

11 海外に＿＿＿＿＿、海外用ケータイをレンタルする場合があります。
해외에 머물 때 해외용 휴대 전화를 대여하는 경우가 있습니다.

12 東京物産へ電話＿＿＿＿＿ということです。 도쿄물산으로 전화해 달라고 합니다.

13 携帯メールを送る時、＿＿＿＿＿を使う人が多いです。
문자 메시지를 보낼 때, 그림 문자를 사용하는 사람이 많습니다.

14 代わりにご用件をお＿＿＿＿＿いたします。 대신 용건을 묻겠습니다.

15 ＿＿＿＿＿だけを伝えるのがポイントです。 요점만을 전하는 것이 포인트입니다.

1 着信音(ちゃくしんおん)	2 外(はず)して	3 手数(てすう)	4 売(う)り上(あ)げ
5 おかけになった	6 変更(へんこう)	7 お知(し)らせ	8 取(と)り
9 新規加入(しんきかにゅう)	10 切(き)り替(か)えて	11 滞在中(たいざいちゅう)	12 してほしい
13 絵文字(えもじ)	14 伺(うかが)い	15 要点(ようてん)	

잘 듣고 (A), (B) 중 알맞은 답을 고른 후, 다시 한 번 들으면서 빈칸을 채워 보세요.

(1~2)

1 住宅ローンの返済は毎月月給の何パーセントですか。

(A) 20% (B) 25%

2 鈴木さんの家はどんなタイプですか。

(A) ４LDK (B) ４LK

鈴木さんの家は、＿＿＿＿＿の分譲集合住宅で、住宅ローンで＿＿＿＿＿したものです。住宅ローンの返済は毎月月給の＿＿＿＿＿くらいです。鈴木さんの＿＿＿＿＿の支出の中で住宅ローンが一番大きな支出です。

┿단어 **住宅ローン** 주택 융자 **返済** 변제, 빚을 갚음 **月給** 월급 **分譲集合住宅** 분양 주택 **購入** 구입
月々 다달이, 매달 **支出** 지출

(3~4)

3 フリーWi-Fiとはどんなものですか。

(A) 図書館などで利用できる。 (B) セキュリティー対策が万全である。

4 どうしてWi-Fiレンタルを利用しますか。

(A) 無料で現地のWi-Fiが使えるから (B) 安全に通信できるから

海外でインターネットを利用する方法には、＿＿＿＿＿Wi-Fi、Wi-Fiレンタル、海外用ケータイレンタルなどがあります。＿＿＿＿＿のいい国では、＿＿＿＿＿の場所やカフェなどでは気軽に現地の無料Wi-Fiが使えます。＿＿＿＿＿が気になる場合は無料のWi-Fiスポットを探す必要のない定額制のWi-Fiレンタルを選ぶといいでしょう。

┿단어 **セキュリティー** 보안 **対策** 대책 **万全** 만전 **レンタル** 대여 **通信** 통신 **無料** 무료 **現地** 현지
公共 공용 **気軽に** 선뜻 **気になる** 마음에 걸리다 **定額制** 정액제

5 夜型の人の特徴は何ですか。

(A) 目覚めが良く、二度寝する。　　(B) 時間の使い方が柔軟である。

6 朝型と夜型に分かれる基準は何ですか。

(A) 体内時計による睡眠パターン　　(B) 目覚まし時計による睡眠パターン

　人間は「＿＿＿＿時計」による＿＿＿＿＿パターンによって朝型と夜型に分かれます。＿＿＿＿＿の人は「早寝早起」の生活が習慣化され、時間管理が得意だと言われます。一方、＿＿＿＿＿の人は就寝時間が調整できて時間の使い方が＿＿＿＿＿だと言われます。夜に活動的になり、夜遅くなっても順調に仕事をこなせる場合もあります。

＋단어
夜型〔よるがた〕저녁형　**柔軟**〔じゅうなん〕유연　**朝型**〔あさがた〕아침형　**基準**〔きじゅん〕기준　**目覚まし時計**〔めざどけい〕자명종 시계　**〜による**~에 의한
早寝早起〔はやねはやおき〕일찍 자고 일찍 일어남　**就寝**〔しゅうしん〕취침　**活動的**〔かつどうてき〕활동적　**順調に**〔じゅんちょうに〕순조롭게

7 この内容と合っているのはどちらですか。

(A) 課長は責任感が強い。　　　　(B) 課長は実力主義者である。

8 課長の第一印象はどうですか。

(A) 気まぐれな人　　　　　　　　(B) 変わっている人

　うちの課長は＿＿＿＿＿人のように見えますが、責任感が強くて、自分に厳しい＿＿＿＿＿主義者です。一度目標を＿＿＿＿＿と、その目標を達成するために最後まで＿＿＿＿＿ます。そして好き嫌いがはっきりしています。

＋단어
責任感が強い〔せきにんかんがつよい〕책임감이 강하다　**実力主義者**〔じつりょくしゅぎしゃ〕실력주의자　**第一印象**〔だいいちいんしょう〕첫인상　**変わった人**〔かわったひと〕엉뚱한 사람
完璧主義者〔かんぺきしゅぎしゃ〕완벽주의자　**目標**〔もくひょう〕목표　**やり遂げる**〔やりとげる〕끝까지 해내다

(9~10)

9 　北極地方の平均気温は何度ですか。

　(A) マイナス12.2℃　　　　　　　　(B) マイナス20℃

10 　南極の気温はどうですか。

　(A) 夏の平均気温が氷点下20度である。

　(B) 南極の方が北極より平均20℃ほど低い。

　　　　　　　　地方の最高気温は７月で26度，最低気温は２月でマイナス47度、年平均
気温がマイナス　　　　　　　度である。　　　　　　　の方は北極に比べて平均20度ほど
　　　　　　　、地球上で観測された最も寒い気温は南極のロシア基地で、マイナス89.2
度である。

　➕단어　**北極** 북극　**平均** 평균　**マイナス** 마이너스　**南極** 남극　**氷点下** 영하　**観測する** 관측하다
　　　　　　ロシア 러시아〈지명〉　**基地** 기지

(11~12)

11 　他行のATMを利用すると、どのくらいの手数料が必要になりますか。

　(A) 110円　　　　　　　　　　　(B) 330円

12 　手数料が無料になるのはいつですか。

　(A) 時間外に入金する時　　　　　　(B) 時間外に引き出す時

　現在、時間外に　　　　　　　のATMを利用して預金を引き出すと110円の手数料が
必要になりますが、　　　　　　　・　　　　　　　は時間外手数料が　　　　　　　です。
　　　　　　　のATMを利用すると330円の手数料が必要になります。

　➕단어　**他行** 타행　**手数料** 수수료　**入金** 입금　**当行** 당행　**預金** 예금　**引き出す** (예금 등을) 찾다
　　　　　　振り込み 계좌 이체

13　中村さんの奥さんはなぜ困っていますか。

　　(A) 料理の味付けが下手だから　　　(B) 夫の母親と比較されるから

14　中村さんは週末に何をしますか。

　　(A) 中村さんの奥さんの実家に行く　(B) 中村さんのお母さんの家に行く

　　中村さんは部下を信じ、仕事を任せるので、部下からも＿＿＿＿＿＿されています。しかし、家では料理の味付けとか洗濯物の畳み方とかをいちいち自分の母親と奥さんを＿＿＿＿＿＿ので、奥さんが困っているようです。毎週末には旅行もせずに必ず＿＿＿＿＿＿に行きます。親孝行なのか＿＿＿＿＿＿なのか微妙なところです。

　　＋単語　**味付け** 간 맞추기　**比較** 비교　**実家** 생가, 고향집, 친정　**任せる** 맡기다　**信頼する** 신뢰하다
　　畳み方 옷을 개는 방법　**親孝行** 효도　**マザコン** 마마보이　**微妙だ** 미묘하다

15　通販で週一回程度購入する利用者は全体の何パーセントですか。

　　(A) 70%　　　　　　　　　　　　　(B) 25%

16　通販で購入率の低い商品は何ですか。

　　(A) 漬物　　　　　　　　　　　　　(B) 飲料

　　食品を通販で購入している利用者のうち、「週＿＿＿＿＿＿以上」は70%、「週＿＿＿＿＿＿程度」は25%である。＿＿＿＿＿＿に購入率を見ると「豆腐」「野菜」「＿＿＿＿＿＿」「＿＿＿＿＿＿」は低いが、「＿＿＿＿＿＿」「お菓子」などは70%程度の利用者に購入されている。

　　＋単語　**通販** 통신 판매, 인터넷 쇼핑　**購入する** 구입하다　**全体** 전체　**購入率** 구입율　**漬物** 절임 식품　**飲料** 음료
　　豆腐 두부　**シリアル** 시리얼　**ドリンク** 드링크, 음료

17 山口さんはなぜ電話に気付きませんでしたか。

    (A) 電源を切っていたので   (B) マナーモードに切り替えていたので

18 山口さんが頼んだことは何ですか。

    (A) 小林さんが早く戻ること   (B) 小林さんが電話すること

    山口と申します。＿＿＿＿＿＿にしていたため、小林さんの電話に＿＿＿＿＿＿ませんで
した。お＿＿＿＿＿＿ですが、小林さんが戻られたらお＿＿＿＿＿＿をくださるようお伝
えください。

+단어 気付く 깨닫다, 눈치 채다 　電源を切る 전원을 끄다 　切り替える 바꾸다 　頼む 부탁하다 　手数 수고, 애씀

19 出かける前に何をしましたか。

    (A) やけどの薬を塗った。   (B) 日焼け止めを塗った。

20 なぜ雨具を持って出かけましたか。

    (A) 山の天気は気まぐれだから   (B) 季節の変わり目だから

    今朝、山に登るつもりで、出かける前に＿＿＿＿＿＿を塗った。山は天気が＿＿＿＿＿＿
ので雨具を持っていったが、一日中晴れ、＿＿＿＿＿＿も強かった。雨具より帽子を持
ってきた方がよかったんじゃないかと後悔した。

+단어 やけど 화상 　塗る 바르다 　日焼け止め 자외선 차단제 　雨具 우비, 비옷 　気まぐれ 변덕(스러움)
　日差し 햇볕 　後悔する 후회하다

1 A	2 A	4LDK, 購入(こうにゅう), 20パーセント, 月々(つきづき)
3 A	4 B	フリー, 通信環境(つうしんかんきょう), 公共(こうきょう), セキュリティー
5 B	6 A	体内(たいない), 睡眠(すいみん), 朝型(あさがた), 夜型(よるがた), 柔軟(じゅうなん)
7 A	8 B	変(か)わった, 完璧(かんぺき), 立(た)てる, やり遂(と)げ
9 A	10 B	北極(ほっきょく), 12.2(じゅうにてんに), 南極(なんきょく), 低(ひく)く
11 B	12 A	当行(とうこう), 入金(にゅうきん), 振(ふ)り込(こ)み, 無料(むりょう), 他行(たこう)
13 B	14 B	信頼(しんらい), 比(くら)べる, 実家(じっか), マザコン
15 B	16 A	2回(にかい), 1回(いっかい), 食品別(しょくひんべつ), 漬物(つけもの), シリアル, ドリンク
17 B	18 B	マナーモード, 気付(きづ)き, 手数(てすう), 電話(でんわ)
19 B	20 A	日焼(ひや)け止(ど)め, 変(か)わりやすい, 日差(ひざ)し

次の文章をよく聞いて、後の問いにもっとも適したものを(A)から(D)の中で一つ選びなさい。

(1~3)

1　山口さんはどんな人ですか。

(A) ずぼらな人

(B) けちで欲張りな人

(C) せっかちで怒りっぽい人

(D) 注意深い人

2　山口さんが財布を落としたのはいつですか。

(A) 特急電車に乗って家に帰っていた時

(B) 特急電車に乗って会社に向かっていた時

(C) 各駅停車に乗って家に帰っていた時

(D) 各駅停車に乗って会社まで向かっていた時

3　財布に入っていないのはどれですか。

(A) 現金　　　　(B) 家族写真

(C) 運転免許証　(D) クレジットカード

(4~6)

4　何について話していますか。

(A) 電車での人々の不満

(B) 基本的なマナーを守らない人々

(C) 図書館で本を読む人々

(D) 病院でのお見舞い時間

5　図書館で守るべきルールはどれですか。

(A) 静かにすること

(B) ケータイの電源を入れること

(C) 本を整理すること

(D) 本を元に戻すこと

6　病院で守るべきルールはどれですか。

(A) 狭い隙間に入り込まないこと

(B) 着信メロディーを聞かせること

(C) テレビのボリュームを大きくしないこと

(D) 席を先取りするために駆け込まないこと

(7~10)

7　100年後の平均気温はどうなりますか。

(A) 最大0.6度くらい上がる。

(B) 最大0.6度くらい下がる。

(C) 最大5.8度くらい上がる。

(D) 最大5.8度くらい下がる。

8　地球温暖化による影響はどれですか。

(A) 高山の氷が溶ける。

(B) 熱帯地域の気温が下がる。

(C) 動物や植物などがよみがえる。

(D) 内陸では洪水などが予想される。

9　地球温暖化の原因はどれですか。

(A) ガス

(B) 気温差

(C) 気候変化

(D) 植物の増大

10　海面が上昇するとどうなりますか。

(A) 南極の氷が溶ける。

(B) 気候変化のおそれがある。

(C) 地域によっては海に沈む。

(D) 熱帯地域では乾燥化が進む。

2 시사, 비즈니스

유형 공략

1 문제의 질문을 먼저 파악하고, 앞으로 제시될 지문의 내용을 짐작해 보세요.

2 지문에서 일시·날씨·장소 등의 문제의 포인트를 찾아 메모하고, 질문지의 내용을 비교해 보세요.

3 폭우, 지진과 같은 자연재해·환경오염·경제, 정치 등의 뉴스·비즈니스 상황·문학 및 에세이에서 자주 사용되는 단어를 충분히 습득하도록 합시다.

예제 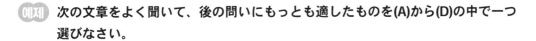 次の文章をよく聞いて、後の問いにもっとも適したものを(A)から(D)の中で一つ選びなさい。

この内容に合っているのはどれですか。

(A) 応募期間は四日間である。

(B) 駅から歩いて10分かかる。

(C) 時間帯は朝、昼、夜である。

(D) 未経験者も時給1800円以上である。

이 내용과 맞는 것은 어느 것입니까?

(A) 응모 기간은 4일간이다.

(B) 역에서부터 걸어서 10분 걸린다.

(C) 시간대는 아침, 점심, 밤이다.

(D) 미경험자도 시급 1800엔 이상이다.

アルバイトを募集します。時給は1500円～1800円で、交通費が支給されます。未経験者も応募できますが、経験者なら時給1800円以上も可能です。新宿駅から徒歩10分です。時間帯は朝、夕方、夜です。応募期間は12月9日から14日までです。

> 歩く(걷다), 徒歩(도보)와 같이 비슷한
> 의미의 단어를 알아 둡시다.

아르바이트를 모집합니다. 시급은 1,500엔~1,800엔이고 교통비가 지급됩니다. 미경험자도 응모할 수 있지만, 경험자라면 시급 1,800엔 이상도 가능합니다. 신주쿠역에서 도보 10분입니다. 시간대는 아침, 저녁, 밤입니다. 응모 기간은 12월 9일부터 14일까지입니다.

+해설 예제는 지문 내용의 전반적인 이해를 묻는 것으로, 기간·시간·숫자 등을 잘 듣고 메모해 보세요. 하지만 들려 주는 숫자가 모두 정답이 되는 것은 아니므로 혼동하지 않도록 유의해야 합니다.

+단어 応募 응모　時間帯 시간대　未経験者 미경험자　時給 시급　募集 모집　支給 지급　可能だ 가능하다
徒歩 도보

시사, 비즈니스 🎧083

시사

● 일기 예보

気温差 기온 차

季節の変わり目 환절기

高気圧 고기압

低気圧 저기압

桜前線 벚꽃 전선

天気図 일기도

花冷え 꽃샘추위

降水確率を予想する 강수 확률을 예상하다

最大風速を記録する 최대 속력을 기록하다

台風が北上する 태풍이 북상하다

● 자연재해

震源地 진원지

強震 강진, 진도5 정도의 강한 지진

弱震 진도3 정도의 지진

爆発 폭발

環境保存 환경보존

異常気象 이상기후

地球温暖化 지구온난화

海面が上昇する 해수면이 상승하다

乾燥化が進む 건조화가 진행되다

氷河が溶ける 빙하가 녹다

絶滅が進行している 멸종이 진행되고 있다

● 뉴스

一周する 한 바퀴 돌다

医療サービスを提供する 의료 서비스를 제공하다

検査を強化する 검사를 강화하다

交通標識を設置する 교통 표지를 설치하다

車両の進入を禁止する 차량 진입을 금지하다

痛みを訴え続ける 아픔을 계속 호소하다

平均を下回る 평균을 밑돌다

過半数を占める 과반수를 차지하다

出生率を上げる 출산율을 올리다

対策を検討する 대책을 검토하다

世界文化遺産に登録される
세계문화유산에 등록되다

テロを防止する 테러를 방지하다

独身志向が高まる 독신 지향이 심해지다

現実を批判する 현실을 비판하다

平均寿命が延びる 평균 수명이 늘다

政策を見直す 정책을 손보다

未婚者が増える 미혼자가 늘다

悪い影響を与える 나쁜 영향을 주다

비즈니스

● 경기, 매상

後払いする 후불로 내다

前払いする 선불로 내다

インフレが高まる 인플레이션이 심해지다

デフレが起こる 디플레이션이 일어나다

売り出す 대대적으로 팔다

運賃を精算する 운임을 정산하다

費用が加算される 비용이 가산되다

値上げする 가격을 인상하다

値下げする 가격을 인하하다

失業率が増加する　실업률이 증가하다

株式が下落する　주식이 하락하다

円相場が崩れる　엔 시세가 무너지다

商品券を郵送する　상품권을 발송하다

通信販売を利用する　인터넷 쇼핑을 이용하다

勘定を済ます　계산을 끝내다

消費が減少する　소비가 감소하다

賃金を交渉する　임금을 교섭하다

不景気で倒産する　불경기로 도산하다

自由貿易について論じる　자유 무역에 관해 논하다

労働条件を保証する　노동 조건을 보증하다

● 회사생활

経営状態が悪化する　경영 상태가 악화되다

新入社員を募集する　신입사원을 모집하다

創造力を伸ばす　창의력을 키우다

手当金を申請する　수당을 신청하다

通勤手当を支払う　통근 수당을 지불하다

資格手当を支給する　자격 수당을 지급하다

有給休暇を取る　유급 휴가를 신청하다

外回りが多い　외근이 많다

定期採用を広報する　공채를 홍보하다

限定版が入荷される　한정판이 입고되다

年棒が削減される　연봉이 삭감되다

ボーナスが出る　보너스가 나오다

小切手を発行する　수표를 발행하다

문학, 에세이

親孝行できることを探す
효도할 수 있는 것을 찾다

消火器をかける　소화기를 뿌리다

目に焼きつく　눈에 밟히다

目を閉じる　눈을 감다

壁にもたれる　벽에 기대다

人混みを離れる　북적이는 곳을 벗어나다

手を握る　손을 잡다

ためらわずに頼む　서슴지 않고 부탁하다

苦痛に耐える　고통을 참다

結婚を祝福する　결혼을 축복하다

自信満々に言う　자신만만하게 말하다

仲直りをする　화해하다

待機児童数が増加する　대기 아동 수가 증가하다

保育園に入る　어린이집에 들어가다

アレルギーを起こす　알레르기를 일으키다

礼状を出す　사례의 편지를 보내다

引っ越し祝いを贈る　집들이 선물을 보내다

1 뉴스, 시사 🎧084

음성을 듣고 _____ 안에 들어갈 적당한 말을 적어 넣으세요.

1 地震が発生した時は、指定_____へ行きます。 지진이 발생했을 때는 지정된 피난소로 갑니다.

2 _____の_____が増えています。 독신을 지향하는 미혼자가 증가하고 있습니다.

3 _____などが溶ければ_____の一因となります。
빙하 등이 녹으면 해면 상승의 하나의 요인이 됩니다.

4 日本は速いスピードで_____が進行してきました。 일본은 빠른 속도로 고령화가 진행되어 왔습니다.

5 無数の_____の_____が進行しています。 무수한 생물종의 멸종이 진행되고 있습니다.

6 _____の国の経済に悪い影響を与えました。 수출 중심인 나라의 경제에 나쁜 영향을 주었습니다.

7 世界文化を_____学びます。 세계 문화를 폭넓게 배웁니다.

8 _____には「車両_____」などがあります。 교통 표지에는 '차량 진입 금지' 등이 있습니다.

9 テロは国際社会において_____となっています。 테러는 국제 사회에 위협이 되고 있습니다.

10 非常に強い台風が_____30キロで西へ進んでいます。
매우 강한 태풍이 시속 30km로 서쪽으로 나아가고 있습니다.

11 _____を_____する動きが広まっています。 자국 산업을 보호하는 움직임이 확대되고 있습니다.

12 _____が増加するとの_____が示されています。 실업률이 증가한다는 전망이 보이고 있습니다.

13 環境問題は世界的な_____で考えない限り、_____できない問題です。
환경 문제는 세계적인 규모로 생각하지 않는 한 해결할 수 없는 문제입니다.

14 温暖化の原因は_____ガスだそうです。 온난화의 원인은 온실 가스라고 합니다.

15 韓国と日本_____の会議が_____ます。 한국과 일본 양국 간의 회의가 재개됩니다.

1 避難所(ひなんじょ)	2 独身志向(どくしんしこう), 未婚者(みこんしゃ)
3 氷河(ひょうが), 海面上昇(かいめんじょうしょう)	4 高齢化(こうれいか)
5 生物種(せいぶつしゅ), 絶滅(ぜつめつ)	6 輸出中心(ゆしゅつちゅうしん)
7 幅広(はばひろ)く	8 交通標識(こうつうひょうしき), 進入禁止(しんにゅうきんし)
9 脅威(きょうい)	10 時速(じそく)
11 自国産業(じこくさんぎょう), 保護(ほご)	12 失業率(しつぎょうりつ), 見通(みとお)し
13 規模(きぼ), 解決(かいけつ)	14 温室効果(おんしつこうか)
15 両国間(りょうこくかん), 再開(さいかい)され	

2 비즈니스 🎧085

음성을 듣고 _____ 안에 들어갈 적당한 말을 적어 넣으세요.

1 料金値下げ及び_____を実施いたします。 요금 인하 및 할인 서비스를 실시합니다.

2 今年は牛乳の_____が予想を超えました。 올해는 우유 소비 감소가 예상을 넘었습니다.

3 ボーナスはどの会社でも年に二回_____のが_____になっています。
보너스는 어느 회사라도 1년에 2회 지급되는 것이 관행이 되었습니다.

4 _____を延ばしてはいけません。 납기를 미뤄서는 안 됩니다.

5 _____の事業の一部をその_____で運営しています。
모회사의 사업의 일부를 그 자회사에서 운영하고 있습니다.

6 _____の数は前年と比べて増加しました。 대형 소매점의 개수는 전년과 비교해 증가했습니다.

7 労働による賃金を_____にします。 노동에 따른 임금을 평등하게 합니다.

8 低価格競争により、_____が被害を受けています。 저가 경쟁에 따라 소매점이 피해를 입고 있습니다.

9 企業は_____、労働時間などの規則を作って_____します。
기업은 임금, 노동 시간 등의 규칙을 만들고 운용합니다.

10 貿易では_____と_____のバランスが大事です。
무역에서는 수출과 수입의 균형이 중요합니다.

11 春になると労使の_____が行われます。 봄이 되면 노사 교섭이 이루어집니다.

12 経済発展のため、20ヶ国が_____することになりました。
경제 발전을 위해 20개국이 협력하기로 했습니다.

13 _____は9時から18時となっています。 근무 시간은 9시부터 18시로 되어있습니다.

14 _____が大幅に下落したそうです。 주식이 큰 폭으로 하락했다고 합니다.

15 国家別に製造した部品の_____を比較する。 국가별로 제조된 부품의 금액을 비교한다.

---

1 割引(わりびき)サービス	2 消費減少(しょうひげんしょう)	3 支給(しきゅう)される, 慣行(かんこう)
4 納期(のうき)	5 親会社(おやがいしゃ), 子会社(こがいしゃ)	6 大型小売店(おおがたこうりてん)
7 平等(びょうどう)	8 小売店(こうりてん)	9 賃金(ちんぎん), 運用(うんよう)
10 輸出(ゆしゅつ), 輸入(ゆにゅう)	11 交渉(こうしょう)	12 協力(きょうりょく)
13 勤務時間(きんむじかん)	14 株式(かぶしき)	15 金額(きんがく)

음성을 듣고 _____ 안에 들어갈 적당한 말을 적어 넣으세요.

1 _____君のことばかり考えています。 자나 깨나 당신만 생각하고 있습니다.

2 彼女は目を_____壁に_____います。 그녀는 눈을 감고 벽에 기대었습니다.

3 赤ちゃんの目から_____涙が出てきました。 아기의 눈에서 금세 눈물이 나왔습니다.

4 _____手伝ってくれてうれしかったです。 망설이지 않고 도와 주어서 기뻤습니다.

5 _____に目に_____頭から離れません。 선명하게 눈에 아로새겨져 머리에서 떠나지 않습니다.

6 明るい笑顔で_____私の手を握ってくれました。
밝은 웃는 얼굴로 아무 일 없는 듯이 내 손을 잡아 주었습니다.

7 雪の中に残っていた_____をたどって歩いてみました。
눈 속에 남아있던 발자국을 따라 걸어 보았습니다.

8 _____があれば、_____聞いてください。 의문 나는 점이 있으면 주저하지 말고 물어 보세요.

9 まるで_____を走っているような気がしました。 마치 어둠 속을 달리고 있는 듯한 느낌이 들었습니다.

10 彼は_____ことを_____います。 그는 팔짱을 끼는 것을 창피해 하고 있습니다.

11 _____に疲れていたので、何もせずベッドに倒れ込みました。
몹시 피곤해 아무것도 하지 않고 침대에 쓰러졌습니다.

12 世界一位を_____厳しい練習にも_____きた。 세계 1위를 목표로 혹독한 연습도 참아왔다.

13 以前は彼氏と別れる気はなかったが、今は彼氏に_____はありません。
이전에는 남자 친구와 헤어질 생각은 없었지만, 지금은 남자 친구에게 미련은 없습니다.

14 家族に_____最高の_____でした。 가족에게 축복받아 최고의 기념일이었습니다.

15 友だちとけんかしたが、すぐ_____しました。 친구와 싸웠지만 금방 화해했습니다.

---

1 寝(ね)ても覚(さ)めても	2 閉(と)じて, もたれかかって	3 みるみる
4 迷(まよ)わずに	5 鮮明(せんめい), 焼(や)きついて	6 さりげなく
7 足跡(あしあと)	8 疑問(ぎもん), ためらわずに	9 闇(やみ)の中(なか)
10 腕(うで)を組(く)む, 恥(は)ずかしがって	11 ヘトヘト	12 目指(めざ)して, 耐(た)えて
13 未練(みれん)	14 祝福(しゅくふく)されて, 記念日(きねんび)	15 仲直(なかなお)り

잘 듣고 (A), (B) 중 알맞은 답을 고른 후, 다시 한 번 들으면서 빈칸을 채워 보세요.

(1~2)

1 エコノミークラスの座席数はいくつありますか。

(A) 338 (B) 384

2 本文の中で挙げられているエコノミークラスの特徴は何ですか。

(A) 耳栓のアメニティグッズがある。 (B) 前列との間隔は47センチである。

エコノミークラスの_____は_____席で、3-4-3の配列で、_____47セ
ンチ、_____84センチでございます。アメニティセットとして歯磨きセット、ア
イマスク、靴下、_____をご用意しております。

➕단어 **エコノミークラス** 이코노미 클래스, 일반석 **座席数**(ざせきすう) 좌석수 **耳栓**(みみせん) 귀마개 **アメニティグッズ** 어메니티 상품
前列(ぜんれつ) 앞줄 **間隔**(かんかく) 간격 **配列**(はいれつ) 배열 **シート** 시트, 좌석 **幅**(はば) 폭 **シートピッチ** 좌석의 앞뒤 간격
歯磨きセット(はみが) 치약 세트 **アイマスク** 수면용 안대

(3~4)

3 内容と合っているのはどちらですか。

(A) 6月に労使交渉が行われる。 (B) 労使交渉は激しくない。

4 労働者側から改善が求められる労働条件は何ですか。

(A) 賃金 (B) 退職

日本は毎年、春になると_____、_____などを中心とする労働条件改善のた
めの労使_____が行われるが、激しい対立はない方である。4月に_____が
行われるし、6月と12月には_____が支給されている。

➕단어 **労使**(ろうし) 노사 **交渉**(こうしょう) 교섭 **改善**(かいぜん) 개선 **労働**(ろうどう) 노동 **条件**(じょうけん) 조건 **賃金**(ちんぎん) 임금 **退職**(たいしょく) 퇴직 **賃上げ**(ちんあ) 임금 인상
対立(たいりつ) 대립 **昇給**(しょうきゅう) 급료가 오름

(5~6)

5　材料を韓国製にすると材料費を何％抑えられますか。

(A) 13%　　　　　　　　　　(B) 15%

6　運送コストが加わるのはどの製品ですか。

(A) 韓国製　　　　　　　　　(B) 日本製

　　この報告書は材料を他国から輸入できた場合の数字を表したもので、国家別に材料費の比較ができるようになっている。＿＿＿＿＿＿の場合、材料費を＿＿＿＿＿＿％、＿＿＿＿＿＿の場合、材料費の＿＿＿＿＿＿％を抑えることができるが、日本製の材料を使ったら、運送費用が＿＿＿＿＿＿されてしまう。

＋단어　韓国製 한국제　　抑える 억제하다　　加わる 가해지다, 더해지다　　製品 제품　　他国 타국　　輸入 수입
表す 나타내다　　国家別 국가별　　比較 비교　　加算する 가산하다

(7~8)

7　健康のために毎朝、何をしていますか。

(A) 全体の30％以上の人は運動をしている。

(B) 全体の60％以上の人は何かを飲んでいる。

8　毎朝、健康のために飲む飲み物の1位は何ですか。

(A) お茶　　　　　　　　　　(B) 水

　　健康のために毎朝行っていることについて調査した結果、ストレッチやウォーキングなどの＿＿＿＿＿＿は全体の30％を＿＿＿＿＿＿、「何かを＿＿＿＿＿＿」は60％＿＿＿＿＿＿を占めていた。＿＿＿＿＿＿としては水、＿＿＿＿＿＿、牛乳などがあるが、その中でお茶が大部分を占めていた。

＋단어　全体 전체　　ストレッチ 스트레칭　　ウォーキング 워킹, 걷기　　下回る 하회하다, 밑돌다　　占める 차지하다
大部分 대부분

(9~10)

9 ロマンチックコメディーの視聴率はどうですか。

(A) 高い (B) 低い

10 なぜ人々から愛されていますか。

(A) 非現実的な要素があるから (B) 印象的で、感動的だから

　　最近、ロマンチックコメディーの視聴率が＿＿＿＿＿＿。ロマンチックコメディーは＿＿＿＿＿＿ではない設定や展開などが批判されているが、鮮明に目に焼きついて頭から離れない場面や、涙なくしては見られない＿＿＿＿＿な場面が多く、人々に愛されている。

＋단어 **ロマンチックコメディー** 로맨틱 코미디 **視聴率** 시청률 **非現実的** 비현실적 **要素** 요소
　　　印象的 인상적 **感動的** 감동적 **設定** 설정 **展開** 전개 **批判** 비판 **焼きつく** 강한 인상이 남다
　　　場面 장면

(11~12)

11 教育ママにはどんなイメージがありますか。

(A) ポジティブなイメージ (B) ネガティブなイメージ

12 どうして親子トラブルが発生しますか。

(A) 責任を押し付けたから (B) 自分の価値観を子どもに強要したから

　　子どもの教育に＿＿＿＿＿に熱心な母親のことを「＿＿＿＿＿ママ」と言います。教育ママが必ずしも悪いわけではありませんが、教育ママというと＿＿＿＿＿的なイメージが多いです。自分の＿＿＿＿＿を子どもに＿＿＿＿＿ということから、親子トラブルが発生したりします。

＋단어 **教育ママ** 자녀 교육에 극성스런 어머니 **ポジティブだ** 긍정적이다 **ネガティブだ** 부정적이다
　　　親子トラブル 부모 자식간의 트러블 **責任** 책임 **押し付ける** 억지로 떠맡기다 **価値観** 가치관 **強要** 강요
　　　過剰 과잉 **熱心だ** 열심이다 **否定的だ** 부정적이다

4 설명문

(13~14)

13 高齢化の要因は何ですか。

(A) 人口の減少 　　　　　　　　(B) 平均寿命の伸長

14 高齢化が進むにつれて要求されているのはどちらですか。

(A) 医療サービスの提供 　　　　　(B) 医科大学の拡大

日本は急速に＿＿＿＿＿＿＿が進んでいて、65歳以上の高齢者が総人口の２割を越えた。高齢化の要因として医学の進歩による平均＿＿＿＿＿＿＿の延びと＿＿＿＿＿＿＿の低下が挙げられる。高齢化が進むにつれて医療や福祉サービスの増大が求められている。

＋単語 高齢化(こうれいか) 고령화　要因(よういん) 요인　平均寿命(へいきんじゅみょう) 평균 수명　伸長(しんちょう) 신장　要求(ようきゅう) 요구　医療(いりょう) 의료　提供(ていきょう) 제공　拡大(かくだい) 확대　急速(きゅうそく)に 급속히　進歩(しんぽ) 진보　延(の)び 늘어남　挙(あ)げる (예 등을) 들다　福祉(ふくし) 복지　増大(ぞうだい) 증대　求(もと)められる 요구되다

(15~16)

15 国際宇宙ステーションは地上から何キロメートル上空に建設されていますか。

(A) 419キロメートル 　　　　　　(B) 490キロメートル

16 国際宇宙ステーションでは何を行っていますか。

(A) スピードの測定 　　　　　　　(B) 地球の観測

国際宇宙ステーションは15ヶ国が協力・参加して、地球や天体の＿＿＿＿＿＿＿、宇宙科学実験・研究などを行う施設である。地上から＿＿＿＿＿＿＿キロメートルの所に＿＿＿＿＿＿＿され、一周約90分という＿＿＿＿＿＿＿で地球の周りを回っている。

＋単語 国際(こくさい) 국제　宇宙(うちゅう)ステーション 우주 정거장　地上(ちじょう) 지상　上空(じょうくう) 상공　測定(そくてい) 측정　観測(かんそく) 관측　実験(じっけん) 실험　施設(しせつ) 시설　一周(いっしゅう) 일주, 한 바퀴 돎

17 申し込みに必要なのは何ですか。

(A) 名前 (B) 商品名

18 取り消しの場合、いつまでに連絡すればいいですか。

(A) 2月11日までに (B) 2月18日までに

お申し込みにあたっては、受付センターにメールで＿＿＿＿＿＿、ご住所、電話番号、
商品番号をお知らせください。＿＿＿＿＿＿は2月13日から2月18日までの予定で
す。＿＿＿＿＿＿の場合は遅くても2月11日までにお知らせください。

➕단어 取り消し 취소 〜にあたっては 〜에 즈음해서는, 〜을 할 때에는 受付 접수 氏名 성명

19 見本は何で送りますか。

(A) DHL (B) EMS

20 なぜ新型は旧型より客の反応がいいですか。

(A) 性能が優秀だから (B) 小さくて軽いから

ご依頼の見本は＿＿＿＿＿＿モデルで、現在は在庫がございません。その代わりに、最
近開発した新型モデルの性能も旧型と同じように＿＿＿＿＿＿で、価格も安いので、見
本を＿＿＿＿＿＿でお送りします。旧型モデルよりも小さく＿＿＿＿＿＿ので、ご好評を
いただいております。

➕단어 新型 신형 旧型 구형 性能 성능 優秀 우수 依頼 의뢰 在庫 재고 開発 개발 好評 호평

1 A	2 A	座席数(ざせきすう), 338, シート幅(はば), シートピッチ, 耳栓(みみせん)
3 B	4 A	賃上(ちんあ)げ, 労働時間(ろうどうじかん), 交渉(こうしょう), 定期昇給(ていきしょうきゅう), ボーナス
5 A	6 B	韓国製(かんこくせい), 13, 日本製(にほんせい), 15, 加算(かさん)
7 B	8 A	運動(うんどう), 下回(したまわ)り, 飲(の)む, 以上(いじょう), 飲(の)み物(もの), お茶(ちゃ)
9 A	10 B	高(たか)い, 現実的(げんじつてき), 感動的(かんどうてき)
11 B	12 B	過剰(かじょう), 教育(きょういく), 否定(ひてい), 価値観(かちかん), 押(お)し付(つ)ける
13 B	14 A	高齢化(こうれいか), 寿命(じゅみょう), 出産率(しゅっさんりつ)
15 A	16 B	観測(かんそく), 419(よんひゃくじゅうきゅう), 建設(けんせつ), スピード
17 A	18 A	氏名(しめい), お届(とど)け期間(きかん), 取(と)り消(け)し
19 A	20 B	旧型(きゅうがた), 優秀(ゆうしゅう), DHL, 軽(かる)い

次の文章をよく聞いて、後の問いにもっとも適したものを(A)から(D)の中で一つ選びなさい。

(1~3)

1 ボーナスが支給されるのはいつですか。

(A) 春と夏　　　(B) 夏と秋
(C) 秋と冬　　　(D) 夏と冬

2 ボーナスで人々が主に買うのはどれですか。

(A) 自動車　　　(B) 高価な服
(C) 国産のかばん　(D) ハンドクリーム

3 内容と合っているのはどれですか。

(A) ボーナスの金額はいつも一定である。
(B) 会社の経営状態によりボーナスが支給されない場合もある。
(C) ボーナスのある月にデパートなどでは高価な製品を売り出す。
(D) 長期ローンの支払いもボーナスのある月には額を小さくする。

(4~6)

4 出生率の低下の原因はどれですか。

(A) 若年層の離婚
(B) 若い男の人の独身志向
(C) 結婚する若者の数の減少
(D) 児童に対する政策の不備

5 出生率を上げるために検討していないのはどれですか。

(A) 保育園の設置
(B) 生活費と教育費の支援
(C) 遊び場の設置
(D) 育児手当制度の見直し

6 子どもを産まない最大の理由はどれですか。

(A) 子どもを育てる自信がないから
(B) 子どもを育てるのにお金がかかるから
(C) 女性の結婚時期が少し遅くなったから
(D) 夫婦二人だけの生活を充実させたいから

(7~10)

7 休暇は年間何日ですか。

(A) 無給休暇18日　(B) 無給休暇12日
(C) 有給休暇18日　(D) 有給休暇12日

8 人材育成の目標はどれですか。

(A) 管理職に必要な話術を持たせること
(B) 管理職に必要な知識を持たせること
(C) 管理職に必要な創造力を持たせること
(D) 管理職に必要な責任感を持たせること

9 内容と合っているのはどれですか。

(A) ボーナスは年3回である。
(B) 1日労働時間は10時間である。
(C) 新入社員の賃金は一定である。
(D) 通勤手当と資格手当がある。

10 新入社員に教え込むことはどれですか。

(A) 会社の位置　　(B) 会社の歴史
(C) 会社の社員数　(D) 会社の設立方法

Ⅳ 次の文章をよく聞いて、後の問いにもっとも適したものを(A)から(D)の中で一つ選びなさい。

(81~83)

81 雨の降る可能性がない所はどこですか。

(A) 東京
(B) 広島
(C) 札幌
(D) 横浜

82 内容と合っているのはどれですか。

(A) 震源地は茨城県西南部であった。
(B) 7時43分頃、東北地方で地震があった。
(C) 千葉県は震度3で、東京都は震度1で
あった。
(D) 地震はマグニチュード4.2で深さ50
キロメートルだった。

83 東北地方の天気はどうですか。

(A) にわか雨が降る。
(B) 全域で雪が降る。
(C) 雲の多い天気が続く。
(D) あちらこちらで雪が降る。

(84~87)

84 山本さんの出張先ではないのはどれで
すか。

(A) ギリシャ
(B) スペイン
(C) メキシコ
(D) イタリア

85 中田さんはどんな人ですか。

(A) 朗らかな人
(B) 礼儀正しい人
(C) よく物忘れをする人
(D) はきはきしている人

86 妹になぜ任せられませんか。

(A) 赤ん坊がいるから
(B) 動物が嫌いだから
(C) アレルギーがあるから
(D) えさをやるのを忘れるから

87 山本さんはペットをどうしますか。

(A) ヨーロッパに連れて行く。
(B) ペット専用宿泊施設に預ける。
(C) 空港の近くの友だちに任せる。
(D) 家に残していく。

88 贈り物をもらったら、まず何をしなければなりませんか。

(A) プレゼントを買う。
(B) すぐお返しをする。
(C) 手紙を書く前に電話する。
(D) 感謝の気持ちを伝える。

89 お返しの目安はどれくらいですか。

(A) お歳暮は全額返しである。
(B) 入学祝いは半分が基本である。
(C) 卒業祝いは3分の1が基本である。
(D) 結婚祝いは半返しが基本である。

90 贈り物のお返しが要らないのはどれですか。

(A) 結婚祝い
(B) 出産祝い
(C) 引っ越し祝い
(D) お見舞い

91 松本さんはなぜ電話をしましたか。

(A) 売り上げの数値が違うから
(B) 売り上げの報告があるから
(C) 新製品にクレームが多いから
(D) 売り上げが非常に低かったから

92 A型のモデルはどうなりますか。

(A) 限定商品なので生産しない。
(B) 在庫があるから生産しない。
(C) 現在生産中止になっている。
(D) 来月の末に入荷する予定である。

93 松本さんは担当者に何を頼みましたか。

(A) 手紙を書くこと
(B) 電話をすること
(C) 営業部に来ること
(D) 報告書を作成すること

94 環境問題の主な原因はどれですか。

    (A) 土地汚染

    (B) 人口の増加

    (C) 地球温暖化

    (D) 異常気象

95 環境変化を食い止めるために各家庭では何をすべきですか。

    (A) 国際ルールを守る。

    (B) 太陽電池を利用する。

    (C) 水道の水を出しすぎない。

    (D) 環境問題の深刻さを訴え続ける。

96 環境の変化による影響にはどんなことがありますか。

    (A) 山林資源の保存

    (B) 野生生物の絶滅

    (C) ダム建設の拡大

    (D) 文明発展の危機

97 どれが大型小売店ですか。

    (A) コンビニ

    (B) 卸売り店

    (C) 雑貨店

    (D) スーパーマーケット

98 大型小売店の販売額は前年の同じ月と比べてどうなっていますか。

    (A) 4％増加した。

    (B) 5％減少した。

    (C) 9％増加した。

    (D) 8.2％減少した。

99 大型小売店の販売額の中で最も高かったものはどれですか。

    (A) 家具

    (B) 食品

    (C) 衣料品

    (D) 家庭用電気製品

100 内容と合っているものはどれですか。

    (A) 食品の販売額が6.5％増加した。

    (B) 家具の販売額が25.2％減少した。

    (C) 衣料品の販売額が14％減少した。

    (D) 家庭用電気製品の販売額が50.3％増加した。

독해
600
한권으로
끝내기

PART 5~7

정답 찾기 | 오문정정
공란메우기

1. 형용사
2. 동사
3. 조사
4. 조동사
5. 명사와 형식명사
6. 부사, 접속사, 연체사
7. 경어, 의성어 · 의태어
8. 관용구, 속담

PART 8

독해

1. 일기, 생활문
2. 편지, 팩스
3. 광고, 안내문
4. 뉴스, 신문 기사
5. 설명문

PART 5~7

정답찾기
오문정정
공란메우기

PART 5는 한자와 한자의 음·훈에 대한 올바른 이해를 바탕으로 한 한자 표기 능력과 문법과 어휘를 활용한 일본어 문장 작성의 기초적인 능력을 평가하고 있습니다. 이를 통해 전반적인 일본어 지식을 평가하려 한답니다.

PART 6는 문장 안에서 문법적으로 틀린 곳이나 뜻이 부적절한 부분을 찾는 문제가 나옵니다. 이 파트에서는 정확한 문법 지식을 가지고 문제를 푸는 것이 중요하니 평소에 기초 문법을 탄탄히 다져 놓도록 하세요.

PART 7은 불완전한 문장을 앞 뒤 내용을 정확히 파악해 완전한 문장으로 완성시킬 수 있는가를 평가하는 파트예요. 이를 통해 표현력과 문법 그리고 간접적인 작문 능력을 평가하고 있습니다. 문법뿐만 아니라 관용어·의성어·의태어 등 다양한 어휘를 익혀 두어야 쉽게 풀 수 있어요.

유형 공략

1 PART 5 정답찾기에서는 한자 읽기, 한자 쓰기, 같은 의미·용법 찾기 문제가 출제됩니다.

2 평소 한자를 음으로 읽는지 뜻으로 읽는지 생각하며 외우고, 비슷한 한자에도 신경 쓰며 공부합시다. 또 어휘 공부를 할 때 그 단어가 갖는 여러 가지 의미도 함께 외워 두는 것이 좋아요.

3 같은 의미·용법 찾기 문제는 문장을 하나하나 읽어가며 풀어야 하므로 시간 관리가 중요합니다. 평소 문제를 풀 때 시간 체크 훈련을 해 보세요.

예제 下の＿＿＿＿＿線の言葉の正しい表現、または同じ意味のはたらきをしている言葉を(A)から(D)の中で一つ選びなさい。

한자 읽기

1 今度の夏休みは８月<u>８日</u>から８月10日までです。

(A) はちか (B) はつか
(C) よっか (D) ようか

+해설 이번 여름휴가는 8월 8일부터 8월 10일까지입니다.

8일(ようか)은 읽기 어려운 날짜 중 하나로, 4일(よっか)과 헷갈릴 수 있으므로 주의하세요. (B) はつか는 20일이에요.

+단어 今度 이번 夏休み 여름 방학, 여름휴가

한자 쓰기

2 来月から貿易会社で<u>はたらく</u>ことになりました。

(A) 仕く (B) 勤く
(C) 動く (D) 働く

+해설 다음 달부터 무역회사에서 일하게 되었습니다.

働く는 '일하다'라는 뜻으로 '움직이다'라는 뜻의 動く와 헷갈릴 수 있으므로 주의하세요.

+단어 来月 다음 달 貿易会社 무역회사

3 昨夜、友だちに来られて勉強できませんでした。

(A) 昨夜、友だちと一緒に勉強しました

(B) 昨夜、約束もなく友だちが来ました

(C) 昨夜、友だちの家に行きました

(D) 昨夜、友だちを招待しました

➕해설 어젯밤, 친구들이 오는 바람에 공부를 할 수 없었습니다.

(A) 어젯밤에 친구와 같이 공부했습니다

(B) 어젯밤에 약속도 없이 친구가 왔습니다

(C) 어젯밤에 친구의 집에 갔습니다

(D) 어젯밤에 친구를 초대했습니다

수동 표현은 남으로부터 피해를 입는 '귀찮음, 성가심, 괴로움'을 나타냅니다. 여기서는 부르지도 않았는데 친구가 와서 공부를 못했다는 의미랍니다.

➕단어 昨夜 어젯밤 友だち 친구 勉強 공부 招待する 초대하다

유형 공략

1 PART 6 오문정정은 하나의 문장 안에서 문법상 또는 의미상 틀린 부분을 찾는 문제가 나옵니다. 복합적인 문법 지식을 요구하므로 기초 문법을 익히는 것이 중요해요.

2 문제를 풀 때 문장을 한 번에 쭉 읽으면서 전체적인 의미를 생각해 본 후, 말이 되지 않는 부분을 발견하면 바로 체크하세요. 문장의 의미에 전혀 문제가 없다면 잘못 사용된 조사의 쓰임이나 동사·형용사·조동사의 활용 그리고 존경 표현, 관용 표현 등의 오류를 체크하세요.

3 평소 문제를 풀 때, 이 부분이 왜 잘못된 표현인가를 생각해 보고 정답 위에 정확한 표현을 다시 써 넣는 연습을 해 봅시다.

예제 下の＿＿＿＿＿線の(A), (B), (C), (D)の言葉の中で正しくない言葉を一つ選びなさい。

어휘

1 遠くからわざと来てくださって、ありがとうございます。
  (A) (B)   (C)   (D)

✚해설 멀리서부터 특별히 와 주셔서 감사합니다.

わざと는 '일부러, 고의로'라는 부정적인 의미로 쓰이고, わざわざ는 '일부러, 특별히'라는 긍정적인 의미로 쓰여요. 이 문장은 멀리서부터 시간을 내 일부러 와준 것에 대해 감사함을 표하고 있는 문장이므로, 부정적인 의미인 わざと를 わざわざ로 고쳐야 올바른 문장이에요.

✚단어 遠(とお)い 멀다　わざと 일부러, 고의로

문법

2 昨日(きのう)までは 寒いでしたが、今日(きょう)は散歩(さんぽ)するには いい天気です。
  (A)   (B)   (C) (D)

✚해설 어제까지는 추웠지만, 오늘은 산책하기 좋은 날씨입니다.

문장 맨 앞에 과거를 나타내는 昨日(어제)가 있으므로 い형용사의 과거형이 와야 합니다. 寒い의 과거 정중형은 寒かったです이에요.

✚단어 寒(さむ)い 춥다　散歩(さんぽ)する 산책하다　天気(てんき) 날씨

PART 7 공란메우기

유형 공략

1 PART 7 공란메우기에서는 빈칸에 가장 적절한 표현을 찾는 문제가 나옵니다.

2 빈칸의 앞 뒤 내용을 파악하여 완전한 문장을 만들어 내는 능력이 필요하니 평소에 문법뿐만 아니라 정형화된 표현들·자주 사용되는 표현들을 익혀 두도록 해요.

예제 下の_____線に入る適当な言葉を(A)から(D)の中で一つ選びなさい。

어휘

1 外は寒いですから生地の_____服を着た方がいいですよ。

   (A) ふとい 굵다　　　　　　　　　　(B) おもい 무겁다

   (C) あつい 두껍다　　　　　　　　　(D) うすい 얇다

+해설 밖은 추우니까 <u>두꺼운</u> 옷을 입는 편이 좋아요.

+단어 外 밖　生地 옷감, 천　服 옷　着る 입다　~方がいい ~하는 편이 좋다

문법

2 すみませんが、ここでタバコを_____いいですか。

   (A) すいても　　　　　　　　　　(B) すうても

   (C) すんでも　　　　　　　　　　(D) すっても

+해설 죄송하지만, 여기서 담배를 <u>피워도</u> 됩니까?

     吸う(피우다)의 て형은 すって이에요.

+단어 タバコ 담배　吸う 피우다

---

① 형용사

형용사는 사물의 상태를 나타내며, 형태로 분류하면 **強い**(강하다), **おいしい**(맛있다), **厳しい**(엄하다)와 같이 명사를 수식할 때 ~い의 형태로 되는 것과, **きれいだ**(예쁘다, 깨끗하다), **真面目だ**(성실하다), **静かだ**(조용하다)와 같이 명사를 수식할 때 ~な의 형태로 되는 것이 있다. 이들을 각각 'い형용사', 'な형용사'라고 부르며, 형용사는 대부분 정해져 있는 형태로 변화하므로 그 변화 형태(기본 활용)를 반드시 외워 두어야 한다. 또한 그외에 자주 사용되는 표현이나 주의할 점 등에 대해서도 잘 알아 두어야 한다.

い형용사의 정중한 과거형은 「어간+かったです」이다. 이것은 다음과 같은 형태로 출제될 수 있다.

昨日_{きのう}はとても寒_{さむ}いでした。(×) → 寒かったです (○)
어제는 매우 추웠습니다.

명사와 **な형용사**는 과거형을 만들 때 「명사·な형용사 + でした」의 형태로 나타내지만, **い형용사**는 과거형을 먼저 만든 다음 정중형 **です**를 붙여 **寒かったです**와 같이 표현한다.

예외적인 형태에 대해서도 반드시 알고 있어야 한다. 예를 들어 **多い**(많다)를 사용하여 '많은 사람'이라고 할 때 **人**(사람)를 수식하는 **多い**는 ~い의 형태가 아니라 ~く 형태의 **多く**가 쓰인다. 그러므로 **多い人**가 아닌 **多くの人**라고 해야 한다.

또한, **やさしい**, **はやい**와 같이 발음은 같지만 표기나 의미가 다른 **い형용사**도 잘 정리해 두어야 한다.

易_{やさ}しい問題_{もんだい} 쉬운 문제　　　　　　　バスより速_{はや}い 버스보다 빠르다(속도)

優_{やさ}しい先生_{せんせい} 상냥한 선생님　　　　　早_{はや}い時間_{じかん} 이른 시간

한편 「동사의 **ます**형+**やすい**(~하기 쉽다)」 「동사의 **ます**형+**にくい**(~하기 어렵다)」와 같이 시험에 자주 출제되는 표현도 접속 형태에 주의하면서 외워 둘 필요가 있다.

新型_{しんがた}のスマホは使_{つか}いやすい。 신형 스마트폰은 사용하기 쉽다.

漢字_{かんじ}は覚_{おぼ}えにくい。 한자는 외우기 어렵다.

な형용사는 명사와 활용이 비슷해서 비교적 쉽게 접근할 수 있지만, 명사를 수식할 때 ~な의 형태가 되므로 주의해야 한다. 이것이 な형용사로 부르는 이유이기도 하다.

公園には<ruby>きれい花<rt>はな</rt></ruby>が<ruby>咲<rt>さ</rt></ruby>いています。(×) → きれいな花 (○)

공원에는 예쁜 꽃이 피어 있습니다.

な형용사의 경우도 예외적인 형태는 있다. 예를 들면 同(おな)じだ(같다)의 경우, 명사 수식형은 な형용사의 활용 규칙에 따라 **おなじな**가 되어야 할 것 같지만, **おなじ**가 올바른 표현이므로 주의가 필요하다.

<ruby>昔<rt>むかし</rt></ruby>も<ruby>今<rt>いま</rt></ruby>も<ruby>同<rt>おな</rt></ruby>じな<ruby>英語<rt>えいご</rt></ruby>の<ruby>教育<rt>きょういく</rt></ruby> (×) → <ruby>同<rt>おな</rt></ruby>じ<ruby>英語<rt>えいご</rt></ruby>の<ruby>教育<rt>きょういく</rt></ruby> (○)

예나 지금이나 똑같은 영어 교육

1 い형용사

☐ 熱い 뜨겁다	☐ くだらない 시시하다, 하찮다	☐ 懐かしい 그립다, 반갑다
☐ 厚かましい 뻔뻔하다, 염치없다	☐ 悔しい 억울하다, 분하다	☐ 何気ない 아무렇지 않다
☐ 危うい 위험하다	☐ 険しい 험하다, 험난하다	☐ 憎い 밉다
☐ 怪しい 수상하다, 의심스럽다	☐ 恋しい 그립다	☐ 鈍い 둔하다, 무디다
☐ 荒い 거칠다, 난폭하다	☐ 快い 상쾌하다, 기분이 좋다	☐ 温い 미지근하다
☐ 勇ましい 용감하다	☐ 怖い 무섭다	☐ 望ましい 바람직하다
☐ 著しい 현저하다, 뚜렷하다	☐ 騒がしい 시끄럽다, 소란스럽다	☐ 鈍い 둔하다, 느리다
☐ 卑しい 천하다, 저속하다	☐ 親しい 친하다	☐ ばからしい 어리석다
☐ 後ろめたい 떳떳하지 못하다	☐ しつこい 끈질기다, 집요하다	☐ 恥ずかしい 창피하다
☐ うるさい 시끄럽다, 까다롭다	☐ 渋い 떫다, 씁쓸하다	☐ 幅広い 폭넓다
☐ 羨ましい 부럽다	☐ じれったい 애타다, 속이 타다	☐ ふさわしい 어울리다, 적합하다
☐ 偉い 훌륭하다, 대단하다	☐ 鋭い 날카롭다, 예리하다	☐ 貧しい 가난하다, 빈약하다
☐ 幼い 어리다	☐ 図々しい 뻔뻔하다	☐ 眩しい 눈부시다
☐ 惜しい 아깝다, 애석하다	☐ 狡い 교활하다	☐ 空しい 허무하다
☐ 恐ろしい 무섭다, 두렵다	☐ 切ない 애달프다, 애절하다	☐ 目覚ましい 눈부시다, 놀랍다
☐ 大人しい 어른스럽다, 얌전하다	☐ 狭い 좁다	☐ 珍しい 드물다
☐ 賢い 현명하다, 영리하다	☐ 正しい 바르다, 옳다	☐ 面倒臭い 매우 성가시다, 귀찮다
☐ 固い 딱딱하다	☐ 容易い 용이하다, 쉽다	☐ 勿体ない 아깝다, 죄스럽다
☐ 痒い 가렵다	☐ だらしない 단정치 못하다	☐ もどかしい 답답하다
☐ 可愛い 귀엽다, 예쁘다	☐ だるい 나른하다	☐ 物凄い 대단하다, 놀랄만하다
☐ きつい 고되다, 심하다, 꽉 끼다	☐ 冷たい 차갑다	☐ 優しい 상냥하다, 친절하다
☐ 厳しい 엄하다, 무섭다	☐ 辛い 괴롭다, 고통스럽다	☐ 柔らかい 부드럽다
☐ 清い 깨끗하다, 맑다	☐ 乏しい 부족하다	☐ 緩い 완만하다, 느슨하다
☐ 臭い (냄새가) 구리다	☐ 情けない 한심하다	

▶ 다음 밑줄 친 부분을 한자로 바르게 쓴 것을 고르세요.

1 雪に光が反射して<u>まぶしい</u>。 (A) 炫しい (B) 眩しい

2 <u>あつい</u>コーヒーが好きだ。 (A) 暑い (B) 熱い

3 お茶が<u>ぬるい</u>。 (A) 温い (B) 慍い

4 <u>ずるい</u>ことをする。 (A) 狡い (B) 絞い

5 <u>するどい</u>目つき (A) 鋭い (B) 鈍い

6 <u>せつない</u>思いに涙がこぼれる。 (A) 節ない (B) 切ない

7 努力により<u>いちじるしく</u>改善された。 (A) 著しく (B) 箸しく

8 <u>おそろしい</u>夢を見る。 (A) 怖ろしい (B) 恐ろしい

9 <u>にくい</u>ことを言う。 (A) 増い (B) 憎い

10 <u>なさけない</u>男 (A) 情けない (B) 清けない

▶ 다음 밑줄 친 한자를 바르게 읽은 것을 고르세요.

11 気性が<u>荒い</u>。 (A) えらい (B) あらい

12 心の<u>清い</u>人 (A) きよい (B) あおい

13 <u>乏しい</u>予算 (A) まずしい (B) とぼしい

14 <u>険しい</u>山道を歩く。 (A) けわしい (B) あたしい

15 誤解されて<u>悔しかった</u>。 (A) おしかった (B) くやしかった

16 家族と離れるのは<u>辛い</u>。 (A) くらい (B) つらい

17 学生時代が<u>懐かしい</u>。 (A) なつかしい (B) はずかしい

18 <u>怪しい</u>人がうろついている。 (A) むなしい (B) あやしい

19 周りが<u>騒がしくて</u>聞こえない。 (A) さわがしくて (B) いそがしくて

20 <u>目覚しい</u>発展を見せる。 (A) のぞましい (B) めざましい

1 (B)	2 (B)	3 (A)	4 (A)	5 (A)	6 (B)	7 (A)	8 (B)	9 (B)	10 (A)
11 (B)	12 (A)	13 (B)	14 (A)	15 (B)	16 (B)	17 (A)	18 (B)	19 (A)	20 (B)

2 な형용사

- [ ] 明^{あき}らかだ 밝다, 분명하다
- [ ] 鮮^{あざ}やかだ 선명하다
- [ ] 意^い地^じ悪^{わる}だ 심술궂다
- [ ] 主^{おも}だ 주되다, 주요하다
- [ ] 快^{かい}適^{てき}だ 쾌적하다
- [ ] 微^{かす}かだ 희미하다
- [ ] 勝^{かっ}手^てだ 제멋대로다
- [ ] 可^か哀^{わい}想^{そう}だ 불쌍하다
- [ ] 頑^{がん}固^こだ 완고하다
- [ ] 気^き短^{みじか}だ 성급하다
- [ ] 窮^{きゅう}屈^{くつ}だ 갑갑하다, 답답하다
- [ ] 極^{きょく}端^{たん}だ 극단적이다
- [ ] 気^き楽^{らく}だ 마음 편하다
- [ ] けちだ 쩨쩨하다, 인색하다
- [ ] 爽^{さわ}やかだ 상쾌하다, 시원하다
- [ ] 質^{しっ}素^そだ 검소하다
- [ ] 地^じ味^みだ 수수하다
- [ ] 純^{じゅん}粋^{すい}だ 순수하다
- [ ] 消^{しょう}極^{きょく}的^{てき}だ 소극적이다
- [ ] 正^{しょう}直^{じき}だ 정직하다
- [ ] 真^{しん}剣^{けん}だ 진지하다
- [ ] 深^{しん}刻^{こく}だ 심각하다
- [ ] 慎^{しん}重^{ちょう}だ 신중하다
- [ ] 素^す敵^{てき}だ 멋지다

- [ ] 積^{せっ}極^{きょく}的^{てき}だ 적극적이다
- [ ] 贅^{ぜい}沢^{たく}だ 사치스럽다
- [ ] 率^{そっ}直^{ちょく}だ 솔직하다
- [ ] 退^{たい}屈^{くつ}だ 심심하다, 지루하다
- [ ] 平^{たい}らだ 평평하다, 평탄하다
- [ ] 短^{たん}気^きだ 성미가 급하다
- [ ] 生^{なま}意^い気^きだ 건방지다
- [ ] 滑^{なめ}らかだ 미끄럽다, 매끈하다
- [ ] 呑^{のん}気^きだ 태평스럽다
- [ ] 派^は手^でだ 화려하다
- [ ] 華^{はな}やかだ 화려하다
- [ ] 馬^ば鹿^かだ 어리석다
- [ ] 不^ふ思^し議^ぎだ 이상하다, 불가사의하다
- [ ] 不^ぶ気^き味^みだ (왠지) 기분이 나쁘다, <u>으스스하다</u>
- [ ] 平^{へい}気^きだ 태연하다, 끄떡없다
- [ ] 朗^{ほが}らかだ 명랑하다
- [ ] 本^{ほん}気^きだ 진심이다
- [ ] 惨^{みじ}めだ 비참하다, 참혹하다
- [ ] 無^む邪^{じゃ}気^きだ 순진하다, 천진난만하다
- [ ] 面^{めん}倒^{どう}だ 귀찮다, 번거롭다
- [ ] 厄^{やっ}介^{かい}だ 성가시다
- [ ] 利^り口^{こう}だ 영리하다
- [ ] わがままだ 제멋대로다

▶ 다음 밑줄 친 부분을 한자로 바르게 쓴 것을 고르세요.

1 <u>そっちょくに</u>自分のミスを認^{みと}める。　(A) 率直に　　　　(B) 卒直に

2 <u>せっきょくてきな</u>性格^{せいかく}　　　　　(A) 積極的な　　　(B) 績極的な

3 <u>むじゃきに</u>笑^{わら}う。　　　　　　　　(A) 無芽気に　　　(B) 無邪気に

4 <u>かってに</u>他人^{たにん}の物^{もの}を使う。　　(A) 勝手に　　　　(B) 藤手に

5 <u>ぜいたくな</u>生活^{せいかつ}をしている。　(A) 贅沢な　　　　(B) 贅択な

6 <u>きらくに</u>音楽を聞く。　　　　　　(A) 気楽に　　　　(B) 気薬に

7 <u>たいくつな</u>のでうとうとしていた。(A) 退屈　　　　　(B) 窮屈

8 動物だけど<u>りこうな</u>犬　　　　　(A) 理口な　　　　(B) 利口な

9 <u>がんこに</u>主張^{しゅちょう}する。　　　　　(A) 頑固に　　　　(B) 完固に

10 機嫌^{きげん}が悪いと<u>いじわるに</u>なる。　(A) 意思悪に　　　(B) 意地悪に

▶ 다음 밑줄 친 한자를 바르게 읽은 것을 고르세요.

11 <u>華やかな</u>スカーフをしている。　(A) はなやかな　　(B) にぎやかな

12 <u>深刻な</u>問題　　　　　　　　　(A) しんかくな　　(B) しんこくな

13 失恋^{しつれん}の後、<u>惨めな</u>気持ちになった。(A) いじめな　　　(B) みじめな

14 <u>派手な</u>色の着物^{きもの}　　　　　　(A) はでな　　　　(B) はてな

15 <u>鮮やかな</u>緑^{みどり}　　　　　　　　(A) あざやかな　　(B) さわやかな

16 <u>微かに</u>見える。　　　　　　　　(A) たしかに　　　(B) かすかに

17 <u>平気な</u>顔　　　　　　　　　　(A) ひょうきな　　(B) へいきな

18 <u>正直に</u>言う。　　　　　　　　(A) しょうじきに　(B) せいじきに

19 <u>朗らかに</u>笑う。　　　　　　　　(A) あきらかに　　(B) ほがらかに

20 <u>極端な</u>差^さがある。　　　　　　(A) きょくたんな　(B) こくたんな

| 1 (A) | 2 (A) | 3 (B) | 4 (A) | 5 (A) | 6 (A) | 7 (A) | 8 (B) | 9 (A) | 10 (B) |
| 11 (A) | 12 (B) | 13 (B) | 14 (A) | 15 (A) | 16 (B) | 17 (B) | 18 (A) | 19 (B) | 20 (A) |

☐ 新<ruby>あら</ruby>ただ 새롭다	☐ 確<ruby>たし</ruby>かだ 확실하다
☐ 安全<ruby>あんぜん</ruby>だ 안전하다	☐ だめだ 안 된다, 소용없다
☐ 意外<ruby>いがい</ruby>だ 의외이다	☐ 手軽<ruby>てがる</ruby>だ 간편하다, 간단하다
☐ 穏<ruby>おだ</ruby>やかだ 평온하다, 차분하다	☐ 適当<ruby>てきとう</ruby>だ 적당하다, 적당히 하다
☐ 肝心<ruby>かんじん</ruby>だ 중요하다	☐ 手<ruby>て</ruby>ごろだ (가격, 크기, 무게 등이) 적당하다
☐ 几帳面<ruby>きちょうめん</ruby>だ 꼼꼼하다	☐ でたらめだ 엉터리다
☐ 貴重<ruby>きちょう</ruby>だ 귀중하다	☐ 皮肉<ruby>ひにく</ruby>だ 얄궂다, 빈정거리다
☐ 急激<ruby>きゅうげき</ruby>だ 급격하다	☐ 暇<ruby>ひま</ruby>だ 한가하다
☐ 急速<ruby>きゅうそく</ruby>だ 급속하다	☐ 平等<ruby>びょうどう</ruby>だ 평등하다
☐ 器用<ruby>きよう</ruby>だ 솜씨가 좋다, 요령이 좋다	☐ 不十分<ruby>ふじゅうぶん</ruby>だ 불충분하다
☐ 結構<ruby>けっこう</ruby>だ 괜찮다(정중한 사양), 훌륭하다	☐ 不利<ruby>ふり</ruby>だ 불리하다
☐ 下品<ruby>げひん</ruby>だ 품위 없다	☐ 無事<ruby>ぶじ</ruby>だ 무사하다
☐ 厳重<ruby>げんじゅう</ruby>だ 엄중하다	☐ 平凡<ruby>へいぼん</ruby>だ 평범하다
☐ 強引<ruby>ごういん</ruby>だ 억지스럽다, 무리하게 하다	☐ ましだ 더 낫다, (그편이) 더 좋다
☐ 自然<ruby>しぜん</ruby>だ 자연스럽다	☐ 稀<ruby>まれ</ruby>だ 드물다
☐ 重要<ruby>じゅうよう</ruby>だ 중요하다	☐ 見事<ruby>みごと</ruby>だ 볼만하다, 멋지다
☐ 重大<ruby>じゅうだい</ruby>だ 중대하다	☐ 無駄<ruby>むだ</ruby>だ 헛되다, 쓸데없다
☐ 上品<ruby>じょうひん</ruby>だ 고상하다, 품위 있다	☐ 夢中<ruby>むちゅう</ruby>だ 몰두하다, 열중하다
☐ 十分<ruby>じゅうぶん</ruby>だ 충분하다	☐ 有効<ruby>ゆうこう</ruby>だ 유효하다, 효과가 있다
☐ 健<ruby>すこ</ruby>やかだ 건강하다, 튼튼하다	☐ 緩<ruby>ゆる</ruby>やかだ 완만하다, 느긋하다
☐ 速<ruby>すみ</ruby>やかだ 신속하다, 빠르다	☐ 余計<ruby>よけい</ruby>だ 쓸모없다, 불필요하다
☐ 粗末<ruby>そまつ</ruby>だ 허술하다, 소홀하다, 적당히 하다	☐ 僅<ruby>わず</ruby>かだ 극히 적다

218

▶ 다음 밑줄 친 부분을 한자로 바르게 쓴 것을 고르세요.

1 誰でも<u>てがるに</u>操作できる。   (A) 手軽に   (B) 手怪に

2 <u>すこやかに</u>育った。   (A) 康やかに   (B) 健やかに

3 手先の<u>きような</u>人   (A) 機用な   (B) 器用な

4 <u>よけいな</u>ことをしてしまった。   (A) 余計な   (B) 除計な

5 <u>てきとうな</u>価格   (A) 適当な   (B) 敵当な

6 <u>かんじんな</u>ことを忘れた。   (A) 幹心な   (B) 肝心な

7 <u>ひまな</u>時、遊びに行こう。   (A) 暇な   (B) 閑な

8 <u>あらたな</u>出発   (A) 親たな   (B) 新たな

9 <u>まれに</u>見る天才   (A) 珍に   (B) 稀に

10 物を<u>そまつに</u>する。   (A) 組末に   (B) 粗末に

▶ 다음 밑줄 친 한자를 바르게 읽은 것을 고르세요.

11 <u>急速に</u>変化する。   (A) きゅうそくに   (B) きゅうぞくに

12 <u>下品な</u>人   (A) かひんな   (B) げひんな

13 <u>平等な</u>世の中になる。   (A) びょうどうな   (B) へいとうな

14 <u>無事に</u>終わる。   (A) むじに   (B) ぶじに

15 <u>緩やかな</u>登り坂   (A) ゆるやかな   (B) おだやかな

16 <u>強引に</u>実行する。   (A) ごういんに   (B) きょういんに

17 <u>貴重な</u>もの   (A) きじゅうな   (B) きちょうな

18 ゲームに<u>夢中に</u>なっている。   (A) むじゅうに   (B) むちゅうに

19 <u>見事な</u>試合   (A) みごとな   (B) けんじな

20 <u>有効に</u>使う。   (A) ゆこうに   (B) ゆうこうに

1 (A)	2 (B)	3 (B)	4 (A)	5 (A)	6 (B)	7 (A)	8 (B)	9 (B)	10 (B)
11 (A)	12 (B)	13 (A)	14 (B)	15 (A)	16 (A)	17 (B)	18 (B)	19 (A)	20 (B)

1 형용사의 활용

사물의 성질이나 상태를 나타내는 말을 '형용사'라고 하는데, 일본어의 형용사에는 'い형용사'와 'な형용사' 두 가지가 있다. 이들 い형용사와 な형용사는 각각 정해진 형태로 변화하게 되는데 이것을 '형용사의 활용'이라고 한다.

1) い형용사 활용표

	형태	예
기본형	~い ~いです	おいしい 맛있다 おいしいです 맛있습니다
부정형	~くない ~くありません・~くないです	おいしくない 맛있지 않다 おいしくありません・おいしくないです 맛있지 않습니다
과거형	~かった ~かったです	おいしかった 맛있었다 おいしかったです 맛있었습니다
명사 수식형	~い	おいしい料理 맛있는 요리
부사형	~く	おいしく 맛있게
중지형	~くて	おいしくて 맛있고, 맛있어서
가정형	~ければ	おいしければ 맛있으면
변화형	~くなる	おいしくなる 맛있어지다

2) な형용사 활용표

	형태	예
기본형	~だ ~です	静かだ 조용하다 静かです 조용합니다
부정형	~ではない ~ではありません	静かではない 조용하지 않다 静かではありません 조용하지 않습니다
과거형	~だった ~でした	静かだった 조용했다 静かでした 조용했습니다
명사 수식형	~な	静かな教室 조용한 교실
부사형	~に	静かに 조용하게
중지형	~で	静かで 조용하고, 조용해서
가정형	~なら(ば)	静かなら(ば) 조용하면
변화형	~になる	静かになる 조용해지다

2 시험에 꼭 출제되는 주요 구문

1) 동사의 ます형 + やすい ~하기 쉽다, ~하기 편하다

ex 毎日、夜遅くまで勉強したら、病気になりやすいです。

매일 밤늦게까지 공부하면 병이 나기 쉽습니다.

藤井さんは親切で、分かりやすく説明してくれました。

후지이 씨는 친절하고 알기 쉽게 설명해 주었습니다.

2) 동사의 ます형 + にくい / づらい / がたい ~하기 어렵다, ~하기 불편하다

ex 最新のケータイは機能が多すぎて、かえって使いにくいです。

최신 휴대 전화는 기능이 너무 많아서 오히려 사용하기 어렵습니다.

ヒールが高すぎて歩きづらいです。

힐이 너무 높아서 걷기 힘듭니다.

あの人がそんなことを言ったなんて、信じがたいです。

그 사람이 그런 말을 했다니, 믿기 어렵습니다.

3) い형용사 어간 + がる (제3자가) ~해 하다

ex 妹は蛇を恐がって、山には行かない方です。

여동생은 뱀을 무서워해서 산에는 가지 않는 편입니다.

あの真珠のネックレスは姉もほしがっていたものです。

그 진주 목걸이는 언니도 갖고 싶어 하던 것입니다.

4) 명사 + も同じだ ~도 똑같다, ~도 마찬가지이다

ex 病院に行きたくないのは、子どもも大人も同じです。

병원에 가고 싶지 않은 것은 아이나 어른이나 마찬가지입니다.

努力しなければならないのは、スポーツも同じです。

노력해야 하는 것은 스포츠도 마찬가지입니다.

PART 5 정답찾기

1 <u>珍しい</u>昆虫が見つかったら、素早く写真を撮ってください。

    (A) あわただしい   (B) あやしい

    (C) あたらしい   (D) めずらしい

2 あの人は仕事もしていないのに<u>ぜいたくな</u>暮らしをしている。

    (A) 贅沢な   (B) 選択な

    (C) 地味な   (D) 財沢な

3 今度、新しくチーム長になったので、責任が<u>重い</u>。

    (A) ゆっくりする   (B) 落ち着く

    (C) 重大だ   (D) 深く思う

4 仕事も勉強もだんだん<u>いやになって</u>困っています。

    (A) 好きになって   (B) きらいになって

    (C) きれいになって   (D) 大事になって

PART 6 오문정정

5 数年前からパートタイム<u>で</u> <u>働く</u>人が急速<u>で</u> <u>増えてきました</u>。
                   (A) (B)   (C)   (D)

6 肉は炭火<u>で</u>焼いたらやはり<u>一味違う</u>が、煙が<u>目に入って</u>目が
         (A)   (B)   (C)

   <u>からくなる</u>のが難点だ。
      (D)

7 今度は、<u>国の母</u>が<u>欲しい</u>ものを<u>買って</u> <u>帰ろう</u>と思います。
         (A)   (B)   (C)   (D)

---

1 <u>희귀한</u> 곤충이 발견되면, 재빨리 사진을 찍으세요. ▶ (D)

    (A) 어수선하다
    (B) 수상하다
    (C) 새롭다
    (D) 희귀하다

    · 昆虫(こんちゅう) : 곤충
    · 素早(すばや)い : 재빠르다

2 저 사람은 일도 하고 있지 않은데 <u>사치스러운</u> 생활을 하고 있다. ▶ (A)

3 이번에 새롭게 팀장이 되어서 책임이 <u>막중하다</u>. ▶ (C)

    (A) 천천히 하다
    (B) 침착하다, 안정되다
    (C) 중대하다
    (D) 깊이 생각하다

4 일도 공부도 점점 <u>싫어져서</u> 큰일입니다. ▶ (B)

    (A) 좋아져서   (B) 싫어져서
    (C) 예뻐져서   (D) 소중해져서

5 몇 년 전부터 파트타임으로 일하는 사람이 <u>급속히</u> 증가해 왔습니다.
    ▶ (C) → 急速(きゅうそく)に

6 고기는 숯불로 구우면 역시 (독특한 맛이 있어) 어딘가 다르지만, 연기가 눈에 들어가서 눈이 <u>아파지는</u> 것이 흠이다. ▶ (D) → 痛(いた)くなる

    · 炭火(すみび) : 숯불
    · 一味(ひとあじ) : 미묘한 맛, 느낌
    · 難点(なんてん) : 어려운 점, 결점

7 이번에는 고향의 어머니가 <u>원하던</u> 것을 사서 돌아가려고 합니다.
    ▶ (B) → 欲しがっていた

실전 감각 **익히기**

8 川崎市は川崎駅を中心に工場や倉庫が集まり、大型トラックの
　　　　　　(A)　　　　　　　(B)　　(C)
走行が多いになった。
　　　(D)

8 가와사키 시는 가와사키역을 중심으로 공장이나 창고가 모여 있어, 대형 트럭의 주행이 많아졌다.
　▶ (D) → 多くなった
　・走行(そうこう) : 주행

PART 7 공란 메우기

9 今月は出費が＿＿＿＿＿足が出そうです。

(A) 多い　　　　　　　　　(B) 多くの

(C) 多くて　　　　　　　　(D) 多いで

9 이번 달은 지출이 <u>많아서</u> 적자가 날 것 같습니다. ▶ (C)
　・出費(しゅっぴ) : 지출
　・足(あし)が出(で)る : 적자가 나다

10 東京大学に合格したなんて、何より＿＿＿＿＿ことですね。

(A) もったいない　　　　　(B) 後ろめたい

(C) おめでたい　　　　　　(D) とんでもない

10 도쿄 대학에 합격했다니 무엇보다 <u>경사스러운</u> 일이군요. ▶ (C)
(A) 아깝다
(B) 찜찜하다
(C) 경사스럽다
(D) 터무니없다

11 毎日、家事や育児に追われて忙しい人も＿＿＿＿＿ありません。

(A) 険しく　　　　　　　　(B) 少なく

(C) 悔しく　　　　　　　　(D) 正しく

11 매일 집안일이나 육아에 쫓겨 바쁜 사람도 <u>적지</u> 않습니다. ▶ (B)
(A) 험하지　　　(B) 적지
(C) 억울하지　　(D) 바르지
　・育児(いくじ) : 육아
　・追(お)われる : 쫓기다

12 いつも怠けていた彼が＿＿＿＿＿研究しているなんて、意外だ。

(A) 余計になって　　　　　(B) けちになって

(C) 肝心になって　　　　　(D) 夢中になって

12 언제나 나태하던 그가 <u>몰두해서</u> 연구하고 있다니 의외다.
　▶ (D)
(A) 쓸모없어져서
(B) 인색해져서
(C) 중요해져서
(D) 몰두해서
　・怠(なま)ける : 게으름 피우다,
　　　　　　　　　　나태하다

공략 3 단계 **실전 문제 풀기 1회**

PART 5 정답찾기

下の＿＿＿線の言葉の正しい表現、または同じ意味のはたらきをしている言葉を(A)から(D)の中で一つ選びなさい。

1 彼女の<u>きちょうめん</u>な性格は私も見習いたいです。

   (A) 几帳面   (B) 気長面   (C) 生超面   (D) 期長面

2 日本は道も家も<u>せまい</u>ところが多くて不便なこともある。

   (A) 細い   (B) 狭い   (C) 太い   (D) 貧しい

3 今日はとても<u>たいくつな</u>一日だった。

   (A) おもしろい   (B) いそがしい   (C) つまらない   (D) たのしい

4 私は運動神経が<u>にぶい</u>方なので、スポーツはあまり好きじゃない。

   (A) 鋭い   (B) 税い   (C) 鈍い   (D) 迷い

5 「ジェンダー<u>平等</u>」は流行語大賞に選出されるほど、近年、何かと話題になっています。

   (A) ひょうどう   (B) びょうどう   (C) へいどう   (D) へいとう

6 みんな全力を尽くして頑張ったのにこんな結果になってしまい、<u>悔しかった</u>。

   (A) 残念だった   (B) 手頃だった   (C) 幸いだった   (D) 退屈だった

PART 6 오문정정

下の＿＿＿線の(A), (B), (C), (D)の言葉の中で正しくない言葉を一つ選びなさい。

7 <u>偶然</u>立ち寄った画廊で一枚の絵に<u>出会い</u>、<u>探い</u>感動を<u>受けた</u>。
  (A)   (B)   (C)   (D)

8 台風が<u>接近</u>している <u>ため</u>か、昨夜から強い風が<u>こわく</u> <u>吹いて</u>いる。
          (A)   (B)   (C)   (D)

9 山田部長は<u>気短</u>の <u>人なので</u> <u>さっさと</u>しないと、<u>雷が落ちます</u>よ。
           (A)   (B)   (C)   (D)

10 課長の<u>許可</u>なしに <u>そんな</u> <u>こと</u>を<u>勝手で</u>しては困ります。
         (A)   (B)   (C)   (D)

11 あんなに<u>汚いで</u> <u>不親切な</u>店には<u>二度</u>と <u>行くまい</u>と思った。
        (A)   (B)   (C)   (D)

12 中途退学の<u>主</u>に原因<u>としては</u>、学校生活や学業が<u>あわない</u>ことが<u>あげられています</u>。
　　　　　　(A)　　　　(B)　　　　　　　　　　　　　　(C)　　　　　　　(D)

13 ある調査機関の<u>発表</u>によると、文科系学生に<u>人気の</u> <u>高く</u>会社は保険会社<u>だそうだ</u>。
　　(A)　　　　　　　　　　　　　(B)　　　　(C) (D)

14 そちらだと新宿駅から行く方がずっと<u>分かりやすくて</u> <u>便利</u><u>はず</u><u>です</u>。
　　　　　　(A)　　　　　　(B)　　　　　(C)　　　　　(D)

PART 7 공란 메우기

下の＿＿＿＿線に入る適当な言葉を(A)から(D)の中で一つ選びなさい。

15 しまった！＿＿＿＿＿＿ことをしてしまった。

(A) 派手な　　　　　(B) 大切な　　　　　(C) 馬鹿な　　　　　(D) 重要な

16 わざとだましたようで、少し＿＿＿＿＿気がしました。

(A) 切ない　　　　　　　　　　　(B) 申し訳ない

(C) 危ない　　　　　　　　　　　(D) 情けない

17 ストレスで病気になるくらいなら、会社を辞めた方が＿＿＿＿＿。

(A) よけいだ　　　　(B) むだだ　　　　(C) ほんきだ　　　　(D) ましだ

18 大型ショッピングセンターが＿＿＿＿＿あると、わざわざ遠出する必要がないからとても
便利です。

(A) 近いに　　　　　(B) 近くに　　　　(C) 近くで　　　　(D) 近く

19 インターネットを何の目的で使っているのかを把握することは＿＿＿＿＿です。

(A) たいがい　　　　(B) たいせつ　　　(C) だいたい　　　(D) たいらか

20 ちょっとあなたに＿＿＿＿＿んですが、今時間がありますか。

(A) 手伝いたい　　　　　　　　　(B) 手伝ってほしがる

(C) 手伝いたがる　　　　　　　　(D) 手伝ってほしい

PART 5 정답찾기

下の＿＿＿線の言葉の正しい表現、または同じ意味のはたらきをしている言葉を(A)から(D)の中で一つ選びなさい。

1 ジムの見学に行ったら、<u>強引</u>な方法で入会をせまられた。

   (A) きょういん   (B) ごういん   (C) こういん   (D) つよひき

2 日本では冬にも<u>みじかい</u>ズボンをはいている小学生がいます。

   (A) 清い   (B) 短い   (C) 長い   (D) 臭い

3 彼女は手先の<u>器用な人</u>で、何を作ってもそれはすぐ商品になる。

   (A) 役に立つ才能のある人   (B) 積極的な人
   (C) 利口な人   (D) 素敵な人

4 弁当は日本人の生活と切っても切れない<u>じゅうよう</u>な存在である。

   (A) 中要   (B) 主要   (C) 重要   (D) 注要

5 このごろ暑くて眠れなかったが、昨夜は久しぶりに<u>こころよく</u>眠った。

   (A) 心快く   (B) 心良く   (C) 心地良く   (D) 快く

6 ビールなど夏によく売れる商品以外の広告は削減の対象になり<u>やすい</u>です。

   (A) 他人を責めるのはた<u>やすい</u>ことですね。

   (B) 家賃は<u>やすい</u>ですが、駅から遠いのがちょっと気になります。

   (C) <u>やすく</u>引き受けたものの、これからのことが心配です。

   (D) 日本語は勉強し<u>やすい</u>科目だと思ったけど、なかなか成績は上がらない。

PART 6 오문정정

下の＿＿＿線の(A), (B), (C), (D)の言葉の中で正しくない言葉を一つ選びなさい。

7 日本各地には <u>数多い</u>の桜の<u>名所</u>があり、花見という<u>大きな</u>行事が<u>行われる</u>。
            (A)   (B)   (C)   (D)

8 このパンは<u>変に</u>に<u>おいがする</u>から<u>食べない</u>方が<u>よさそう</u>です。
               (A)   (B)   (C)   (D)

9 ここはまだ <u>工事中</u>です。こんな<u>危険で</u>場所で<u>遊んで</u>はいけません。
          (A) (B)   (C)   (D)

10　彼は<u>不利な</u>条件を<u>見事で</u><u>乗り越えて</u>外交官試験<u>に</u>合格した。
　　　　(A)　　　　　　(B)　　(C)　　　　　　　　(D)

11　<u>この</u>小説<u>の</u>本は<u>母が</u><u>ほしい</u>本です。
　　(A)　　　(B)　(C)　　(D)

12　ダイエット<u>しよう</u>と思いつつ、<u>甘いな</u>物を見ると<u>つい</u><u>食べてしまう</u>。
　　　　　　　(A)　　　　　(B)　　　　　(C)　　　　　　(D)

13　今日は親友<u>の</u>誕生日パーティーが<u>あるが</u>、アルバイト<u>が</u><u>休めないで</u>行けない。
　　　　　　　(A)　　　　　　　　　　　(B)　　　　　　(C)　　(D)

14　このレストランは<u>忙し</u>そうですが、<u>むこうの</u>レストランは<u>暇な</u>そうです。
　　　　　　　　　(A)　　　　　　　(B)　　(C)　　　　　　　(D)

PART 7 공란 메우기

下の＿＿＿＿線に入る適当な言葉を(A)から(D)の中で一つ選びなさい。

15　大学は今年の奨学金支給の計画を＿＿＿＿＿＿した。

(A) わずかに　　　　　　　　　　　　(B) 明らかに

(C) 華やかに　　　　　　　　　　　　(D) 緩やかに

16　彼は人に何を言われても＿＿＿＿＿＿な顔をしている。

(A) 平気　　　　　(B) 無事　　　　　(C) 丈夫　　　　　(D) だめ

17　この家は部屋が三つあっても猫の額のようで、とても＿＿＿＿＿＿です。

(A) きよい　　　　(B) ひろい　　　　(C) せまい　　　　(D) くさい

18　電車の中ではあまり＿＿＿＿＿＿しない方がいいですよ。

(A) うるさく　　　　　　　　　　　　(B) うるさい

(C) うるさくて　　　　　　　　　　　(D) うるさいに

19　近所で火事があったが、その家の人たちは幸い＿＿＿＿＿＿だった。

(A) 安心　　　　　(B) 無事　　　　　(C) 安定　　　　　(D) 用心

20　たとえ＿＿＿＿＿＿お金でもこつこつ貯めれば決してばかにならない金額になる。

(A) 太い　　　　　(B) 詳しい　　　　(C) 細い　　　　　(D) 細かい

2 동사

'동사' 파트에서는 주요 동사를 중심으로 여러 가지 표현에 대해 숙지해 둘 필요가 있다. 또한 한자 찾기나 한자 읽기 등 어휘와 관련된 문제도 자주 출제되므로 필수 동사를 중심으로 반복해서 암기해 두어야 하며, **降りる**와 **降る**, **着る**와 **着く**와 같이 같은 한자이지만 읽는 법이나 의미가 달라지는 경우에 대해서도 잘 알아 두어야 한다.

동사의 활용은 동사의 종류에 따라 형태가 달라지므로, 단어를 외울 때 동사의 종류를 확인하며 외우는 습관을 갖도록 할 것, 그리고 활용형과 관련된 문형으로 예문을 외워 둘 것 등을 염두에 두고 공부하면 큰 도움이 될 것이다.

~てください(~해 주세요), **~たことがある**(~한 적이 있다)와 같은 て형, た형과 관련된 문형을 외워 두는 게 좋다. 관련 문형을 외워 두면 오문정정이든 공란메우기든 어떤 유형으로 출제되더라도 공들이지 않고 바로 정답을 찾아낼 수 있기 때문이다.

그리고 **ある·いる**와 같이 존재를 나타내는 동사, **開く·開ける**와 같은 자동사와 타동사, **着る·はく** 등의 착용에 관한 동사, **やる·くれる** 등의 수수 동사, 가능 동사 만드는 법, 진행이나 상태의 표현 등에 대해서도 하나하나 정리해 둘 필요가 있다. 특히 진행이나 상태의 표현은 출제 빈도가 상당히 높은 편이기 때문에 반드시 외워 두어야 한다.

右の引き出しはいつも鍵がかけています。(×) → かけてあります (○)
오른쪽 서랍은 언제나 열쇠가 잠겨 있습니다.

동사 파트는 어떻게 보면 다른 품사에 비해 가장 공부할 것도 많고 복잡해 보이기도 하지만, 결국은 활용, 음편이라는 틀 안에서 변화하는 양상이므로 활용과 음편을 철저히 암기한 후 문형과 숙어 위주로 공부하면 그다지 걱정할 필요는 없다.

□ ^{あらわ}表す (감정 등을) 나타내다	□ ^{ころ}転ぶ 구르다, 넘어지다	□ ^{のぞ}除く 제외하다
□ ^{あらわ}現す (모습을) 표현하다, 드러내다	□ ^さ避ける 피하다	□ ^{のぞ}覗く 들여다보다, 엿보다
□ ^{あらわ}著す 저술하다	□ ^{しげ}茂る 무성하다, 우거지다	□ ^は生える 자라다, 나다
□ ^{おぎな}補う 보충하다, 메우다	□ ^{しず}沈む 가라앉다	□ はく (하의를) 입다, 신다
□ ^{かがや}輝く 빛나다	□ ^し締める 매다, 졸라매다	□ ^{はず}外す (안경, 단추 등을) 벗다, 풀다
□ ^{かく}隠れる 숨다, 가려지다	□ ^{しば}縛る 묶다, 속박하다	□ はめる 끼다, 끼우다
□ ^{かたむ}傾く 기울다	□ ^{すべ}滑る 미끄러지다	□ ^は跳ねる 튕기다, 뛰어오르다
□ ^{かぶ}被る (머리에) 쓰다, 뒤집어쓰다	□ ^{そな}備える 준비하다, 갖추다	□ ^は貼る (종이 등을) 붙이다
□ ^か噛む 물다, 씹다	□ ^{つか}捕まえる 붙잡다	□ ^ひ引っ^ば張る 잡아당기다
□ ^か枯れる (초목이) 마르다, 시들다	□ ^{つも}積る 쌓이다	□ ^ふ踏む 밟다
□ ^{きざ}刻む 잘게 썰다, 새기다, 명심하다	□ ^と溶ける 녹다, 풀리다	□ ^ふ振る 흔들다
□ ^き着る (상의를) 입다	□ ^と解ける 풀리다, 해결되다	□ ぶつかる 부딪치다, 충돌하다
□ ^{くさ}腐る 썩다, 부패하다	□ ^と閉じる 닫다, 덮다, 눈을 감다	□ ^ま巻く 감다, 두르다
□ ^く組む 짜다, (팔짱 등을) 끼다	□ ^{なが}眺める 바라보다	□ ^ま蒔く 뿌리다, 파종하다
□ ^{くば}配る 나누어 주다, 분배하다	□ ^な撫でる 어루만지다, 쓰다듬다	□ ^{まぬが}免れる 피하다, 벗어나다
□ ^く暮れる 해가 지다, 저물다	□ ^{にぎ}握る 쥐다, 잡다	□ ^{みの}実る 열매 맺다
□ ^{けず}削る 깎다, 줄이다, 삭제하다	□ ^に逃げる 도망가다	□ ^も燃える 타다, 불타다
□ ^け蹴る (발로) 차다	□ ^ぬ脱ぐ (의복을) 벗다	□ ^{やぶ}破る 깨뜨리다, 부수다
□ ^{こお}凍る 얼다	□ ^ぬ塗る 바르다, 칠하다	

▶ 다음 밑줄 친 한자를 바르게 읽은 것을 고르세요.

1 落ち葉が燃えている。 (A) もえて (B) はえて

2 山に雪が積っている。 (A) つまって (B) つもって

3 ちらしを配ってあげる。 (A) いばって (B) くばって

4 損失を補う。 (A) おぎなう (B) おこなう

5 仏像を刻む。 (A) かこむ (B) きざむ

6 小鳥がかごから逃げる。 (A) さける (B) にげる

7 ブレーキを踏む。 (A) ふむ (B) くむ

8 子どもの頭を撫でる。 (A) ゆでる (B) なでる

9 牛乳が腐る。 (A) くさる (B) くばる

10 雑草が生える。 (A) うえる (B) はえる

▶ 다음 밑줄 친 부분을 한자로 바르게 쓴 것을 고르세요.

11 木がしげっている。 (A) 茂って (B) 林って

12 靴をぬいでください。 (A) 脱いで (B) 穿いで

13 壁に広告がはってある。 (A) 帳って (B) 貼って

14 庭の花をながめる。 (A) 眺める (B) 挑める

15 数学の問題がとけた。 (A) 解けた (B) 溶けた

16 穴からのぞく。 (A) 除く (B) 覗く

17 階段でころぶ。 (A) 伝ぶ (B) 転ぶ

18 面をかぶる。 (A) 被る (B) 彼る

19 木がかれる。 (A) 枯れる (B) 乾れる

20 人込みにかくれる。 (A) 秘れる (B) 隠れる

| 1 (A) | 2 (B) | 3 (B) | 4 (A) | 5 (B) | 6 (B) | 7 (A) | 8 (B) | 9 (A) | 10 (B) |
| 11 (A) | 12 (A) | 13 (B) | 14 (A) | 15 (A) | 16 (B) | 17 (B) | 18 (A) | 19 (A) | 20 (B) |

☐ 飽きる 질리다, 싫증나다	☐ 断る 거절하다, 미리 양해를 구하다	☐ 望む 바라다
☐ 諦める 포기하다, 단념하다	☐ 好む 좋아하다, 선호하다	☐ 臨む 임하다, 직면하다
☐ 争う 싸우다, 경쟁하다	☐ 堪える 참다, 견디다	☐ はかどる (일이 순조롭게) 진척되다
☐ 慌てる 당황하다	☐ ささやく 속삭이다	☐ 離れる 멀어지다
☐ 誤る 실수하다, 틀리다	☐ 支払う 지불하다	☐ 拭く 닦다
☐ 謝る 사과하다	☐ 喋る 수다 떨다	☐ ふざける 희롱하다, 장난치다
☐ 預ける 맡기다	☐ 優れる 뛰어나다, 우수하다	☐ 隔たる 사이가 멀어지다, 떨어지다
☐ 祝う 축하하다	☐ 勧める 권하다	☐ 微笑む 미소 짓다
☐ 疑う 의심하다	☐ 責める 비난하다	☐ 任せる 맡기다
☐ 促す 재촉하다	☐ 剃る 깎다, 면도하다	☐ まさる 낫다, 우수하다
☐ 敬う 공경하다, 존경하다	☐ 戦う 싸우다, 전투하다	☐ 学ぶ 배우다
☐ 裏切る 배신하다	☐ 黙る (말을 하지 않고) 잠자코 있다	☐ 招く 초대하다
☐ 恨む 원망하다	☐ 頼る 의지하다, 기대다	☐ 磨く (이, 구두 등을) 닦다
☐ 収める 얻다, 획득하다	☐ 繋がる 이어지다	☐ 儲ける (돈을) 모으다, 벌다
☐ 納める 납부하다, 바치다	☐ 努める 노력하다	☐ 求める 구하다, 요구하다
☐ 劣る 뒤떨어지다, 뒤처지다	☐ 勤める 근무하다	☐ 雇う 고용하다, 세내다
☐ 稼ぐ (돈, 시간 등을) 벌다	☐ 取り扱う 다루다, 취급하다	☐ 辞める 사직하다, 그만두다
☐ 偏る 치우치다, 편중되다	☐ 嘆く 한탄하다	☐ 止める 그만두다, 끊다
☐ 悲しむ 슬퍼하다	☐ 慰める 위로하다, 달래다	☐ 歪む 비뚤어지다, 왜곡되다
☐ からかう 놀리다, 조롱하다	☐ 殴る 때리다	☐ 譲る 양보하다, 물려주다
☐ 頑張る 분발하다, 열심히 하다	☐ 怠ける 게으름 피우다, 게을리하다	☐ 許す 용서하다, 허락하다
☐ 嫌う 싫어하다, 꺼리다	☐ 悩む 괴로워하다, 고민하다	☐ 酔う 취하다, 멀미하다
☐ 暮らす 생활하다, 살다	☐ 憎む 미워하다, 증오하다	☐ 喜ぶ 즐거워하다, 기뻐하다

▶ 다음 밑줄 친 한자를 바르게 읽은 것을 고르세요.

1 遠くに<u>離れる</u>。   (A) わかれる   (B) はなれる

2 練習を<u>怠ける</u>。   (A) たすける   (B) なまける

3 就職のことで<u>悩んで</u>いる。   (A) くるしんで   (B) なやんで

4 <u>黙って</u>本を読んでいる。   (A) だまって   (B) たまって

5 友だちを<u>招く</u>。   (A) まぬく   (B) まねく

6 進学を<u>諦める</u>。   (A) なぐさめる   (B) あきらめる

7 ひげを<u>剃る</u>。   (A) そる   (B) かる

8 人を<u>恨む</u>。   (A) にくむ   (B) うらむ

9 友だちを<u>慰める</u>。   (A) なぐさめる   (B) いじめる

10 <u>歪んだ</u>性格   (A) あがんだ   (B) ゆがんだ

▶ 다음 밑줄 친 부분을 한자로 바르게 쓴 것을 고르세요.

11 領有権を<u>あらそう</u>。   (A) 戦う   (B) 争う

12 栄養が<u>かたよる</u>。   (A) 偏る   (B) 編る

13 税金を<u>おさめる</u>。   (A) 収める   (B) 納める

14 約束を守るために<u>つとめる</u>。   (A) 務める   (B) 努める

15 客に座布団を<u>すすめる</u>。   (A) 勧める   (B) 進める

16 通訳を<u>やとう</u>。   (A) 顧う   (B) 雇う

17 賃金を<u>しはらう</u>。   (A) 仕払う   (B) 支払う

18 道を<u>あやまる</u>。   (A) 誤る   (B) 謝る

19 罪を<u>せめる</u>。   (A) 責める   (B) 攻める

20 頼みを<u>ことわる</u>。   (A) 拒る   (B) 断る

1 (B)	2 (B)	3 (B)	4 (A)	5 (B)	6 (B)	7 (A)	8 (B)	9 (A)	10 (B)
11 (B)	12 (A)	13 (B)	14 (B)	15 (A)	16 (B)	17 (B)	18 (A)	19 (A)	20 (B)

1 동사의 활용과 음편형

일본어 동사에는 1그룹 동사(5단 동사), 2그룹 동사(1단 동사), 3그룹 동사가 있고, 그 동사들은 각각 다음의 7가지 형태로 활용을 한다.

1) 동사 활용표

	1그룹 동사	2그룹 동사	3그룹 동사	
종지형(기본형)	読む 읽다	起きる 일어나다	来る 오다	する 하다
미연형(ない형)	読まない 읽지 않다	起きない 일어나지 않다	来ない 오지 않다	しない 하지 않다
연용형(ます형)	読みます 읽습니다	起きます 일어납니다	来ます 옵니다	します 합니다
연체형(명사 수식)	読む時 읽을 때	起きる時 일어날 때	来る時 올 때	する時 할 때
가정형	読めば 읽으면	起きれば 일어나면	来れば 오면	すれば 하면
명령형	読め 읽어라	起きろ 일어나라	来い 와라	しろ・せよ 해라
의지형	読もう 읽어야지	起きよう 일어나야지	来よう 와야지	しよう 해야지

> **+참고** 어미가 ～う인 동사는 미연형이 ～あない가 아니라 ～わない가 된다.
> ・言う(말하다) → 言わない(말하지 않다) / 洗う(씻다) → 洗わない(씻지 않다)

2) 동사의 음편형

1그룹 동사 다음에 て(중지), た(과거/완료), たり(열거), たら(가정, 조건)가 오면 발음하기 편하도록 음(音)이 변하는 음편(音便) 현상이 일어난다.

く(ぐ)로 끝나는 동사	書く → 書いて, 泳ぐ → 泳いで
う, つ, る로 끝나는 동사	言う → 言って, 待つ → 待って, 座る → 座って
ぬ, ぶ, む로 끝나는 동사	死ぬ → 死んで, 遊ぶ → 遊んで, 読む → 読んで

> **+참고** 예외적으로 行く는 行って가 된다.

PART 5 정답찾기

1 今年は予算が<u>けずられて</u>体育大会は中止になった。

(A) 除られて　　　　　　　(B) 削られて

(C) 減られて　　　　　　　(D) 菜られて

2 現代社会では一歩ずつ自分の足場を築き、自立して生きていくことが<u>もとめられる</u>。

(A) 永め　　　　　　　(B) 救め

(C) 構め　　　　　　　(D) 求め

PART 6 오문정정

3 <u>もう一つ</u>、区役所に<u>行きて</u>許可証を<u>もらう</u>ことを<u>忘れないで</u>くだ
　　(A)　　　　　(B)　　　　(C)　　　　　(D)
さい。

4 お風呂の時、日本人は<u>外で</u>体を<u>洗いて</u>から湯船に<u>つかります</u>。
　　　　　　　　　(A)　　　(B)　　　(C)　　　　(D)

PART 7 공란 메우기

5 着替えがなかったので、濡れたスカートを＿＿＿＿＿まま乾かしました。

(A) はきた　　　　　　　(B) きた

(C) はいた　　　　　　　(D) きった

6 あの人は先輩にだまされて全ての財産を＿＿＿＿＿そうだ。

(A) わすれた　　　　　　(B) わすれった

(C) うしないた　　　　　(D) うしなった

---

1 올해는 예산이 <u>삭감되어</u> 체육대회는 중지되었다. ▶ (B)

- **予算(よさん)** : 예산
- **中止(ちゅうし)** : 중지

2 현대 사회에서는 한 걸음씩 자신의 발판을 구축하여 자립해서 살아갈 것이 <u>요구</u>된다. ▶ (D)

- **足場(あしば)** : 발판
- **築(きず)く** : 구축하다, 쌓다

3 한 가지 더, 구청에 <u>가서</u> 허가증을 받는 것을 잊지 마세요.
　　▶ (B) → **行って**

- **区役所(くやくしょ)** : 구청

4 목욕할 때, 일본인은 밖에서 몸을 <u>씻은 다음에</u> 욕조에 몸을 담급니다.
　　▶ (C) → **洗ってから**

- **湯船(ゆぶね)** : 욕조
- **つかる** : 잠기다

5 갈아입을 옷이 없었기 때문에, 젖은 스커트를 <u>입은</u> 채로 말렸습니다.
　　▶ (C)

- **スカートをはく** : 치마를 입다
- **乾(かわ)かす** : 말리다

6 저 사람은 선배에게 속아서 모든 재산을 잃었다고 한다. ▶ (D)

- **財産(ざいさん)** : 재산

2 시험에 꼭 출제되는 주요 구문

1) 동사의 ない형 주요 구문

(1)　～ないでください　~하지 마세요

　　ex 私のことは口に出さないでください。 저에 관한 일은 입 밖에 내지 마세요.

(2)　～なければならない・いけない　~하지 않으면 안 된다, ~해야 한다

　　ex 駅を11時に出発するから、9時ごろ家を出なければなりません。
　　　　역에서 11시에 출발하니까, 9시쯤 집을 나서야 합니다.

(3)　～なくてもいい　~하지 않아도 된다

　　ex 買いたくなければ買わなくてもいいよ。 사고 싶지 않으면 사지 않아도 돼.

(4)　～ない方がいい　~하지 않는 것이 좋다

　　ex あの地域は危ないから行かない方がいい。 그 지역은 위험하니까 가지 않는 게 좋다.

(5)　～ないことには　~하지 않으면

　　ex 食べてみないことには味が分からない。 먹어 보지 않으면 맛을 알 수 없다.

(6)　～ないうちに　~하기 전에

　　ex 忘れないうちに早く連絡をしておきましょう。 잊기 전에 빨리 연락을 해 둡시다.

(7)　～ないかぎり　~하지 않는 한

　　ex 現場に行かないかぎり、詳しいことは分からないでしょう。
　　　　현장에 가 보지 않는 한, 자세한 것은 알 수 없겠지요.

(8)　～ないでは・ずにはいられない　~하지 않을 수 없다

　　ex ストレスがたまってお酒を飲まないではいられない。 스트레스가 쌓여서 술을 마시지 않을 수 없다.
　　　　感動的な映画を見ると泣かずにはいられない。 감동적인 영화를 보면 울지 않을 수 없다.

(9)　～ないつもりだ　~하지 않을 생각이다

　　ex 今回は試験を受けないつもりです。 이번에는 시험을 보지 않을 생각입니다.

(10)　～ないわけにはいかない　~하지 않을 수(는) 없다

　　ex もう約束したから出席しないわけにはいかない。 이미 약속했기 때문에 출석하지 않을 수 없다.

PART 5 정답찾기

1 入学試験なので、<u>勉強しないわけにはいかない</u>。

(A) 勉強しなくてもいい

(B) 勉強してほしい

(C) 勉強しなければならない

(D) 勉強しないつもりだ

2 どうぞ、<u>冷めないうちに</u>飲んでください。

(A) 熱いうちに　　　　　　(B) 冷めたあとで

(C) 飲みたくなると　　　　(D) 熱くないので

PART 6 오문정정

3 <u>謝りなければ</u>ならないのは、中村さんでは<u>なくて</u>私<u>の</u>ほうですよ。
　　　　(A)　　　　　　　　　(B)　　　　　　　　(C)　　　(D)

4 <u>どんな人であるか</u>は直接<u>会ってみる</u>こと<u>には</u>よく分からない。
　　(A)　　(B)　　　　　　　(C)　　　　　(D)

PART 7 공란 메우기

5 試験開始の合図があるまで、試験用紙には何も_____ください。

(A) 書かなくて　　　　　　(B) 書かないで

(C) 書いたり　　　　　　　(D) 書いて

6 食べたくない時は、食べ_____もいいよ。

(A) ないで　　　　　　　　(B) ないと

(C) ないし　　　　　　　　(D) なくて

---

1 입학 시험이라서 공부하지 않을 수 없다. ▶ (C)

(A) 공부하지 않아도 된다
(B) 공부하기 바란다
(C) 공부해야 한다
(D) 공부하지 않을 생각이다

2 자, <u>식기 전에 마시세요</u>. ▶ (A)

(A) 뜨거울 때
(B) 식은 후에
(C) 마시고 싶어지면
(D) 뜨겁지 않으니까

·冷(さ)める : 식다

3 <u>사과해야</u> 하는 건 나카무라 씨가 아니라 저예요.
▶ (A) → 謝(あやま)らなければ

4 어떤 사람인지는 직접 <u>만나 보지 않고는</u> 잘 모른다.
▶ (C) → 会ってみない

·直接(ちょくせつ) : 직접

5 시험 시작 신호가 있을 때까지 시험지에는 아무것도 <u>쓰지 마세요</u>.
▶ (B)

·合図(あいず) : 신호

6 먹고 싶지 않을 때는 먹지 <u>않아도</u> 괜찮아. ▶ (D)

2) 동사의 **ます**형 주요 구문

(1) **〜がちだ** ~하기 쉬운 경향이 있다

> **ex** 年寄りになると、物忘れをしがちです。 노인이 되면 무엇이든 잊어버리기 쉽습니다.

(2) **〜かねない** ~하기 쉽다, ~할지도 모른다

> **ex** あんなにスピードを出したら、事故を起こしかねない。 저렇게 속도를 내면 사고를 내기 쉽다.

(3) **〜つつある** ~하는 중이다

> **ex** 景気は回復しつつある。 경기는 회복하는 중이다.

(4) **〜次第** ~하는 대로, ~하자마자

> **ex** 空港に着き次第、私に電話してください。 공항에 도착하는 대로 나에게 전화해 주세요.

(5) **〜たて** 막 ~함

> **ex** 焼きたてのパンは柔らかくてとてもおいしい。 막 구운 빵은 부드러워서 매우 맛있다.

(6) **〜すぎる** 너무(지나치게) ~하다

> **ex** 昨夜、お酒を飲みすぎて、今朝、起きられなかった。
> 어젯밤, 술을 너무 많이 마셔서 오늘 아침에 일어날 수가 없었다.

(7) **〜得ない** ~(할) 수 없다

> **ex** あれはあり得ない事故だった。 그것은 있을 수 없는 사고였다.

(8) **〜かけ(だ)** ~하다가 만(말다), ~하는 중(이다)

> **ex** 机の上には眼鏡と読みかけの本が置いてあった。 책상 위에는 안경과 읽다가 만 책이 놓여 있었다.

(9) **〜きれない** 전부(다) ~하지 못하다

> **ex** こんなに多くの料理は、一人では食べきれませんよ。 이렇게 많은 요리는 혼자서는 다 먹을 수 없어요.

(10) **〜ぬく** 끝까지 ~하다

> **ex** 金さんも悩みぬいて会社を辞めることにしたのでしょう。
> 김 씨도 고민 끝에 회사를 그만두기로 했겠지요.

(11) **〜出す** ~하기 시작하다, 갑자기 ~하다

> **ex** 帰る途中、急に雨が降り出してあわてました。 돌아가던 중에 갑자기 비가 내려서 당황스러웠습니다.

1 私は一度風邪を引くと<u>治りにくい</u>体質なので困ります。

   (A) 治りきれる　　　　　　　　(B) 治りかねない

   (C) あまり治らない　　　　　　(D) よく治る

2 昨日も雪だったが、今日も朝から<u>雪が降りつつある</u>。

   (A) 降りだす　　　　　　　　　(B) 降っている

   (C) 降りすぎる　　　　　　　　(D) 降ってくれる

3 <u>むらさき</u> の<u>かばん</u>でしたね。<u>見つける</u>次第、<u>お知らせします</u>。
   　　(A)　　　　(B)　　　　　　　　(C)　　　　　　　　　　(D)

4 地震<u>で</u>電力供給が止まる<u>なんて</u>！ <u>ある</u>得ない<u>こと</u>が起きてしまった。
   　　(A)　　　　　　　　　　　　(B)　　　(C)　　　　(D)

5 机の上に書き＿＿＿＿＿の日記があるところを見ると、彼はこの辺に
   いるはずです。

   (A) かけ　　　　　　　　　　　(B) える

   (C) すぎ　　　　　　　　　　　(D) がち

6 高橋さんは＿＿＿＿＿ぬいて、大学進学を諦めることにしたそうです。

   (A) 悩む　　　　　　　　　　　(B) 悩ま

   (C) 悩め　　　　　　　　　　　(D) 悩み

1 저는 한 번 감기에 걸리면 <u>잘 낫지 않는</u> 체질이라 곤란합니다. ▶ (C)

   (A) 다 나을 수 있는
   (B) 낫기 쉬운
   (C) 그다지 낫지 않는
   (D) 잘 낫는

   · **体質**(たいしつ) : 체질

2 어제도 눈이 왔는데, 오늘도 아침부터 <u>눈이 내리는 중이다</u>. ▶ (B)

   (A) 갑자기 내리다
   (B) 내리고 있다
   (C) 너무 많이 내리다
   (D) 내려 주다

3 보라색 가방이었지요? <u>발견하는</u> 대로 알려 드리겠습니다.
   ▶ (C) → 見つけ

4 지진으로 전력 공급이 멈추다니! 있을 수 없는 일이 일어나 버렸다.
   ▶ (C) → あり

5 책상 위에 쓰다 <u>만</u> 일기가 있는 것을 보니, 그는 이 근처에 있을 겁니다.
   ▶ (A)

6 다카하시 씨는 <u>고민</u> 끝에 대학 진학을 포기하기로 했다고 합니다.
   ▶ (D)

3) 동사 기본형 주요 구문

(1) ～前に ～하기 전에

  ex 部屋を出る前に電気を消してください。 방을 나오기 전에 불을 꺼 주세요.

(2) ～一方だ 계속 ～하기만 하다

  ex 手術をしたのに、体調は悪くなる一方だ。 수술을 했는데도, 몸 상태는 계속 나빠지기만 한다.

(3) ～や否や ～하자마자

  ex 疲れすぎて家へ帰るや否や寝てしまった。 너무 피곤해서 집에 오자마자 자 버렸다.

4) 동사 가정형(ば형)·의지형 주요 구문

(1) ～ば～ほど ～하면 ～할수록

  ex この山は登れば登るほど険しくなるようだ。 이 산은 오르면 오를수록 험준해지는 것 같다.

(2) ～も～ば、～も ～도 ～하거니와 ～도

  ex いいこともあれば、悪いこともあるものだ。 좋은 일도 있거니와 나쁜 일도 있는 법이다.

(3) ～(よ)うと思う ～하려고 생각하다

  ex 明日は久しぶりに映画でも見ようと思っています。 내일은 오랜만에 영화라도 보려고 생각하고 있습니다.

PART 5 정답찾기

1 昼ごはんは簡単にカップラーメンで済ませようと思います。

　(A) カップラーメンはあまり好きじゃありません

　(B) カップラーメンは安くておいしいです

　(C) カップラーメンを食べるつもりです

　(D) 昼ごはんは、カップラーメンが一番です

2 父の病気は悪くなる一方で心配です。

　(A) これ以上悪くはならなくて

　(B) 悪くなりつづけて

　(C) 悪くないうちに

　(D) 急に悪くなって

PART 6 오문정정

3 就職した前にあちこち 旅行に 行ってみた方がいいですよ。
　　(A)　　　　　(B)　　　(C)　　　(D)

4 空席が一つもなかったので、席を譲りようと思って立ち上がりました。
　(A)　　　　　　(B)　　　　　　(C)　　　　　　　(D)

PART 7 공란 메우기

5 この水着は品質も＿＿＿＿、値段も高すぎて気に入らない。

　(A) よくないと　　　　　　　(B) よくなければ

　(C) よければ　　　　　　　　(D) よいと

6 考えれば＿＿＿＿ほど腹が立って我慢できません。

　(A) 考えよう　　　　　　　　(B) 考え

　(C) 考える　　　　　　　　　(D) 考えた

---

1 점심은 간단히 컵라면으로 해결하려고 생각합니다. ▶ (C)

　(A) 컵라면은 별로 좋아하지 않습니다
　(B) 컵라면은 싸고 맛있습니다
　(C) 컵라면을 먹을 생각입니다
　(D) 점심은 컵라면이 최고입니다

2 아버지 병은 계속 나빠지기만 해서 걱정입니다. ▶ (B)

　(A) 더 이상 나빠지지는 않아서
　(B) 계속 나빠져서
　(C) 나빠지기 전에
　(D) 갑자기 나빠져서

3 취직하기 전에 여기저기 여행 가 보는 것이 좋아요.
　▶ (A) → 就職(しゅうしょく)する

4 빈자리가 하나도 없었기 때문에, 자리를 양보하려고 일어났습니다.
　▶ (C) → 譲ろう

　· 空席(くうせき) : 빈자리
　· 譲(ゆず)る : 양보하다
　· 立(た)ち上(あ)がる : 일어서다

5 이 수영복은 품질도 좋지 않거니와 가격도 너무 비싸서 마음에 들지 않는다. ▶ (B)

6 생각하면 할수록 화가 나서 참을 수 없습니다. ▶ (C)

　· 我慢(がまん) : 참음

5) 동사의 て형 주요 구문

(1) いくら・どんなに～ても 아무리 ~해도

   ex いくら難しくても、数学と英語は勉強しなければならない。

   아무리 어렵다고 해도, 수학과 영어는 공부해야 한다.

(2) たとえ～ても 비록 ~해도

   ex たとえ体調がよくてもまだ肉は食べてはいけません。

   비록 몸 상태가 괜찮다고 해도 아직 고기는 먹으면 안 됩니다.

(3) ～ている最中に 한창 ~하고 있는 중에

   ex 面白いドラマを見ている最中に、友だちから電話がかかってきた。

   재미있는 드라마를 한창 보고 있는데, 친구에게서 전화가 걸려 왔다.

(4) ～てもいいですか ~해도 됩니까?, ~해도 좋습니까?

   ex 今日から肉を食べてもいいですか。 오늘부터 고기를 먹어도 됩니까?

(5) ～てはいけません ~하면 안 됩니다

   ex ここは禁煙ですから、タバコを吸ってはいけません。 이곳은 금연이니까 담배를 피우면 안 됩니다.

(6) ～ておく ~해 놓다, ~해 두다

   ex お正月になると、大人は子どものためにお年玉を用意しておきます。

   설이 되면 어른들은 아이들을 위해 세뱃돈을 준비해 둡니다.

(7) 자동사 + ている / 타동사 + てある ~되어 있다(상태)

   ex 誰もいないのに電気がついています。 아무도 없는데 불이 켜져 있습니다.

   パスポートは上から二つ目の引き出しに入れてあります。

   여권은 위에서부터 두 번째 서랍에 들어 있습니다.

(8) ～てみる ~해 보다(시도)

   ex 鈴木さんと壁に絵をかけてみました。 스즈키 씨와 벽에 그림을 걸어 보았습니다.

(9) ～てくる ~해 오다, ~하게 되다, ~하기 시작하다

   ex 最近、運転免許をとる人が増えてきました。 최근, 운전면허를 취득하는 사람이 증가하기 시작했습니다.

(10) ～てあげる / ～てくれる / ～てもらう (내가 남에게) ~해 주다 / (남이 나에게) ~해 주다 / ~해 받다

   ex 母にも富士山の風景を見せてあげたいと思いました。

   어머니께도 후지산의 풍경을 보여 드리고 싶다고 생각했습니다.

   子どもの時、母は私によく本を読んでくれました。 어렸을 때, 어머니는 나에게 자주 책을 읽어 주었습니다.

   店員に婦人服売り場を教えてもらいました。

   점원에게 여성복 매장을 가르쳐 받았습니다(점원이 가르쳐 주었습니다).

(11) 〜ているところ 〜하고 있는 중

　ex　部屋の掃除や洗濯は今、しているところです。 방 청소랑 빨래는 지금 하고 있는 중입니다.

(12) 〜てからでないと／〜てからでなければ 〜하고 나서가 아니면

　ex　アルバイトが終わってからでないと一緒に行けません。

　　　아르바이트가 끝나고 나서가 아니면 같이 갈 수 없습니다.

(13) 〜てはじめて 〜하고서야 비로소

　ex　子どもを産んではじめて親の気持ちが分かった。

　　　아이를 낳고서야 비로소 부모의 마음을 알게 되었다.

6) 동사의 た형 주요 구문

(1) 〜た方がいい 〜하는 게 좋다

　ex　お医者さんの言うとおりにした方がいいと思います。

　　　의사 선생님이 말씀하신 대로 하는 게 좋다고 생각합니다.

(2) 〜たことがある 〜한 적이 있다〈경험〉

　ex　日本で温泉に行ったことがありますか。 일본에서 온천에 간 적이 있습니까?

(3) 〜た後(で) 〜한 후(에)

　ex　食事をした後、宿題をします。 식사를 한 후, 숙제를 합니다.

(4) 〜たばかり 막 〜하다

　ex　今、始めたばかりなので終わるまでに２時間ぐらいかかります。

　　　지금 막 시작했으니까 끝나기까지는 2시간 정도 걸립니다.

(5) 〜たとたんに 〜한 순간(에), 〜하자마자

　ex　学校を出たとたんに雨が降り出した。 학교를 나서자마자 비가 내리기 시작했다.

(6) 〜たまま 〜한 채(로)

　ex　眼鏡をかけたまま寝てはいけません。 안경을 쓴 채(로) 자면 안 됩니다.

(7) 〜たあげく 〜한 끝에, 〜한 결과

　ex　いろいろと考えたあげく、辞めることにした。 여러모로 생각한 끝에 그만두기로 했다.

(8) 〜たり〜たりする 〜하기도 하고 〜하기도 하다

　ex　夕食の後はみんなでテレビをみたりトランプをしたりしました。

　　　저녁식사 후에는 다 함께 텔레비전을 보기도 하고 트럼프를 하기도 했습니다.

PART 5 정답찾기

1 どんな事情があっても嘘をついてはいけません。

(A) 嘘をつかないでください

(B) 嘘をつかなければなりません

(C) 嘘をついています

(D) 嘘をついてはだめです

2 勉強しているかどうか息子の部屋に行ってみよう。

(A) 家へ帰ったらテレビをみたり、パソコンをしたりします。

(B) 何と書いてあるかよくみてください。

(C) 昨日、家族づれで、はなみに行ってきました。

(D) 来月から私も能力試験の勉強をしてみるつもりです。

PART 6 오문정정

3 部屋の電気が消しているのを見ると、田中さんはまだ戻ってきてい
　　　　　 (A)　　　　　　 (B)　　　　　　　　　　　 (C)　　　 (D)
ないようだ。

4 昨日、病院で検査をするばかりで癌であるかどうかまだ分かりません。
　　　　　　 (A)　　　　　　 (B)　　　 (C)　　　　　　　　　 (D)

PART 7 공란 메우기

5 今度の誕生日パーティーの料理は、私が作って_____と思います。

(A) あげる　　　　　　　　　　 (B) あげたい

(C) くれたい　　　　　　　　　 (D) くれる

6 船に_____、気持ちが悪くなってきた。

(A) 乗ったとたんに　　　　　　 (B) 乗りがち

(C) 乗ってはじめて　　　　　　 (D) 乗ったあげく

---

1 어떠한 사정이 있더라도 거짓말을 해서는 안 됩니다. ▶ (D)

(A) 거짓말을 하지 마세요
(B) 거짓말을 해야 합니다
(C) 거짓말을 하고 있습니다
(D) 거짓말을 하면 안 됩니다

2 공부하고 있는지 어떤지 아들 방에 가 보자. (시도) ▶ (D)

(A) 집에 가면 텔레비전을 보기도 하고 컴퓨터를 하기도 합니다. (보다)
(B) 뭐라고 쓰여 있는지 잘 보세요. (보다)
(C) 어제 가족과 함께 꽃구경을 다녀왔습니다. (보다)
(D) 다음 달부터 나도 능력시험 공부를 해 볼 생각입니다. (시도)

3 방의 불이 꺼져 있는 것을 보니, 다나카 씨는 아직 돌아오지 않은 것 같다. ▶ (B) → 消(け)してある
　　　　　　　　　　　　　　　(타동사+てある)

4 어제, 병원에서 막 검사를 했기 때문에 암인지 아닌지 아직 모릅니다.
▶ (B) → したばかりで

5 이번 생일 파티 요리는 제가 만들어 드리고 싶다고 생각합니다. ▶ (B)

6 배를 타자마자 속이 안 좋아졌다.
▶ (A)

7) に를 활용한 동사 주요 구문

(1) ～に会う ～을/를 만나다

ex 駅の前で友だちに会うことにした。 역 앞에서 친구를 만나기로 했다.

(2) ～に向かう ～을/를 향하다

ex 目的に向かって真っ直ぐに進んでいる。 목적을 향해 똑바로 나아가고 있다.

(3) ～に代わって ～을/를 대신하여

ex 一同に代わって私が申し上げます。 일동을 대신하여 제가 말씀 드리겠습니다.

(4) ～に似ている ～을/를 닮다

ex 弟は母より父に似ている。 남동생은 어머니보다 아버지를 닮았다.

(5) ～に従う ～에 따르다

ex 人口の増加にしたがって、大気汚染が深刻になった。 인구 증가에 따라 대기 오염이 심각해졌다.

(6) ～に勝つ ～을/를 이기다

ex 東京大学は大阪大学に勝って優勝しました。 도쿄 대학은 오사카 대학을 이기고 우승했습니다.

(7) ～に住んでいる ～에 살고 있다(주거)

ex 妹は結婚して東京に住んでいる。 여동생은 결혼하여 도쿄에 살고 있다.

(8) ～に沿う ～에(을/를) 따르다

ex 既定方針に沿って交渉する。 기정 방침에 따라 교섭한다.

(9) ～に耐える・堪える ～에 견디다・참다

ex これが高温に耐えるガラスです。 이것이 고온에 견디는 유리입니다.

(10) ～に乗る ～을/를 타다

ex ここまで新幹線に乗って来ました。 여기까지 신칸센을 타고 왔습니다.

(11) ～に通う ～에 다니다

ex 家から1時間もかかる学校に通っている。 집에서 1시간이나 걸리는 학교에 다니고 있다.

(12) ～に勤めている ～에서 근무하고 있다

ex 兄は貿易会社に勤めている。 형은 무역회사에서 근무하고 있다.

8) 동사의 ます형에 접속하는 복합어

(1) **~かける** ~하다 말다, ~하기 시작하다

> **ex** 勉強をしかけて外に行ってしまった。 공부를 하다가 말고 밖으로 가 버렸다.
>
> 掃除をしかけた時、お客さんが来た。 청소를 하기 시작했을 때 손님이 왔다.

(2) **~きる** 다 ~하다

> **ex** あの小説、読みきったら私にも貸してください。 그 소설 다 읽으면 나에게도 빌려 주세요.

(3) **~こむ** ~안에 넣다, 철저히(한결같이) ~하다

> **ex** 朝起きて、布団を押し入れに放り込んで出勤した。 아침에 일어나서 이불을 벽장에 쑤셔 넣고 출근했다.
>
> 彼女はご主人を信じこんでいる。 그녀는 남편을 철저히 믿고 있다.

(4) **~つづける** 계속해서 ~하다

> **ex** 田中さんが一人で30分も歌いつづけて面白くなかった。
>
> 다나카 씨가 혼자서 30분씩이나 계속 노래를 불러서 재미없었다.

(5) **~なおす** 다시 ~하다

> **ex** 合っているかどうか考えなおしてください。 맞는지 어떤지 다시 생각해 주세요.

(6) **~はじめる** ~하기 시작하다

> **ex** あの先生が話しはじめるといつも長くなる。 저 선생님이 이야기를 하기 시작하면 늘 길어진다.

(7) **~おわる** 다 ~하다

> **ex** 書きおわったら試験用紙を出してください。 다 썼으면 시험지를 제출해 주세요.

(8) **~とおす** 끝까지(다) ~하다

> **ex** 夜を明かして本を読みとおした。 밤을 새워 책을 다 읽었다.

(9) **~しめる** 꽉 ~하다

> **ex** 子犬がぶるぶる震えていたので、抱きしめてやった。 강아지가 부들부들 떨고 있어서 꽉 안아 주었다.

PART 5 정답찾기

1 徹夜してレポートを<u>書ききりました</u>。

    (A) 書きおわりました

    (B) 書きだしました

    (C) 書いています

    (D) 書いているところです

1 밤을 새서 보고서를 끝까지 <u>다 썼습니다</u>. ▶ (A)

    (A) 다 썼습니다
    (B) 쓰기 시작했습니다
    (C) 쓰고 있습니다
    (D) 쓰고 있는 중입니다

    · 徹夜(てつや) : 철야, 밤샘

2 テーブルの上に<u>飲みかけ</u>のコーヒーが置かれています。

    (A) 飲みはじめた

    (B) 飲み終わっていない

    (C) すでに飲み終わった

    (D) 全部飲みきった

2 테이블 위에 <u>마시다 만</u> 커피가 놓여 있습니다. ▶ (B)

    (A) 마시기 시작한
    (B) 다 안 마신
    (C) 이미 다 마신
    (D) 전부 다 마신

PART 6 오문정정

3 3時の<u>新幹線</u>を<u>乗る</u><u>わけ</u>だから、5時にはむこう<u>に</u>着くでしょう。
     (A)   (B)   (C)   (D)

3 3시 신칸센을 타는 것이니, 5시에는 그쪽에 도착하겠지요. ▶ (B) → に

4 彼は<u>今年</u>の4月<u>から</u>名古屋の<u>支社</u><u>で</u>勤めています。
         (A)   (B)   (C) (D)

4 그는 올해 4월부터 나고야 지사<u>에서</u> 근무하고 있습니다. ▶ (D) → に

PART 7 공란 메우기

5 今、歩き_____ばかりなのにもう休みたくなった。

    (A) おわった   (B) はじめた

    (C) とおした   (D) しめた

5 지금 막 걷기 <u>시작</u>했는데 벌써 쉬고 싶어졌다. ▶ (B)

6 _____かけた仕事は途中で止めないでください。

    (A) やり   (B) かき

    (C) よみ   (D) かり

6 <u>시작한</u> 일은 중간에 그만두지 마세요. ▶ (A)

PART 5 정답찾기

下の＿＿＿＿線の言葉の正しい表現、または同じ意味のはたらきをしている言葉を(A)から(D)の中で一つ選びなさい。

1 荷物は1個だけは持ち込めますが、それ以外は<u>預ける</u>ことになっています。

(A) とどける   (B) あずける   (C) なづける   (D) くだける

2 試験では考えすぎたあまり時間が足りず、最後まで<u>とけ</u>なかった。

(A) 解け   (B) 溶け   (C) 掛け   (D) 負け

3 今ではすっかり日本の生活にも慣れて、友だちもたくさん<u>でき</u>ました。

(A) あなたは、今住んでいる家に満足<u>でき</u>ますか。

(B) やってみないと<u>でき</u>るかどうか分かりません。

(C) 日本語は話すことが<u>でき</u>ますが、英語は<u>でき</u>ません。

(D) あなたの家の近くに<u>でき</u>た美容院はどうですか。

4 これからは台風に<u>備えて</u>、十分な注意が必要です。

(A) そなえて   (B) そびえて   (C) かかえて   (D) あまえて

5 今からテストを始めます。本を<u>とじて</u>ください。

(A) 間じて   (B) 閉じて   (C) 問じて   (D) 開じて

6 払った医療費の80％は後で戻って<u>き</u>ます。

(A) 学校には朝ごはんを食べてから<u>き</u>ます。

(B) 春が<u>き</u>て、花が咲きはじめました。

(C) 電車の中は上野駅から混んで<u>き</u>ました。

(D) ここはいつか<u>き</u>てみた町です。

PART 6 오문정정

下の＿＿＿＿線の(A), (B), (C), (D)の言葉の中で正しくない言葉を一つ選びなさい。

7 昨日、<u>昔の友達に</u>会ったんですが、<u>その友達が</u><u>就職口を</u>探して<u>もらう</u>と言ってくれたんです。
               (A)   (B)   (C)   (D)

8 <u>銀行の</u><u>口座の</u>暗証番号を忘れて<u>預金</u>が<u>探せ</u>なかった。
   (A)   (B)   (C)   (D)

9　会社に行く途中<u>で</u>電車が故障<u>でて</u>、１時間も遅刻<u>してしまった</u>。
　　　　　(A)　　　　　　　　(B)　　　　　　(C)　　　　　　　　　　(D)

10　まだはっきり <u>決めていませんが</u>、<u>卒業したら</u>大学院に<u>進みよう</u>と思っています。
　　　　　　　(A)　　　　(B)　　　　　　　(C)　　　　　　(D)

11　<u>読むかけた</u>本を<u>手にした</u> <u>まま</u>居眠りを<u>している</u>。
　　　(A)　　　　　　(B)　　(C)　　　　　(D)

12　私としては判断<u>してかねますので</u>、部長の<u>ところ</u>に行って<u>お話しください</u>。
　　　　　　　(A)　　　　　　　　(B)　　　　　(C)　　　　　(D)

13　真珠などの宝石を<u>買うなら</u>、信用のある店<u>で</u> <u>買いた</u>方がいいですよ。
　　　　　　　　　　(A)　　　　　　(B)　(C)　(D)

14　<u>この</u>きゅうりはちょっと<u>柔らかいし</u>変なにおいもするし<u>腐る</u><u>かけている</u>よ。
　　(A)　　　　　　　　(B)　　　　　　　　　　(C)　(D)

PART 7 공란 메우기

下の_____線に入る適当な言葉を(A)から(D)の中で一つ選びなさい。

15　藤井さんの記録を_____ことができるのは山口さんしかいないでしょう。
　　(A) こわれる　　　　　(B) やぶる　　　　　　　(C) くずす　　　　　(D) われる

16　木村さんは将来どんな会社に_____たいですか。
　　(A) なり　　　　　　　(B) し　　　　　　　　　(C) 勤め　　　　　　(D) 働き

17　そんな状態で運転するなんて、大きな事故に_____かねないよ。
　　(A) 繋がり　　　　　　(B) 繋ぎ　　　　　　　　(C) 起こり　　　　　(D) 起き

18　どこかへ旅行に行きたいけど、時間も_____、お金もない。
　　(A) ないなら　　　　　(B) なかったら　　　　　(C) ないと　　　　　(D) なければ

19　人気バンドのコンサートチケットは発売開始から、５分で_____切れました。
　　(A) 売れ　　　　　　　(B) 売る　　　　　　　　(C) 売り　　　　　　(D) 売って

20　もう３年になりますが、私は国から奨学金を_____勉強しています。
　　(A) もらって　　　　　(B) うけて　　　　　　　(C) あげて　　　　　(D) やって

공략 3 단계 실전 문제 풀기 2회

PART 5 정답찾기

下の＿＿＿＿＿線の言葉の正しい表現、または同じ意味のはたらきをしている言葉を(A)から(D)の中で一つ選びなさい。

1 ここは暖かくて過ごしやすい気候なので、一年中たくさんの観光客が訪れます。

(A) ひきつれ   (B) くたびれ   (C) あこがれ   (D) おとずれ

2 荷物の預け入れがすんだあとは、保安検査場で機内持ち込み手荷物の検査を受けます。

(A) 済んだ   (B) 終んだ   (C) 澄んだ   (D) 清んだ

3 木村さんは田中さんにもらったスカーフを自分の母にあげました。

(A) 田中さんは木村さんにスカーフをあげました

(B) 田中さんは母にスカーフをあげました

(C) 木村さんは田中さんにスカーフをあげました

(D) 木村さんは母にスカーフをもらいました

4 ウイルスでパソコンの機能が停止しても、慌てる必要はありません。

(A) へだてる   (B) そだてる   (C) したてる   (D) あわてる

5 子どもに最新のスマホをプレゼントしたら、とてもよろこんでいた。

(A) 喜んで   (B) 悲こんで   (C) 嬉こんで   (D) 苦こんで

6 論文集はあがりましたか。

(A) 人前ではあがって話せないんです。

(B) 成績があがるやり方を具体的に紹介します。

(C) いらっしゃいませ。どうぞおあがりください。

(D) これがあがれば次の仕事が待っています。

PART 6 오문정정

下の＿＿＿＿＿線の(A), (B), (C), (D)の言葉の中で正しくない言葉を一つ選びなさい。

7 うちの子は昨日、道で 転びで 足にけがをした。
    (A)   (B) (C)   (D)

8 大けがをしましたが、彼の足は徐々に回復に向かうつつあるようです。
    (A)   (B)   (C)   (D)

9 　彼は土地の売買で あっと言う間にお金を集まった。
　　　　　　(A)　　(B)　　　(C)　　　　　　　(D)

10 　何度もその問題について考えてみましたが、いい解決策は見つけませんでした。
　　　　　　　　　　(A)　　　　　　(B)　　(C)　　　　　(D)

11 　ここからなら、20分ぐらい登ってつづけると、山の頂上が見える はずです。
　　(A)　　　　　　　　　(B)　　　　　　　　　　　(C)　(D)

12 　食べたくなければ 食べないでもいいです。食べたい人だけ 食べてください。
　　(A)　　　　　　(B)　　　　　　　　　　　　　(C)　　(D)

13 　私もこの間歯科医院に行きました。窓口で国民健康保険証を渡って受付を済ませました。
　　　　(A)　　　　　　　　　　　　(B)　　　　　　　(C)　　　　(D)

14 　粗大ゴミの日に近所を歩けば、まだ使える家具や自転車などが捨てています。
　　　　　　　　(A)　　(B)　　(C)　　　　　　　　　(D)

PART 7 공란 메우기

下の＿＿＿＿＿線に入る適当な言葉を(A)から(D)の中で一つ選びなさい。

15 　魚は新鮮なうちはおいしいですが、古くなると味が＿＿＿＿＿＿。

(A) わるくないです　　(B) いきます　　　　(C) よいです　　　　(D) かわります

16 　後輩は定時に＿＿＿＿＿＿や否や、すぐに帰った。

(A) なる　　　　　　(B) なり　　　　　　(C) なった　　　　　(D) なって

17 　最近は金融関係の企業も人材派遣業界に進出する動きを＿＿＿＿＿＿います。

(A) みて　　　　　　(B) みえて　　　　　(C) みせて　　　　　(D) みさせて

18 　市村さんは車に＿＿＿＿＿＿足の骨を折りました。

(A) はねられて　　　(B) おして　　　　　(C) なげて　　　　　(D) すてられて

19 　みなさん、出席を＿＿＿＿＿＿から、一人ずつ手をあげてください。

(A) とります　　　　(B) よびます　　　　(C) さけびます　　　(D) とれます

20 　今回、やっと試験に＿＿＿＿＿＿大学に入学できました。

(A) うかって　　　　(B) うけて　　　　　(C) ついて　　　　　(D) みて

공략3단계 **실전 문제 풀기 3회**

PART 5 정답찾기

下の＿＿＿＿線の言葉の正しい表現、または同じ意味のはたらきをしている言葉を(A)から(D)の中で一つ選びなさい。

1 辞任会見に臨む政治家田原さんの表情はとても厳しかった。

(A) あがむ (B) かこむ (C) のぞむ (D) いたむ

2 日本の七五三とは子どもの健康と幸せをおいのりする行事である。

(A) 怒り (B) 祈り (C) 頼り (D) 募り

3 この小説、とても面白いですよ。ちょっと読んでみますか。

(A) 熱があったら、医者にみてもらった方がいいですよ。

(B) テレビはあまり好きじゃないけど、野球とかサッカーはみています。

(C) 自分でやってみないと、分からないものです。

(D) このごろは姉の家で子どもの面倒をみています。

4 卒業してからずっとこの会社に勤めてきました。

(A) つとめて (B) あたためて (C) かためて (D) さだめて

5 お祭りの時は、多くの屋台がたくさんならんでいます。

(A) 膨らんで (B) 並んで (C) 企んで (D) 頼んで

6 入ってみたら、事務室の窓が全部開いていました。

(A) 部屋に電気が消えているのをみると、誰もいないらしい。

(B) 田中さんと話している人が木村課長です。

(C) 今、あなたが書いているのはレポートですか。

(D) 妹は恋人にあげるベルトを買っています。

PART 6 오문정정

下の＿＿＿＿線の(A), (B), (C), (D)の言葉の中で正しくない言葉を一つ選びなさい。

7 私は姉と声が似るので、電話に出ると間違えられたりすることがあります。
　　　　　　(A)　　(B)　　　　　(C)　　　　　　　　　　　　(D)

8 遠くから彼の特徴のある話し声が聞いてきた。
　　(A)　　　(B)　　　　　(C)　　　(D)

9 金さんは<u>先学期</u>のレポートを<u>期限内</u>に <u>出なかった</u>から<u>落第した</u>。
   　　　　　(A)　　　　　　　　　　　　(B)　　　(C)　　　　　　(D)

10 <u>申込書</u>には<u>セミナー</u>に参加したい人の<u>住所</u>や<u>名前</u>が書いています。
   　　　　　　　(A)　　　　　　　　　　　　　　(B)　　(C)　　　(D)

11 肉は<u>まだ</u><u>食べる</u>方がいいです。<u>卵なら</u>食べても<u>かまいません</u>。
   　(A)　　(B)　　　　　　　　　　(C)　　　　　　　(D)

12 車を運転する時、<u>曲がり角</u>では<u>スピード</u>を<u>減らす</u><u>べきである</u>。
   　　　　　　　　(A)　　　　　　(B)　　　(C)　　　(D)

13 <u>この前</u>は<u>せっかく</u> <u>誘ってあげた</u>のに、 どうも<u>すみませんでした</u>。
   　(A)　　　(B)　　　　(C)　　　　　　　　　　　　(D)

14 この<u>水道</u>は手を<u>出る</u>と<u>自動的</u>に<u>水</u>が出ます。
   　　(A)　　　　(B)　　(C)　　　(D)

下の_____線に入る適当な言葉を(A)から(D)の中で一つ選びなさい。

15 面接の結果が_____次第、すぐにご連絡致します。

   (A) わかり　　　　　(B) わかる　　　　　(C) わかって　　　　(D) わから

16 ダイエットを始めたが、ストレスが_____やせるどころか太ってしまった。

   (A) だまって　　　　(B) たまって　　　　(C) あつまって　　　(D) つまって

17 結婚して子どもを_____はじめて親の気持ちが分かった。

   (A) 産む　　　　　　(B) 産んだり　　　　(C) 産んだ　　　　　(D) 産んで

18 日本では玄関で靴を_____部屋に上がらなければなりません。

   (A) はずして　　　　(B) とれて　　　　　(C) はいて　　　　　(D) ぬいで

19 留学生の多くはアルバイトをしながら日本語学校や大学に_____います。

   (A) とおって　　　　(B) かよって　　　　(C) つうじて　　　　(D) かえって

20 自分なりに気をつけていたが、うっかりして秘密を_____。

   (A) しゃべってしまった　　　　　　　　(B) しゃべりつづいた

   (C) しゃべりおわった　　　　　　　　　(D) しゃべっている

 **조사**

일상생활에서 사용하는 일본어에서는 조사가 자주 생략되는 경향이 있다. 하지만, JPT에서는 생각보다 훨씬 조사의 비중이 크다. 중요한 조사의 경우, 각각의 쓰임을 충분히 이해한 후 쓰임에 따른 문장을 암기하는 것이 매우 중요하다. 단답식으로 의미만 암기해 두면, 실제 문장 안에서 어떤 용법으로 쓰인 것인지 구별해 내기가 쉽지 않기 때문이다.

조사 で의 경우, 그 쓰임은 '장소, 수단, 이유, 재료'가 있다고 외울 것이 아니라, 아래와 같이 문장으로 외워 두어야 오래 기억되고 문장 안에서의 쓰임도 쉽게 구별할 수 있다.

 図書館で勉強をする。 도서관에서 공부를 한다. (장소)

バスで学校へ来ました。 버스로 학교에 왔습니다. (수단)

昨日は病気で欠席しました。 어제는 아파서 결석했습니다. (이유)

この人形は木で作りました。 이 인형은 나무로 만들었습니다. (재료)

で와 に의 경우 둘 다 장소를 나타내는 용법이 있어 헷갈리기 쉽지만, で는 '동작이 이루어지는 장소', に는 단순히 '존재하는 장소'를 나타낸다는 차이가 있다.

男子学生はみんな運動場でサッカーをしています。 남학생은 모두 운동장에서 축구를 하고 있습니다.

今、運動場には一人もいません。 지금 운동장에는 한 사람도 없습니다.

또한 まで와 までに를 살펴보면 まで는 어느 시점까지 동작이나 상태가 계속되고 있음을 나타내고, までに는 '늦어도 그 시점까지는 꼭(최종 기한에 중점을 둠)'이라는 의미를 나타낸다.

家から会社まで歩いて来ます。 집에서 회사까지 걸어(서) 옵니다.

あの本は14日までに返してください。 그 책은 14일까지는 꼭 반납해 주세요.

한국어와 비교했을 때 헷갈리는 조사도 꽤 있는데, 이 경우는 조사와 동사를 묶어서 외워 두면 편하다. 조사 に를 통해 알아보자.

ex

貿易会社で勤めている。(×) → 貿易会社に勤めている。(○)
무역회사에(서) 근무하고 있다.

東京で住んでいる。(×) → 東京に住んでいる。(○)
도쿄에(서) 살고 있다.

위 예문의 경우, 한국어로 '~에(서)'이므로 で가 쓰인다고 생각하기 쉽지만, で가 아니라 に를 사용해야 한다. 따라서 '~에(서) 근무하다'는 ~に勤めている로, '~에(서) 살다'는 ~に住んでいる로 숙어처럼 외워 두는 게 좋다.

좀 더 나아가 고득점을 얻기 위해서는 조사가 갖는 하나하나의 쓰임뿐 아니라 ~だけあって(~했으니만큼, ~한 보람이 있음), ~といえども(~라 할지라도, ~일 망정)와 같이 문형으로 정리하여 암기해 두는 것이 도움이 된다.

ex

頑張っただけあって成績が上がった。 애쓴 보람이 있어 성적이 올랐다.

日曜日といえども休めない。 일요일이라 할지라도 쉴 수 없다.

이와 같이 조사는 매우 쉬워 보이지만, 그 쓰임에 대해서는 주의 깊게 살펴봐야 한다. 조사의 용법을 정확하게 이해하고 암기해 둔다면, 실전에서는 의외로 빠르고 쉽게 풀 수 있는 파트가 되어 줄 것이다.

1 で

① 장소(〜에서) ② 수단, 방법(〜으로)
③ 재료(〜으로) ④ 원인, 이유(〜으로, 〜때문에) ⑤ 상태

실력 간단 체크 ✓

▶ ①〜⑤ 중 다음 문장에서 쓰인 용법을 골라 (   )에 쓰세요.

1 みんなの前で発表するということは大変なことです。(   )
모든 사람 앞에서 발표한다는 것은 굉장한 일입니다.

2 みんなで一緒に歌ってみましょう。(   )
다 함께 노래 불러 봅시다.

3 木で作られた家が多いのはどうしてですか。(   )
나무로 만들어진 집이 많은 것은 왜입니까?

4 大雨で二日間、家にばかりいました。(   )
큰비로 이틀 동안 집에만 있었습니다.

5 犯人がとなりの人だったということはラジオで聞きました。(   )
범인이 이웃 사람이었다는 것은 라디오로 들었습니다.

+정답 1 ① 2 ⑤ 3 ③ 4 ④ 5 ②

+단어 みんな 모두 発表する 발표하다 〜という 〜라는 大雨 큰비 ラジオ 라디오

2 に

① 존재 장소(〜에) ② 시간(〜에) ③ 대상(〜에게)
④ 목적(〜하러) ⑤ 선택(〜으로) ⑥ 변화, 결과(〜이/가)
⑦ 비율의 기준(〜에)

실력 간단 체크 ✓

▶ ①〜⑦ 중 다음 문장에서 쓰인 용법을 골라 (   )에 쓰세요.

1 あなたにはちょっと難しいかもしれませんね。(   )
당신에게는 좀 어려울지도 모르겠네요.

2 お飲み物は何になさいますか。(   )
마실 것은 무엇으로 하시겠습니까?

3 試験は12時までですから、12時30分には出てくるでしょう。(   )
시험은 12시까지니까, 12시 30분에는 나오겠지요.

4 タバコをやめてから元気になりました。(   )
담배를 끊고 나서 건강해졌습니다.

5 私は日本語と日本の建築技術を勉強しに来ました。（　）

저는 일본어와 일본의 건축 기술을 공부하러 왔습니다.

6 「マルイ」という古本屋はどこにありますか。（　）

'마루이'라는 고서점은 어디에 있습니까?

7 この薬は1日に3回服用してください。（　）

이 약은 하루에 3번 복용하세요.

＋정답　1 ③　2 ⑤　3 ②　4 ⑥　5 ④　6 ①　7 ⑦

＋단어　**難しい** 어렵다　**試験** 시험　**建築** 건축　**技術** 기술　**古本屋** 고서점, 헌책방　**服用する** 복용하다

---

3 の

① 소유, 소속, 관계(~의)　　　② 소유물(~의 것, のもの의 생략형)
③ 동격(~인)　　　④ 주격조사 が 대신(~이)
⑤ ~에 관한(のこと의 형태로 주로 쓰임)

실력 간단 체크 ✓

▶ ①~⑤ 중 다음 문장에서 쓰인 용법을 골라 (　)에 쓰세요.

1 テーブルの上にあるかばんが高橋さんのです。（　）

테이블 위에 있는 가방이 다카하시 씨의 것입니다.

2 この新聞を読むには日本語の辞書が要ります。（　）

이 신문을 읽으려면 일본어 사전이 필요합니다.

3 雨の降る日は外出したくありません。（　）

비가 내리는 날에는 외출하고 싶지 않습니다.

4 これから私のことをお話しします。（　）

지금부터 저에 관해서 말씀드리겠습니다.

5 英語科の学生の木村さんが持ってきたものです。（　）

영어과 학생인 기무라 씨가 가지고 온 것입니다.

＋정답　1 ②　2 ①　3 ④　4 ⑤　5 ③

＋단어　**新聞** 신문　**辞書** 사전　**要る** 필요하다　**外出する** 외출하다　**英語科** 영어과

4 は
① 주제(~은/는)　　　　② 주체(~은/는)　　　　③ 대비(~은/는)

▶ ①~③ 중 다음 문장에서 쓰인 용법을 골라 (　　)에 쓰세요.

1 英語は面白いけど、難しいです。（　　）
　　영어는 재미있지만, 어렵습니다.

2 私は日本に留学しようと思っています。（　　）
　　나는 일본에 유학하려고 생각하고 있습니다.

3 歌を聞くことは好きですが、歌うことは好きじゃありません。（　　）
　　노래를 듣는 것은 좋아하지만, 부르는 것은 좋아하지 않습니다.

+정답 **1** ①　　**2** ②　　**3** ③

+단어 面白い 재미있다　　留学する 유학하다　　歌 노래

---

5 が
① 주격조사(~이/가)　　　　② 대상(~을/를)　　　　③ 접속 조사(~지만, ~인데)

▶ ①~③ 중 다음 문장에서 쓰인 용법을 골라 (　　)에 쓰세요.

1 いい天気ですが、風は冷たいです。（　　）
　　좋은 날씨지만 바람은 차갑습니다.

2 高橋さんは韓国語と英語ができるそうです。（　　）
　　다카하시 씨는 한국어와 영어를 할 수 있다고 합니다.

3 運動場にはサッカー選手たちがいます。（　　）
　　운동장에는 축구 선수들이 있습니다.

+정답 **1** ③　　**2** ②　　**3** ①

+단어 運動場 운동장　　選手 선수　　～たち ~들

6 から

① 출발(～부터, ～에서) ② 경유점, 통과 지점(～을/를 통해서)
③ 재료, 원료의 화학적 변화(～으로) ④ 주관적인 이유, 원인(～니까)

실력 간단 체크 ✓

▶ ①～④ 중 다음 문장에서 쓰인 용법을 골라 (   )에 쓰세요.

1 ビールは麦から作られたんですか。(   )
맥주는 보리로 만들어졌습니까?

2 火曜日から木曜日まで、毎日２時間ぐらい日本語の勉強をします。(   )
화요일부터 목요일까지 매일 2시간 정도 일본어 공부를 합니다.

3 結婚は人生で一番大切なことですから、よく考えて決めるべきです。(   )
결혼은 인생에서 가장 중요한 일이니까 잘 생각해서 결정해야 합니다.

4 窓から物を捨てないように子どもたちに注意させてください。(   )
창문을 통해 물건을 버리지 않도록 아이들에게 주의시켜 주세요.

＋정답 1 ③ 2 ① 3 ④ 4 ②

＋단어 麦 보리 結婚 결혼 人生 인생 考える 생각하다 捨てる 버리다 注意する 주의하다

7 まで(に)

① まで : 범위의 한정(～까지)
② までに : 최종기한에 중점을 둠(～까지는 꼭, 늦어도 ～까지)

실력 간단 체크 ✓

▶ ①～② 중 빈칸에 알맞은 표현을 써 넣으세요.

1 会社＿＿＿＿＿＿車で通っています。
회사까지 차로 다니고 있습니다.

2 その百科事典は明日＿＿＿＿＿＿返してください。
그 백과사전은 내일까지는 꼭 돌려주세요.

3 お客さんとの約束だから、４時＿＿＿＿＿＿持って来なくてはいけませんよ。
고객과의 약속이니까 4시까지 가져 와야 합니다.

4 今週の土曜日、午前９時から午後３時＿＿＿＿＿＿ずっと試験です。
이번 주 토요일, 오전 9시부터 오후 3시까지 쭉 시험입니다.

+단어 通<ruby>かよ</ruby>う 다니다, 오가다 百科事典<ruby>ひゃっかじてん</ruby> 백과사전 返<ruby>かえ</ruby>す 돌려주다, 되돌리다 お客<ruby>きゃく</ruby>さん 손님 約束<ruby>やくそく</ruby> 약속

---

8 ほど

① 대략의 범위, 한도(~정도, ~쯤)　　　② 비교(~만큼)

실력 간단 체크 ✓

▶ ①~② 중 다음 문장에서 쓰인 용법을 골라 (　)에 쓰세요.

1 それは1週間ほど前のことでした。(　)
그것은 1주일 정도 전의 일이었습니다.

2 でも、日本語は英語ほど難しくありません。(　)
그래도 일본어는 영어만큼 어렵지 않습니다.

+정답 **1** ①　　**2** ②

---

9 ばかり

① 정도(~쯤, ~만)　　　② 오로지 ~만

실력 간단 체크 ✓

▶ ①~② 중 다음 문장에서 쓰인 용법을 골라 (　)에 쓰세요.

1 試験の勉強もしないで遊んでばかりいる。(　)
시험 공부도 하지 않고 놀고만 있다.

2 試験用紙<ruby>ようし</ruby>を50枚<ruby>まい</ruby>ばかりください。(　)
시험지를 50장 정도 주세요.

+정답 **1** ②　　**2** ①

+단어 用紙<ruby>ようし</ruby> 용지 ～枚<ruby>まい</ruby> ~장, ~매

10 くらい・だけ

① くらい(ぐらい) : 동작이나 상태의 정도(~가량, ~정도), 대략적인 분량

② だけ : 한정, 최저 한도(~만, ~뿐), 정도, 범위, 한계(~만큼, ~뿐)

(1) だけ와 같은 의미의 のみ는 문장체 표현이다.

실력 간단 체크 ✓

▶ ①~② 중 빈칸에 알맞은 표현을 써 넣으세요.

1 この小さい箱<ruby>箱<rt>はこ</rt></ruby>_____の大きさです。

이 작은 상자 정도의 크기입니다.

2 私はただテレビを見ていた_____です。

나는 단지 텔레비전을 보고 있었을 뿐입니다.

3 あと２、３日_____で退院<ruby>退院<rt>たいいん</rt></ruby>できるでしょう。

앞으로 2, 3일 정도면 퇴원할 수 있겠지요.

4 朝ごはんは食べないで牛乳<ruby>牛乳<rt>ぎゅうにゅう</rt></ruby>_____飲んで来ます。

아침밥은 먹지 않고 우유만 마시고 옵니다.

| +정답 | **1** くらい(ぐらい) | **2** だけ | **3** くらい(ぐらい) | **4** だけ |

| +단어 | <ruby>箱<rt>はこ</rt></ruby> 상자 | <ruby>退院<rt>たいいん</rt></ruby>する 퇴원하다 | <ruby>牛乳<rt>ぎゅうにゅう</rt></ruby> 우유 |

11 しか・きり

① しか : 항상 부정 표현을 동반하여 한정함(~밖에, ~뿐)

② きり : 한정하여 그것이 마지막임을 나타냄(~만, ~뿐)

실력 간단 체크 ✓

▶ ①~② 중 빈칸에 알맞은 표현을 써 넣으세요.

1 お腹<ruby>腹<rt>なか</rt></ruby>をこわしたので水_____飲めません。

배탈이 나서 물밖에 마실 수 없습니다.

2 今、持っているのはこれ_____ありません。

지금 갖고 있는 것은 이것밖에 없습니다.

3 みんな帰ってしまって二人_____になった。

모두 돌아가 버리고 둘만 남았다.

| +정답 | **1** しか | **2** しか | **3** きり |

12 さえ

① ~조차, ~마저
② ~さえ~ば의 형태로 오직 그것만을 강조할 때(~만 ~하면)

실력 간단 체크 ✓

▶ ①~② 중 다음 문장에서 쓰인 용법을 골라 (   )에 쓰세요.

1 コーヒーを飲む時間さえありません。(   )

커피를 마실 시간조차 없습니다.

2 車さえあれば今すぐ行けるのに。(   )

차만 있다면 지금 당장 갈 수 있을 텐데.

+정답 1 ①   2 ②

13 ので・のに・ものの

① (な)ので : 객관적인 원인, 이유(~때문에)
② (な)のに : 예상과 반대되는 사항(~인데도, ~임에도 불구하고)
③ ものの : 대립·모순되는 관계(~하기는 하였으나)

실력 간단 체크 ✓

▶ ①~③ 중 빈칸에 알맞은 표현을 써 넣으세요.

1 風が強い_____歩けません。

바람이 강해서 걸을 수 없습니다.

2 休み_____私は会社へ行かなければならない。

휴일인데도 나는 회사에 가야 한다.

3 一生懸命勉強した_____成績は上がらなかった。

열심히 공부했는데도 성적은 오르지 않았다.

4 買い物には来た_____、高くて何も買えなかった。

쇼핑하려는 왔지만, 비싸서 아무 것도 못 샀다.

5 いい天気だし、休み_____散歩に出かけた。

좋은 날씨에다 휴일이어서 산책하러 나갔다.

+정답 1 ので   2 なのに   3 のに   4 ものの   5 なので

+단어 強い 강하다   一生懸命 열심히   成績 성적   上がる 오르다   散歩 산책

14 たら

① 어떤 일의 실현이나 완료를 가정한 조건(~라면)
② 우연한 발견, 의외, 놀라움(~했더니)

▶ ①~② 중 다음 문장에서 쓰인 용법을 골라 (   )에 쓰세요.

1 全部出したら帰ってもいいです。(   )

전부 제출했으면 돌아가도 됩니다.

2 教室に行ってみたら誰もいなかった。(   )

교실에 가 보았더니 아무도 없었다.

+정답 **1** ①   **2** ②

+단어 **出す** 내다, 제출하다   **教室** 교실

15 なら

① 조건(~이면, ~라면)   ② ~(을/를 말할 것) 같으면, ~라면
③ 의견·조언(~라면)

(1) 앞의 내용을 한정하는 표현으로, 뒤에 의지·권유·추측·명령 등의 표현이 온다. 또한 「AならB」 형태의 'B가 먼저이고 A가 나중'이라는 시간적 관계에서는 **なら**만 쓸 수 있다.

▶ ①~③ 중 다음 문장에서 쓰인 용법을 골라 (   )에 쓰세요.

1 山本さんなら、もう家に帰りましたよ。(   )

야마모토 씨라면 벌써 집에 돌아갔어요.

2 コンサートは雨なら中止します。(   )

콘서트는 비가 오면 중지하겠습니다.

3 留学するなら、大阪より東京の方がいいでしょう。(   )

유학할 거라면 오사카보다 도쿄 쪽이 좋겠지요.

+정답 **1** ②   **2** ①   **3** ③

+단어 **中止する** 중지하다   **留学する** 유학하다

16 など・なんか・なんて

① など : 예시(～등, ～따위)

② なんか : 예시(～따위, ～같은 것), 경시하거나 비하하는 말투

③ なんて : ～라는 것은, 놀람·의외·경멸의 말투(～하다니)

실력 간단 체크 ✓

▶ ①～③ 중 빈칸에 알맞은 표현을 써 넣으세요.

1 そんなに難しいこと、私＿＿＿＿＿＿にはできないよ。

그렇게 어려운 일, 나 같은 사람은 못 해.

2 日本語や中国語＿＿＿＿＿＿の外国語の勉強をしています。

일본어나 중국어 등의 외국어 공부를 하고 있습니다.

3 彼が犯人だ＿＿＿＿＿＿、信じられないよ。

그가 범인이라니, 믿을 수 없어.

---

17 と

① 공동 작용의 대상, 열거(～와/과)　② ～となる의 형태로 변화의 결과 표현(～이)

③ 동시 작용, 기본형에 접속(～하니)　④ 조건이나 가정(～하면)

실력 간단 체크 ✓

▶ ①～④ 중 다음 문장에서 쓰인 용법을 골라 (　)에 쓰세요.

1 私は一生懸命勉強して学者となるつもりです。(　)

저는 열심히 공부하여 학자가 될 생각입니다.

2 昨日、友だちと映画を見に行きました。(　)

어제, 친구와 영화를 보러 갔습니다.

3 時計を見ると、もう8時でした。(　)

시계를 보니 이미 8시였습니다.

4 桃の花が散ると、桃がなる。(　)

복숭아꽃이 지면 복숭아 열매가 열린다.

18 も

① ~도　　　　② 강조(~씩이나)　　　　③ ~지도 않다(동사의 ます형+も+しない)
④ ~も~ば의 형태로 적당한 정도, 대략의 정도를 표현함(~정도만 ~하면)

실력 간단 체크 ✓

▶ ①~④ 중 다음 문장에서 쓰인 용법을 골라 (　)에 쓰세요.

1　100円も出せば買える。(　)
100엔 정도만 내면 살 수 있다.

2　金さんは英語も数学もよくできます。(　)
김 씨는 영어도 수학도 잘합니다.

3　雪は3日間も降りつづきました。(　)
눈은 3일씩이나 계속해서 내렸습니다.

4　人の話は聞きもしないで、自分のことばかり話している。(　)
남의 얘기는 듣지도 않고, 자기 말만 하고 있다.

+정답　**1** ④　　**2** ①　　**3** ②　　**4** ③

+단어　**数学** 수학　**自分** 자기, 자신

19 を

① 목적, 대상(~을/를)　　　　② 이동 장소(~을/를)

실력 간단 체크 ✓

▶ ①~② 중 다음 문장에서 쓰인 용법을 골라 (　)에 쓰세요.

1　私は日本のファッション雑誌を読むのが趣味です。(　)
나는 일본의 패션 잡지를 읽는 것이 취미입니다.

2　船が川を渡っています。(　)
배가 강을 건너고 있습니다.

+정답　**1** ①　　**2** ②

+단어　**雑誌** 잡지　**趣味** 취미　**船** 배　**渡る** 건너다

20 より

① 비교의 기준(~보다)　　　　　　② 동작, 작용의 출발점(~부터)

③ 형용사, 부사 앞에서 강조의 의미를 나타냄(보다, 더욱)

④ 부정어를 동반하여 한정의 의미를 나타냄(**~よりほかない** ~할 수밖에 없다)

(1) より가 「② 동작, 작용의 출발점」 용법으로 사용될 때는 から와 바꿔 쓸 수 있다.

실력 간단 체크 ✓

▶ ①~④ 중 다음 문장에서 쓰인 용법을 골라 (　)에 쓰세요.

1 手術_{しゅじゅつ}をするよりほかないだろう。(　)

수술을 받는 수밖에 없겠지.

2 相撲_{すもう}よりサッカーの方が面白_{おもしろ}いです。(　)

스모보다 축구가 재미있습니다.

3 午前9時に上野駅_{うえのえき}より出発_{しゅっぱつ}します。(　)

오전 9시에 우에노 역에서 출발하겠습니다.

4 みんな、よりよい生活_{せいかつ}のために頑張_{がんば}りましょう。(　)

모두, 보다 나은 생활을 위해 분발합시다.

+정답　1 ④　2 ①　3 ②　4 ③

+단어　手術_{しゅじゅつ} 수술　相撲_{すもう} 스모, 일본의 전통 씨름　出発_{しゅっぱつ}する 출발하다　頑張_{がんば}る 열심히 하다

21 ながら

① 동작의 병행, 동시 동작(~하면서)　　② 역접 조건(~하면서도)

③ 그 상태 그대로(~대로)

(1) ながら가 「① 동작의 병행, 동시 동작」 용법으로 사용되면 つつ로 바꿔 쓸 수 있다.

실력 간단 체크 ✓

▶ ①~③ 중 다음 문장에서 쓰인 용법을 골라 (　)에 쓰세요.

1 涙_{なみだ}ながらに語_{かた}る。(　)

눈물에 젖어 이야기하다.

2 私はいつもテレビのニュースを聞きながらごはんを食べます。(　)

나는 늘 TV 뉴스를 들으면서 밥을 먹습니다.

3 人をだますことは悪いと知っていながら、つい嘘_{うそ}をついてしまった。(　)

남을 속이는 것은 나쁘다는 것을 알면서도, 그만 거짓말을 하고 말았다.

+정답　1 ③　2 ①　3 ②

22 か

① 의문(~까) ② 불확실(~인지) ③ 선택(~이나)

실력 간단 체크 ✓

▶ ①~③ 중 다음 문장에서 쓰인 용법을 골라 ( )에 쓰세요.

1 教室の中に誰かいますか。( )

교실 안에 누군가 있습니까?

2 みんな理解しましたか。( )

모두 이해했습니까?

3 授業が終わった後、テニスか卓球をします。( )

수업이 끝난 후, 테니스나 탁구를 칩니다.

┌───
+정답 1 ②   2 ①   3 ③

+단어 理解する 이해하다 授業 수업 終わる 끝나다 卓球 탁구

23 こそ

① 다른 것과 구별하여 특별히 더 강조(~야말로)

② ~からこそ의 형태로 이유를 강조함(~이기에, ~하기 때문에)

실력 간단 체크 ✓

▶ ①~② 중 다음 문장에서 쓰인 용법을 골라 ( )에 쓰세요.

1 あの人こそ立派な人だ。( )

저 사람이야말로 훌륭한 사람이다.

2 友だちだからこそ、お金を貸すのはやめた方がいい。( )

친구이기 때문에 돈을 빌려주는 것은 그만두는 게 좋다.

┌───
+정답 1 ①   2 ②

+단어 立派だ 훌륭하다 貸す 빌려주다

1 か・から 구문

1) **～かどうか** ～인지 어떤지

   ex 先生はこのごろ、忙しくて今日、来られるかどうか分かりません。

   선생님은 요즈음 바쁘셔서 오늘 오실 수 있을지 어떨지 모르겠습니다.

2) **～とか～とか** ～라든가 ～라든가(비슷한 사물이나 동작을 예를 들어 말할 때)

   ex 私は野菜とか果物とかは、あまり好きじゃありません。

   나는 채소라든가 과일 같은 것은 별로 좋아하지 않습니다.

3) **～からに** ～만 해도, ～하기에도

   ex 見るからに丈夫そうだ。 보기에도 튼튼해 보인다.

4) **～からには** ～한 이상(에는)

   ex こうなったからには挑戦してみるしかない。 이렇게 된 이상 도전해 보는 수밖에 없다.

5) **～からといって** ～라고 해서

   ex アマチュアだからといって、ばかにしてはいけません。 아마추어라고 해서 무시해서는 안 됩니다.

6) **～から～にかけて** ～부터 ～에 걸쳐

   ex 人々は10月から11月にかけて紅葉狩りに行きます。 사람들은 10월부터 11월에 걸쳐 단풍 구경을 갑니다.

3 조사

2 きり・さえ・しか・だけ 구문

1) **〜きり(で)** 〜한 채, 〜만 할 뿐

   ex 今朝、出かけたきりでまだ帰ってこない。 오늘 아침 나간 채 아직 돌아오지 않는다.

2) **〜さえ〜ば** 〜만 〜하면

   ex お金さえあれば何の心配もないのに。 돈만 있으면 아무런 걱정도 없을 텐데.

3) **〜しかない** 〜밖에 없다

   ex どうしてもいやなら辞めるしかない。 도저히 싫다면 그만두는 수밖에 없다.

4) **〜だけあって** 〜만큼(의)

   ex あの店はガイドブックに紹介されるだけあって有名なところです。
   그 가게는 가이드북에 소개될 만큼 유명한 곳입니다.

5) **〜だけに** 〜인 만큼

   ex 思いもしなかっただけに喜びも大きかった。 생각지도 못했던 만큼 기쁨도 컸다.

6) **〜だけで(は)なく** 〜뿐만이 아니라 (= のみならず)

   ex 雨だけでなく、風まで強く吹きだした。 비뿐만 아니라 바람까지 세차게 불기 시작했다.

3 と・は・まで 구문

1) ~(よ)うと思う ~하려고 생각하다
ex 今度の冬休みには日本語を勉強しようと思っています。
이번 겨울 방학에는 일본어를 공부하려고 생각하고 있습니다.

2) ~という ~라고 하는
ex 夏目漱石という小説家を知っていますか。 나쓰메 소세키라는 소설가를 아십니까?

3) ~といえども ~라고 해도
ex 学生といえども今回だけは許せない。 학생이라고 해도 이번만큼은 용서할 수 없다.

4) ~とともに ~와/과 함께
ex 彼は家族とともにヨーロッパに行くことにした。 그는 가족과 함께 유럽에 가기로 했다.

5) ~は別として ~은/는 제쳐 놓고라도
ex 漢字は別としてひらがなだけでも覚えなさい。 한자는 제쳐 놓고라도 히라가나만이라도 외우세요.

6) ~までもない ~할 필요도 없다, ~할 것까지도 없다
ex そんなことは聞くまでもない。 그런 말은 들을 필요도 없다.

PART 5 정답찾기

1 雨に降られて洋服だけでなく下着までびっしょり濡れてしまった。

  (A) 洋服しかない   (B) 洋服ばかり

  (C) 洋服のみならず   (D) 洋服だけに

2 生のものは食べたことがないので、さしみが食べられるかどうか分かりません。

  (A) 食べてみないと分かりません

  (B) 好きじゃありません

  (C) 食べることができます

  (D) 食べられません

PART 6 오문정정

3 春になると友だちと花見に行きようと思っています。
    (A)   (B)   (C)   (D)

4 カップラーメンはお湯だけにあれば食べられるから、とても便利な
               (A)   (B)   (C)   (D)
食べ物だ。

PART 7 공란 메우기

5 親しくなった_____別れの悲しさも大きかった。

  (A) からには   (B) いえども

  (C) からといって   (D) だけに

6 今週から来週に_____期末試験の期間です。

  (A) かけて   (B) ともに

  (C) きりで   (D) からに

---

1 비를 맞아서 옷뿐 아니라 속옷까지 흠뻑 젖어 버렸다. ▶ (C)

  · 下着(したぎ) : 속옷
  · びっしょり : 흠뻑
  · 濡(ぬ)れる : 젖다

2 날것은 먹은 적이 없어서, 생선회를 먹을 수 있을지 어떨지 모르겠습니다. ▶ (A)

  (A) 먹어 보지 않고는 모르겠습니다
  (B) 좋아하지 않습니다
  (C) 먹을 수 있습니다
  (D) 먹을 수 없습니다

  · 生(なま)のもの : 날것

3 봄이 되면 친구와 꽃구경하러 가려고 생각하고 있습니다.
  ▶ (C) → 行こう

4 컵라면은 뜨거운 물만 있으면 먹을 수 있어서 아주 편리한 음식이다.
  ▶ (B) → さえ

5 친해진 만큼 이별의 슬픔도 컸다.
  ▶ (D)

  · 親(した)しい : 친하다
  · 別(わか)れ : 이별, 헤어짐

6 이번 주부터 다음 주에 걸쳐 기말시험 기간입니다. ▶ (A)

4 に 구문

1) **～にあたって** ～에 있어서

   ⓔˣ 入学願書の作成にあたって下記のことに注意してください。

   입학원서 작성에 있어서 다음 사항을 주의하세요.

2) **～における** ～에 있어서의, ～에서의

   ⓔˣ 韓国における青少年の問題について考えてみましょう。 한국에서의 청소년 문제에 대해서 생각해 봅시다.

3) **～にかぎらず** ～뿐만 아니라

   ⓔˣ すき焼きにかぎらず料理なら何でも得意だそうだ。 스키야키뿐만 아니라 요리라면 뭐든 잘한다고 한다.

4) **～にしたがって** ～에 따라

   ⓔˣ 何事もマニュアルにしたがって行動する若者が増えた。 무슨 일이든 매뉴얼에 따라 행동하는 젊은이가 늘었다.

5) **～にしては** ～에게는, ～로서는, ～치고는

   ⓔˣ バレーボールの選手にしては彼は背があまり高くない。 배구 선수치고는 그는 키가 별로 크지 않다.

6) **～にすぎない** ～에 지나지 않다

   ⓔˣ それは単なる言い訳にすぎない。 그것은 단순한 핑계에 지나지 않는다.

7) **～にとっては** ～에 있어서는, ～에게는

   ⓔˣ 彼女にとってはできないことでもないでしょう。 그녀에게는 불가능한 일도 아니겠지요.

8) **～にもかかわらず** ～에도 불구하고

   ⓔˣ みんなに不可能だと思われているにもかかわらず彼は研究を続けている。

   모두가 불가능하다고 생각하고 있음에도 불구하고 그는 연구를 계속하고 있다.

9) **～にほかならない** ～임에 틀림없다

   ⓔˣ 結果的に彼の成功は本人の努力にほかならない。 결과적으로 그의 성공은 본인의 노력임에 틀림없다.

10) **～によって** ～에 의해

   ⓔˣ 若者によって流行が作り出される。 젊은이에 의해 유행이 만들어진다.

5 の・ばかり・も・を 구문

1) ～のこと ～에 관한 일, ～에 관한 것

ex 試験のことをお話しします。 시험에 관한 것을 말씀 드리겠습니다.

2) ～のついでに ～하는 김에

ex 散歩のついでにスーパーでいちごとみかんも買ってきてね。

산책하는 김에 슈퍼에서 딸기랑 귤도 사 와.

3) ～の～のと ～하느니 ～하느니 하며

ex 古いの汚いのと文句を言う。 낡았다느니 더럽다느니 하며 불평을 한다.

4) ～のに ～하는 데에

ex 着物は歩くのにちょっと不便です。 기모노는 걷기에 좀 불편합니다.

5) ～たばかり 막 ～함, ～한 지 얼마 되지 않음

ex 日本に来たばかりで、まだ日本語が分かりません。

일본에 온 지 얼마 안 되었기 때문에, 아직 일본어를 모릅니다.

6) ～ばかりに ～해서, ～한 탓으로

ex やせたいばかりに全然食事をしていない。 살 빼고 싶어서 전혀 식사를 하지 않고 있다.

7) ～てばかりいる 계속 ～하고만 있다

ex 同じページを読んでばかりいる。 같은 페이지를 계속 읽고만 있다.

8) ～も～ば～も ～도 ～하거니와 ～도

ex 高橋さんのご主人は中国語もできればドイツ語もできる。

다카하시 씨의 남편은 중국어도 할 수 있거니와 독일어도 할 수 있다.

9) ～を問わず(に) ～을/를 불문하고

ex あの会社は経歴を問わず採用するそうだ。 그 회사는 경력을 불문하고 채용한다고 한다.

10) ～をめぐって ～을/를 둘러싸고

ex 環境問題をめぐって両国は対立している。 환경 문제를 둘러싸고 두 나라는 대립하고 있다.

PART 5 정답찾기

1 妹は<u>ピアノも弾ければギターも弾くことができる</u>。

　　(A) ピアノは弾けるが、ギターは弾けない

　　(B) ピアノは弾けないが、ギターは弾ける

　　(C) ピアノもギターも弾ける

　　(D) ピアノが弾ければ、ギターも弾けるようになる

2 あの人がそんな行為をするなんて。<u>それは犯罪にほかならない</u>。

　　(A) それは犯罪のほかに何かある

　　(B) それは犯罪とはいえない

　　(C) それは犯罪かもしれない

　　(D) それは犯罪と同じである

PART 6 오문정정

3 金さんは日本語<u>で</u>かぎらず英語<u>も</u>中国語も<u>よく</u>　<u>できる</u>そうです。
　　　　　　　 (A)　　　　　　 (B)　　　　 (C)　 (D)

4 今、ホテルに<u>着き</u><u>ばかり</u>で<u>まだ</u>チェックインは<u>していません</u>。
　　　　　 (A) (B)　　　 (C)　　　　　　　　　　 (D)

PART 7 공란 메우기

5 領土問題を＿＿＿＿＿東の国と西の国が戦争中です。

　　(A) かぎらず　　　　　　　　(B) めぐって

　　(C) おける　　　　　　　　　(D) ばかりに

6 わが社では経験の有無を＿＿＿＿＿人柄で採用を決定している。

　　(A) ばかりに　　　　　　　　(B) とって

　　(C) ついでに　　　　　　　　(D) とわずに

---

1 여동생은 피아노도 칠 수 있거니와 기타도 칠 수 있다. ▶ (C)

　　(A) 피아노는 칠 수 있지만, 기타는 못 친다
　　(B) 피아노는 못 치지만, 기타는 칠 수 있다
　　(C) 피아노도 기타도 칠 수 있다
　　(D) 피아노를 칠 수 있다면 기타도 칠 수 있게 된다

2 그 사람이 그런 행위를 하다니. 그것은 범죄나 다름없다. ▶ (D)

　　(A) 그것은 범죄 이외에 뭔가 있다
　　(B) 그것은 범죄라고는 할 수 없다
　　(C) 그것은 범죄일지도 모른다
　　(D) 그것은 범죄와 같다

3 김 씨는 일본어뿐만 아니라 영어도 중국어도 잘한다고 합니다.
　　▶ (A) → に

4 지금 막 호텔에 도착해서 아직 체크인은 하지 않았습니다.
　　▶ (B) → 着いた

5 영토 문제를 둘러싸고 동쪽과 서쪽 나라가 전쟁 중입니다. ▶ (B)

　　·領土(りょうど) : 영토

6 우리 회사에서는 경험의 유무를 불문하고, 인품으로 채용을 결정한다.
　　▶ (D)

　　·有無(うむ) : 유무
　　·人柄(ひとがら) : 인품

PART 5 정답찾기

下の_____線の言葉の正しい表現、または同じ意味のはたらきをしている言葉を(A)から(D)の中で一つ選びなさい。

1 事故で電車が止まっています。
　(A) 電気代はコンビニで払うことができます。
　(B) 木で作られた家が台風で揺れて倒れそうになっている。
　(C) 兄はバスで会社に通っています。
　(D) これは割れやすい物だから、気をつけて運んでください。

2 食事をしたばかりなので、何にも食べたくありません。
　(A) もうごはんを食べたので　　　　(B) ごはんは食べたくないので
　(C) 食事をしようとしたので　　　　(D) 食事をしていないので

3 豆腐は豆から作られたものです。
　(A) 窓から涼しい風が吹き込んできました。
　(B) 入学式はオンラインで10時から行われます。
　(C) まだまだ使えるから捨てるのは惜しい。
　(D) お酒をこのお米から作ってみたら、もっとおいしくなりました。

4 ドアを開けると、林さんが一人で勉強しているのが見えます。
　(A) 春になるとあっちこっちきれいな花が咲きます。
　(B) 果物の中でいちごとすいかが好きです。
　(C) 電気がついているところを見ると彼女は部屋にいるにちがいない。
　(D) 授業が終わった後、姉と買い物に行くつもりです。

PART 6 오문정정

下の_____線の(A), (B), (C), (D)の言葉の中で正しくない言葉を一つ選びなさい。

5 今ではラーメンは日本の国民食と言ってもいい食べ物がなっています。
　　(A)　　　　(B)　　　　(C)　　　　　　　(D)

6 あの二人は初対面でしては仲がよさそうだから、実は前から知っていたのかもしれません。
　(A)　　　　　(B)　　　　　　(C)　　　　　　　　(D)

7 北海道に来たからではカニやイクラなど海の幸を食べたい。
　　　　　　(A)　　　(B)　　　(C)　　(D)

8　彼は旅行を行<u>く</u><u>たびに</u><u>いつも</u>私に<u>お土産を</u>買ってくれます。
　　　　　　(A)　　(B)　　　(C)　　　(D)

9　日本語は勉強すれ<u>ば</u>する<u>だけ</u>難しくなるような <u>気</u>が<u>します</u>。
　　　　　　　　　(A)　　　(B)　　　　　　　　(C)　　(D)

10　雨も強い<u>し</u>、雷も<u>なっている</u>し、今日の<u>イベント</u>は中止する<u>だけ</u>ない。
　　　　　(A)　　　　(B)　　　　　　　　　(C)　　　　　　(D)

11　一生懸命に練習した<u>ので</u>選手に<u>選ばれ</u>なかった<u>といって</u> <u>諦めたら</u>だめですよ。
　　　　　　　　　　(A)　　　　(B)　　　　　　(C)　　　(D)

12　友だちが寮<u>で</u>出てアパート<u>に</u>住みたいと言った<u>ので</u>、<u>一緒に</u>不動産屋に行きました。
　　　　　　　(A)　　　　　　　(B)　　　　　　　　(C)　　(D)

下の＿＿＿＿＿線に入る適当な言葉を(A)から(D)の中で一つ選びなさい。

13　彼が試験に落ちたのは、勉強不足＿＿＿＿＿＿ほかならない。

(A) に　　　　　　(B) で　　　　　　　(C) を　　　　　　(D) が

14　銀行口座を開く＿＿＿＿＿＿身分を証明する学生証、外国人登録証などが要ります。

(A) かは　　　　　(B) では　　　　　　(C) には　　　　　(D) は

15　頭がいい＿＿＿＿＿＿といって成績がいいというわけではない。

(A) より　　　　　(B) さえ　　　　　　(C) ので　　　　　(D) から

16　ゴミを減らすことは資源の節約＿＿＿＿＿＿でなく、地球環境を守ることにも繋がる。

(A) だけ　　　　　(B) ほど　　　　　　(C) こそ　　　　　(D) から

17　このアパートは駅に近くて買い物＿＿＿＿＿＿便利です。

(A) の　　　　　　(B) で　　　　　　　(C) へ　　　　　　(D) に

18　気短なところは生まれ＿＿＿＿＿＿の性格なので仕方ない。

(A) くらい　　　　(B) ついで　　　　　(C) ばかり　　　　(D) ながら

19　いくら注意しても人の話は＿＿＿＿＿＿しないで、自分のことばかり話している。

(A) 聞きも　　　　(B) 聞くも　　　　　(C) 聞けも　　　　(D) 聞かも

20　このアパートは駅に近い＿＿＿＿＿＿あって、やっぱり家賃も高い。

(A) のみ　　　　　(B) だけ　　　　　　(C) しか　　　　　(D) ばかり

PART 5 정답찾기

下の＿＿＿＿線の言葉の正しい表現、または同じ意味のはたらきをしている言葉を(A)から(D)の中で一つ選びなさい。

1 この服は少しきついのですが、大きいのはありませんか。

   (A) 傘を置き忘れたので、コンビニで新しいのを買った。

   (B) 兄は画家のように絵がうまいです。

   (C) 私の好きなパン屋は駅の近くにあります。

   (D) 佐藤先生の説明は分かりやすいです。

2 音楽を聞きながら勉強するのはいい習慣じゃないと思う。

   (A) 箸でごはんを食べるのは昔ながらの習慣です。

   (B) 注意していながらまたミスをしてしまった。

   (C) 彼は皮肉を言われながらもよく働いた。

   (D) 日本では麺を食べる時、音を立ててすすりながら食べます。

3 雨が降ったら運動会は中止になります。

   (A) 松本さんのメールアドレスを知っていたら教えてください。

   (B) お酒を飲んだら頭が痛くなりました。

   (C) 家でテレビを見ていたら、宅配便が届いた。

   (D) もしかしたら、田中さんではないですか？

4 書類は自分で出しに行かなくてはいけません。

   (A) デザインの学校に通うつもりです。

   (B) あの本は明日までに返してください。

   (C) 今度の週末はドライブに行こうと思っています。

   (D) それに英語の面接もありますよ。

PART 6 오문정정

下の＿＿＿＿線の(A), (B), (C), (D)の言葉の中で正しくない言葉を一つ選びなさい。

5 山本さんの家に 招待されたが、仕事に忙しくて行けそうもない。
　　　　　　　(A)　　(B)　　　　　(C)　　　　　　　(D)

6 これからは二人に力を合わせて生きていこうと、結婚式の日に誓い合った。
　　(A)　　　　(B) (C)　　　　(D)

7 学校を卒業して自分の力でお金を稼ぐのは、今度にはじめてです。
　　(A)　　　　　　　(B)　　　　(C)　　　　(D)

8 何がほしいものがあったら、ご遠慮なくお話しください。
     (A)   (B)   (C)   (D)

9 タバコの火によって火事を起ることが多いそうです。
               (A)   (B)   (C)   (D)

10 学生時代のことを思い出してみると試験だけ記憶にありません。
               (A)   (B)   (C)   (D)

11 田中さんを会うのは高校を卒業して以来10年ぶりである。
        (A)   (B)   (C)   (D)

12 ひらがなばかり読めないくせに留学試験はどうするつもりですか。
               (A)   (B)   (C)   (D)

下の＿＿＿＿線に入る適当な言葉を(A)から(D)の中で一つ選びなさい。

13 健康＿＿＿＿＿いつもきちんと食事をして、よく休養することが大切です。

   (A) だけあって   (B) のつもり   (C) における   (D) のために

14 あいにく田中はただいま席＿＿＿＿外しております。

   (A) に   (B) を   (C) で   (D) の

15 「後の祭り」＿＿＿＿いうことわざを聞いたことがありますか。

   (A) と   (B) は   (C) が   (D) の

16 もうお腹もすいているし、早く家＿＿＿＿帰って何か食べようと思います。

   (A) で   (B) を   (C) に   (D) も

17 嘘＿＿＿＿ついていると、誰にも信用されなくなるよ。

   (A) くらい   (B) ながら   (C) ばかり   (D) ものの

18 このゲームはステージをクリアするに＿＿＿＿、難しくなります。

   (A) して   (B) したがって   (C) あたって   (D) とって

19 結婚式の司会を引き受けた＿＿＿＿、経験がなくてできるかどうか心配です。

   (A) だけに   (B) までに   (C) だから   (D) ものの

20 佐藤さんは両手に持ちきれない＿＿＿＿の花束をもらった。

   (A) ほど   (B) しか   (C) さえ   (D) など

4 조동사

시험에서는 조동사의 의미를 묻는 문제가 출제될 수도 있고, 접속 형태를 묻는 문제가 출제될 수도 있다. 특히 형태를 묻는 문제는 단어의 의미를 모르더라도 형태만으로도 쉽게 정답을 찾아낼 수 있기 때문에, 접속 형태를 예문과 함께 암기해 두면 쉽게 문제를 풀 수 있다.

문제 유형 맛보기 | PART 5 정답 찾기

午後から雨が降るそうです。

(A) あの店のケーキは本当においしいそうです。

(B) お酒は飲まない方がよさそうです。

(C) 二人は楽しそうに話し合っています。

(D) ズボンのボタンがとれそうですよ。

오후부터 비가 온다고 합니다. ▶ (A)

(A) 그 가게의 케이크는 정말로 맛있다고 합니다.

(B) 술은 마시지 않는 게 좋을 것 같습니다.

(C) 두 사람은 즐거운 듯 서로 이야기하고 있습니다.

(D) 바지 단추가 떨어질 것 같아요.

문제에서 전문(伝聞)이 쓰였으므로 보기에서도 전문의 용법이 쓰인 문장을 찾으면 된다. 다시 말해, (A)~(D)의 의미를 확실히 모른다 하더라도 전문의 경우 **そうだ**는 기본형에 붙으므로, 기본형에 접속되어 있는 **そうだ**를 찾으면 된다. 이와 같이 조동사는 의미 못지않게 접속 형태 또한 중요하므로 정확히 알아 둘 필요가 있다.

1 희망의 조동사 ～たい

의미	～하고 싶다
접속	동사의 **ます**형 + **たい**

(1) ～**たがる** 는 '~하고 싶어 하다'라는 의미로, 제3자의 희망을 나타낸다.

(2) 예문

> **ex** 今日は宿題が多くて泣きたいです。 오늘은 숙제가 많아서 울고 싶습니다.
> 中村さんも雪祭りに行きたがっています。 나카무라 씨도 눈축제에 가고 싶어 합니다.

실전 감각 **익히기**

PART 5 정답찾기

1 私もあんなマンションに住みたい。

　(A) 君の心づかいがありがたい。

　(B) 合格して何よりもめでたい。

　(C) 彼女はずっと冷めたい目で見ていた。

　(D) 早く帰って休みたい。

1 나도 저런 아파트에 살고 싶다. (희망)
　▶ (D)

　(A) 너의 마음씀씀이가 고맙다.
　(B) 합격해서 무엇보다도 경사스럽다.
　(C) 그녀는 쭉 차가운 시선으로 보고
　　　있었다.
　(D) 빨리 돌아가서 쉬고 싶다.

PART 6 오문정정

2 あの指輪は買いたいてもお金が足りなくて 買えません。
　(A)　　　　　(B)　　　　　　　(C)　　　　(D)

2 그 반지는 사고 싶어도 돈이 부족해
　서 살 수 없습니다.
　▶ (B) → 買いたくても

PART 7 공란 메우기

3 そうですか。木村さんもヨーロッパに＿＿＿＿＿よ。

　(A) 行きたがっていました

　(B) 行きたいです

　(C) 行きたかったです

　(D) 行きたくありません

3 그렇습니까? 기무라 씨도 유럽에 가
　고 싶어 했어요. ▶ (A)

　(A) 가고 싶어 했어요
　(B) 가고 싶어요
　(C) 가고 싶었어요
　(D) 가고 싶지 않아요

2 전문(伝聞)의 조동사 ～そうだ

의미	～라고 한다
접속	[동사·형용사의 기본형] + そうだ

(1) 예문

ex 山田さんは結婚するため会社を辞めるそうです。 야마다 씨는 결혼하기 때문에 회사를 그만둔다고 합니다.

このレストランのステーキはおいしいそうです。 이 레스토랑의 스테이크는 맛있다고 합니다.

彼女が子役俳優だったのは学校で有名だそうだ。 그녀가 아역 배우이었던 것은 학교에서 유명하다고 한다.

3 양태의 조동사 ～そうだ

의미	～인 것 같다, ～인 듯하다
접속	[동사의 ます형·형용사의 어간] + そうだ

(1) 예외: いい・よい 좋다 → よさそうだ 좋을 것 같다

　　ない 없다 　　　→ なさそうだ 없을 것 같다

(2) 예문

ex 何か事情がありそうな顔だったので、何にも聞かなかった。
뭔가 사정이 있는 듯한 얼굴이어서 아무것도 묻지 않았다.

木村さんの方を見ると、彼も眠そうにあくびをしていた。
기무라 씨 쪽을 보니, 그도 졸린 듯 하품을 하고 있었다.

この子はとても元気そうですね。 이 아이는 매우 건강해 보이네요.

PART 5 정답찾기

1 高橋さんのお子さんは大学に合格したそうです。

    (A) あの映画は面白そうですね。

    (B) 彼は背がとても高いそうだ。

    (C) このビルは今にも崩れそうで危ない。

    (D) 彼女はあまり元気そうではありません。

2 こんなにいい天気だから、**明日も雨は降りそうもない**。

    (A) 明日は雨が降らないと思う

    (B) 明日は雨が降る

    (C) 明日は雨が降るそうだ

    (D) 明日、雨が降っては困る

PART 6 오문정정

3 山田さんもきたる３月28日に日本へ 行ったそうです。
          (A)   (B) (C) (D)

4 今朝、暴走してきたトラックに ひかれるそうになったが、危機一髪
        (A)   (B)   (C)

  で助かった。
     (D)

PART 7 공란 메우기

5 西村さんはお金が_____そうに見えるが、本当は金持ちだ。

    (A) ない   (B) なし

    (C) なさ   (D) なく

6 アルバイトの時給は仕事の内容によって_____そうだ。

    (A) まちまちだ   (B) おなじ

    (C) たくさん   (D) おおく

1 다카하시 씨의 자제분은 대학에 합격했다고 합니다. (전문) ▶ (B)

    (A) 그 영화는 재미있을 것 같군요.

    (B) 그는 키가 매우 크다고 한다.

    (C) 이 빌딩은 당장에라도 무너질 것 같아서 위험하다.

    (D) 그녀는 그다지 건강한 것 같지 않습니다.

2 이렇게 날씨가 좋으니, 내일도 비는 올 것 같지 않다. ▶ (A)

    (A) 내일은 비가 오지 않을 거라고 생각한다

    (B) 내일은 비가 온다

    (C) 내일은 비가 온다고 한다

    (D) 내일 비가 오면 곤란하다

3 야마다 씨도 오는 3월 28일에 일본에 간다고 합니다. ▶ (D) → 行く

4 오늘 아침, 폭주해 오던 트럭에 치일 뻔 했지만, 위기일발로 모면했다.
    ▶ (C) → ひかれ

    ·暴走(ぼうそう) : 폭주

    ·～にひかれる : ～에 치이다

    ·危機一髪(ききいっぱつ) : 위기 일발

5 니시무라 씨는 돈이 없는 것처럼 보이지만, 사실은 부자이다. ▶ (C)

6 아르바이트 시급은 일의 내용에 따라 각기 다르다고 한다. ▶ (A)

    ·まちまちだ : 가지각색이다

4 비유·예시·불확실한 단정의 조동사 ~ようだ

의미	~인 것 같다
접속	[동사·형용사의 명사 수식형, 명사+の] + ようだ

(1) ~みたいだ는 ~ようだ와 같은 의미의 회화체 표현이다.

(2) 예문

> **ex** 今日は疲れているようですね。 오늘은 피곤한 것 같네요.
>
> 明日はだいぶ暑いようだ。 내일은 꽤 더울 것 같다.
>
> どうしてもだめなようなら無理に頼まなくてもいいよ。
> 아무래도 안 되겠으면 억지로 부탁하지 않아도 돼요.
>
> 日本人のように日本語が上手ですね。 일본인처럼 일본어를 잘 하시네요.
>
> +참고 君みたいな人が成功するんだ。 자네 같은 사람이 성공하는 거야.

실전 감각 익히기

PART 6 오문정정

1 上司にごまをすっているところを見ると、何か企んでいるそうだ。
               (A)   (B)   (C)   (D)

2 みかんようなビタミンCが多く含まれている食品を取ることは
  (A)   (B)   (C)

大事です。
(D)

PART 7 공란 메우기

3 何でもないことに＿＿＿＿＿ようで、少し後ろめたい気がします。

(A) 腹を立てた   (B) 腹を立てて

(C) 腹を立てたり   (D) 腹を立てたら

4 あの人とは確かどこかで会った＿＿＿＿＿気がします。

(A) ようだ   (B) ようで

(C) ような   (D) ように

1 상사에게 아첨하고 있는 것을 보니, 뭔가 (일을) 꾸미고 있는 것 같다.
▶ (D) → ようだ

· 企(たくら)む : 꾸미다

2 귤과 같은 비타민 C가 많이 포함되어 있는 식품을 섭취하는 일은 중요합니다. ▶ (A) → みかんのような

3 아무것도 아닌 일에 화를 낸 것 같아 조금 찜찜한 기분이 듭니다.
▶ (A)

4 그 사람과는 확실히 어딘가에서 만난 듯한 기분이 듭니다. ▶ (C)

5 추측의 조동사 ~らしい

의미	~인 것 같다, 라고 한다, ~답다
접속	[동사·い형용사의 기본형, な형용사의 어간, 명사] + らしい

(1) 단정할 수는 없지만, 거의 확실하다고 생각할 때 사용한다.

(2) 명사 뒤에 붙어 접미사로서 '~답다'라는 의미를 나타내기도 한다.

(3) 예문

> **ex** よく分かりませんが、どうも二人は別^{わか}れるらしいです。
>
> 잘 모르겠지만, 아무래도 두 사람은 헤어질 것 같습니다.
>
> この店はあまり高くないらしい。 이 가게는 별로 비싸지 않은 것 같다.
>
> 来週からは暇^{ひま}らしい。 다음 주부터는 한가할 것 같다.
>
> 先輩^{せんぱい}からの電話によると、新^{あたら}しい先生は日本人らしい。
>
> 선배의 전화에 의하면, 새로 오시는 선생님은 일본인이라고 한다.
>
> ➕참고 自分らしく生きるのが大事だ。 나답게 살아가는 것이 중요하다.

실전 감각 익히기

PART 5 정답찾기

1 木村さんのお子さんは、言い方も振る舞いも本当に子どもらしくないですね。

  (A) あの俳優は昔、学校の先生だったらしい。

  (B) 金さんは来週の月曜日から日本へ出張に行くらしいです。

  (C) 暑かった夏も過ぎ、今日は秋らしい天気ですね。

  (D) 昨夜、家の近所で火事があったらしいです。

PART 6 오문정정

2 あの学生は新入生のらしく講義室が分からなくてうろうろしている。
  (A)　　　　 (B)　　　　 (C)　　　　 (D)

PART 7 공란 메우기

3 私の住んでいる家は小さくて庭_____ 庭もありません。

  (A) ような　　　　　　(B) らしい

  (C) そうな　　　　　　(D) のみたい

---

1 기무라 씨의 자제분은 말투도 행동도 정말 아이답지 않네요. (~답다)
  ▶ (C)

  (A) 그 배우는 옛날에 학교 선생님이었던 것 같다. (추측)

  (B) 김 씨는 다음 주 월요일부터 일본에 출장 가는 것 같습니다. (추측)

  (C) 더웠던 여름도 지나고, 오늘은 가을다운 날씨네요. (~답다)

  (D) 어젯밤 집 근처에서 화재가 났던 것 같습니다. (추측)

2 저 학생은 신입생인 듯 강의실을 몰라서 허둥대고 있다.
  ▶ (B) → 新入生らしく

3 내가 살고 있는 집은 작아서 마당다운 마당도 없습니다. ▶ (B)

6 사역의 조동사 ~(さ)せる

1) 사역의 조동사 ~(さ)せる

의미	~하게 하다, ~하게 시키다
접속	동사의 **ない**형 + **(さ)せる**

(1) 1그룹 동사에는 「**ない**형+**せる**」, 2그룹 동사에는 「**ない**형+**させる**」를 사용하며, する(하다)는 **させる**(시키다), 来る(오다)는 来させる(오게 하다)가 된다.

(2) 예문

> **ex** 子どもだけで海で泳がせるのは危ないことです。 아이 혼자 바다에서 수영하게 하는 것은 위험한 일입니다.
> 子犬を育てさせるのはどうでしょう。 강아지를 키우게 하는 건 어떨까요?
> 妻に運転をさせると不安でたまりません。 아내에게 운전을 시키면 불안해서 견딜 수 없습니다.
>
> こちらへ来させようと思った。 이쪽으로 오게 하자고 생각했다.

2) 사역 수동 표현 ~(さ)せられる

(1) 사역의 조동사 ~(さ)せる에 수동의 조동사 られる가 연결되면, 타인에 의해 '억지로 ~하게 되다'라는 의미를 나타내게 된다.

(2) 예문

> **ex** お酒を飲む 술을 마시다
>
> → お酒を飲ませる 술을 마시게 하다 (사역)
>
> → お酒を飲ませられる 억지로 술을 마시게 되다, 억지로 술을 마시다 (사역 수동)

3) 주의해야 하는 동사 見る(보다)·着る(입다)·乗る(타다)

(1) 이들 동사는 사역형 見させる·着させる·乗らせる보다는 見せる(보게 하다)·着せる(입히다)·乗せる(태우다)라는 타동사형이 더 많이 쓰이는 표현이기 때문에 군이 사역형을 만들 필요가 없다.

(2) 예문

> **ex** その写真、ちょっと見せてくださいませんか。 그 사진, 잠깐만 보여 주실래요?
> 子どもに服を着せて幼稚園に行かせた。 아이에게 옷을 입혀서 유치원에 보냈다.
>
> 知らない人を車に乗せてはいけません。 모르는 사람을 차에 태우면 안 됩니다.

PART 5 정답찾기

1 <u>日本に行くのなら、私も一緒に行かせてください。</u>

   (A) 日本なら私が行きます

   (B) 私も日本に行けるようにしてください

   (C) あなたと一緒ならどこでも行きます

   (D) 日本は私も行ったことがあります

2 これから営業部の<u>上半期の実績を報告させていただきます。</u>

   (A) 上半期の実績を発表してください

   (B) 上半期の実績を知らせていただけませんか

   (C) 上半期の実績を報告してください

   (D) 上半期の実績を報告します

PART 6 오문정정

3 あの手紙は英語が <u>上手な</u>友だちに <u>書きさせ</u>ようと思っています。
　　　　　　　　　　(A)　(B)　　　　　(C)　　　(D)

4 <u>昨日</u> <u>撮った</u>写真、私にも <u>見らせて</u>ください。
　(A)　(B)　　　　　　　(C)　　(D)

PART 7 공란 메우기

5 昨夜から風邪で熱がありますが、会社を＿＿＿＿＿いただけませんか。

   (A) 休まらせて　　　　　　　(B) 休まれて

   (C) 休ませて　　　　　　　　(D) 休み

6 熱があるのに＿＿＿＿＿風邪を引いてしまいました。

   (A) 泳がせられて　　　　　　(B) 泳がさせて

   (C) 泳がらせて　　　　　　　(D) 泳がられて

---

1 <u>일본에 가는 거라면, 저도 함께 가게</u>
   <u>해 주세요.</u> ▶ (B)

   (A) 일본이라면 제가 가겠습니다
   (B) 저도 일본에 갈 수 있도록 해
       주세요
   (C) 당신과 함께라면 어디든 가겠습
       니다
   (D) 일본은 저도 간 적이 있습니다

2 이제부터 영업부의 <u>상반기 실적을</u>
   <u>보고하겠습니다.</u> ▶ (D)

   (A) 상반기 실적을 발표해 주세요
   (B) 상반기 실적을 알려 주실 수
       없습니까
   (C) 상반기 실적을 보고하세요
   (D) 상반기 실적을 보고하겠습니다

3 그 편지는 영어를 잘하는 친구에게
   <u>쓰게 하려고</u> 생각하고 있습니다.
   ▶ (D) → 書かせ

4 어제 찍은 사진, 제게도 <u>보여</u> 주세요.
   ▶ (D) → 見せて

5 어젯밤부터 감기 때문에 열이 있는데,
   회사를 <u>쉬게 해</u> 주실 수 없습니까?
   ▶ (C)

   ❷ 사역형의 て형 + いただく는 '~하도록
   허락받다, ~하겠다'란 뜻이다.

6 열이 있는데도 (억지로) 수영을 해서
   감기에 걸리고 말았습니다. ▶ (A)

7 수동·존경·가능·자발의 조동사 ～(ら)れる

의미	수동 : (남에게 동작을) ～받다, ～당하다	존경 : ～하시다
	가능 : ～할 수 있다	자발 : (저절로) ～하여 지다
접속	동사의 ない형 + (ら)れる	

(1) 1그룹 동사에는 「ない형+れる」, 2그룹 동사에는 「ない형+られる」를 사용하며, する(하다)는 される(당하다), 来る(오다)는 来られる(옴을 당하다, 오다)가 된다.

(2) '수동'의 의미로 쓸 때는 대상을 나타내는 조사 に를 동반하는 경우가 많다.

(3) '존경'의 의미로 쓸 때는 앞에 '선생님'이나 '사장님' 등 존경의 대상이 제시되는 경우가 많다.

(4) '가능'의 의미로 쓸 때는 가능 동사의 형태로도 표현할 수 있다. 또한 する(하다)의 가능형은 できる(할 수 있다)이다.

(5) '자발(自発)'의 표현에서는 案じられる(걱정되다), 感じられる(느껴지다), 思い出される(생각나다)와 같이 대체로 마음이나 감각과 관련이 있다.

(6) 예문

> **ex** 先生に誉められて気分がいいです。 선생님께 칭찬 받아서 기분이 좋습니다. (수동)
>
> 先生は今日、学校に来られません。 선생님께서는 오늘 학교에 오시지 않습니다. (존경)
>
> 食べられない物があれば教えてください。 못 먹는 것이 있다면 알려 주세요. (가능)
>
> 将来のことが心配される。 장래 일이 걱정된다. (자발)
>
> +참고 大人になったら、お酒が飲めます。 어른이 되면 술을 마실 수 있습니다. (가능 동사)

8 당연함의 조동사 ～べきだ

의미	～하는 것이 마땅하다, ～해야 한다
접속	동사의 기본형 + べきだ

(1) する의 경우는 す(る)べきだ를 사용하며, '～해서는 안 된다(금지)'는 의미로 ～べからず라는 표현을 사용하기도 한다.

(2) 예문

> **ex** 約束は必ず守るべきだ。 약속은 반드시 지켜야 한다.
>
> 初心忘れるべからず。 초심을 잊어서는 안 된다.

PART 5 정답찾기

1 この映画、子どもに見せられるものではありませんね。

　(A) 子どもたちが好きな映画です

　(B) 子どもに見せてあげることができない映画です

　(C) 子どもに見せてあげたい映画です

　(D) 子どもの為になる映画です

2 野菜は健康のために食べるべきである。

　(A) 食べるつもりである

　(B) 食べたい

　(C) 食べなければならない

　(D) 食べてもいい

PART 6 오문정정

3 あの子ならきっと試験に受かると思っていたのに、信じさせません。
　　(A)　　　　(B)　　　　　　　　(C)　　　　　(D)

4 国民の義務だから税金は納めべきである。
　　(A)　 (B)　　 (C)　　(D)

PART 7 공란 메우기

5 しまった！ 今度も中島さんにまんまと＿＿＿＿＿。

　(A) された　　　　　　　　(B) させた

　(C) だました　　　　　　　(D) だまされた

6 不愉快だろうが、自分のミスは認める＿＿＿＿＿だ。

　(A) だけ　　　　　　　　　(B) べき

　(C) ほど　　　　　　　　　(D) まい

1 이 영화, 아이에게 보여 줄 수 있는 것은 아니네요. ▶ (B)

　(A) 아이들이 좋아하는 영화입니다
　(B) 아이에게 보여 줄 수 없는 영화입니다
　(C) 아이에게 보여 주고 싶은 영화입니다
　(D) 아이에게 유익한 영화입니다

　· ためになる : 유익하다

2 채소는 건강을 위해 먹어야 한다.
　▶ (C)

　(A) 먹을 생각이다
　(B) 먹고 싶다
　(C) 먹어야 한다
　(D) 먹어도 된다

3 그 아이라면 틀림없이 시험에 붙으리라고 생각하고 있었는데, 믿을 수 없습니다. ▶ (D) → 信じられません

4 국민의 의무이니까 세금은 내야 한다. ▶ (C) → 納(おさ)める

　· 義務(ぎむ) : 의무
　· 税金(ぜいきん) : 세금

5 아뿔싸! 이번에도 나카지마 씨에게 감쪽같이 속았군. ▶ (D)

　· まんまと : 감쪽같이

6 불쾌하겠지만, 자신의 실수는 인정해야 한다. ▶ (B)

　· 不愉快(ふゆかい)だ : 불쾌하다

9 부정의 조동사 ～ない・～ぬ・～ず

의미	～지 않다
접속	동사의 ない형 + ない・ぬ・ず

(1) 3그룹 동사 する는 しない(하지 않다), 来る는 来ない(오지 않다)로 활용한다. 또한 ～ぬ・～ず는 부정을 나타내는 ～ない의 문장체 말투로, 의미나 접속 형태는 ～ない와 같다. 단, ～ず가 する에 접속할 때는 ～せず가 된다는 점에 유의하자. (～せずに = ～しないで)

(2) 예문

> **ex** 朝は何も食べない。 아침에는 아무것도 먹지 않는다.
>
> いくら待っていても誰も来ない。 아무리 기다려도 아무도 오지 않는다.
>
> さっきから見知らぬ人が行ったり来たりしている。 아까부터 낯선 사람이 왔다 갔다 하고 있다.
>
> 一日中何も食べずに寝ている。 하루 종일 아무것도 먹지 않고 누워 있다.

실전 감각 익히기

PART 5 정답찾기

1 彼は今日も連絡しないのではないでしょうか。

  (A) 今日は連絡しないはずです

  (B) 今日も連絡しないかもしれません

  (C) 今日は連絡しません

  (D) 今日は必ず連絡します

PART 6 오문정정

2 勉強はしず、一日中コンピューターゲームばかり していたんですか。
    (A)   (B)   (C)   (D)

PART 7 공란 메우기

3 田村さんがそんなことをするなんて_____。彼はそんなに悪い人じゃないもの。

  (A) 信じる   (B) 信じれない

  (C) 信じない   (D) 信じられない

---

1 그는 오늘도 연락하지 않는 건 아닐까요? ▶ (B)

  (A) 오늘은 당연히 연락하지 않을 겁니다

  (B) 오늘도 연락하지 않을지도 모릅니다

  (C) 오늘은 연락하지 않을 겁니다

  (D) 오늘은 반드시 연락할 겁니다

2 공부는 하지 않고, 하루 종일 컴퓨터 게임만 하고 있던 겁니까?
  ▶ (A) → せず

3 다무라 씨가 그런 일을 하다니 믿을 수 없어. 그는 그렇게 나쁜 사람이 아닌 걸. ▶ (D)

10 부정 의지·부정 추량의 조동사 ～まい

의미	～하지 않겠다, ～하지 않을 것이다
접속	[1그룹 동사의 기본형, 2그룹 동사의 **ない형**] + **まい**

(1) 3그룹 동사 来る와 する는 こまい, しまい 보다 くるまい, するまい를 더 일반적으로 사용한다.

(2) 예문

> **ex** あいつの仕業_(しわざ)に違_(ちが)いあるまい。 저 녀석 짓이 틀림없을 것이다.
>
> 二度_(にど)とあんなものは食べまい。 두 번 다시 그런 것은 먹지 않겠다.

실전 감각 **익히기**

PART 5 정답찾기

1 これからは友だちを殴るまい。

　(A) 殴ると思う　　　　　　(B) 殴ります

　(C) 殴ってはいけない　　　(D) 殴らない

1 앞으로는 친구를 때리지 않겠다.
　▶ (D)

　(A) 때릴 거라고 생각한다
　(B) 때리겠습니다
　(C) 때리면 안 된다
　(D) 때리지 않겠다

　· 殴(なぐ)る : 때리다

PART 6 오문정정

2 一日に30分以上ゲームはせまいと自分で決めたんじゃなかったの。
　　　(A)　　　　　　　　　(B)　　(C)　　(D)

2 하루에 30분 이상 게임은 하지 않겠
다고 스스로 정하지 않았니?
　▶ (B) → するまい

PART 7 공란 메우기

3 二度とあんな映画は見に_____まい。

　(A) 行か　　　　　　　　(B) 行き

　(C) 行く　　　　　　　　(D) 行け

3 두 번 다시 그런 영화는 보러 가지
않겠다. ▶ (C)

1) **〜が〜たい** 〜을/를 〜하고 싶다

   ⓔⓧ 熱いコーヒーが飲みたい。 뜨거운 커피를 마시고 싶다.

2) **〜そうだ** 〜것 같다, 〜라고 한다

   ⓔⓧ 雨が降りそうだから、早く帰ろう。 비가 내릴 것 같으니까 빨리 돌아가자.

   明日は出席<ruby>する<rt>しゅっせき</rt></ruby>そうだ。 내일은 출석한다고 한다.

3) **〜そう(に)もない** 〜것 같지 않다

   ⓔⓧ 雨は降りそうに(も)ない。 비는 내릴 것 같지 않다.

4) **〜のように・〜みたいに** 〜처럼

   ⓔⓧ 猫の<ruby>額<rt>ひたい</rt></ruby>のように<ruby>狭<rt>せま</rt></ruby>い部屋 고양이 이마처럼 좁은 방

5) **〜らしく** 〜인 듯, 〜인 것처럼

   ⓔⓧ 足が痛いらしく<ruby>杖<rt>つえ</rt></ruby>をついている。 발이 아픈 듯 지팡이를 짚고 있다.

6) **〜に〜(ら)れる** 〜에게 〜을/를 당하다

   ⓔⓧ <ruby>満点<rt>まんてん</rt></ruby>をとってお母さんに<ruby>誉<rt>ほ</rt></ruby>められました。 만점을 맞아 어머니께 칭찬받았습니다.

7) **〜(さ)せられる** 억지로 〜하게 되다

   ⓔⓧ お酒を<ruby>何杯<rt>なんばい</rt></ruby>も飲ませられて<ruby>酔<rt>よ</rt></ruby>ってしまった。 술을 몇 잔이나 억지로 마셔서 취하고 말았다.

8) **〜(さ)せていただく** 〜하도록 허락받다, 〜하겠다

   ⓔⓧ これから<ruby>販売状況<rt>はんばいじょうきょう</rt></ruby>を<ruby>報告<rt>ほうこく</rt></ruby>させていただきます。 지금부터 판매 상황을 보고하겠습니다.

9) **〜せず(に)** 〜하지 않고 (=しないで)

   ⓔⓧ <ruby>運動<rt>うんどう</rt></ruby>はせず、食べてばかりいる。 운동은 하지 않고, 먹기만 한다.

10) **〜ずにはいられない** 〜하지 않고는 견딜 수 없다

    ⓔⓧ おいしそうな<ruby>料理<rt>りょうり</rt></ruby>を見ると食べずにはいられない。 맛있을 것 같은 요리를 보면 먹지 않고는 견딜 수 없다.

11) **〜ざるを<ruby>得<rt>え</rt></ruby>ない** 〜하지 않을 수 없다 (=〜ないわけにはいかない)

    ⓔⓧ 明日、会議があって会社へ行かざるを<ruby>得<rt>え</rt></ruby>ない。 내일, 회의가 있어서 회사에 가지 않을 수 없다.

12) **〜はしない / 〜もしない** 〜하지는 않는다 / 〜하지도 않는다

ⓔⓧ これくらいのことでは驚きもしない。 이 정도의 일로는 놀라지도 않는다.

13) **〜ないわけにはいかない** 〜하지 않을 수 없다

ⓔⓧ 私のためにわざわざ作ってくれたので、食べないわけにはいかない。

나를 위해 일부러 만들어 주었기 때문에 먹지 않을 수 없다.

14) **〜ねばならない** 〜하지 않으면 안 된다(=〜なければならない)

ⓔⓧ 宿題なので読まねばならない。 숙제이기 때문에 읽지 않으면 안 된다.

15) **〜なければ** 〜하지 않으면

ⓔⓧ 午後6時までに行かなければ彼に会えませんよ。 오후 6시까지 가지 않으면 그를 만날 수 없어요.

16) **〜なければならない** 〜해야 한다, 〜하지 않으면 안 된다

ⓔⓧ 門限は10時ですから、10時までには帰ってこなければなりません。

통금 시간은 10시니까, 10시까지는 꼭 돌아와야 합니다.

17) **〜べきだ** 〜해야 한다

ⓔⓧ 平和のために武器の開発はやめるべきだ。 평화를 위해 무기 개발은 그만두어야 한다.

PART 5 정답찾기

1 忙しいけど、私には大事な人だから迎えに行かざるを得ない。

(A) 迎えに行かなくてもいい

(B) 迎えに行かなければならない

(C) 迎えに行きたくない

(D) 迎えに行くことができる

2 試験の成績があがって先生に誉められた。

(A) こんな小春日和には別れた恋人が思い出される。

(B) 寮に住んでいるから学校までは5分か10分で来られる。

(C) となりの人にジュースをこぼされた。

(D) 昨夜、咳が出て全然寝られなかった。

PART 6 오문정정

3 いくらやってみてもできないので、泣きたいになった。
　　(A)　　　　(B)　　　　(C)　　　(D)

4 私ような 年寄りは若い人のように体が動きません。
　　(A)　(B)　(C)　　　　　　(D)

PART 7 공란 메우기

5 電気が＿＿＿＿＿乾電池を入れ替えてみてください。

(A) つけなければ　　　　　　(B) つかないで

(C) つかなければ　　　　　　(D) つかなくて

6 私はほしいものがあれば＿＿＿＿＿にはいられない。

(A) 買わず　　　　　　　　　(B) 買わなく

(C) 買う　　　　　　　　　　(D) 買いたい

---

1 바쁘지만, 내게는 중요한 사람이라서 마중 나가지 않을 수 없다. ▶ (B)

(A) 마중 나가지 않아도 된다

(B) 마중 나가야 한다

(C) 마중 나가고 싶지 않다

(D) 마중 나갈 수 있다

2 시험 성적이 올라서 선생님께 칭찬받았다. (수동) ▶ (C)

(A) 이런 따사로운 날씨에는 헤어진 연인이 생각난다. (자발)

(B) 기숙사에 살고 있기 때문에 학교까지는 5분이나 10분이면 올 수 있다. (가능)

(C) 옆 사람에게 주스를 엎지름을 당하다. = 옆 사람이 주스를 엎질렀다. (수동)

(D) 어젯밤, 기침이 나서 전혀 잘 수 없었다. (가능)

· 小春日和(こはるびより) :
　초겨울의 봄날 같은 날씨

· 咳(せき)が出(で)る :
　기침이 나다

3 아무리 해 봐도 할 수 없기 때문에, 울고 싶어졌다. ▶ (D) → 泣きたく

4 나 같은 노인은 젊은 사람처럼 몸이 움직이지 않습니다.
　▶ (A) → のような

· 年寄(としよ)り : 노인

5 불이 켜지지 않으면 건전지를 바꿔 넣어 보세요. ▶ (C)

6 나는 갖고 싶은 것이 있으면 사지 않고는 견딜 수 없다. ▶ (A)

PART 5 정답찾기

下の＿＿＿＿線の言葉の正しい表現、または同じ意味のはたらきをしている言葉を(A)から(D)の
中で一つ選びなさい。

1 田中部長は会社に10分ぐらい遅く<u>来られました</u>。

 (A) 外国人に英語で道を<u>聞かれました</u>。

 (B) ここから富士山が<u>見られます</u>。

 (C) これからどちらに<u>行かれますか</u>。

 (D) 先生に作文をほめられました。

2 今日の夕焼けは<u>言うに言われぬ</u>ほど美しかった。

 (A) 何とか言いたい (B) 言葉で表現できない

 (C) 言ってはいけない (D) 言ってもいい

3 今朝は普段どおり家を出ましたが、学校には行っていなかった<u>そう</u>です。

 (A) 今日は雪も降り<u>そう</u>だし、風も吹き<u>そう</u>です。

 (B) このごろは一人でできる遊びが流行っている<u>そう</u>です。

 (C) 『想い出』という映画ですね。その映画も面白<u>そう</u>です。

 (D) 顔は笑っているけど、少しも楽しくなさ<u>そう</u>な様子です。

4 もう寝る時間なのに宿題もし<u>ない</u>で遊んでばかりいたの。

 (A) 危険だから海では泳が<u>ない</u>ことにした。

 (B) 自転車で車道を走ったら危<u>ない</u>です。

 (C) 良子さん、この作文を読んでぎこち<u>ない</u>文章をチェックしてください。

 (D) そんなくだら<u>ない</u>話はもうこれ以上聞きたくない。

PART 6 오문정정

下の＿＿＿＿線の(A), (B), (C), (D)の言葉の中で正しくない言葉を一つ選びなさい。

5 雨は<u>降りまい</u>と思って出かけた<u>のに</u>、<u>大雨に</u> <u>降られて</u>しまった。
　　　 (A)　　　　　　 (B)　　 (C)　 (D)

6 あの先生の<u>学者のらしい</u>態度には<u>頭が</u> <u>下がる</u>。
　　(A)　　 (B)　　　　　 (C)　 (D)

7 遠くからも<u>よく</u>聞こえる<u>そうに</u>、<u>大きな声で</u> <u>発表して</u>ください。
　　　 (A)　　　　　 (B)　　 (C)　　 (D)

8 結婚式の２次会の幹事を<u>頼ませている</u>んだけど<u>気が</u><u>進まない</u>。
               (A)   (B)   (C)   (D)

9 社長のその<u>指示は</u>経営の悪化に<u>拍車を</u><u>かけ</u><u>ような</u>ものだ。
               (A)   (B)   (C)   (D)

10 <u>生まれながらの</u>性格だけど、人に<u>指図れる</u> <u>の</u>が嫌いです。
    (A)   (B)   (C) (D)

11 明日は<u>一日中</u>ビルの<u>メンテナンス</u>がある<u>ので</u>、会社は<u>休みのそう</u>です。
         (A)   (B)   (C)   (D)

12 私は<u>今まで何回も</u>日本に行きましたが、まだ<u>行ってみたがる</u> <u>ところ</u>がたくさんあります。
    (A)   (B)   (C)   (D)

PART 7 공란 메우기

下の_____線に入る適当な言葉を(A)から(D)の中で一つ選びなさい。

13 姉は忙しいので、母はいつも私にだけ部屋の掃除を_____。

(A) させます　　　　(B) されます　　　　(C) します　　　　(D) させられます

14 老人問題なんて自分とは関係ないとは_____。

(A) 言わせる　　　　(B) 言うべきだ　　　　(C) 言っていた　　　　(D) 言ってはいけない

15 誰もやる人がいないなら、私が_____いただきます。

(A) やらせて　　　　(B) やれて　　　　(C) やられて　　　　(D) やらさせて

16 もう約束したんですから_____わけにはいきません。

(A) 行き　　　　(B) 行こう　　　　(C) 行かない　　　　(D) 行きそう

17 急いで会社を出ようとした時、課長に_____ました。

(A) 呼び止め　　　　(B) 呼び止めさせ　　　　(C) 呼び止めされ　　　　(D) 呼び止められ

18 日本語で書かれた小説が読める_____なりました。

(A) ように　　　　(B) そうに　　　　(C) らしく　　　　(D) みたいに

19 今度のゴールデンウィークには家族と海外旅行に_____です。

(A) 行って　　　　(B) 行きたい　　　　(C) 行った　　　　(D) 行きたがり

20 風が強まってきたのを見ると、台風が近づいている_____です。

(A) よう　　　　(B) のそう　　　　(C) らしく　　　　(D) そうに

PART 5 정답찾기

下の＿＿＿＿線の言葉の正しい表現、または同じ意味のはたらきをしている言葉を(A)から(D)の中で一つ選びなさい。

1 会議には遅れない<u>ように</u>してください。

(A) そろそろ寝<u>よう</u>と思います。

(B) 分かる<u>ように</u>説明してください。

(C) 韓国料理の<u>ような</u>辛い物が食べたいです。

(D) 彼の<u>ように</u>日本語が上手な人は見たことがない。

2 キャッシュカードは後で自宅に<u>郵送されます</u>。

(A) 日本料理の中ですきやきは好きですが、さしみは<u>食べられません</u>。

(B) キャッシュカードは銀行の窓口で<u>受け取れますか</u>。

(C) 昨夜、入院している母のことで全然<u>眠れなかった</u>。

(D) 田舎では和式のトイレが今でも<u>使われています</u>。

3 今夜は早く寝て明日の試合のために体力を<u>蓄えておかなければならない</u>。

(A) 蓄えておかなくてもいい (B) 蓄えておくべきだ

(C) 蓄えておいた方がいい (D) 蓄えておくことができる

4 上司の命令だからといって黙って<u>従うわけにはいかない</u>。

(A) 従うしかない (B) 従わなくてもいい

(C) 従うわけがない (D) 従うことはできない

PART 6 오문정정

下の＿＿＿＿線の(A), (B), (C), (D)の言葉の中で正しくない言葉を一つ選びなさい。

5 この許可証<u>だけ</u>あれば留学生<u>にも</u>アルバイト<u>が</u> <u>認めれ</u>ています。
　　　　　(A)　　　　　(B)　　　　(C)　(D)

6 このまま続け<u>ても</u>今日中には終わり<u>そう</u>じゃないから<u>切り</u>のいいところで<u>止め</u>ましょう。
　　　　(A)　　　　　　　　(B)　　　　　(C)　　　　　(D)

7 この店は皿<u>に</u>値段が<u>書いて</u>あるので勘定<u>を</u>心配しずに食べ<u>られ</u>ます。
　　　　　(A)　　　　(B)　　　　(C)　　　(D)

8 夏休み<u>なので</u>私は家で<u>ゆっくり</u>したいのに、息子は<u>どこか</u>へ行き<u>たくています</u>。
　　　　(A)　　　　　(B)　　　　　　　　　(C)　　　(D)

9　それが<u>何の</u>ために<u>作った</u>ものなのか<u>まるで</u>見当<u>が</u>つかない。
　　　　(A)　　　　　(B)　　　　　　　　(C)　　　　(D)

10　熱がある<u>ばかりではない</u>が、<u>気分</u>が悪い<u>ので</u>、今日はもう<u>帰って</u>もいいですか。
　　　　　　(A)　　　　　　　　　(B)　　　　(C)　　　　　　(D)

11　料金は<u>高い</u>し、サービスは<u>最悪だ</u>し、もう二度と<u>あんな</u>店に<u>行かまい</u>。
　　　　　(A)　　　　　　　　(B)　　　　　　　(C)　　　(D)

12　<u>このごろ</u>、物や<u>サービス</u>の価格表示に１０％の消費税が<u>含んで</u>いることが<u>よく</u>ある。
　　　　(A)　　　　　(B)　　　　　　　　　　　　　　　　(C)　　　　　(D)

下の＿＿＿＿線に入る適当な言葉を(A)から(D)の中で一つ選びなさい。

13　将来、どんな仕事に＿＿＿＿＿＿たいですか。

　　(A) なり　　　　　　(B) し　　　　　　　　(C) つき　　　　　　(D) はたらき

14　今にも泣き出し＿＿＿＿＿顔をしています。

　　(A) そうな　　　　　(B) ような　　　　　　(C) らしい　　　　　(D) みたい

15　足が痛くて歩ける状況ではないので、病院へ＿＿＿＿＿ざるを得ない。

　　(A) 行く　　　　　　(B) 行き　　　　　　　(C) 行か　　　　　　(D) 行け

16　申し訳ございませんが、内装工事のため９月２０日まで休業させて＿＿＿＿＿。

　　(A) くださいます　　　　　　　　　　(B) いらっしゃいます
　　(C) さしあげます　　　　　　　　　　(D) いただきます

17　暴力行為はどんな理由があっても絶対に許す＿＿＿＿＿ではない。

　　(A) ほど　　　　　　(B) べき　　　　　　　(C) ぐらい　　　　　(D) せい

18　私は「嫌だ」と言ったのに、サークルの先輩に朝までお酒を＿＿＿＿＿ことがあります。

　　(A) 飲んだ　　　　　(B) 飲まれた　　　　　(C) 飲ませた　　　　(D) 飲まされた

19　通りを歩いていたら見知らぬ人に＿＿＿＿＿。

　　(A) 呼び止めた　　　　　　　　　　(B) 呼び止めさせた
　　(C) 呼び止められた　　　　　　　　(D) 呼び止めさせられた

20　明日は留学試験なので遅刻する＿＿＿＿＿にはいきません。

　　(A) わけ　　　　　　(B) はず　　　　　　　(C) つもり　　　　　(D) ばかり

5 명사와 형식명사

형식명사란, 말 그대로 형식적인 명사를 가리킨다. 형식명사에서 주의해야 할 부분은 해당 단어가 형식명사로 쓰인 것인지 본래 명사의 의미로 쓰인 것인지를 구분하는 일이다. 형식명사로 쓰였다면 어떤 형태의 형식명사인지, 무슨 의미로 쓰인 것인지를 찾아내는 방법으로 접근한다.

ところ는 명사로 쓰일 경우 '장소'를 나타내지만, 형식명사로서는 '진행'이나 '완료'를 나타내기도 한다.

ex

昨日（きのう）、先生（せんせい）のところへ行（い）ってきました。 어제 선생님 댁에 다녀 왔습니다. (장소)

今（いま）、宿題（しゅくだい）をしているところです。 지금, 숙제를 하고 있는 중입니다. (진행)

今（いま）、帰（かえ）ってきたところです。 지금 막 돌아왔습니다. (완료)

위와 같이 ところ의 경우는 ～ているところ(진행), ～たところ(완료)라는 형태로 주로 쓰인다.

또한 형식명사 もの의 경우도 마찬가지이다. もの가 명사로 쓰이면 '구체적인 사물' 즉, '물건'을 나타내지만, 형식명사로서의 もの는 '내용을 강조'하거나 '감동이나 희망'을 나타내기도 한다.

ex

かばんの中（なか）にいろいろなものがある。
가방 안에 여러 가지 물건이 있다. (물건)

この街（まち）には10年（ねん）ぶりに来（き）てみたけど、本当（ほんとう）ににぎやかになったものだ。
이 마을에는 10년만에 와 봤지만, 정말로 번화가가 되었다. (강조)

한편 こと를 仕事（しごと）와 많이 혼동하기도 하는데, 단순히 '일'이라고 알고 있으면 실수하기 쉽다. '일, 업무'를 나타내는 명사는 仕事이며, こと(事)는 추상적인 의미를 나타낼 때 사용한다. 예를 들어 '일이 바쁘다'라고 말하고 싶을 때 ことが忙しい라고 하면 틀린 표현이고, 仕事が忙しい라고 해야 맞다.

ex

自分（じぶん）がやったことは自分で責任（せきにん）をとるべきだ。 자기가 한 일은 스스로 책임을 져야 한다. (추상적인 일)

日本語（にほんご）は高校（こうこう）の時（とき）、習（なら）ったことがある。 일본어는 고등학교 때 배운 적이 있다. (경험)

+참고 仕事が忙しくてゴルフ会（かい）には行（い）けません。 일이 바빠서 골프 모임에는 갈 수 없습니다. (일, 업무)

또한 고득점을 얻기 위해서는 '~할 리가 없다'라는 의미인 **～はずがない**와 이와 비슷한 표현인 **～わけがない**를 잘 알아 두어야 하며, '(그렇게 간단히) ~할 수는 없다'라는 의미인 **～わけにはいかない**라는 표현도 같이 알아 두면 좋다.

こんなにたくさんの単語を覚えられる**はずがない**。 이렇게 많은 단어를 다 외울 리가 없다.

そんなこと、できる**わけがない**。 그런 일(이) 가능할 리가 없다.

ゲームで勝ったといって笑う**わけにはいかない**。 게임에서 이겼다고 해서 웃을 수만은 없다.

1 명사

☐ 安否 안부
☐ 雑誌 잡지
☐ 駐車場 주차장

☐ 売り切れ 품절
☐ 実力 실력
☐ 中小企業 중소기업

☐ 衛生 위생
☐ 下半期 하반기
☐ 調味料 조미료

☐ 横断歩道 횡단보도
☐ 住所 주소
☐ 賃金 임금

☐ 下半身 하반신
☐ 渋滞 정체
☐ 出口 출구

☐ 上半期 상반기
☐ 授業 수업
☐ 努力 노력

☐ 勘定 계산
☐ 障害 장해, 장애
☐ 能力 능력

☐ 喫煙 흡연
☐ 上半身 상반신
☐ 不景気 불경기

☐ 競争率 경쟁률
☐ 食器 식기
☐ 貿易摩擦 무역 마찰

☐ 禁煙 금연
☐ 白髪 백발
☐ 保険 보험

☐ 空港 공항
☐ 新型 신형
☐ 免税 면세

☐ 携帯電話 휴대 전화
☐ 素足 맨발
☐ 火傷 화상

☐ 外科病院 외과 병원
☐ 睡眠不足 수면 부족
☐ 家賃 집세

☐ 下宿 하숙
☐ 頭脳 두뇌
☐ 郵送 우송, 발송

☐ 化粧品 화장품
☐ 税金 세금
☐ 輸送 수송

☐ 健康 건강
☐ 洗剤 세제
☐ 幼稚園 유치원

☐ 健康食品 건강식품
☐ 体力 체력
☐ 予算 예산

☐ 検査 검사
☐ 脱線 탈선
☐ 両替 환전

☐ 穀物 곡물
☐ 秩序 질서

▶ 다음 밑줄 친 한자를 바르게 읽은 것을 고르세요.

1 <u>外科</u>病院に行く。 (A) がいかびょういん (B) げかびょういん

2 先生の<u>安否</u>を聞く。 (A) あんぴ (B) あんぶ

3 <u>穀物</u>を栽培(さいばい)している。 (A) こくぶつ (B) こくもつ

4 <u>努力</u>しだいである。 (A) のうりょく (B) どりょく

5 予算の<u>削減</u>(さくげん) (A) よさん (B) ようさん

6 <u>喫煙</u>室でたばこを吸う。 (A) きつえん (B) きんえん

7 <u>衛生</u>(かんきょう)環境(かいぜん)を改善する。 (A) いせい (B) えいせい

8 <u>下宿</u>を探(さが)している。 (A) げしゅく (B) かしゅく

9 交通(こうつう)<u>渋滞</u>の問題(もんだい) (A) ていたい (B) じゅうたい

10 <u>火傷</u>を負(お)う。 (A) やけど (B) かしょ

▶ 다음 밑줄 친 부분을 한자로 바르게 쓴 것을 고르세요.

11 <u>ちゅうしゃじょう</u>はこちらです。 (A) 駐車場 (B) 住車場

12 <u>きょうそうりつ</u>がはげしい。 (A) 競淨率 (B) 競争率

13 高い<u>ちんぎん</u> (A) 賃金 (B) 任金

14 <u>せんざい</u>を買って来る。 (A) 洗材 (B) 洗剤

15 <u>しんがた</u>のケータイ (A) 新刑 (B) 新型

16 電車の<u>だっせん</u>事故(じこ) (A) 脱線 (B) 説線

17 食糧(しょくりょう)を<u>ゆそう</u>する。 (A) 輸送 (B) 輸送

18 円をドルに<u>りょうがえ</u>する。 (A) 料替 (B) 両替

19 お<u>かんじょう</u>はいくらですか。 (A) 勘定 (B) 感情

20 <u>じゅぎょう</u>を受ける。 (A) 授業 (B) 受業

1 (B)	2 (A)	3 (B)	4 (B)	5 (A)	6 (A)	7 (B)	8 (A)	9 (B)	10 (A)
11 (A)	12 (B)	13 (A)	14 (B)	15 (B)	16 (A)	17 (A)	18 (B)	19 (A)	20 (A)

☐ 合図 신호	☐ 景色 경치	☐ 日時 일시
☐ 維持 유지	☐ 降水量 강수량	☐ 梅雨前線 장마 전선
☐ 受付 접수	☐ 構造 구조	☐ 爆発 폭발
☐ 有無 유무	☐ 境 경계	☐ 比較 비교
☐ 影響 영향	☐ 作家 작가	☐ 被害 피해
☐ 演説 연설	☐ 作用 작용	☐ 符号 부호
☐ 演奏 연주	☐ 上下 상하	☐ 平均 평균
☐ 汚染 오염	☐ 資料 자료	☐ 募集 모집
☐ 改善 개선	☐ 素人 초보자, 아마추어	☐ 待ち合わせ 만나기로 함
☐ 概念 개념	☐ 収入 수입	☐ 見込み 전망
☐ 拡充 확충	☐ 推薦 추천	☐ 目標 목표
☐ 歓迎 환영	☐ 操作 조작	☐ 役目 역할
☐ 観測 관측	☐ 台風 태풍	☐ 冷暖房 냉난방
☐ 救助 구조	☐ 逮捕 체포	☐ 労働者 노동자
☐ 近代化 근대화	☐ 梅雨 장마(ばいう라고도 읽음)	☐ 録音 녹음
☐ 苦情 고충, 불만	☐ 動作 동작	
☐ 玄人 전문가, 프로	☐ 特色 특색	

▶ 다음 밑줄 친 한자를 바르게 읽은 것을 고르세요.

1	<u>演説</u>を聞きに行く。	(A) えんせつ	(B) えんぜつ
2	両方^{りょうほう}を<u>比較</u>する。	(A) ひこう	(B) ひかく
3	<u>上下</u>に振^ふる。	(A) じょうげ	(B) じょうか
4	待遇^{たいぐう}を<u>改善</u>する。	(A) かいせん	(B) かいぜん
5	<u>素人</u>には分からないこと	(A) くろうと	(B) しろうと
6	簡単な<u>操作</u>	(A) そうさ	(B) そうさく
7	参加経験^{さんかけいけん}の<u>有無</u>	(A) ゆうむ	(B) うむ
8	目で<u>合図</u>する。	(A) ごうず	(B) あいず
9	軍備^{ぐんび}の<u>拡充</u>を図^{はか}る。	(A) かくちゅう	(B) かくじゅう
10	彼女は人気<u>作家</u>です。	(A) さっか	(B) さくか

▶ 다음 밑줄 친 부분을 한자로 바르게 쓴 것을 고르세요.

11	不満^{ふまん}が<u>ばくはつ</u>する。	(A) 暴発	(B) 爆発
12	図書館に<u>しりょう</u>を調^{しら}べに行く。	(A) 資料	(B) 材料
13	ここは<u>けしき</u>がいい。	(A) 景致	(B) 景色
14	<u>たいふう</u>の被害^{ひがい}	(A) 台風	(B) 太風
15	<u>ろうどうしゃ</u>を保護^{ほご}する。	(A) 労動者	(B) 労働者
16	水が<u>おせん</u>している。	(A) 汚塩	(B) 汚染
17	<u>にちじ</u>を決める。	(A) 日時	(B) 日詩
18	平和^{へいわ}が<u>いじ</u>される。	(A) 維持	(B) 唯持
19	歌を<u>ろくおん</u>しておく。	(A) 緑音	(B) 録音
20	それが新聞の<u>やくめ</u>です。	(A) 約目	(B) 役目

1 (B)	2 (B)	3 (A)	4 (B)	5 (B)	6 (A)	7 (B)	8 (B)	9 (B)	10 (A)
11 (B)	12 (A)	13 (B)	14 (A)	15 (B)	16 (B)	17 (A)	18 (A)	19 (B)	20 (B)

2 외래어

☐ アクセサリー 액세서리	☐ コピー 복사	☐ データ 데이터, 자료
☐ アレルギー 알레르기	☐ ゴールデンウィーク 황금 연휴	☐ ニュース 뉴스
☐ アンケート 앙케트, 설문 조사	☐ サラリーマン 샐러리맨, 봉급 생활자	☐ アルバイト 아르바이트
☐ インスタント 인스턴트, 즉석	☐ シェア 시장 점유율	☐ パート 파트타임, 파트타임 근로자 (パートタイム의 준말)
☐ インタビュー 인터뷰	☐ シャワー 샤워	☐ パトカー 경찰차(パトロールカー의 준말)
☐ インフルエンザ 인플루엔자, 유행성 독감	☐ ショック 충격	☐ パスポート 여권
☐ ウイルス 바이러스	☐ シルバーシート 노약자석	☐ ビザ 비자
☐ エネルギー 에너지	☐ スケジュール 스케줄	☐ フリーター 아르바이트로만 생활하는 사람
☐ ガソリン 가솔린, 휘발유	☐ ストライキ 파업	☐ プリント 프린트, 인쇄물
☐ カロリー 칼로리	☐ スーパー 슈퍼(スーパーマーケット의 준말)	☐ ブレーキ 브레이크
☐ カンニング 부정행위	☐ セクハラ 성희롱	☐ ペットボトル 페트병
☐ キャッシュカード 현금 인출 카드	☐ セルフサービス 셀프 서비스	☐ マーケット 마켓, 시장
☐ キャンセル 취소, 해약	☐ ターミナル 터미널	☐ マンション 아파트
☐ キャンパス 캠퍼스	☐ チェック 체크	☐ メッセージ 메시지
☐ キャンペーン 캠페인	☐ チーム 팀	☐ リサイクルショップ 재활용품점
☐ クーラー 냉방 장치	☐ テキスト 텍스트, 교재	☐ ローン 대출
☐ クリニック 클리닉, 진료소	☐ テークアウト 테이크아웃 (음식을 사서 포장해 가는 것)	

+참고 테이크아웃은 「テイクアウト」로도 사용한다.

5
명사와 형식명사

▶ 다음 한국어에 해당되는 일본어 가타카나의 바른 표기를 고르세요.

1	알레르기	(A) アルラージ	(B) アレルギー
2	뉴스	(A) ニュースー	(B) ニュース
3	설문 조사	(A) アンケート	(B) アンケイト
4	메시지	(A) メッセージ	(B) メッシージ
5	아르바이트로만 생활하는 사람	(A) フリター	(B) フリーター
6	현금 인출 카드	(A) キャッシュカード	(B) キャシーカード
7	에너지	(A) エネルギー	(B) エナジ
8	취소	(A) キャンスル	(B) キャンセル
9	바이러스	(A) ウイルス	(B) バイルス
10	테이크아웃	(A) テークアウット	(B) テークアウト
11	데이터, 자료	(A) デイタ	(B) データ
12	마켓	(A) マーケッ	(B) マーケット
13	셀프 서비스	(A) セルフサービス	(B) セルプサービス
14	파업	(A) ストライキ	(B) ストライク
15	샐러리맨, 봉급 생활자	(A) サラリーマン	(B) サラリーメン
16	아파트	(A) メンション	(B) マンション
17	브레이크	(A) ブレーキ	(B) ブレイク
18	복사	(A) コピー	(B) カピー
19	황금 연휴	(A) ゴルデンウィクー	(B) ゴールデンウィーク
20	여권	(A) ペスポート	(B) パスポート

1 (B)	2 (B)	3 (A)	4 (A)	5 (B)	6 (A)	7 (A)	8 (B)	9 (A)	10 (B)
11 (B)	12 (B)	13 (A)	14 (A)	15 (A)	16 (B)	17 (A)	18 (A)	19 (B)	20 (B)

1) **~くせに** ~주제에, ~면서도

   ex 何も知らないくせに何を言っているんだ。 아무것도 모르면서 무슨 말을 하는 거야.

2) **~ことにする** ~하기로 하다

   ex 今度の夏休みは済州島へ行くことにしました。 이번 여름 휴가는 제주도로 가기로 했습니다.

3) **~ことになる** ~하게 되다

   ex 来週、中国へ出張に行くことになっています。 다음 주에 중국으로 출장을 가게 되었습니다.

4) **~せいだ** ~탓이다

   ex 今回、失敗したのは私のせいです。 이번에 실패한 것은 제 탓입니다.

5) **~たことがある** ~한 적이 있다

   ex 北海道には2回行ったことがある。 홋카이도에는 2번 간 적이 있다.

6) **~たとおりに** ~한 대로

   ex あなたが教えてくれたとおりに作っています。 당신이 가르쳐 준 대로 만들고 있습니다.

7) **~たところだ** 막 ~했다

   ex このドラマは今、始まったところです。 이 드라마는 지금 막 시작되었습니다.

8) **~たばかりだ** 막 ~했다

   ex 選手たちは空港に着いたばかりで、まだインタビューはしていません。
   선수들은 막 공항에 도착해서, 아직 인터뷰는 하지 않았습니다.

9) **~ために** ~을/를 위하여, ~때문에

   ex 家族のために頑張っています。 가족을 위해 분발하고 있습니다.
   事故があったために遅くなった。 사고가 있었기 때문에 늦었다.

10) **~つもりだ** ~(할) 생각이다, ~(할) 예정이다

   ex 週末は図書館で試験勉強をするつもりです。 주말에는 도서관에서 시험 공부를 할 생각입니다.

11) **~どころか** ~은커녕

   ex デパートどころかスーパーもない所です。 백화점은커녕 슈퍼도 없는 곳입니다.

12) ～ているところだ ～하고 있는 중이다

ex 日記をつけているところです。 일기를 쓰고 있는 중입니다.

13) ～(する)ところだ ～할 참이다

ex 今、家を出るところです。 지금 집을 나서는 참입니다.

14) ～のことだ ～에 관한 것이다

ex そのニュースは有名な俳優の結婚のことです。 그 뉴스는 유명한 배우의 결혼에 관한 것입니다.

15) ～はずだ (당연히) ～할 것이다

ex 約束はちゃんと守る人だから来るはずです。 약속은 확실히 지키는 사람이니까 올 겁니다.

16) ～はずがない ～할 리가 없다

ex あの二人は友だちだったはずがない。 그 두 사람은 친구였을 리가 없다.

17) ～ふりをする ～체하다

ex 見て見ないふりをする。 보고도 못 본 체한다.

18) ～ぶりに ～만에(시간의 경과)

ex ３年ぶりに会った。 3년만에 만났다.

19) ～ものだ (당연히) ～하는 법이다, ～하기 마련이다

ex 年をとって病気になったら、誰でも死ぬものだ。 나이를 먹고 병이 들면 누구나 죽기 마련이다.

20) ～わけがない ～할 리가 없다

ex 彼女が面接に落ちるわけがない。 그녀가 면접에 떨어질 리가 없다.

21) ～わけにはいかない (그렇게 간단히) ～할 수는 없다

ex 熱があるといって会社を休むわけにはいかない。 열이 있다고 해서 회사를 쉴 수는 없다.

PART 5 정답찾기

1 あの会社は帳簿上の操作で税金をごまかしている。

(A) そうさ
(B) そうさく
(C) ぞうさく
(D) ぞうさ

2 平日は授業の後、ジムに通っています。

(A) じゅうぎょう
(B) じゅうぎょ
(C) じゅぎょう
(D) じゅぎょ

PART 6 오문정정

3 結婚は絶対したくないと言っていたから、結婚した つもりはない。
　　　　　　(A)　　　　　　　　(B)　　(C)　　(D)

4 学生くせに学校へも行こうとしないし、勉強もしないし、どうしよう。
　　　(A)　(B)　(C)　　　　　　　　　　　　(D)

PART 7 공란 메우기

5 あの事件を知っていながら知らない＿＿＿＿をする。

(A) もの
(B) わけ
(C) くせ
(D) ふり

6 週末だけど、会社に行って仕事をする＿＿＿＿です。

(A) とおり
(B) つもり
(C) ばかり
(D) ために

1 그 회사는 장부상의 <u>조작</u>으로 세금을 속이고 있다. ▶ (A)

・帳簿(ちょうぼ) : 장부
・税金(ぜいきん) : 세금
・ごまかす : 속이다

2 평일에는 <u>수업</u> 후, 체육관에 다니고 있습니다. ▶ (C)

3 결혼은 절대로 하고 싶지 않다고 했기 때문에 결혼했을 <u>리는 없다</u>.
▶ (D) → はず

4 학생인 주제에 학교에도 가려고 하지 않지, 공부도 안 하지, 어쩌면 좋아. ▶ (A) → のくせに

5 그 사건을 알고 있으면서 모르는 <u>체</u>한다. ▶ (D)

6 주말이지만 회사에 가서 일을 할 <u>생각</u>입니다. ▶ (B)

공략 3 단계 실전 문제 풀기

PART 5 정답찾기

下の＿＿＿＿＿線の言葉の正しい表現、または同じ意味のはたらきをしている言葉を(A)から(D)の
中で一つ選びなさい。

1 学校の近くにいい**外科病院**はありませんか。

   (A) がいかびょいん   (B) がいかびょういん

   (C) げかびょういん   (D) げかびょいん

2 連休の交通**じゅうたい**で5時間もかかって目的地に着きました。

   (A) 渋滞   (B) 正体   (C) 重帯   (D) 亭帯

3 日本の生活に慣れていない**ために**起こるゴミトラブルに気をつけましょう。

   (A) 失敗しない**ために**は努力するしかない。

   (B) 父が死んだ**ために**貧乏になったそうだ。

   (C) 念の**ために**言っておくんだからよく聞いて。

   (D) あの人は自分の利益の**ために**は何でもするそうだ。

4 勤労感謝の日は**労働者**を尊重し、国民が相互に感謝する日です。

   (A) ろどうしゃ   (B) ろうどうしゃ   (C) ろうとうもの   (D) のうどうしゃ

5 申し訳ございませんが、このサイズのスカートは**うりきれ**でございます。

   (A) 品切れ   (B) 買切れ   (C) 物切れ   (D) 売切れ

6 日本に来た**ばかり**で何もない時は、100円ショップに行くと安く買えて助かった。

   (A) ちょうど梅雨のころで、毎日雨**ばかり**降っている。

   (B) あの子は学校から帰ってくると、遊んで**ばかり**いる。

   (C) 今、出発した**ばかり**でいつ着くかはまだ分かりません。

   (D) まだ半分**ばかり**残っているから、どうぞ。

PART 6 오문정정

下の＿＿＿＿＿線の(A), (B), (C), (D)の言葉の中で正しくない言葉を一つ選びなさい。

7 こんな**しごと**が**起きる** **なんて**、想像**も**つかなかった。
       (A)   (B) (C)   (D)

8 自分の短点や性格を**理解**している**こと**は、仕事をしていく**うえで** **大切**です。
       (A)   (B)   (C)   (D)

9　私のほしいことは日本茶やせっけん、洗剤などです。
　　(A)　　　(B)　　　　　(C)　　　　　　(D)

10　さっき作ったつもりなので、料理はまだ温かいと思いますよ。
　　(A)　　　　　(B)　　　　　　　　(C)　　　　　　　　(D)

11　来年の会社の経営戦略を図る のために明日、会議が開かれます。
　　(A)　　　　　　　　　　　(B)　　(C)　　　　　　　(D)

12　昼ごはんはいつも会社の食堂で食べるものにしています。
　　　　　　　　　　　(A)　(B)　　　(C)　　(D)

13　私の父は休みの日にいつもテレビを見てところいます。
　　　(A)　　　(B)　　　　　　(C)　　　　(D)

14　今週中に何とか頑張ってレポートを書いて提出するところです。
　　(A)　　　　　　　　　(B)　　　　(C)　　　(D)

下の＿＿＿＿線に入る適当な言葉を(A)から(D)の中で一つ選びなさい。

15　揚げたてのドーナツがおいしくない＿＿＿＿＿がない。
　　(A) わけ　　　　　　(B) こと　　　　　(C) もの　　　　　(D) せい

16　海外旅行に行けるかどうか今の＿＿＿＿＿はっきり分かりません。
　　(A) わけに　　　　　(B) とおり　　　　(C) ばかり　　　　(D) ところ

17　待遇改善＿＿＿＿＿、会社の組合がストライキに入った。
　　(A) ことで　　　　　(B) のため　　　　(C) のはず　　　　(D) くせに

18　年を取った＿＿＿＿＿父はずいぶん忘れっぽくなった。
　　(A) はずか　　　　　(B) せいか　　　　(C) ことか　　　　(D) つもりか

19　彼女は結婚なんかしないと言ってた＿＿＿＿＿、卒業すると一番早く結婚した。
　　(A) くせに　　　　　(B) わけで　　　　(C) ために　　　　(D) のこと

20　この記事では目立たない＿＿＿＿＿で汗を流して働いている人々を取り上げている。
　　(A) つもり　　　　　(B) ところ　　　　(C) ばかり　　　　(D) とおり

6 부사, 접속사, 연체사

부사, 접속사, 연체사의 경우는 의미만 알아 두어도 큰 문제는 없다. 하지만 좀 더 신경을 쓴다면, 긍정 표현과 함께 쓰였는지 부정 표현과 함께 쓰였는지를 구별해 두는 것이 좋다.

부사의 경우는 긍정·부정과 더불어 추측이나 가정·희망 등의 표현과 같이 쓰이는 경우도 있으니 암기할 때 다음과 같이 짝을 지어 외우면 편하다.

ex

① まるで〜(の)ようだ 마치 〜와 같다(비유 표현)
　まるで猫の目のようだ。 마치 고양이 눈 같다.

② たぶん〜だろう 아마 〜일 것이다(추측 표현)
　たぶん遅れるだろう。 아마 늦어지겠지.

③ あまり〜ない 그다지 〜하지 않다(부정 표현)
　あまり難しくない。 그다지 어렵지 않다.

접속사의 경우는 접속사가 앞뒤 문장이 반대되는 내용이 올 때 사용되는지, 이유·원인·조건 등을 나타낼 때 사용되는지 아니면 새로운 내용을 추가할 때 사용되는지를 생각하며 공부하는 것이 좋고, 연체사의 경우는 **いわゆる**(소위), **ある**(어느)와 같이 자주 사용되는 표현을 위주로 암기해 두는 게 좋다.

또한 한국어로 의미 구분이 명확하지 않은 부사나 접속사에 주의할 필요가 있는데, 예를 들면 **わざと**(고의로)와 **わざわざ** (일부러), **かならず**(반드시)와 **きっと**(꼭), **ぜひ**(제발, 꼭)와 같은 표현이다. 이들은 따로 모아서 예문과 함께 외워 헷갈리지 않도록 확실히 해 두는 게 좋다.

1 부사

☐ あいにく 마침, 공교롭게도	☐ ずいぶん 꽤, 훨씬	☐ とても 아주, 매우(긍정) 도저히, 아무리 해도(부정)
☐ あっさり 깨끗이, 간단히	☐ すぐ 곧, 즉시	☐ なかなか 제법, 꽤(긍정) 좀처럼(부정)
☐ あまり 꽤, 너무(긍정) 그다지, 별로(부정)	☐ 少し 조금	☐ 果たして 과연, 역시
☐ あらかじめ 미리	☐ すっかり 완전히, 깨끗이	☐ はっきり 확실히
☐ いきなり 갑자기, 불쑥	☐ ずっと 훨씬, 쭉	☐ 再び 다시, 재차
☐ いっさい 일체, 온갖	☐ すでに 이미	☐ ほとんど 거의
☐ いつのまにか 어느새	☐ すべて 전부, 모두	☐ まだ 아직
☐ かなり 꽤, 제법	☐ せいぜい 고작, 기껏해야	☐ まったく 전적으로
☐ かねて 미리, 전부터	☐ そっと 살짝	☐ ますます 점점
☐ きちんと 정확히, 깔끔하게	☐ だいぶ 상당히, 꽤	☐ めっきり 현저히, 부쩍
☐ きっぱり 딱 잘라, 단호하게	☐ 大変 대단히	☐ もう 이미, 벌써, 더
☐ きわめて 극히, 매우	☐ 互いに 서로	☐ もっと 더, 더욱
☐ くまなく 샅샅이	☐ 確かに 틀림없이, 확실히	☐ 最も 가장, 제일
☐ こっそり 살짝	☐ ただ 단지, 다만	☐ もっぱら 오직, 오로지
☐ さすがに 과연	☐ たちまち 금세, 순식간에	☐ やがて 이윽고
☐ しっかり 꽉, 튼튼히, 확실히	☐ たっぷり 충분한 모양, 넉넉히	☐ やっと 겨우, 간신히
☐ じっくり 차분히, 곰곰이	☐ だんだん 점점	☐ わざと 고의로(부정적)
☐ じっと 가만히, 꾹	☐ ちょっと(した) 조금, 약간	☐ わざわざ 일부러(긍정적)
☐ しばしば 자주, 종종	☐ ついに 드디어, 마침내	☐ わずか 조금, 불과
☐ しばらく 잠시	☐ どうにか 간신히, 그럭저럭	☐ わりあい 비교적
☐ しみじみ 절실히	☐ 時々 때때로	

▶ 다음 (A), (B) 중 밑줄에 들어갈 적당한 부사를 고르세요.

1 _____つかまっていないと危ないです。 (A) こっそり (B) しっかり

2 出発まで時間は_____ある。 (A) じっくり (B) たっぷり

3 部屋は_____片付けてあった。 (A) きちんと (B) ちっとも

4 自分の罪を_____と認めた。 (A) あっさり (B) さっぱり

5 電気をつけると部屋が_____明るくなった。 (A) じっと (B) ずっと

6 チケットは_____30分で売り切れてしまった。 (A) わずか (B) わざと

7 雨は_____ひどくなった。 (A) せいぜい (B) ますます

8 このごろは_____寒くなった。 (A) たぶん (B) だいぶ

9 これは_____燃えない。 (A) なかなか (B) みるみる

10 彼は_____留守だった。 (A) わりあい (B) あいにく

11 あの子は_____大声を出してみんなを困らせた。 (A) わざと (B) わざわざ

12 _____あの声は中村さんだった。 (A) 確かに (B) たちまち

13 今のところでは_____分からない。 (A) はっきり (B) めっきり

14 あのことは_____忘れていた。 (A) じっくり (B) すっかり

15 _____電車に乗れた。 (A) ずっと (B) やっと

16 同じような事件が_____起る。 (A) しばしば (B) しみじみ

17 _____うまく行っている。 (A) せいぜい (B) わりあい

18 _____重要な問題 (A) 再び (B) きわめて

19 横道から_____飛び出した。 (A) いきなり (B) きっぱり

20 _____売り切れた。 (A) たちまち (B) こっそり

1 (B)	2 (B)	3 (A)	4 (A)	5 (B)	6 (A)	7 (B)	8 (B)	9 (A)	10 (B)
11 (A)	12 (A)	13 (A)	14 (B)	15 (B)	16 (A)	17 (B)	18 (B)	19 (A)	20 (A)

☐ あくまで 어디까지나, 끝까지	☐ しきりに 자꾸만, 연달아, 몹시	☐ とうてい 도저히, 아무리 해도
☐ あたかも 마치, 흡사	☐ 少しも 조금도	☐ とにかく 어쨌든
☐ あまり 그다지, 별로	☐ せっかく 모처럼	☐ とりわけ 특히
☐ あまりにも 너무나도	☐ 絶対に 절대로	☐ なにしろ 어쨌든, 여하튼
☐ いかに 아무리	☐ ぜひ 부디, 꼭	☐ なにとぞ 부디, 제발
☐ いくら 아무리	☐ せめて 적어도, 최소한, 하다못해	☐ ひとりでに 저절로
☐ いたって 극히	☐ 全然 전혀	☐ ひろびろと 널찍이
☐ 一向に 조금도, 전혀	☐ そろそろ 슬슬	☐ 不意に 불시에
☐ おそらく 아마, 필시	☐ たいして 그다지	☐ 誠に 진심으로, 정말로
☐ 思わず 무심코	☐ 絶えず 끊임없이	☐ まさか 설마
☐ 必ずしも 반드시(부정 표현)	☐ 確か 아마, 확실히	☐ まったく 전혀
☐ 必ずや 필시	☐ たとえ 비록	☐ まるで 마치
☐ かりに 만약	☐ 度々 자주	☐ 万一 만일
☐ かるがると 가볍게	☐ たぶん 아마도	☐ 万が一 만약에
☐ かわるがわる 교대로	☐ ちっとも 조금도	☐ まんざら 순전히
☐ 繰り返し 반복해서	☐ ちょうど 꼭, 정확히, 마치	☐ みるみる 순식간에
☐ くれぐれも 부디	☐ 常に 늘, 항상	☐ めったに 거의, 좀처럼
☐ けっして 결코	☐ ついに 드디어	☐ もし 만일
☐ さぞ 필시, 추측건대	☐ てっきり 틀림없이	☐ もとより 물론, 원래
☐ さっぱり 전혀	☐ どうか 제발, 아무쪼록	☐ 夢にも 꿈에도
☐ さながら 마치	☐ どうせ 어차피	☐ ろくに 제대로, 변변히(부정적)
☐ さも 아주, 참으로	☐ どうぞ 부디, 어서	

▶ 다음 (A), (B) 중 밑줄에 들어갈 적당한 부사를 고르세요.

1 ＿＿＿＿＿遊びに来てください。　　(A) さぞ　　　　(B) ぜひ

2 あの事件は＿＿＿＿＿忘れられない。　　(A) けっして　　(B) きわめて

3 引っ越しの後、＿＿＿＿＿連絡がない。　　(A) もっぱら　　(B) さっぱり

4 次のバスも＿＿＿＿＿満員でしょう。　　(A) たいして　　(B) おそらく

5 ＿＿＿＿＿間に合った。　　(A) ちょっと　　(B) ちょうど

6 ＿＿＿＿＿負けるとは思わなかった。　　(A) まさか　　(B) ろくに

7 ＿＿＿＿＿泣いても誰も来ない。　　(A) やがて　　(B) いくら

8 ＿＿＿＿＿仕事もできない。　　(A) ろくに　　(B) いかに

9 中国語は＿＿＿＿＿分からない。　　(A) 全然　　　(B) ずいぶん

10 ＿＿＿＿＿命だけでも助けてください。　　(A) ついに　　(B) せめて

11 ＿＿＿＿＿夢のような話　　(A) たとえ　　(B) まるで

12 高い物が＿＿＿＿＿上等ではない。　　(A) 必ずしも　　(B) かるがると

13 ＿＿＿＿＿戦う。　　(A) あくまで　　(B) きわめて

14 ＿＿＿＿＿来たのに会えなかった。　　(A) そろそろ　　(B) せっかく

15 火事は＿＿＿＿＿広がった。　　(A) なにとぞ　　(B) みるみる

16 ＿＿＿＿＿節約している。　　(A) 常に　　　(B) どうぞ

17 ＿＿＿＿＿見られない物　　(A) ちょっと　　(B) めったに

18 ＿＿＿＿＿始まる時間だ。　　(A) いっさい　　(B) そろそろ

19 ＿＿＿＿＿ありがとうございます。　　(A) 誠に　　　(B) 思わず

20 ＿＿＿＿＿話にならない。　　(A) まったく　　(B) くまなく

1 (B)	2 (A)	3 (B)	4 (B)	5 (B)	6 (A)	7 (B)	8 (A)	9 (A)	10 (B)
11 (B)	12 (A)	13 (A)	14 (B)	15 (B)	16 (A)	17 (B)	18 (B)	19 (A)	20 (A)

2 접속사

☐ あるいは 또는, 혹은	☐ そのうえ 더구나, 게다가	☐ ただし 단, 다만
☐ おまけに 게다가	☐ そのくせ 그럼에도 불구하고	☐ では 그러면
☐ が 그러나, 그렇지만	☐ それで 그래서, 그러므로	☐ でも 그렇지만
☐ かつ 또한	☐ それでこそ 그래야만	☐ ところが 그런데, 하지만
☐ けれど(も) 그렇지만	☐ それでも 그런데도	☐ ところで 그런데(화제 전환)
☐ さて 그런데, 그건 그렇다 치고	☐ それとも 그렇지 않으면	☐ とはいえ 그렇다 하더라도
☐ しかし 그러나	☐ それなのに 그런데	☐ ないしは 내지는
☐ しかしながら 그렇다고는 하나	☐ それに 게다가	☐ なお 더욱이, 또한
☐ しかも 더구나, 게다가	☐ それにしても 그렇다 해도	☐ または 또는
☐ したがって 따라서	☐ それにもかかわらず 그럼에도 불구하고	☐ もしくは 혹은
☐ すると 그러자, 그러면	☐ だが 하지만	☐ ゆえに 그러므로
☐ そこで 그래서	☐ だから 그래서, 그러므로	
☐ そして 그리고	☐ だからこそ 그렇기 때문에	

3 연체사

☐ あくる 다음	☐ おかしな 이상한, 우스운	☐ 去る 지난
☐ あらゆる 모든	☐ 思いきった 대담한	☐ 大した 대단한
☐ ある 어느, 어떤	☐ かかる 이러한	☐ とある 어느, 어떤
☐ いかなる 어떠한	☐ かの 저, 그	☐ とんだ 엉뚱한
☐ いろんな 여러 가지	☐ きたる 오는	☐ ほんの 그저 명색뿐인, 미미한
☐ いわゆる 소위, 이른바	☐ さしたる 그다지, 별반	☐ れいの 예의 그

▶ 다음 (A), (B) 중 밑줄에 들어갈 적당한 접속사, 연체사를 고르세요.

1 昨夜、寝られなかった。_____頭が痛い。 (A) そして (B) それで

2 _____「引きこもり」が問題になっている。 (A) いかなる (B) いわゆる

3 咳が出る。_____熱もある。 (A) そのうえ (B) もしくは

4 進学するか_____就職するか迷っている。 (A) あらゆる (B) あるいは

5 パンにしますか、_____ライスにしますか。 (A) それでも (B) それとも

6 大雨が降っている。_____風も強い。 (A) おまけに (B) そのくせ

7 自由に見てもいい。_____触ってはいけない。 (A) ただし (B) しかも

8 ペン_____鉛筆を用意してください。 (A) ところで (B) もしくは

9 _____、試合のことはどうなった？ (A) さて (B) ただ

10 ボタンを押した。_____ドアが開いた。 (A) すると (B) けれど

11 春_____、今朝はまだまだ寒かった。 (A) さしたる (B) とはいえ

12 _____デザイン (A) 思いきった (B) それでも

13 _____おしるしです。 (A) とんだ (B) ほんの

14 今のところ、_____困難はない。 (A) あくる (B) さしたる

15 _____5月に結婚するそうだ。 (A) きたる (B) 去る

16 休みのはずだが_____にぎやかだ。 (A) それにしても (B) したがって

17 _____あの件はどうなったんですか。 (A) ところで (B) どころか

18 _____手段をつくす。 (A) さしたる (B) あらゆる

19 _____病気になったのだ。 (A) だから (B) または

20 彼は、体は小さい。_____よく食べる。 (A) それで (B) そのくせ

1 (B)	2 (B)	3 (A)	4 (B)	5 (B)	6 (A)	7 (A)	8 (B)	9 (A)	10 (A)
11 (B)	12 (A)	13 (B)	14 (B)	15 (A)	16 (A)	17 (A)	18 (B)	19 (A)	20 (B)

1 必ず・きっと・ぜひ

必ず는 필연성이 강한 표현으로, 100%의 확신이 있을 때 사용하며, きっと는 必ず 보다 확신이 없으며 단순 사실에 근거한 추측 표현이 같이 올 수 있다. ぜひ는 말하는 사람의 희망 사항이나 의뢰를 나타낼 때 사용한다.

1) **必ず** 반드시, 꼭

   ex あの二人は会えば必ずけんかをする。 저 두 사람은 만나면 꼭 싸운다.

2) **きっと** 꼭

   ex 彼はきっと来ると思います。 그는 꼭 올 거라고 생각합니다.

3) **ぜひ** 부디, 꼭

   ex ぜひお会いしたいです。 꼭 만나 뵙고 싶습니다.

2 かえって・むしろ

かえって는 좋은 결과에 위반되는 부작용의 의미가 있으며, むしろ는 かえって와 달리 부정적인 평가는 나타내지 않고 선택적 의미를 나타낸다.

1) **かえって** 도리어, 오히려, 반대로
   ex 儲かるどころかかえって大損だ。 벌기는커녕 도리어 큰 손해다.

2) **むしろ** 오히려, 차라리
   ex あの人は小説家というよりむしろ詩人だ。 저 사람은 소설가라기보다 오히려 시인이다.

3 わざと・わざわざ

わざと는 고의성이나 악의가 있을 때 또는 자기 이익을 도모하기 위해 '고의적으로'라는 의미를 나타낼 때 사용한다. 반면 わざわざ는 남을 배려하는 마음으로 '성의껏', '특별히' 라는 의미를 내포하고 있다.

1) **わざと** 고의로, 일부러

   ex わざと聞こえないふりをする。 일부러 들리지 않는 체하다.

2) **わざわざ** 일부러, 특별히

   ex わざわざ話を聞きに行く。 일부러 이야기를 들으러 간다.

4 시험에 꼭 출제되는 주요 구문

1) **せっかく〜のに** 모처럼 〜인데

   ex せっかく持ってきたのに全然使わなかった。 모처럼 갖고 왔는데 전혀 사용하지 않았다.

2) **なかなか〜ない** 좀처럼 〜지 않다

   ex 会議はなかなか終わらない。 회의는 좀처럼 끝나지 않는다.

3) **めったに〜ない** 좀처럼 〜지 않다, 거의 〜지 않다

   ex こんな機会はめったにない。 이런 기회는 좀처럼 없다.

4) **必ずしも〜ない** 반드시 〜인 것은 아니다

   ex 必ずしも成功するとは限らない。 반드시 성공한다고 단정지을 수는 없다.

5) **たぶん〜でしょう** 아마도 〜이겠지요

   ex たぶん明日は出席するでしょう。 아마도 내일은 출석하겠지요.

6) **あまり〜ない** 그다지 〜않다

   ex 学校まではあまり遠くない。 학교까지는 그다지 멀지 않다.

7) **まるで〜のようだ** 마치 〜인 것 같다

   ex まるで漫画の主人公のようだ。 마치 만화 주인공 같다.

8) **〜にもかかわらず** 〜에도 불구하고

   ex 習ったにもかかわらず全然覚えていない。 배웠음에도 불구하고 전혀 기억나지 않는다.

9) **たとえ・たとい〜ても** 비록 〜라 해도, 아무리 〜라 해도

   ex たとえ大雪が降っても帰らなければならない。 비록 많은 눈이 내린다 해도 돌아가야 한다.

실전 감각 **익히기**

PART 6 오문정정

1 先生が<u>わざ</u>と<u>漢字</u>に<u>読み</u>がなを<u>つけて</u>くださったのでとても
      (A)   (B)   (C)

  <u>読みやすかった</u>。
     (D)

2 <u>とうてい</u>我慢できない。<u>たとえ</u> <u>恨まれると</u> <u>言う</u>べきことは言う。
    (A)   (B)   (C)   (D)

3 <u>なかなか</u>旅行に<u>来た</u>んだから、仕事の<u>こと</u>を考える<u>の</u>はやめよう。
    (A)   (B)   (C)   (D)

PART 7 공란 메우기

4 頭がいいからといって、＿＿＿＿＿トップになれるわけではない。

  (A) あたかも   (B) 必ずしも

  (C) あらゆる   (D) おまけに

5 あまり遠くないから車より＿＿＿＿＿歩いた方がいいかもしれない。

  (A) まるで   (B) あまり

  (C) かえって   (D) わざと

6 中田さんのことなら、彼は＿＿＿＿＿知っているに違いない。

  (A) きっと   (B) ぜひ

  (C) めったに   (D) たとえ

---

1 선생님이 <u>일부러</u> 한자에 요미가나를 달아 주셨기 때문에 매우 읽기 쉬웠다. ▶ (A) → わざわざ

  · 読(よ)みがな : 한자 등의 읽는 법을 나타내는 글자

2 도저히 참을 수 없다. 설령 원망을 <u>듣더라도</u> 해야 할 말은 하겠다.
  ▶ (C) → 恨(うら)まれても

3 모처럼 여행을 왔으니까 일에 관한 생각은 그만하자.
  ▶ (A) → せっかく

4 머리가 좋다고 해서 <u>반드시</u> 톱(Top)이 될 수 있는 것은 아니다. ▶ (B)

5 그다지 멀지 않으니까 차보다 <u>오히려</u> 걷는 편이 나을지도 모른다.
  ▶ (C)

6 나카타 씨에 관한 일이라면, 그는 <u>틀림없이</u> 알고 있을 것이다. ▶ (A)

PART 6 오문정정

下の_____線の(A), (B), (C), (D)の言葉の中で正しくない言葉を一つ選びなさい。

1 お酒はビール<u>に</u> <u>します</u>か、<u>けれど</u> <u>焼酎</u>にしますか。
　　　　　　　(A)　　(B)　　　　(C)　　(D)

2 <u>あらゆる</u>子どもだ<u>といっても</u><u>善悪</u>のけじめは<u>つけなくてはいけない</u>。
　　(A)　　　　　　　　(B)　　　(C)　　　　　　(D)

3 体力<u>は</u>衰えた<u>そのうえ</u>、<u>まだまだ</u>若い者<u>には</u>負けない。
　　　(A)　　　(B)　　　　(C)　　　　(D)

4 最近、<u>かなり</u>出勤していない彼女には<u>何か</u>うしろめたい<u>こと</u>がある<u>らしい</u>。
　　　　(A)　　　　　　　　　　　　(B)　　　　　　(C)　　　(D)

5 <u>読んだ</u>本は、<u>めっきり</u>元の<u>ところ</u>に<u>戻す</u>ようにしてください。
　　(A)　　　　(B)　　　(C)　　(D)

6 <u>今</u>の若者<u>たち</u>は勉強も恋愛も<u>せいぜい</u><u>して</u>いますね。
　(A)　　　(B)　　　　　　　　(C)　　(D)

7 お手洗いはここ<u>を</u> <u>まったく</u>行く<u>と</u>、<u>突き当たり</u>にあります。
　　　　　　　(A)　　(B)　　　(C)　　(D)

8 <u>むしろ</u>今日<u>の</u>テストでこの問題が<u>出る</u>とは<u>考えて</u>いなかった。
　(A)　　　(B)　　　　　　　　(C)　　　(D)

9 日本語を勉強<u>してから</u> <u>もう</u>3ヶ月<u>に</u>なりますが、<u>たっぷり</u>面白くなってきました。
　　　　　　　(A)　　　(B)　　(C)　　　　　　(D)

10 あの人は<u>ぜひ</u>約束を守る<u>人</u>なので欠席は<u>しない</u> <u>はず</u>です。
　　　　　(A)　　　　　(B)　　　　　(C)　　(D)

PART 7 공란 메우기

下の_____線に入る適当な言葉を(A)から(D)の中で一つ選びなさい。

11 今日は私の誕生日なのに彼からプレゼント_____電話もない。

(A) あたかも　　　(B) ところで　　　(C) どころか　　　(D) なにとぞ

12 だれが犯人なのかは_____分かるだろう。

(A) どうか　　　(B) いまに　　　(C) 必ずしも　　　(D) ずっと

13 ＿＿＿＿＿＿＿＿10月7日に体育大会が開かれるそうです。

    (A) さる   (B) ほんの   (C) きたる   (D) さしたる

14 むかしむかし、＿＿＿＿＿＿＿＿日のことでした。

    (A) あらゆる   (B) きたる   (C) いわゆる   (D) ある

15 仕事が＿＿＿＿＿＿＿＿はかどらなくて、いらいらしています。

    (A) まさか   (B) いっこうに   (C) すでに   (D) かなり

16 休日は＿＿＿＿＿＿＿＿ネットフリックスで韓国ドラマばかりを見ています。

    (A) まったく   (B) もっぱら   (C) きっぱり   (D) そっと

17 良子さんは頭はいいです。＿＿＿＿＿＿＿＿あまり勉強はしないんです。

    (A) それで   (B) すると   (C) しかも   (D) でも

18 借金だらけの山口さんにお金を貸してほしいと頼まれたが、＿＿＿＿＿＿＿＿断った。

    (A) きっぱり   (B) ぎっしり   (C) さっぱり   (D) すっかり

19 旅行に行く時、ホテルは＿＿＿＿＿＿＿＿航空券も確認した方がいい。

    (A) とにかく   (B) しきりに   (C) あくまで   (D) もとより

20 運動神経がいいからといって、＿＿＿＿＿＿＿＿全てのスポーツが上手とは言えません。

    (A) あらかじめ   (B) せいぜい   (C) 必ずしも   (D) くれぐれも

PART 5 정답찾기

下の_____線の言葉の正しい表現、または同じ意味のはたらきをしている言葉を(A)から(D)の中で一つ選びなさい。

1 友だちからもらったそのお菓子はとっくに賞味期限を過ぎていた。

(A) ずっと前に (B) 慌てて (C) 今に (D) とにかく

2 今週は予定がぎっしりつまっている。おまけに来週は東京への出張の予定もある。

(A) まれに (B) その上に (C) なにしろ (D) あくまで

3 コロナウイルスの感染者の中で若年層は軽症または無症状患者の割合が多いそうだ。

(A) とりわけ (B) おまけに (C) ただし (D) もしくは

4 まるで何かに追われているみたいに、彼は急いで走っていった。

(A) ついに (B) たとえ (C) あたかも (D) とうてい

5 その店ではあらゆる種類の品物を売っているので買い物に便利です。

(A) すべての (B) 大体の (C) 難しい (D) 新しい

6 フォーブスの発表によると日本企業で最も信頼できる企業はゲームメーカーの任天堂だそうです。

(A) 最近 (B) 一番 (C) わりに (D) ずっと

PART 6 오문정정

下の_____線の(A), (B), (C), (D)の言葉の中で正しくない言葉を一つ選びなさい。

7 道路では必ず子どもが飛び出してくることがあるから、気をつけましょう。
　　　　　　(A)　　　　　　(B)　　　(C)　　　　　　　　　(D)

8 急ぎの件ですから、今日中にファックス、ゆえに、メールで送ってください。
　(A)　　　　　　(B)　　　　　　　(C)　　　　(D)

9 田中さんは今日のコンパにはかなり出席しないでしょう。
　　　　　　(A)　　　　(B)　(C)　　　　　(D)

10 今度引っ越したアパートから会社までは 歩いて そろそろ5分です。
　　　　　　　　(A)　　　　　　　　　(B)　　(C)　　(D)

11 私の趣味や出身地を忘れられるのはいいけど、とうとう名前ぐらいは覚えてもらいたい。
　　　　　(A)　　　　　　　　　(B)　　　　　　　　　(C)　　　　　　　　　(D)

下の＿＿＿＿線に入る適当な言葉を(A)から(D)の中で一つ選びなさい。

12 あの学校は＿＿＿＿＿女の先生の比率が高い。
(A) ますます　　(B) わりあいに　　(C) しばらく　　(D) やっと

13 この温泉ははじめて来たんだが、ここが＿＿＿＿気に入ってしまった。
(A) きちんと　　(B) あくまで　　(C) まったく　　(D) すっかり

14 ＿＿＿＿やらなくちゃいけないなら、日曜日に働くより金曜日に残業して片づけてしまう方がましだ。
(A) ただ　　(B) わざと　　(C) どうせ　　(D) どうにか

15 10年ぶりに会った彼女は＿＿＿＿変わっていなかった。
(A) あっさり　　(B) ふいに　　(C) ちょうど　　(D) 少しも

16 この薬は＿＿＿＿病気にきくと言われるが、信じられない。
(A) あらゆる　　(B) きたる　　(C) さしたる　　(D) とんだ

17 重いものを運んだり、図面を読んだり、＿＿＿＿大工は大変な仕事である。
(A) 大した　　(B) とんだ　　(C) ただし　　(D) 確かに

18 ＿＿＿＿雨が降り出しそうな天気です。
(A) 今にも　　(B) 今でも　　(C) 少しも　　(D) せめて

19 大学生の時から20年間毎日たばこを1箱吸っていたが、今日から＿＿＿＿やめることにした。
(A) ゆっくり　　(B) めっきり　　(C) きっぱり　　(D) すっかり

20 ＿＿＿＿冗談であったとしても、相手を傷つけるような発言はよくないと思う。
(A) 必ずしも　　(B) まっすぐ　　(C) なかなか　　(D) たとえ

7 경어, 의성어·의태어

한국어나 일본어는 경어가 꽤 발달해 있어 외국어로서 한국어나 일본어를 공부하는 사람들은 난관에 부딪히기도 한다. 특히 두 나라의 경어 의식에는 차이가 있기 때문에 그 차이를 이해하는 것이 무엇보다 중요하다.

お父様は貿易会社に勤めていらっしゃいます。(×)
저희 아버님은 무역회사에 근무하고 계십니다.

위 예문에서 한국어 표현은 그다지 문제가 없어 보이지만, 일본어 표현만으로 보자면 큰 문제가 나타난다. 일본어의 경어에서 남에게 이야기할 때, 자신을 포함하여 자기의 가족이나 자기 쪽 사람에 대해서는 경어를 사용하지 않기 때문이다.

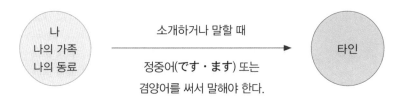

따라서 위 예문은 다음과 같이 바꿔 써야 한다.

父は貿易会社に勤めています・おります。(○)
저희 아버지는 무역회사에 근무하고 있습니다.

이렇게 일본어는 '나'를 기준으로 '나의 쪽' 사람인지 아닌지에 따라 경어를 나누어 사용한다. 나와 나의 가족이나 동료가 아닌, 상대방이나 상대방의 가족, 상대방 회사 사람에 대해서는 경어 사용을 잊으면 안 된다.

한 가지 더, 일본어의 경어는 일반적으로 ① 존경어(상대방이나 화제에 등장한 인물을 높이는 말씨), ② 겸양어(자신을 낮추어 말함으로써 상대방을 간접적으로 높이는 말씨), ③ 정중어(공손하게 표현하는 말씨)로 나누어 사용하기 때문에 각각의 경어 표현이나 사용 장면에 특히 주의할 필요가 있다.

한편, 의성어·의태어는 시험에서 차지하는 비중이 그다지 크지 않아 가볍게 여기는 경향이 많은 듯 하다. 하지만, 의미를 모르고 있으면 전혀 손을 댈 수 없기 때문에 시험에 자주 출제되는 단어나 일상생활에서 자주 쓰일 수 있는 단어를 중심으로 그 의미를 확실히 외워 둘 필요가 있다.

다만, 단어만으로는 연상이 잘 안 되어 외우기 힘드므로, 단어와 그에 연결되는 동사 등을 짝을 지어 숙어처럼 암기해 두는 게 좋다. 예를 들어, **とぼとぼ**(터벅터벅), **すくすく**(무럭무럭), **すやすや**(새근새근)라는 단어의 경우, 아래와 같은 방법으로 공부하면 외우기도 쉬워지고 좀 더 오래 기억될 수 있다.

ex

一人でとぼとぼと歩いた。 혼자 터벅터벅 걸었다.

子どもはすくすく育った。 아이는 무럭무럭 자라났다.

赤ちゃんがすやすや眠っている。 아기가 새근새근 자고 있다.

또한, 운동이나 공포, 불안 등으로 가슴이 뛰는 모양을 나타내는 **どきどき**(두근두근)나, 기쁨, 기대 등으로 마음이 설레는 모양을 나타내는 **わくわく**(두근두근)와 같이, 비슷한 표현은 같은 그룹으로 묶어 느낌의 차이를 이해하며 외우는 게 좋다.

ex

今、試合が終わったばかりで、まだ胸がどきどきする。
지금 막 시합이 끝나서, 아직 가슴이 두근거린다.

わくわくしながら遠足の日を待つ。 설레는 마음으로 소풍 가는 날을 기다린다.

1 경어

1) 경어 표현 익히기

기본형	존경어	겸양어
する 하다	なさる 하시다	致す 하다
いる 있다	いらっしゃる・おいでになる 계시다	おる 있다
行く 가다	いらっしゃる・おいでになる お越しになる 가시다	参る 가다
来る 오다	いらっしゃる・おいでになる お見えになる・お越しになる 오시다	参る 오다
言う 말하다	おっしゃる 말씀하시다	申す・申し上げる 말하다, 말씀 드리다
見る 보다	ご覧になる 보시다	拝見する 삼가 보다
くれる 남이 나에게 주다	下さる 주시다	
やる・あげる 내가 남에게 주다		差し上げる 드리다, 바치다
知る 알다	ご存じだ 아시다	存じる・存じ上げる 알다
会う 만나다		お目にかかる 만나 뵙다
食べる・飲む 먹다, 마시다	召し上がる 드시다	いただく 먹다
もらう 받다		いただく 받다
聞く 묻다, 듣다		伺う・承る・拝聴する 여쭙다, 듣다
借りる 빌리다		拝借する 빌리다

2) 접두어, 접미어

(1) 접두어

접두어	예		접두어	예	
お・ご	お名前（なまえ） 이름, 성함		真（ま）っ	真（ま）っ赤（か） 새 빨강	
	ご案内（あんない） 안내			真（ま）っ青（さお） 새 파랑	
素（す）	素足（すあし） 맨발		真（ま）ん	真（ま）ん中（なか） 한가운데	
	素手（すで） 맨손			真（ま）ん丸（まる） 아주 동그람	
真（ま）	真昼（まひる） 한 낮		当（とう）	当銀行（とうぎんこう） 당 은행, 우리 은행	
	真夜中（まよなか） 한 밤(중)			当病院（とうびょういん） 당 병원	

(2) 접두어 **お・ご**는 '존경과 겸양'의 의미를 나타내며, 순수 일본어에는 **お**를, 한자어에는 **ご**를 붙인다. 그러나 한자어라도 일상생활에서 자주 쓰이는 단어에는 **お**를 쓰기도 한다.

> **ex** お返事（へんじ） 답장　　お宅（たく） 댁　　お国（くに） 고향　　お名前（なまえ） 성함
> ご両親（りょうしん） 부모님　　ご家族（かぞく） 가족　　ご案内（あんない） 안내　　ご主人（しゅじん） 남편 분

(3) 한편 접두어 **お・ご**는 품위있고 정중하게 말하기 위해 붙이기도 한다. 이런 것을 '미화어'라고 하는데 대부분은 관용적으로 굳어진 표현이다.

> **ex** お皿（さら） 접시　　お食事（しょくじ） 식사　　お茶（ちゃ） 차　　お弁当（べんとう） 도시락
> ご飯（はん） 밥　　ご兄弟（きょうだい） 형제　　ご連絡（れんらく） 연락　　ご指導（しどう） 지도

(4) 접미어

접미어	예	접미어	예
さん	お兄さん 형님, 오빠 中村さん 나카무라 씨	目	2番目 두 번째 3年目 3년째
様	お父様 아버님 神様 '신'의 높임말	的	政治的 여성적 人間的 인간적
たち	私たち 우리들 子どもたち 아이들	がてら	遊びがてら 노는 김에 買い物がてら 쇼핑하는 김에
ら	ぼくら 우리들 学生ら 학생들	だらけ	泥だらけ 진흙투성이 油だらけ 기름투성이

ex ここにお名前とご住所をお書きください。 여기에 성함과 주소를 써 주세요.

さとみさんとのぞみさんはお友だちですか。 사토미 씨와 노조미 씨는 친구십니까?

+참고 일본어에서는 경어 의식에 의해 가족 호칭도 달라진다. 자기 가족끼리 있을 때나, 남의 가족을 가리킬 때 お父さん(아버지)·お母さん(어머니)·お兄さん(오빠/형)·お姉さん(누나/언니)라 하고, 남 앞에서 자기 가족을 가리킬 때 ちち(아버지)·はは(어머니)·あに(오빠/형))·あね(누나/언니)라고 한다.

2 의성어 · 의태어

1) 얼굴 표정과 관련된 표현

① いきいき 생기 있는 모양

> **ex** いきいきとした顔つき 생기 있는 표정

② げらげら 껄껄(거침없이 큰소리로 웃는 모양)

> **ex** 大声を出してげらげら笑う。 큰소리를 내어 껄껄 웃다.

③ しくしく 훌쩍훌쩍(힘없이 우는 모양)

> **ex** 子どもはしくしく泣き出した。 아이는 훌쩍훌쩍 울기 시작했다.

④ ぶつぶつ・ぶうぶう 투덜투덜(불평이나 잔소리를 하는 모양)

> **ex** 何をぶつぶつ独り言を言っているの？ 무얼 혼자서 투덜거리고 있니?

2) 동작과 관련된 표현

① くるくる 뱅글뱅글(돌아가는 모양)

> **ex** 風車がくるくると回る。 바람개비가 뱅글뱅글 돌다.

② ぐったり 녹초가 된 모양, 축 늘어진 모양

> **ex** 暑さで草木もぐったりしている。 더위로 초목도 축 늘어져 있다.

③ ごくごく 벌컥벌컥(액체를 세차게 마시는 모양)

> **ex** ごくごくと水を飲む。 벌컥벌컥 물을 마시다.

④ こそこそ 살금살금, 소곤소곤(몰래 하는 모양)

> **ex** こそこそと逃げ出す。 살금살금 도망치다.

⑤ ころころ 데굴데굴(작은 것이 구르는 모양)

> **ex** 石はころころと転がっていった。 돌은 데굴데굴 굴러갔다.

⑥ こっそり 살짝, 남몰래(몰래 하는 모양)

> **ex** こっそりドアのすきまから中を覗く。 살짝 문틈으로 안을 들여다보다.

⑦ もぐもぐ 우물우물(입을 다물고 씹는 모양)

> **ex** 何かをもぐもぐ食べている。 뭔가를 우물우물 먹고 있다.

⑧ よろよろ 비틀거리는 모양, 휘청거리는 모양

> **ex** 無理をして足がよろよろする。 무리를 해서 다리가 휘청거린다.

3) 상태, 모양과 관련된 표현

① かさかさ 꺼칠꺼칠(말라서 물기가 없는 모양, 윤기가 없는 모양)
ex 皮膚がかさかさになる。 피부가 꺼칠해지다.

② かちかち (긴장으로) 몸이 굳어진 모양 / 딱딱(물건이 부딪치는 소리)
ex 面接の時、緊張してかちかちになった。 면접 때, 긴장해서 몸이 굳어졌다.
時計がかちかちと動いている。 시계가 딱딱 소리를 내며 작동하고 있다.

③ きっちり 딱, 꼭(딱 들어맞는 모양)
ex 部品を穴にきっちりはめこんだ。 부품을 구멍에 꼭 맞게 끼워 넣었다.

④ ぐんと 한층, 쑥(차이가 많은 모양)
ex 成績がぐんと上がった。 성적이 쑥 올랐다.

⑤ さやさや 바스락 거리는 소리
ex 竹の葉がさやさやと鳴る。 대나무 잎이 바스락거린다.

⑥ ざらざら 까칠까칠(감촉이 거친 모양)
ex 表面がざらざらした紙 표면이 까칠까칠한 종이

⑦ しとしと 부슬부슬(비가 조용히 내리는 모양)
ex 朝から雨がしとしと降っている。 아침부터 비가 부슬부슬 내리고 있다.

⑧ だぶだぶ 옷 따위가 헐렁한 모양
ex だぶだぶの服 헐렁한 옷

⑨ たらたら 뚝뚝, 줄줄(액체가 방울져 떨어지는 모양)
ex 額から汗がたらたら流れる。 이마에서 땀이 줄줄 흐른다.

⑩ ちらほら 드문드문 보이는 모양
ex 人影がちらほら見える。 사람 모습이 드문드문 보인다.

⑪ どろどろ 진흙투성이가 된 모양
ex 靴がどろどろになった。 구두가 온통 진흙투성이가 되었다.

⑫ ぬるぬる 미끈미끈
ex 油でぬるぬるした手 기름으로 미끈미끈한 손

⑬ ねばねば　끈적끈적한 모양

ex ねばねばを洗い落とす。끈적임을 씻어내다.

⑭ びしょびしょ　흠뻑 젖은 모양

ex 雨で服がびしょびしょになる。비를 맞아 옷이 흠뻑 젖다.

⑮ ほやほや　따끈따끈한 모양

ex この店では焼きたてのほやほやのパンが買える。이 가게에서는 갓 구운 따끈따끈한 빵을 살 수 있다.

⑯ ぼろぼろ　너덜너덜(물건이나 천 등이 너덜너덜해진 모양)

ex ぼろぼろの辞書　너덜너덜한 사전

⑰ ゆらゆら　흔들흔들, 한들한들

ex 小舟がゆらゆら揺れている。작은 배가 흔들흔들 흔들리고 있다.

4) 마음 상태와 관련된 표현

① あたふた　허둥지둥(당황하는 모양)

ex あたふたと家に駆け込んだ。허둥지둥 집으로 뛰어들었다.

② いじいじ　주뼛주뼛(주눅 든 모양)

ex いじいじと答える。주뼛주뼛 대답하다.

③ いらいら　안절부절(초조한 모양)

ex 部屋の中を行ったり来たりしながらいらいらしている。방 안을 왔다 갔다 하며 안절부절하고 있다.

④ うずうず　근질근질(좀이 쑤시는 모양)

ex 遊びに出たくてうずうずする。놀러 나가고 싶어서 좀이 쑤신다.

⑤ おずおず　머뭇거리는 모양, 머뭇머뭇

ex 遅刻をした中野さんはおずおずと教室に入ってきた。
지각을 한 나카노 씨는 머뭇거리며 교실에 들어왔다.

⑥ がたがた　부들부들(몹시 떠는 모양, 덜덜) / 덜그럭거리는 소리

ex 恐ろしさのため、がたがたふるえている。무서워서 부들부들 떨고 있다.

風でドアががたがた揺れる。바람 때문에 문이 덜그럭거리며 흔들린다.

⑦ くよくよ　끙끙(사소한 일을 걱정하는 모양)

ex 一人でくよくよしないで話してごらん。혼자 끙끙거리지 말고 말해 보렴.

⑧ **ぐずぐず** 우물쭈물(머뭇거리는 모양) / 투덜투덜

   ex ぐずぐずしないで早くやりなさい。우물쭈물하지 말고 빨리 해라.

      ぐずぐず文句を言う。투덜투덜 불평을 하다.

⑨ **そわそわ** 안절부절

   ex そわそわと周りを見る。안절부절못하며 주위를 둘러보다.

⑩ **まごまご** 우물쭈물(망설이는 모양)

   ex 突然、名前を呼ばれてまごまごしてしまった。 갑자기 이름을 불려 머뭇거리고 말았다.

⑪ **らくらく** 편안히 / 손쉽게, 가볍게

   ex 司法試験にらくらくパスした。 사법 시험에 가볍게 통과했다.

▶ 다음 밑줄에 들어갈 적당한 표현을 (A), (B) 중에서 고르시오.

1	私の_____はテレビを見ています。	(A) ご主人	(B) 主人
2	メールを読んで_____ください。	(A) お返事	(B) お連絡
3	明日は私の_____の誕生日です。	(A) お母さん	(B) 母
4	おたばこは_____ください。	(A) ご遠慮	(B) 遠慮
5	少々_____ください。	(A) 待ち	(B) お待ち
6	お客様にご案内_____。	(A) いたします	(B) なさいます
7	先生はいつ_____か。	(A) いらっしゃいます	(B) まいります
8	社長もサッカーを_____になりましたか。	(A) はいけん	(B) ごらん
9	あのかばんは私が_____します。	(A) 持ち	(B) お持ち
10	来週、父が_____予定です。	(A) くる	(B) いらっしゃる
11	花が_____咲いている。	(A) ちらほら	(B) はらはら
12	_____とお酒を飲む。	(A) ころころ	(B) ごくごく
13	冬は皮膚が_____になる。	(A) かさかさ	(B) がたがた
14	_____小言を言う。	(A) ぶつぶつ	(B) げらげら
15	熱が出て_____する。	(A) きっちり	(B) ぐったり
16	食用油で手が_____している。	(A) ぬるぬる	(B) どろどろ
17	つまらないことで_____している。	(A) くるくる	(B) くよくよ
18	身も心も_____に傷つく。	(A) だぶだぶ	(B) ぼろぼろ
19	砂で_____の廊下	(A) ざらざら	(B) さらさら
20	_____と立ち上がって帰ろうとする。	(A) よろよろ	(B) くよくよ

1 (B)　2 (A)　3 (B)　4 (A)　5 (B)　6 (A)　7 (A)　8 (B)　9 (B)　10 (A)
11 (A)　12 (B)　13 (A)　14 (A)　15 (B)　16 (A)　17 (B)　18 (B)　19 (A)　20 (A)

1 존경 표현

1) **お + 동사의 ます형 + になる**
ご + 한자어 + になる 〕 ~하시다

> **ex** 読む 읽다 → お読みになる 읽으시다
>
> 利用する 이용하다 → ご利用になる 이용하시다
>
> この鍵、お使いになりますか。 이 열쇠, 사용하실 겁니까?
>
> 今日のプレゼンに社長もご出席になる予定です。 오늘 프리젠테이션에 사장님도 출석하실 예정입니다.

2) **お + 동사의 ます형 + ください**
ご + 한자어 + ください 〕 ~하십시오

> **ex** 待つ 기다리다 → お待ちください 기다려 주십시오
>
> 遠慮する 삼가다 → ご遠慮ください 삼가 주십시오
>
> どうぞ、お座りください。 자, 앉으세요.
>
> このクラスは田山先生がご担当ください。 이 반은 다야마 선생님이 담당해 주세요.

3) **お + 동사의 ます형 + です**
ご + 한자어 + です 〕 ~하십니다

> **ex** 申告はもうお済みですか。 신고는 이제 마치셨습니까?
>
> レジ袋はご利用ですか。 비닐봉투는 이용하시나요?

4) **お / ご + 형용사**

> **ex** お忙しいところ、ありがとうございます。 바쁘실 텐데 감사합니다.
>
> お好きなもの、お選びください。 좋아하시는 것, 고르세요.

2 겸양 표현

1) お + 동사의 ます형 + する・いたす ┐
ご + 한자어　　　 + する・いたす ┘ ～해 드리다

> ex 待つ 기다리다 → お待ちします 기다리겠습니다
> 連絡する 연락하다 → ご連絡いたします 연락 드리겠습니다
> 至急おつなぎしますので、少々お待ちください。 즉시 연결해 드릴 테니 잠시만 기다려 주십시오.
> 連絡がつきしだい、お知らせいたします。 연락이 닿는 대로 알려 드리겠습니다.
> ホテルにご案内いたします。 호텔로 안내해 드리겠습니다.

2) お + 동사의 ます형 + もらう・いただく ┐
ご + 한자어　　　 + もらう・いただく ┘ ～해 주시다

> ex 本日はお招きいただきまして、ありがとうございます。 오늘 초대해 주셔서 감사합니다.
> いつもご利用いただきありがとうございます。 항상 이용해 주셔서 감사합니다.

3) ～(は)いかがですか ～(은/는) 어떠십니까?

> ex お昼でもご一緒にいかがですか。 점심이라도 함께 어떠십니까?
> 今度の週末、ドライブでもいかがですか。 이번 주말, 드라이브라도 어떠십니까?

4) ～(さ)せていただく ～하겠다, ～하다

> ex それではお先に失礼させていただきます。 그러면 먼저 실례하겠습니다.
> これから発表させていただきます。 지금부터 발표하겠습니다.

실전 감각 익히기

PART 5 정답찾기

1 <u>先生に送っていただいた</u>百科事典は本当に役に立ちました。

(A) 先生にいただきたかった

(B) 先生に送ってあげた

(C) 先生が送ってくださった

(D) 先生が注文なさった

2 それでは遠慮なく<u>伺わせていただきます</u>。

(A) 質問します

(B) 質問してください

(C) 説明いたします

(D) 何でも聞いてください

PART 6 오문정정

3 はじめて おいでになった方は受付でお名前を申してください。
　　(A)　　　(B)　　　　　(C)　　　　　　(D)

4 ここは禁煙室 でございますので、おたばこはご遠慮してください。
　　　　(A)　　 (B)　　　　　　　(C)　　　(D)

PART 7 공란 메우기

5 日本に_____父に何回も手紙を出したのに返事が全然なくて心配
です。

(A) いる　　　　　　　　(B) いらっしゃる

(C) おっしゃる　　　　　(D) おありの

6 ご連絡_____どうもありがとうございます。

(A) もうして　　　　　　(B) いただき

(C) いたしまして　　　　(D) しまして

---

1 선생님께 보내 받은 백과사전은 정말 도움이 되었습니다. ▶ (C)

(A) 선생님께 받고 싶었던
(B) 선생님께 보내 드린
(C) 선생님께서 보내 주신
(D) 선생님께서 주문하신

· 百科事典(ひゃっかじてん) : 백과사전
· 役(やく)に立(た)つ : 도움이 되다

2 그럼 사양치 않고 여쭙겠습니다. ▶ (A)

(A) 질문하겠습니다
(B) 질문해 주세요
(C) 설명하겠습니다
(D) 무엇이든 물어봐 주세요

· 遠慮(えんりょ) : 삼감, 사양함

3 처음 오신 분은 접수처에서 성함을 말씀해 주세요. ▶ (D)→おっしゃって

· 受付(うけつけ) : 접수

4 이곳은 금연실이므로, 담배는 삼가 주십시오. ▶ (D)→ ご遠慮

❾ 존경표현「ご+한자어+ください (~해 주십시오)」이다.

5 일본에 <u>있는</u> 아버지께 몇 번이나 편지를 보냈는데, 답장이 전혀 없어서 걱정입니다. ▶ (A)

6 연락해 <u>주셔서</u> 대단히 감사합니다. ▶ (B)

· 連絡(れんらく) : 연락

공략 3 단계 실전 문제 풀기 1회

PART 5 정답찾기

下の＿＿＿＿線の言葉の正しい表現、または同じ意味のはたらきをしている言葉を(A)から(D)の中で一つ選びなさい。

1 インターネットで買った靴はサイズが合わずぶかぶかなので返品することにした。

    (A) とても重い   (B) とても軽い

    (C) とても小さい   (D) とても大きい

2 中村さんはのんびり屋なのでいつも約束の時間に遅れてくる。

    (A) 焦らない性格   (B) せっかちな

    (C) 時間にゆとりがない   (D) 急いでいる

PART 6 오문정정

下の＿＿＿＿線の(A), (B), (C), (D)の言葉の中で正しくない言葉を一つ選びなさい。

3 先生、ご用がおあるでしたら私におっしゃってください。
       (A)   (B)   (C)   (D)

4 申し訳ございませんが、今日は先約があるので先に帰らさせていただきます。
       (A)   (B)   (C)   (D)

5 お電話が遠くて声がよく聞こえませんので、もう少し大きな声でお話しいただきますか。
             (A)   (B)   (C)   (D)

6 お会いできなくて残念ですが、ご両親によろしく伝えください。
  (A)   (B)   (C)   (D)

7 何から何までお世話を受け、お礼の言葉もございません。
    (A)   (B)   (C)   (D)

8 修学旅行の行き先はまだ分かりません。決まったら、お知らせになります。
       (A) (B)   (C)   (D)

9 課長は今、取引先を回っていますので、午後にならなければ会社にいらっしゃいません。
       (A) (B)   (C)   (D)

10 電話をお借りにしたいんですが、使わせていただいてよろしいでしょうか。
      (A)   (B)   (C)   (D)

11 昨日頭が痛かったので、薬を飲んで早く寝たら、今朝はうきうき起きられた。
       (A)   (B)   (C)   (D)

12 忙しいのに30分も待たされて もぐもぐしてたばこばかり吸っている。
         (A)   (B)   (C)   (D)

下の_____線に入る適当な言葉を(A)から(D)の中で一つ選びなさい。

13 こちらのアプリがあれば最新の作品をいつでもどこでも_____になることが
    できます。
    (A) ぞんじ   (B) はいけん   (C) ごらん   (D) お目

14 実は先日_____大学院の進学のことでご相談したいんですが。
    (A) 申し上げた   (B) おっしゃった   (C) なさった   (D) 言った

15 お料理が冷めないうちに、どうぞ_____ください。
    (A) お飲みにして   (B) 差し上げて   (C) 申し上げて   (D) 召し上がって

16 空港行きのリムジンバスは何分おきにあるか_____でしょうか。
    (A) ごぞんじ   (B) ぞんじ   (C) わかり   (D) しり

17 バス停に一人で立っていた子どもは_____泣き出した。
    (A) しとしと   (B) しくしく   (C) さやさや   (D) ざあざあ

18 先生は普通、午後5時ごろ仕事を終えてお帰り_____。
    (A) ございます   (B) になります   (C) します   (D) いたします

19 外の音がうるさくてよく聞こえません。もう一度_____くださいませんか。
    (A) お聞きして   (B) おっしゃって
    (C) 申し上げて   (D) いらっしゃって

20 お客様のお荷物はこちらでお預かり_____。
    (A) いたします   (B) になります   (C) ください   (D) なります

공략3단계 **실전 문제 풀기 2회**

PART 5 정답찾기

下の_____線の言葉の正しい表現、または同じ意味のはたらきをしている言葉を(A)から(D)の中で一つ選びなさい。

1 13年前に買った新車がさすがにもうぼろぼろなので、今年こそ新しい車を買おうと思う。

(A) 使えるので (B) 便利なので

(C) 古くなったので (D) 高かったので

2 子どもたちが皆様のお越しになるのを楽しみにしています。

(A) 召し上がる (B) おっしゃる

(C) おいでくださる (D) ご覧になる

PART 6 오문정정

下の_____線の(A), (B), (C), (D)の言葉の中で正しくない言葉を一つ選びなさい。

3 鈴木さんが難しい試験に合格したので、ご両親も先生がたも喜んでおる。
　　　　　　　　　　　　(A)　　　　　　　　(B)　　(C)　　　　　　(D)

4 もう暗くなったし、雪も降りそうだからはらはら帰りましょうか。
　　　(A)　　　　　　　(B)　　　　　　(C)　　　　(D)

5 あの事件については私もご存じておりません。どうぞご了解ください。
　(A)　　　(B)　　　　　(C)　　　　　　　　　　(D)

6 高橋さんのお子さんは奥さんより主人によく似ています。
　　　　　　　(A)　　　　　　(B)　(C)　　　(D)

7 課長のところに新商品のサンプルをお送りになりましたが、受け取られましたか。
　　　(A)　　　　(B)　　　　　　(C)　　　　　　　　(D)

8 注文して1時間待っても私たちのテーブルには料理がこないので、だんだんうきうきしてきた。
　(A)　　　　　　　　　　　(B)　　　　　　　(C)　　　　　　(D)

9 雪が降ってきたがコートも着ていないし、手袋もマフラーもしていなかったので寒くて
　　　　　　　　　　(A)　　　　(B)　　　　　　　(C)

くるくる震えてきた。
(D)

10 公園の木の葉の色が変わりさらさらと散っていくのを見るとちょっと寂しくなる。
　　　　(A)　　　　　(B)　　　　　　　(C)　　　　　(D)

下の＿＿＿線に入る適当な言葉を(A)から(D)の中で一つ選びなさい。

11 今年大学を卒業した息子は仕事が見つからなくて、家で＿＿＿＿している。

    (A) あたふた   (B) ぐったり   (C) こそこそ   (D) ぶらぶら

12 雨が降っていますね。傘を＿＿＿＿＿。

    (A) 持ちますか   (B) 持ってもいいですか

    (C) お持ちになりますか   (D) 持ちにしますか

13 それじゃ、明日の午後4時にロッテホテルのコーヒーショップでお待ち＿＿＿＿。

    (A) になります   (B) しております

    (C) です   (D) でございます

14 お借りした日本語の雑誌は楽しく読ませて＿＿＿＿。

    (A) いただきました   (B) ください

    (C) ほしいです   (D) ございます

15 今日は何を着ていこうかと迷って＿＿＿＿していたら、いつも乗る電車に乗り遅れてしまった。

    (A) ぐずぐず   (B) ぶつぶつ   (C) うずうず   (D) がらがら

16 先生、少し体の具合が悪いので、＿＿＿＿いただきたいのですが。

    (A) 早退して   (B) 早退させて   (C) 早退されて   (D) 早退できて

17 品物は必ずお届け＿＿＿＿ので、しばらくお待ちください。

    (A) になります   (B) にします   (C) なります   (D) します

18 もう一度お確かめ＿＿＿＿おかけ直しください。

    (A) になって   (B) にして   (C) なって   (D) して

19 私が撮った写真を皆様に＿＿＿＿ことができて光栄です。

    (A) お目にする   (B) ご覧になる

    (C) お越しになる   (D) お見せする

20 高校に通っている兄の制服を着てみたら＿＿＿＿だった。

    (A) だぶだぶ   (B) ぶらぶら   (C) ねばねば   (D) がたがた

8 관용구, 속담

관용구나 속담은 의미만 이해하고 있으면 별 무리는 없는 파트이다. 각각의 관용구나 속담이 갖고 있는 기본적인 의미를 이해한 후 어떤 상황에서 그 표현이 사용되었는지를 눈여겨 봐 둘 필요가 있다. 관용구, 속담에 관한 문제는 많이 출제되는 것은 아니지만, 매번 시험에서 빠지지 않고 출제되는 파트이니 주의를 기울이도록 하자.

관용구나 속담은 아래의 예문과 같이 정답 찾기에서 의미를 묻는 문제가 출제될 수도 있고 공란 메우기에서 빈칸에 알맞은 말 넣기로 출제될 수도 있으니 문제 출제 유형을 염두에 두고 암기해 두는 게 좋다.

문제 유형 맛보기 | PART 5 | 의미를 묻는 문제

木村さんは口が重い人です。

(A) 男らしい

(B) おしゃべり

(C) 口数が少ない

(D) 太っている

기무라 씨는 과묵한 사람입니다. ▶ (C)

(A) 남자다운

(B) 수다쟁이

(C) 말수가 적은

(D) 뚱뚱한

문제 유형 맛보기 | PART 7 | 알맞은 속담 찾아 넣기

このごろは＿＿＿＿＿＿ほど忙しいです。

(A) 手も足も出ない

(B) 猫の手も借りたい

(D) 根も葉もない

(C) 喉から手が出る

요즘은 고양이 손이라도 빌리고 싶을 만큼 매우 바쁩니다. ▶ (B)

(A) 엄두가 안 난다

(B) 매우 바쁘다

(C) 아무런 근거가 없다

(D) 너무 갖고 싶어서 견디기 힘들다

1 관용구

□ 愛想が尽きる 정나미가 떨어지다

□ 開いた口が塞がらない 기가 막혀서 말이 안 나오다

□ 足を洗う 나쁜 일에서 손을 떼다, 손을 씻다

□ 足を引っ張る 발목을 잡다, 진행을 방해하다

□ 汗を流す (땀 흘려) 열심히 일하다

□ 頭が固い 융통성이 없다

□ 頭が低い 겸손하다

□ 頭を捻る 여러 가지로 궁리하다

□ 油を売る 시간을 허비하다

□ 意地を張る 고집을 부리다

□ 腕が上がる 솜씨가 늘다

□ 腕を振るう 솜씨를 발휘하다

□ 大目に見る 너그럽게 보다

□ お腹を壊す 배탈이 나다

□ 恩をあだで返す 은혜를 원수로 갚다

□ 顔色が悪い 안색이 나쁘다

□ 顔が売れる 잘 알려지다, 유명해지다

□ 顔が広い 발이 넓다, 사귀어 아는 사람이 많다

□ 顔から火が出る (너무 창피해서) 얼굴이 화끈거리다

□ 顔に泥を塗る 얼굴에 먹칠을 하다

□ 顔を立てる 체면을 세우다

□ 陰口を利く 뒤에서 험담을 하다

□ 笠に着る 남의 권력 등을 믿고 우쭐대다

□ 肩を持つ 편을 들다

□ 雷が落ちる 불호령이 떨어지다

□ 気が利く 눈치가 빠르다

□ 気が進まない 마음이 내키지 않다

□ 気が向く 마음이 내키다

□ 気が早い 성급하다

□ 気に障る 비위에 거슬리다

□ 気を落とす 실망하다

□ 肝に銘ずる 명심하다

□ 機嫌をとる 비위를 맞추다

□ 義理に欠ける 의리가 없다

□ 口がうまい 말솜씨가 좋다

□ 口が重い 과묵하다

□ 口が堅い 입이 무겁다

□ 口が滑る 말실수를 하다

□ 口に出す 입 밖에 내다

□ 口に乗る 감언이설에 속다

□ 口を利く 말을 하다

□ 口を割る 자백을 하다

□ 首になる 해고 당하다

□ 首を長くする 학수고대하다, 몹시 기다리다

□ けじめを付ける 명확히 구분하다

□ 胡麻をする 아첨을 하다

□ 最善を尽くす 최선을 다하다

□ さじを投げる 포기하다, 가망이 없다

□ 時間をつぶす・暇をつぶす 시간을 보내다

□ 舌つづみを打つ 입맛을 다시다, 혀를 차다

□ 舌を巻く 혀를 내두르다, 몹시 놀라다

□ 尻が重い 엉덩이가 무겁다, 행동이 굼뜨다

□ 隅に置けない 얕볼 수 없다, 보통이 아니다

□ 図に乗る 생각대로 되어 우쭐대다

□ 相談に乗る 상담에 응하다

□ 疲れが取れる 피로가 풀리다

□ 辻褄が合わない 앞뒤가 맞지 않다

□ 手数をかける 수고를 끼치다

□ 手に乗る 남의 꾀에 속아 넘어가다

□ 手間がかかる 손이 가다, 시간이 들다

□ 手も足も出ない 엄두가 나지 않다, 손도 못 대다

□ 手を焼く 애를 먹다

□ 長い目で見る 긴 안목으로 보다

□ 泣きべそをかく 울상을 짓다

□ 猫の手も借りたい 매우 바쁘다

□ 猫を被る 본성을 숨기다

□ 喉から手が出る 너무 갖고 싶어서 견디기 힘들다

□ ばかにする 무시하다

□ ばかにならない 무시할 수 없다

□ 拍車をかける 박차를 가하다

□ 鼻が利く 냄새를 잘 맡다

□ 鼻に付く 싫어지다, 싫증나다

□ 鼻を突く (냄새가) 코를 찌르다

□ 腹を立てる 화를 내다

□ 腹を割る 속내를 털어 놓다

□ 膝元を離れる 슬하를 떠나다

□ 膝を崩す 편히 앉다

□ ひどい目にあう 심한 일을 당하다

□ 一役買う 스스로 일을 맡다

□ 骨を折る 애를 쓰다, 고생을 하다

□ 見栄を張る 허세를 부리다

□ 耳に障る 귀에 거슬리다

□ 耳につく 귀에 못이 박히다

□ 耳を澄ます 귀를 기울이다

□ 見るに見かねる 차마 눈 뜨고 볼 수가 없다

□ 目が届く 눈길이 닿다, 눈길이 미치다

□ 目と鼻の間 엎어지면 코 닿을 데

□ 目に余る 눈꼴사납다

□ 目を凝らす 응시하다, 뚫어지게 보다

□ 目をつぶる 눈을 감다, 모른 체하다

□ 目を通す 대충 훑어보다

□ 胸に刻む 가슴에 새기다

□ 文句を言う 불평을 하다

□ 文句を付ける 시비를 걸다

□ やきもちを焼く 질투하다, 샘내다

□ 約束を破る 약속을 어기다, 약속을 깨다

□ やっきになる 기를 쓰다

□ 夜を明かす・夜更かしをする 밤을 새우다

□ 埒が開かない 결말이 나지 않다, 진척이 안 되다

□ わき目も振らず 한눈도 팔지 않고

2 속담

□ 悪銭身につかず 부정한 돈은 오래가지 못 한다

□ 悪事千里を走る 나쁜 짓은 이내 세상에 알려진다

□ 後の祭り 행차 뒤에 나팔, 제때 안 하고 뒤늦게 서두름

□ 雨降って地固まる
비 온 뒤에 땅이 굳어진다, 어려운 일을 겪고 나면 더 강해진다

□ 石の上にも三年 참고 지내면 반드시 성공한다

□ 石橋をたたいて渡る 돌다리도 두드려 보고 건너라

□ 急がば回れ 급할수록 돌아가라

□ 一寸の虫にも五分の魂 지렁이도 밟으면 꿈틀한다

□ 犬も歩けば棒に当たる
돌아다니다 보면 뜻밖의 행운을 만날 수 있다

□ 井の中の蛙、大海を知らず 우물 안 개구리

□ 馬の耳に念仏 쇠귀에 경읽기

□ 噂をすれば影がさす 호랑이도 제 말 하면 온다

□ 絵にかいた餅 그림의 떡

□ 同じ穴の狢 같은 굴 속의 너구리, 한통속

□ 飼い犬に手を噛まれる 믿는 도끼에 발등 찍힌다

□ 蛙の子は蛙 부전자전

□ 壁に耳あり、障子に目あり
낮말은 새가 듣고, 밤말은 쥐가 듣는다

□ 河童の川流れ 원숭이도 나무에서 떨어진다

□ かわいい子には旅をさせよ
사랑하는 자식은 여행을 보내라(고생을 알게 하라)

□ 弘法にも筆の誤り 원숭이도 나무에서 떨어진다

□ 触らぬ神に祟りなし 긁어 부스럼을 만들지 마라

□ 玉に瑕 옥에 티

□ 高嶺の花 그림의 떡

□ ちりも積もれば山となる 티끌 모아 태산

□ 捕らぬ狸の皮算用
떡 줄 사람은 생각도 않는데 김칫국부터 마신다

□ 泣き面に蜂 설상가상

□ 情けは人のためならず
인정을 베풀면 결국 자신에게 이익이 돌아오게 된다

□ 猫に小判 돼지 목에 진주

□ 根も葉もない 아무런 근거가 없다

□ 花より団子 금강산도 식후경

□ 喉もと過ぎれば熱さを忘れる
화장실에 들어갈 때 마음 다르고 나올 때 마음 다르다

□ 人の噂も七十五日
세상 소문도 75일, 소문도 그리 오래 가지는 않는다

□ 火のない所に煙は立たぬ 아니 땐 굴뚝에 연기 날까

□ 身から出た錆 스스로 초래한 나쁜 결과, 자업자득

□ 三日坊主 작심삼일

□ 三つ子の魂、百まで 세 살 버릇 여든까지 간다

□ 無理が通れば道理が引っ込む
억지가 통하면 순리가 통하지 않는다

□ 餅は餅屋 떡은 떡집, 각기 전문 분야가 있다

□ 元も子もない 이익은 고사하고 본전도 없어지다

□ 安物買いの銭失い 싼 게 비지떡

□ 薮から棒 아닌 밤중에 홍두깨

□ 薮をつついて蛇を出す 긁어 부스럼

□ よその花はよく見える 남의 떡이 커 보인다

□ 良薬口に苦し 좋은 약은 입에 쓰다

□ 類は友を呼ぶ 유유상종, 끼리끼리 모인다

□ 論より証拠 말보다는 증거

□ 笑う門には福来たる 웃으면 복이 온다

다음 밑줄에 들어갈 적당한 말을 (A), (B) 중 고르세요.

1 _____を割る。 (A) 舌 (B) 口
자백을 하다

2 _____を折る。 (A) 骨 (B) 足
애를 쓰다, 고생을 하다

3 _____が固い。 (A) 気 (B) 頭
융통성이 없다

4 _____を長くする。 (A) 首 (B) 頭
학수고대하다

5 手を_____。 (A) 焼く (B) 食う
애를 먹다

6 _____が上がる。 (A) 腕 (B) 手
솜씨가 늘다

7 最善を_____。 (A) つくる (B) つくす
최선을 다하다

8 _____を崩す。 (A) 膝 (B) 足
편히 앉다

9 _____を売る。 (A) あぶら (B) やさい
시간을 허비하다

10 長い_____で見る。 (A) 目 (B) 眼目
긴 안목으로 보다

| **1** (B) | **2** (A) | **3** (B) | **4** (A) | **5** (A) | **6** (A) | **7** (B) | **8** (A) | **9** (A) | **10** (A) |

11 約束を＿＿＿＿＿＿。

약속을 어기다

(A) こわす   (B) やぶる

12 けじめを＿＿＿＿＿＿。

명확히 구분하다

(A) ひける   (B) つける

13 ＿＿＿＿＿＿がつきる。

정나미가 떨어지다

(A) 愛想   (B) 愛嬌

14 ＿＿＿＿＿＿もと過ぎれば熱さを忘れる。

화장실 갈 때 마음 다르고 나올 때 마음 다르다

(A) のど   (B) くび

15 ＿＿＿＿＿＿から棒

아닌 밤중에 홍두깨

(A) やぶ   (B) もり

16 ＿＿＿＿＿＿も歩けば棒に当たる。

돌아다니다 보면 뜻밖의 행운을 만날 수 있다

(A) ねこ   (B) いぬ

17 捕らぬ＿＿＿＿＿＿の皮算用

떡 줄 사람은 생각도 않는데 김칫국부터 마신다

(A) きつね   (B) たぬき

18 ＿＿＿＿＿＿に小判

돼지 목에 진주

(A) ねこ   (B) ぶた

19 後の＿＿＿＿＿＿

제때 하지 않고 뒤늦게 대책을 세우며 서두름

(A) おどり   (B) まつり

20 ＿＿＿＿＿＿より証拠

말보다는 증거

(A) 論   (B) 言

11 (B)	12 (B)	13 (A)	14 (A)	15 (A)	16 (B)	17 (B)	18 (A)	19 (B)	20 (A)

공략 3 단계 실전 문제 풀기

PART 6 오문정정

下の_____線の(A), (B), (C), (D)の言葉の中で正しくない言葉を一つ選びなさい。

1 実は業務上のことでちょっと相談に乗せていただきたいことがあるんですが。
　　　(A)　　　　　　　　　　　(B)　(C)　　　　　　　　(D)

2 今日だけは私の顔を見てここは目をつぶっていただけませんか。
　　　(A)　　　　　(B)　　(C)　(D)

3 もしも困ったことがあれば彼に相談すると足が広いから助けてくれるかもしれないよ。
　　　　　　　(A)　　　(B)　　　　　(C)　　　　　　　　　　　(D)

4 私は牛肉が 大好きですが、毎日食べるとやっぱり 口につきますね。
　　　　　　(A)　(B)　　　　　　　　　　(C)　　　(D)

5 後輩の前で先生に叱られて、顔からなみだが出るようでした。
　　　(A)　　　　(B)　　　　　(C)　　　(D)

PART 7 공란 메우기

下の_____線に入る適当な言葉を(A)から(D)の中で一つ選びなさい。

6 この本には_____を打たれる言葉がたくさん詰まっているので、ぜひ読んで欲しい。

(A) 肩　　　　　　(B) 手　　　　　　(C) 頭　　　　　　(D) 胸

7 ここは物価が高いので交通費も_____ならない。

(A) ばかに　　　　(B) 無視に　　　　(C) 問題に　　　　(D) うそに

8 _____の涙ほどの月給をもらって生活している。

(A) きじ　　　　　(B) はと　　　　　(C) すずめ　　　　(D) からす

9 この子に悪気があったわけではないので、今回のことはどうぞ_____に
見てください。

(A) 広め　　　　　(B) 大目　　　　　(C) 面倒　　　　　(D) 世話

10 彼女はいつも彼の前では猫を_____いる。

(A) やぶって　　　(B) はいて　　　　(C) かぶって　　　(D) うって

V 下の_____線の言葉の正しい表現、または同じ意味のはたらきをしている言葉を(A)から(D)の中で一つ選びなさい。

101 最近、日本でも排気ガスや騒音を出さないなどの長所を持つ電気自動車が<u>話題</u>となっています。

(A) わだい   (B) かだい

(C) しゅくだい   (D) はなだい

102 あそこももう混乱が収まって社会の<u>秩序</u>が回復したそうだ。

(A) ちつしょ   (B) ちっしょ

(C) ちつじょ   (D) じつじょ

103 選手たちのパワーやテクニックが<u>見事</u>でしたね。

(A) けんじ   (B) みごと

(C) けんぶつ   (D) みもの

104 約束を簡単に<u>やぶって</u>はいけません。

(A) 被って   (B) 壊って

(C) 忘って   (D) 破って

105 体の<u>ちょうし</u>が悪いから昼ご飯は食べないことにしました。

(A) 調子   (B) 調査

(C) 状態   (D) 情報

106 本屋で『<u>しろうと</u>でも分かる経済学の本』を購入しました。

(A) 白人   (B) 玄人

(C) 素人   (D) 初人

107 勉強も勉強だけど、子どもには何よりも<u>すこやかに</u>育ってもらいたい。

(A) 建やかに   (B) 健やかに

(C) 康やかに   (D) 丈やかに

108 今年の予算は10億円を<u>こえる</u>かもしれない。

(A) 追える   (B) 過える

(C) 恋える   (D) 越える

109 今朝、ご飯は食べないでゆで卵だけ<u>4つ</u>食べてきました。

(A) いつつ   (B) やっつ

(C) よっつ   (D) ふたつ

110 気に入ったデザインの靴だったので、色違いでもう<u>一足</u>購入した。

(A) いっそく   (B) いちそく

(C) いちぞく   (D) いちあし

111 私は高校1年生の時、<u>父に死なれて</u>今までずっと母と二人で過ごしてきました。

(A) 母が死んだので

(B) 父がなくなって

(C) 父を死なせて

(D) 母に死なれて

112 友だちの頼みとあって、<u>やむを得ず</u>その仕事を引き受けてしまった。

(A) 喜んで   (B) 仕方なく

(C) むしろ   (D) 改めて

113 弟は友だちに<u>電話しているところです</u>。

(A) 電話をあげています

(B) 電話をもらっています

(C) 電話をなおしています

(D) 電話をかけています

114 これは子ども向けの新製品でなかなか人<u>気がある</u>。

(A) これは花では<u>ある</u>が、草みたいだ。

(B) アイスクリームは冷凍庫に入れて<u>ある</u>。

(C) 事故の原因については詳しく調べる必要が<u>ある</u>。

(D) <u>ある</u>寒い日、彼女とはじめて会ったんです。

115 来年から一人暮らしをする<u>ために</u>、お金を貯めています。

(A) エラーが起きた<u>ため</u>、このページを表示できません。

(B) その男は罪を犯してしまった<u>ため</u>、刑務所に入っています。

(C) 彼氏にプレゼントする<u>ため</u>にセーターを編んでいます。

(D) 台風の<u>ため</u>、今日のイベントは中止になりました。

116 <u>主人は娘にもらったチョコレートと花束を私にくれました</u>。

(A) 私は主人にチョコレートと花束をもらいました

(B) 娘は私にチョコレートと花束をくれました

(C) 主人は私にチョコレートと花束をもらいました

(D) 私は主人にチョコレートと花束をあげました

117 暗くて何にも見えませんね。電気を<u>つけ</u>ましょう。

(A) 一月も続いていたストライキに結末を<u>つけ</u>ました。

(B) 胸にブローチを<u>つけ</u>ているのが私の母です。

(C) 私は毎日、日記を<u>つけ</u>ています。

(D) この部屋、とても静かですね。ラジオでも<u>つけ</u>ましょうか。

118 バスもタクシーもなかったので、電車か<u>らおりて</u>ずっと歩いて来ました。

(A) 猫は地下室にいるんじゃない。ちょっと<u>おりて</u>みなさい。

(B) みなさん、地下鉄から<u>おりる</u>人からまず<u>おりて</u>ください。

(C) 明日は一日中家に<u>おります</u>ので遊びにおいでください。

(D) 演劇が終わって幕が<u>おりる</u>と、みんな拍手喝采を送った。

119 母の作った料理はいつ食べてもおいしい
です。

(A) 彼の描いた絵がとても素晴らしかった
ので、感心した。

(B) 友だちの高橋君は数学が得意です。

(C) あの新しいパソコンはだれのですか。

(D) 彼が犯人のような気がします。

120 どうも風邪を引いてしまったようだ。

(A) 君のように英語が上手に話せたらいい
のに。

(B) まるで綿のような雪が降っている。

(C) こちらの方がちょっとおいしいようだ。

(D) 金さんは先生のように教えてくれる。

Ⅵ 下の線の**(A), (B), (C), (D)**の言葉の中で正しくない言葉を一つ選びなさい。

121 中村さんは紺のスーツをはいて、眼鏡をかけてネクタイをしている人です。
　　　　　　　 (A)　　　　　　　 (B)　　　　　 (C)　　　　　　　 (D)

122 まだはっきり決めませんでしたが、卒業したら大学院に進もうと思っています。
　　　　　　　 (A)　　　　　　　 (B)　　　 (C)　　　 (D)

123 田中先生の演説はいつも人を感動されますので私も時々演説を聞きに行きます。
　　　　　　　　　　　 (A)　 (B)　　　　　　 (C)　　　 (D)

124 有名な雑誌の休刊の主に理由は、販売部数と広告収入の減少である。
　　 (A)　　 (B)　　 (C)　　　　　　　　　　　 (D)

125 彼が疑いはじめたので仕方なく あるのままに打ち明けてしまった。
　　　　 (A)　　　　　 (B)　　　 (C)　　　 (D)

126 お問い合わせのホームページのURLが次のそうに変更となりました。
　 (A)　　　　　　 (B)　　　　　 (C)　　 (D)

127 外国人の場合、日本文化を理解するため、茶道や生ける花を習う人が多いようだ。
　　　　 (A)　　　　　　　　　 (B)　　　 (C)　　　　 (D)

128 この店には毎朝、作ったばかりのパンを販売しています。
　　　 (A)　　　 (B)　　 (C)　　 (D)

129 日本語を日本人みたいに 正しいに発音するのは難しいことです。
　　　　　　 (A)　　 (B)　　　 (C)　　 (D)

130 最近、インフルエンザが流行っているので、体を気を付けてください。
　　　 (A)　　　　　　　　　 (B)　 (C)　 (D)

131 私のような 年寄りは若い人のようには体が動きません。
　　 (A)　 (B)　 (C)　　　　 (D)

132 私は仕事の都合で帰宅時間が不規則で、早く帰ることもあるから、夜中になることもある。
　　　　 (A)　　　　　　　　　　　　　　 (B)　 (C)　 (D)

133 日本の<u>コンビニ</u>は他の国のコンビニ<u>より</u>ずっと<u>いい</u>だと<u>思います</u>。
        (A)   (B)   (C)   (D)

134 天気が<u>崩れて</u>飛行機が<u>飛べ</u>なくなった。<u>すると</u>、会社に<u>連絡</u>して明日出発することにした。
        (A)   (B)   (C)   (D)

135 この<u>パソコン</u>は、軽くて操作が簡単<u>だし</u>値段も手頃<u>ので</u>、よく<u>売れています</u>。
        (A)   (B)   (C)   (D)

136 <u>夜遅く</u>まで残業して眠くなる<u>と</u>、<u>冷たい</u>コーヒーを飲んで目を<u>覚めます</u>。
  (A)   (B)   (C)   (D)

137 <u>もう</u>こんな時間ですね。日が<u>暮れる</u>うちに <u>早く</u>家に<u>帰りましょう</u>。
  (A)   (B)   (C)   (D)

138 おばはまだ飛行機に乗った<u>の</u>がないので、一度<u>乗りたがっています</u>。
  (A) (B)   (C)   (D)

139 <u>すべての</u>国民には教育を<u>受ける</u>権利がある<u>と</u>憲法に<u>書かれてある</u>。
   (A)   (B)   (C)   (D)

140 <u>こちらの</u>席は禁煙席<u>となっていらっしゃいます</u>ので、おたばこはご<u>遠慮ください</u>。
   (A)   (B)   (C)   (D)

VII　下の_____線に入る適当な言葉を(A)から(D)の中で一つ選びなさい。

141 ラッシュアワーの時間を_____出かけた方がいいでしょう。

(A) いけて　　　　　　(B) あけて

(C) さけて　　　　　　(D) かけて

142 会議室のドアを開ける_____何人かが会議をしているところだった。

(A) たから　　　　　　(B) か

(C) の　　　　　　　　(D) と

143 今はアパート_____住んでいますが、私も学生の時は寮で暮しました。

(A) へ　　　　　　　　(B) で

(C) に　　　　　　　　(D) を

144 天気予報によると、今日は一日中雨が降ったり_____のお天気だそうです。

(A) 止めたり　　　　　(B) 止んだり

(C) 辞めたり　　　　　(D) 降りたり

145 小学生にこんなに難しい問題ができる_____。

(A) わけがない

(B) わけではない

(C) わけである

(D) わけにはいかない

146 店の看板が小さいので、_____すると通りすぎてしまう。

(A) すっかり　　　　　(B) しっかり

(C) うっかり　　　　　(D) がっかり

147 昨夜、とても悪い夢を_____、怖くて全然眠れなかったんです。

(A) みて　　　　　　　(B) して

(C) ねて　　　　　　　(D) あって

148 冷蔵庫にある材料_____で作るから、あまり期待しないでね。

(A) まで　　　　　　　(B) しか

(C) きり　　　　　　　(D) だけ

149 私は社会生活_____一番大切なのは人間関係だと思う。

(A) について　　　　　(B) において

(C) によって　　　　　(D) にそって

150 彼と口げんかを繰り返した_____、別れることになった。

(A) ばかりで　　　　　(B) とたんに

(C) まま　　　　　　　(D) あげく

151 この公園で殺人事件が起ったなんて、想像する_____で恐ろしい。

(A) こそ　　　　　　　(B) だけ

(C) しか　　　　　　　(D) せい

152 私は分からないことがあったら、インターネットですぐに＿＿＿＿＿にはいられない性格だ。

(A) 調べよう (B) 調べない

(C) 調べる (D) 調べず

153 毎日の生活の中で＿＿＿＿＿ほどの小さい幸せを一つ一つ大事にして生きている。

(A) 捕らぬ狸の皮算用 (B) 猫に小判

(C) 雀の涙 (D) 馬の耳に念仏

154 病気＿＿＿＿＿はじめて健康の大切さが分かった。

(A) になって (B) になった

(C) になる (D) になれば

155 木村さんのおかげで仕事が＿＿＿＿＿はかどったそうだ。

(A) しくしく (B) どんどん

(C) いらいら (D) しばしば

156 ２００９年８月に起きた男児の水難事故で、川の安全管理が＿＿＿＿＿として両親が国に損害賠償を求めた。

(A) 不十分だった

(B) 不便だった

(C) 不安だった

(D) 不可能だった

157 山田さんと私が一日かけて作った日本料理ですからたくさん＿＿＿＿＿。

(A) いただいてください

(B) いただかれてください

(C) お食べしてください

(D) 召し上がってください

158 受験票を忘れた＿＿＿＿＿、テストを受けることができなかった。

(A) おかげで (B) ついでに

(C) ばかりに (D) ときに

159 歩きすぎて足が＿＿＿＿＿になったので、もうこれ以上歩けません。

(A) 棒 (B) 石

(C) 岩 (D) 木

160 家を出た＿＿＿＿＿雨が降り出した。

(A) とおりに (B) とたんに

(C) ままで (D) せいで

161 右折して少し＿＿＿＿＿横断歩道の手前にコンビニがあります。

(A) 行けたら (B) 行っても

(C) 行くと (D) 行くなら

162 今学期、何回も休講するなんて、先生＿＿＿＿＿ですね。

(A) みたいじゃ (B) そうもない

(C) ようじゃない (D) らしくない

163 あの人はお酒を飲む＿＿＿＿＿＿人とけん
かをする。

(A) ころに (B) おきに

(C) たびに (D) くらいに

164 来月までも無理なのに＿＿＿＿＿＿今月の
末までになんて。

(A) まだ (B) だから

(C) むしろ (D) まして

165 あのう、すみませんが、その資料をしば
らく＿＿＿＿＿＿よろしいでしょうか。

(A) お返ししても

(B) お借りしても

(C) お貸ししても

(D) お借りになっても

166 壁には地図と大きな家族写真が貼って
＿＿＿＿＿＿。

(A) います (B) あります

(C) しまいます (D) します

167 今日、田中さんはお休みだそうです。
＿＿＿＿＿＿、昨日食欲がなくて調子が悪
いって言っていたね。

(A) いずれも (B) 要するに

(C) いわゆる (D) そういえば

168 毎度、ご来店＿＿＿＿＿＿誠にありがとう
ございます。

(A) いただき

(B) おりまして

(C) いらっしゃいまして

(D) おいでになって

169 市立図書館の本は誰でも手続きをすれば
＿＿＿＿＿＿。

(A) 借りさせます

(B) 借りれます

(C) 借りられます

(D) 借りた方がいいです

170 本当のことを話そうか＿＿＿＿＿＿迷った
が、結局全部話した。

(A) 話せるか (B) 話すまいか

(C) 話すか (D) 話せないか

PART 8

독해

PART 8은 표면적인 이해력보다는 일상 생활 속에서 문자를 가지고 정보를 얼마나 빨리 그리고 정확하게 파악할 수 있는가를 평가하는 파트입니다. 또한 지문을 읽고 결론을 추론해 낼 수 있는지, 즉 지문의 목적이 무엇인지를 파악할 수 있는 사고력·판단력·분석력을 갖추고 있는지 평가하는 파트랍니다.

지문을 다 읽고 문제를 풀어야 하는 파트이기 때문에 시간이 모자랄 수 있어요. 평소에 시간을 잘 분배해서 푸는 연습을 해 봅시다.

유형 공략

1 PART 8 독해는 총 30문항으로, 같은 의미·어휘 찾기, 내용 이해를 묻는 문제가 출제됩니다.

2 일상생활과 관련있는 각종 정보를 비롯하여 여러 분야에 걸친 화제가 주로 나옵니다. 편지글 (비즈니스 상의 FAX 내용 포함)이나 설명문, 여러 가지 광고 안내문, 뉴스나 신문기사 등에서 출제되며 빨리 읽고 내용을 파악하는 것이 중요해요.

3 PART 8은 PART 5~8 중 가장 많은 시간이 필요한 파트이므로, 시간을 의식하고 체크하며 모르는 단어가 나오더라도 깊이 생각하지 말고 전체 문맥을 통해 적절한 의미를 유추해 봅시다.

예제 下の文を読んで、後の問いにもっとも適した答えを(A)から(D)の中で一つ選びなさい。

冬休みに父、母、弟と一緒に一週間の予定で旅行に行きました。北海道の雪まつりが有名なので、今回はそこに決めました。空港から市内まで電車に乗って行きました。ホテルは市内のにぎやかなところにあり、きれいで料金もあまり高くなかったです。

夜、母は風邪を引いてしまったのでホテルで休み、三人で雪まつりを見物しました。人物や動物や建物などの形の氷の彫刻がたくさん並んでいました。とても____①____です。

+해석 겨울 방학에 아버지, 어머니, 남동생과 함께 1주일 예정으로 여행을 갔습니다. 홋카이도의 눈 축제가 유명하기 때문에 이번에는 그곳으로 정했습니다. 공항에서 시내까지 전철을 타고 갔습니다. 호텔은 시내의 번화한 곳에 있었고, 깨끗하고 요금도 그다지 비싸지 않았습니다.

밤에 어머니는 감기에 걸렸기 때문에 호텔에서 쉬고, 셋이서 눈 축제를 구경했습니다. 인물이나 동물, 건물 등의 형상을 한 얼음 조각이 많이 늘어서 있었습니다. 매우 ① 멋있었습니다.

+단어
一週間 1주일간　予定 예정　旅行 여행　北海道 홋카이도〈지명〉　雪まつり 눈 축제　有名だ 유명하다
今度 이번　決める 정하다　空港 공항　市内 시내　電車 전철　料金 요금　あまり 그다지
見物する 구경하다　人物 인물　動物 동물　建物 건물　彫刻 조각　並ぶ 늘어서다

어휘 찾기

1 ___①___ に入る適当(てきとう)な言葉を選びなさい。

(A) さびしかった

(B) あたらしかった

(C) かなしかった

(D) すばらしかった

숫자 계산

2 何人で旅行しましたか。

(A) ふたりで

(B) さんにんで

(C) よにんで

(D) ごにんで

내용 이해

3 どうして北海道(ほっかいどう)に行きましたか。

(A) 母が行きたがっていたので

(B) ホテルがきれいなので

(C) 雪まつりが見たくて

(D) 北海道に行ったことがなくて

내용 이해

4 ホテルはどうでしたか。

(A) ホテルはきたなかったです。

(B) ホテルはきたなくありませんでした。

(C) 宿泊料(しゅくはくりょう)は高かったです。

(D) 宿泊料はあまりやすくなかったです。

---

1 ___①___ 에 들어갈 적당한 말을 고르세요.

(A) 쓸쓸했다

(B) 새로웠다

(C) 슬펐다

(D) 멋있었다

2 몇 명이서 여행했습니까?

(A) 둘이서

(B) 셋이서

(C) 넷이서

(D) 다섯이서

> **+해설** 父、母、弟と一緒に라고 했으므로 화자까지 합하면 모두 4명이다.

3 왜 홋카이도에 갔습니까?

(A) 어머니가 가고 싶어 해서

(B) 호텔이 깨끗해서

(C) 눈 축제를 보고 싶어서

(D) 홋카이도에 간 적이 없어서

> **+해설** 雪まつりが有名なので、今回はそこに決めました。에서 그 이유를 알 수 있다.

4 호텔은 어땠습니까?

(A) 호텔은 더러웠습니다.

(B) 호텔은 더럽지 않았습니다.

(C) 숙박료는 비쌌습니다.

(D) 숙박료는 그다지 싸지 않았습니다.

> **+해설** きれいで料金もあまり高くなかったです。로 보아 깨끗하고 저렴한 호텔이었음을 알 수 있다.

1 일기, 생활문

일기, 생활문 문제는?

1 생활문의 경우 그 범위가 광범위하여 평소에 다양한 내용을 다뤄 보는 것이 매우 중요합니다.

2 JPT 600단계에서는 450에 비해 어휘나 문법의 난이도가 좀 더 높아집니다. 또한 주어진 지문에 나타나 있는 단편적인 정보와 내용에 대해 묻는 문제를 비롯하여, 문장을 분석하고 깊이 있게 생각해서 풀어야 하는 문제도 출제된답니다.

3 일기, 생활문 문제는 주로 자신의 일상을 소개하는 글이나 일상과 밀접한 관계가 있는 의식주 문제, 사회 생활(직장이나 학교 생활, 대인관계 등) 전반에 걸친 내용이므로 그다지 걱정할 필요는 없어요.

일기, 생활문 문제를 잘 풀려면?

1 머릿속에서 항상 '의문'을 떠올리고 있으면 됩니다. '누가, 누구와', '왜', '어떻게 했는지 혹은 어떻게 하겠다는 건지' '무엇에 대해 이야기하고자 하는지' 등을 파악하는 것이 중요해요.

2 앞 뒤 문장을 파악하여 빈칸에 들어갈 부사나 접속사·적당한 어휘를 미리 떠올려 보거나, 밑줄 친 부분이 의미하는 것이 무엇인지 등도 생각하면서 지문을 읽는 것이 좋아요.

☐ 活動^{かつどう} 활동	☐ 花見^{はなみ} 꽃구경	☐ 引^ひっ越^こしをする 이사하다
☐ 報告^{ほうこく} 보고	☐ 飾^{かざ}り物^{もの} 장식품	☐ 病院^{びょういん}に行^いく 병원에 가다
☐ 結婚^{けっこん} 결혼	☐ 連休^{れんきゅう} 연휴	☐ 出張^{しゅっちょう}に行^いく 출장을 가다
☐ 演劇^{えんげき} 연극	☐ 学校給食^{がっこうきゅうしょく} 학교 급식	☐ 本格的^{ほんかくてき} 본격적
☐ 禁煙^{きんえん} 금연	☐ ミュージカル 뮤지컬	☐ おそらく 아마, 어쩌면
☐ 洗濯^{せんたく} 세탁	☐ 生^うまれる 태어나다	☐ せめて 적어도, 그나마
☐ 性格^{せいかく} 성격	☐ 育^{そだ}つ 자라다	☐ 思^{おも}ったより 생각보다
☐ 授業^{じゅぎょう} 수업	☐ 比較^{ひかく}する 비교하다	☐ なにとぞ 제발, 부디
☐ 成績^{せいせき} 성적	☐ 慣^なれる 익숙해지다	☐ ~たまま ~한 채
☐ 学食^{がくしょく} 학교 식당	☐ 混^こむ 붐비다	☐ ~ながら ~하면서
☐ 登校日^{とうこうび} 등교일	☐ 違^{ちが}う 다르다	☐ ~てから ~하고 나서
☐ 暗記^{あんき} 암기	☐ 動^{うご}かす 움직이다, 작동시키다	☐ ~に通^{かよ}う ~에 다니다
☐ 役割^{やくわり} 역할	☐ 覚^{おぼ}える 익히다, 기억하다	☐ ~に勤^{つと}める ~에 근무하다
☐ 練習^{れんしゅう} 연습	☐ 見物^{けんぶつ}する 구경하다	☐ ~で働^{はたら}く ~에서 일하다
☐ 緊張^{きんちょう} 긴장	☐ 写真^{しゃしん}を撮^とる 사진을 찍다	☐ ~について~する ~에 대해서 ~하다
☐ 実際^{じっさい} 실제	☐ 印象^{いんしょう}に残^{のこ}る 인상에 남다	☐ ~たり~たりする ~하거나 ~하거나 하다
☐ 感謝^{かんしゃ} 감사	☐ 喧嘩^{けんか}をする 싸움을 하다	

下の文を読んで、後の問いにもっとも適した答えを(A)から(D)の中で一つ選びなさい。

今日、文子さん、エリさんと一緒に浅草へ行った。浜松町まで電車で行って、そこから船に乗った。形の違う橋をいくつもくぐり、東京見物をしながら浅草へ着いた。浅草には今まで見たことのない珍しいものがたくさんあった。昔の品物を売っている店には、かさとか財布、きれいな飾り物などがたくさん並んでいた。私も買いたかったが、＿＿＿①＿＿＿高かったので買えなかった。昼はラーメンを食べて、それから浅草寺におまいりした。＿＿＿①＿＿＿暑かったし、疲れていたので午後4時ごろ解散した。今度は上野公園へ行くことにした。今日は楽しかったが、写真を撮らなかったのは残念なことである。

1　＿＿＿①＿＿＿に入る適当な言葉を選びなさい。

(A) あまりにも　　　　　　　　(B) にもかかわらず

(C) あらかじめ　　　　　　　　(D) いつのまにか

2　何人で行きましたか。

(A) 1人で　　　　　　　　　　(B) 2人で

(C) 3人で　　　　　　　　　　(D) 4人で

3　昔の品物を売っている店にあったのは何ですか。

(A) 財布　　　　　　　　　　　(B) お寺

(C) 写真　　　　　　　　　　　(D) ラーメン

4　内容と合っているものを選びなさい。

(A) 珍しいものはあまりなかった。

(B) 一緒に写真を撮ったりした。

(C) 疲れていたのでお寺には行けなかった。

(D) 高くて買ったものはない。

다음 글을 읽고 이어지는 질문에 가장 적당한 답을 (A)~(D) 중 하나 고르세요.

오늘 후미코 씨, 에리 씨와 함께 아사쿠사에 갔다. 하마마쓰초까지 전철로 가서 거기서부터 배를 탔다. 모양이 다른 다리를 몇 개나 빠져나와, 도쿄 구경을 하면서 아사쿠사에 도착했다. 아사쿠사에는 지금까지 본 적이 없는 진귀한 것이 많이 있었다. 옛 물건을 팔고 있는 상점에는 우산이나 지갑, 예쁜 장식품 등이 많이 진열되어 있었다. 나도 사고 싶었지만, ①너무 비싸서 살 수 없었다. 점심은 라면을 먹고 그러고 나서 센소지에 가서 참배했다. ①너무 덥기도 하고, 지쳐 있었기 때문에 오후 4시쯤 해산했다. 다음 번에는 우에노 공원에 가기로 했다. 오늘은 즐거웠지만, 사진을 찍지 않은 것은 유감스러운 일이다.

1 _____①_____ 에 들어갈 적당한 말을 고르세요.

(A) 너무나도　　　　　　　　　　　　　　(B) 그럼에도 불구하고

(C) 미리　　　　　　　　　　　　　　　　(D) 어느새

2 몇 명이서 갔습니까?

(A) 혼자서　　　　　　　　　　　　　　　(B) 둘이서

(C) 셋이서　　　　　　　　　　　　　　　(D) 넷이서

> **+해설** 글 첫 부분에 후미코 씨, 에리 씨와 함께 갔다고 되어 있으므로 글쓴이까지 합쳐 모두 3명이다.

3 옛날 물건을 파는 상점에 있었던 것은 무엇입니까?

(A) 지갑　　　　　　　　　　　　　　　　(B) 절

(C) 사진　　　　　　　　　　　　　　　　(D) 라면

> **+해설** 상점에는 우산이나 지갑, 예쁜 장식품 등이 많이 있었다고 말하고 있으므로 답은 (A) 지갑 이다.

4 내용과 맞는 것을 고르세요.

(A) 진귀한 것은 별로 없었다.

(B) 함께 사진을 찍거나 했다.

(C) 피곤해서 절에는 가지 못했다.

(D) 비싸서 산 것은 없다.

+단어 　浅草 아사쿠사〈지명〉　浜松町 하마마쓰초〈지명〉　船に乗る 배를 타다　くぐる (밑으로) 빠져나가다
見物をする 구경을 하다　珍しい 진귀하다　昔の品物 옛 물건　財布 지갑　飾り物 장식품
それから 그러고 나서　浅草寺 센소지〈일본의 절 이름〉　おまいりする 참배하다　解散する 해산하다
今度 이번, 다음 번　写真を撮る 사진을 찍다　残念だ 유감이다

下の文を読んで、後の問いにもっとも適した答えを(A)から(D)の中で一つ選びなさい。

1~3

> 　私の趣味は本を読むことです。特に小説を読むのが好きです。ハリー・ポッターの　　①　　小説も読みますが、恋愛の話が一番好きです。休みの日には図書館から本を借りてきますが、家の本棚にも300冊ぐらい本が入っています。全部、私の宝物です。私は本を読み始めると、5時間ぐらい読み続けてしまいます。本を読みながら寝てしまうことも、よくあります。最近の一番の悩みは本を読みすぎて、目が悪くなってきたことです。暗いところで本を読むと、目が悪くなるそうなので、できるだけ明るいところで読もうと思います。

1　この人の一番の悩み事は何ですか。

(A) 暗いところで本を読んで疲れたこと

(B) 本を5時間ぐらい読み続けて目が悪くなったこと

(C) 図書館で本が借りられないこと

(D) ハリー・ポッターのような小説が楽しめないこと

2　　　　①　　　に入る適当な言葉を選びなさい。

(A) ような　　　　　(B) ように　　　　　(C) ようで　　　　　(D)ようだ

3　本文の内容と合っているものを選びなさい。

(A) ハリー・ポッターのような小説を読むことが一番好きである。

(B) 家には300冊ぐらいの本がある。

(C) 暗いところで本を読むのが好きである。

(D) 読書したらいつも眠くなる。

4~7

　　私は日本に初めて旅行に行った時、お餅を食べました。お正月だったので、日本人の友達がお餅を焼いてくれました。それがすごくおいしかったです。家族にも＿＿＿①＿＿＿と思ったので、韓国に帰る前に、スーパーにお餅を買いに行きました。駅の近くのスーパーでお餅を探したら、白くて丸くておいしそうなお餅を見つけてうれしくなりました。レジでお金を払う時、店員が「ポイントカードはお持ちですか？」と聞きました。私は、びっくりして、「お餅？いいえ、お餅じゃありません。」と言ってお金を払ってスーパーを出ました。その時は、「どうしてポイントカードがお餅？」と思いましたが、帰りの飛行機の中で「あぁ！」と＿＿＿②＿＿＿。私はスーパーでお餅のことばかり考えていたから、「お持ちですか」と「お餅ですか」を間違えていました。あれは「ポイントカードを持っていますか？」という意味でした。私は飛行機の中で一人で笑ってしまいました。

4　この人が初めてお餅を食べたのはいつですか。

(A) 国に帰った時　　　　　　　　　(B) スーパーに行った時

(C) 飛行機に乗った時　　　　　　　(D) お正月の時

5　この人はどうしてスーパーでびっくりしましたか。

(A) お餅が売っていなかったので

(B) 「ポイントカードはお餅か」と聞かれたので

(C) ポイントカードを持っていなかったので

(D) 焼いたお餅が見つからなかったので

6　＿＿＿①＿＿＿に入る適当な言葉を選びなさい。

(A) 食べさせたい　　　　　　　　　(B) 食べたい

(C) 食べられる　　　　　　　　　　(D) 食べてくれる

7　＿＿＿②＿＿＿に入る適当な言葉を選びなさい。

(A) 問いました　　　　　　　　　　(B) 知っていました

(C) 聞きました　　　　　　　　　　(D) 気づきました

② 편지, 팩스

편지, 팩스 문제는?

1 편지나 팩스는 '첫인사−본론−끝인사' 등의 일정한 규칙이 있는 글입니다.

2 편지 내용 중에 어떤 특정한 사항에 대해 쓴 것이 문제의 포인트가 될 확률이 높아요.

3 시험 문제로는 어떤 일에 대한 감사 인사나 안부를 묻는 내용의 편지, 비즈니스 상의 용건이 있어서 보내는 팩스 등이 출제됩니다.

편지, 팩스 문제를 잘 풀려면?

1 편지의 종류를 파악한 후, 무엇에 대해 쓴 것인지, 문제의 포인트가 되는 구체적인 표현은 무엇인지 찾아내야 합니다. 그리고 언제, 누가 누구에게 쓴 것인지도 눈여겨 봐 둘 필요가 있어요.

2 편지의 기본적인 양식이나 자주 쓰이는 표현 등에 대해 알아 두세요. 특히 비즈니스 상황에서는 존경어나 겸양어 등의 경어 사용이 많으므로 경어는 반드시 익혀 두어야 합니다.

☐ 拝啓 はいけい 배계, 삼가 아룁니다(첫 인사말)	☐ 設立 せつりつ 설립	☐ 伝える つた 전하다
☐ 敬具 けいぐ 경구(끝 인사말)	☐ 輸入販売 ゆにゅうはんばい 수입 판매	☐ 済む す 해결되다
☐ 新緑の候 しんりょく こう 신록의 계절	☐ 展示会 てんじかい 전시회	☐ 移転する いてん 이전하다
☐ 隆盛 りゅうせい 융성, 번성	☐ 感謝 かんしゃ 감사	☐ 実績を上げる じっせき あ 실적을 올리다
☐ 本状 ほんじょう 본 장	☐ 充実 じゅうじつ 충실	☐ 機会を与える きかい あた 기회를 주다
☐ 貴社 きしゃ 귀사, 상대의 회사	☐ 日時 にちじ 일시, 시일	☐ お世話になる せわ 신세를 지다
☐ 当社 とうしゃ 당사	☐ 関心 かんしん 관심	☐ 迷惑をかける めいわく 폐를 끼치다
☐ 弊社 へいしゃ 폐사(자기 회사를 낮춰 말함)	☐ 約束 やくそく 약속	☐ 心よりお礼を申し上げます こころ れい もう あ 진심으로 감사 말씀 드립니다
☐ 支社 ししゃ 지사	☐ お知らせ し 공지, 알림	☐ 楽しみにしています たの 기대하고 있겠습니다
☐ 本社 ほんしゃ 본사	☐ 大家族 だいかぞく 대가족	☐ お変わりありませんか か 별고 없으십니까?
☐ 支援 しえん 지원	☐ ルート 루트, 경로	☐ さて 다름이 아니라
☐ 従来 じゅうらい 이전부터 지금까지	☐ コピー 복사	☐ くれぐれも 아무쪼록
☐ 対応 たいおう 대응, 응대	☐ カタログ 카탈로그	☐ お・ご~ください ~하십시오
☐ 販売店 はんばいてん 판매점	☐ サービス 서비스	☐ 存じる ぞん 알다, 생각하다
☐ 取り引き と ひ 거래	☐ メール 메일	☐ いたす ~하다(겸양어)
☐ 担当者 たんとうしゃ 담당자	☐ 差し上げる さ あ 드리다	☐ 願う ねが 부탁하다
☐ 同封書類 どうふうしょるい 동봉서류	☐ 許す ゆる 용서하다, 양해하다	☐ 申し上げる もう あ 말씀 드리다
☐ 製品 せいひん 제품	☐ 過ごす す 지내다	☐ 下記 かき 하기, 본문 아래 적음
☐ 会社概要 かいしゃがいよう 회사 개요	☐ 慣れる な 익숙해지다	

下の文を読んで、後の問いにもっとも適した答えを(A)から(D)の中で一つ選びなさい。

宛先: ツインバード貿易
　　　部長石井様

拝啓

新緑の候、ますますご隆盛のこととお喜び申し上げます。

さて、突然本状を差し上げることをお許しください。先日、マルイ貿易社長の高橋様よりご紹介を受け、貴社とぜひお取り引きをお願いいたしたいと存じております。当社は同封の会社概要にもありますように、設立後まだ日は浅いのですが、ギフト用品の輸入販売では独自のルートで実績を上げております。貴社は全国に販売店を持ち、お取引願えれば当社としても幸いでございます。＿＿＿①＿＿一度ご面談の機会を与えていただきたいと存じます。ご返事がありしだい、担当者とお伺いさせていただきます。どうぞよろしくお願いいたします。

敬具
ソウル貿易
イ・スミン

下記

同封書類　会社概要、製品カタログ、国際ギフト用品展示会の写真、新聞記事のコピー

1　＿＿＿①＿＿に入る適当な言葉を選びなさい。

(A) おそらく　　　　　　　　　　(B) すぐ

(C) さて　　　　　　　　　　　　(D) ぜひ

2　何についての内容ですか。

(A) 製品の紹介　　　　　　　　　(B) 新規取引の件

(C) 会社の紹介　　　　　　　　　(D) 商談の件

3　内容と合っているものを選びなさい。

(A) ソウル貿易は展示会をしたことがある。

(B) ソウル貿易は贈り物用品を製造販売している。

(C) ソウル貿易はまだ実績はほとんどない。

(D) 取引先の変更を知らせるファックスである。

다음 글을 읽고 이어지는 질문에 가장 적당한 답을 (A)~(D) 중 하나 고르세요.

수신인: 트윈버드 무역
　　　이시이 부장님

배계

신록의 계절, 더욱 더 번창하시기를 기원합니다(축하의 말씀 드립니다).

다름이 아니라, 갑작스럽게 본 편지를 드리게 된 점 양해해 주시기 바랍니다. 지난번에, 마루이 무역의 다카하시 사장님으로부터 소개를 받고 귀사와 꼭 거래를 하고 싶다고 생각하고 있습니다. 당사는 동봉한 회사 개요에도 있듯이, 설립한 지 얼마 되지 않았지만 선물용품 수입 판매에서는 독자적인 루트로 실적을 올리고 있습니다. 귀사는 전국에 판매점을 가지고 있어서, 거래를 할 수 있다면 당사로서도 영광입니다. ①꼭 한 번 면담의 기회를 주셨으면 합니다. 답장이 오는 대로 담당자와 찾아뵙겠습니다. 부디 잘 부탁드립니다.

경구
서울무역
이수민

하기

동봉서류　회사 개요, 제품 카탈로그, 국제 선물용품 전시회 사진, 신문기사 복사본

1　_____①_____에 들어갈 적당한 말을 고르세요.

(A) 아마　　　　　　(B) 곧, 즉시　　　　　　(C) 다름이 아니라　　　　　　(D) 부디, 꼭

2　무엇에 대한 내용입니까?

(A) 제품 소개　　　　(B) 신규 거래 건　　　　(C) 회사 소개　　　　(D) 상담 건

> **+해설** 중간에 선물용품 수입 판매에서 좋은 실적을 내고 있다고 회사를 소개하고 있으며, 동봉서류에도 '회사 개요'를 첨부해 회사를 소개하고 있다.

3　내용과 맞는 것을 고르세요.

(A) 서울 무역은 전시회를 한 적이 있다.

(B) 서울 무역은 선물용품을 제조 판매하고 있다.

(C) 서울 무역은 아직 실적이 거의 없다.

(D) 거래처 변경을 알리는 팩스이다.

> **+해설** 동봉서류에 '국제 선물용품 전시회 사진'이 있는 것으로 보아 전시회 경험이 있음을 알 수 있다.

> **+단어**　新緑の候 신록의 계절　隆盛 융성, 번성　突然 돌연, 갑자기　本状 본 장　差し上げる 드리다
> 許す 용서하다, 양해하다　貴社 귀사　取り引き 거래　同封 동봉　概要 개요　設立 설립
> 日が浅い 날짜가 얼마 되지 않다　独自 독자　実績 실적　全国 전국　幸い 행복　面談 면담
> 機会を与える 기회를 주다　製品カタログ 제품 카탈로그　国際 국제　展示会 전시회

下の文を読んで、後の問いにもっとも適した答えを(A)から(D)の中で一つ選びなさい。

1~4

> 英子さんへ
>
> 英子さん、お元気ですか。私も元気に過ごしています。もうあちこち花が咲き始めました。早い
> もので韓国へ来てもう6ヶ月経ちました。韓国の生活にはすっかり慣れましたが、韓国語の勉強
> は難しくなってきました。慣れるために毎日、韓国語の本を読んだり、韓国人の友だちと話した
> り、テレビを見たりしています。先週の土曜日、友だちの家へ遊びに行きましたが、その家族は
> 全部で6人という大家族でした。プルコギ、サラダなど、おいしい料理を一緒に作って食べた
> り、いろいろな話をしたりして本当に楽しかったです。____①____自分の家へ帰ってきたようで
> した。今度の夏休みには、帰国するつもりです。では、会う日を楽しみにしています。家族のみ
> なさんにもよろしくお伝えください。
>
> みきこより

1 　　　①　　　に入る適当な言葉を選びなさい。

　　(A) おそらく　　　　　(B) いかに　　　　　(C) どうか　　　　　(D) まるで

2 　今は何の季節ですか。

　　(A) 春　　　　　　　　(B) 夏　　　　　　　(C) 秋　　　　　　　(D) 冬

3 　韓国語に慣れるためにしているのは何ですか。

　　(A) 遊び　　　　　　　(B) おしゃべり　　　(C) 掃除　　　　　　(D) 旅行

4 　内容と合っているものを選びなさい。

　　(A) 英子さんの家は6人の大家族である。

　　(B) もう韓国の生活に慣れた。

　　(C) 友だちのお母さんがおいしい料理を作ってくれた。

　　(D) 今度の夏休みには国へ帰れない。

5~8

> ____①____
>
> いつもお世話になっております。
>
> さて、弊社東京支社は狭隘のため、長らくお客様に何かとご不便をおかけしてまいりましたが、このたび新宿から秋葉原に移転することとなりました。広さも従来の約2倍となりますので、お客様への対応などでもご迷惑をおかけしないで済むかと存じます。これもひとえに皆様のご支援のおかげと社員一同深く感謝しております。これを機に、より充実したサービスを約束いたしますので、これからもご支援、お願い申し上げます。

5　____①____に入る適当なものを選びなさい。

(A) 敬具　　　　　　(B) 貴社　　　　　　(C) 拝啓　　　　　　(D) 下記

6　何について書いたものですか。

(A) 内装工事のお知らせ

(B) お客様への感謝の言葉

(C) お客様へのお知らせ

(D) 東京支社移転のお知らせ

7　支社を移転した理由は何ですか。

(A) せまいから　　　　　　　　(B) ふるいから

(C) とおいから　　　　　　　　(D) 交通がふべんだから

8　どこからどこに移転しましたか。

(A) 東京から新宿に　　　　　　(B) 新宿から秋葉原に

(C) 東京から秋葉原に　　　　　(D) 秋葉原から新宿に

3 광고, 안내문

광고, 안내문 문제는?

1 광고, 안내문 문제는 신문에 실린 상품에 대한 광고나 새로 개업하는 백화점·쇼핑 센터 등에 대한 광고, 구인 광고, 전시회 광고, 회사의 제품 설명회 안내나 놀이공원 등의 이용 안내, 임시 휴업 안내나 영업시간 안내 등 종류가 매우 다양합니다.

2 한자나 가타카나가 자주 사용되는 경향이 있으므로 광고문에 자주 등장하는 한자나 가타카나 단어 반드시 외워 두세요.

광고, 안내문 문제를 잘 풀려면?

1 광고, 안내문 문제를 잘 풀려면 먼저 '누구'에게 알리고자 한 것인지 그 대상과 '무엇'에 대해 말하고자 한 것인지 그 내용을 파악해야 합니다.

2 그 '무엇'을 이해했다면 그와 관련하여 제시된 시간, 장소, 주의점 등 구체적인 내용을 체크하도록 하세요. 대개의 경우, 제시된 지문 안에 다 나타나 있으므로 본문을 제대로 이해하고 있다면 무리 없이 풀 수 있습니다.

☐ 申し込み 신청	☐ 通信 통신	☐ 支える 지탱하다, 지지하다
☐ 問い合わせ 문의	☐ 講座 강좌	☐ 人員 인원
☐ お届けの日 배달 날짜	☐ 応援 응원	☐ 参加 참가
☐ 指定日 지정일	☐ 制度 제도	☐ 適応力 적응력
☐ 消印 소인	☐ 学費 학비	☐ 現場 현장
☐ 有効 유효	☐ 案内資料 안내 자료	☐ 審査 심사
☐ 宅配 택배	☐ 資格 자격	☐ 面接 면접
☐ 常識 상식	☐ 年齢 연령	☐ 選考料 전형료
☐ 地域 지역	☐ 明記 명기, 분명히 적음	☐ 実施 실시
☐ 無料 무료	☐ 適用 적용	☐ 復旧 복구
☐ 受付時間 접수 시간	☐ 緊急電話 긴급 전화	☐ 品質 품질
☐ 祝日 경축일, 공휴일	☐ 多様化 다양화	☐ 平日 평일
☐ 出版社 출판사	☐ 資質 자질	☐ 送料 우송 요금, 운송 요금
☐ 情報 정보	☐ やる気 할 마음, 하고 싶은 마음	☐ 別途 별도
☐ 技術 기술	☐ 派遣 파견	☐ 税込 세금 포함
☐ 修了 수료	☐ チャレンジ 챌린지, 도전	☐ 機会 기회
☐ 専攻 전공	☐ 希望する 희망하다	☐ 打ち込む 몰두하다
☐ がんばり屋 열심히 하는 사람	☐ 贈る 보내다	☐ まさに 확실히, 틀림없이
☐ プロフィール 프로필	☐ 取り扱う 다루다, 취급하다	☐ なんだかんだ 이러니저러니
☐ ニーズ 필요, 요구	☐ 承る 삼가 받다	☐ ～及び ～및

下の文を読んで、後の問いにもっとも適した答えを(A)から(D)の中で一つ選びなさい。

お誕生日や結婚記念日、さまざまなお祝い事に花を！

まさに感動的なボリューム感です。

お申し込みは簡単！今すぐ電話かFAXかお葉書で！

お届けの日を希望される場合は電話____①____指定日の5日前、葉書____①____7日前の消印のものまで有効です。バラの色も本数もいろいろ選べて、いつでも贈りたい方のもとへ宅配いたします。いいバラは高いという常識をここでは捨ててください。

※ 年末年始などお届けできない時期及び季節により一部お届けできない地域もございます。

　また、一部地域(沖縄)へのお届けはお取り扱いできません。

※ 0120-091-8787 通話料は無料です。

　受付時間 9:00～21:00(土、日、祝日も承ります)

※ FAX 03-5646-2235 (24時間承ります)

1　____①____に入る適当な言葉を選びなさい。

(A) なら　　　　　　　　　　　　(B) と

(C) ば　　　　　　　　　　　　　(D) たら

2　何についての広告ですか。

(A) 営業社員の募集　　　　　　　(B) バラの栽培

(C) 花の通信販売　　　　　　　　(D) アルバイト募集

3　内容と合っていないものを選びなさい。

(A) 宅配できない地域もあります。

(B) 通話料は無料です。

(C) バラの色や本数、値段は決まっています。

(D) 電話の場合、夜9時まで注文できます。

다음 글을 읽고 이어지는 질문에 가장 적당한 답을 (A)~(D) 중 하나 고르세요.

생일이나 결혼기념일, 여러 경사에 꽃을!

확실히 감동적인 볼륨감입니다.

신청은 간단! 지금 바로 전화나 팩스나 엽서로!

희망하는 배달 날짜가 있는 경우에는, 전화①라면 지정일 5일 전, 엽서①라면 7일 전의 소인까지 유효합니다. 장미의 색깔도 송이 수도 여러 가지로 선택할 수 있으며, 언제든 보내고 싶은 분께 배달해 드립니다. 좋은 장미는 비싸다는 상식을 여기에서는 버리십시오.

※ 연말연시 등 배달할 수 없는 시기 및 계절에 따라 일부 배달 불가능한 지역도 있습니다.
　또한, 일부 지역(오키나와)으로의 배달은 취급할 수 없습니다.
※ 0120-091-8787 통화료는 무료입니다.
　접수시간 9:00~21:00(토, 일, 공휴일도 접수 받습니다)
※ FAX 03-5646-2235 (24시간 접수 받습니다)

---

1 ____①____ 에 들어갈 적당한 말을 고르세요.

(A) ~하면, ~라면　　　　　　　　　　(B) ~하면, ~라면

(C) ~하면, ~라면　　　　　　　　　　(D) ~하면, ~라면

> **+해설** 뒤에 명사(指定日, 7日前)가 오므로 여러 조건 표현 중 **なら**만 올 수 있다.

2 무엇에 대한 광고입니까?

(A) 영업사원 모집　　　　　　　　　　(B) 장미 재배

(C) 꽃 통신판매　　　　　　　　　　　(D) 아르바이트 모집

3 내용과 맞지 않는 것을 고르세요.

(A) 배달할 수 없는 지역도 있습니다.

(B) 통화료는 무료입니다.

(C) 장미의 색이나 송이 수, 가격은 정해져 있습니다.

(D) 전화의 경우, 밤 9시까지 주문할 수 있습니다.

+단어 　結婚記念日 결혼기념일　お祝い事 경사, 경사스러운 일　まさに 확실히, 틀림없이　ボリューム感 볼륨감
申し込み 신청　お届けの日 배달 날짜　希望する 희망하다　指定日 지정일　消印 소인　有効 유효　本数 송이 수
贈る 보내다　宅配 택배　常識 상식　捨てる 버리다　年末年始 연말연시　時期 시기　~及び ~및　地域 지역
沖縄 오키나와〈지명〉　取り扱う 다루다, 취급하다　通話料 통화료　受付時間 접수 시간　承る 삼가 받다

下の文を読んで、後の問いにもっとも適した答えを(A)から(D)の中で一つ選びなさい。

1~3

〈プロフィール〉

◎ 山本太郎：1984年生まれ。東京大学国文科卒。現在、出版社勤務。趣味は水泳。

◎ 天川美代子：1992年生まれ。日本大学数学科卒。

アメリカ、ミシガン大学院情報技術科修了。

現在、福岡電気のコンピュータープログラマー。

◎ 中村順子：2001年生まれ。京都大学で経済学専攻中。

◎ 高橋次郎：1996年生まれ。大学を出て、アメリカに留学中。

1　コンピューター関係の仕事をしている人は誰ですか。

(A) 山本太郎　　　　　　　　　　　　(B) 天川美代子

(C) 中村順子　　　　　　　　　　　　(D) 高橋次郎

2　まだ大学を卒業していない人は誰ですか。

(A) 山本太郎　　　　　　　　　　　　(B) 天川美代子

(C) 中村順子　　　　　　　　　　　　(D) 高橋次郎

3　上の内容と合っていないものを選びなさい。

(A) 山本さんが一番年上である。

(B) 高橋さんは米国で勉強している。

(C) 中村さんは語学を教えている。

(D) 水泳が趣味の人は山本さんである。

4~6

今、人々が求めているものは何でしょうか。

お金でしょうか？　地位でしょうか？

いいえ、それは安全です!

西日本安全サービスは、そのような社会の＿＿①＿＿に応える会社です。

24時間皆様の安全を保障し、個人や企業の大切なものを守る仕事を私たちと一緒にしてみませんか。

資格：未経験者可、要普通免許

教育制度：入社後研修有、各種資格取得可

待遇：寮・社保完備、賞与年2回・交通費支給

応募方法：電話連絡の上、履歴書持参（電話受付9：00～17：00）

西日本安全サービス（株）電話XX-9999-1111

大阪府OO市OO町1－2－3

4　どのような会社の求人広告ですか。

(A) 保険会社　　　　(B) 運送会社　　　　(C) 警備会社　　　　(D) 建築会社

5　＿＿＿①＿＿＿に入る適当な言葉を選びなさい。

(A) カテゴリ　　　　(B) リスク　　　　(C) ターゲット　　　　(D) ニーズ

6　本文の内容と合っていないものを選びなさい。

(A) 入社したら交通費がもらえる。

(B) メールで応募できる。

(C) 未経験者も応募できる。

(D) 運転免許を持ってないと応募できない。

4 뉴스, 신문 기사

뉴스, 신문 기사 문제는?

1 뉴스나 신문 기사 문제의 경우, 그 내용에 따라서 유형이 좀 더 세세하게 구분될 수 있습니다. 보고서나 통계 자료 등을 근거로 기사화된 내용일 수 있고, 단순한 사건이나 사고에 대한 보고 형식의 내용일 수도 있으며, 사회적으로 큰 이슈가 되고 있는 문제를 다룬 내용일 수도 있습니다. 또한 일기 예보나 기상 이변에 대해 다룬 내용도 포함된답니다.

2 다양한 화제에 대해 학습자가 얼마나 적극적으로 순발력 있게 대응할 수 있는지 그 능력을 확인하고자 하는 데 출제 의도가 있다고 할 수 있어요.

뉴스, 신문 기사 문제를 잘 풀려면?

1 뉴스, 신문 기사 문제는 내용도 다양할 뿐 아니라 사용 어휘도 비교적 어려워서 문제 풀기가 어려울 수 있어요. 〈필수 표현 익히기〉를 통해 뉴스와 신문 기사 등에서 자주 쓰이는 표현을 익혀 봅시다.

2 본문을 읽고 나서 문제를 풀기보다는 문제를 먼저 읽고 요점을 먼저 파악한 후 그에 대한 내용을 본문에서 찾아가며 문제를 풀어 보세요.

□ 感染 감염	□ 育成 육성	□ 殺人事件 살인 사건
□ 予測 예측	□ 余地 여지	□ 犯罪 범죄
□ 対応 대응	□ 倍増 배가	□ 寿命 수명
□ 医療 의료	□ 福祉 복지	□ 拡大 확대
□ 接種 접종	□ 共生 공생	□ 干ばつ 가뭄
□ 対策 대책	□ 象徴 상징	□ 過剰 과잉
□ 優先 우선	□ 現状 현상태	□ 増大 증대
□ 投与 투여	□ 公共施設 공공시설	□ 補導 보도(도와서 바르게 이끎)
□ 職種 직종	□ 民間施設 민간시설	□ 盛り込む 포함시키다
□ 例示 예시	□ 策定 책정	□ 甘んじる 만족하다, 감수하다
□ 受入 유치, 받아들임	□ 格差 격차	□ 誇る 자랑하다
□ 先進国 선진국	□ 解消 해소	□ 振わす 떠들썩하게 하다
□ 基準 기준	□ 献血者 헌혈자	□ 推進する 추진하다
□ 収支 수지	□ 血液 혈액	□ 指導する 지도하다
□ 赤字 적자	□ 医療機関 의료 기관	□ 図る 도모하다, 꾀하다
□ 規模 규모	□ 梅雨前線 장마전선	□ ～によると ～에 의하면
□ 実情 실정	□ 範囲 범위	□ ～ものの ～이긴 하지만
□ 産業 산업	□ 見込み 전망, 예상	□ ～にかけて ～에 걸쳐서
□ 分野 분야	□ 雨量 강우량	□ ～に限る ～에 한하다
□ 波及 파급	□ 気象庁 기상청	□ ～に対して ～에 대해

下の文を読んで、後の問いにもっとも適した答えを(A)から(D)の中で一つ選びなさい。

　　新型インフルエンザとは鳥インフルエンザのウイルスが変異し、人から人へ感染するものをいう。いつ、どこで発生するかわからないが、世界的に大流行した場合、国内で４人に１人が感染し、17万〜64万人が死亡すると予測されている。

　　政府は06年、行動計画を作り、08年３月には発生初期の対応や医療態勢、ワクチン接種などの具体的な内容を対策ガイドラインにまとめた。ワクチンを優先投与する職種を医師や警察官、自衛隊員などと例示し、住民の相談を電話で＿＿＿①＿＿＿「発熱相談センター」の設置などを盛り込んだ。

1　　＿＿＿①＿＿＿　に入る適当な言葉を選びなさい。

(A) なおす　　　　　　　　　　　(B) うける

(C) もらう　　　　　　　　　　　(D) あげる

2　　何についての話ですか。

(A) ワクチン接種

(B) 病院の医療対策

(C) ウイルスによる死亡率

(D) 新型インフルエンザ

3　　この中でワクチンを優先投与されない人を選びなさい。

(A) 警察官　　　　　　　　　　　(B) 医者

(C) 住民　　　　　　　　　　　　(D) 自衛官

4　　内容と合っているものを選びなさい。

(A) 2008年に具体的な対策が立てられた。

(B) これが大流行する場合、世界で４人に１人が死亡する。

(C) 鳥インフルエンザのウイルスは変異しない。

(D) 人から人への感染など絶対にあり得ない。

다음 글을 읽고 이어지는 질문에 가장 적당한 답을 (A)~(D) 중 하나 고르세요.

신형 독감이란 조류 독감 바이러스가 변이를 일으켜, 사람에게서 사람으로 감염되는 것을 말한다. 언제, 어디에서 발생할지 모르지만, 세계적으로 크게 유행했을 경우, 국내에서 4명에 1명이 감염되어 17만~64만 명이 사망할 것이라고 예측되고 있다.

정부는 06년, 행동계획을 만들고, 08년 3월에는 발생 초기의 대응이나 의료 태세, 백신 접종 등의 구체적인 내용을 대책 가이드 라인으로 정리했다. 백신을 우선적으로 투여할 직종을 의사나 경찰관, 자위대원 등으로 예시하고, 주민 상담을 전화로 ①받는 '발열 상담 센터'의 설치 등을 포함시켰다.

1 ____①____ 에 들어갈 적당한 말을 고르세요.

(A) 고치다

(B) 받다

(C) 받다

(D) 주다

> **+해설** '상담을 받다'는 동사 うける를 써서 나타낸다.

2 무엇에 대한 이야기입니까?

(A) 백신 접종

(B) 병원의 의료 대책

(C) 바이러스에 의한 사망률

(D) 신형 독감

3 이 중에서 백신을 우선적으로 투여 받지 않는 사람을 고르세요.

(A) 경찰관

(B) 의사

(C) 주민

(D) 자위대원

> **+해설** 두 번째 단락에서 백신을 우선 투여할 직종으로 의사나 경찰관, 자위대원(군인) 등을 예시로 들고 있다.

4 내용과 맞는 것을 고르세요.

(A) 2008년에 구체적인 대책이 세워졌다.

(B) 이것이 크게 유행할 경우, 세계에서 4명 중 1명이 사망한다.

(C) 조류 인플루엔자 바이러스는 변이를 일으키지 않는다.

(D) 사람에게서 사람으로 감염되는 것이란 있을 수 없다.

> **+해설** 두 번째 단락에서 정부는 2008년 3월에 구체적인 내용을 대책 가이드 라인으로 정리했다고 말하고 있다.

> **+단어** 新型 신형 インフルエンザ 인플루엔자, 독감 変異 변이 感染 감염 発生 발생 大流行 대유행 死亡 사망
> 予測 예측 行動計画 행동 계획 初期 초기 対応 대응 医療態勢 의료 태세 ワクチン接種 백신 접종
> 具体的 구체적 対策 대책 ガイドライン 가이드 라인 まとめる 정리하다 優先 우선 投与 투여 職種 직종
> 自衛隊員 자위대원(일본의 군인) 例示 예시 発熱 발열 設置 설치 盛り込む 내용을 담다, 포함시키다
> 政府 정부 死亡率 사망률 あり得ない 있을 수 없다

下の文を読んで、後の問いにもっとも適した答えを(A)から(D)の中で一つ選びなさい。

1~3

> 福祉国家、共生社会、循環型社会、バリアフリー。近頃メディアを賑わす言葉は21世紀の
> 社会環境が大きく変わろうとしていることを象徴している。しかし、①現状は公共施設や民間
> 施設など、ハード面での取り組みは進んでいるものの、ソフト面でのバリアフリーは今一歩の
> 感がある。その解決に向けての大きな一歩が、2002年12月に策定された「障害者基本計画」
> であり、重要な骨子として障害者のデジタル・デバイド(情報格差)を解消し、社会参加の機会
> を一層推進することが盛り込まれた。

1 　①現状はどうですか。

　(A) 共生社会、福祉国家になっている。

　(B) ハード面でもソフト面でも今一歩の感がある。

　(C) ハード面ではいいが、ソフト面では今一歩の感がある

　(D) ソフト面ではいいが、ハード面では今一歩の感がある。

2 　近頃メディアを賑わしている言葉でないのはどれですか。

　(A) 共生社会

　(B) 政治参加

　(C) 福祉国家

　(D) バリアフリー

3 　何について話していますか。

　(A) 情報格差の是正

　(B) 福祉国家づくり

　(C) 国民の政治参加

　(D) 自国民の情報化

下の文を読んで、後の問いにもっとも適した答えを(A)から(D)の中で一つ選びなさい。

4~6

コンピューター上の手順や計算方法を「アルゴリズム」といいます。利用者が口コミで評価を書き込める大手グルメサイトの「食べログ」でチェーン店であることを理由にアルゴリズムを不当に変更されて評価点を下げられたとして、焼き肉チェーン店運営会社「韓流村」は食べログ運営会社「カカクコム」に約6億3900万円の損害賠償などを求める訴えを起こしていました。東京地方裁判所は16日、カカクコムに3840万円の支払いを命じる判決を下しました。

韓流村の焼き肉店の多くが評価点(5点満点)を平均0.17点下げられました。アルゴリズムを一方的に変えることは取引上、有利な立場にある側がそうでない側に不当な要求をすることなどを禁じた独占禁止法に違反すると判断されました。

4 本文の内容からみて、訴訟を起こされたのはどこですか。

(A) 食べログ　　　　　(B) 韓流村　　　　　　(C) カカクコム　　　　　(D) チェーン店

5 「評価点(5点満点)を平均0.17点下げられました」の理由として最も正しいものはどれですか。

(A) 口コミの評価がひどかったので

(B) アルゴリズムが不当に変更されたので

(C) 焼き肉チェーン店が訴えを起こしたので

(D) 独占禁止法に違反することをしたので

6 本文の内容と合っていないものを選びなさい。

(A) 「カカクコム」は約6億3900万円を支払わなければならない。

(B) 「食べログ」は大手グルメサイトである。

(C) 「韓流村」は裁判で勝訴した。

(D) アルゴリズムを一方的に変えることは法律に違反する。

5 설명문

설명문 문제는?

설명문은 넓은 의미로는 상품 설명이나 광고, 구입 방법에 대한 내용도 포함되며 특정 대상이 아닌 일반 대중을 대상으로 한 텔레비전 뉴스나 신문 광고, 일기 예보 등도 포함됩니다.

설명문 문제를 잘 풀려면?

1 설명문 문제는 무엇에 대한 설명인지를 파악하는 것이 가장 중요합니다. 그리고 그 설명은 누가, 누구를 대상으로, 왜 이야기하고 있는지를 살펴보세요.

2 설명문 문제 역시 뉴스나 신문기사 문제와 같이 문제지에서 질문의 요점을 먼저 파악한 후 그에 대한 정답을 본문에서 찾아내면서 풀면 됩니다.

3 단순한 문제에서부터 내용을 충분히 이해해야만 정확한 답을 찾을 수 있는 난이도 있는 질문에 이르기까지 여러 각도로 출제될 수 있으므로, 다양한 화제의 많은 문제들을 다루어 보면서 질문 내용이나 유형을 자주 접해 보는 것이 좋아요.

☐ 終身雇用 종신고용	☐ 地域 지역	☐ ブーム 붐
☐ 年功序列 연공서열	☐ 研修生 연수생	☐ キャリア 경험
☐ 身分 신분	☐ 労働者 노동자	☐ インターンシップ 인턴십
☐ クビ切り 목 자르기, 해고	☐ 習慣 습관	☐ 保護 보호
☐ 肩たたき 어깨 두들김, 명예퇴직	☐ 同士 끼리, 사이	☐ 失う 잃다
☐ 定着 정착	☐ 出来事 일어난 일, 사건	☐ 崩れる 무너지다
☐ 崩壊 붕괴	☐ 税金 세금	☐ 防ぐ 방지하다
☐ 年俸制 연봉제	☐ 公共料金 공공요금	☐ 打ち出す 주장을 명확하게 내세우다
☐ 能力給 능력급	☐ 納税 납세	☐ 注ぐ 쏟다, 집중하다
☐ 導入 도입	☐ 自治体 지자체	☐ 取り入れる 거두어들이다, 도입하다
☐ 賃金 임금	☐ 納期 납기	☐ 得る 얻다
☐ 登場 등장	☐ 口座 계좌	☐ 担う 짊어지다, 도맡다
☐ 意識 의식	☐ 手数料 수수료	☐ 省く 줄이다, 생략하다
☐ 雇用 고용	☐ 都市 도시	☐ 貯まる (돈·재산 등이) 모이다
☐ 適性 적성	☐ 増加 증가	☐ 引き落とす 자동 이체하다
☐ 方針 방침	☐ 発達 발달	☐ 延びる 연장되다, 늘어나다
☐ 相撲 스모, 일본의 전통 씨름	☐ 手段 수단	☐ ～にしたがって ～에 따라
☐ 本場所 일본의 정식 씨름대회	☐ 爆発的 폭발적	☐ ～につれて ～에 따라서, ～와 더불어
☐ 義務教育 의무교육	☐ リストラ 정리해고, 구조조정	
☐ 勝負 승부	☐ エリート社員 엘리트 사원	

下の文を読んで、後の問いにもっとも適した答えを(A)から(D)の中で一つ選びなさい。

日本のサラリーマンは終身雇用・年功序列という日本式経営のもとで身分を保護され続け、海外のビジネスマンと競争できる力を失ってしまった。この競争力を失ったサラリーマンの「整理」が始まっていて、すでに①リストラによる中高年管理職の「クビ切り」「肩たたき」が定着し、終身雇用制は崩壊した。また、年俸制や能力給の導入により年功序列賃金も崩れた。そして、その次に起こる大変化はエリート社員の「選別」と非エリート社員の「切り捨て」である。

1 ここで①リストラは何を意味しますか。

(A) 従業員の解雇

(B) 終身雇用

(C) 日本式経営

(D) エリート社員

2 何について話していますか。

(A) エリート社員と非エリート社員の区別

(B) ビジネスマンの国際競争力

(C) 企業環境の変化による雇用制度の変化

(D) 年功序列賃金の崩壊

3 内容と合っていないものを選びなさい。

(A) 日本のビジネスマンは競争力を失ってしまった。

(B) 日本の終身雇用制は崩れた。

(C) 日本のサラリーマンは身分を保護され続けている。

(D) これからはエリート社員だけ生きのこるはずだ。

다음 글을 읽고 이어지는 질문에 가장 적당한 답을 (A)~(D) 중 하나 고르세요.

일본의 샐러리맨은 종신고용·연공서열이라는 일본식 경영 아래 신분을 계속 보장 받아 오다가, 해외 비즈니스맨과 경쟁할 수 있는 힘을 잃고 말았다. 이 경쟁력을 잃은 샐러리맨의 '정리'가 시작되었고, 이미 ①정리해고에 의한 중장년 관리직의 '해고', '명예퇴직'이 정착되어, 종신고용제는 붕괴되었다. 또한, 연봉제나 능력급 도입에 의해 연공서열 임금도 무너졌다. 그리고 그 다음에 일어날 대변화는 엘리트 사원의 '선별'과 비엘리트 사원의 '자르기'이다.

1 여기에서 ①정리해고는 무엇을 의미합니까?

(A) 종업원의 해고

(B) 종신고용

(C) 일본식 경영

(D) 엘리트 사원

2 무엇에 대해서 이야기하고 있습니까?

(A) 엘리트 사원과 비엘리트 사원의 구별

(B) 비즈니스맨의 국제 경쟁력

(C) 기업 환경의 변화에 따른 고용제도의 변화

(D) 연공서열 임금의 붕괴

> **+해설** 종신고용·연공서열이라는 일본식 경영 방식을 고수해 오다 국제 경쟁력을 잃어 종신고용제가 붕괴되고, 고용제도가 변화했다는 내용을 다루고 있다.

3 내용과 맞지 않는 것을 고르세요.

(A) 일본의 비즈니스맨은 경쟁력을 잃고 말았다.

(B) 일본의 종신고용제는 붕괴되었다.

(C) 일본의 샐러리맨은 신분을 계속 보장 받고 있다.

(D) 앞으로는 엘리트 사원만이 살아남을 것이다.

+단어 **サラリーマン** 샐러리맨　**終身雇用**(しゅうしんこよう) 종신고용　**年功序列**(ねんこうじょれつ) 연공서열　**~のもとで** ~하에　**身分**(みぶん) 신분　**保護**(ほご) 보호
競争する(きょうそうする) 경쟁하다　**失う**(うしなう) 잃다　**整理**(せいり) 정리　**すでに** 이미　**リストラ** 정리 해고　**~による** ~에 의한
中高年(ちゅうこうねん) 중장년　**管理職**(かんりしょく) 관리직　**クビ切り**(くびきり) 해고, 파면　**肩たたき**(かたたたき) 명예퇴직, 퇴직이나 전근 등을 부드럽게 권유하는 것
定着する(ていちゃくする) 정착하다　**崩壊する**(ほうかいする) 붕괴하다　**年俸制**(ねんぽうせい) 연봉제　**能力給**(のうりょくきゅう) 능력급　**導入**(どうにゅう) 도입　**賃金**(ちんぎん) 임금
崩れる(くずれる) 무너지다　**大変化**(だいへんか) 대변화　**エリート** 엘리트　**選別**(せんべつ) 선별　**切り捨て**(きりすて) 잘라서 버림　**従業員**(じゅうぎょういん) 종업원
解雇(かいこ) 해고　**区別**(くべつ) 구별　**国際**(こくさい) 국제　**企業環境**(きぎょうかんきょう) 기업 환경　**生きのこる**(いきのこる) 살아남다

下の文を読んで、後の問いにもっとも適した答えを(A)から(D)の中で一つ選びなさい。

1~3

> カラオケは空(カラ＝歌のない)のオーケストラの略語で、岡山県が発祥地である。元来はプロが使用したレコーディングの練習用で、伴奏だけのテープを言う。70年代から一般用として登場したが、80年代にLD(レーザーディスク)が普及して爆発的なブームとなる。このLDには初めて歌詞の字幕がつくようになり、今までのように歌詞カードを読まなくても堂々と前を向いて歌えるようになった。そしてこの歌詞のバックに流れる映像を見るのが意外と面白くて人気を得た。

1 カラオケの発祥地はどこですか。

(A) 青山　　　　　　　　　　　　　(B) 岡山

(C) 福岡　　　　　　　　　　　　　(D) 福山

2 何について説明していますか。

(A) 歌　　　　　　　　　　　　　　(B) 歌詞

(C) カラオケ　　　　　　　　　　　(D) LD

3 内容と合っているものを選びなさい。

(A) 80年代にLDの普及により爆発的なブームとなった。

(B) 90年代になって爆発的なブームとなった。

(C) 歌詞のバックに流れる映像はおかしい。

(D) LDには歌詞の字幕がなかった。

4~6

　　日本には、昔からお正月におせち料理という特別な料理を食べるという伝統があります。このおせち料理には毎日欠かさず、ごはんを作ってくれるお母さんたちをお正月ぐらいは休ませてあげようという意味が込められています。そのため、長持ちするおせち料理を年末にたくさん作っておき、お正月中はそれを食べるのです。

　　おせち料理には縁起のよい食べ物がたくさん入っています。＿＿＿①＿＿＿、数の子には「子どもの数が多く、子孫が栄える」という意味があります。エビは「腰が曲がるまで長生きできるように」、黒豆は「まめ（まじめ）に暮らす」といった意味があります。

4　どうしてお正月になると、おせち料理を食べるのですか。

(A) お母さんが１年間元気で暮らせるように願うため

(B) エビを食べると長生きするため

(C) 年末に食べすぎて疲れた胃を休ませるため

(D) 毎日ごはんを作ってくれるお母さんを休ませるため

5　＿＿＿①＿＿＿に入る適当な言葉を選びなさい。

(A) たとえば　　　　　　　　　　　(B) しかし

(C) でも　　　　　　　　　　　　　(D) したがって

6　縁起のよい食べ物として子孫の繁栄を願って食べるのはどれですか。

(A) エビ　　　　　　　　　　　　　(B) 数の子

(C) 黒豆　　　　　　　　　　　　　(D) お寿司

Ⅷ 　下の文を読んで、後の問いにもっとも適した答えを(A)から(D)の中で一つ選びなさい。

171~173

　　平日は朝6時ごろ起きて、すぐ近所の公園に行きます。そこで1時間ぐらいジョギングをしたり、テニスをしたりしてから家に戻ってきます。7時ごろ、朝ごはんを食べて、7時30分ごろ　　①　　行きます。家から会社までは歩いて20分ぐらいかかります。会社に着いたら、会議の準備をします。私は営業担当なので、午前中は営業活動の報告と取引先との連絡が主な仕事です。昼ごはんは会社の食堂で簡単にすまして、午後から本格的に取引先をまわります。夜は時々お客様との食事の約束があるので、12時ごろ帰ってくる日もあります。週末は平日にできなかった掃除、洗濯などをしています。

171 この人は普通、何時に会社に着きますか。

(A) 7時ごろ　　　　　　　　　　　　(B) 7時20分ごろ

(C) 7時30分ごろ　　　　　　　　　(D) 7時50分ごろ

172 　　①　　に入る適当な言葉を選びなさい。

(A) 仕事に　　　　　　　　　　　　(B) 勉強に

(C) 遊びに　　　　　　　　　　　　(D) 運動に

173 内容と合っているものを選びなさい。

(A) 週末はお客様との約束があったりします。

(B) 平日の朝6時から7時まで運動をします。

(C) 残業でたまに12時ごろ家に帰ります。

(D) 週末は朝寝をします。

174~176

ますます多様化する世界各国の日本語教育のニーズ。あなたの日本語教師としての「資質」や「やる気」を必要としている海外の日本語教育の現場があります。まずはお問い合わせの上、選考試験にチャレンジしてください。

◎ 派遣予定国：カナダ、アメリカ、韓国、中国、タイ、フランス、イギリス

◎ 派遣期間：6カ月～1年

◎ 派遣人員：若干名ずつ

◎ 参加資格：健康で異文化適応力のある20歳以上の方で、日本語教育能力検定試験の合格者

◎ 選考方法　1次：書類審査、課題作文
　　　　　　　2次：面接 (東京本社)

◎ 選考料：7000円 (消費税別)

174 これは何の広告ですか。

(A) 日本語学校の紹介

(B) 海外の日本語学校入学

(C) 海外派遣日本語教師募集

(D) 海外ビジネスハウツー本

175 派遣予定国ではないのはどれですか。

(A) 韓国　　　　　　　　　　　　(B) 中国

(C) アメリカ　　　　　　　　　　(D) マレーシア

176 内容と合っていないものを選びなさい。

(A) 20歳以上でなければ参加できない。

(B) 面接場所は自分の住んでいるところである。

(C) 派遣期間は6カ月から1年である。

(D) 選考方法は2次まである。

177~179

　　私たちは昔から植物の香りを楽しんできました。たとえば、ネギやシソなど香りの強い葉を料理のやくみとして使います。お菓子の香りづけや香水の原料としても、植物を使ってきました。植物の香りはいくつかの「香りの成分」が集まってできていますが、これらの成分の中にはさまざまな働きを持つものがあります。日本でよく見られるクスノキの香りの主な成分には虫をよせつけない働きがあるから、<u>この木はタンスなどの家具の材料として使われてきました</u>。また、さしみにつけるワサビのツーンとした香りの成分にはカビや細菌が増えるのを抑える働きがあります。このように、私たちは香りの成分が持つさまざまな働きを生活の中で<u>たくみ</u>に利用してきたのです。

177　植物の香りの楽しみ方として合っていないものを選びなさい。

(A) 料理の薬味として使う。

(B) 香水の原料にする。

(C) 虫をよせつけるのに使う。

(D) お菓子の香りづけに使う

178　「<u>この木はタンスなどの家具の材料として使われてきました。</u>」の理由は何ですか。

(A) タンスがとても丈夫にできるから

(B) タンスの中の服に虫がつかないから

(C) タンスからとてもいい匂いがするから

(D) タンスにカビが生えるから

179　「<u>たくみに</u>」の意味として最もふさわしいものを選びなさい。

(A) びんかんに

(B) 知らないうちに

(C) 不便に

(D) 上手に

180~182

　　私は木村はなこです。韓国に来てから半年になります。だいぶ韓国の生活に慣れました。私は学生時代に日本文化を専攻しましたが、韓国の文化についても勉強したくて韓国に留学しました。①両国の文化を比較しながら勉強したいと思っています。まだまだ韓国語は上手ではありませんが、一生懸命に勉強しています。私にとって一番難しいのはハングルを書くことです。発音も難しいですが、字を書くのはもっと難しいです。時々泣きたくなる時もありますが、韓国語は面白いし、韓国の友達と付き合うのも楽しくて幸せな毎日を過ごしています。

180 ①両国はどこですか。

(A) 韓国と米国

(B) 韓国と日本

(C) 日本と米国

(D) 米国と英国

181 「私」はいつ韓国へ来ましたか。

(A) 6カ月前

(B) 1年前

(C) 1年6カ月前

(D) 2年前

182 韓国語の中で一番難しいのは何ですか。

(A) ハングル

(B) 発音

(C) 字を書くこと

(D) 両国の文化の勉強

　　各地で梅雨明けする中、急激な猛暑が続いています。暑さに慣れていない時期に気温が急に上がると、熱中症のリスクが高まります。環境省によると、本来ならだんだん暑くなっていくことで汗がたくさん出るようになり、体が暑さに慣れて熱中症になりづらくなるそうです。このようになるまで数日はかかるとのことです。しかし、今年のように急に暑くなると、体が十分に慣れていない状態なので、特に気をつける必要があります。喉が渇いていなくても　　　①　　　などしてください。また環境省はマスクを着けていると熱中症になるリスクが高まるため（1）人との距離が2メートル以上確保できる（2）会話をほとんどしない場合は、屋外ではマスクを外すように呼び掛けています。また、屋内でマスクをする時はエアコンなどで温度調節するように求めています。

183 マスクを外してもいい場合を選びなさい。

(A) 外で会話をほとんどしない場合

(B) 人との距離が1メートル以上確保できる場合

(C) 汗がたくさん出る場合

(D) 猛暑が続いている場合

184 本文の内容からみて、　　　①　　　に入る最も適当な言葉は何ですか。

(A) お水を飲まない

(B) ご飯を食べる

(C) エアコンをつける

(D) こまめに水分を補給する

185 本文の内容と合っていないものを選びなさい。

(A) マスクを外すと熱中症になるリスクが高まる。

(B) 気温が急に上がると、熱中症になる危険がある。

(C) 屋内でマスクをするときはエアコンなどで温度調節する。

(D) 梅雨が明けたら気温が急に上がる。

186~188

　日本の国技である相撲は本場所が一年に六場所あります。初場所、夏場所、秋場所は東京の国技館で、春場所は大阪、そして名古屋場所と九州場所があります。力士たちは試合に全力をそそぎ、その合間は稽古と毎日大変な生活です。力士になるためには義務教育を終えなければなりません。力士は上位から横綱、大関、関脇、小結、前頭と強さによってその地位が細かく分かれています。勝負はどちらかの力士の体の一部分が土に触れたり、土俵から押し出されたりした方が敗けです。一場所は十五日間で、力士は毎日違う相手と対戦します。

186 何について説明していますか。

(A) やきゅう

(B) じゅうどう

(C) すもう

(D) かぶき

187 一番強い力士は何と呼ばれますか。

(A) 大関

(B) 小結

(C) 前頭

(D) 横綱

188 内容と合っているものを選びなさい。

(A) 力士になった人たちはみんな義務教育を終えていると考えられる。

(B) 力士は毎日同じ相手と対戦する。

(C) 土俵から押し出されると勝ちだ。

(D) 相撲は本場所が春、夏、秋、冬の四場所ある。

　約束の時間を守らないで、他人に迷惑をかけることは悪いことであることはだれもが認める。それなのにどうして私たちはこんなに時間にだらしがないのだろうか。その理由は日本人は時間をムダにしたり、ムダにされたりすることにあまり細かく気にかけない性質であるからだと思われる。十人の会合に十分遅れてやってきた人は他の九人の人たちから十分ずつ、合計九十分の時間をうばい取ったわけだが、<u>当人</u>はそれほど重大な誤りを犯かしたと思わず、十分ぐらいの時間のムダはほとんど気にかけない。　　①　　これがお金だったら人々はこんなにのん気にしているわけにはいかないだろう。つまり多くの日本人にとって、時間はそれをすぐお金の値打ちにかえて考えるほど大切ではないからといって、他人もそうであると考えることは誤りであろう。だいたい、時間を正確に守らないのは忙しすぎる人と暇すぎる人に多いようである。前者の場合、他人は自分ほど忙しくないだろうから、少しぐらい待ってもらっても許されるだろうと考え、後者は他人にも暇な時間がどっさりあると考えているのである。どちらも自分中心の考え方であることは　　②　　。しかし、これからの若い人は他人の時間を大切にすることを大いに学ぶ必要がある。そうでなければ、満足した共同生活を送ることはできなくなるであろう。それは人々がますます忙しくなり、それだけに自分の時間をいよいよ大切にするようになるからである。

189　「<u>当人</u>」は誰ですか。

(A) 多くの日本人

(B) 十分遅れてやってきた人

(C) 他人

(D) 他の九人の人たち

190　　　①　　に入る適当な言葉を選びなさい。

(A) また　　　　　　(B) むしろ　　　　　　(C) だから　　　　　　(D) もし

191　　　②　　に入る適当な言葉を選びなさい。

(A) 言うまでもない

(B) 言うはずがない

(C) 言わない方がいい

(D) 言わなければならない

192 本文の内容と合っているものを選びなさい。

(A) みんなが満足できる共同生活のためには何よりも自分の時間が大切である。

(B) 時間を守らない人ほど、他人には時間を守ることを求めるものだ。

(C) これからは自分の時間と同じく、他人の時間を大切にしていくべきだ。

(D) たいていの日本人は時間をお金と同じくらい大切だと思っている。

193~196

　　活発な梅雨前線の影響で今日の日本列島は九州から北海道の南部にかけての広い範囲で、局地的に強い雨が降りましたが、これからあすの日中　　①　　西日本や、東北、北海道では大雨の恐れがあります。気象庁によりますと、梅雨前線はあすの朝には東北北部から九州の北部に達し、その後、さらに南下する見込みです。このため、これからあす日中にかけてこれまでに大量に雨の降っている西日本と東北、北海道地方を中心にまた大雨になり、今後の雨量は多いところで100ミリから200ミリに達する恐れがあります。

193 今日の天気はどうでしたか。

(A) 全国的に強い雨が降った。

(B) 局地的に強い雨が降った。

(C) 今日は降らなかったが、明日からは降るかもしれない。

(D) 雨が降っている地方は北海道だけである。

194 今後の雨量は一番多いところでは最大何ミリになる可能性がありますか。

(A) 100ミリ　　　　　　　　　　(B) 50ミリ

(C) 200ミリ　　　　　　　　　　(D) 250ミリ

195 　　①　　に入る適当な言葉を選びなさい。

(A) によっても　　　　　　　　　(B) にしたがっても

(C) についても　　　　　　　　　(D) にかけても

196 内容と合っていないものを選びなさい。

(A) 梅雨前線はこれから北上する見込みである。

(B) 梅雨前線の影響で今日も雨が降った。

(C) 西日本はこれまでに大量の雨が降った。

(D) 日本は今、梅雨の影響であちこちで雨が降っている。

　フランスでは家や学校、列車などにエアコンが普通はありません。通りで日傘を差している人は＿＿①＿＿見かけません。これまでは特別な暑さ対策をしなくても夏を快適に過ごせました。そんなフランスの夏も変わりつつあります。6月中旬、夏が始まったばかりだというのに、フランスの各地で日中の気温が40度を超える猛暑に見舞われました。南西部を中心に6月の最高気温が各地で更新されました。首都のパリでも39度まで気温が上がりました。気温の高い日はフランスの人々は室内に太陽の光が入らないようにするため、日中は雨戸を閉め切ります。部屋は暗いけれど仕方がありません。また、猛暑の警報が出た地域ではそれぞれの家庭の判断で、子どもたちに学校を＿＿②＿＿よいことになりました。でも、学校にエアコンを取り付けた方が良いという意見は＿＿③＿＿。エアコンを付けたら地球温暖化問題は解決できないという考えからだと思われます。パリなどではエアコンの代わりに校庭や中庭にたくさん木を植えて、快適な木陰をもっと作ろうという取り組みがあります。どのくらいの木を植えればどれだけ気温が下がるかを調べる研究も進んでいます。

197　＿＿①＿＿に入る適当な言葉を選びなさい。

(A) とても　　　　　(B) ほとんど　　　　　(C) かなり　　　　　(D) 絶対

198　＿＿②＿＿に入る適当な言葉を選びなさい。

(A) 休ませても　　　(B) 休みたくても　　　(C) 休まなくても　　　(D) 休んでも

199 本文の内容からみて、＿＿③＿＿に入るもっとも適当な文章は何ですか。

(A) フランスではたくさんあります

(B) フランスでは大賛成です

(C) フランスでは子供だけです

(D) フランスではまだ多くありません

200 本文の内容と合っているものを選びなさい。

(A) フランスの学校ではクーラーがついているので、とても涼しいです。

(B) フランスは真夏でもそんなに暑くありません。

(C) フランスでは涼しくするために様々な取り組みが行われています。

(D) フランスではエアコンが必需品になっています。

JPT 실전모의고사

Japanese Proficiency Test

次の質問１番から質問100番までは聞き取りの問題です。

どの問題も１回しか言いませんから、よく聞いて答えを(A), (B), (C), (D)の中から一つ選びなさい。

答えを選んだら、それにあたる答案用紙の記号を黒くぬりつぶしなさい。

Ⅰ．次の写真を見て、その内容に合っている表現を(A)から(D)の中で一つ選びなさい。

例)

(A) 子どもがテレビを見ています。

(B) 子どもが椅子に座っています。

(C) 子どもが本を読んでいます。

(D) 子どもがベッドで寝ています。

■……答 (A), (B), (●), (D)

1

2

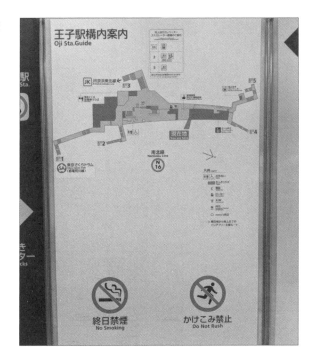

次のページに続く

3

4

5

6

次のページに続く

7

8

9

10

次のページに続く

11

12

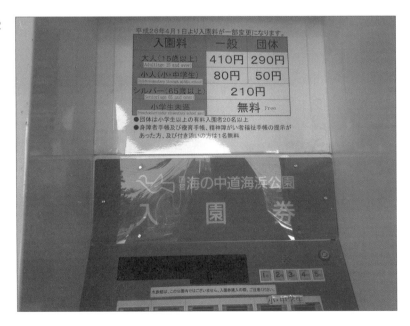

13

14

次のページに続く

15

16

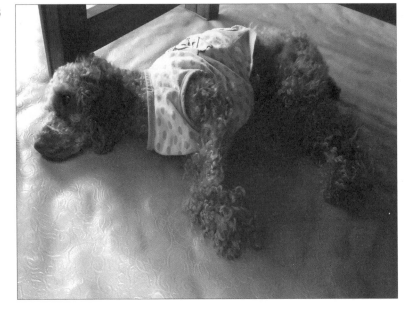

17

18

次のページに続く

19

20

Ⅱ. 次の言葉の返事として、もっとも適したものを(A)から(D)の中で一つ選びなさい。

例) 昨日、偶然だれとばったり会ったって言ったっけ。

(A) 中村さんが偶然お金を拾ったそうだよ。

(B) 昨日、中村さんの発表会があったんだよ。

(C) この人は中村さんにぴったり合うタイプだと思う。

(D) 高校の同窓生の中村だよ。見違えるほど変わっていたよ。

■……答 (A), (B), (C), (●)

---

21 答えを答案用紙に書き入れなさい。

22 答えを答案用紙に書き入れなさい。

23 答えを答案用紙に書き入れなさい。

24 答えを答案用紙に書き入れなさい。

25 答えを答案用紙に書き入れなさい。

26 答えを答案用紙に書き入れなさい。

27 答えを答案用紙に書き入れなさい。

28 答えを答案用紙に書き入れなさい。

29 答えを答案用紙に書き入れなさい。

30 答えを答案用紙に書き入れなさい。

31 答えを答案用紙に書き入れなさい。

32 答えを答案用紙に書き入れなさい。

33 答えを答案用紙に書き入れなさい。

34 答えを答案用紙に書き入れなさい。

35 答えを答案用紙に書き入れなさい。

36 答えを答案用紙に書き入れなさい。

37 答えを答案用紙に書き入れなさい。

38 答えを答案用紙に書き入れなさい。

39 答えを答案用紙に書き入れなさい。

40 答えを答案用紙に書き入れなさい。

41 答えを答案用紙に書き入れなさい。

42 答えを答案用紙に書き入れなさい。

43 答えを答案用紙に書き入れなさい。

44 答えを答案用紙に書き入れなさい。

45 答えを答案用紙に書き入れなさい。

46 答えを答案用紙に書き入れなさい。

47 答えを答案用紙に書き入れなさい。

48 答えを答案用紙に書き入れなさい。

49 答えを答案用紙に書き入れなさい。

50 答えを答案用紙に書き入れなさい。

次のページに続く

Ⅲ. 次の会話をよく聞いて、後の問いにもっとも適したものを(A)から(D)の中で一つ選びなさい。

例) 女: 夕食の献立は何にする？

男: 煮魚と漬物にしようと思っているよ。

女: スパゲッティとチキンサラダが食べたい。

男: じゃ、家で作るのは面倒くさいからイタリアンレストランに行こう。

会話の内容と合っているのはどれですか。

(A) 和食を食べる。

(B) 外食しに行く。

(C) イタリア料理を作る。

(D) 魚を煮ているところである。

■……答 (A), (●), (C), (D)

---

51 女の人について正しいのはどれですか。

(A) 先日、飲み会の途中で帰った。

(B) 両親に車で送ってもらっている。

(C) 市内バスに乗って出勤している。

(D) 会社の徒歩圏内に住んでいる。

52 ファイルに挟まっていた物はどれですか。

(A) 印刷物

(B) 立替金

(C) 請求書

(D) レシート

53 男の人はこれから何をしますか。

(A) 種まきをする。

(B) ぶどう狩りをする。

(C) 大粒のぶどうを買う。

(D) 蚊よけスプレーをふきかける。

54 男の人の引っ越し理由はどれですか。

(A) 転勤になったから

(B) 会社から遠かったから

(C) 騒音トラブルがあったから

(D) 田舎で暮らしたかったから

55 女の人の海外旅行の目的はどれですか。

(A) グルメめぐり

(B) 買い物めぐり

(C) 文化遺産めぐり

(D) テーマパークめぐり

56 女の人はこれから何をしますか。

(A) 紛失物を探す。

(B) 衣装を分類する。

(C) リストを作成する。

(D) 荷物をロビーまで運ぶ。

57 なぜ有休を取りましたか。

   (A) 実家の農業を継ぐため

   (B) 外回りが多かったから

   (C) 仕事が一段落ついたから

   (D) 海外出張が延期されたから

58 男の人はこれから何をしますか。

   (A) 水切りをする。

   (B) 材料を切る。

   (C) ハムを炒める。

   (D) 野菜を茹でる。

59 男の人が見た映画はどんな映画でしたか。

   (A) 未来社会を描いたSF映画

   (B) ノンフィクションの映像作品

   (C) 実話をもとにしたアニメ作品

   (D) 世界中の若者に人気の映画

60 男の人はなぜ風邪を引いたと思っていますか。

   (A) 雨に降られたから

   (B) びしょ濡れになったから

   (C) 布団をかけずに寝たから

   (D) 熱帯夜で眠れなかったから

61 女の人が歌を頼んだのは誰ですか。

   (A) 男の人

   (B) マリさん

   (C) さとみさん

   (D) サユリさん

62 女の人はこれから何をしますか。

   (A) 食事会に行く。

   (B) セミナーをキャンセルする。

   (C) 伊藤さんに連絡する。

   (D) プレゼンの準備をする。

63 二人はいつ会いますか。

   (A) 水曜日の9時

   (B) 水曜日の11時

   (C) 木曜日の9時

   (D) 木曜日の11時

64 男の人はこれから何をしますか。

   (A) コピーをする。

   (B) お見舞いに行く。

   (C) セミナーの発表をする。

   (D) 田中さんに資料を渡す。

65 女の人が男の人に頼んでいないのはどれですか。

   (A) ビール

   (B) 牛乳

   (C) 歯磨き粉

   (D) コーヒー豆

66 パソコンの異常の原因はどれですか。

   (A) 常駐ソフトのエラー

   (B) メモリ容量の不足

   (C) 複数のウィルス感染

   (D) ローカルディスクの故障

次のページに続く

67 女の人が男の人に言いたいのはどれです
か。

(A) 負けるが勝ち

(B) 笑いは人の薬

(C) 兜の緒を締める

(D) 渡る世間に鬼はなし

68 女の人はどうして勤務の交代ができない
のですか。

(A) 山に登る約束があるから

(B) 定期ミーティングがあるから

(C) 宝くじで100円当ったから

(D) 急に打ち上げの約束が入ったから

69 内容に合っているのはどれですか。

(A) 女の人はスイーツを食べている。

(B) 男の人はインスタ映えを気にしている。

(C) 女の人は写真を撮っている人を見てい
る。

(D) 男の人は写真をダウンロードしたこと
がある。

70 女の人はこれからどうしますか。

(A) タイミングを合わす。

(B) ユカリさんからの返事を待つ。

(C) ユカリさんとの約束を変更する。

(D) 男の人と待ち合わせ時間を決める。

71 女の人はどうしますか。

(A) 6時前に景色を見る。

(B) 8時すぎに床をのべに来る。

(C) 6時ごろ、部屋で食事を楽しむ。

(D) 8時すぎに部屋に食事を運んでくる。

72 男の人はどうして歓迎会に行かないので
すか。

(A) 子どもの入園式のため

(B) 両親の入院手続きのため

(C) 子どもの面倒を見るため

(D) 息子を迎えに行くため

73 内容について正しいものはどれですか。

(A) 男の人は都合が悪い。

(B) 女の人は骨折している。

(C) 女の人は頻繁にドタキャンする。

(D) 男の人は演劇鑑賞に誘っている。

74 女の人はこれからどうしますか。

(A) 和菓子を作る。

(B) ファイルをチェックする。

(C) 京都の文化財を確認する。

(D) パンフレットをアップロードする。

75 女の人は合格のお祝いをどうしますか。

(A) かばんに付ける。

(B) 男の人にあげる。

(C) 人々に自慢する。

(D) ドライフラワーにする。

76 女の人は何をしようと思っていますか。

(A) 遠出

(B) 家事

(C) キャンプ

(D) バーベキュー

77 女の人はこれからどうしますか。

(A) 福利政策を確認する。

(B) 経費の種類を説明する。

(C) 経理課に書類を届ける。

(D) 書類を添付ファイルで送る。

78 女の人の考えについて正しいのはどれで
すか。

(A) 流行を先取りする。

(B) 市場の変化に対応する。

(C) 人気商品をリニューアルする。

(D) 消費者のためにデザインを変える。

79 二人は何について話していますか。

(A) 気温に合わせた販売対策

(B) コートの在庫調査

(C) 在庫切れ商品の種類

(D) 販売低迷の原因把握

80 二人はこれからどうしますか。

(A) 写真を撮る。

(B) 灯台に行く。

(C) 釣りに行く。

(D) 場所を取る。

次のページに続く

Ⅳ. 次の文章をよく聞いて、後の問いにもっとも適したものを(A)から(D)の中で一つ選びなさい。

例) 交通機関の発達や科学技術の進歩に伴って、生活が便利になり、体を動かす機会が減って
きています。運動不足で起こるものには疲れやすさ、睡眠不足、食欲低下、腰の痛み、ス
トレス増加などがあげられます。そのため、自分に合った運動方法を見つけ、日常生活の
中で運動習慣を身につけるのが重要です。

1　運動不足で起こるものとして挙げられたのはどれですか。

(A) 腰痛　　　　　　　　　　(B) 過労

(C) 水不足　　　　　　　　　(D) 食欲増加

2　運動不足の原因はどれですか。

(A) 食生活が変わったから

(B) 西洋技術が導入されたから

(C) 体を動かす機会が減ったから

(D) 毎日スポーツジムに行かないから

■‥‥‥ 答　**1**　(●), (B), (C), (D)

2　(A), (B), (●), (D)

81　母はどんな人ですか。

(A) 几帳面である。

(B) 朗らかである。

(C) おしゃれ好きである。

(D) イベント好きである。

82　母はどうして玄関を飾りますか。

(A) カビを隠したいから

(B) 油汚れがあるから

(C) 心だと思っているから

(D) 家の顔だと思っているから

83　母が畳を掃除する時に準備するものはど
れですか。

(A) 雑巾

(B) ブラシ

(C) ゴミ袋

(D) 換気扇

84　畳が傷まないように掃除する方法はどれ
ですか。

(A) 心がけて祈ること

(B) きれいな水をかけること

(C) 畳の目に沿って掃除すること

(D) 隅々まで丁寧に磨き上げること

85 店について正しいのはどれですか。

(A) ペットが入れないテラス席がある。

(B) 古びたレンガ造りの建物である。

(C) 小さいけれど落ち着いた雰囲気である。

(D) 白とベージュの外壁の店舗である。

86 店内の雰囲気はどうですか。

(A) 異国風である。

(B) ぬくもりがある。

(C) レトロな雰囲気である。

(D) おごそかな雰囲気が漂っている。

87 この人は主に何を買いますか。

(A) バゲット

(B) ロールパン

(C) ケーキ

(D) クロワッサン

88 着物展の日程はいつですか。

(A) ４月10日から５月10日まで

(B) ４月10日から６月15日まで

(C) ５月10日まで６月10日まで

(D) ５月10日から６月15日まで

89 当日券について正しいのはどれですか。

(A) 現金で購入する。

(B) 一人200円である。

(C) ４月10日から発売する。

(D) 専用ウェブサイトから購入できる。

90 行われるイベントはどれですか。

(A) 飲み会

(B) 着物体験

(C) 落書きアート

(D) 和装小物の寄付

次のページに続く

91 サーフィンの日程が変更された理由はどれですか。

(A) 台風

(B) 猛暑

(C) 積雪

(D) 極寒

92 サッカーの準決勝の開始時間はどうなりましたか。

(A) 予定どおりに行われる。

(B) 午後9時に変更された。

(C) 午後8時から2時間前倒しになった。

(D) 午後6時から午後8時に変更された。

93 サッカーの日程が変更された理由はどれですか。

(A) 台風

(B) 猛暑

(C) 積雪

(D) 極寒

94 冷房・暖房の運転をひとりでにコントロールするのはどれですか。

(A)「省エネ」ボタン

(B)「クリーン」ボタン

(C)「A.I.自動」ボタン

(D)「設定温度」ボタン

95 どのような場合に当日出荷されますか。

(A) 水曜日午後1時に代金引換で注文した場合

(B) 木曜日午後4時に代金引換で注文した場合

(C) 土曜日午後1時に代金引換で注文した場合

(D) 日曜日午後4時に代金引換で注文した場合

96 このモデルについて正しいのはどれですか。

(A) 設置できる場所が限られている。

(B) 運転後に自動で内部を乾燥させる。

(C) 5度単位で温度コントロールが可能である。

(D) 設定温度まで徐々に暖める「ヒートブースト制御」がある。

97 指定袋に入れて出すのはどれですか。

    (A) 缶類

    (B) ビン類

    (C) アルミニウム類

    (D) プラスチック類

98 資源ゴミはいつまで出しますか。

    (A) 午前７時３０分

    (B) 午後７時３０分

    (C) 午前８時３０分

    (D) 午後８時３０分

99 ライターの処理方法はどれですか。

    (A) 燃えるごみとして出す。

    (B) 燃えないごみ袋で出す。

    (C) 中身を確認して市役所に出す。

    (D) 中身がある時は資源ごみで出す。

100 ゴミの適正な管理のために住民に何を求めていますか。

    (A) 住所の記入

    (B) 姓名の記入

    (C) 電話番号の記入

    (D) ごみの種類の記入

これで聞き取りの問題は終わります。

それでは、次の質問101番から質問200番までの問題に答えなさい。

答案用紙に書き込む要領は聞き取りの場合と同じです。

次のページに続く

Ⅴ. 下の＿＿＿＿線の言葉の正しい表現、または同じ意味のはたらきをしている言葉を(A)から(D)の中で一つ選びなさい。

101 このパソコンは軽くて操作も簡単でかなり人気のある商品です。
(A) そうさ
(B) そうさく
(C) しょうさ
(D) ぞうさく

102 日本の会社では、年齢や地位の上下関係に気を使わなければなりません。
(A) じょうか
(B) うえした
(C) じょうげ
(D) かみしも

103 今日は体の具合が悪くてどこにも行きたくありません。
(A) くあい
(B) かいあい
(C) がいあい
(D) ぐあい

104 朝から鼻水が出たり熱があったりしたが、薬を飲んだら大分よくなった。
(A) だいぶ
(B) だいぶん
(C) たいふん
(D) おおぶん

105 すみませんが、主人は今るすなので、後でまたかけていただけますか。
(A) 竜守
(B) 留守
(C) 流守
(D) 琉守

106 できれば国家間の貿易まさつは避けたほうがいいでしょう。
(A) 魔擦
(B) 磨察
(C) 摩擦
(D) 麻察

107 妹は私にたよりきりで、どんなに小さな悩みでも私に相談を持ちかける。
(A) 頼り
(B) 便り
(C) 依り
(D) 寄り

108 あなたが悪かったんだから今すぐあやまったほうがいい。
(A) 謝った
(B) 誤った
(C) 過った
(D) 省った

109 コンビニへ行くならビールと焼酎をさんぼんずつ買ってきてください。
(A) 3分
(B) 3個
(C) 3枚
(D) 3本

110 二十歳になるとお酒が飲めて、タバコが吸えるようになります。
(A) にじゅさい
(B) にじゅうせい
(C) はたち
(D) はつか

111 ６歳以下は無料でバスに乗れます。

  (A) 無料でバスに乗ることができます

  (B) 無料でバスに乗ってはいけません

  (C) バスに乗る時、お金を払わなければなりません

  (D) お金がなければ払わなくてもいいです

112 ホテルのルームは比較的掃除が行き届いていました。

  (A) 掃除をしているところです

  (B) 掃除をしていないようでした

  (C) 掃除はしたけど、あまりきれいじゃなかったんです

  (D) すみずみまで掃除してありました

113 やむを得ない急用で残念ながら、明日のキャンプは行けない。

  (A) しかたない

  (B) とんでもない

  (C) なさけない

  (D) ぎこちない

114 学生時代、この映画館で時々映画を見たものだ。

  (A) あなたにあげたものはどこにありますか。

  (B) 母が作ってくれたものは何でもおいしい。

  (C) 昔、この川でよく泳いだものだ。

  (D) とても便利な世の中になったものだ。

115 今日のようににわか雨が降る日は昔のことが思い出される。

  (A) 明日は朝早くから会議があるんですが、起きられるかどうか心配です。

  (B) 一人で田舎に住んでいる母のことが案じられる。

  (C) 副社長は毎日７時ごろ会社へ来られます。

  (D) 教室の掃除をしなかったので先生に叱られたんです。

116 休日は日本人の友だちとよくカラオケに行きます。

  (A) 今の時期だと花見が盛んでしょう。

  (B) 肉は炭火で焼くともっとおいしくなります。

  (C) 私は周りがうるさいと集中できません。

  (D) 地下鉄で彼女と出会ってびっくりした。

117 彼女は涙ながらに叫んでいた。

  (A) 注意していながらまた間違えた。

  (B) これは生まれながらの習慣です。

  (C) 音楽を聞きながら勉強してもいいですか。

  (D) お茶を飲みながらゆっくり話しましょう。

118 犬が好きな人もいれば嫌いな人もいる。

  (A) このレストランは値段も高ければサービスも悪い。

  (B) ダイヤモンドは大きければ大きいほど高い。

  (C) 父が厳しくて９時までに家へ帰らなければなりません。

  (D) 聞けばきっと分かると思います。

次のページに続く

119 タクシー乗り場まで行く<u>のに</u>どれくらい
かかりますか。

(A) あの人はお金もない<u>のに</u>ぜいたくな生
活をしている。

(B) 正解を知っている<u>のに</u>知らないふりを
している。

(C) 新しいパソコンを買う<u>のに</u>お金がたく
さんかかりました。

(D) 熱がある<u>のに</u>外出して母に叱られた。

120 <u>もうこれ以上、黙っているわけにはいか
ない。</u>

(A) これからも今までどおり意見を言うつ
もりだ

(B) これからも今までどおり黙っているつ
もりだ

(C) これまでは意見を言ってきたが、次か
らは言わないつもりだ

(D) これまでは黙っていたが、今度ははっ
きり言うつもりだ

Ⅵ. 下の＿＿＿線の(A), (B), (C), (D)の言葉の中で正しくない言葉を一つ選びなさい。

121 昨日の決勝戦は応援もよかったが、韓国選手のパワーもすごいでした。
　　　　　　(A)　　　　　　　　(B)　　　　　　　　(C)　　　　(D)

122 山田さんが入院したものは病気でなく山でけがをしたからだそうだ。
　　　　　　　　　　　　　　(A)　　　(B)　　(C)　　(D)

123 運転をしたら、必ず自動車保険に 入らなければなりません。
　　　　　(A)　　(B)　　　　(C)　　　　(D)

124 このごろ むしあつい天気が続いてあるので冷房病が流行っている。
　　　(A)　　　(B)　　　　　(C)　　　　　　　(D)

125 今まで たくさんの機械が必要でしたが、それが１冊で済むことになりました。
　　(A)　　(B)　　　　　　　　　　　　(C)　　(D)

126 最寄り駅まで行くにはここをまっすぐ行って左を曲がった方が近いよ。
　　(A)　　　　　　　(B)　　　　(C)　　　　(D)

127 ドアが開けると、背の高い女の人があくびをしながら出てきた。
　　　　(A)　　　　(B)　　　　(C)　　(D)

128 かけに勝って、私は吉田さんに昼ごはんをおごれました。
　　(A)　(B)　　　　(C)　　　　(D)

129 私の友だちがアパートを貸したいと言うので、一緒に不動産屋に行きました。
　　　　(A)　　　　(B)　　(C)　　　　　　(D)

130 来月の下旬に 取引先からお客さんが来るつもりです。
　　(A)(B)　(C)　　　　　　　(D)

131 日本人はみんな納豆が好んでいると思いがちですが、実際どうでしょうか。
　　　　(A)　　(B)　　(C)　　(D)

132 不実工事をした部分が豪雨による地盤のゆるみによって大惨事を引き起す例はまれではない。
　　(A)　　　　　　　　　　　　　　　　　(B)　　　(C)　　(D)

次のページに続く

133 鈴木さんは健康のために、毎朝に一人で登山をしています。
　　　　　　　　　(A)　　　　(B)　　(C)　　　　(D)

134 みんなやりたがらないといって、金さんにだけこの仕事を続かせることはできません。
　　　　　(A)　　　　　　(B)　　　　　　(C)　　　　　　　(D)

135 この世の中にはお金持ちもいるなら、貧乏な人もいる。
　(A)　　　　　(B)　　　(C)　　　(D)

136 この住宅は日光が部屋の奥まで届くように作られてある。
　　　　　(A)　　　　　(B)　　(C)　　　　(D)

137 絶対に ある得ないと思っていたことが現実になってしまった。
　　(A)　　(B)　　　　　　　(C)　　(D)

138 彼は医師から警告をもらっているにもかかわらず、飲酒の習慣を改めようとしない。
　　　　　(A)　　　(B)　　　　　　(C)　　　　　　　(D)

139 お客さんとの約束から、3時までにサンプルを持って行かなければなりません。
　　　　　(A)　(B)　　　(C)　　　　　　　　(D)

140 同窓会の幹事を頼まれているんだけど、気を進まない。
　　　　(A)　　(B)　　　　　　　(C)　(D)

VII. 下の＿＿＿線に入る適当な言葉を(A)から(D)の中で一つ選びなさい。

141 新宿駅は複雑なので日本人でも道＿＿＿迷ってしまうことがある。
    (A) を
    (B) へ
    (C) に
    (D) の

142 新聞の役目は事実を伝える＿＿＿です。
    (A) つもり
    (B) こと
    (C) せい
    (D) とおり

143 タクシーは前をゆっくり走るバスを＿＿＿。
    (A) 通過した
    (B) 通行した
    (C) 追い越した
    (D) 乗り越した

144 楽しみにしていたコンサートが中止になって＿＿＿した。
    (A) うっかり
    (B) はっきり
    (C) どっきり
    (D) がっかり

145 川村さんは語学の才能に＿＿＿とみんなに言われます。
    (A) うまれている
    (B) いきている
    (C) そだっている
    (D) めぐまれている

146 新宿駅で電車を降りて３番の出口を＿＿＿。
    (A) ご利用にしてください
    (B) ご利用ください
    (C) ご利用なってください
    (D) ご利用しなさい

次のページに続く

147 試験中に＿＿＿＿と居眠りをして先生に起こされた。

(A) うっかり

(B) あっさり

(C) てっきり

(D) たっぷり

148 救助＿＿＿＿地元の警察によると、事故の原因はバスのブレーキの故障だそうだ。

(A) によって

(B) にむかった

(C) にかわった

(D) にしたがって

149 彼女はよほど＿＿＿＿死んだように眠っている。

(A) 疲れてらしく

(B) 疲れらしく

(C) 疲れるのらしく

(D) 疲れたらしく

150 大事に思っていないわけじゃないのに、彼氏へのメールの返事は後回しに＿＿＿＿がちだ。

(A) なって

(B) なる

(C) なり

(D) なれ

151 お客様、お手洗いはここをまっすぐ行ってエスカレーターの左に＿＿＿＿。

(A) います

(B) おります

(C) もうします

(D) ございます

152 飲食のご購入は現金＿＿＿＿電子決済でご利用いただけます。

(A) または

(B) それでは

(C) いわゆる

(D) それに

153 空港まで＿＿＿＿＿＿迎えに行ったのに彼らは来なかった。

    (A) さすがに

    (B) しきりに

    (C) わざわざ

    (D) あいにく

154 焼きそばにはマヨネーズを＿＿＿＿＿＿かけた方がおいしい。

    (A) たちまち

    (B) ますます

    (C) もっぱら

    (D) たっぷり

155 商売に＿＿＿＿＿＿一番重要なのは人間関係だと思います。

    (A) おいて

    (B) ついて

    (C) として

    (D) だって

156 何と＿＿＿＿＿＿、給料がいいに越したことはない。

    (A) 言うと

    (B) 言っても

    (C) 言いながら

    (D) 言ったら

157 良くないこととは思い＿＿＿＿＿＿、インターネットで見つけた文章をコピーしてレポートを提出
してしまった。

    (A) ほど

    (B) こと

    (C) まま

    (D) つつ

158 来週、文化祭があるので文化院に資料を＿＿＿＿＿＿行くつもりです。

    (A) 調べに

    (B) 調べるに

    (C) 見るに

    (D) 見に

次のページに続く

159 お困りのことがございましたら、いつでも_____ください。

(A) 伺って

(B) 話し

(C) おっしゃって

(D) 申し上げて

160 家の近くにスーパーができた_____、日本人は、野菜は必ず行きつけの八百屋で買うと言う。

(A) にしたがって

(B) だけあって

(C) における

(D) としても

161 警察署の掲示板に交通安全を呼びかけるポスターが貼って_____。

(A) います

(B) あります

(C) いきます

(D) きます

162 毎年８月のお盆休みになると、地方に向かう高速道路はすごく混み、_____運転になる。

(A) のろのろ

(B) おずおず

(C) たらたら

(D) ねばねば

163 こんな素晴らしいマンションに引っ越したなんて、やっと夢が_____んですね。

(A) かなった

(B) あたった

(C) あいあった

(D) あった

164 日本人は庭付きの一戸建てに住みたいという人が多いという気が_____。

(A) かんじます

(B) なります

(C) すすみます

(D) します

165 若者の言葉は語句を短縮したものが＿＿＿＿＿＿。

    (A) 多いのみたいだ

    (B) 多くようだ

    (C) 多いようだ

    (D) 多いのようだ

166 正直に＿＿＿＿＿＿新しい政権が始まった時、多くの人と同様に私も期待を持った。

    (A) 話して

    (B) 言って

    (C) 語って

    (D) 述べて

167 彼氏の行動があやしいので＿＿＿＿＿＿、浮気相手がいることを白状した。

    (A) かけをしたら

    (B) 油を売ったら

    (C) かまをかけたら

    (D) 猫をかぶったら

168 今後の景気に影響を＿＿＿＿＿＿要因として最も多く挙げられたのは物価だった。

    (A) あげる

    (B) くれる

    (C) 与える

    (D) やる

169 事故の後、電話会社は応急対策を急いでいますが、麻痺状態は続く＿＿＿＿＿＿です。

    (A) 思い

    (B) 見解

    (C) 考え

    (D) 見込み

170 すごい雨ですね。しばらく＿＿＿＿＿＿。

    (A) やみそうにありません

    (B) やむそうじゃありません

    (C) やみがちです

    (D) やむことにします

次のページに続く

Ⅷ．下の分を読んで、後の問いにもっとも適した答えを(A)から(D)の中で一つ選びなさい。

[171-174]

> アジサイ　①　花を知っていますか。アジサイは梅雨の季節に咲く花です。青や紫の小さい花が集まって、丸い形の花になります。日本では5月から7月の間に、1か月くらい雨が多く降る時期があります。その時期は梅雨と呼ばれています。雨の日が多いから、梅雨が嫌いな日本人が多いです。でも、梅雨の時にだけ咲く、きれいなアジサイを見るのが好きな人も多いです。アジサイは花屋でも買えますが、街の中でもよく見ることができます。梅雨の時期に日本に行ったら、　②　アジサイを探してみてください。

171　　①　に入る適当な言葉を選びなさい。

(A) ある

(B) どんな

(C) という

(D) または

172 「梅雨が嫌いな日本人が多い」理由として正しいのはどれですか。

(A) アジサイが見られないから

(B) 洗濯物がよく乾かないから

(C) アジサイがたくさん咲いているから

(D) 雨の日が多いから

173　　②　に入る適当な言葉を選びなさい。

(A) では

(B) けっして

(C) ぜひ

(D) ついに

174 本文の内容と合っているものを選びなさい。

(A) 梅雨が嫌いな人でもアジサイを楽しみにしている人はかなりいる。

(B) アジサイは春にだけ咲く花である。

(C) アジサイは花屋では売っていない。

(D) 梅雨の時に日本に行ってもアジサイは見られない。

[175-178]

お知らせ！

４月からニューヨーク支社で働くことになりましたので、アメリカに持って行けない物を必要な方にあげます。ご関心のある方はおいでください。

日時：今月(３月)の第３日曜日、１０時～２１時

場所：呼子町３-５サクラマンション６０２号室

品物：たんす、冷蔵庫、本棚、洗濯機、ソファーなどの家具

＊ 食器などの台所用品もあります。

＊ 遅くとも今月末までに取りにおいでください。

高橋はるこ

175 この人が自分の物を人にあげる理由は何ですか。

(A) 新しいものを買うために

(B) アメリカに留学するから

(C) 勤務地が変わるから

(D) 結婚して引っ越しするから

176 この人は誰に自分の物をあげますか。

(A) 同じマンションに住んでいる人

(B)「お知らせ」に書いてある物がほしい人

(C) 同じ会社で働く人

(D) 独身の会社員

177 もらえない物は何ですか。

(A) たんすや本棚

(B) 冷蔵庫や洗濯機

(C) ちゃわんや皿

(D) 本や雑誌

178 物をもらいたい人はどうすればいいですか。

(A) ３月３０日までにマンションに行けばいい。

(B) ４月３０日までにマンションに行けばいい。

(C) ３月３０日までに高橋さんにお金を払えばいい。

(D) ３月の第３日曜日に電話すればいい。

次のページに続く

[179-182]

　明治時代の鉄道開通後しばらくして、①これが登場しました。これは駅で売る弁当のことで、電車の中で食べるために作られました。当時、これは高級品であったと言われています。鉄道が全国各地に延びるにしたがって、これも広がりました。昭和の鉄道旅行ブームでこれも最盛期を迎えます。現在は特急の登場や自家用車の発達など交通手段が多様化するにつれて鉄道利用者が減り、これの数も減りました。しかし、有名なところは今でも連日早い時間に売り切れるほど②人気を集めています。

179　①これは何ですか。

(A) 駅弁

(B) 駅

(C) 電車

(D) お菓子

180　②人気を集めていますとはどういう意味ですか。

(A) 人々が見たがっています。

(B) 鉄道を利用する人が多いです。

(C) 多くの人々が買っていきます。

(D) 高級品として認められています。

181　①これが盛んになった理由は何ですか。

(A) 都市の発達によって

(B) 労働者の増加によって

(C) 交通手段の多様化によって

(D) 鉄道の発達によって

182　内容に合っているものを選びなさい。

(A) これは明治時代にブームになった。

(B) これは鉄道とともに発達してきたものである。

(C) 最近、これを売る店はほとんど見られなくなった。

(D) これが初めて登場した時、安くて人気があった。

[183-186]

スーパーやコンビニなどで買った食品に、賞味期限が表示されているのは知っていますね。では、賞味期限が切れたものはどう処理をしているのでしょうか。実にもったいないことに<u>それら</u>は捨てられているのです。でも、賞味期限が切れたからといってすぐに悪くなってしまうものではありません。先日、新聞にスーパーマーケットに並べられたおにぎりは6時間を超えたら、ほとんど捨ててしまうということが書かれていました。先進国で最も食料自給率が低く、外国に食べ物の大半を<u>ゆだねている</u>日本で<u>こんな無駄なこと</u>をしているのです。いったいどれくらい捨てているかというと、賞味期限切れの食べ物、学校給食や家庭、観光地の残飯、それから過剰農産物など、なんとこれらを年間2000万トンも捨てているのです。そのうち小売店から出る賞味期限切れや返品などの売れ残り食品は約60万トンです。この60万トンを基準に計算してみると、大人1人1日に500グラムを食べるとして、毎日300万人分も捨てていることになるそうです。

183 「<u>それら</u>」は何を指していますか。

(A) 賞味期限が切れた食品　　　(B) 過剰農産物

(C) 味が悪くなった食品　　　　(D) 売れ残り食品

184 「<u>ゆだねている</u>」の意味としてもっともふさわしいものを選びなさい。

(A) 注文している　　　　　　　(B) うばいとっている

(C) まかせている　　　　　　　(D) さし出している

185 本文の内容からみて、「<u>こんな無駄なこと</u>」はどのようなことですか。

(A) 食品が悪くなるまで売りつづけていること

(B) まだ悪くなっていないものを捨てること

(C) 食品を作りすぎて、たくさん売れ残ること

(D) 国内で食料をほとんど作っていないこと

186 一年間に捨てられる売れ残り食品の量として最もふさわしいものを選びなさい。

(A) 2000万トン

(B) 大人一人が一日に食べる量の300万人分

(C) 約60万トン

(D) 500グラム

次のページに続く

お買得キャンペーン実施中！ 2/5(日)まで

SOHO・個人事業主の皆様におすすめ。

価格を超えた安心品質！ 万一の障害時にも短時間で復旧！

お求めは当社営業担当 / 販売パートナー、または下記窓口までお問い合わせください。

富士コン(PC)購入相談窓口 0120-319-342

受付時間 / 平日 9:00～21:00, 土・日・祝日 9:00～17:00

TEL. 03-3747-2780(有料)

今回ご購入されない方にもチャンス！ ＜1/29(日)まで＞

先着1000名様に特製ノートをプレゼント！

＊送料別途 : 3150円(税込)

187　これは何についての広告ですか。

(A) 特製ノート

(B) 新型ケータイ

(C) パソコン

(D) カメラ

188　週末は何時まで電話すればいいですか。

(A) 午後4時

(B) 午後5時

(C) 午後7時

(D) 午後9時

189　内容と合っているものを選びなさい。

(A) 1月29日から2月5日までキャンペーンをする。

(B) 休みの日には相談できない。

(C) 電話相談は無料である。

(D) 今回は買わなくてもプレゼントをもらう機会はある。

[190-192]

①これは何歳まで健康に暮せるかを示す数字で、平均寿命から日常生活を大きく損ねるけがや病気、寝たきり状態などの期間を差し引いた年数で算出する。従来の平均寿命より、実質的な健康状態を反映する重要な指標として、2000年から世界保健機関(WHO)が国際比較数値を発表してきた。2003年の日本人の健康寿命は男性72.3歳(平均寿命78.4歳)、女性77.7歳(平均寿命85.3歳)で、4年連続世界一だった。政府の経済諮問会議が策定を進めている「日本21世紀ビジョン」では2030年に健康寿命を現在より男女5歳ずつ上げて、平均80歳にすることを目標にしている。

190 ①これは何を指しますか。

　(A) 日本人の寿命

　(B) 平均寿命

　(C) 健康寿命

　(D) 女性と男性の寿命

191 日本政府は2030年の女性の健康寿命の目標を何歳にしていますか。

　(A) 83.4歳

　(B) 77.3歳

　(C) 82.7歳

　(D) 80歳

192 内容と合っているものを選びなさい。

　(A) 日本人は男性より女性の方が寿命が長い。

　(B) 日本人は女性より男性の方が寿命が長い。

　(C) 健康に暮すより長く生きるのが幸せだ。

　(D) 03年、世界保健機関ははじめて国際比較数値を発表した。

次のページに続く

> 　私は1週間に5回、日本語学校で勉強をします。日曜日と水曜日はアルバイトに行きますから勉強には行けません。日本語の勉強は毎日、授業の内容が違うので、とても面白いです。月曜日は会話、火曜日は漢字、木曜日は文化の授業があります。私はその中で月曜日が一番好きです。先生は私たちに短い会話を暗記させて役割練習をさせます。とても緊張しますが、実際に体を動かしながら話すのは面白いので、私はこの時間がとても　①　です。しかし、漢字は書き方も読み方も難しくていくら勉強しても覚えられません。先生は私たちに漢字を読ませたり書かせたりしますが、ニューヨークで生まれた私には大変なことです。

193　　①　に入る適当な言葉を選びなさい。

(A) くやしい

(B) たのしい

(C) かなしい

(D) さびしい

194　この人はどこの国の出身ですか。

(A) イギリス

(B) フランス

(C) アメリカ

(D) ロシア

195　この人が一番好きな科目は何ですか。

(A) 会話

(B) 文化

(C) 漢字

(D) 文字

196　登校日ではない日を選びなさい。

(A) 火曜日

(B) 水曜日

(C) 木曜日

(D) 月曜日

　　大切なのは視線です。どこを見るかということですが、特に、相手の目と視線を合わせることを　①　といいます。これも文化によって違います。例えば、バングラデシュでは目上の人に対しては下を向いたまま話をするそうです。日本でも、昔はどちらかというとそうだったようですし、今でも、日本では子供が親に怒られる時、じっと親の目を見たりはしません。話を聞いているという印として、相手の目を時々は見ますが、じっと見つめることはむしろ反抗の気持ちを表すことになるのではないでしょうか。一方、イギリスの人から聞いたのですが、小さいころ親から叱られる時、よく「私の目を見なさい！」と言われたそうです。相手の目を見ないことは、相手の話をきちんと聞かないということなのだそうです。学生時代、面接試験の時は相手のネクタイのあたりを見なさいと教えられましたが、自分が面接官になった時の個人的な印象では、ぼんやりと目を合わさないままでいるよりは　②　時々は相手の目を見てしっかりアイコンタクトを取るほうが自信をもって話をしているような気がします。

197　　①　に入る適当な言葉を選びなさい。

(A) コスパ　　　　　　　　　　　(B) ボランティア

(C) アプリ　　　　　　　　　　　(D) アイコンタクト

198　　②　に入る適当な言葉を選びなさい。

(A) まるで　　　　　　　　　　　(B) むしろ

(C) とても　　　　　　　　　　　(D) かなり

199　イギリスで相手と話をする時、最もふさわしい話し方を選びなさい。

(A) 相手の目を見ないまま話をする。

(B) 目上の人に対しては下を向いたまま話をする。

(C) じっと相手の目を見て話をする。

(D) 相手のネクタイのあたりを見ながら話をする。

200　バングラデシュで相手と話をする時、最もふさわしい話し方を選びなさい。

(A) 目上の人の目をしっかり見ながら話をする。

(B) 相手のネクタイのあたりを見ながら話をする。

(C) 相手の目と視線を合わせながら話をする。

(D) 目上の人に対しては下を向いたまま話をする。

ANSWER SHEET   다락원   NEW JPT 한권으로 끝내기 600 실전모의테스트

聽 解 (Part I~IV)

No.	ANSWER	No.	ANSWER	No.	ANSWER	No.	ANSWER	No.	ANSWER
1	Ⓐ Ⓑ Ⓒ Ⓓ	21	Ⓐ Ⓑ Ⓒ Ⓓ	41	Ⓐ Ⓑ Ⓒ Ⓓ	61	Ⓐ Ⓑ Ⓒ Ⓓ	81	Ⓐ Ⓑ Ⓒ Ⓓ
2	Ⓐ Ⓑ Ⓒ Ⓓ	22	Ⓐ Ⓑ Ⓒ Ⓓ	42	Ⓐ Ⓑ Ⓒ Ⓓ	62	Ⓐ Ⓑ Ⓒ Ⓓ	82	Ⓐ Ⓑ Ⓒ Ⓓ
3	Ⓐ Ⓑ Ⓒ Ⓓ	23	Ⓐ Ⓑ Ⓒ Ⓓ	43	Ⓐ Ⓑ Ⓒ Ⓓ	63	Ⓐ Ⓑ Ⓒ Ⓓ	83	Ⓐ Ⓑ Ⓒ Ⓓ
4	Ⓐ Ⓑ Ⓒ Ⓓ	24	Ⓐ Ⓑ Ⓒ Ⓓ	44	Ⓐ Ⓑ Ⓒ Ⓓ	64	Ⓐ Ⓑ Ⓒ Ⓓ	84	Ⓐ Ⓑ Ⓒ Ⓓ
5	Ⓐ Ⓑ Ⓒ Ⓓ	25	Ⓐ Ⓑ Ⓒ Ⓓ	45	Ⓐ Ⓑ Ⓒ Ⓓ	65	Ⓐ Ⓑ Ⓒ Ⓓ	85	Ⓐ Ⓑ Ⓒ Ⓓ
6	Ⓐ Ⓑ Ⓒ Ⓓ	26	Ⓐ Ⓑ Ⓒ Ⓓ	46	Ⓐ Ⓑ Ⓒ Ⓓ	66	Ⓐ Ⓑ Ⓒ Ⓓ	86	Ⓐ Ⓑ Ⓒ Ⓓ
7	Ⓐ Ⓑ Ⓒ Ⓓ	27	Ⓐ Ⓑ Ⓒ Ⓓ	47	Ⓐ Ⓑ Ⓒ Ⓓ	67	Ⓐ Ⓑ Ⓒ Ⓓ	87	Ⓐ Ⓑ Ⓒ Ⓓ
8	Ⓐ Ⓑ Ⓒ Ⓓ	28	Ⓐ Ⓑ Ⓒ Ⓓ	48	Ⓐ Ⓑ Ⓒ Ⓓ	68	Ⓐ Ⓑ Ⓒ Ⓓ	88	Ⓐ Ⓑ Ⓒ Ⓓ
9	Ⓐ Ⓑ Ⓒ Ⓓ	29	Ⓐ Ⓑ Ⓒ Ⓓ	49	Ⓐ Ⓑ Ⓒ Ⓓ	69	Ⓐ Ⓑ Ⓒ Ⓓ	89	Ⓐ Ⓑ Ⓒ Ⓓ
10	Ⓐ Ⓑ Ⓒ Ⓓ	30	Ⓐ Ⓑ Ⓒ Ⓓ	50	Ⓐ Ⓑ Ⓒ Ⓓ	70	Ⓐ Ⓑ Ⓒ Ⓓ	90	Ⓐ Ⓑ Ⓒ Ⓓ
11	Ⓐ Ⓑ Ⓒ Ⓓ	31	Ⓐ Ⓑ Ⓒ Ⓓ	51	Ⓐ Ⓑ Ⓒ Ⓓ	71	Ⓐ Ⓑ Ⓒ Ⓓ	91	Ⓐ Ⓑ Ⓒ Ⓓ
12	Ⓐ Ⓑ Ⓒ Ⓓ	32	Ⓐ Ⓑ Ⓒ Ⓓ	52	Ⓐ Ⓑ Ⓒ Ⓓ	72	Ⓐ Ⓑ Ⓒ Ⓓ	92	Ⓐ Ⓑ Ⓒ Ⓓ
13	Ⓐ Ⓑ Ⓒ Ⓓ	33	Ⓐ Ⓑ Ⓒ Ⓓ	53	Ⓐ Ⓑ Ⓒ Ⓓ	73	Ⓐ Ⓑ Ⓒ Ⓓ	93	Ⓐ Ⓑ Ⓒ Ⓓ
14	Ⓐ Ⓑ Ⓒ Ⓓ	34	Ⓐ Ⓑ Ⓒ Ⓓ	54	Ⓐ Ⓑ Ⓒ Ⓓ	74	Ⓐ Ⓑ Ⓒ Ⓓ	94	Ⓐ Ⓑ Ⓒ Ⓓ
15	Ⓐ Ⓑ Ⓒ Ⓓ	35	Ⓐ Ⓑ Ⓒ Ⓓ	55	Ⓐ Ⓑ Ⓒ Ⓓ	75	Ⓐ Ⓑ Ⓒ Ⓓ	95	Ⓐ Ⓑ Ⓒ Ⓓ
16	Ⓐ Ⓑ Ⓒ Ⓓ	36	Ⓐ Ⓑ Ⓒ Ⓓ	56	Ⓐ Ⓑ Ⓒ Ⓓ	76	Ⓐ Ⓑ Ⓒ Ⓓ	96	Ⓐ Ⓑ Ⓒ Ⓓ
17	Ⓐ Ⓑ Ⓒ Ⓓ	37	Ⓐ Ⓑ Ⓒ Ⓓ	57	Ⓐ Ⓑ Ⓒ Ⓓ	77	Ⓐ Ⓑ Ⓒ Ⓓ	97	Ⓐ Ⓑ Ⓒ Ⓓ
18	Ⓐ Ⓑ Ⓒ Ⓓ	38	Ⓐ Ⓑ Ⓒ Ⓓ	58	Ⓐ Ⓑ Ⓒ Ⓓ	78	Ⓐ Ⓑ Ⓒ Ⓓ	98	Ⓐ Ⓑ Ⓒ Ⓓ
19	Ⓐ Ⓑ Ⓒ Ⓓ	39	Ⓐ Ⓑ Ⓒ Ⓓ	59	Ⓐ Ⓑ Ⓒ Ⓓ	79	Ⓐ Ⓑ Ⓒ Ⓓ	99	Ⓐ Ⓑ Ⓒ Ⓓ
20	Ⓐ Ⓑ Ⓒ Ⓓ	40	Ⓐ Ⓑ Ⓒ Ⓓ	60	Ⓐ Ⓑ Ⓒ Ⓓ	80	Ⓐ Ⓑ Ⓒ Ⓓ	100	Ⓐ Ⓑ Ⓒ Ⓓ

読 解 (Part V~VIII)

No.	ANSWER	No.	ANSWER	No.	ANSWER	No.	ANSWER	No.	ANSWER
101	Ⓐ Ⓑ Ⓒ Ⓓ	121	Ⓐ Ⓑ Ⓒ Ⓓ	141	Ⓐ Ⓑ Ⓒ Ⓓ	161	Ⓐ Ⓑ Ⓒ Ⓓ	181	Ⓐ Ⓑ Ⓒ Ⓓ
102	Ⓐ Ⓑ Ⓒ Ⓓ	122	Ⓐ Ⓑ Ⓒ Ⓓ	142	Ⓐ Ⓑ Ⓒ Ⓓ	162	Ⓐ Ⓑ Ⓒ Ⓓ	182	Ⓐ Ⓑ Ⓒ Ⓓ
103	Ⓐ Ⓑ Ⓒ Ⓓ	123	Ⓐ Ⓑ Ⓒ Ⓓ	143	Ⓐ Ⓑ Ⓒ Ⓓ	163	Ⓐ Ⓑ Ⓒ Ⓓ	183	Ⓐ Ⓑ Ⓒ Ⓓ
104	Ⓐ Ⓑ Ⓒ Ⓓ	124	Ⓐ Ⓑ Ⓒ Ⓓ	144	Ⓐ Ⓑ Ⓒ Ⓓ	164	Ⓐ Ⓑ Ⓒ Ⓓ	184	Ⓐ Ⓑ Ⓒ Ⓓ
105	Ⓐ Ⓑ Ⓒ Ⓓ	125	Ⓐ Ⓑ Ⓒ Ⓓ	145	Ⓐ Ⓑ Ⓒ Ⓓ	165	Ⓐ Ⓑ Ⓒ Ⓓ	185	Ⓐ Ⓑ Ⓒ Ⓓ
106	Ⓐ Ⓑ Ⓒ Ⓓ	126	Ⓐ Ⓑ Ⓒ Ⓓ	146	Ⓐ Ⓑ Ⓒ Ⓓ	166	Ⓐ Ⓑ Ⓒ Ⓓ	186	Ⓐ Ⓑ Ⓒ Ⓓ
107	Ⓐ Ⓑ Ⓒ Ⓓ	127	Ⓐ Ⓑ Ⓒ Ⓓ	147	Ⓐ Ⓑ Ⓒ Ⓓ	167	Ⓐ Ⓑ Ⓒ Ⓓ	187	Ⓐ Ⓑ Ⓒ Ⓓ
108	Ⓐ Ⓑ Ⓒ Ⓓ	128	Ⓐ Ⓑ Ⓒ Ⓓ	148	Ⓐ Ⓑ Ⓒ Ⓓ	168	Ⓐ Ⓑ Ⓒ Ⓓ	188	Ⓐ Ⓑ Ⓒ Ⓓ
109	Ⓐ Ⓑ Ⓒ Ⓓ	129	Ⓐ Ⓑ Ⓒ Ⓓ	149	Ⓐ Ⓑ Ⓒ Ⓓ	169	Ⓐ Ⓑ Ⓒ Ⓓ	189	Ⓐ Ⓑ Ⓒ Ⓓ
110	Ⓐ Ⓑ Ⓒ Ⓓ	130	Ⓐ Ⓑ Ⓒ Ⓓ	150	Ⓐ Ⓑ Ⓒ Ⓓ	170	Ⓐ Ⓑ Ⓒ Ⓓ	190	Ⓐ Ⓑ Ⓒ Ⓓ
111	Ⓐ Ⓑ Ⓒ Ⓓ	131	Ⓐ Ⓑ Ⓒ Ⓓ	151	Ⓐ Ⓑ Ⓒ Ⓓ	171	Ⓐ Ⓑ Ⓒ Ⓓ	191	Ⓐ Ⓑ Ⓒ Ⓓ
112	Ⓐ Ⓑ Ⓒ Ⓓ	132	Ⓐ Ⓑ Ⓒ Ⓓ	152	Ⓐ Ⓑ Ⓒ Ⓓ	172	Ⓐ Ⓑ Ⓒ Ⓓ	192	Ⓐ Ⓑ Ⓒ Ⓓ
113	Ⓐ Ⓑ Ⓒ Ⓓ	133	Ⓐ Ⓑ Ⓒ Ⓓ	153	Ⓐ Ⓑ Ⓒ Ⓓ	173	Ⓐ Ⓑ Ⓒ Ⓓ	193	Ⓐ Ⓑ Ⓒ Ⓓ
114	Ⓐ Ⓑ Ⓒ Ⓓ	134	Ⓐ Ⓑ Ⓒ Ⓓ	154	Ⓐ Ⓑ Ⓒ Ⓓ	174	Ⓐ Ⓑ Ⓒ Ⓓ	194	Ⓐ Ⓑ Ⓒ Ⓓ
115	Ⓐ Ⓑ Ⓒ Ⓓ	135	Ⓐ Ⓑ Ⓒ Ⓓ	155	Ⓐ Ⓑ Ⓒ Ⓓ	175	Ⓐ Ⓑ Ⓒ Ⓓ	195	Ⓐ Ⓑ Ⓒ Ⓓ
116	Ⓐ Ⓑ Ⓒ Ⓓ	136	Ⓐ Ⓑ Ⓒ Ⓓ	156	Ⓐ Ⓑ Ⓒ Ⓓ	176	Ⓐ Ⓑ Ⓒ Ⓓ	196	Ⓐ Ⓑ Ⓒ Ⓓ
117	Ⓐ Ⓑ Ⓒ Ⓓ	137	Ⓐ Ⓑ Ⓒ Ⓓ	157	Ⓐ Ⓑ Ⓒ Ⓓ	177	Ⓐ Ⓑ Ⓒ Ⓓ	197	Ⓐ Ⓑ Ⓒ Ⓓ
118	Ⓐ Ⓑ Ⓒ Ⓓ	138	Ⓐ Ⓑ Ⓒ Ⓓ	158	Ⓐ Ⓑ Ⓒ Ⓓ	178	Ⓐ Ⓑ Ⓒ Ⓓ	198	Ⓐ Ⓑ Ⓒ Ⓓ
119	Ⓐ Ⓑ Ⓒ Ⓓ	139	Ⓐ Ⓑ Ⓒ Ⓓ	159	Ⓐ Ⓑ Ⓒ Ⓓ	179	Ⓐ Ⓑ Ⓒ Ⓓ	199	Ⓐ Ⓑ Ⓒ Ⓓ
120	Ⓐ Ⓑ Ⓒ Ⓓ	140	Ⓐ Ⓑ Ⓒ Ⓓ	160	Ⓐ Ⓑ Ⓒ Ⓓ	180	Ⓐ Ⓑ Ⓒ Ⓓ	200	Ⓐ Ⓑ Ⓒ Ⓓ

1. 필기도구: 연필, 샤프펜슬, 지우개
2. 답안은 반드시 원안에 진하게 칠하여 주십시오.
3. 본인의 작성 오류로 인한 불이익은 책임지지 않습니다.
4. 답안 기재 요령: GOOD – ● / BAD – ⊙, ⊗, ∅

본 답안지는 컴퓨터로 처리되므로 답을 오독하지 않도록 정확히 기재하십시오.
시험이 끝난 후, 이 답안지는 문제지와 함께 반드시 제출해야 합니다.

ANSWER SHEET

다락원 NEW JPT 한권으로 끝내기 600 실전모의테스트

聽 解 (Part I~IV)

No.	ANSWER	No.	ANSWER	No.	ANSWER	No.	ANSWER	No.	ANSWER
1	Ⓐ Ⓑ Ⓒ Ⓓ	21	Ⓐ Ⓑ Ⓒ Ⓓ	41	Ⓐ Ⓑ Ⓒ Ⓓ	61	Ⓐ Ⓑ Ⓒ Ⓓ	81	Ⓐ Ⓑ Ⓒ Ⓓ
2	Ⓐ Ⓑ Ⓒ Ⓓ	22	Ⓐ Ⓑ Ⓒ Ⓓ	42	Ⓐ Ⓑ Ⓒ Ⓓ	62	Ⓐ Ⓑ Ⓒ Ⓓ	82	Ⓐ Ⓑ Ⓒ Ⓓ
3	Ⓐ Ⓑ Ⓒ Ⓓ	23	Ⓐ Ⓑ Ⓒ Ⓓ	43	Ⓐ Ⓑ Ⓒ Ⓓ	63	Ⓐ Ⓑ Ⓒ Ⓓ	83	Ⓐ Ⓑ Ⓒ Ⓓ
4	Ⓐ Ⓑ Ⓒ Ⓓ	24	Ⓐ Ⓑ Ⓒ Ⓓ	44	Ⓐ Ⓑ Ⓒ Ⓓ	64	Ⓐ Ⓑ Ⓒ Ⓓ	84	Ⓐ Ⓑ Ⓒ Ⓓ
5	Ⓐ Ⓑ Ⓒ Ⓓ	25	Ⓐ Ⓑ Ⓒ Ⓓ	45	Ⓐ Ⓑ Ⓒ Ⓓ	65	Ⓐ Ⓑ Ⓒ Ⓓ	85	Ⓐ Ⓑ Ⓒ Ⓓ
6	Ⓐ Ⓑ Ⓒ Ⓓ	26	Ⓐ Ⓑ Ⓒ Ⓓ	46	Ⓐ Ⓑ Ⓒ Ⓓ	66	Ⓐ Ⓑ Ⓒ Ⓓ	86	Ⓐ Ⓑ Ⓒ Ⓓ
7	Ⓐ Ⓑ Ⓒ Ⓓ	27	Ⓐ Ⓑ Ⓒ Ⓓ	47	Ⓐ Ⓑ Ⓒ Ⓓ	67	Ⓐ Ⓑ Ⓒ Ⓓ	87	Ⓐ Ⓑ Ⓒ Ⓓ
8	Ⓐ Ⓑ Ⓒ Ⓓ	28	Ⓐ Ⓑ Ⓒ Ⓓ	48	Ⓐ Ⓑ Ⓒ Ⓓ	68	Ⓐ Ⓑ Ⓒ Ⓓ	88	Ⓐ Ⓑ Ⓒ Ⓓ
9	Ⓐ Ⓑ Ⓒ Ⓓ	29	Ⓐ Ⓑ Ⓒ Ⓓ	49	Ⓐ Ⓑ Ⓒ Ⓓ	69	Ⓐ Ⓑ Ⓒ Ⓓ	89	Ⓐ Ⓑ Ⓒ Ⓓ
10	Ⓐ Ⓑ Ⓒ Ⓓ	30	Ⓐ Ⓑ Ⓒ Ⓓ	50	Ⓐ Ⓑ Ⓒ Ⓓ	70	Ⓐ Ⓑ Ⓒ Ⓓ	90	Ⓐ Ⓑ Ⓒ Ⓓ
11	Ⓐ Ⓑ Ⓒ Ⓓ	31	Ⓐ Ⓑ Ⓒ Ⓓ	51	Ⓐ Ⓑ Ⓒ Ⓓ	71	Ⓐ Ⓑ Ⓒ Ⓓ	91	Ⓐ Ⓑ Ⓒ Ⓓ
12	Ⓐ Ⓑ Ⓒ Ⓓ	32	Ⓐ Ⓑ Ⓒ Ⓓ	52	Ⓐ Ⓑ Ⓒ Ⓓ	72	Ⓐ Ⓑ Ⓒ Ⓓ	92	Ⓐ Ⓑ Ⓒ Ⓓ
13	Ⓐ Ⓑ Ⓒ Ⓓ	33	Ⓐ Ⓑ Ⓒ Ⓓ	53	Ⓐ Ⓑ Ⓒ Ⓓ	73	Ⓐ Ⓑ Ⓒ Ⓓ	93	Ⓐ Ⓑ Ⓒ Ⓓ
14	Ⓐ Ⓑ Ⓒ Ⓓ	34	Ⓐ Ⓑ Ⓒ Ⓓ	54	Ⓐ Ⓑ Ⓒ Ⓓ	74	Ⓐ Ⓑ Ⓒ Ⓓ	94	Ⓐ Ⓑ Ⓒ Ⓓ
15	Ⓐ Ⓑ Ⓒ Ⓓ	35	Ⓐ Ⓑ Ⓒ Ⓓ	55	Ⓐ Ⓑ Ⓒ Ⓓ	75	Ⓐ Ⓑ Ⓒ Ⓓ	95	Ⓐ Ⓑ Ⓒ Ⓓ
16	Ⓐ Ⓑ Ⓒ Ⓓ	36	Ⓐ Ⓑ Ⓒ Ⓓ	56	Ⓐ Ⓑ Ⓒ Ⓓ	76	Ⓐ Ⓑ Ⓒ Ⓓ	96	Ⓐ Ⓑ Ⓒ Ⓓ
17	Ⓐ Ⓑ Ⓒ Ⓓ	37	Ⓐ Ⓑ Ⓒ Ⓓ	57	Ⓐ Ⓑ Ⓒ Ⓓ	77	Ⓐ Ⓑ Ⓒ Ⓓ	97	Ⓐ Ⓑ Ⓒ Ⓓ
18	Ⓐ Ⓑ Ⓒ Ⓓ	38	Ⓐ Ⓑ Ⓒ Ⓓ	58	Ⓐ Ⓑ Ⓒ Ⓓ	78	Ⓐ Ⓑ Ⓒ Ⓓ	98	Ⓐ Ⓑ Ⓒ Ⓓ
19	Ⓐ Ⓑ Ⓒ Ⓓ	39	Ⓐ Ⓑ Ⓒ Ⓓ	59	Ⓐ Ⓑ Ⓒ Ⓓ	79	Ⓐ Ⓑ Ⓒ Ⓓ	99	Ⓐ Ⓑ Ⓒ Ⓓ
20	Ⓐ Ⓑ Ⓒ Ⓓ	40	Ⓐ Ⓑ Ⓒ Ⓓ	60	Ⓐ Ⓑ Ⓒ Ⓓ	80	Ⓐ Ⓑ Ⓒ Ⓓ	100	Ⓐ Ⓑ Ⓒ Ⓓ

讀 解 (Part V~VIII)

No.	ANSWER	No.	ANSWER	No.	ANSWER	No.	ANSWER	No.	ANSWER
101	Ⓐ Ⓑ Ⓒ Ⓓ	121	Ⓐ Ⓑ Ⓒ Ⓓ	141	Ⓐ Ⓑ Ⓒ Ⓓ	161	Ⓐ Ⓑ Ⓒ Ⓓ	181	Ⓐ Ⓑ Ⓒ Ⓓ
102	Ⓐ Ⓑ Ⓒ Ⓓ	122	Ⓐ Ⓑ Ⓒ Ⓓ	142	Ⓐ Ⓑ Ⓒ Ⓓ	162	Ⓐ Ⓑ Ⓒ Ⓓ	182	Ⓐ Ⓑ Ⓒ Ⓓ
103	Ⓐ Ⓑ Ⓒ Ⓓ	123	Ⓐ Ⓑ Ⓒ Ⓓ	143	Ⓐ Ⓑ Ⓒ Ⓓ	163	Ⓐ Ⓑ Ⓒ Ⓓ	183	Ⓐ Ⓑ Ⓒ Ⓓ
104	Ⓐ Ⓑ Ⓒ Ⓓ	124	Ⓐ Ⓑ Ⓒ Ⓓ	144	Ⓐ Ⓑ Ⓒ Ⓓ	164	Ⓐ Ⓑ Ⓒ Ⓓ	184	Ⓐ Ⓑ Ⓒ Ⓓ
105	Ⓐ Ⓑ Ⓒ Ⓓ	125	Ⓐ Ⓑ Ⓒ Ⓓ	145	Ⓐ Ⓑ Ⓒ Ⓓ	165	Ⓐ Ⓑ Ⓒ Ⓓ	185	Ⓐ Ⓑ Ⓒ Ⓓ
106	Ⓐ Ⓑ Ⓒ Ⓓ	126	Ⓐ Ⓑ Ⓒ Ⓓ	146	Ⓐ Ⓑ Ⓒ Ⓓ	166	Ⓐ Ⓑ Ⓒ Ⓓ	186	Ⓐ Ⓑ Ⓒ Ⓓ
107	Ⓐ Ⓑ Ⓒ Ⓓ	127	Ⓐ Ⓑ Ⓒ Ⓓ	147	Ⓐ Ⓑ Ⓒ Ⓓ	167	Ⓐ Ⓑ Ⓒ Ⓓ	187	Ⓐ Ⓑ Ⓒ Ⓓ
108	Ⓐ Ⓑ Ⓒ Ⓓ	128	Ⓐ Ⓑ Ⓒ Ⓓ	148	Ⓐ Ⓑ Ⓒ Ⓓ	168	Ⓐ Ⓑ Ⓒ Ⓓ	188	Ⓐ Ⓑ Ⓒ Ⓓ
109	Ⓐ Ⓑ Ⓒ Ⓓ	129	Ⓐ Ⓑ Ⓒ Ⓓ	149	Ⓐ Ⓑ Ⓒ Ⓓ	169	Ⓐ Ⓑ Ⓒ Ⓓ	189	Ⓐ Ⓑ Ⓒ Ⓓ
110	Ⓐ Ⓑ Ⓒ Ⓓ	130	Ⓐ Ⓑ Ⓒ Ⓓ	150	Ⓐ Ⓑ Ⓒ Ⓓ	170	Ⓐ Ⓑ Ⓒ Ⓓ	190	Ⓐ Ⓑ Ⓒ Ⓓ
111	Ⓐ Ⓑ Ⓒ Ⓓ	131	Ⓐ Ⓑ Ⓒ Ⓓ	151	Ⓐ Ⓑ Ⓒ Ⓓ	171	Ⓐ Ⓑ Ⓒ Ⓓ	191	Ⓐ Ⓑ Ⓒ Ⓓ
112	Ⓐ Ⓑ Ⓒ Ⓓ	132	Ⓐ Ⓑ Ⓒ Ⓓ	152	Ⓐ Ⓑ Ⓒ Ⓓ	172	Ⓐ Ⓑ Ⓒ Ⓓ	192	Ⓐ Ⓑ Ⓒ Ⓓ
113	Ⓐ Ⓑ Ⓒ Ⓓ	133	Ⓐ Ⓑ Ⓒ Ⓓ	153	Ⓐ Ⓑ Ⓒ Ⓓ	173	Ⓐ Ⓑ Ⓒ Ⓓ	193	Ⓐ Ⓑ Ⓒ Ⓓ
114	Ⓐ Ⓑ Ⓒ Ⓓ	134	Ⓐ Ⓑ Ⓒ Ⓓ	154	Ⓐ Ⓑ Ⓒ Ⓓ	174	Ⓐ Ⓑ Ⓒ Ⓓ	194	Ⓐ Ⓑ Ⓒ Ⓓ
115	Ⓐ Ⓑ Ⓒ Ⓓ	135	Ⓐ Ⓑ Ⓒ Ⓓ	155	Ⓐ Ⓑ Ⓒ Ⓓ	175	Ⓐ Ⓑ Ⓒ Ⓓ	195	Ⓐ Ⓑ Ⓒ Ⓓ
116	Ⓐ Ⓑ Ⓒ Ⓓ	136	Ⓐ Ⓑ Ⓒ Ⓓ	156	Ⓐ Ⓑ Ⓒ Ⓓ	176	Ⓐ Ⓑ Ⓒ Ⓓ	196	Ⓐ Ⓑ Ⓒ Ⓓ
117	Ⓐ Ⓑ Ⓒ Ⓓ	137	Ⓐ Ⓑ Ⓒ Ⓓ	157	Ⓐ Ⓑ Ⓒ Ⓓ	177	Ⓐ Ⓑ Ⓒ Ⓓ	197	Ⓐ Ⓑ Ⓒ Ⓓ
118	Ⓐ Ⓑ Ⓒ Ⓓ	138	Ⓐ Ⓑ Ⓒ Ⓓ	158	Ⓐ Ⓑ Ⓒ Ⓓ	178	Ⓐ Ⓑ Ⓒ Ⓓ	198	Ⓐ Ⓑ Ⓒ Ⓓ
119	Ⓐ Ⓑ Ⓒ Ⓓ	139	Ⓐ Ⓑ Ⓒ Ⓓ	159	Ⓐ Ⓑ Ⓒ Ⓓ	179	Ⓐ Ⓑ Ⓒ Ⓓ	199	Ⓐ Ⓑ Ⓒ Ⓓ
120	Ⓐ Ⓑ Ⓒ Ⓓ	140	Ⓐ Ⓑ Ⓒ Ⓓ	160	Ⓐ Ⓑ Ⓒ Ⓓ	180	Ⓐ Ⓑ Ⓒ Ⓓ	200	Ⓐ Ⓑ Ⓒ Ⓓ

1. 필기도구: 연필, 사프펜슬, 지우개
2. 답안은 반드시 원안에 진하게 칠하여 주십시오.
3. 본인의 작성 오류로 인한 불이익은 책임지지 않습니다.
4. 답안 기재 요령: GOOD - ● / BAD - ◐, ⊗, ⊘

본 답안지는 컴퓨터로 처리되므로 답을 오독하지 않도록 정확히 기재하십시오.
시험이 끝난 후, 이 답안지는 문제지와 함께 반드시 제출해야 합니다.

JPT 중급자를 위한

NEW
JPT
한권으로
끝내기 INTER-
MEDIATE

이최여희, 양정순, 사토 요코, 송경주 공저

600

해설집

다락원

JPT 600

한권으로
끝내기
해설

청해·독해
(PART 1~PART 8)

PART 1 사진묘사

① 사람, 동물 공략 3단계 실전 문제 풀기 ▶ 29쪽

정답 1 (A) 2 (C) 3 (D) 4 (C) 5 (C) 6 (D) 7 (A) 8 (D) 9 (A) 10 (B)

스크립트	해석
1	
(A) 片手にしゃもじを持っています。	(A) 한 손에 주걱을 들고 있습니다.
(B) ふんぞり返って微笑んでいます。	(B) 뒤로 젖혀 앉은 상태로 미소 짓고 있습니다.
(C) 腕を組んでご飯を見つめています。	(C) 팔짱을 끼고 밥을 응시하고 있습니다.
(D) 指差しをしながら振り向いています。	(D) 손가락질을 하면서 뒤돌아보고 있습니다.

단어 しゃもじ 주걱 ふんぞり返る (뽐내며) 몸을 뒤로 젖히다 微笑む 미소 짓다 腕を組む 팔짱을 끼다 指差し 손가락질 振り向く 뒤돌아보다

스크립트	해석
2	
(A) 店の前に長い行列ができています。	(A) 가게 앞에 긴 행렬이 생겼습니다.
(B) 店員が背伸びをして商品を取ろうとしています。	(B) 점원이 까치발을 하고 상품을 집으려고 합니다.
(C) 店員が陳列台の商品をきれいに並べています。	(C) 점원이 진열대의 상품을 깔끔하게 진열하고 있습니다.
(D) 店員がレジで商品のバーコードをスキャンしています。	(D) 점원이 카운터에서 상품 바코드를 스캔하고 있습니다.

단어 行列 행렬 背伸び 발돋움, 까치발 商品 상품 取る 들다, 집다 陳列台 진열대 並べる 늘어놓다 レジ 계산대 バーコード 바코드 スキャンする 스캔하다

스크립트	해석
3	
(A) 子どもが頭を掻いています。	(A) 아이가 머리를 긁고 있습니다.
(B) 子どもが階段を駆け上がっています。	(B) 아이가 계단을 뛰어 올라가고 있습니다.
(C) 子どもが柵を飛び越えています。	(C) 아이가 울타리를 뛰어 넘고 있습니다.
(D) 子どもが滑り台を滑ろうとしています。	(D) 아이가 미끄럼틀을 내려오려고 하고 있습니다.

단어 頭を掻く 머리를 긁다 滑り台 미끄럼틀 駆け上がる 뛰어 올라가다 柵 울타리 飛び越える 뛰어넘다 滑る 미끄러지다

스크립트	해석
4	
(A) 鳥が翼を広げています。	(A) 새가 날개를 펼치고 있습니다.
(B) 鳥が元気に飛んでいます。	(B) 새가 힘차게 날고 있습니다.
(C) 鳥を手のひらに乗せています。	(C) 새를 손바닥에 올려 놓고 있습니다.
(D) 鳥が手の上に巣を作っています。	(D) 새가 손 위에 둥지를 만들고 있습니다.

단어 翼 날개 広げる 펼치다 元気に 힘차게 手のひら 손바닥 巣 둥지

5

(A) 踏切を横断しています。

(B) 遮断機が上がっています。

(C) 電車が踏切に進入しています。

(D) 自動車は踏切の手前で止まっています。

(A) 건널목을 횡단하고 있습니다.

(B) 차단기가 올라가 있습니다.

(C) 전철이 건널목으로 진입하고 있습니다.

(D) 자동차는 건널목 바로 앞에서 멈춰 있습니다.

단어 踏切 건널목 横断する 횡단하다 遮断機 차단기 上がる 올라가다 進入する 진입하다 手前 바로 앞 止まる 멈추다

6

(A) 男の子は荷物を担いでいます。

(B) 男の子は昆虫採集をしています。

(C) 男の子はカルタ遊びをしています。

(D) 男の子は虫取り網を握っています。

(A) 남자아이는 짐을 메고 있습니다.

(B) 남자아이는 곤충 채집을 하고 있습니다.

(C) 남자아이는 카드 놀이를 하고 있습니다.

(D) 남자아이는 잠자리채를 쥐고 있습니다.

단어 荷物 짐 担ぐ 짊어지다 昆虫採集 곤충 채집 カルタ遊び 일본의 카드 놀이 虫取り網 잠자리채 握る 쥐다

7

(A) たこをあげています。

(B) 縄跳びをしています。

(C) ボール遊びをしています。

(D) お手玉を空中に投げています。

(A) 연을 날리고 있습니다.

(B) 줄넘기를 하고 있습니다.

(C) 공놀이를 하고 있습니다.

(D) 콩주머니를 공중에 던지고 있습니다.

단어 たこをあげる 연을 날리다 縄跳び 줄넘기 遊ぶ 놀다 お手玉 콩주머니 空中 공중 投げる 던지다

8

(A) お年寄りがとぼとぼ歩いています。

(B) 男の人が店の中を覗き込んでいます。

(C) 男の人がかばんにもたれかかっています。

(D) スーツケースを持っている人が佇んでいます。

(A) 노인이 터벅터벅 걷고 있습니다.

(B) 남자가 가게 안을 들여다보고 있습니다.

(C) 남자가 가방에 기대어 있습니다.

(D) 여행용 가방을 든 사람이 멈춰 서 있습니다.

단어 お年寄り 노인 とぼとぼ 터벅터벅 覗き込む 들여다보다 もたれかかる 기대다 佇む 잠시 멈춰 서다

9

(A) 苗を植えています。

(B) 田植えをしています。

(C) ほうきで掃いています。

(D) はたきで払っています。

(A) 모종을 심고 있습니다.

(B) 모내기를 하고 있습니다.

(C) 빗자루로 쓸고 있습니다.

(D) 먼지떨이로 털고 있습니다.

단어 苗を植える 모종을 심다 田植え 모내기 ほうき 비, 빗자루 掃く 쓸다 はたき 먼지떨이 払う 털다

10

(A) 水_{みず}たまりを歩いています。

(B) 口_{くち}を開_あけて水を飲んでいます。

(C) 勢_{いきお}いよく水をかきまわしています。

(D) 滝_{たき}でじゃぶじゃぶ水浴_{みずあそ}びしています。

(A) 물웅덩이를 걷고 있습니다.

(B) 입을 벌리고 물을 마시고 있습니다.

(C) 기세 좋게 물을 휘젓고 있습니다.

(D) 폭포에서 첨벙첨벙 물놀이를 하고 있습니다.

단어 水_{みず}たまり 물웅덩이 口_{くち}を開_あける 입을 벌리다 勢_{いきお}い 기세, 위세 かきまわす 휘젓다 滝_{たき} 폭포 じゃぶじゃぶ 첨벙첨벙
水浴_{みずあそ}びする 헤엄치다

---

② 실내 장면 공략 3단계 실전 문제 풀기 ▶ 46쪽

정답 1 (C)　2 (A)　3 (B)　4 (C)　5 (A)　6 (D)　7 (D)　8 (A)　9 (B)　10 (B)

스크립트	해석

1

(A) 陳列棚_{ちんれつだな}にアニメグッズがあります。

(B) ふくろうの剥製_{はくせい}が展示_{てんじ}されています。

(C) ふくろうの置物_{おきもの}が取_とり揃_{そろ}えられています。

(D) たくさんの種類_{しゅるい}の焼_やき物_{もの}のたぬきが並_{なら}んでいます。

(A) 진열장에 애니메이션 상품이 있습니다.

(B) 부엉이 박제가 전시되어 있습니다.

(C) 부엉이 장식이 구비되어 있습니다.

(D) 많은 종류의 너구리 도자기가 늘어서 있습니다.

단어 陳列棚_{ちんれつだな} 진열장 アニメグッズ 애니메이션 상품 ふくろう 부엉이 剥製_{はくせい} 박제 展示_{てんじ}する 전시하다 置物_{おきもの} 장식품
取_とり揃_{そろ}える 골고루 갖추다 種類_{しゅるい} 종류 焼_やき物_{もの} 도자기 たぬき 너구리

2

(A) 買_かい物_{もの}かごが重_{かさ}ねられています。

(B) コンテナが積_つみ上_あげられています。

(C) ショッピングカートが置_おき去_ざりにされています。

(D) 駐車場_{ちゅうしゃじょう}に買_かい物_{もの}カート置_おき場_ばが設_{もう}けられています。

(A) 쇼핑 바구니가 포개어져 있습니다.

(B) 컨테이너가 쌓여 있습니다.

(C) 쇼핑 카트가 방치되어 있습니다.

(D) 주차장에 쇼핑 카트 두는 곳이 설치되어 있습니다.

단어 買_かい物_{もの}かご 장바구니 重_{かさ}ねる 쌓다, 포개다 コンテナ 컨테이너 積_つみ上_あげる 쌓아 올리다 ショッピングカート 쇼핑
카트 置_おき去_ざり 내버려 두고 감 駐車場_{ちゅうしゃじょう} 주차장 置_おき場_ば 물건 따위는 두는 곳 設_{もう}ける 마련하다, 설치하다

3

(A) コップが伏_ふせてあります。

(B) お皿_{さら}の上_{うえ}に食_たべ残_{のこ}しがあります。

(C) 椅子_{いす}の背_せもたれに上着_{うわぎ}がかけてあります。

(D) 重_{かさ}ねられたナプキンの上_{うえ}にスプーンがあります。

(A) 컵이 엎어 놓여 있습니다.

(B) 접시 위에 먹다 남긴 음식이 있습니다.

(C) 의자 등받이에 상의가 걸려 있습니다.

(D) 쌓인 냅킨 위에 스푼이 있습니다.

단어 伏(ふ)せる 엎어 놓다 食(た)べ残(のこ)し 남긴 음식 背(せ)もたれ 등받이 上着(うわぎ) 상의 かける 걸다 ナプキン 냅킨

4

(A) 日傘(ひがさ)が閉(と)じてあります。

(B) 日傘(ひがさ)がかけてあります。

(C) 日傘(ひがさ)が開(ひら)いています。

(D) 日傘(ひがさ)が畳(たた)まれています。

(A) 양산이 접혀 있습니다.

(B) 양산이 걸려 있습니다.

(C) 양산이 펴져 있습니다.

(D) 양산이 접혀 있습니다.

단어 日傘(ひがさ) 양산 閉(と)じる 접다 開(ひら)く 펴다 畳(たた)む 접다

5

(A) 洗面所(せんめんじょ)のそばにシャワーがあります。

(B) 浴槽(よくそう)からお湯(ゆ)があふれています。

(C) シャワーカーテンが閉(し)めてあります。

(D) カーテンレールを設置(せっち)しています。

(A) 세면대 옆에 샤워기가 있습니다.

(B) 욕조에서 온수가 넘치고 있습니다.

(C) 샤워 커튼이 쳐져 있습니다.

(D) 커튼 레일을 설치하고 있습니다.

단어 洗面所(せんめんじょ) 세면대 浴槽(よくそう) 욕조 お湯(ゆ) 온수 あふれる 넘치다 シャワーカーテン 샤워 커튼 閉(し)める 닫다

カーテンレール 커튼 레일 設置(せっち)する 설치하다

6

(A) 電灯(でんとう)がぶら下(さ)がっています。

(B) 座席番号(ざせきばんごう)が書(か)いてあります。

(C) ATM機(き)が6台(だい)設置(せっち)してあります。

(D) ベルト付(つ)きポールが立(た)てられています。

(A) 전등이 아래로 매달려 있습니다.

(B) 좌석 번호가 써 있습니다.

(C) ATM기가 6대 설치되어 있습니다.

(D) 벨트 차단봉이 세워져 있습니다.

단어 電灯(でんとう) 전등 ぶら下(さ)がる 매달리다 座席番号(ざせきばんごう) 좌석번호 設置(せっち)する 설치하다 立(た)てる 세우다

7

(A) おしぼりが置(お)いてあります。

(B) 寿司(すし)が積(つ)み重(かさ)ねられています。

(C) 小皿(こざら)がひとつずつあります。

(D) 大(おお)きい皿(さら)に焼(や)き魚(ざかな)が盛(も)りつけられています。

(A) 물수건이 놓여 있습니다.

(B) 초밥이 쌓여 있습니다.

(C) 작은 접시가 하나씩 있습니다.

(D) 큰 접시에 생선구이가 보기 좋게 담겨 있습니다.

단어 おしぼり 물수건 置(お)く 놓다 寿司(すし) 스시, 초밥 積(つ)み重(かさ)ねる 포개어 쌓다 小皿(こざら) 작은 접시 焼(や)き魚(ざかな) 생선구이

盛(も)りつける 보기 좋게 담다

8

(A) ライスはおかわりできます。

(B) ランチメニューは食べ放題です。

(C) 全１１品でビール飲み放題です。

(D) 韓国料理のポスターが貼ってあります。

(A) 밥은 리필이 가능합니다.

(B) 점심 메뉴는 무한 리필입니다.

(C) 전체 11품목으로, 맥주가 무한 리필입니다.

(D) 한국 요리 포스터가 붙어 있습니다.

단어 ライス 밥　おかわり 같은 음식을 더 먹음　ランチメニュー 런치 메뉴　食べ放題 뷔페, 무한리필　全〜 전〜, 모두　〜品 〜품　ビール飲み放題 맥주 무한리필　韓国料理 한국 요리　ポスター 포스터　貼る 붙이다

9

(A) 床は足跡で汚れています。

(B) 消火器が置かれています。

(C) 買物かごがひっくり返っています。

(D) フロアにんじんがきちんと並べてあります。

(A) 마루 바닥은 발자국으로 더러워져 있습니다.

(B) 소화기가 놓여 있습니다.

(C) 쇼핑 바구니가 뒤집어져 있습니다.

(D) 바닥에 당근이 가지런히 늘어져 있습니다.

단어 床 마루　足跡 발자국　汚れる 더러워지다　消火器 소화기　置く 놓다　買物かご 장바구니　ひっくり返る 뒤집히다　フロア 마루　にんじん 당근　きちんと 잘 정리되어

10

(A) 祝日は13時まで営業しています。

(B) 商品の買える場所が書いてあります。

(C) 1階のエレベーターホールの横に売店があります。

(D) 月曜日から土曜日までは午後7時まで営業しています。

(A) 공휴일은 13시까지 영업합니다.

(B) 상품을 살 수 있는 장소가 쓰여 있습니다.

(C) 1층의 엘리베이터 홀 옆에 매점이 있습니다.

(D) 월요일부터 토요일까지는 오후 7시까지 영업합니다.

단어 祝日 공휴일　営業する 영업하다　エレベーターホール 엘리베이터 홀　売店 매점

③ 실외 풍경   공략 3단계 실전 문제 풀기   ▶ 63쪽

정답   1 (C)   2 (B)   3 (A)   4 (B)   5 (A)   6 (A)   7 (C)   8 (B)   9 (A)   10 (D)

스크립트	해석

1

(A) 電車が駅に停車しています。

(B) カラスが電線に止まっています。

(C) うっそうと生い茂った木々があります。

(D) 線路の横につたに覆われた電柱があります。

(A) 전철이 역에 정차해 있습니다.

(B) 까마귀가 전깃줄에 머물러 있습니다.

(C) 울창하게 우거진 나무들이 있습니다.

(D) 선로 옆에 담쟁이덩굴에 덮인 전봇대가 있습니다.

단어 停車 정차 電線 전깃줄 うっそう 울창, 나무가 빽빽하게 우거져 있는 모양 生い茂る 무성하다, 우거지다 線路 선로 覆う 덮다, 씌우다 電柱 전봇대

2

(A) キャラクター食器が並んでいます。

(B) 料理の写真が陳列されています。

(C) 店舗の前に暖簾がかけられています。

(D) 店の看板商品を販売する自販機があります。

(A) 캐릭터 식기가 나란히 있습니다.

(B) 요리 사진이 진열되었습니다.

(C) 점포 앞에 노렌이 걸려 있습니다.

(D) 가게의 대표 상품을 판매하는 자판기가 있습니다.

단어 キャラクター 캐릭터 食器 식기 陳列する 진열하다 店舗 점포 暖簾 상점 입구의 처마 끝이나 점두에 치는 막 看板商品 대표 상품 自販機 자판기

3

(A) 桜の花が満開になっています。

(B) 道端に自転車が止めてあります。

(C) 道路に沿って水仙の花が植えられています。

(D) 直線道路の両端に桜を植えています。

(A) 벚꽃이 만개했습니다.

(B) 길가에 자전거가 세워져 있습니다.

(C) 도로를 따라 수선화가 심겨 있습니다.

(D) 직선 도로의 양 끝에 벚꽃을 심고 있습니다.

단어 満開する 만개하다 道端 길가 ～に沿って ～을 따라 水仙の花 수선화 植える 심다 直線 직선 両端 양 끝

4

(A) 蓮の花が飾られています。

(B) すいれんが水面に浮いています。

(C) 池に船がぷかぷかと浮いています。

(D) 丸い浮草の上に蛙が乗っています。

(A) 연꽃이 장식되어 있습니다.

(B) 수련이 수면에 떠 있습니다.

(C) 연못에 배가 둥실둥실 떠 있습니다.

(D) 둥근 개구리밥 위에 개구리가 앉아 있습니다.

단어 蓮の花 연꽃 飾る 장식하다 すいれん 수련 水面 수면 浮く 뜨다 ぷかぷか 가벼운 것이 물 위에 둥실둥실 뜬 모양 浮草 개구리밥, 부평초 蛙 개구리

5

(A) ボートが停泊しています。

(B) 遊覧船が湖を横切っています。

(C) 小舟に乗って釣りをしています。

(D) ボートの上でお月見をしています。

(A) 보트가 정박해 있습니다.

(B) 유람선이 호수를 가로지르고 있습니다.

(C) 작은 배를 타고 낚시를 하고 있습니다.

(D) 보트 위에서 달 구경을 하고 있습니다.

단어 停泊する 정박하다　遊覧船 유람선　湖 호수　横切る 가로지르다　小舟 작은 배　月見 달구경

6

(A) 店を閉めようとしています。

(B) 店員たちが開店の準備をしています。

(C) 店舗ごとに粗大ゴミが排出されています。

(D) 店舗内に所狭しと魚が陳列されています。

(A) 가게를 닫으려고 합니다.

(B) 점원들이 개점 준비를 하고 있습니다.

(C) 점포 마다 대형 쓰레기가 배출되어 있습니다.

(D) 점포 내에 가득히 생선이 진열되어 있습니다.

단어 開店 개점　店舗 점포　~ごとに ~마다　粗大ゴミ (가전, 가구 등의) 대형 쓰레기　排出する 배출하다　所狭しと 빼곡히, 빽빽이　陳列する 진열하다

7

(A) 泉の中をイルカが泳いでいます。

(B) ロータリーの中心に噴水があります。

(C) イルカの像が広場の中央にあります。

(D) 真ん中にある井戸から水が噴き出しています。

(A) 샘 속을 돌고래가 헤엄치고 있습니다.

(B) 로터리 중심에 분수대가 있습니다.

(C) 돌고래 동상이 광장 중앙에 있습니다.

(D) 한가운데 있는 우물에서 물이 뿜어져 나오고 있습니다.

단어 泉 샘, 샘물　イルカ 돌고래　ロータリー 로터리　噴水 분수　イルカの像 돌고래 동상　広場 광장　中央 중앙　井戸 우물　噴き出す 분출하다, 내뿜다

8

(A) 高層ビルがそびえています。

(B) 掲示板が立てられています。

(C) 駐車場が松葉で覆われています。

(D) 駐車場は満車で、空いている所はないです。

(A) 고층 빌딩이 솟아 있습니다.

(B) 게시판이 세워져 있습니다.

(C) 주차장이 솔잎으로 덮여 있습니다.

(D) 주차장은 만차로, 비어 있는 곳은 없습니다.

단어 高層ビル 고층 빌딩　そびえる 우뚝 솟다, 치솟다　掲示板 게시판　松葉 솔잎　覆う 덮다, 씌우다　満車 만차

9

(A) 乾電池が収集されています。

(B) ゴミの中に生ゴミが混ぜてあります。

(C) ポリ袋の中に使用済み電池が入っています。

(D) 回収されたボタン電池がボックスに入っています。

(A) 건전지가 수집되어 있습니다.

(B) 쓰레기 안에 음식물 쓰레기가 섞여 있습니다.

(C) 비닐 봉지에 폐건전지가 들어 있습니다.

(D) 회수된 버튼형 건전지가 상자에 들어 있습니다.

単語 乾電池 건전지　収集する 수집하다　生ゴミ 음식물 쓰레기　混ぜる 섞다　ポリ袋 비닐봉지　使用済み電池 폐건전지
回収する 회수하다

10

(A) 遠くに大きい船が見えます。

(B) 海面が大きく波打っています。

(C) 橋が大波によって壊れています。

(D) 海に巨大なつり橋がかかっています。

(A) 멀리 큰 배가 보입니다.

(B) 해면이 크게 물결치고 있습니다.

(C) 다리가 큰 파도에 의해 부서졌습니다.

(D) 바다에 거대한 현수교가 놓여 있습니다.

単語 海面 해면, 해상　波打つ 물결치다　大波 큰 파도　~によって ~에 의해　巨大だ 거대하다　つり橋 현수교

정답	1 (D)	2 (D)	3 (C)	4 (B)	5 (C)	6 (D)	7 (B)	8 (D)	9 (B)	10 (C)
	11 (D)	12 (D)	13 (B)	14 (D)	15 (B)	16 (A)	17 (B)	18 (D)	19 (A)	20 (B)

스크립트	해석

1

(A) 大きなバッグをさげています。

(B) つま先立って背伸びをしています。

(C) 両手をついて立ち上がろうとしています。

(D) 身を乗り出して噴水の中を覗いています。

(A) 커다란 백을 들고 있습니다.

(B) 까치발로 서서 발돋움하고 있습니다.

(C) 양손을 짚고 일어서려고 합니다.

(D) 몸을 쑥 내밀고 분수대 안을 들여다보고 있습니다.

단어 さげる (손에) 들다　つま先立つ 발돋움하다, 까치발을 하다　背伸びをする 발돋움하다, 몸을 펴고 손을 치켜 뻗다　両手をつく 양손을 짚다　乗り出す 상체를 앞으로 쑥 내밀다　噴水 분수　覗く 들여다보다

2

(A) 道路工事について案内しています。

(B) 橋梁工事について案内しています。

(C) 街路灯修繕工事について案内しています。

(D) 河川の石垣工事について案内しています。

(A) 도로 공사에 관해 안내하고 있습니다.

(B) 교량 공사에 관해 안내하고 있습니다.

(C) 가로등 수리 공사에 관해 안내하고 있습니다.

(D) 하천의 축대 공사에 관해 안내하고 있습니다.

단어 橋梁 교량, 다리　街路灯 가로등　修繕 수리, 수선　河川 하천　石垣 돌담, 축대

3

(A) 大型車両は通行できません。

(B) 矢印の方向にしか通行できません。

(C) 関係者以外は許可なく中に入ってはいけません。

(D) 学校関係者であっても自由に出入りできません。

(A) 대형 차량은 통행할 수 없습니다.

(B) 화살표 방향 밖에 통행할 수 없습니다.

(C) 관계자 이외에는 허가없이 안에 들어가서는 안 됩니다.

(D) 학교관계자라 해도 자유롭게 출입할 수 없습니다.

단어 大型 대형　車両 차량　矢印 화살표　許可 허가

4

(A) トラック用カーナビを売っています。

(B) ドリンクホルダーに飲み物があります。

(C) 座席にベビーシートが取り付けられています。

(D) 荷物を運送しているトラックが横を通っています。

(A) 트럭용 내비게이션을 팔고 있습니다.

(B) 음료 홀더에 음료가 있습니다.

(C) 좌석에 유아용 카시트가 설치되어 있습니다.

(D) 짐을 운송하는 트럭이 옆을 지나고 있습니다.

단어 カーナビ 차 내비게이션　ドリンクホルダー 음료 홀더　ベビーシート 유아용 카시트　取り付ける (기계 따위를) 달다, 설치하다　運送する 운송하다

5

(A) からっと晴れ渡った天気です。

(B) 人々は傘を閉じようとしています。

(C) 人々は傘をさして横断歩道を渡っています。

(D) 人々は水気を払うため、畳んだ傘を振っています。

(A) 활짝 갠 날씨입니다.

(B) 사람들은 우산을 접으려고 합니다.

(C) 사람들은 우산을 쓰고 횡단보도를 건너고 있습니다.

(D) 사람들은 물기를 털기 위해 접은 우산을 흔들고 있습니다.

단어 からっと 활짝　晴れ渡る (하늘이) 활짝 개다　傘を閉じる 우산을 접다　水気を払う 물기를 털다　畳む 접다　振る 흔들다

6

(A) 石を投げ込んでいます。

(B) 布巾で石を拭いています。

(C) 餅まきをしているところです。

(D) きねを持って餅をついています。

(A) 돌을 던져 넣고 있습니다.

(B) 행주로 돌을 닦고 있습니다.

(C) 떡 뿌리기를 하고 있는 중입니다.

(D) 절굿공이를 들고 떡을 찧고 있습니다.

단어 投げ込む 던져 넣다, 처 넣다　布巾 행주　拭く 닦다　餅まき 떡 뿌리기(상량식 등에서 제사를 지낼 때 모인 사람들에게 떡을 뿌리는 일본의 행사)　きね 절굿공이

7

(A) 時刻表が破れています。

(B) 発車時刻表が置いてあります。

(C) 路線図に落書きがされています。

(D) 紙がくしゃくしゃに丸めてあります。

(A) 시간표가 찢어져 있습니다.

(B) 열차시간표가 놓여 있습니다.

(C) 노선도에 낙서되어 있습니다.

(D) 종이가 구깃구깃하게 말려 있습니다.

단어 時刻表 (열차·항공기 따위의) 시간표　破れる 찢어지다　発車時刻表 열차시간표　路線図 노선도　くしゃくしゃ 구김살 투성인 모양, 구깃구깃　丸める 둥글게 하다, 뭉치다

8

(A) 野菜に値札が付いています。

(B) 各種缶詰が取り揃えられています。

(C) カートの中に果物が詰めてあります。

(D) カートに買い物かごが載せてあります。

(A) 채소에 가격표가 붙어 있습니다.

(B) 각종 통조림이 갖추어져 있습니다.

(C) 카트 안에 과일이 담겨 있습니다.

(D) 카트에 장바구니가 놓여 있습니다.

단어 値札 가격표　各種 각종　缶詰 통조림　取り備える 모두 갖추다, (빠짐없이) 한데 모으다　詰める 가득 담다　載せる 위에 놓다, 얹다

9

(A) 電灯がところどころぶら下がっています。

(B) 店頭に振袖がディスプレーされています。

(C) 普段着としての男女の着物が展示されています。

(D) 着物の小物が紹介されています。

(A) 전등이 여기저기 매달려 있습니다.

(B) 가게 앞에 긴 소매의 기모노가 진열되어 있습니다.

(C) 평상복으로서의 남녀 기모노가 전시되어 있습니다.

(D) 기모노의 부속품이 소개되고 있습니다.

단어 電灯 전등　ところどころ 여기저기　店頭 점포 앞　振袖 겨드랑 밑을 꿰매지 않은 긴 소매, 또, 그런 소매의 일본 옷
普段着 평상복　展示する 전시하다　小物 자질구레한 도구

10

(A) 赤ちゃんがお面をつけています。

(B) 赤ちゃんが後ろ向きになっています。

(C) 赤ちゃんがベビーカーに座っています。

(D) 赤ちゃんが仰向けになって寝ています。

(A) 아기가 가면을 쓰고 있습니다.

(B) 아기가 등을 돌리고 있습니다.

(C) 아기가 유모차에 앉아 있습니다.

(D) 아기가 반듯하게 누워 자고 있습니다.

단어 お面 탈, 가면　後ろ向き 등을 돌림　ベビーカー 유모차　仰向け 뒤로 잦혀 위를 봄

11

(A) 人通りが多い街です。

(B) 道は大きく曲がっています。

(C) 女の子はりすを追いかけています。

(D) 女の子は自転車で路地を走っています。

(A) 사람의 왕래가 많은 거리입니다.

(B) 길은 크게 굽어 있습니다.

(C) 여자아이는 다람쥐를 쫓고 있습니다.

(D) 여자아이는 자전거로 골목길을 달리고 있습니다.

단어 人通り 사람의 왕래　りす 다람쥐　追いかける 뒤쫓아 가다　路地 골목(길)

12

(A) クラゲが砂の上にいます。

(B) カニの絵が貼ってあります。

(C) ウニとナマコが置いてあります。

(D) 水槽でヒトデが飼育されています。

(A) 해파리가 모래 위에 있습니다.

(B) 게 그림이 붙어 있습니다.

(C) 성게와 해삼이 놓여 있습니다.

(D) 수조에서 불가사리가 사육되고 있습니다.

단어 クラゲ 해파리　砂 모래　カニ 게　貼る 붙이다　ウニ 성게　ナマコ 해삼　水槽 수조　ヒトデ 불가사리　飼育する 사육
하다

13

(A) 顔に泥を塗ってはだめです。

(B) 履物を履いたまま入ってはだめです。

(C) 室内では泥のように眠ってはだめです。

(D) 水切りをしないで、傘を持ち込んではだめです。

(A) 얼굴에 진흙을 발라서는 안 됩니다.

(B) 신발을 신은 채 들어가서는 안 됩니다.

(C) 실내에서는 깊이 자서는 안 됩니다.

(D) 물기를 빼지 않고 우산을 갖고 들어가서는 안 됩니다.

[단어] 泥 진흙　塗る 바르다, 칠하다　履物 신발　泥のように眠る 깊이 잠들다　水切り 물기를 뺌

14

(A) 植物の葉が塀にくっついています。

(B) 向こうの建物は工事の真っ最中です。

(C) 生垣の路地に街路樹が立っています。

(D) 踏切の遮断機のバーが上がっているところです。

(A) 식물의 잎이 담장에 붙어 있습니다.

(B) 맞은 편 건물은 한창 공사 중입니다.

(C) 울타리 골목길에 가로수가 서 있습니다.

(D) 건널목 차단기의 바가 올라가는 중입니다.

[단어] 植物 식물　塀 담장　くっつく 들러붙다, 달라붙다　真っ最中 한창 ~할 때　生垣 산울타리　路地 골목길　街路樹 가로수　踏切 건널목 경보　遮断機 (건널목의) 차단기

15

(A) 円形のゴミ箱が並んでいます。

(B) リサイクルゴミが入っています。

(C) 牛乳パックと缶が分類されています。

(D) ゴミ箱の中にはビンと缶が入っています。

(A) 둥근 쓰레기통이 나란히 있습니다.

(B) 재활용 쓰레기가 들어 있습니다.

(C) 우유 팩과 캔이 분류되어 있습니다.

(D) 쓰레기통 안에는 병과 캔이 들어 있습니다.

[단어] 円形 원형　ゴミ箱 쓰레기통　リサイクルゴミ 재활용 쓰레기　分類 분류

16

(A) 川岸の歩道沿いに提灯が並んでいます。

(B) 街灯がところどころ途切れています。

(C) スカイツリーを背にして船が浮いています。

(D) イルミネーションが点灯しているところです。

(A) 강가의 인도를 따라 등불이 나란히 걸려 있습니다.

(B) 가로등이 군데군데 끊겨 있습니다.

(C) 스카이트리를 등지고 배가 떠 있습니다.

(D) 조명 장식에 불이 들어오는 중입니다.

[단어] 川岸 강가, 강기슭　提灯 등불, 초롱　街灯 가로등　途切れる 중단되다, 중간에 끊어지다　スカイツリー (도쿄) 스카이트리　~を背にする ~을/를 등지다　点灯する 점등하다

17

(A) ホームに自動販売機が並んでいます。

(B) 硬貨でも切符が買える自動販売機です。

(C) クレジットカードで缶コーヒーが買えます。

(D) この自動販売機は販売中止になっています。

(A) 플랫폼에 자동판매기가 나란히 있습니다.

(B) 동전으로도 표를 살 수 있는 자동판매기 입니다.

(C) 신용카드로 캔 커피를 살 수 있습니다.

(D) 이 자동판매기는 판매 중지가 되어 있습니다.

[단어] 自動販売機 자동판매기　硬貨 금속 화폐, 동전　販売中止 판매 중지

18

(A) たき火が消してあります。

(B) うちわであおいで火を起こしています。

(C) ろうそくを灯しているところです。

(D) 火が勢いよくめらめらと燃えています。

(A) 모닥불이 꺼져 있습니다.

(B) 부채로 부채질해서 불을 피우고 있습니다.

(C) 촛불을 밝히고 있는 중입니다.

(D) 불이 기세 좋게 활활 타고 있습니다.

단어 たき火 모닥불　うちわ 부채　あおぐ 부채질하다　火を起こす 불을 피우다　ろうそく 초, 양초　灯す 불을 켜다

勢い 기세, 힘　めらめら 불꽃이 타오르는 모양, 활활　燃える 타다

19

(A) 孔雀が羽を広げています。

(B) オウムが枝の上で休んでいます。

(C) 止まり木にわしが止まっています。

(D) インコがバタバタと飛び上がっています。

(A) 공작이 날개를 펴고 있습니다.

(B) 앵무새가 가지 위에서 쉬고 있습니다.

(C) (새장 속의) 홰에 독수리가 앉아 있습니다.

(D) 잉꼬가 푸드득푸드득 날아오르고 있습니다.

단어 孔雀 공작　羽 날개　オウム 앵무새　枝 가지　止まり木 (닭장·새장 속의) 홰　わし 독수리　インコ 잉꼬　バタバタ 발

이나 날개 등을 계속해서 움직이는 소리

20

(A) 店先に招き猫が置いてあります。

(B) ドアの前に門松が飾ってあります。

(C) 盆栽の松を玄関先で育てています。

(D) しめ縄を玄関先に張りめぐらせています。

(A) 가게 앞에 마네키네코가 놓여 있습니다.

(B) 문 앞에 가도마쓰가 장식되어 있습니다.

(C) 소나무 분재를 현관 앞에서 키우고 있습니다.

(D) 금줄을 현관 앞에 온통 둘러치고 있습니다.

단어 店先 가게 앞　招き猫 앞발로 사람을 부르는 시늉을 하고 있는 고양이 장식물　門松 일본에서 새해에 문 앞에 세우는 장식 소

나무　盆栽 분재　玄関 현관　しめ縄 금줄　張りめぐらせる 온통 둘러치다

PART 2 질의응답

① 의문사가 있는 경우 공략 3단계 실전 문제 풀기 ▶ 98쪽

정답 1 (D) 2 (B) 3 (C) 4 (C) 5 (A) 6 (A) 7 (D) 8 (D) 9 (C) 10 (B)
         11 (B) 12 (A) 13 (D) 14 (B) 15 (B)

스크립트	해석

1

そつぎょうしき ようふく
卒業式に着る洋服は何にしますか。

(A)　卒業式は２月２３日です。

(B)　洋食も和食も好きです。

(C)　友だちと写真を撮ります。

(D)　黒い背広を着ようと思います。

졸업식에 입을 옷은 무엇으로 할 건가요?

(A) 졸업식은 2월 23일입니다.

(B) 서양음식도 일본음식도 좋아합니다.

(C) 친구와 사진을 찍습니다.

(D) 검은 양복을 입으려고 합니다.

단어 卒業式 졸업식 洋服 옷 洋食 서양 음식 和食 일본 음식 写真を撮る 사진을 찍다 黒い 검다 背広 양복

2

たまご
卵はどうしますか。

(A)　彼はまだ卵ですよ。

(B)　黄身まで完全にゆでてください。

(C)　具合が悪いから早く帰ります。

(D)　鶏の卵よりだちょうの卵が大きいです。

달걀은 어떻게 하나요?

(A) 그는 아직 햇병아리입니다.

(B) 노른자까지 완전히 삶아 주세요.

(C) 몸 상태가 안 좋으니까 빨리 집에 갑니다.

(D) 달걀보다 타조 알이 큽니다.

단어 卵 달걀, 알, (비유적으로) 아직 미숙한 단계, 햇병아리 黄身 노른자 完全に 완전히 ゆでる 데치다, 삶다 具合 몸 상태
鶏 닭 だちょう 타조

3

しんにゅうしゃいん き
新入社員の中で誰が一番やる気がありますか。

(A)　新規採用は２月から３月までです。

(B)　山田さんと話して推薦しました。

(C)　佐藤さんが積極的にやっています。

(D)　３月に新入社員のコンパがあります。

신입사원 중에 누가 제일 의욕이 있습니까?

(A) 신규 채용은 2월부터 3월까지입니다.

(B) 야마다 씨와 이야기해서 추천했습니다.

(C) 사토 씨가 적극적으로 하고 있습니다.

(D) 3월에 신입사원 친목회가 있습니다.

단어 新入社員 신입사원 やる気 의욕 新規採用 신규채용 推薦する 추천하다 積極的 적극적 コンパ 친목회, 다과회

4

最寄り駅はどこにありますか。

(A) 角を曲がると店があります。

(B) 駅前の交差点では左折禁止です。

(C) この道を真っ直ぐ行くと見えます。

(D) 最寄りのコンビニで買ってきました。

가장 가까운 역은 어디에 있습니까?

(A) 모퉁이를 돌면 가게가 있습니다.

(B) 역 앞 교차로에서는 좌회전 금지입니다.

(C) 이 길을 곧장 가면 보입니다.

(D) 근처 편의점에서 사 왔습니다.

단어 最寄り 가장 가까움, 근처 角を曲がる 모퉁이를 돌다 交差点 교차로 左折禁止 좌회전 금지 真っ直ぐ 곧장

5

試合は何時に始まるんですか。

(A) あと30分ぐらいで始まります。

(B) 試合は2時間後に終わります。

(C) この試合は日本との決勝戦です。

(D) この試合は私のチームの勝ちです。

시합은 몇 시에 시작됩니까?

(A) 앞으로 30분 정도면 시작됩니다.

(B) 시합은 2시간 후에 끝납니다.

(C) 이 시합은 일본과의 결승전입니다.

(D) 이 시합은 우리 팀의 승리입니다.

단어 試合 시합 決勝戦 결승전 チーム 팀 勝ち 승리

6

この寿司はどんな味がしますか。

(A) あっさりした味です。

(B) 寿司は日本料理です。

(C) 寿司よりうどんが好きです。

(D) ネタがよくておいしいです。

이 초밥은 어떤 맛이 납니까?

(A) 담백한 맛입니다.

(B) 초밥은 일본 요리입니다.

(C) 초밥보다 우동을 좋아합니다.

(D) 재료가 좋아서 맛있습니다.

단어 味がする 맛이 나다 あっさり 깨끗이, 시원스레, 담백하게 ネタ 재료

7

次の約束はまだ決めてないんですが、いつにしましょうか。

(A) 約束された場所で30分も待ったんですよ。

(B) 3時間前、ケータイメールをもらいました。

(C) 明日の約束の時間をぜひ守ってください。

(D) 明日の7時頃にしたいんですが、また連絡します。

다음 약속은 아직 정하지 않았는데, 언제로 할까요?

(A) 약속된 장소에서 30분이나 기다렸어요.

(B) 3시간 전에 문자 메시지를 받았습니다.

(C) 내일 약속 시간을 꼭 지켜 주세요.

(D) 내일 7시경으로 하고 싶은데, 다시 연락하겠습니다.

단어 ケータイメール 문자 메시지 ぜひ 꼭 守る 지키다 連絡する 연락하다

8

部屋は和室と洋室、どちらの方が好きですか。

(A) 去年、和式の家を洋式に改修しました。

(B) 洋室より和室の方が高かったんです。

(C) 結婚式の時は、洋服より和服の方がいいです。

(D) 私は日本風が好きですから、畳の部屋にしてください。

방은 일본식과 서양식, 어느 쪽을 좋아합니까?

(A) 작년, 일본식 집을 서양식으로 고쳤습니다.

(B) 서양식 방보다 일본식 방이 비쌌습니다.

(C) 결혼식 때는 양복보다 일본 옷이 좋습니다.

(D) 저는 일본풍을 좋아하니까 다다미 방으로 해 주세요.

단어 和室 일본식 방　洋室 서양식 방　和式 일본식　洋式 서양식　改修する 고치다, 수리하다　結婚式 결혼식　洋服 양복
和服 일본 옷　日本風 일본풍　畳 다다미

9

定年後はどうするつもりですか。

(A) そういう選択肢もあるんですね。

(B) 無事定年を迎え、感慨無量です。

(C) 独立して自営業として働きたいです。

(D) 定年を延長させ、労働力を確保しようと思っています。

정년 후에는 어떻게 하실 생각합니까?

(A) 그런 선택지도 있군요.

(B) 무사히 정년을 맞이해 감개무량합니다.

(C) 독립해서 자영업으로서 일하고 싶습니다.

(D) 정년을 연장시켜 노동력을 확보하려고 생각하고 있습니다.

단어 定年 정년, 퇴직　選択肢 선택지　無事 무사함　迎える 맞이하다　感慨無量 감개무량　独立する 독립하다
自営業 자영업　～として ～로서　延長する 연장하다　労働力 노동력　確保する 확보하다

10

ここから東京駅まで学割ならいくらになりますか。

(A) 東京駅まではわりと近いほうです。

(B) 2割引になりますので、1人2500円です。

(C) 入場券は子どもが1500円、大人が3000円です。

(D) 東京大学に落ちてがっかりする学生が多いです。

여기에서 도쿄역까지 학생 할인이면 얼마가 됩니까?

(A) 도쿄역까지는 비교적 가까운 편입니다.

(B) 20퍼센트 할인되니까 1인당 2,500엔입니다.

(C) 입장권은 어린이가 1,500엔, 어른이 3,000엔입니다.

(D) 도쿄 대학에 떨어져서 실망하는 학생이 많습니다.

단어 学割 학생 할인　わりと 비교적, 상당히　入場券 입장권　がっかりする 실망하다

11

本日の目玉商品は何ですか。

(A) 卵で目玉焼きを作ります。

(B) フランス製の赤ワインです。

(C) 通信販売のほうが安いですよ。

(D) 宅配便ですぐ受け取れますよ。

오늘의 특가 상품은 무엇입니까?

(A) 계란으로 계란프라이를 만듭니다.

(B) 프랑스제 레드 와인입니다.

(C) 온라인 쇼핑 쪽이 쌉니다.

(D) 택배로 금방 받을 수 있습니다.

단어 本日 오늘　目玉商品 손님을 끌기 위해 특별 할인하는 상품　通信販売 온라인 쇼핑　宅配便 택배편
受け取る 받다, 수취하다

12

誰(だれ)かに覗(のぞ)かれていたみたいじゃない？

(A) うん、さっき足音(あしおと)もしたし。

(B) 息子(むすこ)に大きな望(のぞ)みをかけています。

(C) きっと神様(かみさま)が見守(みまも)ってくれるでしょう。

(D) 山田さんは責任感(せきにんかん)を持って臨(のぞ)んでいます。

누군가가 엿본 것 같지 않아?

(A) 응, 아까 발소리도 났고.

(B) 아들에게 큰 희망을 걸고 있습니다.

(C) 분명 하느님이 지켜봐 주시겠지요.

(D) 야마다 씨는 책임감을 가지고 임하고 있습니다.

단어 覗(のぞ)く 엿보다 　足音(あしおと) 발소리 　望(のぞ)みをかける 희망을 걸다 　神様(かみさま) 하느님, 신 　見守(みまも)る 지켜보다, 주시하다 　責任感(せきにんかん) 책임감
　臨(のぞ)む 임하다

13

なぜ学校を休んだんですか。

(A) 電気をつけたからです。

(B) 鉛筆(えんぴつ)が落ちたからです。

(C) 量(りょう)が多かったからです。

(D) 病気(びょうき)にかかったからです。

왜 학교를 쉬었습니까?

(A) 불을 켰기 때문입니다.

(B) 연필이 떨어졌기 때문입니다.

(C) 양이 많았기 때문입니다.

(D) 병에 걸렸기 때문입니다.

단어 鉛筆(えんぴつ) 연필 　量(りょう) 양 　病気(びょうき)にかかる 병에 걸리다

14

ため息(いき)なんかついたりして、何かあったの？

(A) 走ってきたから息苦(いきぐる)しいです。

(B) 日本語(にほんご)が上手(じょうず)にならないんです。

(C) 私は毎日日記(にっき)をつけて反省(はんせい)します。

(D) ２時間もかかってやっと着(つ)きました。

한숨을 다 쉬고, 무슨 일 있어?

(A) 뛰어와서 숨이 찹니다.

(B) 일본어가 능숙해지지 않아요.

(C) 나는 매일 일기를 쓰며 반성합니다.

(D) 2시간이나 걸려서 겨우 도착했습니다.

단어 ため息(いき)をつく 한숨을 쉬다 　～なんか ～따위 　息苦(いきぐる)しい 숨이 막히다, 숨이 차다 　日記(にっき)をつける 일기를 쓰다
　反省(はんせい)する 반성하다

15

時(とき)の流(なが)れは速いものですね。ところでお子さんはおいくつですか。

(A) 私もそろそろ中年(ちゅうねん)です。

(B) 上(うえ)の子は二十歳(はたち)で、末(すえ)っ子(こ)は15歳ですよ。

(C) 時(とき)は金(かね)なり！若(わか)いときは二度と来ないんですよ。

(D) 時(とき)が解決(かいけつ)するから、むりやりに忘れようとしないでください。

시간의 흐름은 빠르군요. 그런데 자녀분은 몇 살입니까?

(A) 저도 이제 슬슬 중년입니다.

(B) 맏이는 20살이고, 막내는 15살이에요.

(C) 시간은 금! 젊은 시절은 두 번 다시 오지 않아요.

(D) 시간이 해결할 테니 억지로 잊으려고 하지 마세요.

단어 そろそろ 이제 곧, 슬슬　中年(ちゅうねん) 중년　上(うえ)の子(こ) 맏이　末(すえ)っ子(こ) 막내　時(とき)は金(かね)なり 시간은 금이다　解決(かいけつ) 해결

むりやりに 무리하게, 억지로

---

② 의문사가 없는 경우　공략 3단계 실전 문제 풀기 ▶ 117쪽

정답　1 (C)　2 (A)　3 (A)　4 (C)　5 (B)　6 (A)　7 (A)　8 (D)　9 (C)　10 (A)
　　　11 (D)　12 (A)　13 (A)　14 (C)　15 (C)

스크립트	해석
1	
本日(ほんじつ)は用事(ようじ)があるため、お先(さき)に帰(かえ)らせていただきます。	오늘은 일이 있어서 먼저 돌아가겠습니다.
(A)　本日中(ほんじつちゅう)にご返信(へんしん)ください。	(A) 오늘 중으로 답장 주세요.
(B)　この勢(いきお)いで、今月(こんげつ)も頑張(がんば)りましょう。	(B) 이 기세로 이번 달도 힘냅시다.
(C)　忙(いそが)しい中(なか)、出席(しゅっせき)してくれてありがとう。	(C) 바쁜 와중에 참석해 줘서 고마워.
(D)　こちらこそご無沙汰(ぶさた)して申(もう)し訳(わけ)ありません。	(D) 저야말로 오랫동안 소식을 전하지 못해 죄송합니다.

단어 本日(ほんじつ) 금일, 오늘　用事(ようじ) 볼일　返信(へんしん) 답신　勢(いきお)い 기세, 위세　ご無沙汰(ぶさた)する 격조하다, 오랫동안 소식을 전하지 못함
申(もう)し訳(わけ)ない 미안하다

스크립트	해석
2	
コーヒーの豆(まめ)を買(か)いに行(い)くのに付(つ)き合(あ)ってくれない?	원두를 사러 가는데 함께 가 주지 않을래?
(A)　いいですよ。今(いま)からですか。	(A) 좋아요. 지금부터요?
(B)　インスタントコーヒーは飲(の)みたくないです。	(B) 인스턴트 커피는 마시고 싶지 않습니다.
(C)　コーヒーの豆(まめ)を煎(い)っているにおいはいいですね。	(C) 원두를 볶는 냄새는 좋군요.
(D)　この店(みせ)はコーヒーがおいしくて安(やす)くていいです。	(D) 이 가게는 커피가 맛있고 싸서 좋습니다.

단어 ～のに ～하는데　付(つ)き合(あ)う 사귀다, 행동을 같이 하다　インスタントコーヒー 인스턴트 커피　煎(い)る 볶다

스크립트	해석
3	
誰(だれ)も見(み)ていないようですが、テレビを消(け)してもいいですか。	아무도 보고 있지 않는 것 같은데, 텔레비전을 꺼도 될까요?
(A)　はい。では、お願(ねが)いします。	(A) 예, 그럼 부탁합니다.
(B)　はい。テレビでもつけて見(み)ましょう。	(B) 예, 텔레비전이라도 켜서 봅시다.
(C)　はい。テレビのチャンネルを変(か)えてください。	(C) 예, 텔레비전 채널을 바꿔 주세요.
(D)　はい。大事(だいじ)なファイルを消(け)さないでください。	(D) 예, 중요한 파일을 지우지 말아 주세요.

단어 テレビを消(け)す 텔레비전을 끄다　テレビをつける 텔레비전을 켜다　チャンネル 채널

4

中村さんも一緒に二次会に行きませんか。

(A) 今日は日帰りで来ました。

(B) 次回の飲み会は銀座でやります。

(C) ほかに約束があるので、帰ります。

(D) 2時の会議がまだ終わっていません。

나카무라 씨도 함께 2차에 가지 않겠습니까?

(A) 오늘은 당일치기로 왔습니다.

(B) 다음 번 회식은 긴자에서 합니다.

(C) 다른 약속이 있어서 집에 가겠습니다.

(D) 2시 회의가 아직 끝나지 않았습니다.

단어 二次会 2차　日帰り 당일치기　次回 다음 번　銀座 긴자〈지명〉

5

もう品切れになりましたか。

(A) すみません。この商品はやっと売れ出しました。

(B) すみません。この商品は売り切れになりました。

(C) はい、この商品は売り上げがよくないです。

(D) はい、この商品は売れ残りがたくさんあります。

벌써 품절되었나요?

(A) 죄송합니다. 이 상품은 겨우 팔리기 시작했습니다.

(B) 죄송합니다. 이 상품은 다 팔렸습니다.

(C) 예, 이 상품은 매출이 좋지 않습니다.

(D) 예, 이 상품은 재고가 많이 있습니다.

단어 品切れ 품절　売れ出す 팔리기 시작하다　売り切れ 다 팔림, 매진　売り上げ 매상, 매출　売れ残り 팔다 남은 상품, 재고

6

このホテルの招待券をご両親に差し上げてください。

(A) 父も母もきっと喜ぶと思います。

(B) はい、ホテルまで車でお送りいたします。

(C) ホテルまで迎えに来ていただくには及びません。

(D) 招待券の有効期限は一律6か月間延長されます。

이 호텔의 초대권을 부모님께 드리세요.

(A) 아버지도 어머니도 분명 기뻐하실 거예요.

(B) 예, 호텔까지 차로 모시겠습니다.

(C) 호텔까지 마중하러 오실 필요는 없습니다.

(D) 초대권의 유효기간은 일률적으로 6개월 연장됩니다.

단어 招待券 초대권　差し上げる 드리다　～には及ばない ～할 필요가 없다　有効期限 유효기간　一律 일률적임 延長する 연장하다

7

ああ、昨日から奥歯が痛いです。

(A) 角の鈴木歯科ならこの時間もやっているよ。

(B) 昨日からめまいがしたりします。

(C) 水虫で、足がかゆいです。

(D) 雪の上に2時間も立っていたので霜焼けになりそうです。

아, 어제부터 어금니가 아파요.

(A) 길모퉁이의 스즈키 치과라면 이 시간에도 하고 있어.

(B) 어제부터 현기증이 나기도 합니다.

(C) 무좀이 있어서 발이 가렵습니다.

(D) 눈 위에 2시간이나 서 있어서 동상에 걸릴 것 같습니다.

단어 奥歯 어금니　めまいがする 현기증이 나다　水虫 무좀　かゆい 가렵다　霜焼け 동상

8

ラッシュアワーは大変ですよ。電車の中はぎゅうぎゅうづめで。

(A) 優先席には高齢者と障害者が座れますよ。

(B) これからは電車の数が少なくなるんですね。

(C) 電車の中ががらがらだからいつも座れます。

(D) そうなんですよ。足は踏まれるし、動きは取れないし。

출퇴근 시간은 정말 힘들어요. 전철 안이 꽉꽉 차서.

(A) 노약자석에는 고령자와 장애인이 앉을 수 있습니다.

(B) 이제부터는 전철 수가 적어지는군요.

(C) 전철 안이 텅텅 비어서 항상 앉을 수 있습니다.

(D) 맞아요. 발은 밟히지, 움직일 수는 없지.

단어 ラッシュアワー 러시아워, 출퇴근 시간처럼 교통이 매우 혼잡한 시간　ぎゅうぎゅう 꽉꽉(꽉 채우는 모양)
優先席 교통약자석　高齢者 고령자　障害者 장애인　がらがら 텅텅(속이 빈 모양)　動きが取れない 움직일 수 없다

9

これ、少し田舎くさいと思わない？

(A) 子どもの時は田舎で過ごしました。

(B) 今年は田舎に行こうと思っていますよ。

(C) 少し地味だけど、わりと似合いますよ。

(D) そうですね、なんか変なにおいがしますね。

이거, 조금 촌스럽다고 생각하지 않아?

(A) 어릴 때는 시골에서 보냈습니다.

(B) 올해는 시골에 가려고 생각하고 있습니다.

(C) 조금 수수하지만, 비교적 잘 어울립니다.

(D) 그렇군요, 어쩐지 이상한 냄새가 나는군요.

단어 田舎くさい 촌스럽다　地味だ 수수하다　わりと 비교적, 상당히

10

海外旅行の前にはガスの元栓を締めたり、窓を閉めたりしてください。

(A) はい、確認しておきます。

(B) はい、窓を開けておきます。

(C) はい、大海で泳ぐのは無理です。

(D) はい、ガスをつけたまま行きましょう。

해외여행 전에는 가스 밸브를 잠그거나 창문을 닫거나 하세요.

(A) 예, 확인해 두겠습니다.

(B) 예, 창문을 열어 두겠습니다.

(C) 예, 큰 바다에서 헤엄치는 것은 무리입니다.

(D) 예, 가스를 켠 채로 갑시다.

단어 海外旅行 해외여행　ガスの元栓 가스 밸브 장치　締める 잠그다　確認する 확인하다　大海 대해, 큰 바다　無理 무리
ガスをつける 가스를 켜다　～たまま ～한 채

11

うちの子は泣き虫だから、少し心配です。

(A) 子どもはどこか悪いんですか。

(B) 虫に刺されたんです。

(C) あの葉っぱに虫がいますよ。

(D) いつか強くなるでしょう。

우리 아이는 울보라서 조금 걱정입니다.

(A) 아이는 어디가 아픕니까?

(B) 벌레에 물렸습니다.

(C) 저 잎사귀에 벌레가 있어요.

(D) 언젠가 강해지겠지요.

단어 泣き虫 울보　虫に刺される 벌레에 물리다　葉っぱ 잎, 잎사귀

12

チケットをもらったので、一緒に遊園地に行きましょう。

(A) 一枚で何人入れますか。何人でもいいですか。

(B) 自分のことは一人でちゃんとやりなさい。

(C) チケットはいくらですか。

(D) 子どもはもう幼稚園に行きましたよ。

입장권을 얻었는데 함께 유원지에 가요.

(A) 한 장으로 몇 명 들어갈 수 있나요? 몇 명이라도 괜찮나요?

(B) 자신의 일은 혼자서 제대로 하세요.

(C) 표는 얼마인가요?

(D) 아이는 이미 유치원에 갔습니다.

단어 遊園地 유원지　幼稚園 유치원

13

うっとうしい天気が続いていますね。

(A) はい、明日も雨が降るそうです。

(B) はい、明日もいい天気になります。

(C) はい、うとうとしないように注意します。

(D) はい、雪でも降ったら雪だるまを作りましょう。

잔뜩 찌푸린 날씨가 계속되고 있네요.

(A) 예, 내일도 비가 내린다고 합니다.

(B) 예, 내일도 날씨가 좋습니다.

(C) 예, 꾸벅꾸벅 졸지 않도록 주의하겠습니다.

(D) 예, 눈이라도 내리면 눈사람을 만듭시다.

단어 うっとうしい (기분, 날씨 등이) 울적하고 답답하다　うとうと 꾸벅꾸벅, 깜박깜박　雪だるま 눈사람

14

ああ、パクさんが羨ましいです。日本人のようにぺらぺら話せて。

(A) 実はパクさんは日本人ではないそうです。

(B) パクさんはページをぺらぺらとめくっています。

(C) 一生懸命勉強すれば、誰でもできますよ。

(D) パクさんは書類をちらっと見て、私に渡しました。

아, 박 씨가 부럽습니다. 일본인처럼 술술 이야기할 수 있어서.

(A) 실은 박 씨는 일본인이 아니라고 합니다.

(B) 박 씨는 페이지를 팔랑팔랑 넘기고 있습니다.

(C) 열심히 공부하면 누구나 할 수 있어요.

(D) 박 씨는 서류를 흘끗 보고 저에게 건넸습니다.

단어 羨ましい 부럽다　ぺらぺら 술술(외국어를 잘 하는 모양), 팔랑팔랑(종잇장을 넘기는 모양)　実は 실은　めくる 넘기다, 젖히다　一生懸命(に) 열심히　ちらっと 언뜻, 흘끗

15

忘年会のために、20人入れる部屋を予約したいんですが。

(A) 忘年会がとても多くて忙しいです。

(B) 年末になると、年末決算で忙しくなりますよ。

(C) すみません。暮れの予約はもう終わりました。

(D) 体に良くないからお酒をたくさん飲まないでください。

송년회를 위해서 20명이 들어갈 수 있는 방을 예약하고 싶은데요.

(A) 송년회가 너무 많아서 바쁩니다.

(B) 연말이 되면 연말 결산으로 바빠집니다.

(C) 죄송합니다. 연말 예약은 이미 끝났습니다.

(D) 몸에 좋지 않으니까 술을 많이 마시지 마세요.

단어 忘年会 송년회　年末 연말　決算 결산　暮れ 해질 무렵, 연말

③ 시사, 비즈니스 　공략 3단계 실전 문제 풀기 ▶ 130쪽

정답 　1 (A) 　2 (A) 　3 (B) 　4 (B) 　5 (A) 　6 (D) 　7 (A) 　8 (C) 　9 (D) 　10 (A)
　　　11 (C) 　12 (A) 　13 (A) 　14 (B) 　15 (D)

스크립트	해석

1

会議が七日ずらされました。

(A) ということは 一週間後ですね。

(B) ということは七日間やるんですね。

(C) ということは七日にあったんですね。

(D) ということは七時間やったんですね。

회의가 7일 늦춰졌습니다.

(A) 말하자면 일주일 후군요.

(B) 말하자면 7일간 하는군요.

(C) 말하자면 7일에 있었군요.

(D) 말하자면 7시간 했군요.

단어 ずらす 위치나 시간을 조금 옮기다, 늦추다　ということは 말하자면, 더 자세히 말하자면

2

先日頼んだサンプルの在庫はどこにありますか。

(A) 在庫は1階の倉庫にあります。

(B) はい、サンプルをいただきました。

(C) 依頼した絵本はまだ届いていません。

(D) こちらはそのようなサンプルを頼んだことがありま
せん。

일전에 부탁한 견본 재고는 어디 있습니까?

(A) 재고는 1층 창고에 있습니다.

(B) 예, 견본을 받았습니다.

(C) 의뢰한 그림책은 아직 도착하지 않았습니다.

(D) 저희는 그런 견본을 부탁한 적이 없습니다.

단어 サンプル 견본, 샘플　在庫 재고　倉庫 창고　依頼 의뢰　絵本 그림책

3

来年の取引価格を5%くらい値上げする予定です。

(A) 取引価格は相変わらず同じですね。

(B) 5%というと、かなりの上げ幅ですね。

(C) 来年から5%くらい値下げするということですか。

(D) つまり、来年の取引価格は5%値切るということです
ね。

내년 거래 가격을 5% 정도 인상할 예정입니다.

(A) 거래 가격은 변함없이 같군요.

(B) 5%라고 하면 꽤 인상폭이 크네요.

(C) 내년부터 5% 정도 가격 인하한다는 말입니까?

(D) 즉, 내년 거래 가격은 5% 값을 깎는다는 것이네요.

단어 値上げ 가격 인상　相変わらず 변함없이　上げ幅 인상 폭, 상승 폭　値下げ 가격 인하　値切る 값을 깎다

4

この頃、不景気が続いていますが、御社はどうですか。

(A) 恩赦を実施するそうです。

(B) うちも売り上げが伸び悩んでいます。

(C) 駅前のパン屋のケーキは本当においしいですよ。

(D) 記者会見をしましたが、なんら変りませんでした。

요즘 불경기가 계속되고 있는데, 귀사는 어떻습니까?

(A) 특별 사면을 실시한다고 합니다.

(B) 우리도 매출이 저조합니다.

(C) 역 앞 빵가게의 케이크는 정말로 맛있습니다.

(D) 기자 회견을 했지만 조금도 변하지 않았습니다.

단어 不景気 불경기 御社 귀사 恩赦 특별 사면 実施する 실시하다 伸び悩む 저조하다 記者会見 기자 회견

なんら 아무런, 조금도

5

銀行へ行って、この口座に振り込んできてほしいんだけど。

(A) はい、海外支社の口座ですね。

(B) はい、座布団を買って来ました。

(C) はい、銀行は4時に終わります。

(D) はい、銀行なら駅の前にあります。

은행에 가서 이 계좌에 이체하고 와 줬으면 하는데.

(A) 예, 해외지사 계좌지요?

(B) 예, 방석을 사 왔습니다.

(C) 예, 은행은 4시에 끝납니다.

(D) 예, 은행이라면 역 앞에 있습니다.

단어 口座 계좌 振り込む 이체하다 支社 지사 座布団 방석

6

うちの部署はまあまあの実績だったんですが、電気事業部は大幅な黒字になったそうですね。

(A) 電気は危ない部分もありますよ。

(B) 実績報告書があれば、出してください。

(C) まあまあ、そう怒らずに落ち着いて。

(D) ええ、うちはおかげさまでいいほうでした。

우리 부서는 그저 그런 실적이었지만, 전기사업부는 크게 흑자가 났다고 하더군요.

(A) 전기는 위험한 부분도 있어요.

(B) 실적 보고서가 있으면 내 주세요.

(C) 자자, 그렇게 화내지 말고 진정해.

(D) 예, 우리는 덕분에 좋은 편이었습니다.

단어 まあまあ 그저 그런 정도임, 자자(상대를 달래거나 제지할 때) 実績 실적 事業部 사업부 大幅 대폭, 큰 폭 黒字 흑자

実績 실적 報告書 보고서 落ち着く 진정하다

7

今月の図書の販売率を調べてください。

(A) はい、すぐ調査をします。

(B) いちいち図書名を書くのは面倒くさいです。

(C) 大事にしていた本を図書館に寄贈しました。

(D) そんなくだらないことでうじうじしないでください。

이번 달 도서 판매율을 조사해 주세요.

(A) 예, 곧 조사하겠습니다.

(B) 일일이 도서명을 쓰는 것은 귀찮습니다.

(C) 소중하게 여기고 있던 책을 도서관에 기증했습니다.

(D) 그런 하찮은 일로 우물쭈물하지 마세요.

단어 図書^{としょ} 도서 販売率^{はんばいりつ} 판매율 調査^{ちょうさ} 조사 いちいち 일일이, 하나하나 図書名^{としょめい} 도서명 面倒^{めんどう}くさい 귀찮다

寄贈^{きぞう}する 기증하다 くだらない 시시하다, 하찮다 うじうじ 우물쭈물, 머뭇머뭇

8

少^{すこ}し予算^{よさん}オーバーなので、負^まけてくださいませんか。

(A) 前回^{ぜんかい}は惜^おしくも逆転負^{ぎゃくてんま}けしたんです。

(B) 残念^{ざんねん}だけど、一度^{いちど}も勝^かったことがないんです。

(C) そうですね。15000円^{えん}までは値引^{ねび}きできます。

(D) オーバーを着^きているので、少^{すこ}し動^{うご}きにくいです。

조금 예산이 초과했는데 깎아 주시지 않겠습니까?

(A) 지난번에는 아깝게 역전패 했습니다.

(B) 유감이지만, 한 번도 이긴 적이 없습니다.

(C) 글쎄요, 15,000엔까지는 깎아 드릴 수 있습니다.

(D) 오버코트를 입고 있어서 조금 움직이기 거북합니다.

단어 予算^{よさん} 예산 オーバー 초과, 오버코트 負^まける 지다, (값을) 깎다 前回^{ぜんかい} 지난번 惜^おしい 아깝다 逆転負^{ぎゃくてんま}け 역전패

値引^{ねび}き 값을 깎음, 싸게 함

9

費用^{ひよう}の内訳^{うちわけ}を明^{あき}らかにした方^{ほう}がいいですよ。

(A) 支出^{ししゅつ}について言^いい訳^{わけ}はしないで。

(B) 気楽^{きらく}な仕事^{しごと}があれば紹介^{しょうかい}してね。

(C) 費用^{ひよう}はあきら君^{くん}に渡^{わた}しました。

(D) 内部監査^{ないぶかんさ}がもうすぐだと言^いっていたっけ。

비용 내역을 명백히 하는 것이 좋습니다.

(A) 지출에 대해서 변명은 하지 마.

(B) 마음 편한 일이 있으면 소개해 줘.

(C) 비용은 아키라 군에게 건넸습니다.

(D) 내부 감사가 이제 곧이라고 했었지.

단어 費用^{ひよう} 비용 内訳^{うちわけ} 내역 明^{あき}らかにする 밝히다, 명백히 하다 支出^{ししゅつ} 지출 言^いい訳^{わけ} 변명 気楽^{きらく}だ 속 편하다, 홀가분하다

内部^{ないぶ} 내부 監査^{かんさ} 감사 ～っけ ～었지, 었던가

10

国際商社^{こくさいしょうしゃ}との契約問題^{けいやくもんだい}が解決^{かいけつ}せず、契約^{けいやく}が破棄^{はき}されるかも知^しれません。

(A) そんな。それじゃ契約違反^{けいやくいはん}じゃないですか。

(B) 本当^{ほんとう}におめでたいことですね。やっと解決^{かいけつ}して。

(C) おかげさまで、契約^{けいやく}が延長^{えんちょう}されてほっとしました。

(D) すみません。契約書^{けいやくしょ}をどこに置^おいたか覚^{おぼ}えていません。

국제상사와의 계약 문제가 해결되지 않고 계약이 파기될지도 모릅니다.

(A) 이런. 그러면 계약 위반이 아닙니까?

(B) 정말로 축하할 일이군요. 겨우 해결되어서.

(C) 덕분에 계약이 연장되어 한숨 놓았습니다.

(D) 죄송합니다. 계약서를 어디에 두었는지 기억나지 않습니다.

단어 国際^{こくさい} 국제 商社^{しょうしゃ} 상사 契約^{けいやく} 계약 解決^{かいけつ}する 해결되다 ～せず ～하지 않고 破棄^{はき}する 파기하다 違反^{いはん} 위반

おめでたい 경사스럽다 延長^{えんちょう}する 연장하다 ほっとする 한숨 놓다, 안심하다 契約書^{けいやくしょ} 계약서

最近、子どもを取り巻く社会問題が深刻だそうです。

(A) 台風の規模と被害額はどのくらいですか。

(B) 子どもの認知発達に興味があるんですね。

(C) 特に、児童虐待の相談件数が毎年増加しているそうです。

(D) 周りをどう巻き込んで行くのかが決め手です。

최근, 어린이를 둘러싼 사회문제가 심각하다고 해요.

(A) 태풍의 규모와 피해액은 어느 정도 입니까?

(B) 아이들의 인지 발달에 흥미가 있는 거군요.

(C) 특히 아동 학대 상담 건수가 매년 증가하고 있다고 합니다.

(D) 주변을 어떻게 끌어들여 갈 것인가가 결정적인 방법입니다.

단어 取り巻く 둘러싸다 深刻だ 심각하다 規模 규모 被害額 피해액 認知発達 인지발달 興味 흥미, 관심
児童虐待 아동 학대 巻き込む 끌어들이다 決め手 결정적인 방법·수단

12

今、作業中ですから、このエレベーターは使えません。

(A) では、このエレベーターはいつ稼働するんですか。

(B) エレベーターの付近で消火器が見つかったんです。

(C) では、エレベーターの中でジャンプしたらだめですね。

(D) エレベーターの押し間違いをキャンセルしたんですね。

지금 작업 중이라서 이 엘리베이터는 사용할 수 없습니다.

(A) 그럼, 이 엘리베이터는 언제 가동됩니까?

(B) 엘리베이터 근처에서 소화기를 찾았던 겁니다.

(C) 그럼, 엘리베이터 안에서 점프하면 안 되네요.

(D) 엘리베이터 버튼을 잘못 누른 것을 취소했던 거네요.

단어 作業 작업 稼働する 가동되다 付近 부근, 근처 消火器 소화기

13

支払いは月払いにしますか。

(A) いいえ、一括で支払います。

(B) いいえ、支払いはドルにします。

(C) いいえ、自動振り込みにします。

(D) いいえ、勘定は別々にしてください。

지불은 할부로 하겠습니까?

(A) 아니요, 일시불로 지불하겠습니다.

(B) 아니요, 지불은 달러로 하겠습니다.

(C) 아니요, 자동이체로 하겠습니다.

(D) 아니요, 계산은 따로따로 해 주세요.

단어 月払い 할부 一括 일괄 ドル 달러 自動振り込み 자동이체 勘定 계산, 대금, 지급 別々に 따로따로

14

今日はゴールデンウィークの前だから、仕事が山のようにあります。

(A) たったいま山を登ってきたんですか。

(B) 今日は何時まで残業をするつもりですか。

(C) ゴールデンウィークは昨日からでしたね。

(D) 山を登りながら仕事をするのは大変ですね。

오늘은 황금연휴 전이라서 일이 산처럼 쌓여 있습니다.

(A) 방금 막 산을 올라갔다 왔습니까?

(B) 오늘은 몇 시까지 야근을 할 생각입니까?

(C) 황금 연휴는 어제부터였지요.

(D) 산을 오르면서 일을 하는 것은 힘들지요.

단어 ゴールデンウィーク 황금 연휴 登る 오르다 残業 잔업, 야근

15

アンケートの件については部長に力になってくれるように
お願いしてみましょうか。

(A) また残業なんですか。付き合いましょうか。

(B) アンケートの結果をプリントアウトしてください。

(C) 力を入れてアンケート用紙をホチキスでとじまし
た。

(D) はい、きっと力になってくれると思います。

설문 조사 건에 관해서는 부장님에게 도와 달라고 부탁해
볼까요?

(A) 또 야근이에요? 같이 할까요?

(B) 설문 조사 결과를 출력해 주세요.

(C) 힘을 들여 설문지를 스테이플러로 찍었습니다.

(D) 예, 꼭 도와 주실 거라고 생각합니다.

단어 力になる 도와 주다 付き合う 같이 하다, 함께 하다 アンケート 설문 조사 プリントアウト 출력
力を入れる 힘을 들이다, 주력하다 とじる 철하다, 꿰매다

정답	21 (B)	22 (D)	23 (C)	24 (D)	25 (B)	26 (D)	27 (D)	28 (A)	29 (C)	30 (A)
	31 (B)	32 (B)	33 (C)	34 (B)	35 (D)	36 (C)	37 (A)	38 (D)	39 (C)	40 (D)
	41 (A)	42 (B)	43 (A)	44 (B)	45 (D)	46 (A)	47 (D)	48 (D)	49 (B)	50 (D)

스크립트	해석

21

お礼として何かお返しをしましたか。

(A) はい、持ち主に返しました。

(B) はい、お菓子と果物を送りました。

(C) はい、５００円のお返しになります。

(D) はい、けんかの仕返しはやらない方がいいです。

보답으로 무언가 답례를 했습니까?

(A) 예, 주인에게 돌려주었습니다.

(B) 예, 과자와 과일을 보냈습니다.

(C) 예, 500엔의 거스름돈입니다.

(D) 예, 싸움의 보복은 하지 않는 것이 좋습니다.

단어 お礼 보답　お返し 답례, 거스름돈　持ち主 주인　喧嘩 싸움　仕返し 보복, 앙갚음

22

誰がよく仕事をサボったりしますか。

(A) これは木村さんのサボテンです。

(B) 木村さんだけ行きませんでした。

(C) 木村さんが必死に勉強しています。

(D) 木村さんがしょっちゅう怠けています。

누가 자주 일을 게을리하거나 합니까?

(A) 이것은 기무라 씨의 선인장입니다.

(B) 기무라 씨만 가지 않았습니다.

(C) 기무라 씨가 필사적으로 공부하고 있습니다.

(D) 기무라 씨가 항상 게으름 피우고 있습니다.

단어 サボる 게을리 하다, 빼먹다　サボテン 선인장　必死に 필사적으로　しょっちゅう 항상　怠ける 게으름 피우다

23

君を応援してくださった方は、どなたですか。

(A) 親切でいい方だと思います。

(B) 私の妻はよく笑うほうです。

(C) 真ん中の背広を着ている方です。

(D) ちゃんとお礼を言ってきました。

당신을 응원해 주신 분은 어느 분입니까?

(A) 친절하고 좋은 분이라고 생각합니다.

(B) 제 아내는 잘 웃는 편입니다.

(C) 한가운데 양복을 입고 있는 분입니다.

(D) 제대로 감사 인사를 하고 왔습니다.

단어 応援する 응원하다　真ん中 한가운데　お礼を言う 감사 인사를 하다

24

私は運転免許証を持っているんですが、ペーパードライバーですよ。

(A) カンニングペーパーを作成してはいけません。

(B) 免許を取るために毎日練習するのも大変ですね。

(C) ベストドライバーになるために頑張っていますね。

(D) 私も運転免許を取ってから全然運転してないんですよ。

저는 운전면허증을 가지고 있지만 장롱 면허예요.

(A) 커닝 페이퍼를 작성해서는 안 됩니다.

(B) 면허를 따기 위해 매일 연습하는 것도 힘드네요.

(C) 베스트 드라이버가 되기 위해서 열심히 하고 있네요.

(D) 저도 운전면허를 따고 나서 전혀 운전하지 않고 있어요.

단어 運転免許証 운전면허증　ペーパードライバー 장롱 면허　カンニングペーパー 커닝 페이퍼　作成する 작성하다　免許を取る 면허를 따다　ベストドライバー 베스트 드라이버

25

面接のために何か準備をしましたか。

(A) はい、免税店でお土産を買って準備しておきました。

(B) はい、予想質問を作ったり、話し方も練習しました。

(C) はい、明日面接がありますので、すごく緊張しています。

(D) はい、調査のために人々と面接に行きました。

면접을 위해서 뭔가 준비를 했습니까?

(A) 예, 면세점에서 기념품을 사서 준비해 두었습니다.

(B) 예, 예상 질문을 만들거나 말하는 방법도 연습했습니다.

(C) 예, 내일 면접이 있기 때문에 굉장히 긴장하고 있습니다.

(D) 예, 조사를 위해서 사람들과 면접장에 갔습니다.

단어 面接 면접　準備 준비　免税店 면세점　お土産 기념품, 토산품　予想質問 예상 질문　緊張する 긴장하다　調査 조사

26

お客様からのデザインの提案をたたき台にして作りましたか。

(A) はい、ほこりをはたいておきました。

(B) はい、デザインブックを予約しました。

(C) はい、名前の順番どおりに作りました。

(D) はい、いくつかの提案は取り入れました。

손님이 준 디자인 제안을 시안으로 해서 만들었습니까?

(A) 예, 먼지를 털어 두었습니다.

(B) 예, 디자인북을 예약했습니다.

(C) 예, 이름 순서대로 만들었습니다.

(D) 예, 몇 가지의 제안은 받아들였습니다.

단어 お客様 손님　デザイン 디자인　提案 제안　たたき台 원안, 시안　ほこり 먼지　はたく 때리다, 털다　順番 순서　～どおり ~대로　取り入れる 받아들이다, 도입하다

27

社長の奥様はどの方ですか。

(A) 社長とは幼なじみだそうです。

(B) 私の妻は学校で働いています。

(C) 共働きをする家庭は増え続けています。

(D) 左から三番目におかけになっている方です。

사장님의 사모님은 어느 분입니까?

(A) 사장님과는 어릴 때부터 알던 사이라고 합니다.

(B) 제 아내는 학교에서 일하고 있습니다.

(C) 맞벌이하는 가정은 계속해서 늘고 있습니다.

(D) 왼쪽에서 세 번째에 앉아 계신 분입니다.

단어 奥様 사모님, 부인　幼なじみ 어릴 때부터 친하던 아이, 소꿉친구　共働き 맞벌이　~番目 ~번째　かける 걸터앉다

28

家賃はどのようにお支払いすればいいんでしょうか。

(A) 銀行の自動振り込みになさっても結構です。

(B) 前もって準備しておいて、月末に報告します。

(C) お持ちのポイントは500ポイントです。

(D) 年末年始は、お届け日が2、3日遅れることもあります。

집세는 어떻게 지불하면 좋을까요?

(A) 은행의 자동이체로 하셔도 괜찮습니다.

(B) 미리 준비해 두고 월말에 보고합니다.

(C) 가지고 계신 포인트는 500포인트입니다.

(D) 연말연시에는 도착일이 2, 3일 늦어지는 경우도 있습니다.

단어 家賃 집세　自動振り込み 자동이체　前もって 미리　月末 월말　報告する 보고하다　ポイント 포인트
年末年始 연말연시　お届け日 도착일

29

なぜ嬉しそうな顔をしているんですか。

(A) 映画がつまらなかったからです。

(B) 梅干しが本当に酸っぱいからです。

(C) 友だちからプレゼントをもらったからです。

(D) この辺りの道がよく分からないからです。

왜 기쁜 얼굴을 하고 있나요?

(A) 영화가 지루했기 때문입니다.

(B) 매실 장아찌가 정말로 시기 때문입니다.

(C) 친구에게 선물을 받았기 때문입니다.

(D) 이 근처의 길을 잘 모르기 때문입니다.

단어 つまらない 지루하다　梅干し 매실 장아찌　酸っぱい 시다　辺り 근처, 부근

30

この寿司はいかがですか。

(A) ネタが新鮮で口に合います。

(B) この豆は箸で挟めないんです。

(C) 塩を入れるとしょっぱくなります。

(D) 冷蔵庫の魚は腐ってしまいました。

이 초밥은 어떠십니까?

(A) 재료가 신선하고 입에 맞습니다.

(B) 이 콩은 젓가락으로 집을 수 없습니다.

(C) 소금을 넣으면 짜집니다.

(D) 냉장고의 생선은 썩어 버렸습니다.

단어 ネタ 재료　箸 젓가락　挟む 끼우다, 집다　冷蔵庫 냉장고　腐る 썩다, 부패하다

31

機械の部品はもう届きましたか。

(A) 遅刻ばかりして、すみません。

(B) ２週間くらい遅れるそうです。

(C) 願いが届かなくて残念でしたね。

(D) また機会があれば購入したいです。

기계 부품은 이미 도착했습니까?

(A) 지각만 해서 죄송합니다.

(B) 2주일 정도 늦어진다고 합니다.

(C) 소원이 이루어지지 않아 유감이네요.

(D) 또 기회가 있으면 구입하고 싶습니다.

단어 機械 기계 部品 부품 遅刻 지각 願いが届く 소원이 이루어지다 残念だ 유감이다 機会 기회 購入する 구입하다

32

ここは入り口ですから駐車してはいけません。

(A) この電車は２時に発車します。

(B) 駐車できるところを知っていますか。

(C) それでは、入り口と出口はどこですか。

(D) バス停は歩いて20分ぐらいかかります。

여기는 입구이니까 주차해서는 안 됩니다.

(A) 이 전철은 2시에 발차합니다.

(B) 주차할 수 있는 곳을 알고 있습니까?

(C) 그러면 입구와 출구는 어디입니까?

(D) 버스 정류장은 걸어서 20분 정도 걸립니다.

단어 駐車する 주차하다 発車する 발차하다, 출발하다 バス停 버스 정류장

33

パソコンの操作方法を誰に教えてもらいましたか。

(A) 中村さんに教えてあげました。

(B) 母にお小遣いをもらいました。

(C) 中村さんが説明してくれました。

(D) 父にパソコンを買ってもらいました。

컴퓨터 사용 방법을 누구에게 배웠습니까?

(A) 나카무라 씨에게 가르쳐 주었습니다.

(B) 엄마에게 용돈을 받았습니다.

(C) 나카무라 씨가 설명해 주었습니다.

(D) 아빠가 컴퓨터를 사 주었습니다.

단어 操作方法 조작 방법, 사용 방법 お小遣い 용돈

34

お父さんはお元気でいらっしゃいますか。

(A) はい、ちょっとそこまで出かけました。

(B) はい、相変わらず元気で暮しています。

(C) はい、近所に住んでいらっしゃるんです。

(D) はい、そんなに遠くまでは行かないと思います。

아버님은 건강하게 계십니까?

(A) 예, 잠깐 요 앞에 나갔습니다.

(B) 예, 변함없이 건강하게 지내고 있습니다.

(C) 예, 근처에 살고 계십니다.

(D) 예, 그렇게 멀리까지는 가지 않는다고 생각합니다.

단어 いらっしゃる 계시다, 오시다, 가시다 相変わらず 변함없이 暮す 지내다 近所 근처

35

せっかくの休日だから、どこかへ出かけましょう。

(A) 休日は何もせずに終わりました。

(B) 台所に行って、コーラを持ってきて。

(C) ゴルフの練習をしたり、散歩をしたりします。

(D) どこへ行っても混んでいるから、家にいよう。

모처럼의 휴일이니까 어딘가에 나갑시다.

(A) 휴일은 아무것도 하지 않고 끝났습니다.

(B) 부엌에 가서 콜라를 가져 와.

(C) 골프 연습을 하기도 하고 산책을 하기도 합니다.

(D) 어딜 가도 붐비니까 집에 있자.

단어 せっかく 모처럼 休日 휴일 せずに 하지 않고 ゴルフ 골프 散歩 산책 混む 붐비다

36

ずいぶん使い勝手の良さそうなヘアドライヤーですね。

(A) はい、美容室に行ってきました。

(B) はい、前髪を思いきって切りました。

(C) はい、これは新品で、手軽に操作できます。

(D) はい、新品はずいぶん高いでしょう。

꽤 사용하기 편한 헤어드라이어네요.

(A) 예, 미용실에 갔다 왔습니다.

(B) 예, 앞머리를 과감히 잘랐습니다.

(C) 예, 이것은 신상품으로, 손쉽게 조작할 수 있습니다.

(D) 예, 신상품은 꽤 비싸지요.

단어 使い勝手 사용하기 편리한 정도 前髪 앞머리 思いきって 큰맘 먹고, 과감히 手軽 간편한 모양, 손쉬운 모양

37

私は猫舌なので、こういうのは苦手です。

(A) じゃ、熱くないものを頼みましょう。

(B) 猫はテーブルの下にいません。

(C) 猫の手でも借りたいほどですね。

(D) まことさんは猫をかぶっていますね。

저는 뜨거운 것을 잘 못 먹는 사람이라, 이런 건 힘드네요.

(A) 그럼, 뜨겁지 않은 것을 시킵시다.

(B) 고양이는 테이블 밑에 없습니다.

(C) 너무 바쁘네요.

(D) 마코토 씨는 얌전한 척하고 있군요.

단어 猫舌 뜨거운 것을 잘 못 먹는 사람 猫の手も借りたい 매우 바쁜 것을 나타냄 猫をかぶる 얌전한 체하다, 시치미를 떼다

38

来週の水曜日の午後2時前後の大阪行きの便を予約したいんですが。

(A) ただいま大阪便が東京に着きました。

(B) 今週の水曜日に大阪に行く予定です。

(C) 今大阪には大雪が降っていて、渋滞がひどいです。

(D) 2時30分発のがございますが、よろしいでしょうか。

다음 주 수요일 오후 2시 전후의 오사카행 비행기를 예약하고 싶은데요.

(A) 방금 막 오사카편이 도쿄에 도착했습니다.

(B) 이번 주 수요일에 오사카에 갈 예정입니다.

(C) 지금 오사카에는 많은 눈이 내려 정체가 심합니다.

(D) 2시 30분발 것이 있습니다만, 괜찮으십니까?

단어 前後 전후 ～便 ～편 ただいま 방금 大雪 많은 눈 渋滞 정체 ～発 ～발, ~출발

39

石田先生はもう退院するそうです。

(A) はい、入院して一週間も経ちました。

(B) はい、健康で、がっちりしていますね。

(C) はい、けがは思ったより軽かったようです。

(D) はい、病院へお見舞いに行きましょう。

이시다 선생님은 벌써 퇴원한다고 합니다.

(A) 예, 입원하고 일주일이나 지났습니다.

(B) 예, 건강하고 튼튼하네요.

(C) 예, 상처는 생각보다 가벼웠던 것 같습니다.

(D) 예, 병원에 문병하러 갑시다.

단어 退院する 퇴원하다 入院する 입원하다 経つ (시간이) 지나다, 경과하다 がっちり 튼튼하고 다부진 모양
思ったより 생각보다

40

もうこれ以上、一人で町中をさ迷わない方がいいんじゃない?

(A) そうですね。ぼやぼやして電車を乗り過ごしました。

(B) そうですね。いそいそとお花見に出かけました。

(C) そうですね。おどおどとした態度はよくないですね。

(D) そうですね。うろうろするのもみっともないですね。

이젠 더 이상 혼자서 거리를 방황하지 않는 게 좋지 않겠어?

(A) 그래요. 멍하니 있다가 하차 역을 지나쳤습니다.

(B) 그래요. 부랴부랴 꽃구경하러 나갔습니다.

(C) 그래요. 주저하는 태도는 좋지 않네요.

(D) 그래요. 어슬렁어슬렁 돌아다니는 것도 꼴불견이지요.

단어 以上 이상 町中 시내, 시중, 번화가 さ迷う 정처 없이 돌아다니다, 헤매다, 방황하다 ぼやぼや 주의가 산만하거나 멍하니
있는 모양 乗り過ごす 하차 역을 지나치다 いそいそ 부랴부랴, 서둘러서, 부지런히(마음이 들뜬 모양) おどおど 벌벌, 주
저주저, 흠칫흠칫 態度 태도 うろうろ 어슬렁어슬렁(목적도 없이 헤매는 모양) みっともない 꼴사납다, 꼴불견이다

41

このところ、雨の日が続きますね。

(A) はい、だから湿気が多いんですね。

(B) はい、だから日焼けがひどいんですよ。

(C) はい、雨が止んでよかったです。

(D) はい、日照り続きで大変でしたよ。

요즘 비가 계속 내리네요.

(A) 예, 그래서 습기가 많지요.

(B) 예, 그래서 햇볕에 심하게 타요.

(C) 예, 비가 그쳐서 다행입니다.

(D) 예, 가뭄이 계속되어서 정말 큰일이었어요.

단어 湿気 습기 日焼け 햇볕에 탐 止む 그치다 日照り 가뭄 ~続き ~가 계속됨

42

3ヶ月間で売り上げが3倍になりましたよ。

(A) 値段が3倍になってつらいです。

(B) この勢いで、販売1位を狙おう。

(C) やはり評判がよくないから売れ残るんですね。

(D) この3ヶ月間で700円近くまで値が下がったんです。

3개월 사이에 매상이 3배가 되었습니다.

(A) 가격이 3배가 되어 괴롭습니다.

(B) 이 기세로 판매 1위를 노리자.

(C) 역시 평판이 좋지 않으니까 팔리지 않고 남네요.

(D) 최근 3개월 동안 700엔 가까이까지 값이 내려갔습니다.

売り上げ 매상 値段 가격 勢い 기세 販売 판매 ～位 ～위 狙う 겨누다, 노리다 評判 평판 売れ残る 상품이 팔리지 않고 남다 下がる 내려가다

43

仕入れた品物の数量をチェックしてください。

(A) はい、確認しに行ってきます。

(B) はい、30%上げる見込みです。

(C) はい、仕入先に電話して問い合わせました。

(D) はい、フロントでチェックインを済ませました。

매입한 물건의 수량을 체크해 주세요.

(A) 예, 확인하러 갔다 오겠습니다.

(B) 예, 30% 올릴 전망입니다.

(C) 예, 매입처에 전화해 문의했습니다.

(D) 예, 프런트에서 체크인을 끝냈습니다.

仕入れる 사들이다, 매입하다 数量 수량 確認 확인하다 見込み 전망, 장래성 仕入先 매입처 問い合わせる 문의하다, 조회하다 済ませる 끝내다, 완료하다

44

木村さんの話、聞きましたか。コネで就職したらしいですよ。

(A) はい、私はコネがなくて就職するのに苦労しました。

(B) はい、そういう噂がありますが、事実じゃないですよ。

(C) はい、転職先がなかなか見つかりません。

(D) はい、やはり木村さんは再就職活動に失敗したわけですね。

기무라 씨 얘기, 들었어요? 연줄로 취직했다나 봐요.

(A) 예, 저는 연줄이 없어서 취직하는 데 고생했습니다.

(B) 예, 그런 소문이 있지만 사실이 아니에요.

(C) 예, 이직할 곳을 좀처럼 찾을 수 없습니다.

(D) 예, 역시 기무라 씨는 재취업에 실패했다는 뜻이군요.

コネ 연줄, 인맥 就職する 취직하다 苦労する 고생하다 噂 소문 事実 사실 転職先 이직처 再就職活動 재취업활동

45

今後の株式の見通しについてどう思っていますか。

(A) 彼は我が社の有望株ですよ。

(B) 白夜の時は薄明るいです。

(C) 霧で遠くまで見通しが利きません。

(D) 暴落したが、これから上がるでしょう。

앞으로의 주식 전망에 대해서 어떻게 생각하고 있습니까?

(A) 그는 우리 회사의 유망주입니다.

(B) 백야 때는 희미하게 밝습니다.

(C) 안개 때문에 멀리까지 잘 안 보입니다.

(D) 폭락했지만, 앞으로 오르겠지요.

今後 앞으로 株式 주식 見通し 전망, 예측 有望株 유망주 白夜 백야 薄明るい 희미하게 밝다, 어스름하다 霧 안개 見通しが利く 가로막는 것이 없이 멀리까지 잘 보이다 暴落する 폭락하다

46

鈴木さん、血液型は何型ですか。

(A) 私はＡＢ型です。

(B) 私は夜型の人間です。

(C) 駅の前で献血しました。

(D) 彼とは血縁関係にあります。

스즈키 씨, 혈액형은 무슨 형입니까?

(A) 저는 AB형입니다.

(B) 저는 올빼미형입니다.

(C) 역 앞에서 헌혈했습니다.

(D) 그와는 혈연 관계에 있습니다.

단어 血液型 혈액형 夜型 올빼미형 人間 인간 献血する 헌혈하다 血縁関係 혈연 관계

47

この契約書は有効ではありません。今やただの紙切れ同然です。

(A) ちり紙は必ずゴミ箱に捨ててください。

(B) 取引先の方は友好的な態度を見せました。

(C) 契約書については紙切れにメモしておきました。

(D) ３年間有効ですから今年からは効力がないんですね。

이 계약서는 유효하지 않습니다. 지금은 다만 종잇조각이나 다름없어요.

(A) 휴지는 반드시 휴지통에 버려 주세요.

(B) 거래처 쪽은 우호적인 태도를 보였습니다.

(C) 계약서에 관해서는 종잇조각에 메모해 두었습니다.

(D) 3년간 유효이니까 올해부터는 효력이 없군요.

단어 契約書 계약서 有効 유효 今や 지금이야말로, 이제는 紙切れ 종잇조각 ただ 그저, 다만 同然だ 똑같다, 다름없다
ちり紙 휴지 友好的 우호적 態度 태도 効力 효력

48

この契約書をコピーしてくれない？前のようにページを飛ばさないようにしてね。

(A) はい、ロッカーから契約書を抜いておきます。

(B) はい、契約の時は帽子を脱がせるようにします。

(C) はい、仲間から抜けないように仲よく過ごします。

(D) はい、１ページたりとも抜け落ちないように注意します。

이 계약서를 복사해 주지 않을래? 전처럼 페이지를 빼 놓지 않도록 해 줘.

(A) 예, 로커에서 계약서를 빼 놓겠습니다.

(B) 예, 계약 때는 모자를 벗기도록 하겠습니다.

(C) 예, 무리에서 빠지지 않도록 사이좋게 지내겠습니다.

(D) 예, 한 페이지라도 누락되지 않도록 주의하겠습니다.

단어 飛ばす 빼먹다, 건너뛰다 抜く 빼다 仲間 무리, 동료 抜ける 빠지다 仲よく 사이 좋게 ～たりとも ～일지라도
抜け落ちる 누락되다, 빠지다

49

混んでいるのに新聞を広げて読んでいるなんて、迷惑だと
思わない？

(A) 足を広げて座ったことはありません。

(B) そうなんですよ。本当に迷惑ですね。

(C) 私は新聞より小説の方を読んでいるよ。

(D) 混んでいて、足を踏まれた時もあったよ。

단어 広げる 벌리다, 넓히다　迷惑 피해, 민폐　踏む 밟다

이렇게 사람이 붐비는데 신문을 펼쳐서 읽고 있다니, 민폐
라고 생각하지 않아?

(A) 다리를 벌리고 앉은 적은 없습니다.

(B) 맞아요. 정말로 민폐네요.

(C) 나는 신문보다 소설을 읽고 있어.

(D) 사람이 붐벼서 발을 밟힌 적도 있었어.

50

パソコンの販売率を調べてプレゼンテーションしていただ
けませんか。

(A) パソコンの販売価格の低下が続いています。

(B) プレゼントでノートパソコンをもらいました。

(C) 申し訳ございません。プレゼントを忘れてきました。

(D) はい、でも、少し手伝ってくださいませんか。

단어 販売率 판매율　プレゼンテーション 프리젠테이션, 발표　低下 저하

컴퓨터 판매율을 조사해서 발표해 주시지 않겠습니까?

(A) 컴퓨터 판매 가격 저하가 계속되고 있습니다.

(B) 선물로 노트북을 받았습니다.

(C) 죄송합니다. 선물을 잊고 왔습니다.

(D) 예, 하지만 조금 도와주시지 않겠습니까?

PART 3 회화문

① 일상생활 공략 3단계 실전 문제 풀기 ▶ 146쪽

정답 1 (B) 2 (C) 3 (C) 4 (D) 5 (C) 6 (C) 7 (C) 8 (D) 9 (B) 10 (D)
11 (D) 12 (C) 13 (A) 14 (B) 15 (A)

스크립트	해석

1

女　ビタミン剤をください。

男　処方箋はお持ちですか。

女　いいえ、持っていません。

男　処方箋がないとお求めになれません。

Q　ここはどこですか。

　　(A) 病院　　　　　　(B) 薬局

　　(C) 郵便局　　　(D) スーパー

여　비타민제를 주세요.

남　처방전은 갖고 계십니까?

여　아니요, 가지고 있지 않습니다.

남　처방전이 없으면 구입하실 수 없습니다.

Q　여기는 어디입니까?

　　(A) 병원　　　　　　(B) 약국

　　(C) 우체국　　　(D) 슈퍼마켓

단어 ビタミン剤 비타민제　処方箋 처방전　求める 구하다, 구입하다　薬局 약국

2

女　この辺りは焼き物の里として有名ですよ。

男　焼き肉でも食べたいんですか。

女　そういう意味ではなく、陶器のことです。

男　そうですか。早く見てみたいです。

Q　次の会話で焼き物は何を意味していますか。

　　(A) 魚　　　　　　(B) 鳥

　　(C) 陶器　　　　(D) 焼き肉

여　이 주변은 굽는 마을로 유명해요.

남　불고기라도 먹고 싶어요?

여　그런 의미가 아니라 도자기를 말하는 거예요.

남　그래요? 빨리 보고 싶네요.

Q　다음 대화에서 '구운 것'은 무엇을 의미합니까?

　　(A) 생선　　　　　　(B) 새

　　(C) 도자기　　　(D) 불고기

단어 辺り 주변　焼き物 도자기류, 구이 요리　里 마을　焼き肉 불고기　陶器 도자기

3

女　どのサンドイッチにしますか。

男　どんな種類がありますか。

女　卵サンド、ハムチーズサンド、牛肉サンド、野菜サンドなどですね。

男　いつもなら安いハムチーズがいいけど、今日は胃が重いから野菜にします。

여　어느 샌드위치로 하시겠어요?

남　어떤 종류가 있나요?

여　계란 샌드위치, 햄 치즈 샌드위치, 소고기 샌드위치, 야채 샌드위치 등이 있어요.

남　평소라면 저렴한 햄 치즈가 좋겠지만, 오늘은 속이 안 좋으니까 야채로 할게요.

Q　男の人が野菜サンドイッチを選んだ理由はどれですか。

(A) 安いから

(B) 野菜が好きだから

(C) 胃の調子がよくないから

(D) ハムチーズは食べたから

Q　남성이 야채 샌드위치를 고른 이유는 어느 것입니까?

(A) 저렴해서

(B) 야채를 좋아해서

(C) 위 상태가 좋지 않아서

(D) 햄 치즈는 먹었기 때문에

단어 サンドイッチ 샌드위치　種類 종류　卵サンド 계란 샌드위치　胃が重い 속이 거북하다, 속이 안 좋다　調子 상태

4

女　どうしたの。そんなにびしょ濡れになって。

男　家に帰る途中、どしゃ降りの雨にあって、傘をさしていたにもかかわらず濡れてしまったよ。

女　じゃ、早く着替えて体を温めないと風邪引くよ。

여　어떻게 된 거야? 그렇게 흠뻑 젖어서.

남　집에 오는 도중에 폭우를 만나서 우산을 썼는데도 불구하고 젖어 버렸어.

여　그럼, 빨리 옷 갈아입고 몸을 따뜻하게 하지 않으면 감기 걸려.

Q　この人はなぜ濡れましたか。

(A) 風向きが南だったから

(B) 傘を持っていなかったから

(C) 粉雪がさらさら降ったから

(D) 大粒の雨が激しく降ったから

Q　이 사람은 왜 젖었습니까?

(A) 풍향이 남쪽이었기 때문에

(B) 우산을 가지고 있지 않았기 때문에

(C) 가랑눈이 보슬보슬 내렸기 때문에

(D) 굵은 빗방울이 심하게 내렸기 때문에

단어 びしょ濡れ 흠뻑 젖음　途中 도중　どしゃ降り 비가 억수같이 쏟아짐　～にあう (어떤 일을) 만나다, 당하다　～にもかかわらず ～에도 불구하고　濡れる 젖다　着替える 옷을 갈아입다　風向き 풍향　粉雪 가랑눈　さらさら 보송보송, 보슬보슬　大粒 큰 방울　激しい 세차다, 심하다

5

男　この荷物を31日まで預かってもらえますか。

女　あいにくですが、29日か30日までしか預かれません。

男　では、30日までお願いします。

女　はい、お預かりいたします。

남　이 짐을 31일까지 보관해 주실 수 있습니까?

여　공교롭게도 29일이나 30일까지 밖에 보관할 수 없습니다.

남　그럼, 30일까지 부탁합니다.

여　예, 보관하겠습니다.

Q　いつまで荷物を預けますか。

(A) 27日　　　　(B) 29日

(C) 30日　　　　(D) 31日

Q　언제까지 짐을 맡깁니까?

(A) 27일　　　　(B) 29일

(C) 30일　　　　(D) 31일

단어 預かる 맡다, 보관하다　あいにく 공교롭게도　預ける 맡기다, 보관시키다

6

男　お母さん、隣の家からお中元でコップをいただいたよ。

女　毎回いい物をくださるわね。何かお礼をしなくてはいけないわね。

男　タオルとかお茶セットでも買って贈ったらどうかな。

女　それよりハンカチにしましょう。

Q　お母さんは隣の人に何を贈りますか。

(A) タオル　　　　　(B) コップ

(C) ハンカチ　　　　(D) お茶セット

남　엄마, 옆집에서 백중 선물로 컵을 주셨어.

여　매번 좋은 선물을 주시는구나. 뭔가 보답을 하지 않으면 안 되겠네.

남　수건이나 녹차 세트라도 사서 보내면 어떨까?

여　그것보다 손수건으로 하자꾸나.

Q　어머니는 이웃 사람에게 무엇을 보냅니까?

(A) 수건　　　　　(B) 컵

(C) 손수건　　　　(D) 녹차 세트

단어　お中元 백중날, 백중날의 선물　毎回 매번　お礼 사례, 보답　お茶セット 녹차 세트

7

男　また新しい携帯買った？

女　前のはタブレットと一緒に海に落としちゃった。これは今日買ったばかりなの。

男　前のは一週間前に買ったんじゃない？

女　ううん、たった3日前だよ。本当にもったいなかった。

Q　海に落とした携帯電話はいつ買った物ですか。

(A) 今日　　　　　(B) 昨日

(C) 3日前　　　　(D) 一週間前

남　또 새 휴대 전화 샀어?

여　예전 것은 태블릿 PC와 같이 바다에 떨어뜨렸어. 이건 오늘 막 산거야.

남　예전 것은 일주일 전에 샀던 거 아니야?

여　아니, 겨우 3일 전이야. 정말로 아까워.

Q　바다에 떨어뜨린 휴대전화는 언제 샀습니까?

(A) 오늘　　　　　(B) 어제

(C) 3일 전　　　　(D) 일주일 전

단어　携帯 휴대전화　タブレット 태블릿　～たばかり 막 ～한 참이다　たった 단지　もったいない 아깝다

8

女　引っ越ししたんだって？エアコンはどうしたの？

男　取り外しと取り付けに思った以上にお金がかかるらしくて、粗大ゴミに出しちゃった。

女　え、もったいない！

男　古くて室外機から音もしていたし、全然涼しくならなかったから、新しいのを買おうと思っていたんだ。

여　이사했다며? 에어컨은 어떻게 했어?

남　떼고 설치하는 데 생각 이상으로 돈이 들 것 같아서 대형 쓰레기로 내 놨어.

여　아, 아까워!

남　오래되어서 실외기에서 소리도 나고 있었고, 전혀 시원해지지 않아서 새로운 것을 사려고 생각하고 있었어.

Q 男の人がエアコンを廃棄した理由はどれですか。

(A) ファンの騒音(そうおん)

(B) リモコンの紛失(ふんしつ)

(C) フィルターの故障(こしょう)

(D) 高額(こうがく)な設置(せっち)費用(ひよう)

Q 남성이 에어컨을 폐기한 이유는 어느 것입니까?

(A) 팬의 소음

(B) 리모컨 분실

(C) 필터 고장

(D) 고액의 설치 비용

단어 引(ひ)っ越(こ)し 이사 取(と)り外(はず)し 떼어냄 取(と)り付(つ)け 설치 ～以上(いじょう) ～한 이상 お金(かね)がかかる 돈이 들다 粗大(そだい)ゴミ 가구, 전자제품 등의 대형 쓰레기 室外機(しつがいき) 실외기 廃棄(はいき)する 폐기하다 ファン 팬 騒音(そうおん) 소음 リモコン 리모컨 紛失(ふんしつ) 분실 フィルター 필터 故障(こしょう) 고장 高額(こうがく)だ 고액이다 設置(せっち) 설치 費用(ひよう) 비용

9

女 近所(きんじょ)で山火事(やまかじ)が起(お)こったこと、知(し)っていますか。

男 はい、中学生(ちゅうがくせい)の花火(はなび)が火事(かじ)の原因(げんいん)ですよね。

女 違(ちが)いますよ。火(ひ)の使用(しよう)が禁止(きんし)されているのに、人々(ひとびと)が山(やま)でバーベキューをしたそうです。

男 そうですか。タバコや花火(はなび)は山火事(やまかじ)の原因(げんいん)になりやすいと聞(き)いたんですが、料理(りょうり)も気(き)をつけないとだめですね。

여 근처에서 산불이 일어난 거 알고 있습니까?

남 예, 중학생의 불꽃놀이가 화재의 원인이죠?

여 아니에요. 불 사용이 금지되어 있는데 사람들이 산에서 바비큐를 했다고 해요.

남 그래요? 담배나 불꽃놀이는 산불의 원인이 되기 쉽다고 들었는데 요리도 조심해야겠네요.

Q 今回(こんかい)の火事(かじ)の原因(げんいん)はどれですか。

(A) 花火(はなび) (B) 料理(りょうり)

(C) タバコ (D) 火遊(ひあそ)び

Q 이번 화재의 원인은 어느 것입니까?

(A) 불꽃놀이 (B) 요리

(C) 담배 (D) 불장난

단어 近所(きんじょ) 근처 山火事(やまかじ) 산불 起(お)こる 일어나다 使用(しよう) 사용 禁止(きんし)する 금지하다 バーベキュー 바비큐 火遊(ひあそ)び 불장난

10

女 雪崩(なだれ)に人(ひと)が巻(ま)き込(こ)まれたそうですね。

男 ええ、救助(きゅうじょ)された人(ひと)は軽(かる)い怪我(けが)ですみましたが、行方不明(ゆくえふめい)になった人(ひと)も結構(けっこう)いるそうです。

女 救助(きゅうじょ)活動(かつどう)もしていますが、吹雪(ふぶき)がひどいですから、大変(たいへん)でしょうね。

男 無事(ぶじ)に救助(きゅうじょ)されるように祈(いの)りましょう。

여 눈사태에 사람이 휩쓸렸다고 하네요.

남 예, 구조된 사람은 가벼운 상처로 끝났지만 행방불명이 된 사람도 꽤 있다고 합니다.

여 구조 활동도 하고 있지만 눈보라가 심해서 대단히 힘들겠네요.

남 무사히 구조되도록 기도합시다.

Q 行方不明(ゆくえふめい)になった原因(げんいん)はどれですか。

(A) 地震(じしん) (B) 山崩(やまくず)れ

(C) 崖崩(がけくず)れ (D) 雪崩(なだれ)

Q 행방불명이 된 원인은 어느 것입니까?

(A) 지진 (B) 산사태

(C) 벼랑이 무너짐 (D) 눈사태

단어 雪崩(なだれ) 눈사태 巻(ま)き込(こ)む 말려들게 하다, 연루되다 救助(きゅうじょ)する 구조하다 ～ですむ ～로 끝나다 行方不明(ゆくえふめい) 행방불명 吹雪(ふぶき) 눈보라 無事(ぶじ)だ 무사하다 祈(いの)る 기도하다 山崩(やまくず)れ 산사태 崖崩(がけくず)れ 벼랑이 무너짐

11

男　朝、初霜が降りたそうです。今朝は風も冷たかった
　　です。

女　でも真昼は夏のように暑かったですね。

男　朝と昼の気温差が大きいから風邪を引く人が多いよ
　　うです。

女　そうでしょうね。明日は今日よりも気温差が大きい
　　ようですから注意しましょう。

Q　季節はいつですか。

(A) 初春　　　　　(B) 初夏

(C) 真夏　　　　　(D) 晩秋

남　아침에 첫서리가 내렸다고 하네요. 오늘 아침은 바람
　　도 차가웠지요.

여　하지만 한낮은 여름처럼 더웠지요.

남　아침과 낮의 기온 차가 크니까 감기에 걸리는 사람이
　　많은 것 같습니다.

여　그렇겠지요. 내일은 오늘보다도 기온차가 클 것 같으
　　니까 주의합시다.

Q　계절은 언제입니까?

(A) 초봄　　　　　(B) 초여름

(C) 한여름　　　　(D) 늦가을

단어　初霜 첫서리　真昼 한낮　気温差 기온 차　注意する 주의하다　季節 계절　初春 초봄　初夏 초여름　真夏 한여름
晩秋 늦가을

12

男　昨日の雷はすごかったね。今は雨も止んで穏やかな
　　天気だけど。

女　全然知らなかったよ。いつ雷が鳴ったの？

男　あの雷に気づかなかったの？信じられない。

女　昨日、とても疲れて、ぐっすり寝ていたからね。

Q　会話の内容と合っているのはどれですか。

(A) 二人ともぐっすり寝た。
(B) 昨夜は雷が鳴らなかった。
(C) 今日は雨が降っていない。
(D) 今日はとても疲れたので家に帰る。

남　어제 천둥은 대단했지. 지금은 비도 그쳐서 온화한
　　날씨이지만.

여　전혀 몰랐어. 언제 천둥이 쳤어?

남　그 천둥을 못 알아챘어? 믿을 수 없어.

여　어제 너무 피곤해서 푹 잤거든.

Q　회화의 내용과 맞는 것은 어느 것입니까?

(A) 두 사람 모두 푹 잤다.
(B) 어젯밤에는 천둥이 치지 않았다.
(C) 오늘은 비가 내리고 있지 않다.
(D) 오늘은 매우 피곤해서 집에 간다.

단어　雷 천둥　止む (비가) 그치다　穏やかだ 온화하다　雷が鳴る 천둥이 치다　気づく 알아채다, 깨닫다　信じる 믿다
ぐっすり 푹(깊은 잠을 자는 모양)

13

女　ねえ、石田さん、細井さんが何だか変わったと思わ
　　ない？

男　来月結婚するから、ダイエットのため、ヨガをして
　　いるらしいよ。

女　へえ、そうなんだ。どうりでほっそりとしてきたわ
　　けだ。

여　있잖아, 이시다 씨, 호소이 씨가 어딘가 바뀌었다고
　　생각하지 않아?

남　다음 달에 결혼하니까 다이어트를 위해 요가를 하고
　　있다고 해.

여　아, 그렇구나. 그래서 호리호리해졌구나.

남　지금까지 골프를 해 왔는데, 나도 변신할까 생각해서
　　우선 신청만 하고 왔어.

男　今までゴルフをやってきたけど、僕も変身しようと
　　思って、とりあえず申し込みだけしてきたよ。

Q　男の人は何を始めようと思っていますか。

(A) ヨガ　　　　　　　(B) 柔道

(C) 水泳　　　　　　　(D) ゴルフ

Q　남성은 무엇을 시작하려고 합니까?

(A) 요가　　　　　　　(B) 유도

(C) 수영　　　　　　　(D) 골프

단어　ダイエット 다이어트　ヨガ 요가　どうりで 그래서　ほっそり 호리호리한 모양, 홀쭉한 모양　ゴルフ 골프
変身する 변신하다　とりあえず 우선　申し込み 신청　柔道 유도

14

男　佐々木さん、どうして食べないんですか。

女　親知らずが虫歯になって何も食べられないんですよ。

男　歯医者に行ったらどうですか。

女　そうしたいんですが、仕事がたまっているので。

남　사사키 씨, 왜 안 먹어요?

여　사랑니에 충치가 생겨서 아무것도 먹을 수 없어요.

남　치과에 가는 게 어때요?

여　그렇게 하고 싶지만 일이 밀려 있어서.

Q　女の人はどこが痛いのですか。

(A) 頬　　　　　　　　(B) 歯

(C) 足　　　　　　　　(D) お腹

Q　여성은 어디가 아픕니까?

(A) 볼　　　　　　　　(B) 이

(C) 다리　　　　　　　(D) 배

단어　親知らず 사랑니　虫歯 충치　歯医者に行く 치과에 가다　たまる 쌓이다, 밀리다　頬 볼　歯 이, 치아

15

女　暑い。クーラーをつけなくちゃ。

男　あ！クーラーが故障していることをすっかり忘れて
　　た。窓でも開けようか。

女　それより、サービスセンターに電話をかけたらどう？

男　じゃ、電話番号を教えて。

여　덥다. 에어컨 틀어야지.

남　아! 에어컨이 고장 난 걸 까맣게 잊고 있었어. 창문이
　　라도 열까?

여　그것보다 서비스 센터에 전화를 거는 게 어때?

남　그럼, 전화번호를 알려 줘.

Q　男の人はこれから何をしようと思っていますか。

(A) 電話する。　　　　(B) 窓を開ける。

(C) 買い物をする。　　(D) クーラーをつける。

Q　남성은 지금부터 무엇을 하려고 합니까?

(A) 전화한다.　　　　　(B) 창문을 연다.

(C) 쇼핑을 한다.　　　　(D) 냉방 장치를 튼다.

단어　故障する 고장 나다　すっかり 완전히, 죄다, 몽땅　サービスセンター 서비스 센터

② 관용어, 속담 공략 3단계 실전 문제 풀기 ▶ 158쪽

▶ 158쪽

정답 1 (A)　2 (D)　3 (B)　4 (A)　5 (D)　6 (B)　7 (B)　8 (D)　9 (C)　10 (B)

스크립트	해석

1

女　日本は地震が多いですが、地震が起きたらどうしますか。

男　地震になったら、まず火を消して、身の安全を確保します。

女　でも実際に地震になったら、泡を食って外に飛び出しそうです。

男　揺れている最中に外に出ることはとても危険です。

여　일본은 지진이 많은데 지진이 일어나면 어떻게 합니까?

남　지진이 나면 먼저 불을 끄고 신변의 안전을 확보합니다.

여　하지만 실제로 지진이 나면 질겁해서 밖으로 뛰쳐나갈 것 같아요.

남　한창 흔들리고 있을 때에 밖에 나가는 것은 매우 위험합니다.

Q　地震が起きた時、してはいけないことは何ですか。

(A) 外に飛び出す。
(B) 避難所に早く行く。
(C) 明るい場所に隠れる。
(D) 火を消す。

Q　지진이 일어났을 때, 해서는 안 되는 것은 무엇입니까?

(A) 밖으로 뛰어나간다.
(B) 피난소에 빨리 간다.
(C) 밝은 장소에 숨는다.
(D) 불을 끈다.

단어 身 몸　確保する 확보하다　実際に 실제로　泡を食う 당황하다, 질겁하다　飛び出す 뛰어나가다, 뛰쳐나가다　揺れる 흔들리다　最中 한창인 때　避難所 피난소　隠れる 숨다

2

女　山田さんはどうしていつも中村さんの味方になるの?

男　別に中村さんの肩を持っているというわけではないんだけど。

女　でも、この前は、中村さんが間違えたってことがはっきりしているのに、鈴木さんに文句を言ったのはどうしてなの?

여　야마다 씨는 어째서 항상 나카무라 씨의 편을 들어?

남　특별히 나카무라 씨의 편을 드는 건 아닌데요.

여　하지만, 요전에는 나카무라 씨가 잘못한 게 확실한데도 스즈키 씨에게 트집을 잡은 건 왜 그런거야?

Q　女の人はどう思っていますか。

(A) 鈴木さんの味方になるのは正しい。
(B) 中村さんの味方になるのは正しい。
(C) 鈴木さんの味方になるのは正しくない。
(D) 中村さんの味方になるのは正しくない。

Q　여자는 어떻게 생각하고 있습니까?

(A) 스즈키 씨의 편을 드는 것은 옳다.
(B) 나카무라 씨의 편을 드는 것은 옳다.
(C) 스즈키 씨의 편을 드는 것은 옳지 않다.
(D) 나카무라 씨의 편을 드는 것은 옳지 않다.

단어 味方になる 편들다　別に 특별히, 딱히　肩を持つ 편들다, 역성들다　文句を言う 트집을 잡다, 불평을 말하다

3

女　今日の発表会は緊張せずにうまくいった？

男　最初は緊張したんだけど、自己紹介をするうちに緊張もほぐれ、だんだん舌が回るようになったよ。

女　聴衆の反応はどうだった？

男　良かったと思うよ。

여　오늘 발표회는 긴장 안 하고 잘 했어?

남　처음에는 긴장했는데, 자기소개를 하는 중에 긴장도 풀리고 점점 말이 막힘없이 잘 나오게 되었어.

여　청중의 반응은 어땠어?

남　좋았다고 생각해.

Q　会話の内容と合っているのはどれですか。

(A) 反応はよくなかった。

(B) よどみなくよく発表した。

(C) 最初から最後まで緊張した。

(D) 言ってはならないことを言ってしまった。

Q　회화의 내용과 맞는 것은 어느 것입니까?

(A) 반응은 좋지 않았다.

(B) 막힘없이 잘 발표했다.

(C) 처음부터 끝까지 긴장했다.

(D) 말해서는 안 될 것을 말해 버렸다.

단어　発表会 발표회　緊張する 긴장하다　～せずに ～하지 않고　うまくいく 잘 되다　自己紹介 자기 소개　～うちに ～하는 중에　ほぐれる 풀리다　舌が回る 말이 막힘없이 나오다　聴衆 청중　反応 반응　よどみなく 막힘없이

4

女　有名なオーケストラのコンサートはどうでしたか。

男　実はコンサート当日、子どもが熱を出したので、涙をのんでチケットを友達に譲りました。

女　そうなんですか。あんなに苦労して手に入れたチケットだったのに残念でしたね。

여　유명한 오케스트라의 공연은 어땠습니까?

남　실은 공연 당일, 아이가 열이 나서 눈물을 머금고 표를 친구에게 양보했어요.

여　그래요? 그렇게 고생해서 손에 넣은 표였는데 유감이군요.

Q　会話の内容と合っているのはどれですか。

(A) 子どもの看病でコンサートに行けなかった。

(B) チケットを友達の誕生日にプレゼントした。

(C) 自分が風邪を引いてコンサートに行けなかった。

(D) チケットをやっと手に入れてコンサートに行った。

Q　회화의 내용과 맞는 것은 어느 것입니까?

(A) 아이 간병 때문에 콘서트에 갈 수 없었다.

(B) 표를 친구 생일에 선물했다.

(C) 자신이 감기에 걸려서 공연에 갈 수 없었다.

(D) 표를 간신히 손에 넣어 공연에 갔다.

단어　オーケストラ 오케스트라　コンサート 콘서트, 공연　実は 실은　当日 당일　熱を出す 열이 나다　涙をのむ 눈물을 머금다, 분한 마음을 참다　譲る 양보하다, 양도하다　看病 간병

5

女　木村さんが株でずいぶんお金をもうけたそうです。

男　株価が10倍も上がったと聞きましたが、本当ですか。

女　はい。誰も買わない株を買って、株価が上がるまで待ったそうです。

男　景気の動向を長い目で見ていたんですね。

여　기무라 씨가 주식으로 꽤 많은 돈을 벌었다고 해요.

남　주가가 10배나 올랐다고 들었는데 사실이에요?

여　예. 아무도 사지 않은 주식을 사서, 주가가 오를 때까지 기다렸다고 하네요.

남　경기의 동향을 긴 안목으로 보았던 거군요.

Q 木村さんはどうやってお金をもうけましたか。

  (A) 父から株をもらって

  (B) 10箇所の銀行に貯金して

  (C) お金持ちで株をたくさん買って

  (D) 将来値が上がることを期待して投資して

Q 기무라 씨는 어떻게 해서 돈을 벌었습니까?

  (A) 아버지에게서 주식을 받아서

  (B) 10개의 은행에 저금해서

  (C) 부자라서 주식을 많이 사서

  (D) 장래 값이 오를 것을 기대하고 투자해서

단어 株 주식　もうける 벌다, 이익을 보다　株価 주가　動向 동향　長い目で見る 긴 안목으로 보다　~箇所 ~군데, ~곳　貯金する 저금하다　将来 장래　期待する 기대하다　投資する 투자하다

6

男 山田さん、家に帰る途中、ただでせっけんをもらったんだけど、１つあげるよ。

女 昨日もおとといももらってなかった？

男 うん。僕は「ただ」が大好きだから。

女 鈴木さん、ただより高いものはないって言うよ。

남 야마다 씨, 집에 가는 중에 공짜로 비누를 받았는데, 하나 줄게.

여 어제도 그제도 받지 않았어?

남 응. 나는 '공짜'를 아주 좋아하니까.

여 스즈키 씨, 공짜보다 비싼 것은 없다고 하잖아.

Q 会話の内容と合っているのはどれですか。

  (A) 男性はいいせっけんを買って自慢している。

  (B) 女性はただでもらうことをよくないと思っている。

  (C) 男性は欲張りで、女性にせっけんをあげない。

  (D) 女性はせっけんをもらって、ありがたいと思っている。

Q 회화의 내용과 맞는 것은 어느 것입니까?

  (A) 남성은 좋은 비누를 사서 자랑하고 있다.

  (B) 여성은 공짜로 받는 것을 좋지 않다고 생각하고 있다.

  (C) 남성은 욕심쟁이라서 여성에게 비누를 주지 않는다.

  (D) 여성은 비누를 받고 고맙게 생각하고 있다.

단어 ただ 공짜　せっけん 비누　ただより高いものはない 공짜보다 비싼 것은 없다　自慢する 자랑하다　欲張り 욕심쟁이　ありがたい 고맙다, 감사하다

7

女 山田部長が首になったこと、聞いた？公金を横領したそうだよ。

男 本当？信じられない。いつも人は正直でなければならないって言ってたのに。

女 そうでしょう？私もすごく驚いたよ。

여 야마다 부장님이 해고된 것, 들었어? 공금을 횡령했다고 해.

남 정말? 믿을 수 없어. 항상 사람은 정직해야 한다고 했었는데.

여 그렇지? 나도 굉장히 놀랐어.

Q 山田部長が首になったことをどう思っていますか。

(A) 知らぬが仏
<ruby>知<rt>し</rt></ruby>らぬが<ruby>仏<rt>ほとけ</rt></ruby>

(B) 寝耳に水
<ruby>寝耳<rt>ねみみ</rt></ruby>に水

(C) 負けるが勝ち
<ruby>負<rt>ま</rt></ruby>けるが<ruby>勝<rt>か</rt></ruby>ち

(D) 骨折り損のくたびれもうけ
<ruby>骨折<rt>ほねお</rt></ruby>り<ruby>損<rt>そん</rt></ruby>のくたびれもうけ

Q 야마다 부장이 해고된 것을 어떻게 생각하고 있습니까?

(A) 모르는 게 약

(B) 아닌 밤중에 홍두깨

(C) 지는 것이 이기는 것

(D) 수고만 하고 보람이 없음

단어 <ruby>首<rt>くび</rt></ruby>になる 해고되다 <ruby>公金<rt>こうきん</rt></ruby> 공금 <ruby>横領<rt>おうりょう</rt></ruby>する 횡령하다 <ruby>正直<rt>しょうじき</rt></ruby>だ 정직하다, 솔직하다

8

女 今日のおすすめはナマコ料理です。

男 それは何ですか。私はナマコというものを見たことがないんですが。

女 黒くて、<ruby>円柱形<rt>えんちゅうけい</rt></ruby>の<ruby>海産物<rt>かいさんぶつ</rt></ruby>です。

男 全然分かりません。写真でも見れば、すぐ分かると思うんですけど。

여 오늘의 추천은 해삼 요리입니다.

남 그것은 무엇입니까? 저는 해삼이라는 것을 본 적이 없는데요.

여 검고, 원기둥 모양의 해산물입니다.

남 전혀 모르겠습니다. 사진이라도 보면 바로 알 수 있을 것 같은데.

Q 会話の内容と合うことわざはどれですか。

(A) <ruby>善<rt>ぜん</rt></ruby>は<ruby>急<rt>いそ</rt></ruby>げ

(B) あばたもえくぼ

(C) <ruby>苦<rt>く</rt></ruby>あれば<ruby>楽<rt>らく</rt></ruby>あり

(D) <ruby>百聞<rt>ひゃくぶん</rt></ruby>は<ruby>一見<rt>いっけん</rt></ruby>にしかず

Q 회화의 내용과 맞는 속담은 어느 것입니까?

(A) 좋은 일은 서둘러라

(B) 제 눈에 안경

(C) 세상에는 괴로운 일도 있고 즐거운 일도 있다

(D) 백 번 듣는 것보다 한 번 보는 것이 낫다

단어 おすすめ 추천 ナマコ 해삼 <ruby>円柱形<rt>えんちゅうけい</rt></ruby> 원추형, 원기둥 모양 <ruby>海産物<rt>かいさんぶつ</rt></ruby> 해산물

9

女 <ruby>石田<rt>いしだ</rt></ruby>さんは毎日何時に起きますか。

男 私は6時ごろ起きます。

女 <ruby>早起<rt>はやお</rt></ruby>きですね。早起きは<ruby>三文<rt>さんもん</rt></ruby>の<ruby>徳<rt>とく</rt></ruby>だと言いますよね。私は<ruby>夜型<rt>よるがた</rt></ruby>タイプなんですよ。

男 <ruby>中村<rt>なかむら</rt></ruby>さんと私はタイプが全然違いますね。

여 이시다 씨는 매일 몇 시에 일어납니까?

남 저는 6시 정도에 일어납니다.

여 일찍 일어나네요. 일찍 일어나는 새가 벌레를 잡는다고 하죠. 저는 야행성이에요.

남 나카무라 씨와 저는 타입이 전혀 다르군요.

Q 男の人はどんなタイプですか。

(A) <ruby>夜型<rt>よるがた</rt></ruby>   (B) <ruby>新型<rt>しんがた</rt></ruby>

(C) <ruby>朝型<rt>あさがた</rt></ruby>   (D) <ruby>古<rt>ふる</rt></ruby>い<ruby>型<rt>かた</rt></ruby>

Q 남성은 어떤 타입입니까?

(A) 야행성   (B) 신형

(C) 아침형   (D) 구형

단어 <ruby>早起<rt>はやお</rt></ruby>き 일찍 일어남 <ruby>早起<rt>はやお</rt></ruby>きは<ruby>三文<rt>さんもん</rt></ruby>の<ruby>徳<rt>とく</rt></ruby> 일찍 일어나는 새가 벌레를 잡는다 <ruby>夜型<rt>よるがた</rt></ruby> 저녁형, 야행성 タイプ 타입 <ruby>新型<rt>しんがた</rt></ruby> 신형 <ruby>朝型<rt>あさがた</rt></ruby> 아침형(인간)

10

女　鈴木さんがまとめた資料を全部持ってきてください
　　ませんか。

男　あれは失敗したプロジェクトの資料ですが。

女　あの資料を他山の石として参考にしようと思ってい
　　ます。

男　いいアイディアですね。

Q 鈴木さんの資料はどうなりますか。

　(A) 失敗したから破棄される。

　(B) 参考資料として利用される。

　(C) いいアイディアなのに捨てられる。

　(D) ベストアイディアだから推薦される。

여　스즈키 씨가 정리한 자료를 전부 가져와 주시지 않겠
　　습니까?

남　그것은 실패한 프로젝트 자료인데요.

여　그 자료를 타산지석으로 삼아 참고하려고 합니다.

남　좋은 생각이군요.

Q 스즈키 씨의 자료는 어떻게 됩니까?

　(A) 실패했으니까 파기된다.

　(B) 참고 자료로서 이용된다.

　(C) 좋은 아이디어인데 버려진다.

　(D) 베스트 아이디어라서 추천된다.

단어　まとめる 정리하다, 한데 모으다　資料 자료　プロジェクト 프로젝트, 기획　他山の石 타산지석　参考にする 참고하다
破棄する 파기하다　推薦する 추천하다

정답 1 (D)　　2 (B)　　3 (D)　　4 (D)　　5 (B)　　6 (A)　　7 (D)　　8 (D)　　9 (D)　　10 (B)
11 (C)　　12 (D)　　13 (B)　　14 (D)　　15 (C)

스크립트	해석

1

女　今日、ハローワークに行くって言ってなかった？そんなだらしない格好(かっこう)で行く気なの？

男　11時に前のバイト先の同僚(どうりょう)に会って12時に昼ごはんを食べた後、1時に帰って、スーツに着替(きが)えてから2時に出(で)かけるつもりなんだ。

女　まったくもう…。

여　오늘 헬로 워크에 간다고 하지 않았어? 그런 단정치 못한 모습으로 갈 생각이야?

남　11시에 예전 아르바이트 동료와 만나서 12시에 점심을 먹은 다음에 1시에 집에 와서 정장으로 갈아입고 2시에 갈 생각이야.

여　아, 정말….

Q　男の人について正しいのはどれですか。

(A) 11時に仕事に行く。
(B) 12時に同僚に会う。
(C) 13時に先輩に会う。
(D) 14時にハローワークに行く。

Q　남성에 관해 옳은 것은 어느 것입니까?

(A) 11시에 일하러 간다.
(B) 12시에 동료와 만난다.
(C) 13시에 선배와 만난다.
(D) 14시에 일자리 지원 센터에 간다.

단어 ハローワーク 헬로 워크〈일본의 일자리 지원 센터〉　だらしない 단정하지 못하다　格好(かっこう) 모습　バイト先(さき) 아르바이트 하는 곳　同僚(どうりょう) 동료　着替(きが)える 갈아입다　〜について 〜에 대해서

2

男　このカードは100円ごとに1ポイントがたまります。
女　外国人(がいこくじん)も作れますか。
男　はい、もちろんです。日本人なら身分証明書(みぶんしょうめいしょ)だけでもいいですが、外国人は外国人登録証(がいこくじんとうろくしょう)とパスポートが必要(ひつよう)です。

남　이 카드는 100엔마다 1포인트가 쌓입니다.
여　외국인도 만들 수 있습니까?
남　예, 물론입니다. 일본인이라면 신분증만 있으면 되지만, 외국인은 외국인 등록증과 여권이 필요합니다.

Q　内国人(ないこくじん)の場合、何が必要ですか。

(A) 定期券　　　　　(B) 身分証明書
(C) 外国人登録証　　(D) クレジットカード

Q　내국인의 경우, 무엇이 필요합니까?

(A) 정기권　　　　　(B) 신분증
(C) 외국인 등록증　　(D) 신용카드

단어 〜ごとに 〜마다　たまる 쌓이다, 모이다　身分証明書(みぶんしょうめいしょ) 신분증　外国人登録証(がいこくじんとうろくしょう) 외국인 등록증

3

女　ねえ、速度落としてよ。制限速度は３０キロだよ。

男　一般道路の走行速度はたいてい６０キロだよ。

女　ほら、あそこ見て。この辺はスクールゾーンなのよ。

男　あ、知らなかった。

Q　制限速度はなぜ３０キロですか。

(A) 工事中だから

(B) 道路が狭いから

(C) 一般道路だから

(D) 学校があるから

여　있잖아, 속도 줄여. 제한 속도는 시속 30킬로미터야.

남　일반도로의 주행 속도는 대체로 60킬로미터야.

여　자, 저기 봐. 이 주변은 스쿨존이야.

남　아, 몰랐다.

Q　제한 속도는 왜 시속 30킬로미터입니까?

(A) 공사 중이기 때문에

(B) 도로가 좁기 때문에

(C) 일반도로이기 때문에

(D) 학교가 있기 때문에

단어　速度を落とす 속도를 줄이다　制限 제한　速度 속도　一般道路 일반도로　走行 주행　ほら 자, 이봐〈상대의 주의를 끌려고 할 때〉　スクールゾーン 스쿨존, 어린이 보호구역

4

男　２次試験の合格者が公開されているけど、受かった？

女　実は今回、願書を出さなかったの。

男　え、どうして？１次試験は免除で、２次だけ受ければよかったんじゃない？

女　日にちを勘違いしちゃって出しそびれたんだ。

Q　女の人はなぜ合格できなかったのですか。

(A) １次試験で落ちたから

(B) 合格が取り消されたから

(C) 更新の基準に満たなかったから

(D) 願書提出の締切日を逃したから

남　2차 시험 합격자가 공개되었는데, 붙었어?

여　실은 이번에 원서를 안 냈어.

남　어, 왜? 1차 시험은 면제고, 2차만 붙으면 되는 것 아냐?

여　날짜를 착각해서 미처 내지 못 했어.

Q　여성은 왜 합격할 수 없었던 것입니까?

(A) 1차 시험에서 떨어졌기 때문에

(B) 합격이 취소되었기 때문에

(C) 갱신 기준을 충족시키지 못했기 때문에

(D) 원서 제출 마감일을 놓쳤기 때문에

단어　合格者 합격자　公開 공개　願書 원서　免除 면제　勘違いする 착각하다　～そびれる (~할) 기회를 놓치다, ~하려다가 못하다　取り消す 취소하다　更新 갱신　基準 기준　満たす 충족시키다　締切日 마감일

5

男　採用の通知をもらったそうですね。どんな会社に決まったんですか。

女　旅行会社です。今まで勉強したことを生かせる会社に入りたかったので、本当によかったと思っています。

男　それはよかったですね。早く出勤したいですか。

女　はい、ぎゅうぎゅう詰めの電車に乗るのが少し心配ですけど…。

남　채용 통지를 받았다고요. 어떤 회사로 정해졌나요?

여　여행 회사입니다. 지금까지 공부한 것을 살릴 수 있는 회사에 들어가고 싶었기 때문에 정말 잘됐다고 생각합니다.

남　그거 다행이군요. 빨리 출근하고 싶나요?

여　예, 사람들이 가득찬 전철을 타는 것이 조금 걱정이지만….

Q　女の人が気にかけていることはどれですか。

(A) 専攻分野　　　(B) 満員電車
(C) 不採用通知　　(D) 缶詰の在庫

Q　여성이 마음에 걸리는 것은 어느 것입니까?

(A) 전공 분야　　　(B) 만원 전철
(C) 채용 불합격 통지　(D) 통조림 재고

단어　採用 채용　通知 통지　生かせる 살리다　ぎゅうぎゅう詰め 빈틈없이 꽉꽉 채워 넣은 모양　気にかける 걱정하다
専攻分野 전공 분야　満員電車 만원 전철　不採用 채용 불합격　缶詰 통조림　在庫 재고

6

男　今夜のテレビ番組、何がある？

女　バラエティーの後、トークショーがあるよ。

男　トークショーは何時？

女　バラエティーは8時で、トークショーは9時30分だよ。

남　오늘 밤 텔레비전 방송, 뭐가 있어?

여　오락 프로 다음에 토크 쇼가 있어.

남　토크 쇼는 몇 시야?

여　오락 프로는 8시이고, 토크 쇼는 9시 30분이야.

Q　話題になっているのはどれですか。

(A) 番組　　　　　(B) テレビ
(C) 電子製品　　　(D) シートベルト

Q　화제가 되고 있는 것은 어느 것입니까?

(A) TV 프로그램　　(B) 텔레비전
(C) 전자제품　　　(D) 안전벨트

단어　番組 TV 프로그램　バラエティー 버라이어티, 오락 프로　トークショー 토크 쇼　話題 화제

7

男　部長、7月30日から8月5日まで休暇を取らせてもらえませんか。

女　8月4日に午後5時から取引先との会議があって困ります。では、7月31日から4日間でどうですか。

男　はい、分かりました。

남　부장님, 7월 30일부터 8월 5일까지 휴가를 쓸 수 있을까요?

여　8월 4일에 오후 5시부터 거래처와 회의가 있어서 곤란해요. 그러면, 7월 31일부터 4일간은 어떤가요?

남　예, 알겠습니다.

Q 休暇はいつからいつまでですか。

(A) ５月３日から５月６日まで

(B) ８月４日から８月９日まで

(C) ７月３０日から８月５日まで

(D) ７月３１日から８月３日まで

Q 휴가는 언제부터 언제까지입니까?

(A) 5월 3일부터 5월 6일까지

(B) 8월 4일부터 8월 9일까지

(C) 7월 30일부터 8월 5일까지

(D) 7월 31일부터 8월 3일까지

단어 休暇を取る 휴가를 얻다

8

男 もしもし、マルマル商事の小林ですが、山田さんをお願いいたします。

女 外出しておりますが、ご伝言をいただいてもよろしいでしょうか。

男 納期の再確認をお願いしたいんですが。

女 はい、かしこまりました。

남 여보세요, 마루마루 상사의 고바야시인데요, 야마다 씨를 부탁합니다.

여 외출했습니다만, 말씀 전해 드릴까요?

남 납기일의 재확인을 부탁하고 싶은데요.

여 예, 알겠습니다.

Q 山田さんに何を伝えますか。

(A) 納期の延長 (B) 納期の公示

(C) 納期の再開 (D) 納期の再確認

Q 야마다 씨에게 무엇을 전합니까?

(A) 납기의 연장 (B) 납기의 공시

(C) 납기의 재개 (D) 납기의 재확인

단어 伝言 전언, 말을 전함 納期 납기 再確認 재확인 延長 연장 公示 공시 再開 재개

9

男 パンの入荷時間は何時ごろですか。

女 深夜３時から４時の間です。

男 シール付きのパンはいつも品切れですね。

女 発注個数に制限がかかっているのもありますけど、陳列しても数分で売り切れてしまうんです。

남 빵의 입고 시간은 몇 시쯤입니까?

여 새벽 3시에서 4시 사이입니다.

남 스티커가 있는 빵은 항상 품절이네요.

여 발주 개수에 제한이 있는 탓도 있지만, 진열해도 몇 분이면 다 팔립니다.

Q 男の人はどうしてパンが買えなかったのですか。

(A) 品出しが終わったから

(B) 出荷されていなかったから

(C) 購入個数制限を超えたから

(D) 当日分の在庫がなかったから

Q 남성은 왜 빵을 살 수 없었습니까?

(A) 선반 진열이 끝났기 때문에

(B) 출고되지 않았기 때문에

(C) 구입 개수 제한을 넘겼기 때문에

(D) 당일분의 재고가 없었기 때문에

단어 入荷 입고 深夜 심야 発注 발주 個数 개수 数分 몇 분 品出し 상품을 창고에서 꺼내는 것 出荷する 출고하다 購入 구입 当日分 당일분

10

男　商品の見本を係りの人に返しておいてもらえませんか。

女　はい、分かりました。ところで、見本はどこにありますか。

男　ロッカーの中にありますが、おそらく鍵がかかっていると思います。

女　はい、部長から鍵をいただきます。

남　상품 견본을 담당자에게 돌려주지 않겠습니까?

여　예, 알겠습니다. 그런데 견본은 어디에 있습니까?

남　사물함 안에 있는데, 아마 열쇠가 채워져 있을 겁니다.

여　예, 부장님께 열쇠를 받겠습니다.

Q　会話の内容と合っているのはどれですか。

(A) 商品の見本を係長に提出する。

(B) ロッカーの中に商品の見本がある。

(C) 部長の事務室は鍵がかかっている。

(D) 商品の見本を部長から返してもらう。

Q　회화의 내용과 맞는 것은 어느 것입니까?

(A) 상품의 견본을 계장에게 제출한다.

(B) 사물함 안에 상품 견본이 있다.

(C) 부장님의 사무실은 열쇠가 채워져 있다.

(D) 상품 견본을 부장님에게 되돌려 받는다.

단어 係りの人 담당자　ロッカー 로커, 사물함　おそらく 아마, 필시, 어쩌면　係長 계장(님)　提出する 제출하다

11

女　この書類は大事な物だから、絶対になくさないでね。

男　では私のバッグに入れておきますね。

女　そうしたら、しわくちゃになっちゃうんじゃない？四角いかばんの中に入れてよ。

男　じゃ、直木さんのかばんに入れておきます。

여　이 서류는 중요한 것이니까 절대 잃어버리지 마.

남　그럼 제 가방에 넣어 두겠습니다.

여　그러면 구겨지지 않겠어? 네모난 가방 안에 넣어.

남　그럼, 나오키 씨의 가방에 넣어 두겠습니다.

Q　どうして書類を直木さんのかばんに入れますか。

(A) 直木さんのかばんは丸いから

(B) 直木さんのかばんは大きいから

(C) 直木さんのかばんは四角形だから

(D) 直木さんのかばんにはしわがあるから

Q　서류를 왜 나오키 씨의 가방에 넣습니까?

(A) 나오키 씨의 가방은 둥글기 때문에

(B) 나오키 씨의 가방은 크기 때문에

(C) 나오키 씨의 가방은 사각형이기 때문에

(D) 나오키 씨의 가방은 주름이 있기 때문에

단어 絶対に 절대로　しわくちゃ 구겨진 상태　四角い 네모나다　四角形 사각형　しわ 주름

12

男　チケットを予約したいのですが。

女　ご予約のお問い合わせは内線の908番にお願いいたします。

男　インターネットで予約はできませんか。

女　予約システムはまだございません。予約確認だけはインターネットで可能です。

남　티켓을 예약하고 싶은데요.

여　예약 문의는 내선 908번으로 부탁 드립니다.

남　인터넷으로 예약은 할 수 없습니까?

여　예약 시스템은 아직 없습니다. 예약 확인만은 인터넷으로 가능합니다.

Q 会話の内容と合っているのはどれですか。

(A) チケットの予約はもう済んだ。

(B) インターネットで予約はできる。

(C) インターネットで予約の確認はできる。

(D) 予約の問い合わせは9008番である。

Q 회화의 내용과 맞는 것은 어느 것입니까?

(A) 티켓 예약은 이미 끝났다.

(B) 인터넷으로 예약은 할 수 있다.

(C) 인터넷으로 예약 확인은 할 수 있다.

(D) 예약 문의는 9008번이다.

단어 問い合わせ 문의 内線 내선 システム 시스템 可能 가능 済む 완료되다, 끝나다

13

男　入国目的は何ですか。

女　千葉の技術研究所での技術研修のために来ました。

男　滞在する所はどこですか。

女　東京のホテルです。

남　입국 목적은 무엇입니까?

여　지바의 기술 연구소에서의 기술 연수 때문에 왔습니다.

남　체류할 곳은 어디입니까?

여　도쿄의 호텔입니다.

Q 女の人が泊まる所はどこですか。

(A) 千葉　　　　　(B) 東京

(C) 神戸　　　　　(D) 長崎

Q 여자가 머물 곳은 어디입니까?

(A) 지바　　　　　(B) 도쿄

(C) 고베　　　　　(D) 나가사키

단어 入国 입국 千葉 지바〈지명〉 技術 기술 研究所 연구소 研修 연수 滞在する 체재하다, 체류하다 神戸 고베〈지명〉
長崎 나가사키〈지명〉

14

女　どこへ行くの？ おしゃれな服を着て。

男　午後2時にセミナーがあるんだ。 そのついでに博物館にも寄ろうと思って。

女　セミナーは何時に終わるの？

男　たぶん始まってから3時間後ぐらいには終わると思うよ。

여　어디 가? 잘 차려입고.

남　오후 2시에 세미나가 있어. 그리고 가는 김에 박물관에도 들르려고.

여　세미나는 몇 시에 끝나?

남　아마 시작하고 나서 3시간 후쯤에는 끝날 거야.

Q セミナーはいつ終わりますか。

(A) 2時頃　　　　　(B) 3時頃

(C) 4時頃　　　　　(D) 5時頃

Q 세미나는 언제 끝납니까?

(A) 2시경　　　　　(B) 3시경

(C) 4시경　　　　　(D) 5시경

단어 セミナー 세미나 ～ついでに ～하는 김에 博物館 박물관 寄る 들르다

15

男　鳥インフルエンザのせいで、鶏肉の売り上げが落ちたそうです。

女　弱火ではなく、高温で調理すれば安全ですよ。焼き鳥を食べに行きましょう。

男　しかし、何となく気になります。

女　じゃ、焼き魚を食べに行きましょう。

Q　会話の内容と合っているのはどれですか。

(A) 鶏肉の売り上げが上がった。

(B) この人たちは焼き鳥を食べに行く。

(C) 男の人は鶏肉の安全性が気掛かりである。

(D) 弱火で調理すると安全である。

남　조류 독감 때문에 닭고기 매상이 떨어졌다고 해요.

여　약한 불이 아니라 고온에서 조리하면 안전해요. 닭꼬치 구이를 먹으러 갑시다.

남　하지만 왠지 모르게 마음에 걸려요.

여　그러면 생선구이를 먹으러 갑시다.

Q　회화의 내용과 맞는 것은 어느 것입니까?

(A) 닭고기의 매상이 올랐다.

(B) 사람들은 닭꼬치 구이를 먹으러 간다.

(C) 남성은 닭고기의 안전성이 염려된다.

(D) 약한 불로 조리하면 안전하다.

단어　鳥インフルエンザ 조류 독감　〜のせいで 〜때문에, 〜탓으로　弱火 약한 불　高温 고온　調理する 조리하다
焼き鳥 닭꼬치 구이　安全性 안전성　気掛かり 마음에 걸림, 근심, 걱정

54

PART 3 회화문 실전모의테스트 ▶ 171쪽

스크립트	해석

51

女　待合室でお待ちください。

男　待合室は満員で、座れません。

女　では、2階の休憩室で5分くらい待っていただけませんか。

男　はい、分かりました。

Q　どこで待ちますか。

(A) 居間　　　　　　(B) 休憩室
(C) 応接間　　　　　(D) 待合室

여　대기실에서 기다려 주세요.

남　대기실은 만원이라서 앉을 수 없습니다.

여　그럼 2층 휴게실에서 5분 정도 기다려 주실 수 없을까요?

남　예, 알겠습니다.

Q　어디에서 기다립니까?

(A) 거실　　　　　　(B) 휴게실
(C) 응접실　　　　　(D) 대기실

단어　待合室 대기실　満員 만원　休憩室 휴게실　居間 거실　応接間 응접실

52

女　お客様、こちらの小包はいかがいたしましょうか。

男　安全で安いのでお願いします。

女　船便が一番安いですが、1ヵ月以上かかりますし、紛失のおそれがあります。航空便や国際宅配便、EMSなどはいかがですか。特にEMSは安全で早いです。

男　一番安いのにします。

Q　小包は何で運ばれますか。

(A) 船便　　　　　　(B) EMS
(C) 国際宅配便　　　(D) 航空便

여　손님, 이 소포는 어떻게 해드릴까요?

남　안전하고 싼 것으로 부탁드립니다.

여　배편이 가장 싸지만, 1개월 이상 걸리고 분실할 우려가 있습니다. 항공편이나 국제 택배, EMS 등은 어떠신가요? 특히, EMS는 안전하고 빠릅니다.

남　제일 싼 것으로 하겠습니다.

Q　소포는 무엇으로 운반됩니까?

(A) 배편　　　　　　(B) EMS
(C) 국제 택배　　　　(D) 항공편

단어　小包 소포　船便 배편　紛失 분실　おそれ 우려　航空便 항공편　運ぶ 나르다, 운반하다

53

女 もしもし、佐藤さんは席にいらっしゃいますか。

男 あの、今、出かけておりますが、2時間後には帰ってきます。

女 そうですか。3時ごろですね。そのころまたお電話します。

여 여보세요. 사토 씨는 자리에 계십니까?

남 저, 지금 외출 중이지만, 2시간 뒤에는 돌아옵니다.

여 그렇습니까. 3시 정도군요. 그때 다시 전화하겠습니다.

Q 今、何時ですか。

  (A) 1時頃   (B) 3時頃

  (C) 4時頃   (D) 5時頃

Q 지금 몇 시입니까?

  (A) 1시쯤   (B) 3시쯤

  (C) 4시쯤   (D) 5시쯤

54

男 気軽に始められる運動を教えて。

女 痩せるためにダイエットを始めたいの？

男 長時間同じ姿勢で座っているから、腰痛に悩んではいるけれど、それより一週間後に、健康診断があるから、その対策の一環として。

남 가볍게 시작할 수 있는 운동을 알려줘.

여 살 빼려고 다이어트를 시작하려고?

남 오랜 시간 같은 자세로 앉아 있으니까 허리 통증 때문에 걱정이지만, 그보다 1주일 후에 건강검진이 있어서, 그 대책의 일환으로서.

Q 男の人が運動を始めようとする理由はどれですか。

  (A) 肩こりを治すため

  (B) ダイエットをするため

  (C) 姿勢を矯正するため

  (D) 健康診断があるため

Q 남성이 운동을 시작하려고 한 이유는 어느 것입니까?

  (A) 어깨 결림을 치료하기 위해

  (B) 다이어트를 하기 위해

  (C) 자세를 교정하기 위해

  (D) 건강 검진이 있으니까

단어 気軽に 가볍게, 부담 없이　痩せる 마르다, 살이 빠지다　姿勢 자세　腰痛 허리 통증　悩む (병으로) 고생하다　健康診断 건강검진　対策 대책　一環 일환　〜として 〜로서　肩こり 어깨 결림　矯正する 교정하다

55

女 駐車はできますか。

男 1階の駐車場には空きがないので、2階の駐車場を利用してください。

女 駐車料金は1時間いくらですか。

男 300円ですが、1時間を越えると30分ごとに200円追加されます。

여 주차할 수 있습니까?

남 1층 주차장에는 빈자리가 없으니 2층 주차장을 이용해 주세요.

여 주차 요금은 1시간에 얼마입니까?

남 300엔인데, 1시간을 넘으면 30분마다 200엔 추가됩니다.

Q 会話の内容と合っているのはどれですか。

  (A) 1階の駐車場は満車である。

  (B) 2階の駐車場には空きがない。

Q 회화의 내용과 맞는 것은 어느 것입니까?

  (A) 1층의 주차장은 꽉 찼다.

  (B) 2층의 주차장에는 빈자리가 없다.

(C) 駐車料金は2時間なら600円になる。

(D) 2階の駐車場は1階の駐車場より安い。

(C) 주차 요금은 2시간이면 600엔이 된다.

(D) 2층의 주차장은 1층 주차장보다 싸다.

단어 駐車場 주차장 空き 공간, 여백, 빈자리 越える 넘다, 넘어가다 満車 만차, 주차장이 꽉 참

56

女 夜、雨が降るそうだから傘をちゃんと持っていきなさい。

男 駅からも近いし、雨が降ったら走って帰ったらいいですよ。

女 雨に濡れたら風邪を引くよ。それから傘をどこかに置き忘れないようにね。

男 傘を持って歩くのは面倒くさいのにな。

여 밤에 비가 온다고 하니까 우산을 꼭 가지고 가거라.

남 역에서도 가깝고, 비가 내리면 뛰어오면 돼요.

여 비에 젖으면 감기 들어. 그리고 우산을 어딘가에 잊어버리고 두고 오지 마.

남 우산을 갖고 걷는 게 귀찮은데.

Q どうして傘を持っていきたくないのですか。

(A) 田舎臭いから

(B) 置き忘れるから

(C) やっかいだから

(D) 雨が止んでいるから

Q 왜 우산을 가지고 가고 싶지 않은 것입니까?

(A) 촌스럽기 때문에

(B) 잊어버리고 두고 오기 때문에

(C) 귀찮기 때문에

(D) 비가 그쳤기 때문에

단어 濡れる 젖다 置き忘れる 잊어버리고 두고 오다 面倒くさい 성가시다, 몹시 귀찮다 田舎臭い 촌스럽다, 세련되지 않다 やっかいだ 귀찮다, 번거롭다 止む (비가) 그치다

57

男 あのう、12月24日のニューヨーク行きをお願いします。

女 あいにくこの日は満席でございます。

男 じゃ、キャンセル待ちでお願いします。

女 申し訳ございませんが、12月20日にまたお電話していただけませんか。

남 저, 12월 24일 뉴욕행을 부탁합니다.

여 공교롭게도 이날은 만석입니다.

남 그럼, 대기자 명단에 올려 주세요.

여 죄송하지만, 12월 20일에 다시 전화해 주시지 않겠습니까?

Q なぜ男の人はまた電話しなければなりませんか。

(A) 12月20日にニューヨークへ行くから

(B) 12月20日のニューヨーク行きは満席だから

(C) 12月24日のニューヨーク行きのフライトをキャンセルするから

(D) 12月24日のニューヨーク行きの席に空きができたか確認する必要があるから

Q 왜 남성은 다시 전화해야만 합니까?

(A) 12월 20일에 뉴욕에 가기 때문에

(B) 12월 20일의 뉴욕행은 만석이기 때문에

(C) 12월 24일의 뉴욕행 비행기를 취소하기 때문에

(D) 12월 24일의 뉴욕행의 빈자리가 생겼는지 확인할 필요가 있으니까

58

男　このトレーナー、大きすぎますね。ほかのを見せて
　　ください。

女　はい。でも、デザインが少し違ってしまいますが、
　　よろしいですか。

男　はい。地味すぎるとパジャマっぽく見えるから、派
　　手で、適当なサイズのをお願いします。

女　はい、少々お待ちください。

Q　お客さんが欲しがっているのはどれですか。

(A) 小さなサイズのトレーナー

(B) 大きなサイズのトレーナー

(C) ださいデザインのトレーナー

(D) おとなしいデザインのトレーナー

남　이 운동복, 너무 크네요. 다른 것을 보여 주세요.

여　예. 하지만 디자인이 조금 다른데 괜찮으십니까?

남　예. 너무 수수하면 잠옷 같이 보이니까, 화려하고 적당한 사이즈의 것을 부탁합니다.

여　예, 잠시 기다려 주십시오.

Q　손님이 원하고 있는 것은 어느 것입니까?

(A) 작은 사이즈의 운동복

(B) 큰 사이즈의 운동복

(C) 촌스러운 디자인의 운동복

(D) 얌전한 디자인의 운동복

단어 トレーナー 운동복　地味だ 수수하다　パジャマ 파자마, 잠옷　～っぽい ～의 경향이 강하다　適当だ 적당하다
ださい 촌스럽다

59

女　新しい社長は誰に対してもへりくだった態度で接し
　　てくれますね。

男　実るほど頭の下がる稲穂かなと言いますからね。

女　まさにうちの社長のことですね。

Q　社長について正しいのはどれですか。

(A) 謙虚な人である。

(B) 傍若無人である。

(C) 肩で風を切っている。

(D) 仕事の上では厳しい人である。

여　새로 오신 사장님은 누구에게나 겸손한 태도로 대해 주시네요.

남　벼는 익을수록 고개를 숙인다고 하니까요.

여　실로 우리 사장님을 말하는 군요.

Q　사장에 관해 옳은 것은 어느 것입니까?

(A) 겸허한 사람이다.

(B) 방약무인하다.

(C) 기세등등하다.

(D) 일에 있어서는 엄격한 사람이다.

단어 ～に対して ～에 대해서　へりくだる 겸손하다, 자기를 낮추다　態度 태도　接する 접하다　実るほど頭の下がる稲穂
かな 벼는 익을수록 고개를 숙인다　まさに 틀림 없이, 확실히　謙虚だ 겸허하다　傍若無人 남을 신경 쓰지 않고 함부로 행
동함　肩で風を切る 활개를 치다, 기세등등하다

60

男	大人は2000円、子どもは1000円、未就学の児童は無料ですが、何名様でしょうか。
女	大人は2人、子どもは3人ですが、未就学の児童は何歳までですか。
男	未就学の児童は6歳以下です。お子様は何歳ですか。
女	子どもは13歳、10歳、5歳です。

Q **女の人はいくら払いますか。**

(A) 5000円　　(B) 6000円

(C) 7000円　　(D) 8000円

단어 未就学 미취학　児童 아동, 어린이　無料 무료

남	어른은 2,000엔, 아이는 1,000엔, 미취학 자녀분은 무료입니다만, 몇 분이십니까?
여	어른은 2명, 아이는 3명인데요, 미취학 아동은 몇 살까지입니까?
남	미취학 아동은 6살 이하입니다. 자녀분은 몇 살입니까?
여	아이는 13살, 10살, 5살입니다.

Q 여성은 얼마 지불합니까?

(A) 5,000엔　　(B) 6,000엔

(C) 7,000엔　　(D) 8,000엔

61

女	掃除機を探しているんですが。
男	これが限定50台のヨーロピアンデザインのおしゃれな掃除機です。
女	カードは使えますか。
男	お支払い方法はカード、銀行振り込みです。

Q **会話の内容と合っているのはどれですか。**

(A) アメリカンデザインである。

(B) 限定150台だけの掃除機である。

(C) お支払い方法には銀行振り込みがある。

(D) ヨーロピアンデザインのラジオを買う。

단어 掃除機 청소기　限定 한정　ヨーロピアン 유럽풍(의)　振り込み 계좌 이체

여	청소기를 찾고 있는데요.
남	이것이 50대 한정 유럽풍 디자인의 세련된 청소기입니다.
여	카드는 사용할 수 있습니까?
남	지불 방법은 카드, 은행 계좌 이체입니다.

Q 회화의 내용과 맞는 것은 어느 것입니까?

(A) 미국 스타일의 디자인이다.

(B) 150대 한정인 청소기이다.

(C) 지불 방법에는 은행 계좌 이체가 있다.

(D) 유럽풍 디자인의 라디오를 산다.

62

女	顔が丸くなったんじゃない？
男	よく言われます。
女	水泳やエアロビクスをしたらどう？
男	やっているけど、全然変わらないんですよ。

여	얼굴이 통통해진 거 아냐?
남	자주 듣습니다.
여	수영이나 에어로빅을 하면 어때?
남	하고 있지만 전혀 변하지 않아요.

Q 会話の内容と合っているのはどれですか。

(A) 頬がげっそりとこけている。

(B) 運動しても体重が減らないようである。

(C) 水泳やエアロビクスをする予定である。

(D) 運動してからすっかり変わった。

Q 회화의 내용과 맞는 것은 어느 것입니까?

(A) 볼살이 홀쭉하게 쏙 빠졌다.

(B) 운동해도 체중이 줄지 않는 것 같다.

(C) 수영이나 에어로빅을 할 예정이다.

(D) 운동하고 나서 확 바꼈다.

단어 エアロビクス 에어로빅 頬 볼 げっそり 갑자기 살이 빠져서 여윈 모양, 홀쭉 こける 살이 빠지다, 야위다 体重 체중 減る 줄다, 감소하다 すっかり 죄다, 완전히, 몽땅

63

女 どうしてがっかりしているの？

男 初めてのヨーロッパ旅行を楽しみにしていたのに満席で行けなくなった。

女 それは残念だったね。次の休みの時は早めに予約しなくちゃ。

男 無理だよ。就職の準備をしなくちゃいけないし、繁忙期になるから料金も高くなるし。

여 왜 실망하고 있는 거야?

남 처음 가는 유럽 여행을 기대하고 있었는데 만석이라서 갈 수 없게 되었어.

여 그거 참 유감이네. 다음 방학 때는 일찌감치 예약해야겠네.

남 무리야. 취직 준비를 해야 되고, 성수기가 되니까 요금도 비싸지거든.

Q ヨーロッパにはなぜ行けなくなりましたか。

(A) 卒業の準備をするから

(B) 席が空いていないから

(C) 就職活動で忙しいから

(D) 繁忙期で高くなったから

Q 유럽에는 왜 못 가게 되었습니까?

(A) 졸업 준비를 하기 때문에

(B) 자리가 비어 있지 않기 때문에

(C) 취직 활동으로 바쁘기 때문에

(D) 성수기라서 비싸졌기 때문에

단어 がっかり 실망하는 모양 満席 만석 早めに 일찌감치, 조금 빠르게 就職 취직 繁忙期 성수기

64

女 もしもし、松下ですが、マリさんいますか。

男 あ、松下さんですか。マリさんは、今出かけていますが、何か伝えることでもありますか。

女 ええ、明日から出張でシカゴに行くと伝えてください。

男 それじゃ、来週の結婚式に来られないんですね。

여 여보세요, 마쓰시타인데요, 마리 씨 있습니까?

남 아, 마쓰시타 씨입니까? 마리 씨는 지금 외출 중인데요, 뭔가 전할 말이라도 있습니까?

여 예, 내일부터 출장 때문에 시카고에 간다고 전해 주세요.

남 그럼, 다음 주 결혼식에 올 수 없겠네요.

Q 松下さんが電話した目的は何ですか。

(A) 松下さんがシカゴで結婚することを知らせるために

(B) マリさんの結婚式の日にちの変更を知らせるために

Q 마쓰시타 씨가 전화한 목적은 무엇입니까?

(A) 마쓰시타 씨가 시카고에서 결혼하는 것을 알리기 위해서

(B) 마리 씨의 결혼식 날짜 변경을 알리기 위해서

(C) 松下さんが留学しにシカゴへ行くことを知らせる
ために

(D) マリさんの結婚式に参列できないことを知らせる
ために

(C) 마쓰시타 씨가 유학하러 시카고에 가는 것을 알
리기 위해서

(D) 마리 씨의 결혼식에 참석할 수 없는 것을 알리기
위해서

단어 出張 출장　シカゴ 시카고〈지명〉　目的 목적　日にち 날짜　変更 변경　参列する 참석하다

65

女　顔色が真っ青だね。どうしたの？

男　自転車に乗っていたら、子どもが飛び出してきて…。

女　危なかったね。

男　間一髪の差で危機を免れたけど、あの時のことを思
い出すと今でも肝を冷やすよ。

여　얼굴 색이 새파랗네. 어떻게 된 거야?

남　자전거를 타고 있었는데, 아이가 뛰어 들어와서….

여　위험했네.

남　간발의 차이로 위기를 모면했지만, 그 때를 생각하면
지금도 간담이 서늘해.

Q　男の人は今どんな心情ですか。

(A) すっとしている。

(B) ぞっとしている。

(C) ほっとしている。

(D) ぼうっとしている。

Q　남성은 지금 어떤 심정입니까?

(A) 후련하다.

(B) 오싹하다.

(C) 안도하고 있다.

(D) 멍하다.

단어 顔色 안색, 얼굴빛　真っ青だ 새파랗다　飛び出す 뛰어나가다　間一髪の差 간발의 차　危機 위기　免れる 면하다, 모
면하다　肝を冷やす 간담이 서늘하다　心情 심정　すっとする 후련하다　ぞっとする 오싹하다　ほっとする 안도하다
ぼうっとする 멍하다

66

女　なに、一日中布団の中でごろごろしていて。

男　一ヶ月間休暇も全然取れなくて仕事ばかりしてたん
だから、今日だけは目をつぶって。

女　さっさと起きて、窓も開けて。1週間も布団を敷きっ
ぱなしにしていたんだから、部屋の掃除でもしなさい。

여　뭐야, 하루 종일 이불 속에서 빈둥거리고 있고.

남　한 달 동안 휴가도 전혀 못 받고 일만 했으니까 오늘
만은 봐줘.

여　얼른 일어나서 창문도 열어. 일주일이나 이불을 깐
채로 있었으니까 방 청소라도 해.

Q　会話の内容と合っているのはどれですか。

(A) 男の人は一日中何もしないでいた。

(B) 二人は上司と部下の関係である。

(C) 2週間も掃除をしなかった。

(D) 毎週日曜日に休暇を取った。

Q　회화의 내용과 맞는 것은 어느 것입니까?

(A) 남자는 하루 종일 아무것도 하지 않고 있었다.

(B) 두 사람은 상사와 부하의 관계이다.

(C) 2주일이나 청소를 하지 않았다.

(D) 매주 일요일에 휴가를 받았다.

단어 ごろごろ 데굴데굴, 빈둥빈둥　休暇 휴가　目をつぶる 눈을 감다, 참다, 못 본 체하다　さっさと 후딱후딱, 냉큼냉큼, 빨랑
빨랑　敷く 깔다　～っぱなし ～인 채로 둠, ～한 채로임

67

女　この大根とキャベツはどう切りますか。

男　大根は角切り、キャベツは千切りにしてください。

女　にんじんはどう炒めますか。

男　強火で調理してください。

여　이 무와 양배추는 어떻게 자릅니까?

남　무는 깍둑썰기, 양배추는 채썰기로 해 주세요.

여　당근은 어떻게 볶습니까?

남　강한 불로 조리해 주세요.

Q　会話の内容に合っている調理法はどれですか。

(A) 大根は弱火で煮込む。

(B) 大根は薄切りにする。

(C) キャベツは角切りにする。

(D) にんじんは強火で炒める。

Q　회화의 내용에 맞는 조리법은 어느 것입니까?

(A) 무는 약한 불로 푹 삶는다.

(B) 무는 얇게 썬다.

(C) 양배추는 깍둑썰기로 한다.

(D) 당근은 센 불에 볶는다.

단어 キャベツ 양배추　角切り 깍둑썰기　千切り 채썰기　炒める 볶다　強火 강한 불　調理法 조리법, 요리법　弱火 약한 불　煮込む 푹 끓이다, 푹 삶다　薄切り 얇게 썰기

68

女　こちらで数日前にノートパソコンを買ったんですが、画面が表示されません。

男　申し訳ございません。新しい物に交換いたします。

女　それより、返金してもらえませんか。

男　レシートを見せてください。それから、こちらに製品番号を書いてください。

여　여기서 며칠 전에 노트북을 구입했는데요, 화면이 표시되지 않습니다.

남　죄송합니다. 새로운 것으로 교환해드리겠습니다.

여　그보다, 환불은 안 되나요?

남　영수증을 보여 주세요. 그리고 여기에 제품 번호를 써 주세요.

Q　男の人はこれからどうしますか。

(A) 新しい物に交換する。

(B) 代金を返す。

(C) 画面を修理する。

(D) 製品のレシートをあげる。

Q　남성은 앞으로 무엇을 합니까?

(A) 새로운 것으로 교환한다.

(B) 대금을 돌려준다.

(C) 화면을 수리한다.

(D) 제품 영수증을 준다.

단어 数日前 며칠 전　ノートパソコン 노트북 컴퓨터　画面 화면　表示される 표시되다　製品 제품　修理する 수리하다

69

女　おすすめのランチはどれですか。

男　オーガニック野菜がたっぷりで、アイスティーが飲み放題のA・B・C・D定食があります。A定食はさばの塩焼き、B定食は炭焼き牛タン、C定食は焼きそば、D定食はステーキ鉄板焼きです。

女　じゃ、私、魚が好きなんで、これにします。

여　추천할 만한 점심은 어느 것입니까?

남　유기농 야채가 풍부하고 아이스 티를 맘껏 즐길 수 있는 A・B・C・D정식이 있습니다. A정식은 고등어 소금 구이, B정식은 숯불 소혀구이, C정식은 야끼소바, D정식은 스테이크 철판구이입니다.

여　그럼, 저는 생선을 좋아하니까 이것으로 하겠습니다.

Q 女の人はどれにしますか。

(A) さばの塩焼き

(B) 炭焼き牛タン

(C) 焼きそば

(D) 鉄板ステーキ

Q 여성은 어느 것을 주문합니까?

(A) 고등어 소금 구이

(B) 숯불 소혀구이

(C) 야끼소바

(D) 철판 스테이크

단어 おすすめ 추천　オーガニック 유기농　たっぷり 넉넉, 듬뿍　アイスティー 아이스티　飲み放題 음료 무한 리필
定食 정식

70

男　前の会社は決算が1ヶ月に1回で楽だったのに、ここは週に1回する上に、また月末にまとめて決算するから面倒でたまらないよ。

女　鈴木さん、郷に入っては郷に従えって言うじゃない。

男　でも、週に1回は多すぎだよ。方法も効率的じゃないし。

남　예전 회사는 결산이 한 달에 한 번이라서 편했는데, 여기는 일주일에 한 번 하는 데다가, 또 월말에 모아서 결산하니까 귀찮아 죽겠어.

여　스즈키 씨, 로마에 가면 로마법을 따르라고 하잖아.

남　하지만 일주일에 한 번은 너무 많아. 방법도 효율적이지 않고.

Q 女の人は男の人に何と忠告していますか。

(A) よいことはすぐにやった方がいい。

(B) 他人の物は何でもよさそうに見える。

(C) 今いる所の習慣や決まりに従うべきである。

(D) 世の中には楽しいことも苦しいこともある。

Q 여성은 남성에게 뭐라고 충고하고 있습니까?

(A) 좋은 일은 바로 하는 것이 좋다.

(B) 남의 것은 뭐든 좋아 보인다.

(C) 지금 있는 곳의 관습이나 규정에 따라야만 한다.

(D) 세상에는 즐거운 일도 있고 괴로운 일도 있다.

단어 決算 결산　～上に ～하는 데다가　まとめる 모으다　面倒だ 귀찮다　～てたまらない ～해서 견딜 수 없다　郷に入っては郷に従え 로마에 가면 로마법을 따르라　効率的 효율적　忠告する 충고하다　習慣 습관, 관습　決まり 규정, 결정
従う 따르다　～べきだ ～해야 한다

71

女　リビングとふたつの部屋があるこの家の家賃は
　　8万5千円です。

男　ここがちょうどいいですね。共益費はいくらですか。

女　6千円ですが、3ヶ月分を一度に払わなければなりません。

男　3ヶ月分払わなければいけないということを考えると、少し高い気がしますね。

여　거실과 방 2개가 있는 이 집의 월세는 8만 5천 엔입니다.

남　여기가 딱 좋네요. 관리비는 얼마입니까?

여　6천 엔인데, 3개월분을 한 번에 내야 합니다.

남　3개월분을 내야 한다는 것을 생각하니 조금 비싼 느낌이 드는군요.

Q 会話の内容と合っているのはどれですか。

(A) 家賃は8万円である。

(B) 共益費は18万円である。

(C) ひとつの部屋がある家である。

(D) 男の人は家賃が高くも安くもないと思っている。

Q 회화의 내용과 맞는 것은 어느 것입니까?

(A) 집세는 8만 엔이다.

(B) 관리비는 18만 엔이다.

(C) 방이 하나 있는 집이다.

(D) 남성은 집세가 비싸지도 싸지도 않다고 생각하고 있다.

단어 風呂付き 욕실이 딸림　家賃 집세　共益費 관리비　気がする 기분이 들다, 느낌이 들다

72

男　50代ぐらいの女性へのプレゼントを探しています。

女　お肌にやさしいシルクのストライプ柄のスカーフはいかがですか。同じデザインで、扱いやすいレーヨンのスカーフもございます。

男　肌に刺激が少ない方がいいです。でも、ストライプ柄は目がチカチカするので、無地でお願いします。

女　はい、分かりました。少々お待ちください。

남　50대 정도 여성의 선물을 찾고 있습니다.

여　피부에 순한 실크 줄무늬 스카프는 어떻습니까? 같은 디자인으로 관리하기 쉬운 레이온 스카프도 있습니다.

남　피부에 자극이 적은 편이 좋습니다. 하지만, 스트라이프 무늬는 눈이 아프니까, 무늬가 없는 것으로 주세요.

여　예, 알겠습니다. 잠깐 기다려 주십시오.

Q どんなものを買いましたか。

(A) シルクの縞柄のスカーフ

(B) シルクの無地のスカーフ

(C) レーヨンの縞柄のスカーフ

(D) レーヨンの無地のスカーフ

Q 어떤 것을 샀습니까?

(A) 실크의 줄무늬 스카프

(B) 실크의 무지 스카프

(C) 레이온의 줄무늬 스카프

(D) 레이온의 무지 스카프

단어 シルク 실크　ストライプ柄 줄무늬　レーヨン 레이온　刺激 자극　目がチカチカする 눈이 아프다　無地 무늬가 없음
縞柄 줄무늬

73

女　この血圧計に腕を入れて、計ってください。

男　上が130で、下が85です。

女　お名前をお呼びしますからお待ちください。

男　あそこの椅子に座って待っています。

여　이 혈압계에 팔을 넣고 측정해 주세요.

남　위가 130이고, 밑이 85입니다.

여　이름을 불러 드릴 테니까 기다려 주세요.

남　저쪽 의자에 앉아서 기다리겠습니다.

Q この人は何を計っていますか。

(A) 脈　　　　　(B) 体温

(C) 血圧　　　　(D) 体重

Q 이 사람은 무엇을 재고 있습니까?

(A) 맥　　　　　(B) 체온

(C) 혈압　　　　(D) 체중

단어 血圧計 혈압계　計る 재다　脈 맥, 맥박　体温 체온　血圧 혈압

74

男　石田さん、何時ごろに会社に戻りますか。

女　よく分からないけど、6時までには戻れると思う。

男　今日の飲み会のことですけど、参加できますか。

女　戻ってからは書類の片付けもしないといけないし…。

Q　女の人はなぜ飲み会に参加できませんか。

　(A) 書類の整理があるから

　(B) 予約時間に間に合わないから

　(C) 戻りが遅くなるおそれがあるから

　(D) 早く家に帰らないといけないから

남　이시다 씨, 몇 시쯤 회사에 돌아옵니까?

여　잘 모르겠지만, 6시까지는 돌아올 수 있다고 생각해.

남　오늘 회식 말인데요, 참석할 수 있습니까?

여　돌아와서는 서류 정리도 해야 하고….

Q　여성은 왜 회식에 참석할 수 없습니까?

　(A) 서류 정리가 있기 때문에

　(B) 예약 시간에 맞출 수 없기 때문에

　(C) 돌아오는 것이 늦어질 우려가 있기 때문에

　(D) 빨리 집에 가지 않으면 안 되기 때문에

단어 飲み会 회식, 술자리　参加する 참가하다, 참석하다　片付け 정리　整理 정리　間に合う 시간에 대다

75

女　手荷物に酒やタバコはありません。

男　この手荷物の中身は何ですか。

女　ハムと牛肉と干した魚ですが。

男　これらは、検疫証明を受けてきてください。

Q　検疫証明を受けるのはどれですか。

　(A) 酒　　　　　(B) ハム

　(C) ガム　　　　(D) タバコ

여　짐에 술이나 담배는 없습니다.

남　이 수하물의 내용물은 무엇입니까?

여　햄과 쇠고기와 말린 생선인데요.

남　이것들은 검역 증명을 받고 오세요.

Q　검역 증명을 받는 것은 어느 것입니까?

　(A) 술　　　　　(B) 햄

　(C) 껌　　　　　(D) 담배

단어 手荷物 수하물　中身 알맹이, 내용물　ハム 햄　干す 말리다　検疫 검역　証明 증명　ガム 껌

76

女　納期が遅れて、本当に申し訳ございません。

男　困りますね。2週間以内にはできそうですか。

女　頑張ってみますが、3週間くらいかかりそうです。

Q　納期はどれくらい遅れますか。

　(A) 1週間　　　　(B) 2週間

　(C) 3週間　　　　(D) 4週間

여　납기가 늦어져서 정말로 죄송합니다.

남　난처하군요. 2주 이내로는 될 것 같습니까?

여　노력해 보겠지만, 3주 정도 걸릴 것 같습니다.

Q　납기는 어느 정도 늦어집니까?

　(A) 1주　　　　　(B) 2주

　(C) 3주　　　　　(D) 4주

단어 納期 납기

77

女 いらっしゃいませ。少しバックしてください。

男 レギュラーで、満タンにしてください。

女 お待たせいたしました。お支払いは、どうなさいますか。

男 カードでお願いします。

Q 何をしているところですか。

(A) 庭で洗車しているところです。

(B) 駐車場で駐車しているところです。

(C) 交通違反で罰金を取られているところです。

(D) ガソリンスタンドでガソリンを入れているところです。

여 어서 오세요. 조금 후진해 주세요.

남 보통으로 가득 채워 주세요.

여 오래 기다리셨습니다. 결제는 어떻게 하시겠습니까?

남 카드로 해 주세요.

Q 무엇을 하고 있는 중입니까?

(A) 정원에서 세차하고 있는 중입니다.

(B) 주차장에서 주차하고 있는 중입니다.

(C) 교통 위반으로 벌금을 물고 있는 중입니다.

(D) 주유소에서 기름을 넣고 있는 중입니다.

단어 バックする 후진하다 レギュラー 레귤러, 보통 満タン 연료를 가득 채우는 것 洗車する 세차하다 違反 위반
罰金を取られる 벌금을 물다 ガソリンスタンド 주유소

78

男 保険証はありますか。

女 コンタクトレンズを買うのに保険証が必要なんですか。

男 はい、お持ちでなければまた出直していただけますか。

女 膝をけがして病院へ行くために、たまたま持ってきてはいますけど、知りませんでした。

Q 女の人は何のためにここにいますか。

(A) 保険証を作るために

(B) 膝の検査を受けるために

(C) 膝の治療を受けるために

(D) コンタクトレンズを買うために

남 보험증은 있습니까?

여 콘택트렌즈를 사는 데 보험증이 필요합니까?

남 예, 가지고 있지 않으면 돌아갔다가 다시 와 주시겠습니까?

여 무릎을 다쳐서 병원에 가기 위해 마침 가져오기는 했지만 몰랐습니다.

Q 여성은 무엇 때문에 여기에 있습니까?

(A) 보험증을 만들기 위해서

(B) 무릎 검사를 받기 위해서

(C) 무릎 치료를 받기 위해서

(D) 콘택트렌즈를 사기 위해서

단어 保険証 보험증 コンタクトレンズ 콘택트렌즈 出直す 돌아갔다가 다시 나오다 たまたま 마침, 우연히
検査を受ける 검사를 받다 治療 치료

66

79

女　１階の掲示板、見た？

男　見たよ。今年の営業実績の順位のことだろう？本当にびっくりしたよ。

女　エリさんが１位だって。私、自分の目を疑っちゃったよ。

男　内向的な性格の人がこれほどできるとは思わなかった。

여　1층 게시판, 봤어?

남　봤어. 올해 영업 실적 순위를 말하는 거지? 정말로 놀랐어.

여　에리 씨가 1위래. 나는 내 눈을 의심했어.

남　내향적인 성격의 사람이 이만큼 할 수 있으리라고는 생각 못 했어.

Q　女の人はどうして目を疑いましたか。

(A) 骨と皮になったから

(B) 歯切れがよい人だから

(C) 意外な人が１位になったから

(D) 内向的な性格の人が多いから

Q　여성은 왜 눈을 의심했습니까?

(A) 너무 살이 빠졌기 때문에

(B) 언동이 시원시원한 사람이기 때문에

(C) 의외의 사람이 1위가 됐기 때문에

(D) 내향적 성격의 사람이 많기 때문에

단어　掲示板 게시판　実績 실적　順位 순위　目を疑う 눈을 의심하다　内向的 내향적　骨と皮になる 피골이 상접하다　歯切れがよい 말이나 태도가 시원시원하다　意外だ 의외다

女　今月の返品率はどうなりましたか。

男　先月は５％でしたが、今月は5.2%でした。

女　出荷前にちゃんとチェックしてください。またお客様からクレームが入ってはいけないから。

男　はい、品質管理に問題がないか確かめます。

여　이번 달의 반품률은 어떻게 되었습니까?

남　지난달은 5%였지만, 이번 달은 5.2%였습니다.

여　출고 전에 분명하게 확인해 주세요. 또 손님에게서 클레임이 들어오면 안 되니까.

남　예, 품질 관리에 문제가 없는지 확인하겠습니다.

Q　返品率はどうなりましたか。

(A) 先月に比べて0.2%上がった。

(B) 先月に比べて0.2%下がった。

(C) 先月に比べて5.2%上がった。

(D) 先月に比べて5.2%下がった。

Q　반품률은 어떻게 되었습니까?

(A) 지난달에 비해 0.2% 올랐다.

(B) 지난달에 비해 0.2% 내려갔다.

(C) 지난달에 비해 5.2% 올랐다.

(D) 지난달에 비해 5.2% 내려갔다.

단어　返品率 반품률　出荷 출고　品質 품질　管理 관리　確かめる 확인하다, 분명히 하다

① **일상생활** 공략 3단계 실전 문제 풀기 ▶ 188쪽

정답 1 (D)　　2 (C)　　3 (C)　　4 (B)　　5 (A)　　6 (C)　　7 (C)　　8 (A)　　9 (A)　　10 (C)

[1~3]

스크립트	해석
山口さんの家は会社から遠いです。それで、通勤には通勤定期券を利用しています。各駅停車なら1時間30分かかりますが、特急なら55分しかかからないので、毎日特急に乗って会社に行きます。家に帰る時はたまに各駅停車に乗ります。山口さんは用心深く慎重な人ですが、先日各駅停車の中で財布を落としてしまったそうです。運転免許証は家に置いておいたのですが、財布の中には1万8千円とクレジットカードと家族の写真が入っていたそうです。	야마구치 씨의 집은 회사에서 멉니다. 그래서 통근할 때에는 통근 정기권을 이용하고 있습니다. 매역에 정차하는 전철이라면 1시간 30분 걸리지만, 급행이라면 55분밖에 걸리지 않기 때문에, 매일 급행을 타고 회사에 갑니다. 집에 갈 때는 가끔 매역에 정차하는 전철을 탑니다. 야마구치 씨는 조심성이 많고 신중한 사람인데, 일전에 매역에 정차하는 전철 안에서 지갑을 잃어 버렸다고 합니다. 운전면허증은 집에 두었지만, 지갑 안에는 만 팔천 엔과 신용카드와 가족사진이 들어 있었다고 합니다.

1　山口さんはどんな人ですか。

　(A) ずぼらな人
　(B) けちで欲張りな人
　(C) せっかちで怒りっぽい人
　(D) 注意深い人

2　山口さんが財布を落としたのはいつですか。

　(A) 特急電車に乗って家に帰っていた時
　(B) 特急電車に乗って会社に向かっていた時
　(C) 各駅停車に乗って家に帰っていた時
　(D) 各駅停車に乗って会社に向かっていた時

3　財布の中に入っていないのはどれですか。

　(A) 現金　　　　　　(B) 家族写真
　(C) 運転免許証　　　(D) クレジットカード

1　야마구치 씨는 어떤 사람입니까?

　(A) 칠칠치 못한 사람
　(B) 인색하고 욕심 많은 사람
　(C) 성급하고 쉽게 화 내는 사람
　(D) 주의 깊은 사람

2　야마구치 씨가 지갑을 잃어버린 것은 언제입니까?

　(A) 급행 전철을 타고 집에 갈 때
　(B) 급행 전철을 타고 회사에 갈 때
　(C) 매역에 정차하는 전철을 타고 집에 갈 때
　(D) 매역에 정차하는 전철을 타고 회사에 갈 때

3　지갑 안에 들어 있지 않은 것은 어느 것입니까?

　(A) 현금　　　　　　(B) 가족사진
　(C) 운전면허증　　　(D) 신용카드

단어 通勤 통근　定期券 정기권　各駅停車 각역마다 정차하는 전철　用心深い 주의 깊다, 조심성이 많다　慎重だ 신중하다
運転免許証 운전면허증　ずぼらだ 야무지지 못하다, 흐리멍덩하다　けちだ 인색하다, 초라하다　欲張り 욕심쟁이
せっかち 성급함, 조급함　怒りっぽい 걸핏하면 화내다

스크립트	해석
基本的なマナーとルールを守らない人々を見ると、腹が立つ。電車やバスの中で長い列に割り込んだり、足を広げて座ったり、狭い隙間に入り込んだりする人がいる。電車やバスだけではなく、病院や図書館も同じである。入院中の患者のお見舞いに来る人の中には、げらげら笑ったり、テレビのボリュームを大きくしたり、夜遅くまで帰らなかったりして、迷惑な人が多い。また、図書館で静かに本を読んでいる人々の中で、大きな声で電話をしたりして、気を散らせる人もいる。このような人々を見るたび、基本的なマナーを守ってほしいと思う。	기본적인 매너와 규칙을 지키지 않는 사람들을 보면 화가 난다. 전철이나 버스 안에서 긴 줄에 끼어들거나 다리를 벌리고 앉거나 좁은 틈으로 억지로 밀고 들어가는 사람이 있다. 전철이나 버스뿐만 아니라, 병원이나 도서관도 마찬가지이다. 입원 중인 환자의 병문안을 오는 사람 중에는 껄껄 웃는다든지 텔레비전 소리를 크게 한다든지 밤늦게까지 집에 가지 않아 피해를 주는 사람이 많다. 또한 도서관에서 조용히 책을 읽고 있는 사람들 속에서 큰 소리로 전화를 하거나 해서 정신 사납게 만드는 사람도 있다. 이런 사람들을 볼 때마다 기본적인 매너를 지켜 줬으면 하는 생각이 든다.

4　何について話していますか。	4　무엇에 관해 이야기하고 있습니까?
(A) 電車での人々の不満	(A) 전철에서의 사람들의 불만
(B) 基本的なマナーを守らない人々	(B) 기본적인 매너를 지키지 않는 사람들
(C) 図書館で本を読む人々	(C) 도서관에서 책을 읽는 사람들
(D) 病院でのお見舞い時間	(D) 병원의 병문안 시간
5　図書館で守るべきルールはどれですか。	5　도서관에서 지켜야 할 규칙은 어느 것입니까?
(A) 静かにすること	(A) 조용히 하는 것
(B) ケータイの電源を入れること	(B) 핸드폰의 전원을 켜는 것
(C) 本を整理すること	(C) 책을 정리하는 것
(D) 本を元に戻すこと	(D) 책을 원래 자리로 돌려놓는 것
6　病院で守るべきルールはどれですか。	6　병원에서 지켜야 할 규칙은 어느 것입니까?
(A) 狭い隙間に入り込まないこと	(A) 좁은 틈으로 억지로 밀고 들어가지 않는 것
(B) 着信メロディーを聞かせること	(B) 착신 벨소리를 들려 주는 것
(C) テレビのボリュームを大きくしないこと	(C) 텔레비전 소리를 크게 하지 않는 것
(D) 席を先取りするために駆け込まないこと	(D) 자리를 먼저 차지하기 위해 뛰어 들어가지 않는 것

[단어] 基本的 기본적　マナー 매너　ルール 규칙　腹が立つ 화가 나다　乗客 승객　列 줄, 행렬　割り込む 끼어들다　足を広げる 다리를 벌리다　隙間 틈　入り込む 억지로 밀치고 들어가다　患者 환자　お見舞い 병문안　げらげら 거리낌 없이 웃는 모양, 껄껄　迷惑 폐, 민폐　気が散る 산만해지다　～たびに ～때마다　不満 불만　整理する 정리하다　元に戻す 원래 자리로 돌려놓다　先取りする 먼저 차지하다　駆け込む 뛰어들다

스크립트	해석

地球温暖化が進めば、地球全体の気候が変わってしまい、動物や植物などの絶滅のおそれがあると言われている。地球温暖化は大気をおおうガスが温度を上昇させることによって起きる。平均気温が20世紀に入って0.6度上がったが、100年後は最大で5.8度くらい上がると言われている。北極と南極の氷、高山の氷などが溶け、海面が上がると土地の低い所は沈むおそれがあると言われている。内陸では乾燥化が進み、熱帯地域は洪水などが予想される。

지구 온난화가 진행되면 지구 전체의 기후가 바뀌어서 동물이나 식물 등이 멸종될 우려가 있다고 한다. 지구 온난화는 대기를 덮은 가스가 온도를 상승시킴으로써 일어난다. 평균 기온은 20세기에 들어서 0.6도 올랐지만, 100년 후에는 최대 5.8도 정도 오른다고 한다. 북극과 남극의 얼음, 고산지대의 얼음 등이 녹아 해수면이 올라가면 토지가 낮은 곳은 가라앉을 우려가 있다고 한다. 내륙에서는 건조화가 진행되고, 열대 지역은 홍수 등이 예상된다.

---

7 100年後の平均気温はどうなりますか。

(A) 最大0.6度くらい上がる。

(B) 最大0.6度くらい下がる。

(C) 最大5.8度くらい上がる。

(D) 最大5.8度くらい下がる。

7 100년 후의 평균 기온은 어떻게 됩니까?

(A) 최대 0.6도 정도 오른다.

(B) 최대 0.6도 정도 내려간다.

(C) 최대 5.8도 정도 오른다.

(D) 최대 5.8도 정도 내려간다.

---

8 地球温暖化による影響はどれですか。

(A) 高山の氷が溶ける。

(B) 熱帯地域の気温が下がる。

(C) 動物や植物などがよみがえる。

(D) 内陸では洪水などが予想される。

8 지구 온난화에 따른 영향은 어느 것입니까?

(A) 고산지대의 얼음이 녹는다.

(B) 열대 지역의 기온이 떨어진다.

(C) 동물이나 식물 등이 되살아난다.

(D) 내륙에서는 홍수 등이 예상된다.

---

9 地球温暖化の原因はどれですか。

(A) ガス　　　　(B) 気温差

(C) 気候変化　　(D) 植物の増大

9 지구 온난화의 원인은 어느 것입니까?

(A) 가스　　　　(B) 기온 차

(C) 기후 변화　　(D) 식물의 증대

---

10 海面が上昇するとどうなりますか。

(A) 南極の氷が溶ける。

(B) 気候変化のおそれがある。

(C) 地域によっては海に沈む。

(D) 熱帯地域では乾燥化が進む。

10 해수면이 상승하면 어떻게 됩니까?

(A) 남극의 얼음이 녹는다.

(B) 기후 변화의 우려가 있다.

(C) 지역에 따라서는 바다에 가라앉는다.

(D) 열대 지역에서는 건조화가 진행된다.

단어 地球 지구　温暖化 온난화　全体 전체　気候 기후　植物 식물　絶滅 절멸, 멸종　大気 대기　おおう 덮다, 가리다　上昇する 상승하다　世紀 세기　北極 북극　南極 남극　溶ける 녹다　海面 해수면　土地 토지　沈む 가라앉다　内陸 내륙　乾燥化 건조화　熱帯地域 열대 지역　よみがえる 소생하다, 되살아나다　変化 변화　増大 증대

② 시사, 비즈니스 공략 3단계 실전 문제 풀기 ▶ 200쪽

정답 1 (D) 2 (B) 3 (C) 4 (C) 5 (B) 6 (B) 7 (D) 8 (B) 9 (D) 10 (B)

[1~3]

스크립트	해석
日本の会社では6月と12月にボーナスが支給される。ボーナスの金額は会社、職位によって異なるが、どの会社も年に2回支給されるのが慣行になっている。ボーナスのある月には高価なものが買えるので、デパートなどではボーナスを当て込んで高級品を売り出す。人々に人気のあるものとして海外高級ブランドのバッグ、高価な服などがある。また住宅や自動車などの長期ローンの支払いもボーナスのある月には額を大きくする。	일본 회사에서는 6월과 12월에 보너스가 지급된다. 보너스 금액은 회사, 직위에 따라 다르지만, 어느 회사든 일 년에 2번 지급되는 것이 관행이다. 보너스가 있는 달에는 고가의 물건을 살 수 있어서, 백화점 등에서는 보너스를 겨냥해 고급품을 대대적으로 판다. 사람들에게 인기 있는 물건으로서 해외 고급 브랜드의 가방, 고가의 옷 등이 있다. 또 주택이나 자동차 등의 장기 대출 상환도 보너스가 있는 달에는 금액을 늘린다.

1 ボーナスが支給されるのはいつですか。

(A) 春と夏　　(B) 夏と秋

(C) 秋と冬　　(D) 夏と冬

1 보너스가 지급되는 것은 언제입니까?

(A) 봄과 여름　　(B) 여름과 가을

(C) 가을과 겨울　　(D) 여름과 겨울

2 ボーナスで人々が主に買うのはどれですか。

(A) 自動車

(B) 高価な服

(C) 国産のかばん

(D) ハンドクリーム

2 보너스로 사람들이 주로 사는 것은 어느 것입니까?

(A) 자동차

(B) 고가의 옷

(C) 국산 가방

(D) 핸드크림

3 内容と合っているのはどれですか。

(A) ボーナスの金額はいつも一定である。

(B) 会社の経営状態によりボーナスが支給されない場合もある。

(C) ボーナスのある月にはデパートなどでは高価な製品を売り出す。

(D) 長期ローンの支払いもボーナスのある月には額を小さくする。

3 내용과 맞는 것은 어느 것입니까?

(A) 보너스 금액은 항상 일정하다.

(B) 회사의 경영 상태에 따라 보너스가 지급되지 않는 경우도 있다.

(C) 보너스가 있는 달에 백화점 등에서는 고가의 제품을 대대적으로 판매한다.

(D) 장기 대출 상환도 보너스가 있는 달에는 금액을 줄인다.

단어 ボーナス 보너스　支給する 지급하다　金額 금액　職位 직위　異なる 다르다　慣行 관행　高価 고가　当て込む 기대하다, 겨냥하다　高級品 고급품　売り出す 대대적으로 팔다　住宅 주택　長期ローン 장기 융자, 장기 대출　額 액, 금액　国産 국산　ハンドクリーム 핸드크림　一定 일정

스크립트	해석

最近、若い人たちの独身志向が、日本の社会を変えつつある。結婚する若者の数が減るにつれて、生まれてくる赤ちゃんも減り、結婚しても経済的な理由で出生率が低下している。どうして子どもを産まないのかという質問に、「子どもの生活費や教育費にお金がずいぶんかかるから」という答えが多かった。続いて、「育児と仕事の両立の難しさ」、「夫婦二人だけの生活を楽しみたい」の順であった。出生率を上げるため、児童手当制度の見直し、保育園や遊び場の設置などの対策を政府は検討している。

최근, 젊은 사람들의 독신을 지향하는 태도가 일본 사회를 바꾸고 있다. 결혼하는 젊은이의 수가 감소함에 따라 태어나는 아기도 줄고, 결혼하더라도 경제적인 이유로 출생률이 떨어지고 있다. 왜 아이를 낳지 않는 것인가 라는 질문에 '아이의 생활비나 교육비에 돈이 꽤 들기 때문에'라는 대답이 많았다. 이어서 '육아와 일의 양립의 어려움', '부부 두 사람만의 생활을 즐기고 싶다'의 순이었다. 출생률을 높이기 위해 아동 수당 제도의 재검토, 어린이집이나 놀이터 설치 등의 대책을 정부는 검토하고 있다.

---

4 出生率の低下の原因はどれですか。

(A) 若年層の離婚

(B) 若い男の人の独身志向

(C) 結婚する若者の数の減少

(D) 児童に対する政策の不備

4 출생률 저하의 원인은 어느 것입니까?

(A) 청년층의 이혼

(B) 젊은 남성의 독신을 지향하는 태도

(C) 결혼하는 젊은 사람의 수의 감소

(D) 아동에 대한 정책의 불충분

---

5 出生率を上げるために検討していないのはどれですか。

(A) 保育園の設置

(B) 生活費と教育費の支援

(C) 遊び場の設置

(D) 育児手当制度の見直し

5 출생률을 높이기 위해서 검토하고 있지 않은 것은 무엇입니까?

(A) 어린이집 설치

(B) 생활비와 교육비 지원

(C) 놀이터 설치

(D) 육아 수당 제도 재검토

---

6 子どもを産まない最大の理由はどれですか。

(A) 子どもを育てる自信がないから

(B) 子どもを育てるのにお金がかかるから

(C) 女性の結婚時期が少し遅くなったから

(D) 夫婦二人だけの生活を充実させたいから

6 아이를 낳지 않은 최대의 이유는 어느 것입니까?

(A) 아이를 기를 자신이 없기 때문에

(B) 아이를 기르는 데 돈이 들기 때문에

(C) 여성의 결혼 시기가 조금 늦어졌기 때문에

(D) 부부 두 사람만의 생활을 충실히 하고 싶기 때문에

단어 独身 독신 志向 지향 ～つつある ～하고 있다, ～중이다 数 수 減る 줄다 ～につれて ～에 따라 経済的 경제적 理由 이유 出生率 출생률 低下 저하 引き起こす 야기하다 質問 질문 生活費 생활비 教育費 교육비 続いて 계속해서, 이어서 育児 육아 両立 양립 順 순, 순서 児童 아동 手当 수당 制度 제도 見直し 재검토 保育園 보육원, 어린이집 遊び場 놀이터 設置 설치 対策 대책 政府 정부 検討する 검토하다 若年層 젊은 층, 청년층 不備 충분히 갖추지 않음 支援 지원 最大 최대 時期 시기 充実する 충실하다

スクリプト	해석

企業は賃金、労働時間、休暇などの就業規則を作って運用する。有給休暇は年間12日だ。ボーナスは年２回で、手当は通勤手当と各種資格手当があり、1日の労働時間は９時から18時までだ。また、企業は毎年４月の初め、定期採用で入社した従業員の入社式を行う。新入社員は数週間の研修を受けるが、そこでは会社の歴史、ビジネスマナー、チームワーク、文書作成法などが教え込まれる。また、管理職に対しては人材育成方法の訓練が行われる。訓練は管理職に必要な知識を持たせるのを目指している。

기업은 임금, 노동 시간, 휴가 등의 규칙을 만들어 운용한다. 유급 휴가는 연간 12일이다. 보너스는 연 2회로, 수당은 통근 수당과 각종 자격 수당이 있으며, 하루 노동 시간은 9시부터 18시까지이다. 또, 기업은 매년 4월 초, 공채로 입사한 사원의 입사식을 한다. 신입 사원은 몇 주간의 연수를 받는데, 거기서는 회사의 역사, 비즈니스 매너, 팀워크, 문서 작성법 등을 철저하게 배우게 된다. 또 관리직에게는 인재 육성 방법의 훈련이 이루어진다. 훈련은 관리직에게 필요한 지식을 갖게 하는 것을 목표로 하고 있다.

7 休暇は年間何日ですか。

(A) 無給休暇18日　　(B) 無給休暇12日

(C) 有給休暇18日　　(D) 有給休暇12日

7 휴가는 연간 며칠입니까?

(A) 무급 휴가 18일　　(B) 무급 휴가 12일

(C) 유급 휴가 18일　　(D) 유급 휴가 12일

8 人材育成の目標はどれですか。

(A) 管理職に必要な話術を持たせること

(B) 管理職に必要な知識を持たせること

(C) 管理職に必要な創造力を持たせること

(D) 管理職に必要な責任感を持たせること

8 인재 육성의 목표는 어느 것입니까?

(A) 관리직에 필요한 화술을 갖게 하는 것

(B) 관리직에 필요한 지식을 갖게 하는 것

(C) 관리직에 필요한 창의력을 갖게 하는 것

(D) 관리직에 필요한 책임감을 갖게 하는 것

9 内容と合っているのはどれですか。

(A) ボーナスは年３回である。

(B) 1日労働時間は10時間である。

(C) 新入社員の賃金は一定である。

(D) 通勤手当と資格手当がある。

9 내용과 맞는 것은 어느 것입니까?

(A) 보너스는 연 3회이다.

(B) 하루 노동 시간은 10시간이다.

(C) 신입사원의 임금은 일정하다.

(D) 통근 수당과 자격 수당이 있다.

10 新入社員に教え込むことはどれですか。

(A) 会社の位置　　(B) 会社の歴史

(C) 会社の社員数　　(D) 会社の設立方法

10 신입사원에게 철저히 가르치는 것은 어느 것입니까?

(A) 회사의 위치　　(B) 회사의 역사

(C) 회사의 사원 수　　(D) 회사의 설립 방법

단어 賃金 임금　労働時間 노동 시간　就業 취업　規則 규칙　運用する 운용하다　有給休暇 유급 휴가　手当 수당
通勤 통근　各種 각종　資格 자격　定期 정기　採用 채용　従業員 종업원, 사원　研修 연수　教え込む 철저히 가르치다
管理職 관리직　人材 인재　育成 육성　訓練 훈련　目指す 지향하다, 목표로 하다　話術 화술　創造力 창의력　責任感
책임감

정답	81 (B)	82 (D)	83 (D)	84 (C)	85 (C)	86 (A)	87 (B)	88 (D)	89 (D)	90 (C)
	91 (A)	92 (D)	93 (C)	94 (B)	95 (C)	96 (B)	97 (D)	98 (D)	99 (B)	100 (B)

[81~83]

スクリプト	해석
今日の全国の天気予報です。今日は晴れる所が多く、夜も晴れるでしょう。ただし、関東地方はにわか雨が降ります。東北地方は所々で雪が降るでしょう。九州地方は雲の多い天気が続きます。降水確率です。横浜、東京は15%、名古屋、大阪、広島は0%、札幌は70%です。次は地震情報です。7時43分頃、関東地方で地震がありました。マグニチュード4.2で震源地は茨城県南部、深さ50キロメートルです。茨城県は震度3、千葉県は震度2、東京都は震度1です。	오늘의 전국 일기 예보입니다. 오늘은 맑은 곳이 많고, 밤에도 맑겠습니다. 다만, 간토 지방은 소나기가 내리겠습니다. 도호쿠 지방은 곳곳에서 눈이 내리겠습니다. 규슈 지방은 구름이 많은 날씨가 계속되겠습니다. 강수 확률입니다. 요코하마, 도쿄는 15%, 나고야, 오사카, 히로시마는 0%, 삿포로는 70%입니다. 다음은 지진 정보입니다. 7시 43분경, 간토 지방에서 지진이 있었습니다. 진도 4.2로 진원지는 이바라키현 남부, 깊이 50킬로미터입니다. 이바라키현은 진도 3, 지바현은 진도 2, 도쿄도는 진도 1입니다.

81 雨の降る可能性がない所はどこですか。

(A) 東京　　　　　(B) 広島

(C) 札幌　　　　　(D) 横浜

81 비가 내릴 가능성이 없는 곳은 어디입니까?

(A) 도쿄　　　　　(B) 히로시마

(C) 삿포로　　　　(D) 요코하마

82 内容と合っているのはどれですか。

(A) 震源地は茨城県西南部であった。

(B) 7時43分頃、東北地方で地震があった。

(C) 千葉県は震度3で、東京都は震度1であった。

(D) 地震はマグニチュード4.2で深さ50キロメートルだった。

82 내용과 맞는 것은 어느 것입니까?

(A) 진원지는 이바라기현 서남부였다.

(B) 7시 43분경, 도호쿠 지방에서 지진이 있었다.

(C) 지바현은 진도 3이고, 도쿄도는 진도 1이었다.

(D) 지진은 진도 4.2로 깊이 50킬로미터이었다.

83 東北地方の天気はどうですか。

(A) にわか雨が降る。

(B) 全域で雪が降る。

(C) 雲の多い天気が続く。

(D) あちらこちらで雪が降る。

83 도호쿠 지방의 날씨는 어떻습니까?

(A) 소나기가 내린다.

(B) 전역에서 눈이 내린다.

(C) 구름이 많은 날씨가 계속된다.

(D) 여기저기서 눈이 내린다.

단어 | 全国 전국　所々 곳곳, 여기저기　九州 규슈〈지명〉　降水 강수　確率 확률　横浜 요코하마〈지명〉　広島 히로시마〈지명〉　札幌 삿포로〈지명〉　マグニチュード 마그니튜드〈지진의 규모를 나타내는 단위〉　震源地 진원지　茨城県 이바라키현〈지명〉　南部 남부　震度 진도　千葉 지바〈지명〉　可能性 가능성　西南部 서남부　全域 전역

스크립트	해석

山本さんは来週から1ヶ月の予定で、ヨーロッパのフランス、スペイン、イタリア、ギリシャなどの6ヶ国に出張に行きます。山本さんは誰にペットの面倒を見てもらうか悩んでいます。妹の家には赤ちゃんがいるし、姉は動物アレルギーがあるし、中田さんは忘れっぽいから、えさをやるのを忘れそうです。それで空港の近くにあるペットを預かってくれる「ペットホテル」を利用することにしました。

야마모토 씨는 다음 주부터 한 달 일정으로 유럽의 프랑스, 스페인, 이탈리아, 그리스 등의 6개국에 출장을 갑니다. 야마모토 씨는 누구에게 반려동물을 돌봐 달라고 할지 고민하고 있습니다. 여동생의 집에는 아기가 있고, 언니는 동물 알레르기가 있고, 나카타 씨는 건망증이 심해서 먹이를 주는 것을 잊어버릴 것 같습니다. 그래서 공항 근처에 있는 반려동물을 맡아 주는 '반려동물 호텔'을 이용하기로 했습니다.

84 山本さんの出張先ではないのはどれですか。

(A) ギリシャ (B) スペイン
(C) メキシコ (D) イタリア

84 야마모토 씨의 출장지가 아닌 것은 어느 것입니까?

(A) 그리스 (B) 스페인
(C) 멕시코 (D) 이탈리아

85 中田さんはどんな人ですか。

(A) 朗らかな人
(B) 礼儀正しい人
(C) よく物忘れをする人
(D) はきはきしている人

85 나카타 씨는 어떤 사람입니까?

(A) 명랑한 사람
(B) 예의바른 사람
(C) 곧잘 잊는 사람
(D) 시원시원한 사람

86 妹になぜ任せられませんか。

(A) 赤ん坊がいるから
(B) 動物が嫌いだから
(C) アレルギーがあるから
(D) えさをやるのを忘れるから

86 여동생에게 왜 맡길 수 없습니까?

(A) 아기가 있기 때문에
(B) 동물을 싫어하기 때문에
(C) 알레르기가 있기 때문에
(D) 먹이를 주는 것을 잊기 때문에

87 山本さんはペットをどうしますか。

(A) ヨーロッパに連れて行く。
(B) ペット専用宿泊施設に預ける。
(C) 空港の近くの友だちに任せる。
(D) 家に残していく。

87 야마모토 씨는 반려동물을 어떻게 합니까?

(A) 유럽에 데리고 간다.
(B) 반려동물 전용 숙박시설에 맡긴다.
(C) 공항 근처의 친구에게 맡긴다.
(D) 집에 두고 간다.

단어 ギリシャ 그리스〈지명〉 出張 출장 アレルギー 알레르기 忘れっぽい 곧잘 잊다 預かる 맡다 出張先 출장지 メキシコ 멕시코〈지명〉 朗らかだ 명랑하다 礼儀正しい 예의 바르다 物忘れ 잘 잊어버림 はきはきしている 시원시원하다 任せる 맡기다 専用 전용 施設 시설

스크립트	해석
贈り物をいただいてからすぐに何かを返すのは相手の好意に対して失礼です。まずすべきことは、贈ってくださった人に感謝の気持ちを伝えることです。お返しはそのあとです。結婚のお返しの目安は半分が基本ですが、出産、お見舞いの場合は3分の1か半分程度が一般的です。お返しが要らない場合もあります。昇進祝い、引っ越し祝い、転勤祝い、入学祝いなどのお返しは必要ありませんが、感謝の気持ちを込めて礼状を出すのがマナーです。	선물을 받고 나서 바로 뭔가를 갚는 것은 상대의 호의에 대해 큰 실례입니다. 먼저 해야 할 일은 보낸 사람에게 감사의 마음을 전하는 것입니다. 답례는 그 다음입니다. 결혼 답례품의 가격 기준은 반 정도가 기본이지만, 출산, 병문안의 경우는 3분이 1이나 반 정도가 일반적입니다. 답례품이 필요 없는 경우도 있습니다. 승진 축하, 이사 축하, 전근 축하, 입학 축하 등의 답례는 필요 없지만 감사의 마음을 담아서 사례의 편지를 보내는 것이 매너입니다.

88 贈り物をもらったら、まず何をしなければなりませんか。

(A) プレゼントを買う。

(B) すぐお返しをする。

(C) 手紙を書く前に電話する。

(D) 感謝の気持ちを伝える。

88 선물을 받으면 먼저 무엇을 해야 합니까?

(A) 선물을 산다.

(B) 바로 답례품을 갚는다.

(C) 편지를 쓰기 전에 전화한다.

(D) 감사의 마음을 전한다.

89 お返しの目安はどれくらいですか。

(A) お歳暮は全額返しである。

(B) 入学祝いは半分が基本である。

(C) 卒業祝いは3分の1が基本である。

(D) 結婚祝いは半返しが基本である。

89 답례품 가격 기준은 어느 정도입니까?

(A) 연말 선물은 전액 갚는다.

(B) 입학 축하는 반이 기본이다.

(C) 졸업 축하는 3분의 1이 기본이다.

(D) 결혼 축하는 반을 답례로 돌려주는 것이 기본이다.

90 贈り物のお返しが要らないのはどれですか。

(A) 結婚祝い

(B) 出産祝い

(C) 引っ越し祝い

(D) お見舞い

90 선물의 답례품이 필요 없는 것은 어느 것입니까?

(A) 결혼 축하

(B) 출산 축하

(C) 이사 축하

(D) 병문안

단어 好意 호의　～に対して ～에 대해　まず 먼저　感謝 감사　お返し 답례, 답례품　目安 기준, 대중　出産 출산　程度 정도　一般的 일반적　昇進 승진　転勤 전근　込める 담다, 채우다　礼状 사례의 편지　マナー 매너　お歳暮 연말 선물　全額 전액　半返し 반액에 해당하는 금품을 답례로 돌려줌

스크립트	해석
営業部の松本と申します。新製品の売り上げの件でお電話いたしました。今日2時頃、送ってくださった報告書を拝見したら、先月の売上金がグラフに正しく記載されていませんでした。お手数ですが、担当の方に営業部まで来ていただきたいと思います。それから、ご依頼のA型のモデルは現在在庫がございません。A型は限定商品で、現在生産中です。入荷は来月末の予定です。	영업부의 마쓰모토라고 합니다. 신제품의 매상 건으로 전화 드렸습니다. 오늘 2시경 보내 주신 보고서를 보았더니, 지난달 판매액이 그래프에 정확하게 기재되어 있지 않았습니다. 번거로우시겠지만, 담당하시는 분께서 영업부까지 와 주셨으면 합니다. 그리고 의뢰하신 A형 모델은 현재 재고가 없습니다. A형은 한정 상품으로 현재 생산 중입니다. 입하는 다음 달 말 예정입니다.

91 松本さんはなぜ電話をしましたか。

(A) 売り上げの数値が違うから

(B) 売り上げの報告があるから

(C) 新製品にクレームが多いから

(D) 売り上げが非常に低かったから

91 마쓰모토 씨는 왜 전화를 했습니까?

(A) 매상 수치가 틀리기 때문에

(B) 매상 보고가 있기 때문에

(C) 신제품에 불만 사항이 많기 때문에

(D) 매상이 매우 낮았기 때문에

92 A型のモデルはどうなりますか。

(A) 限定商品なので生産しない。

(B) 在庫があるから生産しない。

(C) 現在生産中止になっている。

(D) 来月の末に入荷する予定である。

92 A형의 모델은 어떻게 됩니까?

(A) 한정 상품이라서 생산하지 않는다.

(B) 재고가 있으므로 생산하지 않는다.

(C) 현재 생산 중지가 되었다.

(D) 다음 달 말에 입하할 예정이다.

93 松本さんは担当者に何を頼みましたか。

(A) 手紙を書くこと

(B) 電話をすること

(C) 営業部に来ること

(D) 報告書を作成すること

93 마쓰모토 씨는 담당자에게 무엇을 부탁했습니까?

(A) 편지를 쓸 것

(B) 전화를 할 것

(C) 영업부에 올 것

(D) 보고서를 작성할 것

단어 新製品 신제품 件 건 拝見する 보다(겸양어) 売上金 매상금, 판매액 グラフ 그래프 記載する 기재하다 手数 수고, 번거로움 担当 담당 依頼 의뢰 在庫 재고 限定 한정 生産中 생산 중 入荷 입하 数値 수치 非常に 매우

스크립트	해석

스크립트

地球温暖化、異常気象などの環境問題は人口増加やダム建設などの人為的なことが主な原因である。環境変化によって野生生物の減少および絶滅や山林の減少などが起きる。環境変化への対策として政府は国内外に環境問題の深刻さと国際ルールを守るべきだということを訴え続けている。各家庭ですべきことは水道の水を出しすぎないことである。

해석

지구 온난화, 이상 기후 등의 환경 문제는 인구 증가, 댐 건설 등의 인위적인 것이 주된 원인이다. 환경 변화에 의해 야생 생물의 감소 및 멸종이나 삼림 감소 등이 일어난다. 환경 변화 대책으로서 정부는 국내외에 환경 문제의 심각함과 국제 사회의 규율을 지켜야 한다는 것을 계속해서 호소하고 있다. 각 가정에서 해야 할 일은 수돗물을 많이 쓰지 않는 것이다.

---

94 環境問題の主な原因はどれですか。

(A) 土地汚染　　(B) 人口の増加

(C) 地球温暖化　(D) 異常気象

94 환경 문제의 주된 원인은 어느 것입니까?

(A) 토지 오염　　(B) 인구 증가

(C) 지구 온난화　(D) 이상 기후

---

95 環境変化を食い止めるために各家庭では何をすべきですか。

(A) 国際ルールを守る。

(B) 太陽電池を利用する。

(C) 水道の水を出しすぎない。

(D) 環境問題の深刻さを訴え続ける。

95 환경 변화를 저지하기 위해 각 가정에서는 무엇을 해야 합니까?

(A) 국제 사회의 규율을 지킨다.

(B) 태양 전지를 이용한다.

(C) 수돗물을 많이 쓰지 않는다.

(D) 환경 문제의 심각함을 계속 호소한다.

---

96 環境の変化による影響にはどんなことがありますか。

(A) 山林資源の保存

(B) 野生生物の絶滅

(C) ダム建設の拡大

(D) 文明発展の危機

96 환경 변화에 따른 영향에는 어떤 것이 있습니까?

(A) 산림 자원의 보존

(B) 야생 생물의 멸종

(C) 댐 건설의 확대

(D) 문명 발전의 위기

단어 地球温暖化 지구 온난화　異常気象 이상 기후, 기상 이변　環境 환경　増加 증가　ダム 댐　人為的 인위적　主な 주요한　野生 야생　生物 생물　減少 감소　および 및　絶滅 멸종　山林 산림　対策 대책　深刻さ 심각함　訴え続ける 계속 호소하다　同時に 동시에　土地 토지　汚染 오염　食い止める 막다, 저지하다, 방지하다　太陽 태양　資源 자원　保存 보존　拡大 확대　文明 문명　発展 발전　危機 위기

스크립트	해석
デパート、スーパーマーケットなどの大型小売店の数は前年と比べて9%、従業者数は4%増加した。大型小売店の販売額は食品が全体の47%で、最も高かった。しかし、大型小売店の販売額は前年同じ月と比べてみると8.2%減少した。品目別に前年同じ月と比べてみると、家庭用電気製品が50.3%、家具が25.2%、衣料品が13%、食品が6.5%、その他の商品が5%とそれぞれ減少した。	백화점, 슈퍼마켓 등의 대형 소매점의 수는 전년과 비교해서 9%, 종사자 수는 4% 증가했다. 대형 소매점의 판매액은 식품이 전체의 47%로 가장 높았다. 그러나 대형 소매점의 판매액은 전년의 같은 달과 비교해 보면 8.2% 감소했다. 품목별로 전년의 같은 달과 비교해 보면 가정용 전자제품이 50.3%, 가구가 25.2%, 의류가 13%, 식품이 6.5%, 그밖의 상품이 5%로 각각 감소했다.

97 どれが大型小売店ですか。

(A) コンビニ   (B) 卸売り店
(C) 雑貨店   (D) スーパーマーケット

97 어느 것이 대형 소매점입니까?

(A) 편의점   (B) 도매점
(C) 잡화점   (D) 슈퍼마켓

98 大型小売店の販売額は前年の同じ月と比べてどうなっていますか。

(A) 4%増加した。
(B) 5%減少した。
(C) 9%増加した。
(D) 8.2%減少した。

98 대형 소매점의 판매액은 전년의 같은 달과 비교해서 어떻게 되었습니까?

(A) 4% 증가했다.
(B) 5% 감소했다.
(C) 9% 증가했다.
(D) 8.2% 감소했다.

99 大型小売店の販売額の中で最も高かったものはどれですか。

(A) 家具   (B) 食品
(C) 衣料品   (D) 家庭用電気製品

99 대형 소매점의 판매액 중에서 가장 높았던 것은 어느 것입니까?

(A) 가구   (B) 식품
(C) 의류   (D) 가정용 전자제품

100 内容と合っているものはどれですか。

(A) 食品の販売額が6.5%増加した。
(B) 家具の販売額が25.2%減少した。
(C) 衣料品の販売額が14%減少した。
(D) 家庭用電気製品の販売額が50.3%増加した。

100 내용과 맞는 것은 어느 것입니까?

(A) 식품 판매액이 6.5% 증가했다.
(B) 가구 판매액이 25.2% 감소했다.
(C) 의류 판매액이 14% 감소했다.
(D) 가정용 전자제품 판매액이 50.3% 증가했다.

단어 大型 대형　小売店 소매점　前年 전년　従業者 종사자　販売額 판매액　全体 전체　品目別 품목별　家具 가구　衣料品 의류　それぞれ 각각　卸売り店 도매점　雑貨 잡화

① 형용사

*공략 3단계 실전 문제 풀기 1회

PART 5 정답찾기 ▶ 224쪽

정답 1 (A) 2 (B) 3 (C) 4 (C) 5 (B)
6 (A)

1

해석 그녀의 꼼꼼한 성격은 나도 본받고 싶습니다.

단어 几帳面だ 착실하고 꼼꼼하다 見習う 본받다

2

해석 일본은 길도 집도 좁은 곳이 많아서 불편한 점도 있다.

단어 狭い 좁다 貧しい 가난하다

3

해석 오늘은 매우 지루한 하루였다.

단어 たいくつだ 지루하다 一日 하루

4

해석 나는 운동 신경이 둔한 편이어서 스포츠는 별로 좋아하지
않는다.

단어 運動神経 운동 신경 鈍い 둔하다 鋭い 예리하다, 날
카롭다

5

해석 '성평등'은 유행어 대상으로 선정될 정도로 최근 여러 가지
로 화제가 되고 있습니다.

단어 ジェンダー 성별 平等 평등 流行語 유행어 選出
선출, 선정 近年 근래 何かと 이것저것, 여러 가지로
話題 화제

6

해석 모두 전력을 다해 노력했는데, 이런 결과가 되어 버려서 속
상했다.

단어 全力 전력 尽くす 다하다 結果 결과 残念だ 유감
이다 手頃だ 적당하다 退屈だ 지루하다

PART 6 오문정정

정답 7 (C) 8 (D) 9 (A) 10 (D) 11 (A)
12 (A) 13 (D) 14 (D)

7

해석 우연히 들른 화랑에서 한 장의 그림을 우연히 접하고, 깊은
감동을 받았다.

단어 偶然 우연(히) 立ち寄る 들르다 画廊 화랑 ~に出
会う ~을 우연히 만나다 深い 깊다 感動を受ける
감동을 받다

체크 探い → 深い 깊은(비슷한 한자에 유의할 것. 探す : 찾다,
深い : 깊다)

8

해석 태풍이 접근하고 있기 때문인지 어젯밤부터 강한 바람이
지독하게 불고 있다.

단어 台風 태풍 接近する 접근하다

체크 こわく → ひどく 지독하게, 심하게

9

해석 야마다 부장님은 성질이 급한 사람이라서 빨리빨리 하지
않으면, 불호령이 떨어져요.

단어 気短だ 성질이 급하다 さっさと 빨리빨리, 척척
雷が落ちる 불호령이 떨어지다

체크 気短の人 → 気短な人 성질이 급한 사람(な형용사의 명
사 수식형)

10

해석 과장님의 허락 없이 그런 일을 멋대로 하면 곤란합니다.

단어 許可 허가 勝手にする 제멋대로 하다 困る 곤란하다

체크 勝手で → 勝手に

11

해석 저렇게 더럽고 불친절한 가게에는 두 번 다시 가지 않겠다
고 생각했다.

단어 不親切だ 불친절하다 二度と 두 번 다시 ~まい
~않겠다(부정을 나타내는 조동사)

체크 汚いで → 汚くて 더럽고(い형용사의 중지형은 ~くて)

12

해석 중도 퇴학의 주된 원인으로는 학교 생활이나 학업이 맞지
않는다는 점이 거론되고 있습니다.

단어 中途退学 중도 퇴학 主だ 주되다, 주요하다 原因 원
인 ~として ~로서 学業 학업 あげられる 거론되
다(あげる의 수동형)

체크 主に → 主な 주된(な형용사의 명사 수식형은 ~な이다.)

13

해석 어느 조사 기관의 발표에 의하면, 문과 학생에게 인기가 <u>많은</u> 회사는 보험 회사라고 한다.

단어 ある 어느　調査機関 조사 기관　発表 발표　～によると ~에 의하면　文系系 문과　保険会社 보험 회사

체크 人気の高く → 人気の高い 인기가 많은
명사를 수식할 때는 高く가 아닌 高い의 형태로 써야 한다.

14

해석 그쪽이라면 신주쿠역에서 가는 편이 훨씬 알기 쉽고 <u>편리</u>할 겁니다.

단어 新宿 신주쿠〈지명〉　ずっと 훨씬

체크 便利はず → 便利なはず 편리할 것
(はず에 접속되는 형태에 주의)

PART 7 공란메우기　　▶ 225쪽

정답 15 (C)　16 (B)　17 (D)　18 (B)　19 (B)
20 (D)

15

해석 아뿔싸! <u>어리석은</u> 짓을 하고 말았다.

단어 しまった 아뿔싸, 이런〈감탄사〉　馬鹿だ 어리석다
～てしまう ~해 버리다

16

해석 고의로 속인 것 같아 조금 <u>미안한</u> 기분이 들었습니다.

단어 わざと 고의로　だます 속이다　申し訳ない 미안하다, 죄송하다　切ない 애달프다　情けない 한심하다

17

해석 스트레스로 병이 생길 정도라면 회사를 그만두는 편이 <u>낫다.</u>

단어 病気になる 병이 나다　～た方がましだ ~하는 편이 낫다　余計だ 쓸데없음, 불필요함　無駄だ 소용없다　本気だ 진심이다

18

해석 대형 쇼핑몰이 근처에 있으면 일부로 멀리 나갈 필요가 없으니까 굉장히 편리합니다.

단어 大型 대형　ショッピングセンター 쇼핑몰　わざわざ 일부로　遠出 멀리 나감

체크 近く는 명사로, '근처'라는 뜻이다.

19

해석 인터넷을 무슨 목적으로 사용하고 있는지를 파악하는 것은 <u>중요</u>합니다.

단어 目的 목적　把握する 파악하다　大体 대체로　平らだ 평평하다

20

해석 잠깐 당신이 <u>도와 주었으면</u> 하는데, 지금 시간이 있습니까?

단어 手伝う 돕다　～てほしい ~해 주기 바라다

---

*공략 3단계 실전 문제 풀기 2회

PART 5 정답찾기　　▶ 226쪽

정답 1 (B)　2 (B)　3 (A)　4 (C)　5 (D)
6 (D)

1

해석 헬스장 견학을 갔는데 무리한 방법으로 등록을 강요당했다.

단어 ジム 헬스장　見学 견학　強引 반대나 장애를 물리치고 억지로 하는 모양　せまる 강요하다

2

해석 일본에서는 겨울에도 <u>짧은</u> 바지를 입는 초등학생이 있습니다.

단어 小学生 초등학생　清い 맑다　短い 짧다　臭い 고약한 냄새가 나다

3

해석 그녀는 <u>손재주가 있는 사람</u>으로, 무엇을 만들던 그것은 곧 상품이 된다.

(A) 쓸모 있는 재능을 가진 사람
(B) 적극적인 사람
(C) 영리한 사람
(D) 멋진 사람

단어 手先 손끝　器用だ 재주 있다　役に立つ 도움이 되다, 쓸모 있다　才能 재능　積極的だ 적극적이다　利口だ 영리하다

4

해석 도시락은 일본인의 생활과 떼려야 뗄 수 없는 <u>중요</u>한 존재이다.

단어 弁当 도시락　切っても切れない 떼려야 뗄 수 없는　存在 존재　主要だ 주요하다

5

해석 요즘은 더워서 못 잤는데, 어젯밤은 오랜만에 <u>상쾌하게</u> 잤다.

단어 このごろ 요즘 <ruby>久<rt>ひさ</rt></ruby>しぶりに 오랜만에 <ruby>快<rt>こころよ</rt></ruby>い 상쾌하다, 기분 좋다

체크 <ruby>快<rt></rt></ruby>く를 읽는 법에 주의할 것. こころよく에 こころ가 들어간다고 해서 心를 고르지 않도록 주의가 필요하다.

6

해석 맥주 등 여름에 잘 팔리는 상품 이외의 광고는 삭감 대상이 <u>되기 쉽습니다.</u> (~하기 쉽다)

(A) 남을 탓하기는 <u>쉬운</u> 일입니다. (쉽다)

(B) 집값은 <u>싸지만</u>, 역에서 먼 것이 좀 신경이 쓰입니다. (싸다)

(C) <u>가볍게</u> 받아들이기는 했지만, 앞으로의 일이 걱정입니다. (가볍다, 경솔하다)

(D) 일본어는 공부하<u>기 쉬운</u> 과목이라고 생각했는데, 좀처럼 성적은 오르지 않는다. (~하기 쉽다)

단어 <ruby>以外<rt>いがい</rt></ruby> 이외 <ruby>広告<rt>こうこく</rt></ruby> 광고 <ruby>削減<rt>さくげん</rt></ruby> 삭감 <ruby>対象<rt>たいしょう</rt></ruby> 대상 <ruby>他人<rt>たにん</rt></ruby> 타인, 남 <ruby>責<rt>せ</rt></ruby>める 비난하다, 탓하다 たやすい 쉽다, 용이하다 <ruby>家賃<rt>やちん</rt></ruby> 집값 <ruby>引<rt>ひ</rt></ruby>き<ruby>受<rt>う</rt></ruby>ける 받아들이다, 떠맡다 ~ものの ~이긴 하지만 <ruby>科目<rt>かもく</rt></ruby> 과목 <ruby>成績<rt>せいせき</rt></ruby> 성적

체크 やすい의 여러 가지 의미에 주목. 문제와 같이 동사의 ます형에 붙어서 '~하기 쉽다'라는 뜻으로 사용된 것을 찾으면 된다.

PART 6 오문정정

정답 7 (B) 8 (A) 9 (C) 10 (B) 11 (D)
12 (C) 13 (D) 14 (D)

7

해석 일본 각지에는 <u>수많은</u> 벚꽃 명소가 있어, 꽃축제라는 큰 행사가 열린다.

단어 <ruby>各地<rt>かくち</rt></ruby> 각지 <ruby>数多<rt>かずおお</rt></ruby>くの 수많은 <ruby>名所<rt>めいしょ</rt></ruby> 명소 <ruby>花見<rt>はなみ</rt></ruby> 꽃구경 ~という ~라는 <ruby>行事<rt>ぎょうじ</rt></ruby> 행사 <ruby>行<rt>おこな</rt></ruby>われる 열리다, 이루어지다

체크 <ruby>数多<rt></rt></ruby>いの → <ruby>数多<rt></rt></ruby>くの 수많은

8

해석 이 빵은 <u>이상한</u> 냄새가 나니까 먹지 않는 편이 좋을 것 같습니다.

단어 においがする 냄새가 나다

체크 <ruby>変<rt></rt></ruby>に → <ruby>変<rt></rt></ruby>な(な형용사의 명사 수식형)

9

해석 이곳은 아직 공사 중입니다. 이런 <u>위험한</u> 장소에서 놀면 안 됩니다.

단어 <ruby>危険<rt>きけん</rt></ruby>だ 위험하다 ~てはいけない ~하면 안 된다

체크 <ruby>危険<rt></rt></ruby>で → <ruby>危険<rt></rt></ruby>な 위험한(な형용사의 명사 수식은 ~な)

10

해석 그는 불리한 조건을 <u>멋지게</u> 극복하고 외교관 시험에 합격했다.

단어 <ruby>不利<rt>ふり</rt></ruby>だ 불리하다 <ruby>条件<rt>じょうけん</rt></ruby> 조건 <ruby>乗<rt>の</rt></ruby>り<ruby>越<rt>こ</rt></ruby>える 극복하다, 뛰어넘다 <ruby>外交官試験<rt>がいこうかんしけん</rt></ruby> 외교관 시험 <ruby>合格<rt>ごうかく</rt></ruby>する 합격하다

체크 <ruby>見事<rt></rt></ruby>で → <ruby>見事<rt></rt></ruby>に 멋지게(な형용사의 부사형은 ~に)

11

해석 이 소설책은 어머니가 갖고 싶어 하는 책입니다.

단어 <ruby>小説<rt>しょうせつ</rt></ruby>の<ruby>本<rt>ほん</rt></ruby> 소설책

체크 ほしい → ほしがっている 갖고 싶어 하다
ほしい(갖고 싶다)와 ほしがる(갖고 싶어 하다, 제3자의 바람)를 구별하여 사용해야 한다.

12

해석 다이어트를 하려고 생각하면서도 단 것을 보면 그만 먹어 버리고 만다.

단어 ダイエット 다이어트 ます형+つつ ~하면서 つい 그만 ~てしまう ~해버리다

체크 명사를 수식할 때는 <ruby>甘<rt></rt></ruby>いもの(단 것)의 형태로 쓴다.

13

해석 오늘은 친구의 생일 파티가 있는데, 아르바이트를 <u>쉴 수 없어서</u> 갈 수 없다.

단어 <ruby>親友<rt>しんゆう</rt></ruby> 친구 <ruby>誕生日<rt>たんじょうび</rt></ruby>パーティー 생일 파티

체크 <ruby>休<rt></rt></ruby>めないで → <ruby>休<rt></rt></ruby>めなくて 쉴 수 없어서
(~ないで : ~하지 않고, ~なくて : ~하지 않아서)

14

해석 이 레스토랑은 바쁜 것 같지만, 건너편 레스토랑은 <u>한가한</u> 것 같습니다.

단어 むこう 건너 편, 맞은 편 <ruby>暇<rt>ひま</rt></ruby>だ 한가하다, 한산하다

체크 <ruby>暇<rt></rt></ruby>なそうです → <ruby>暇<rt></rt></ruby>そうです 한가한 것 같습니다
(양태의 조동사 そうだ의 접속 형태에 주의. 형용사는 「어간+そうだ」이다.)

PART 7 공란메우기
▶ 227쪽

정답 15 (B) 16 (A) 17 (C) 18 (A) 19 (B)
20 (D)

15
해석 대학은 올해의 장학금 지급 계획을 밝혔다.
단어 奨学金 장학금 支給 지급 わずか 근소함 明らか 분명함 華やか 화려함 緩やか 완만함
체크 明らかにする 분명히 하다, 밝히다

16
해석 그는 남에게 무슨 말을 듣던 아무렇지 않은 표정을 짓고 있다.
단어 平気だ 아무렇지 않다, 태평하다 顔をする 얼굴을 하다, 표정을 짓다 無事だ 무사하다 駄目だ 안 된다

17
해석 이 집은 방이 3개 있어도 고양이 이마 같이 매우 좁습니다.
단어 猫の額 고양이 이마, 매우 좁음을 비유 ～のようだ ～인 것 같다

18
해석 전철 안에서는 너무 시끄럽게 하지 않는 게 좋아요.
단어 ～ない方がいい ～하지 않는 게 좋다
체크 い형용사의 부사형은 ～く이다.

19
해석 근처에서 화재가 있었는데, 그 집 사람들은 다행히 무사했다.
단어 幸い 다행히 無事 무사함 安心 안심 安定 안정 用心 조심

20
해석 비록 작은 돈이라도 꾸준히 모으면 결코 무시할 수 없는 금액이 된다.
단어 たとえ 비록 こつこつ 꾸준히 貯める 모으다 決して 결코 ばかにならない 무시할 수 없다 金額 금액 詳しい 상세하다 細かい 작다, 미세하다
체크 '細かいお金 잔돈'이라는 뜻도 함께 기억할 것

② 동사

*공략 3단계 실전 문제 풀기 1회

PART 5 정답찾기
▶ 247쪽

정답 1 (B) 2 (A) 3 (D) 4 (A) 5 (B)
6 (C)

1
해석 짐은 한 개는 가지고 들어갈 수 있지만, 그 이외에는 맡기는 걸로 되어 있습니다.
단어 荷物 짐 持ち込む 가지고 들어가다 以外 이외 預ける 맡기다 とどける 전하다 なづける 이름짓다 くだける 부서지다

2
해석 시험에서 너무 오래 생각한 나머지 시간이 부족해서 마지막까지 풀 수 없었다.
단어 ～すぎる 지나치게 ～하다 ～たあまり ～한 나머지 足りる 충분하다 最後 마지막 溶ける 녹다 解ける (문제를) 풀 수 있다 掛ける 걸다 負ける 지다
체크 溶ける와 解ける는 한자음이 같으므로 헷갈리지 않도록 주의할 것

3
해석 이제는 완전히 일본 생활에도 익숙해지고 친구도 많이 생겼습니다. (생기다)
(A) 당신은 지금 살고 있는 집에 만족할 수 있나요? (가능)
(B) 해 보지 않으면 할 수 있을지 어떨지 모릅니다. (가능)
(C) 일본어는 할 수 있는데, 영어는 못합니다. (가능)
(D) 당신 집 근처에 생긴 미용실은 어떻습니까? (생기다)
단어 すっかり 완전히 慣れる 익숙해지다 満足 만족 ～かどうか ～일지 어떨지
체크 できる가 예문과 같이 '생기다'라는 의미로 사용된 것 찾기

4
해석 이제부터는 태풍에 대비해서 충분한 주의가 필요합니다.
단어 台風 태풍 備える 대비하다 そびえる 높이 솟다 抱える 안다 甘える 응석부리다

5
해석 지금부터 시험을 시작합니다. 책을 덮어주세요.
단어 始める 시작하다 閉める 닫다 閉まる 꼭 닫히다 開く 열리다
체크 閉じる는 (책을) 덮다, (눈을) 감다, (회의가) 끝나다 등 다양한 의미가 있으므로 주의해야 한다.

6

해석 지불한 의료비의 80%는 나중에 되돌아옵니다.

　(A) 학교에는 아침밥을 먹고나서 옵니다.

　(B) 봄이 와서, 꽃이 피기 시작했습니다.

　(C) 전철 안은 우에노 역부터 붐벼 왔습니다.

　(D) 이곳은 언젠가 와 본 마을입니다.

단어 払う 지불하다　医療費 의료비　戻る (되)돌아오다

　～はじめる ～하기 시작하다　上野 우에노〈지명〉

　混む 붐비다, 혼잡하다　いつか 언젠가

체크 「～てくる(~해 오다)」의 용법으로 쓰인 것 찾기

PART 6 오문정정

정답　7 (D)　　8 (D)　　9 (C)　　10 (D)　　11 (A)

　　12 (A)　　13 (D)　　14 (D)

7

해석 어제 옛 친구를 만났는데 그 친구가 일자리를 알아봐 준다고 했어요.

단어 就職口 취직처, 일자리　探す 찾다

체크 探してもらう → 探してくれる 알아봐 주다

　남이 나에게 해 주는 것은 くれる로 표현한다.

8

해석 은행 계좌의 비밀번호를 잊어버려서 예금을 찾을 수 없었다.

단어 口座 계좌　暗証番号 비밀번호　預金 예금

　引き出す 인출하다

체크 探せなかった → 引き出せなかった 인출할 수 없었다

　('예금을 찾다'는 동사 引き出す로 표현한다.)

9

해석 회사에 가는 도중에 전철이 고장 나서 1시간이나 지각하고 말았다.

단어 途中 도중　故障する 고장 나다

체크 故障でて → 故障して 고장 나서

10

해석 아직 확실히 정하지 않았는데, 졸업하면 대학원에 진학하려고 합니다.

단어 はっきり 분명히　決める 결정하다　卒業 졸업

　大学院 대학원　進む 진학하다, 나아가다

체크 進みようと → 進もうと 진학하려고(동사의 의지형)

11

해석 읽다 만 책을 손에 든 채 졸고 있다.

단어 ～かける ～하다 말다　手にする 손에 들다

　～たまま ～한 채(로)　居眠りをする 졸다

체크 読むかけた → 読みかけた 읽다 만

　(동사의 ます형+かける : ~하다 말다, 다 ~하지 않다)

12

해석 저로서는 판단하기 어려우니 부장님께 가서 말씀하세요.

단어 ～としては ~로서는　判断 판단　～かねる ~하기 어렵다

체크 判断してかねます → 判断しかねます 판단하기 어렵습니다(동사 ます형 + かねる : ~하기 어렵다)

13

해석 진주 등의 보석을 살 거라면, 믿을 만한 가게에서 사는 것이 좋습니다.

단어 真珠 진주　宝石 보석　信用 신용

체크 買いた方が → 買った方が 사는 것이(동사의 음편형)

14

해석 이 오이는 좀 무르고 이상한 냄새도 나고 썩고 있어.

단어 きゅうり 오이　柔らかい 부드럽다　腐る 썩다, 상하다　～かけ ~하다 만

체크 腐るかけ → 腐りかけ (～かけ는 ます형에 접속함)

PART 7 공란메우기　　▶ 248쪽

정답　15 (B)　　16 (C)　　17 (A)　　18 (D)　　19 (C)

　　20 (A)

15

해석 후지이 씨의 기록을 깰 수 있는 것은 야마구치 씨밖에 없겠지요.

단어 記録 기록　破る 깨다　～しかない ~밖에 없다　こわれる 망가지다　くずす 무너뜨리다　われる 깨지다

16

해석 기무라 씨는 장래에 어떤 회사에서 근무하고 싶습니까?

단어 将来 장래　～に勤める ~에서 근무하다, 종사하다

17

해석 그런 상태로 운전한다니 큰 사고로 이어질 수 있어.

단어 状態 상태　～かねない ~할지도 모른다

　繋がる 이어지다　繋ぐ 연결하다　起る 일어나다, 발생

하다 　起きる 기상하다

체크 　事故に繋がる 사고로 이어지다

18

해석 　어딘가로 여행을 떠나고 싶은데 시간도 없거니와 돈도 없다.

체크 　～も～ば、～も ～도~하거니와~도

19

해석 　인기밴드의 콘서트 티켓은 발매 시작부터 5분만에 매진되었습니다.

단어 　バンド 밴드　 コンサート 콘서트　 発売 발매　 開始 개시　 売り切れ 매진

20

해석 　벌써 3년째가 되는데, 저는 나라에서 장학금을 받아 공부하고 있습니다.

단어 　奨学金をもらう 장학금을 받다

*공략 3단계 실전 문제 풀기 2회

PART 5 정답찾기　　　　　　　　　▶ 249쪽

정답 　1 (D)　　 2 (A)　　 3 (A)　　 4 (D)　　 5 (A)
　　　 6 (D)

1

해석 　이곳은 따뜻하고 살기 좋은 기후라서 일 년 내내 많은 관광객이 찾아옵니다.

단어 　過ごす 지내다　 気候 기후　 一年中 일 년 내내　 観光客 관광객　 訪れる 방문하다, 찾아오다　 ひきつれる 인솔하다, 쥐가 나다　 くたびれる 녹초가 되다　 あこがれる 동경하다

2

해석 　짐 부치기가 끝난 후에는 보안 검사장에서 기내 반입 수화물 검사를 받습니다.

단어 　荷物 짐　 預け入れ 맡김　 済む 끝나다, 완료되다　 保安検査場 보안검사장　 機内 기내　 持ち込み手荷物 반입 수화물　 澄む 맑다　 清む 맑다

3

해석 　기무라 씨는 다나카 씨에게 받은 스카프를 자기 어머니께 드렸습니다.
　　　 (A) 다나카 씨는 기무라 씨에게 스카프를 주었습니다
　　　 (B) 다나카 씨는 어머니께 스카프를 드렸습니다
　　　 (C) 기무라 씨는 다나카 씨에게 스카프를 주었습니다

　　　 (D) 기무라 씨는 어머니께 스카프를 받았습니다

체크 　누가 누구에게 받은 것인지를 명확히 체크하며 문제를 풀어야 한다.

4

해석 　바이러스로 컴퓨터의 기능이 정지된 경우에도 당황할 필요가 없습니다.

단어 　ウイルス 바이러스　 障害 장애　 機能 기능　 停止 정지　 慌てる 당황하다　 隔てる 사이에 두다　 仕立てる 준비하다, 마련하다

5

해석 　아이에게 최신 스마트폰을 선물했더니 매우 기뻐했다.

단어 　最新 최신　 喜ぶ 기뻐하다　 悲しむ 슬퍼하다　 苦しむ 괴로워하다

6

해석 　논문집은 다 되었습니까?
　　　 (A) 사람들 앞에서는 떨려서 말을 못 합니다.
　　　 (B) 성적이 오르는 방법을 구체적으로 소개합니다.
　　　 (C) 어서 오세요. 자, 어서 올라(들어)오세요.
　　　 (D) 이게 다 되면 다음 일이 기다리고 있습니다.

단어 　論文集 논문집　 あがる 완성되다, 끝나다, 초조해하다, 올라가다　 人前 사람들 앞, 남 앞

체크 　あがる의 여러 가지 의미 이해하기

PART 6 오문정정

정답 　7 (C)　　 8 (D)　　 9 (D)　　 10 (D)　　 11 (B)
　　　 12 (B)　　 13 (C)　　 14 (D)

7

해석 　우리 아이는 어제 길에서 굴러 발에 상처를 입었다.

단어 　転ぶ 구르다　 けがをする 상처를 입다, 부상을 당하다

체크 　転びで → 転んで 굴러서(동사의 음편형)

8

해석 　큰 부상을 당했지만 그의 다리는 서서히 회복되고 있는 것 같습니다.

단어 　大けがをする 큰 부상을 당하다　 徐々に 서서히　 回復 회복　 向かう 향하다　 ～つつある ~중이다, 하고 있다

체크 　向かうつつある → 向かいつつある(ます형에 접속)

9

해석 그는 토지 매매로 순식간에 돈을 벌었다.

단어 土地 토지　売買 매매　あっと言う間に 순식간에, 눈 깜짝할 사이에　お金を稼ぐ 돈을 벌다, 돈을 모으다

체크 集まった → 稼いだ 벌었다

10

해석 몇 번이나 그 문제에 대해서 생각해 보았지만, 좋은 해결책은 발견되지 않았습니다.

단어 何度も 몇 번이나　〜について 〜에 대해서　解決策 해결책　見つける 발견하다　見つかる 발견되다

체크 見つけません → 見つかりません 발견되지 않았습니다(자·타동사 구별하여 사용할 것)

11

해석 여기서부터라면, 20분 정도 계속 올라가면 산 정상이 보일 것입니다.

단어 〜つづける 계속 〜하다　頂上 정상

체크 登ってつづける → 登りつづける 계속 올라가다(동사의 ます형+つづける : 계속해서 〜하다)

12

해석 먹고 싶지 않으면 먹지 않아도 됩니다. 먹고 싶은 사람만 드세요.

체크 食べないでも → 食べなくても 먹지 않아도 (〜なくてもいい : 〜하지 않아도 된다)

13

해석 나도 요전에 치과 의원에 갔습니다. 창구에서 국민건강보험증을 건네고 접수를 마쳤습니다.

단어 この間 요전에　歯科 치과　医院 의원　窓口 창구　国民健康保険証 국민건강보험증　渡る 건너다　渡す 건네다　受付を済ませる 접수를 마치다

체크 渡って → 渡して 건네고(자·타동사를 구별하여 사용할 것)

14

해석 대형 쓰레기를 버리는 날에 근처를 걷다 보면, 아직 사용할 수 있는 가구나 자전거 등이 버려져 있습니다.

단어 粗大ゴミ 대형 쓰레기　近所 근처　家具 가구

체크 捨てています → 捨ててあります 버려져 있습니다(타동사 + てある : 상태)

PART 7 공란메우기　　　　▶ 250쪽

정답 15 (D)　16 (A)　17 (C)　18 (A)　19 (A) 20 (A)

15

해석 생선은 신선할 때는 맛있지만, 오래되면 맛이 변합니다.

단어 〜うち 〜동안(시간의 범위)　味が変る 맛이 변하다

16

해석 후배는 정시가 되자마자 바로 돌아갔다.

단어 後輩 후배　定時 정시　〜や否や 〜하자마자　すぐに 바로

체크 〜や否や는 동사의 기본형에 접속한다.

17

해석 최근에는 금융 관계의 기업도 인재 파견 업계에 진출할 움직임을 보이고 있습니다.

단어 最近 최근　金融 금융　関係 관계　人材 인재　派遣 파견　業界 업계　進出する 진출하다　見せる 보이다

18

해석 이치무라 씨는 차에 치여 다리뼈가 부러졌습니다.

단어 車にはねられる 차에 치이다　はねる 튀다, 받아서 나가 떨어지게 하다　骨を折る 뼈가 부러지다

19

해석 여러분, 출석을 부를 테니까 한 사람씩 손을 들어 주세요.

단어 出席をとる 출석을 부르다　よぶ 부르다　さけぶ 소리치다　とれる 떨어지다, 빠지다

20

해석 이번에는 간신히 시험에 합격해서 대학에 입학할 수 있었습니다.

단어 やっと 겨우, 간신히　試験に受かる 시험에 붙다　入学する 입학하다

체크 試験を受ける(시험을 보다)와 試験に受かる(시험에 붙다)를 잘 구별할 것

*공략 3단계 실전 문제 풀기 3회

PART 5 정답찾기

▶ 251쪽

정답 1 (C) 2 (B) 3 (C) 4 (A) 5 (B)
6 (A)

1

해석 사퇴 회견에 임하는 정치가 다하라 씨의 표정은 매우 근엄했다.

단어 辞任 사임, 사퇴 会見 회견 臨む 임하다 政治家 정치가 あがむ 우러르다, 숭상하다 囲む 둘러싸다 痛む 아프다

2

해석 일본의 시치고산이란 어린이의 건강과 행복을 기원하는 행사이다.

단어 七五三 시치고산(일본에서 남자는 3세·5세, 여자는 3세·7세 되는 해에 신사 참배하는 행사) 健康 건강 祈り 기도, 기원 行事 행사 怒り 분노 頼り 의지 募る 점점 심해지다, 격화하다

3

해석 이 소설, 매우 재밌어요. 잠깐 읽어 보겠습니까?
(A) 열이 있으면 의사에게 진찰 받는 것이 좋습니다.
(B) 텔레비전은 별로 좋아하지 않지만, 야구와 축구는 보고 있습니다.
(C) 스스로 해 보지 않으면 모르는 법입니다.
(D) 요즘은 언니 집에서 아이들을 보살피고 있습니다.

단어 ～てみる ～해 보다(시도) 診てもらう 진찰 받다 ～ものだ ～하는 법이다(보편적임, 당연함) 面倒を見る 보살피다

체크 ～てみる(～해 보다)용법으로 쓰인 것 찾기

4

해석 졸업하고나서 쭉 이 회사에서 근무하였습니다.

단어 勤める 종사하다, 근무하다 暖める 따뜻하게 하다 固める 단단히 하다 定める 결정하다

5

해석 축제 때는 많은 포장마차가 늘어서 있습니다.

단어 お祭り 축제 屋台 포장마차 膨らむ 부풀다 頼む 부탁하다

6

해석 들어가 보니, 사무실 창문이 전부 열려 있었습니다. (상태)
(A) 방에 불이 꺼져 있는 것을 보니, 아무도 없는 것 같다. (상태)
(B) 다나카 씨와 이야기하고 있는 사람이 기무라 과장님입니다. (진행)
(C) 지금 당신이 쓰고 있는 것은 보고서입니까? (진행)
(D) 여동생은 연인에게 줄 벨트를 사고 있습니다. (진행)

단어 事務室 사무실 全部 전부 恋人 연인, 애인

체크 「자동사 + ている : 상태」가 사용된 표현 찾기

PART 6 오문정정

정답 7 (B) 8 (D) 9 (C) 10 (D) 11 (B)
12 (C) 13 (C) 14 (B)

7

해석 나는 언니와 목소리가 비슷해서 전화를 받으면 (상대방이) 착각하는 경우가 있습니다.

단어 声 목소리 似る 비슷하다, 닮다 間違える 잘못하다, 착각하다

체크 似る → 似ている (동사 似る는 ている의 형태로 상태를 나타냄)

8

해석 멀리서부터 그의 특징 있는 말소리가 들려 왔다.

단어 特徴 특징 話し声 이야기 소리, 말소리 聞こえる 들리다

체크 聞いてきた → 聞こえてきた 들려 왔다(자·타동사를 구별하여 사용)

9

해석 김 씨는 지난 학기 리포트를 기한 내에 내지 않았기 때문에 낙제했다.

단어 先学期 지난 학기 レポートを出す 리포트를 내다 期限内 기한 내 落第する 낙제하다

체크 出なかったから → 出さなかったから 내지 않았기 때문에

10

해석 신청서에는 세미나에 참가하고 싶은 사람의 주소와 이름이 쓰여 있습니다.

단어 申込書 신청서 参加 참가

체크 書いています → 書いてあります 쓰여 있습니다(～が 타동사 + てある:상태)

11

[해석] 고기는 아직 먹지 않는 것이 좋습니다. 계란이라면 먹어도 괜찮습니다.

[단어] ～てもかまいません ～해도 괜찮습니다

[체크] 食べる方がいい → 食べない方がいい 먹지 않는 것이 좋다(의미상 적절하지 않은 표현 찾기)

12

[해석] 차를 운전할 때 길모퉁이에서는 속도를 줄여야 한다.

[단어] 曲がり角 길모퉁이 減らす (물건의 수나 양을) 줄이다

[체크] 減らす → 落とす (속도를) 줄이다

13

[해석] 요전에는 모처럼 권유를 받았는데 (응하지 않아) 대단히 죄송했습니다.

[단어] せっかく 모처럼 誘う 권유하다 ～てあげる ～해 드리다 ～てもらう ～해 받다

[체크] 誘ってあげた → 誘ってもらった 권유를 받았다(의미상 ～てもらう가 적당하다)

14

[해석] 이 수도는 손을 내밀면 자동적으로 물이 나옵니다.

[단어] 水道 수도 手を出す 손을 내밀다 自動的 자동적 水が出る 물이 나오다

[체크] 出ると → 出すと 내밀면 (자·타동사를 구별하여 사용해야 한다.)

PART 7 공란메우기 ▶ 252쪽

[정답] 15 (A) 16 (B) 17 (D) 18 (D) 19 (B) 20 (A)

15

[해석] 면접 결과를 알게 되는 대로 바로 연락 드리겠습니다.

[단어] 面接 면접 結果 결과 連絡 연락

[체크] 동사의 ます형 + 次第 ～하는 대로, ～하는 즉시

16

[해석] 다이어트를 시작했지만, 스트레스가 쌓여서 마르기는커녕 살이 쪄 버렸다.

[단어] ダイエット 다이어트 ストレスがたまる 스트레스가 쌓이다 ～どころか ～는커녕

17

[해석] 결혼하여 아이를 낳고서야 비로소 부모의 마음을 알게 되었다.

[단어] 子どもを産む 아이를 낳다 ～てはじめて ～하고서야 비로소 親 부모

18

[해석] 일본에서는 현관에서 신발을 벗고 방으로 들어가야 합니다.

[단어] 玄関 현관 靴を脱ぐ 신발을 벗다 部屋に上がる 방에 올라가다, 들어가다

19

[해석] 유학생의 대부분은 아르바이트를 하면서 일본어 학교나 대학에 다니고 있습니다.

[단어] 留学生 유학생 通う (학교, 회사 등에) 다니다, 통학하다

20

[해석] 나 나름대로 조심하고 있었지만, 깜빡해서 비밀을 말해 버렸다.

[단어] ～なりに ～나름대로 うっかりする 깜빡하다 秘密 비밀 しゃべる 말하다, 수다 떨다

---

③ 조사

*공략 3단계 실전 문제 풀기 1회

PART 5 정답찾기 ▶ 274쪽

[정답] 1 (B) 2 (A) 3 (D) 4 (A)

1

[해석] 사고로 전철이 멈춰 있습니다. (원인, 이유)
(A) 전기료는 편의점에서 낼 수 있어요. (장소)
(B) 나무로 만든 집이 태풍으로 흔들려 쓰러질 것 같다. (원인)
(C) 형은 버스로 회사에 출근하고 있습니다. (수단)
(D) 이것은 깨지기 쉬운 물건이니 조심해서 옮겨주세요.

[단어] 電気代 전기료 台風 태풍 揺れる 흔들리다 倒れる 쓰러지다 割れる 깨지다 気をつける 조심하다

2

[해석] 지금 막 식사를 했기 때문에 아무것도 먹고 싶지 않습니다.
(A) 이미 밥을 먹었기 때문에
(B) 밥은 먹고 싶지 않아서
(C) 식사를 하려고 했기 때문에
(D) 식사를 안 해서

[단어] ～たばかりだ 막 ～하다, ～한 지 얼마 되지 않다

3

해석 두부는 콩으로 만들어진 것입니다. (원료)

(A) 창문으로부터 시원한 바람이 들어옵니다. (경유)

(B) 입학식은 온라인으로 10시부터 진행됩니다. (출발)

(C) 아직도 쓸 수 있기 때문에 버리기에는 아깝다. (이유)

(D) 술을 이 쌀로 만들어 봤더니, 더욱 맛있어졌습니다. (원료)

단어 吹き込む 불어 들어오다　入学式 입학식　行われる 진행되다, 실시되다

체크 조사 から가 '원료'의 용법으로 쓰인 것 찾기

4

해석 문을 열면 하야시 씨가 혼자서 공부하고 있는 것이 보입니다.

(A) 봄이 되면 여기 저기 예쁜 꽃이 핍니다. (~하면)

(B) 과일 중에서 딸기와 수박을 좋아합니다. (~와/과)

(C) 불이 켜져 있는 것을 보니 그녀는 방에 있는 것이 틀림없다. (~하니)

(D) 수업이 끝난 후, 언니와 쇼핑하러 갈 생각입니다. (~와/과)

단어 ～にちがいない ～임에 틀림없다　授業 수업

체크 조사 と가 '조건이나 가정'의 용법으로 쓰인 것 찾기

PART 6 오문정정

정답 5 (D)　6 (B)　7 (A)　8 (A)　9 (B)
10 (D)　11 (A)　12 (A)

5

해석 지금은 라면이 일본의 국민 음식이라고 해도 좋을 음식이 되었습니다.

단어 国民食 국민 음식　～と言ってもいい ～라고 해도 좋다　～になる ～이 되다

체크 がなって → になって ～이 되고

6

해석 저 두 사람은 첫만남 치고는 사이가 좋아 보이니, 실은 전부터 알고 있었는지도 모릅니다.

단어 初対面 초면, 첫만남　仲がいい 사이가 좋다　実は 실은　～かもしれません ～일지도 모릅니다

체크 でしては → にしては ～치고는

7

해석 홋카이도에 온 이상 게나 연어알 등 해산물을 먹고 싶다.

단어 北海道 홋카이도〈지명〉　カニ 게　イクラ 연어알

海の幸 해산물

체크 からでは → からには ～한 이상(에는)

8

해석 그는 여행을 갈 때마다 늘 나에게 선물을 사다 줍니다.

단어 ～たびに ～할 때마다　お土産 선물, 토산품

체크 を行く → に行く ～을/를 (하러) 가다(목적)

9

해석 일본어는 공부하면 할수록 어려워지는 것 같은 기분이 듭니다.

단어 ～ば～ほど ～하면 ～할수록　気がする 기분이 들다

체크 だけ → ほど ～할수록

10

해석 비도 세차고 천둥도 치고, 오늘 이벤트는 중지할 수밖에 없다.

단어 雷 천둥　イベント 이벤트　中止する 중지하다

～しかない ～(수)밖에 없다

체크 だけ → しか ～밖에

11

해석 열심히 연습했는데도 선수로 뽑히지 않았다고 해서 포기하면 안 됩니다.

단어 一生懸命に 열심히　練習する 연습하다　選手 선수
選ぶ 뽑다　諦める 포기하다

체크 ので → のに ～는데(앞, 뒤 의미를 잘 파악할 것)

12

해석 친구가 기숙사를 나와 공동 주택에 살고 싶다고 해서 같이 부동산에 갔습니다.

단어 寮 기숙사　不動産屋 부동산 중개업소

체크 で → を(뒤에 이동 동사가 오면 장소를 나타내는 조사 を를 사용한다.)

PART 7 공란메우기　▶ 275쪽

정답 13 (A)　14 (C)　15 (D)　16 (A)　17 (D)
18 (D)　19 (A)　20 (B)

13

해석 그가 시험에 떨어진 것은 다름 아닌 공부 부족 때문이다.

단어 試験に落ちる 시험에 떨어지다　～にほかならない

～임에 틀림없다, 바로~이다

14

해석 은행 계좌를 개설하려면 신분을 증명할 학생증, 외국인 등록증 등이 필요합니다.

단어 口座<ruby>こうざ</ruby>を開<ruby>ひら</ruby>く 계좌를 개설하다　～には ～하려면　身分<ruby>みぶん</ruby> 신분　証明<ruby>しょうめい</ruby>する 증명하다　学生証<ruby>がくせいしょう</ruby> 학생증　外国人登録証<ruby>がいこくじんとうろくしょう</ruby> 외국인등록증　要<ruby>い</ruby>る 필요하다

15

해석 머리가 좋다고 해서 성적이 좋은 것은 아니다.

단어 ～からといって ～라고 해서　成績<ruby>せいせき</ruby> 성적　～わけではない ～인 것은 아니다

16

해석 쓰레기를 줄이는 일은 자원 절약뿐 아니라, 지구 환경을 지키는 일과도 이어진다.

단어 減<ruby>へ</ruby>らす 줄이다　資源<ruby>しげん</ruby> 자원　節約<ruby>せつやく</ruby> 절약　～だけで(は)なく ～뿐 아니라　地球環境<ruby>ちきゅうかんきょう</ruby> 지구 환경　守<ruby>まも</ruby>る 지키다　繋<ruby>つな</ruby>がる 이어지다, 관련되다

17

해석 이 공동 주택은 역과 가깝고 쇼핑하기에 편리합니다.

18

해석 성질이 급한 것은 타고난 성격이라 어쩔 수 없다.

단어 気短<ruby>きみじか</ruby>だ 성질이 급하다　生<ruby>う</ruby>まれながら 타고난, 선천적인　性格<ruby>せいかく</ruby> 성격　仕方<ruby>しかた</ruby>ない 어쩔 수 없다, 방법이 없다

19

해석 아무리 주의를 줘도 남의 이야기는 듣지도 않고, 자기 말만 하고 있다.

단어 いくら～ても 아무리 ～해도　～ばかり ～만

20

해석 이 공동 주택은 역과 가까운 만큼 역시 월세도 비싸다.

단어 ～だけあって ～만큼의　家賃<ruby>やちん</ruby> 집세

*공략 3단계 실전 문제 풀기 2회

PART 5 정답찾기　▶ 276쪽

정답　1 (A)　2 (D)　3 (A)　4 (C)

1

해석 이 옷은 좀 끼는데 큰 것은 없나요? (것)
(A) 우산을 두고 와서 편의점에서 새것을 샀다. (것)
(B) 형은 화가처럼 그림을 잘 그립니다.
(C) 제가 좋아하는 빵집은 역 근처에 있습니다. (～가)
(D) 사토 선생님의 설명은 이해하기 쉽습니다. (～의)

단어 きつい 꼭 끼다　置<ruby>お</ruby>き忘<ruby>わす</ruby>れる 두고 오다　パン屋<ruby>や</ruby> 빵집　説明<ruby>せつめい</ruby> 설명　～やすい ～하기 쉽다

체크 の가 '것'의 의미로 쓰인 문장 찾기

2

해석 음악을 들으면서 공부하는 것은 좋은 습관이 아니라고 생각해. (～하면서, 동시 동작)
(A) 젓가락으로 밥을 먹는 것은 옛날 그대로의 습관입니다. (그 상태 그대로)
(B) 주의하고 있으면서도 또 실수를 하고 말았다. (～면서도, 역접)
(C) 그는 비웃음을 당하면서도 열심히 일했다. (～면서도, 역접)
(D) 일본에서는 면을 먹을 때, 소리를 내어 후루룩거리며 먹습니다. (～하면서)

단어 習慣<ruby>しゅうかん</ruby> 습관　昔<ruby>むかし</ruby>ながら 옛날 그대로　皮肉<ruby>ひにく</ruby>を言<ruby>い</ruby>われる 비웃음을 당하다　麺<ruby>めん</ruby> 면　音<ruby>おと</ruby>を立<ruby>た</ruby>てる 소리를 내다　すする 후루룩거리다, 훌쩍거리며 마시다(먹다)

체크 ながら가 '～하면서(동시 동작)'의 의미로 쓰인 문장 찾기

3

해석 비가 오면 운동회는 중지됩니다. (～하면)
(A) 마쓰모토 씨의 메일 주소를 알고 있으면 알려 주세요. (～하면)
(B) 술을 마셨더니 머리가 아팠어요. (～하니)
(C) 집에서 텔레비전을 보고 있는데 택배가 도착했다. (～는데)
(D) 혹시 다나카 씨 아닌가요?

단어 運動会<ruby>うんどうかい</ruby> 운동회　中止<ruby>ちゅうし</ruby> 중지　メールアドレス 메일 주소　宅配便<ruby>たくはいびん</ruby> 택배　届<ruby>とど</ruby>く 도착하다　もしかしたら 혹시

체크 ～たら가 '～하면(가정, 조건)'의 의미로 사용된 것 찾기

4

해석 서류는 자기가 직접 제출하러 가야 합니다. (～하러)
(A) 디자인 학교에 다닐 생각입니다. (～에)
(B) 그 책은 내일까지는 꼭 돌려주세요.
(C) 이번 주말에는 드라이브하러 가려고 생각하고 있습니다. (～하러)
(D) 게다가 영어 면접도 있습니다.

단어 自分<ruby>じぶん</ruby>で 스스로, 직접　～なくてはいけない ～하지 않으면 안 되다, ～해야 한다　返<ruby>かえ</ruby>す 돌려주다　それに 게다가　面接<ruby>めんせつ</ruby> 면접

체크 조사 に가 '～하러(목적)'의 의미로 사용된 것 찾기

PART 6 오문정정

정답 5 (C)　　6 (B)　　7 (D)　　8 (A)　　9 (A)
　　　10 (C)　　11 (A)　　12 (A)

5

해석 야마모토 씨 집에 초대받았는데, 일이 바빠서 갈 수 있을 것 같지 않다.

단어 招待 초대　～そうもない ～할 것 같지 않다

체크 に → が ～이/가

6

해석 앞으로는 둘이서 힘을 합쳐 살아가자고, 결혼식 날에 서로 맹세했다.

단어 力を合わせる 힘을 합치다　結婚式 결혼식
誓い合う 서로 맹세하다

체크 に → で

7

해석 학교를 졸업하고 자신의 힘으로 돈을 버는 것은 이번이 처음입니다.

단어 卒業 졸업　お金を稼ぐ 돈을 벌다　はじめて 처음

체크 に → が ～이/가

8

해석 뭔가 갖고 싶은 것이 있으면 사양 말고 말씀해 주세요.

단어 ご遠慮なく 사양 말고

체크 が → か

9

해석 담뱃불에 의해 화재가 일어나는 일이 많다고 합니다.

단어 火事 화재　起る 일어나다

체크 を → が

10

해석 학창 시절 일을 떠올려 보면 시험밖에 기억에 없습니다.

단어 思い出す 생각해내다　試験 시험　～だけ ～만, ～뿐
(뒤에 긍정 표현이 옴)　記憶 기억

체크 だけ → しか ～밖에(뒤에 부정 표현이 같이 온다)

11

해석 다나카 씨를 만나는 것은 고등학교를 졸업한 이래로 10년 만이다.

단어 以来 이래　～ぶり ～만

체크 を → に(～に会う ～을/를 만나다)

12

해석 히라가나조차 읽을 수 없는 주제에 유학 시험은 어떻게 할 거예요?

단어 ～ばかり ～만　～くせに ～주제에　留学試験 유학 시험

체크 ばかり → さえ ～조차

PART 7 공란메우기　　　　　　　　▶ 277쪽

정답 13 (D)　　14 (B)　　15 (A)　　16 (C)　　17 (C)
　　　18 (B)　　19 (D)　　20 (A)

13

해석 건강을 위해 늘 규칙적으로 식사를 하고 잘 쉬는 것이 중요합니다.

단어 健康 건강　～のために ～을/를 위하여　きちんと 규칙적으로, 정확히　休養する 휴양하다

14

해석 공교롭게도 다나카는 지금 자리에 없습니다.

단어 あいにく 마침, 공교롭게도　ただいま 지금　席を外す 자리에 없다, 자리를 벗어나다　おる 있다(겸양어)

15

해석 '행차 뒤의 나팔'이라는 속담을 들어본 적이 있습니까?

단어 ～という ～라고 하는　ことわざ 속담

16

해석 이제 배도 고프고 빨리 집에 가서 뭐라도 먹을 생각입니다.

단어 ～ようと思う ～하려고 생각하다

17

해석 거짓말만 하고 있으면 아무에게도 신뢰받지 못 하게 돼.

단어 嘘をつく 거짓말을 하다　～ばかり ～만　信用される 신용을 얻다, 신뢰받다

18

해석 이 게임은 스테이지를 클리어함에 따라 어려워집니다.

단어 ゲーム 게임　ステージ 스테이지　クリア 클리어　～にしたがって ～함에 따라

19

해석 결혼식 사회를 떠맡기는 했는데, 경험이 없어서 할 수 있을지 어떨지 걱정입니다.

단어 結婚式 결혼식　司会 사회　引き受ける 떠맡다, 받아

들이다 　～ものの ～이긴 하지만 　経験ᵏᵉⁱᵏᵉⁿ 경험

20

해석 사토 씨는 양손에 다 들 수 없을 <u>만큼</u>의 꽃다발을 받았다.

단어 両手ʳʸᵒᵘᵗᵉ 양손, 두 손 　～きれない 다 ～할 수 없다
花束ʰᵃⁿᵃᵗᵃᵇᵘ 꽃다발

④ 조동사

*공략 3단계 실전 문제 풀기 1회

PART 5 정답찾기　　　　　　　　　　▶ 293쪽

정답　1 (C)　　2 (B)　　3 (B)　　4 (A)

1

해석 다나카 부장님은 회사에 10분 정도 늦게 <u>오셨습니다.</u> (존경)

(A) 외국인이 영어로 길을 물어 봤어요. (수동)

(B) 여기서 후지산을 <u>볼</u> 수 있습니다. (가능)

(C) 지금부터 어디에 <u>가시나요</u>? (존경)

(D) 선생님께 작문을 <u>칭찬받았습니다.</u> (수동)

단어 来ᵏられる 오시다 　外国人ᵍᵃⁱᵏᵒᵏᵘʲⁱⁿ 외국인 　富士山ᶠᵘ ʲⁱ ˢᵃⁿ 후지산〈지명〉 作文ˢᵃᵏᵘᵇᵘⁿ 작문 　ほめる 칭찬하다

체크 ～(ら)れる가 '존경'의 용법으로 쓰인 것 찾기

2

해석 오늘 저녁의 노을은 <u>말로 할 수 없을</u> 정도로 아름다웠다.

(A) 어떻게든 말하고 싶은

(B) 말로 표현할 수 없다

(C) 말해서는 안 된다

(D) 말해도 된다

단어 夕焼ʸᵘᵘ ʸᵃけ 노을 　表現ʰʸᵒᵘᵍᵉⁿ 표현 　～てはいけない ～하면 안 된다 　～てもいい ～해도 된다

3

해석 오늘 아침은 평소대로 집을 나섰지만, 학교에는 가지 않았다고 합니다.

(A) 오늘은 눈도 내릴 것 같고, 바람도 불 <u>것</u> 같습니다.

(B) 요즈음은 혼자서 할 수 있는 놀이가 유행하고 있다<u>고</u> 합니다.

(C) '추억'이라는 영화지요? 그 영화도 재미있을 <u>것</u> 같습니다.

(D) 얼굴은 웃고 있지만, 조금도 즐겁지 <u>않은 듯</u>한 모습입니다.

단어 普段ᶠᵘᵈᵃⁿどおり 평소대로 　流行ʰᵃʸᵃる 유행하다 　想ᵒᵐᵒい出ᵈᵉ 추억 様子ʸᵒᵘˢᵘ 모습, 모양

체크 '전문(～라고 한다)'의 「そうだ」로 쓰인 문장 찾기

4

해석 이제 잘 시간인데 숙제도 <u>하지 않고</u> 놀고만 있던 거야?

(A) 위험하니까 바다에서는 수영<u>하지 않기로</u> 했다.

(B) 자전거로 차도를 달리면 <u>위험합니다.</u>

(C) 요시코 씨, 이 작문을 읽고 <u>어색한</u> 문장을 체크해 주세요.

(D) 그런 <u>쓸데없는</u> 이야기는 이제 더 이상 듣고 싶지 않다.

단어 ～ないで ～하지 않고 　～てばかりいる ～만 하고 있다 　危険ᵏⁱᵏᵉⁿだ 위험하다 　～ないことにする ～하지 않기로 하다 車道ˢʰᵃᵈᵒᵘ 차도 　ぎこちない 어색하다 　文章ᵇᵘⁿˢʰᵒᵘ 문장 　チェックする 체크하다 　くだらない 쓸데없다 これ以上ⁱʲᵒᵘ 더 이상

체크 ない가 '～하지 않다(부정)'의 의미로 쓰인 것 찾기

PART 6 오문정정

정답　5 (A)　　6 (B)　　7 (B)　　8 (B)　　9 (C)
　　　10 (C)　　11 (D)　　12 (C)

5

해석 비는 <u>오지 않을</u> 거라고 생각하고 나갔는데, 큰비를 맞고 말았다.

단어 大雨ᵒᵒᵃᵐᵉに降ᶠられる 큰비를 맞다(大雨が降る의 수동 표현)

체크 降ᶠりまい → 降ᶠるまい 오지 않을 것이다(부정의 조동사 まい는 기본형에 접속함)

6

해석 그 선생님의 <u>학자다운</u> 태도에는 머리가 숙여진다.

단어 学者ᵍᵃᵏᵘˢʰᵃ 학자 　～らしい ～답다, ～인 것 같다 　態度ᵗᵃⁱᵈᵒ 태도 頭ᵃᵗᵃᵐᵃが下ˢᵃがる 머리가(고개가) 숙여지다

체크 学者のらしい → 学者らしい 학자다운(명사+らしい)

7

해석 멀리서도 잘 <u>들리도록</u> 큰 소리로 발표하세요.

단어 聞ᵏこえる 들리다 　声ᵏᵒᵉ (목)소리 　発表ʰᵃᵖᵖʸᵒᵘする 발표하다

체크 そうに → ように ～도록

8

해석 결혼식 피로연의 간사를 <u>부탁 받았</u>는데, 마음이 내키지 않는다.

단어 2次会ⁿⁱ ʲⁱᵏᵃⁱ 피로연 　幹事ᵏᵃⁿʲⁱ 간사 　気ᵏが進ˢᵘすまない (마음이) 내키지 않다

체크 頼ᵗᵃⁿᵒませて → 頼ᵗᵃⁿᵒまれて 부탁 받고

9

해석 사장님의 그 지시는 경영 악화에 박차를 <u>가하는</u> 것 같은 꼴이다.

단어 指示し じ 지시　経営けいえい 경영　悪化あっか 악화　拍車はくしゃをかける 박차를 가하다

체크 かけ → かける 가하다(ようだ에 접속되는 동사의 형태에 주의)

10

해석 타고난 성격이지만, 남에게 <u>지시 받는</u> 것을 싫어합니다.

단어 生まれながらう 타고난, 선천적인　性格せいかく 성격　指図さしず する 지시하다

체크 指図れる → 指図される 지시 받다(수동형에 주의)

11

해석 내일은 하루 종일 빌딩의 재정비가 있어서 회사는 <u>휴무라고</u> 합니다.

단어 一日中いちにちじゅう 하루종일　メンテナンス 건물·기계 등의 관리·유지

체크 休み → 休みだ '전문(~라고 한다)'의 「そうだ」는 명사+だ에 접속한다.

12

해석 나는 지금까지 몇 번이나 일본에 갔지만, 아직 가 <u>보고 싶은</u> 곳이 많이 있습니다.

단어 何回なんかいも 몇 번이나　～てみたい ~해 보고 싶다

체크 みたがる → みたい 보고 싶은(~たい와 ~たがる(제 3자의 희망)의 차이 이해하기)

PART 7 공란메우기　　　　　　▶ 294쪽

정답 13 (A)　14 (D)　15 (A)　16 (C)　17 (D)
　　　18 (A)　19 (B)　20 (A)

13

해석 언니는 바쁘기 때문에, 엄마는 늘 나에게만 방 청소를 <u>시킵니다.</u>

단어 ～にだけ ~에게만　させる 시키다(する의 사역형)

14

해석 노인 문제 따위 나와는 관계없다고(는) 말하면 안 된다.

단어 老人ろうじん 노인　～なんて ~따위, 등　関係かんけいない 관계없다　～てはいけない ~하면 안 된다

15

해석 아무도 할 사람이 없다면 제가 <u>하겠습니다.</u>

단어 やる 하다　やらせていただく 하겠다

16

해석 이미 약속했기 때문에 <u>가지 않을 수 없습니다.</u>

단어 もう 이미, 벌써　～ないわけにはいかない ~하지 않을 수 없다

17

해석 서둘러 회사를 나오려고 할 때, 과장님이 나를 <u>불러 세웠습니다</u>(과장님에게 불러 세움을 당했습니다).

단어 急ぐいそ 서두르다

체크 呼よび止とめられる 불러 세움을 당하다(呼び止める의 수동형)

18

해석 일본어로 쓰여진 소설을 읽을 수 <u>있게</u> 되었습니다.

단어 小説しょうせつ 소설　～ようになる ~하도록(하게)되다

19

해석 이번 황금 연휴에는 가족과 해외여행을 <u>가고</u> 싶습니다.

단어 ゴールデンウィーク 황금 연휴　海外旅行かいがいりょこう 해외여행

20

해석 바람이 강해진 것을 보니 태풍이 다가오고 있는 <u>것</u> 같습니다.

단어 強まるつよ 강해지다　台風たいふう 태풍　近づくちか 다가오다

---

*공략 3단계 실전 문제 풀기 2회

PART 5 정답찾기　　　　　　▶ 295쪽

정답 1 (B)　2 (D)　3 (B)　4 (B)

1

해석 회의에는 늦지 <u>않도록</u> 하세요. (~하도록)
　　(A) 슬슬 자려고 합니다. (의지)
　　(B) 이해할 수 있<u>도록</u> 설명해주세요. (~하도록)
　　(C) 한국 요리 <u>같은</u> 매운 음식이 먹고 싶어요. (예시)
　　(D) 그<u>처럼</u> 일본어를 잘하는 사람은 본 적이 없다. (예시)

단어 会議かいぎ 회의　遅れるおく 늦다　～ないように ~하지않도록　そろそろ 슬슬　分かるわ 이해하다　説明せつめい 설명　韓国料理かんこくりょうり 한국 요리　辛い物からもの 매운 음식

체크 문제와 같이 '~하도록(~하지 않도록)'의 의미로 사용된 것 찾기

2

해석 현금 카드는 나중에 자택으로 발송됩니다. (수동)

   (A) 일본 요리 중에서 스키야키는 좋아하지만, 회는 못 먹습니다. (가능)

   (B) 현금 카드는 은행 창구에서 받을 수 있습니까? (가능)

   (C) 어젯밤, 입원하고 있는 엄마 때문에 전혀 못 잤다. (가능)

   (D) 시골에서는 일본식 화장실이 지금도 사용되고 있습니다. (수동)

단어 後で 나중에　自宅 자택　郵送する 발송하다　すきやき 스키야키, 일본의 전골요리　窓口 창구　受け取る 받다　入院する 입원하다　全然 전혀　和式 일본식

체크 문제와 같이 '수동' 용법이 사용된 문장 찾기

3

해석 오늘 밤은 일찍 자고 내일 시합을 위해 체력을 비축해 두지 않으면 안 된다.

   (A) 비축하지 않아도 된다

   (B) 비축해야만 한다

   (C) 비축해 두는 편이 좋다

   (D) 비축할 수 있다

단어 体力 체력　蓄える 비축하다

4

해석 상사의 명령이라고 해서 잠자코 따를 수는 없다.

   (A) 따를 수 밖에 없다

   (B) 따르지 않아도 된다

   (C) 따를 리가 없다

   (D) 따를 수는 없다

단어 命令 명령　〜からといって 〜라고 해서　黙る 가만히 있다　従う 따르다

PART 6 오문정정

정답　5 (D)　6 (B)　7 (D)　8 (D)　9 (B)　10 (A)　11 (D)　12 (C)

5

해석 이 허가증만 있으면 유학생에게도 아르바이트가 인정됩니다.

단어 許可証 허가증　〜だけあれば 〜만 있으면　認める 인정하다

체크 認めれて → 認められて 인정되고

6

해석 이대로 계속하더라도 오늘 중에는 끝날 것 같지 않으니까

적당한 데서 그만둡시다.

단어 切りのいいところ 매듭짓기 좋은 곳　止める 그만두다, 멈추다

체크 終わりそうじゃない → 終わりそうにない 끝날 것 같지 않다(조동사 そうだ의 부정 표현)

7

해석 이 가게는 접시에 가격이 쓰여 있어서 계산을 걱정하지 않고 먹을 수 있습니다.

단어 値段 가격　勘定 계산　〜ずに 〜하지 않고

체크 しずに → せずに 하지 않고(ずに에 접속되는 형태 알아두기)

8

해석 여름 휴가라 저는 집에서 푹 쉬고 싶은데 아들은 어딘가를 가고 싶어 합니다.

단어 夏休み 여름 방학, 여름휴가　ゆっくり 천천히, 푹　息子 아들

체크 行きたくて → 行きたがって 가고 싶어 하고(제3자의 희망)

9

해석 그것이 무엇을 위해 만들어진 것인지 전혀 짐작이 가지 않는다.

단어 まるで 전혀　見当がつく 짐작이 가다

체크 作った → 作られた 만들어진

10

해석 열이 있는 것은 아니지만 몸 상태가 안 좋으니 오늘은 그만 집에 가도 됩니까?

단어 〜わけではない 〜것은 아니다　気分が悪い 몸 상태가 안 좋다

체크 ばかり → わけ

11

해석 요금은 비싸고, 서비스는 최악이고, 다시는 저런 가게에 가지 않을 것이다.

단어 料金 요금　最悪 최악　〜まい 〜않을 것이다

체크 行かまい → 行くまい (동사의 기본형 + まい)

12

해석 최근 물건이나 서비스의 가격 표시에는 10%의 소비세가 포함된 경우가 자주 있다.

단어 このごろ 최근　価格 가격　表示 표시　消費税 소비세　含む 포함하다

체크 含んで → 含まれて 포함된

PART 7 공란메우기 ▶ 296쪽

정답 13 (C) 14 (A) 15 (C) 16 (D) 17 (B)
18 (D) 19 (C) 20 (A)

13

해석 장래 어떤 일을 하고 싶습니까?

단어 将来 장래(에) 仕事に就く 취직하다, 일을 하다

14

해석 당장에라도 울 것 같은 얼굴을 하고 있습니다.

단어 今にも 당장에라도 泣き出す 울기 시작하다
顔をする 얼굴을 하다, 표정을 짓다

15

해석 다리가 아파서 걸을 수 있는 상황이 아니기 때문에 병원에 가지 않을 수 없다.

단어 状況 상황 病院 병원 ~ざるを得ない ~하지 않을 수 없다

체크 ざるを得ない는 동사 부정형에 접속하므로 行かざるを得ない가 맞는 표현이다.

16

해석 죄송하지만, 내장 공사로 인해 9월 20일까지 휴업하겠습니다.

단어 内装工事 내장 공사 休業する 휴업하다 ~させていただく ~하겠다

17

해석 폭력 행위는 어떤 이유가 있어도 절대로 용서해서는 안 된다.

단어 暴力 폭력 行為 행위 理由 이유 絶対に 절대로
許す 용서하다 ~べきではない ~해서는 안 된다

18

해석 나는 싫다고 했는데 동아리 선배가 마시라고 해서 어쩔수 없이 아침까지 술을 마신 적이 있습니다.

단어 サークル 동아리 飲まされる 어쩔수 없이 마시다

체크 문맥상 사역 수동형을 사용하여 '부득이하게 ~하다'라는 의미를 나타내는 것이 자연스럽다.

19

해석 거리를 걷고 있는데 모르는 사람이 불러서 멈췄다. (수동)

단어 通り 길, 거리 見知らぬ 알지 못 하는, 낯선

呼び止める 불러서 멈춰 세우다

20

해석 내일은 유학 시험이기 때문에 지각할 수는 없습니다.

단어 留学試験 유학 시험 遅刻 지각 ~わけにはいかない ~할 수는 없다

---

⑤ 명사와 형식명사

*공략 3단계 실전 문제 풀기 1회

PART 5 정답찾기 ▶ 308쪽

정답 1 (C) 2 (A) 3 (B) 4 (B) 5 (D)
6 (C)

1

해석 학교 근처에 좋은 외과 병원은 없습니까?

단어 外科病院 외과 병원

2

해석 연휴로 인한 교통 정체로 5시간이나 걸려 목적지에 도착했습니다.

단어 連休 연휴 交通 교통 渋滞 정체 目的地 목적지

3

해석 일본 생활에 익숙하지 않아서(않기 때문에) 생기는 이웃과의 쓰레기 분쟁에 주의합시다. (이유)

(A) 실패하지 않기 위해서는 노력하는 수밖에 없다. (목적)
(B) 아버지가 돌아가셨기 때문에 가난해졌다고 한다. (이유)
(C) 만약을 위해 미리 말해 두는 거니까 잘 들어. (목적)
(D) 그 사람은 자기의 이익을 위해서는 무엇이든 한다고 한다. (목적)

단어 慣れる 익숙하다 気をつける 조심하다 失敗する 실패하다 努力する 노력하다 ~しかない ~하는 수밖에 없다 貧乏になる 가난해지다, 빈궁해지다 念のために 확실히 하기 위해 利益 이익

체크 ~ために가 '~때문에'로 사용된 것 찾기

4

해석 근로 감사의 날은 노동자를 존중하고, 국민이 서로 감사하는 날입니다.

단어 勤労感謝の日 근로자의 날 労働者 노동자 尊重する 존중하다 国民 국민 相互に 서로 感謝する 감사하다

5

해석 죄송하지만, 이 사이즈의 스커트는 <u>다</u> 팔렸습니다.

단어 売切れ(うりきれ) 품절, 다 팔림　～でございます ～입니다(정중
표현)　品切れ(しなぎれ) 품절

6

해석 일본에 온 <u>지 얼마 안 되어</u> 아무것도 없을 때는, 100엔 숍
에 가면 싸게 여러 가지를 살 수 있어서 도움이 되었다.
(A) 마침 장마철이어서 매일 비<u>만</u> 내리고 있다.
(B) 저 아이는 학교에서 돌아오면 놀기<u>만</u> 한다.
(C) 지금 <u>막</u> 출발했으니까 언제 도착할지는 아직 모르겠습
니다.
(D) 아직 반 <u>정도</u> 남아 있으니까, 드세요.

단어 ～たばかり 막 ～함　ちょうど 꼭, 마침　ばかり ～만,
～정도　～てばかりいる ～만 하고 있다

체크 ばかり가 '막 ～하다, ～한 지 얼마 안 되다'라는 의미로 사
용된 것 찾기

PART 6 오문정정

정답 7 (A)　　8 (A)　　9 (B)　　10 (B)　　11 (C)
　　　12 (C)　　13 (D)　　14 (D)

7

해석 이런 일이 일어나다니, 상상도 못 해 봤다.

단어 ～なんて ～하다니　想像(そうぞう)がつく 상상이 가다

체크 しごと → こと 일

8

해석 자신의 <u>단점</u>이나 성격을 이해하는 것은 일을 해 나가는 데
있어서 중요합니다.

단어 性格(せいかく) 성격　理解(りかい) 이해　上(うえ)で 하는데　短所(たんしょ) 단점

체크 短点(たんてん) → 短所(たんしょ) 한자에 주의할 것. 참고로 長所(ちょうしょ)(장점)도 함
께 기억해 두면 좋다.

9

해석 내가 갖고 싶은 <u>것</u>은 일본차나 비누, 세제 등입니다.

단어 せっけん 비누　洗剤(せんざい) 세제

체크 こと → もの 것

10

해석 만든 지 얼마 안 <u>됐기</u> 때문에 요리는 아직 따뜻할 거예요.

단어 さっき 방금　～たばかり 막 ～함　温(あたた)かい 따뜻하다

체크 つもり → ばかり 막 ～함

11

해석 내년도 회사의 경영 전략을 짜기 <u>위해</u> 내일 회의가 열립니
다.

단어 戦略(せんりゃく) 전략　図(はか)る 계획을 짜다　開(ひら)かれる 열리다, 개최
되다

체크 のために → ために ～위해

12

해석 점심은 늘 회사 식당에서 먹<u>기로</u> 하고 있습니다.

단어 ～ことにする ～하기로 하다

체크 もの → こと

13

해석 저희 아버지는 쉬는 날에는 항상 텔레비전만 봅니다.

체크 ところ → ばかり ～만

14

해석 이번주 안으로 어떻게든 열심히 리포트를 써서 제출할 <u>생
각</u>입니다.

단어 今週中(こんしゅうちゅう) 이번주 중　何(なん)とか 어떻게든　頑張(がんば)る 힘내다
提出(ていしゅつ) 제출

체크 ところ → つもり

PART 7 공란메우기　　　　　　　　　▶ 309쪽

정답 15 (A)　　16 (D)　　17 (B)　　18 (B)　　19 (A)
　　　20 (B)

15

해석 방금 튀긴 도넛이 맛이 없을 <u>리가 없다</u>.

단어 揚(あ)げる 튀기다　揚(あ)げたて 방금 튀긴 것
ドーナツ 도너츠　～わけがない ~리가 없다

16

해석 해외여행을 갈 수 있을지 어떨지 지금<u>으로서는</u> 확실히 알
수 없습니다.

단어 海外旅行(かいがいりょこう) 해외여행　～かどうか ～일지 어떨지
今(いま)のところ 지금 상황　はっきり 확실히

17

해석 대우 개선을 <u>위해</u> 회사 조합이 파업에 들어갔다.

단어 待遇(たいぐう) 대우　改善(かいぜん) 개선　組合(くみあい) 조합　ストライキ 파업

18

해석 나이를 먹은 <u>탓인지</u> 아버지는 아주 잘 잊어버리게 되었다.

단어 ～せいか ～탓인지　ずいぶん 훨씬　忘^{わす}れっぽい 곧 잘 잊어버리다

19

해석 그녀는 결혼 따윈 하지 않겠다고 했으면서, 졸업하자 가장 먼저 결혼했다.

단어 ～くせに ～이면서, ～인 주제에　卒業^{そつぎょう}する 졸업하다　一番^{いちばん} 가장, 제일　～わけで ～이유로, ～사정으로

20

해석 이 기사는 눈에 띄지 않는 곳에서 땀을 흘리며 일하는 사람들을 다루고 있다.

단어 記事^{きじ} 기사　目立^{めだ}つ 눈에 띄다　汗^{あせ}を流^{なが}す 땀을 흘리다　人々^{ひとびと} 사람들　取^とり上^あげる 채택하다, 다루다

⑥ 부사, 접속사, 연체사

*공략 3단계 실전 문제 풀기 1회

PART 6 오문정정　　　　　　　　▶ 320쪽

정답 1 (C)　2 (A)　3 (B)　4 (A)　5 (B)
　　　6 (D)　7 (B)　8 (A)　9 (D)　10 (A)

1

해석 술은 맥주로 하겠습니까, 그렇지 않으면 소주로 하겠습니까?

단어 ～にする ～로 하다　けれど 그렇지만　それとも 그렇지 않으면　焼酎^{しょうちゅう} 소주

체크 けれど → それとも 그렇지 않으면

2

해석 비록 어린 아이라고 해도 선악의 구별은 가릴 줄 알아야 한다.

단어 あらゆる 모든　たとえ～ても 비록 ～라 해도　善悪^{ぜんあく} 선악　けじめをつける 구별을 짓다(하다)　～なくてはいけない ～해야 한다

체크 あらゆる → たとえ 비록

3

해석 체력은 떨어졌다고는 하나, 아직 젊은 사람에게는 지지 않는다.

단어 体力^{たいりょく} 체력　衰^{おとろ}える 쇠하다, (기력이) 떨어지다　そのうえ 게다가　～とはいえ ～라고는 하나　まだまだ 아직　若^{わか}い 젊다　負^まける 지다, 패하다

체크 そのうえ → とはいえ ～라고는 하나

4

해석 요즘 거의 출근하지 않은 그녀에게는 뭔가 꺼림칙한 일이 있는 것 같다.

단어 最近^{さいきん} 최근　かなり 제법　出勤^{しゅっきん} 출근　彼女^{かのじょ} 그녀　何^{なに}か 뭔가　うしろめたい 켕기다, 꺼림칙하다　ほとんど～ない 거의 ～하지 않다

체크 かなり → ほとんど 거의

5

해석 읽은 책은 제대로 제자리에 갖다 놓도록 하세요.

단어 めっきり 뚜렷이　きちんと 제대로　元^{もと}のところ 제자리　ようにしてください 하도록 하세요

체크 めっきり → きちんと 제대로

6

해석 지금(요즘) 젊은이들은 공부도 연애도 확실히 하는군요(확실하군요).

단어 若者^{わかもの} 젊은이　恋愛^{れんあい} 연애　せいぜい 고작

체크 せいぜい → ちゃんと 확실히

7

해석 화장실은 여기서 곧장 가면 막다른 곳에 있습니다.

단어 まったく 전혀　まっすぐ 곧장　突^つき当^あたり 막다른 곳

체크 まったく → まっすぐ 곧장

8

해석 설마 오늘 시험에서 이 문제가 나올 줄은 생각지도 못했어.

단어 むしろ 오히려　今日^{きょう} 오늘　テスト 시험　問題^{もんだい}が出^でる 문제가 나오다　考^{かんが}える 생각하다

체크 むしろ → まさか 설마

9

해석 일본어를 공부한 지 이제 3개월이 되는데, 점점 재미있어지기 시작했습니다.

단어 ～てから ～하고 나서　たっぷり 듬뿍　だんだん 점점

체크 たっぷり → だんだん 점점

10

해석 그 사람은 반드시 약속을 지키는 사람이라서 결석은 하지 않을 겁니다.

단어 ぜひ 부디　かならず 반드시　約束^{やくそく}を守^{まも}る 약속을 지

키다　欠席 결석

체크 ぜひ → かならず 반드시, 꼭

PART 7 공란메우기

정답 **11** (C)　**12** (B)　**13** (C)　**14** (D)　**15** (B)
　　16 (B)　**17** (D)　**18** (A)　**19** (D)　**20** (C)

11

해석 오늘은 내 생일인데도 그로부터 선물은커녕 전화도 없다.

단어 ～なのに ～인데도 プレゼント 선물 ～どころか
～은커녕 あたかも 마치, 흡사 ところで 그런데 な
にとぞ 부디, 제발

12

해석 누가 범인인지는 머지않아 알게 될 것이다.

단어 犯人 범인 いまに 머지않아 どうか 제발
必ずしも 반드시 ずっと 계속

13

해석 오는 10월 7일에 체육 대회가 열린다고 합니다.

단어 きたる 오는 体育大会 체육 대회 開かれる 열리다,
개최되다(開く의 수동) さる 지난 ほんの 미미한 さ
したる 그다지, 별반

14

해석 옛날 옛날, 어느 날의 일이었습니다.

단어 昔 옛날 ある 어느 あらゆる 모든 きたる 오는
いわゆる 소위

15

해석 일이 전혀 진척되지 않아서 초조해하고 있습니다.

단어 いっこうに 전혀 はかどる (척척) 진행되다, 진척되다
いらいらする 초조해하다 まさか 설마 すでに 이미
かなり 꽤

16

해석 휴일은 오로지 넷플릭스에서 한국 드라마만 보고 있어요.

단어 休日 휴일 ネットフリックス 넷플릭스 韓国ドラ
マ 한국 드라마 ばかり 만, 뿐 まったく 전혀 もっ
ぱら 오로지 きっぱり 단호하게 そっと 살며시

17

해석 요시코 씨는 머리는 좋습니다. 그렇지만 별로 공부는 하지
않습니다.

단어 頭はいい 머리는 좋다 でも 그렇지만 あまり～な
い 그다지 ～지 않다 それで 그래서 そして 그리고
しかも 더구나

18

해석 빚 투성이인 야마구치 씨에게 돈을 빌려 달라는 부탁을 받
았지만, 단호히 거절했다.

단어 借金 빚 ～だらけ ～투성이 貸す 빌려주다 ～て
ほしい ～하기 바라다 頼む 부탁하다 きっぱり 단호
하게, 딱 잘라 断る 거절하다 ぎっしり 가득, 빽빽이
さっぱり 산뜻하게, 시원스레 すっかり 완전히

19

해석 여행갈 때, 호텔은 물론 항공권도 확인하는 게 좋다.

단어 ～はもとより ～은 물론 航空券 항공권 確認する
확인하다 とにかく 어쨌든 しきりに 자주, 빈번히
あくまで 어디까지, 끝까지

20

해석 운동신경이 좋다고 해서 꼭 모든 스포츠를 잘한다고는 말
할 수 없습니다.

단어 運動神経 운동신경 あらかじめ 미리 せいぜい 기
껏해야 必ずしも 꼭, 반드시 くれぐれも 아무쪼록

*공략 3단계 실전 문제 풀기 2회

PART 5 정답찾기　　　　　　　　　▶ 322쪽

정답 **1** (A)　**2** (B)　**3** (D)　**4** (C)　**5** (A)
　　6 (B)

1

해석 친구에게 받은 그 과자는 이미 유통기한이 지났다.

단어 とっくに 훨씬 전에 賞味期限 유통기한 過ぎる 지
나다 慌てる 당황하다 今に 머지않아 とにかく 어
쨌든

2

해석 이번 주는 예정이 꽉 차 있다. 게다가 다음 주는 도쿄 출장
예정도 있다.

단어 ぎっしり 가득 찬 모양 つまる 가득 차다 おまけに
게다가 稀に 드물게 その上に 게다가 なにしろ 어
쨌든, 여하튼 あくまで 어디까지나

3

98

해석 코로나19 확진자에 대해서는 젊은 층에서 경증 또는 무증상 환자 비율이 많은 것으로 나타났다.

단어 感染者 확진자　若年層 젊은층　軽症 경증　無症状 무증상　患者 환자　割合 비율　とりわけ 특히　おまけに 게다가　ただし 단　もしくは 혹은

4

해석 마치 무언가에 쫓기는 것처럼, 그는 서둘러 달려갔다.

단어 まるで 마치　追われる 쫓기다　ついに 마침내　たとえ 비록　あたかも 마치　到底 도저히

5

해석 그 가게에서는 모든 종류의 물건을 팔고 있기 때문에 쇼핑에 편리합니다.

단어 あらゆる 모든　大体 대개,대략

6

해석 포브스의 발표에 따르면 일본 기업에서 가장 신뢰할 수 있는 기업은 게임 업체 닌텐도라고 합니다.

단어 発表 발표　最も 가장　企業 기업　わりに 비교적　ずっと 계속

PART 6 오문정정

정답　7 (A)　8 (C)　9 (C)　10 (D)　11 (C)

7

해석 도로에서는 갑자기 아이가 튀어나올 수 있으니 조심합시다.

단어 道路 도로　必ず 반드시, 꼭　飛び出す 튀어나오다　気をつける 조심하다

체크 必ず 반드시 → いきなり 갑자기, 느닷없이

8

해석 급한 건이므로, 오늘 중에 팩스 또는 메일로 보내 주세요.

단어 ファックス 팩스　ゆえに 그러므로

체크 ゆえに 따라서 → あるいは 또는, 혹은

9

해석 다나카 씨는 오늘 모임에는 아마 출석하지 않겠지요.

단어 コンパ 모임, 파티　かなり 꽤　出席する 출석하다

체크 かなり 꽤 → おそらく 아마

10

해석 이번에 이사한 아파트에서 회사까지는 걸어서 불과 5분입니다.

단어 引っ越す 이사하다　そろそろ 슬슬

체크 そろそろ 슬슬 → わずか 불과

11

해석 나의 취미나 출신지를 잊어 버리는 것은 괜찮지만, 적어도 이름 정도는 기억해 줬으면 좋겠어.

단어 出身地 출신지　～てもらいたい ～해주면 좋겠다　せめて 적어도

체크 とうとう 드디어 → せめて 적어도

PART 7 공란메우기　▶ 323쪽

정답　12 (B)　13 (D)　14 (C)　15 (D)　16 (A)
　　　17 (D)　18 (A)　19 (C)　20 (D)

12

해석 저 학교는 비교적 여선생님의 비율이 높다.

단어 わりあいに 비교적　比率 비율　ますます 점점　しばらく 잠시　やっと 겨우

13

해석 이 온천은 처음 왔는데, 이곳이 완전히 마음에 들었다.

단어 温泉 온천　すっかり 완전히　きちんと 정확히　あくまで 어디까지나　まったく 전혀

14

해석 어차피 해야 한다면 일요일에 일하는 것보다 금요일에 야근해서 끝내는 게 낫다.

단어 どうせ 어차피　～ちゃいけない ～하지 않으면 안 된다　残業する 야근하다　片付ける 끝내다, 치우다　～てしまう ～해 버리다　～方がましだ ～하는 편이 낫다　ただ 그냥　わざと 일부러　どうにか 어떻게든

15

해석 10년 만에 만난 그녀는 조금도 변하지 않았다.

단어 ～ぶりに ～만에　少しも 조금도　あっさり 깨끗이　ふいに 불시에　ちょうど 꼭, 정확히

16

해석 이 약은 모든 병에 효과가 있다고들 하는데, 믿을 수 없다.

단어 あらゆる 모든　利く 효능이 있다(듣다)　きたる 오는　さしたる 그다지　とんだ 엉뚱한

17

해석 무거운 물건을 옮기거나 도면을 읽거나 확실히 목수는 힘든 일이다.

단어 図面 도면 大工 목수 大した 대단한 とんだ 돌이킬 수 없는 ただし 단 確かに 확실히

18

해석 금방이라도 비가 내리기 시작할 것 같은 날씨입니다.

단어 今にも 금방이라도 今でも 지금도 少しも 조금도 せめて 적어도

19

해석 대학생 때부터 20년동안 매일 담배 한 갑을 피웠는데 오늘부터 단호히 끊기로 했다.

단어 きっぱり 단호히 ゆっくり 천천히 めっきり 눈에 띄게 すっかり 까맣게, 죄다

20

해석 비록 농담일지라도 상대방에게 상처 주는 발언은 좋지 않다고 생각한다.

단어 たとえ 비록 冗談 농담 相手 상대방 傷つける 상처 주다 発言 발언 必ずしも 반드시 まっすぐ 곧장 なかなか 좀처럼

⑦ 경어, 의성어·의태어

*공략 3단계 실전 문제 풀기 1회

PART 5 정답찾기
▶ 337쪽

정답 1 (D)　2 (A)

1

해석 인터넷에서 산 신발은 사이즈가 맞지 않고 헐렁해서 반품하기로 했다.

단어 ぶかぶか 헐렁헐렁 返品 반품 〜ことにする 〜하기로 하다

2

해석 나카무라 씨는 느긋한 편이라 항상 약속 시간에 늦게 온다.

단어 のんびり屋 태평한 사람 焦る 초조하게 굴다 性格 성격 せっかち 성급함 ゆとり 여유

PART 6 오문정정

정답 3 (B)　4 (D)　5 (D)　6 (D)　7 (B)
　　　8 (D)　9 (D)　10 (A)　11 (D)　12 (C)

3

해석 선생님, 용건이 있으시다면 저에게 말씀 주세요.

단어 ご用 용건 おっしゃる 말씀하시다(言う의 존경)

체크 おあるでしたら → おありでしたら 있으시다면
(お+동사의 ます형+です : 존경)

4

해석 죄송하지만, 오늘은 선약이 있어서 먼저 가 보겠습니다.

단어 先約 선약 先に 먼저

체크 帰らさせていただく → 帰らせていただく 돌아가다
(帰る의 사역)

5

해석 전화가 멀어서 목소리가 잘 들리지 않는데 좀 더 큰 소리로 말씀해 주시겠습니까?

단어 もう少し 좀 더 大きな声 큰 목소리

체크 いただきますか → いただけますか 〜줄 수 있습니까?

6

해석 만나뵙지 못해서 유감이지만 부모님께 안부 전해 주세요.

단어 お会いできる '만나뵈다'의 가능형 残念だ 유감이다 ご両親 부모님 よろしく伝える 안부 전하다

체크 伝えください → お伝えください 전해 주세요〈お+동사의 ます형+ください 존경 표현〉

7

해석 하나부터 열까지 신세를 져서, (뭐라) 감사의 말씀을 드려야 할지 모르겠습니다.

단어 何から何まで 하나부터 열까지 お世話になる 신세를 지다 お礼の言葉 감사의 말

체크 お世話を受け → お世話になって 신세를 져서

8

해석 수학여행 행선지는 아직 모릅니다. 정해지면 알려 드리겠습니다.

단어 修学旅行 수학여행 行き先 행선지 決まる 정해지다 知らせる 알려 주다

체크 お知らせになります → お知らせします 알려 드리겠습니다(お+동사의 ます형+する/いたす : 겸양)

9

해석 과장님은 지금 거래처를 돌고 있어서, 오후가 되지 않으면 회사에 오지 않습니다.

단어 取引先 거래처 回る 돌다, 순회하다

체크 いらっしゃいません → 来ません 오지 않습니다
(나의 동료이므로 존경 표현은 쓰면 안 된다)

10

해석 전화를 빌리고 싶은데, 사용해도 괜찮을까요?

단어 借りる 빌리다

체크 お借りにしたい → お借りしたい 빌리고 싶다
(お+동사의 ます형+する/いたす : 겸양 표현)

11

해석 어제 머리가 아파서 약을 먹고 일찍 잤더니 오늘 아침은 개운하게 일어날 수 있었다.

단어 すっきり 개운하게

체크 うきうき 들뜬 모양 → すっきり 개운하게

12

해석 바쁜데 30분이나 기다리게 되자 초조하여 담배만 피우고 있다.

단어 待たす 기다리게 하다(=待たせる)　もぐもぐ 우물우물　いらいらする 안절부절 하다

체크 もぐもぐ 우물우물 → いらいら 안절부절

PART 7 공란메우기 ▶ 338쪽

정답 13 (C)　14 (A)　15 (D)　16 (A)　17 (B)
18 (B)　19 (B)　20 (A)

13

해석 이 앱이 있으면 최신 작품을 언제 어디서나 보실 수 있습니다.

단어 アプリ 앱　最新 최신　作品 작품

체크 ご覧になる 보시다〈見る의 존경 표현〉

14

해석 실은 지난번에 말씀 드린 대학원 진학에 관한 일로 상담 드리고 싶은데요.

단어 実は 실은　申し上げる 말씀 드리다(겸양어)　大学院 대학원　進学 진학　相談する 상담하다

15

해석 음식이 식기전에 어서 드세요.

단어 冷める 식다, 차가워지다　～ないうちに ~하기전에　召し上がる 드시다(존경어)

16

해석 공항행 리무진 버스는 몇 분마다 있는지 아십니까?

단어 空港 공항　～行き ~행　リムジンバス 리무진 버스　～おきに ~걸러　ご存じだ 아시다(존경어)

17

해석 버스 정류장에 혼자 서 있던 아이는 훌쩍훌쩍 울기 시작했다.

단어 しくしく 훌쩍훌쩍　泣き出す 울기 시작하다　しとしと (비 등이) 부슬부슬　さやさや 바스락　ざあざあ (비 등이) 쏴쏴

18

해석 선생님은 보통 오후 5시쯤 일을 끝내고 귀가하십니다.

단어 普通 보통　終える 끝내다

체크 お+동사의 ます형+になる : 존경 표현

19

해석 바깥 소리가 시끄러워서 잘 들리지 않습니다. 한 번 더 말씀해 주시지 않겠습니까?

체크 おっしゃる 말씀하시다〈言う의 존경어〉

20

해석 손님의 짐은 저희 쪽에서 보관해 드리겠습니다.

단어 お客様 손님　荷物 짐　預かる 맡다, 보관하다　いたす 하다(겸양어)

체크 お+동사의 ます형+する/いたす : 겸양 표현

*공략 3단계 실전 문제 풀기 2회

PART 5 정답찾기 ▶ 339쪽

정답 1 (C)　2 (C)

1

해석 13년 전에 산 신차가 역시 너무 오래되어 올해야말로 새 차를 사려고 한다.

단어 新車 신차　さすがに 역시　ぼろぼろ 너덜너덜

2

해석 아이들이 여러분이 오시는 것을 기대하고 있습니다.

단어 皆様 여러분　お越しになる 오시다(존경어)　楽しみにする 기대하고 있다(겸양어)　召し上がる 드시다(존경어)　おっしゃる 말씀하시다(존경어)　おいでくださる 오시다(존경어)　ご覧になる 보시다(존경어)

PART 6 오문정정

정답 3 (D)　4 (C)　5 (C)　6 (C)　7 (C)
8 (D)　9 (D)　10 (B)

3

해석 스즈키 씨가 어려운 시험에 합격했기 때문에, 부모님도 선생님들도 기뻐하고 계신다.

단어 合格する 합격하다　ご両親 부모님　喜ぶ 기뻐하다
おる 있다(겸양어)　いらっしゃる 계시다(존경어)

체크 おる → いらっしゃる 계시다

4

해석 이미 어두워졌고, 눈도 내릴 것 같으니까 슬슬 돌아갈까요?

체크 はらはら 팔랑팔랑 → そろそろ 슬슬

5

해석 그 사건에 대해서는 저도 모릅니다. 부디 양해해 주세요.

단어 事件 사건　~について ~에 대해서　存じる 알다(겸양어)　了解 양해

체크 ご存じて → 存じて 알고

6

해석 다카하시 씨의 자제분은 부인보다 남편을 많이 닮았습니다.

단어 ~より ~보다　ご主人 (남의) 남편　~に似ている ~을/를 닮다

체크 主人に → ご主人に 남편을 (남의 남편을 가리키므로 ご를 붙인다)

7

해석 과장님 회사로 신상품 샘플을 보내 드렸습니다만, 받으셨습니까?

단어 サンプル 샘플, 견본　受け取られる 받으시다, 수취하시다(受け取る의 존경)

체크 お送りになりました → お送りしました 보내 드렸습니다(겸양 표현)

8

해석 주문하고 1시간을 기다려도 우리 테이블에는 음식이 오지 않아 점점 짜증이 났다.

단어 注文 주문　だんだん 점점

체크 うきうき 들뜬 모양 → いらいら 초조한

9

해석 눈이 왔는데 코트도 입지 않고 장갑도 목도리도 하지 않아 추워서 덜덜 떨렸다.

단어 手袋 장갑　震える 떨리다

체크 くるくる 빙글빙글 → がたがた 덜덜

10

해석 공원의 나뭇잎 색깔이 변하고 팔랑팔랑 떨어지는 것을 보면 좀 쓸쓸해진다.

단어 木の葉 나뭇잎　散る 떨어지다

체크 さらさら 보송보송 → はらはら 팔랑팔랑

PART 7 공란메우기　　　　　　　　　▶ 340쪽

정답 **11** (D)　**12** (C)　**13** (B)　**14** (A)　**15** (A)
　　　16 (B)　**17** (D)　**18** (A)　**19** (D)　**20** (A)

11

해석 올해 대학을 졸업한 아들은 일자리를 구하지 못해 집에서 빈둥빈둥 놀고 있다.

단어 あたふた 허둥지둥　ぐったり 축 늘어짐　こそこそ 살금살금　ぶらぶら 빈둥빈둥

12

해석 비가 내리네요. 우산을 가져 가시겠습니까?

체크 お+동사의 ます형+になる : 존경 표현

13

해석 그럼, 내일 오후 4시에 롯데 호텔 커피숍에서 기다리겠습니다.

체크 お+동사의 ます형+する : 겸양 표현

14

해석 빌린 일본어 잡지는 즐겁게 읽었습니다.

단어 借りる 빌리다　雑誌 잡지

체크 ~(さ)せていただく (~하다) : 겸양 표현

15

해석 오늘은 무엇을 입고 갈까 우물쭈물 망설이다가 늘 타는 전철을 놓쳐 버렸다.

단어 迷う 망설이다　~に乗り遅れる 탈 것을 놓쳐 버리다　ぐずぐず 꾸물꾸물　ぶつぶつ 투덜투덜　うずうず 근질근질　がらがら 텅텅 비어 있는 모양

16

해석 선생님, 조금 몸 상태가 좋지 않아서 조퇴를 하고 싶은데요.

단어 体の具合いが悪い 몸 상태가 나쁘다　早退 조퇴

체크 ~させていただく ~하다(겸양 표현)

17

해석 물건은 반드시 보내 드릴테니 잠시만 기다려 주세요.

단어 必ず 반드시 しばらく 잠시만

체크 お + 동사의 ます형 + する : 겸양 표현

18

해석 다시 한번 확인하시고 다시 걸어 주세요.

단어 確かめる 확인하다 かけ直す 다시 걸다

체크 お + 동사의 ます형 + になる : 존경 표현

19

해석 제가 찍은 사진을 여러분께 보여 드릴 수 있어서 영광입니다.

단어 皆様 여러분 お見せする 보여드리다 光栄だ 영광이다

20

해석 고등학교에 다니는 오빠의 교복을 입어보니 헐렁했다.

단어 制服 교복 だぶだぶ 헐렁헐렁 ぶらぶら 빈둥빈둥 ねばねば 끈적끈적 がたがた 덜컹덜컹

⑧ 관용구, 속담

*공략 3단계 실전 문제 풀기

PART 6 오문정정 ▶ 347쪽

정답 1 (C) 2 (B) 3 (C) 4 (D) 5 (C)

1

해석 실은 업무상의 일로 잠깐 상담에 응해 주셨으면 하는 일이 있는데요.

단어 実は 실은 業務 업무 相談に乗る 상담에 응하다 〜ていただく 〜해 받다

체크 乗せて → 乗って

2

해석 오늘만큼은 제 체면을 봐서 여기는 눈감아 주실 수 없겠습니까?

단어 顔を立てる 체면을 세우다 目をつぶる 눈을 감다, 봐주다

체크 見て → 立てて

3

해석 만약 곤란한 일이 있을 때 그에게 상담하면 발이 넓기 때문에 도와줄지도 몰라.

단어 もしも 만약 困る 곤란하다 相談 상담, 상의 顔が広い 아는 사람이 많다 助ける 도와주다 〜かもしれ

ない 〜지도 모르다

체크 足が広い → 顔が広い 발이 넓다, 아는 사람이 많다

4

해석 저는 쇠고기를 매우 좋아하지만, 매일 먹으니 역시 질리네요.

단어 牛肉 쇠고기 やっぱり 역시 鼻につく 질리다

체크 口につく → 鼻につく 질리다

5

해석 후배 앞에서 선생님께 야단맞아서 얼굴이 화끈거렸습니다.

단어 後輩 후배 叱る 야단치다 顔から火が出る 얼굴이 화끈거릴 정도로 창피하다 涙 눈물

체크 涙 → 火

PART 7 공란메우기

정답 6 (D) 7 (A) 8 (C) 9 (B) 10 (C)

6

해석 이 책에는 가슴 뭉클한 말들이 가득 담겨 있으니 꼭 읽어보길 바란다.

단어 胸を打たれる 몹시 감격하다, 뭉클하다 詰まる 가득 차다 ぜひ 꼭 〜てほしい 〜하기를 바란다

7

해석 이곳은 물가가 비싸기 때문에 교통비도 무시할 수 없다.

단어 物価 물가 交通費 교통비 ばかにならない 무시할 수 없다

8

해석 참새 눈물만큼(쥐꼬리만큼)의 월급을 받아 생활하고 있다.

단어 雀の涙 참새 눈물(매우 적음을 비유) 〜ほど 〜만큼 月給 월급

9

해석 이 아이에게 악의가 있었던 것은 아니므로, 이번 일은 부디 너그럽게 봐 주세요.

단어 悪気 악의 〜わけではない 〜하는 것은 아니다 どうぞ 부디 大目に見る 너그럽게 봐주다

10

해석 그녀는 언제나 그 앞에서는 내숭을 떤다.

단어 猫を被る 내숭을 떨다, 아닌 체 하다

정답	101 (A)	102 (C)	103 (B)	104 (D)	105 (A)	106 (C)	107 (B)	108 (D)	109 (C)	110 (A)
	111 (B)	112 (B)	113 (D)	114 (C)	115 (C)	116 (A)	117 (D)	118 (B)	119 (A)	120 (C)
	121 (B)	122 (A)	123 (B)	124 (D)	125 (C)	126 (C)	127 (C)	128 (A)	129 (B)	130 (D)
	131 (D)	132 (B)	133 (D)	134 (C)	135 (C)	136 (D)	137 (B)	138 (C)	139 (D)	140 (C)
	141 (C)	142 (D)	143 (C)	144 (B)	145 (A)	146 (C)	147 (A)	148 (D)	149 (B)	150 (D)
	151 (B)	152 (C)	153 (C)	154 (C)	155 (B)	156 (A)	157 (C)	158 (C)	159 (A)	160 (B)
	161 (C)	162 (D)	163 (C)	164 (D)	165 (B)	166 (B)	167 (D)	168 (A)	169 (C)	170 (B)

101
해석 최근 일본에서도 배기가스나 소음을 내지 않는 등의 장점을 가진 전기차가 화제가 되고 있습니다.

단어 排気ガス 배기가스　騒音 소음　長所 장점　話題 화제

102
해석 그곳도 이제 혼란이 수습되어 사회 질서가 회복되었다고 한다.

단어 混乱 혼란　収まる 수습되다　秩序 질서　回復する 회복되다

103
해석 선수들의 파워나 테크닉이 멋있었습니다(볼만했습니다).

단어 選手 선수　パワー 파워, 힘　テクニック 테크닉, 기술　見事だ 멋지다, 훌륭하다

104
해석 약속을 쉽게 어기면 안됩니다.

단어 約束 약속　簡単に 간단히, 쉽게　～てはいけません ～해서는 안 됩니다　被る 뒤집어쓰다　壊す 부수다　忘れる 잊다　破る 깨다

105
해석 몸 상태가 안 좋으니 점심은 먹지 않기로 했습니다.

단어 調子 상태　昼ご飯 점심

106
해석 서점에서 『아마추어도 알 수 있는 경제학 책』을 구입했습니다.

단어 素人 아마추어　経済学 경제학　購入 구입　白人 백인　玄人 전문가

107
해석 공부도 공부지만, 아이는 무엇보다도 건강하게 자라기 바란다.

단어 何より 무엇보다　健やかだ 건강하다　育つ 자라다　～てもらいたい ～해 받고 싶다, ～해 주기 바란다

108
해석 올해 예산은 10억 엔을 넘을지도 모른다.

단어 予算 예산　～億円 ～억 엔　越える 넘다, 초과하다　～かもしれない ～일지도 모르다

109
해석 오늘 아침, 밥은 먹지 않고 삶은 계란만 4개 먹고 왔습니다.

단어 ～ないで ～하지 않고　ゆで卵 삶은 달걀

110
해석 마음에 드는 디자인의 구두여서 다른 색으로 한 켤레 구입했다.

단어 気に入る 마음에 들다　色違い 색만 다름　一足 한 켤레　購入 구입

111
해석 나는 고등학교 1학년 때, 아버지께서 돌아가셔서 지금까지 쭉 어머니와 둘이서 지내 왔습니다.

(A) 어머니가 죽어서
(B) 아버지가 돌아가셔서
(C) 아버지를 죽게 해서
(D) 어머니가 돌아가셔서

단어 父に死なれる 아버지가 돌아가시다(死ぬ의 수동)　ずっと 쭉　過ごす 지내다, 생활하다　なくなる 돌아가시다

112
해석 친구의 부탁이라서 어쩔 수 없이 그 일을 떠맡아 버렸다.

단어 頼み 부탁　～とあって ～라서　やむを得ず 어쩔 수 없이　引き受ける 떠맡다　喜んで 기꺼이　仕方なく 어쩔 수 없이　むしろ 오히려　改めて 다시

113

해석 남동생은 친구에게 <u>전화를 하고 있는 중</u>입니다.

(A) 전화를 드리고 있습니다

(B) 전화를 받고 있습니다

(C) 전화를 고치고 있습니다

(D) 전화를 걸고 있습니다

단어 ～ているところ ～하고 있는 중

체크 '전화를 받다'는 電話を受ける이다. もらう는 주로 '직접적으로 물건 등을 받다'라는 의미일 때 쓴다.

114

해석 이것은 어린이 취향의 신제품으로 꽤 인기가 <u>있다</u>.

(A) 이것은 <u>꽃이기는</u> 하지만, 풀 같다.

(B) 아이스크림은 냉장고에 넣어져 <u>있다</u>.

(C) 사고의 원인에 대해서는 자세히 조사할 필요가 <u>있다</u>.

(D) <u>어느</u> 추운 날, 그녀와 처음 만났다.

단어 ～向け ～취향 なかなか 꽤, 제법 冷凍庫 냉동고 事故 사고 原因 원인 ～について ～에 대해서 詳しい 자세하다 調べる 조사하다 ある 어느

체크 '어떤 일이 있다'라는 의미의 ある 찾기. (B)는 상태를 나타낸다.

115

해석 내년부터 혼자 살기 <u>위해서</u> 돈을 모으고 있어요.

(A) 에러가 났기 <u>때문에</u> 이 페이지를 표시할 수 없습니다.

(B) 그 남자는 죄를 지었기 <u>때문에</u> 감옥에 들어가 있습니다.

(C) 남자 친구에게 선물하기 <u>위해</u> 스웨터를 짜고 있어요.

(D) 태풍 <u>때문에</u> 오늘 행사가 취소되었습니다.

단어 一人暮らし 자취, 혼자 사는 것 お金を貯める 돈을 모으다, 저축하다 エラー 에러, 오류 表示 표시 罪 죄 犯す 범하다, 어기다 刑務所 형무소 編む 뜨다, 짜다 台風 태풍 イベント 이벤트, 행사 中止 중지

116

해석 남편은 딸에게 받은 초콜릿과 꽃다발을 나에게 주었습니다.

(A) 나는 남편에게 초콜릿과 꽃다발을 받았습니다

(B) 딸은 나에게 초콜릿과 꽃다발을 주었습니다

(C) 남편은 나에게 초콜릿과 꽃다발을 받았습니다

(D) 나는 남편에게 초콜릿과 꽃다발을 주었습니다

단어 主人 남편 娘 딸 チョコレート 초콜릿 花束 꽃다발

117

해석 어두워서 아무것도 보이지 않네요. 불을 <u>켭시다</u>.

(A) 한 달이나 계속되던 파업에 결말을 <u>지었습니다</u>.

(B) 가슴에 브로치를 달고 있는 사람이 우리 엄마입니다.

(C) 나는 매일 일기를 <u>쓰고</u> 있습니다.

(D) 이 방 매우 조용하네요. 라디오라도 <u>켤까요</u>?

단어 一月 한 달 ストライキ 파업 結末をつける 결말을 짓다 ブローチ 브로치 日記をつける 일기를 쓰다

118

해석 버스도 택시도 없기 때문에 전철에서 <u>내려</u> 쭉 걸어왔습니다.

(A) 고양이는 지하실에 있지 않니? 좀 내려가 봐.

(B) 여러분, 지하철에서 내릴 사람부터 먼저 내리세요.

(C) 내일은 하루 종일 집에 <u>있으니까</u> 놀러 오세요.

(D) 연극이 끝나고 막이 <u>내리자</u>, 모두 박수갈채를 보냈다.

단어 ずっと 쭉 地下室 지하실 おる 있다(겸양어) 演劇 연극 幕がおりる 막이 내리다 拍手喝采を送る 박수갈채를 보내다

체크 탈 것에서 '내린다'는 의미의 おりる 찾기. (A)는 '아래로 내려가다'라는 의미이다.

119

해석 우리 엄마<u>가</u> 만든 요리는 언제 먹어도 맛있어요.

(A) 그<u>가</u> 그린 그림이 너무 멋져서 감탄했다.

(B) 친구<u>인</u> 다카하시 군은 수학을 잘합니다.

(C) 저 새 컴퓨터는 누구 <u>것</u>입니까?

(D) 그가 범인<u>인</u> 것 같은 기분이 듭니다.

단어 素晴らしい 훌륭하다, 멋지다 感心する 감탄하다 犯人 범인 ～のような ～인 것 같은 気がする 기분이 들다

체크 주격의 の (～인)를 찾는 문제이다. (A)는 주격, (B)는 동격, (C)는 ～의 것, (D)는 ～のような(～같은)의 의미로 쓰였다.

120

해석 아무래도 감기에 걸린 <u>것 같다</u>.

(A) 너<u>처럼</u> 영어를 능숙하게 말할 수 있다면 좋을 텐데.

(B) 마치 솜 같은 눈이 내리고 있다.

(C) 이쪽이 좀 맛있는 <u>것 같다</u>.

(D) 김 씨는 선생님<u>처럼</u> 가르쳐 준다.

단어 まるで 마치 綿 솜, 면

체크 ようだ의 여러 용법을 이해하는 문제이다. 문제의 ようだ는 불확실한 단정을 나타낸다. (A)는 예시, (B)는 비유, (C)는 불확실한 단정, (D)는 예시로 쓰였다.

121

해석 나카무라 씨는 감색 양복을 <u>입고</u>, 안경을 쓰고 넥타이를 하고 있는 사람입니다.

체크 スーツをはいて → スーツを着て 양복을 입고

122

해석 아직 확실하게 정하지는 않았지만 졸업하면 대학원에 가려고 합니다.

단어 はっきり 확실히　卒業(そつぎょう) 졸업　大学院(だいがくいん)に進(すす)む 대학원에 진학하다

체크 決めませんでした → 決めていません
まだ~ない '아직~하지 않았다'는 미완료를 나타내므로 과거형과 연결되지 않는다.

123

해석 다나카 선생님의 연설은 늘 사람을 감동시키기 때문에 저도 때때로 연설을 들으러 갑니다.

단어 演説(えんぜつ) 연설　感動(かんどう)させる 감동시키다　時々(ときどき) 때때로

체크 感動されます → 感動させます 감동시킵니다(사역)

124

해석 유명한 잡지의 휴간의 주된 이유는 판매 부수와 광고 수입 감소이다.

단어 休刊(きゅうかん) 휴간　主(おも)に 주로　主(おも)な 주된　販売部数(はんばいぶすう) 판매 부수　広告収入(こうこくしゅうにゅう) 광고 수입　減少(げんしょう) 감소

체크 主に → 主な 주된(명사 수식형)

125

해석 그가 의심하기 시작했기 때문에 하는 수 없이 있는 그대로 털어 놓고 말았다.

단어 疑(うたが)う 의심하다　~はじめる ~하기 시작하다　仕方(しかた)ない 하는 수 없다, 방법이 없다　ありのままに 있는 그대로　打(う)ち明(あ)ける 털어 놓다

체크 あるのままに → ありのままに 있는 그대로

126

해석 문의 홈페이지 URL이 다음과 같이 변경되었습니다.

단어 お問(と)い合(あ)わせ 문의　ホームページ 홈페이지　変更(へんこう) 변경

체크 次のそうに → 次のように 다음과 같이

127

해석 외국인의 경우, 일본 문화를 이해하기 위해 다도나 꽃꽂이를 배우는 사람이 많은 것 같다.

단어 理解(りかい)する 이해하다　茶道(さどう) 다도　生(い)け花(ばな) 꽃꽂이　習(なら)う 배우다

체크 生ける花 → 生け花 꽃꽂이(명사)

128

해석 이 가게에서는 매일 아침, 막 구운(만든) 빵을 판매하고 있습니다.

단어 ~たばかり 막 ~함　販売(はんばい)する 판매하다

체크 店には → 店では 가게에서는

129

해석 일본어를 일본인처럼 정확하게 발음하는 것은 어려운 일입니다.

단어 正(ただ)しい 바르다　発音(はつおん)する 발음하다

체크 正しいに → 正しく 바르게(い형용사의 부사형)

130

해석 요즘 인플루엔자가 유행하고 있으니 건강에 유의하세요.

단어 インフルエンザ 인플루엔자, 유행성 감기　流行(はや)る 유행하다　気(き)をつける 조심하다

체크 を → に

131

해석 나 같은 노인은 젊은 사람처럼은 몸을 움직일 수 없습니다.

단어 年寄(としよ)り 노인, 늙은이　若(わか)い 젊다

체크 動くません → 動けません 움직일 수 없습니다
동사 動く의 가능형은 動けません이다.

132

해석 나는 일 때문에 귀가 시간이 불규칙해서 일찍 퇴근하기도 하거니와 한밤중이 되기도 한다.

단어 都合(つごう) 형편, 사정　帰宅時間(きたくじかん) 귀가 시간　不規則(ふきそく) 불규칙　夜中(よなか) 한밤중　~も~ば、~も ~도~하거니와~도

체크 あるから → あれば

133

해석 일본의 편의점은 다른 나라의 편의점보다 훨씬 좋다고 생각합니다.

단어 コンビニ 편의점　他(ほか)の 다른

체크 いいだと思います → いいと思います 좋다고 생각합니다〈기본형+と思う〉

134

해석 날씨가 악화되어 비행기가 뜰 수 없게 되었다. 그래서 회사에 연락하여 내일 출발하기로 했다.

단어 天気(てんき)が崩(くず)れる 날씨가 악화되다　すると 그러자　それで 그래서　連絡(れんらく) 연락　出発(しゅっぱつ) 출발

체크 すると → それで 그래서

135

해석 이 컴퓨터는 가볍고 조작이 간단하며 가격도 적당하기 때문에 잘 팔리고 있습니다.

단어 操作(そうさ) 조작 簡単(かんたん)だ 간단하다 手頃(てごろ) 적당함

체크 手頃ので → 手頃なので 적당하기 때문에〈명사, な형용사 어간+なので〉

136
해석 밤늦게까지 야근해서 졸리면, 차가운 커피를 마시며 잠을 깹니다.

단어 残業(ざんぎょう) 잔업, 야근 目(め)が覚(さ)める 잠이 깨다 目(め)を覚(さ)ます 잠을 깨다

체크 目を覚めます → 目を覚まします 잠을 깹니다 (자·타동사 구분하기)

137
해석 벌써 시간이 이렇게 되었네요. 날이 저물기 전에 빨리 집으로 갑시다.

단어 日(ひ)が暮(く)れる 날이 저물다, 해가 지다 ～ないうちに ～하기 전에

체크 暮れるうちに → 暮れないうちに 저물기 전에(～ないうちに : ～하기 전에)

138
해석 숙모는 아직 비행기를 탄 적이 없어서 한 번 타고 싶어 합니다.

단어 おば 숙모, 아주머니 ～たがる ～하고 싶어 하다

체크 の → こと(～たことがない : ～한 적이 없다)

139
해석 모든 국민은 교육받을 권리가 있다고 헌법에 적혀 있다.

단어 全(すべ)て 모든 国民(こくみん) 국민 教育(きょういく) 교육 受(う)ける 받다 権利(けんり) 권리 憲法(けんぽう) 헌법

체크 書かれてある → 書かれている 적혀 있다〈자동사+ている : 상태〉

140
해석 이 자리는 금연석으로 되어 있으니, 담배는 삼가 주세요.

단어 席(せき) 자리 禁煙席(きんえんせき) 금연석 遠慮(えんりょ) 삼감, 사양

체크 いらっしゃいますので → おりますので 있으니(겸양)

141
해석 출퇴근 시간을 피해 외출하는 것이 좋겠지요.

단어 ラッシュアワー 러시아워, 교통이 매우 혼잡한 시간 避(さ)ける 피하다

142
해석 회의실 문을 열자, 몇 명인가가 회의를 하고 있는 중이었다.

단어 会議室(かいぎしつ) 회의실 ～ているところ ～하는 중

체크 동시성·발견성을 나타내는 ～と의 용법이다. '～하니까, ～하자'로 해석한다.

143
해석 지금은 공동 주택에 살고 있지만, 나도 학생 때는 기숙사에서 지냈어요.

단어 ～に住(す)んでいる ～에 살다 寮(りょう) 기숙사 暮(く)す 생활하다, 지내다

144
해석 일기 예보에 의하면 오늘은 하루종일 비가 내리거나 그치거나하는 날씨라고 합니다.

단어 天気予報(てんきよほう) 일기 예보 ～によると ～에 의하면 止(や)む 비가 그치다

145
해석 초등학생에게 이런 어려운 문제가 가능할 리가 없다.

단어 ～わけがない ～리가 없다 ～わけではない ～한 것은 아니다 ～わけにはいかない ～할 수 없다

146
해석 가게의 간판이 작아서 깜빡하면 그냥 지나쳐 버리고 만다.

단어 看板(かんばん) 간판 うっかり 깜빡 通(とお)りすぎる 그냥 지나치다 すっかり 완전히 しっかり 확실히 がっかり 실망(해서)

147
해석 어젯밤 매우 나쁜 꿈을 꾸어서 무서워서 전혀 못 잤어요.

단어 夢(ゆめ)を見(み)る 꿈을 꾸다 全然(ぜんぜん) 전혀

148
해석 냉장고에 있는 재료로만 만들테니까 너무 기대하지마.

단어 冷蔵庫(れいぞうこ) 냉장고 期待(きたい)する 기대하다

149
해석 나는 사회 생활에 있어서 가장 중요한 것은 인간관계라고 생각한다.

단어 社会生活(しゃかいせいかつ) 사회 생활 ～において ～에 있어서 人間関係(にんげんかんけい) 인간관계 ～について ～에 대해서 ～によって ～에 의해 ～にそって ～에 따라

150
해석 그와 말다툼을 반복한 끝에 헤어지게 됐다.

단어 口(くち)げんか 언쟁, 말싸움 繰(く)り返(かえ)す 반복하다 ～たあ

げく ～한 끝에 別れる 헤어지다 ～たばかりで 막

～해서 ～たとたんに ～하자마자 ～たまま ～한채

151

해석 이 공원에서 살인 사건이 일어났다니 상상하는 것 만으로도 두렵다.

단어 殺人 살인 事件 사건 ～なんて ～하다니 想像する 상상하다 恐ろしい 두렵다 ～こそ ～야말로

～しか ～밖에 ～せい ～탓

152

해석 나는 모르는 것이 있으면 인터넷으로 바로 알아보지 않고는 못 배기는 성격이다.

단어 調べる 알아보다 ～ずにはいられない ～하지 않을 수 없다

153

해석 매일 생활 속에서 <u>쥐꼬리만큼</u>의 작은 행복을 하나하나 간직하며 살아가고 있다.

(A) 김칫국부터 마시기

(B) 돼지 목에 진주

(C) 쥐꼬리만큼

(D) 쇠귀에 경 읽기

154

해석 병이 나고서야 비로소 건강의 소중함을 알게 되었다.

단어 ～てはじめて ～하고서야 비로소 健康 건강

155

해석 기무라 씨 덕분에 일이 <u>점점</u> 더 잘 진척되었다고 한다.

단어 おかげで 덕분에 どんどん 점점 はかどる 잘 진척되다 しくしく 훌쩍훌쩍 いらいら 안절부절 しばしば 자주, 종종

156

해석 2009년 8월에 일어난 남아 익사 사고에서 강의 안전 관리가 <u>불충분했다</u>는 것을 이유로 부모가 국가에 손해 배상을 요구했다.

(A) 불충분했다

(B) 불편했다

(C) 불안했다

(D) 불가능했다

단어 男児 남아 水難事故 익사 사고 安全管理 안전 관리 両親 부모 国 국가 損害賠償 손해 배상 求める 요구하다

157

해석 야마다 씨와 내가 하루 걸려 만든 일본 요리이니까 많이 <u>드세요</u>.

단어 召し上がる 드시다(존경어)

158

해석 수험표를 잊어버린 <u>탓에</u> 시험을 볼 수가 없었다.

단어 受験票 수험표 ～たばかりに ～한 탓에

159

해석 너무 많이 걸어서 다리가 <u>뻣뻣해져서</u> 이제 더 이상 걸을 수 없습니다.

단어 ～すぎる 너무 ～하다 足が棒になる 다리가 뻣뻣해지다 これ以上 더 이상

160

해석 집을 나오<u>자마자</u> 비가 내리기 시작했다.

단어 ～とたんに ～하자마자 降り出す 내리기 시작하다

～とおりに ～대로 ～ままで ～채로 ～せいで ～탓에

161

해석 우회전해서 조금 <u>가면</u> 횡단보도 앞에 편의점이 있습니다.

단어 右折 우회전 横断歩道 횡단보도 手前 바로 앞

162

해석 이번 학기, 몇 번이나 휴강을 하다니 선생님<u>답지</u> 않습니다.

단어 今学期 이번 학기 休講する 휴강하다 ～なんて 하다니 ～らしい ～답다

163

해석 그 사람은 술을 마실 <u>때마다</u> 다른 사람과 싸운다.

단어 ～たびに ～때마다 けんかをする 싸움을 하다 ～おきに ～걸러

164

해석 다음 달까지도 무리인데, <u>하물며</u> 이달 말까지라니.

단어 無理 무리 まして 하물며 末 말 まだ 아직 むしろ 오히려

165

해석 저기, 죄송하지만, 그 자료를 잠시 <u>빌려도</u> 되겠습니까?

단어 資料 자료 しばらく 잠시 동안

체크 お + 동사ます형 + する ～하다〈겸양 표현〉

166

해석 벽에는 세계 지도와 커다란 가족사진이 붙어 있습니다.

단어 世界地図 세계 지도 家族写真 가족사진 貼る 붙이다

타동사+てある ~하여져 있다(상태)

167

해석 다나카 씨는 오늘 결근했다던대. 그러고 보니 어제 식욕이
없어서 컨디션이 안 좋다고 했었지.

단어 食欲 식욕 調子 몸 상태 いずれも 어느쪽이나
要するに 요컨대, 결국 いわゆる 소위, 요컨대
そういえば 그러고보니

168

해석 매번 내점해 주셔서 진심으로 감사드립니다.

단어 毎度 매번 来店 내점, 방문 お・ご~いただく ~해
주시다 まことに 진심으로

169

해석 시립도서관의 책은 누구나 수속을 하면 빌릴 수 있습니다.

단어 市立 시립 誰 누구 手続き 수속

170

해석 사실대로 말할까 말까 망설였지만 결국 다 얘기했다.

단어 迷う 망설이다 結局 결국 全部 전부, 다

PART 8 독해

① 일기, 생활문 공략 3단계 실전 문제 풀기 ▶ 364쪽

정답 1 (B)　　2 (A)　　3 (B)　　4 (D)　　5 (B)　　6 (A)　　7 (D)

[1~3]

지문	해석
私の趣味は本を読むことです。特に小説を読むのが好きです。ハリー・ポッターの①ような小説も読みますが、恋愛の話が一番好きです。休みの日には図書館から本を借りてきますが、家の本棚にも300冊ぐらい本が入っています。全部、私の宝物です。私は本を読み始めると、5時間ぐらい読み続けてしまいます。本を読みながら寝てしまうことも、よくあります。最近の一番の悩みは、本を読みすぎて、目が悪くなってきたことです。暗いところで本を読むと、目が悪くなるそうなので、できるだけ、明るいところで読もうと思います。	저의 취미는 책을 읽는 것입니다. 특히 소설을 읽는 것을 좋아합니다. 해리포터 ①같은 소설도 읽지만 연애 이야기를 가장 좋아합니다. 쉬는 날에는 도서관에서 책을 빌려오는데, 집 책꽂이에도 300권 정도의 책이 꽂혀있습니다. 전부 저의 보물입니다. 저는 책을 읽기 시작하면 5시간 정도 계속 읽습니다. 책을 읽다가 잠이 드는 경우도 종종 있습니다. 최근의 가장 큰 고민은 책을 너무 많이 읽어서 눈이 나빠졌다는 것입니다. 어두운 곳에서 책을 읽으면 눈이 나빠진다고 하니 최대한 밝은 곳에서 읽으려고 합니다.

1 이 사람의 가장 큰 고민거리는 무엇입니까?
　　(A) 어두운 곳에서 책을 읽어서 피곤한 것
　　(B) 책을 5시간 정도 계속 읽어서 눈이 나빠진 것
　　(C) 도서관에서 책을 빌릴 수 없는 것
　　(D) 해리포터 같은 소설을 즐길 수 없는 것

2 　①　 에 들어갈 적당한 말을 고르세요.
　　(A) 같은　　　　　　(B) 같이
　　(C) 같아서　　　　　(D) 같다

3 본문의 내용과 맞는 것을 고르세요.
　　(A) 해리포터 같은 소설을 읽는 것을 가장 좋아한다.
　　(B) 집에는 300권 정도의 책이 있다.
　　(C) 어두운 곳에서 책 읽는 것을 좋아한다.
　　(D) 독서를 하면 항상 졸려진다.

단어 特に 특히　小説 소설　恋愛 연애　一番 가장　本棚 책장　全部 전부　宝物 보물　～始める ～하기 시작하다　～続ける 계속 ～하다　最近 최근　読書 독서

[4~7]

私は日本に初めて旅行に行った時、お餅を食べました。お正月だったので、日本人の友達がお餅を焼いてくれました。それがすごくおいしかったです。家族にも①食べさせたいと思ったので、韓国に帰る前に、スーパーにお餅を買いに行きました。駅の近くのスーパーでお餅を探したら、白くて丸くておいしそうなお餅を見つけてうれしくなりました。	저는 일본에 처음 여행갔을 때 떡을 먹었습니다. 설날이었기 때문에 일본인 친구가 떡을 구워 주었습니다. 그것이 너무 맛있었어요. 가족에게도 ①맛보여 주고 싶다고 생각했기 때문에, 한국에 돌아가기 전에 슈퍼에 떡을 사러 갔습니다. 역 근처의 슈퍼에서 떡을 찾았는데, 하얗고 둥글고 맛있는 떡을 발견하고 기뻤습니다.

レジでお金を払う時、店員が「ポイントカードはお持ちですか？」と聞きました。私は、びっくりして、「お餅？いいえ、お餅じゃありません。」と言ってお金を払ってスーパーを出ました。その時は、「どうしてポイントカードがお餅？」と思いましたが、帰りの飛行機の中で「あぁ！」と②気づきました。私はスーパーでお餅のことばかり考えていたから、「お持ちですか」と「お餅ですか」を間違えていました。あれは「ポイントカードを持っていますか？」という意味でした。私は飛行機の中で一人で笑ってしまいました。

계산대에서 돈을 낼 때, 점원이 "포인트 카드는 가지고 계십니까?"라고 물었습니다. 저는 깜짝 놀라 "떡? 아니요, 떡이 아니에요." 말하고 돈을 내고 슈퍼를 나왔습니다. 그때는 '왜 포인트 카드가 떡이지?' 라고 생각했는데, 귀국할 때 비행기 안에서 '아!' 하고 ②깨달았어요. 저는 슈퍼에서 떡 생각만 했기 때문에, '가지고 계십니까'와 '떡입니까'를 착각했습니다. 그것은 '포인트 카드를 가지고 계십니까?' 라는 뜻이었어요. 저는 비행기 안에서 혼자 웃고 말았습니다.

4 이 사람이 처음으로 떡을 먹은 것은 언제입니까?
(A) 고국에 돌아갔을 때
(B) 슈퍼에 갔을 때
(C) 비행기에 탔을 때
(D) 설날에

5 이 사람은 왜 슈퍼에서 놀랐습니까?
(A) 떡이 팔지 않아서
(B) '포인트 카드는 떡이냐'고 물어봐서
(C) 포인트 카드를 가지고 있지 않아서
(D) 구운 떡을 찾을 수 없어서

6 ___①___ 에 들어갈 적당한 말을 고르세요.
(A) 먹이고 싶다
(B) 먹고 싶다
(C) 먹을 수 있다
(D) 먹어 주다

7 ___②___ 에 들어갈 적당한 말을 고르세요.
(A) 물었습니다
(B) 알고 있었습니다
(C) 들었습니다
(D) 깨달았습니다

단어 始めて 처음으로　お餅 떡　お正月 설날　焼く 굽다　家族 가족　スーパー 슈퍼　探す 찾다　レジ 계산대　払う 지불하다　店員 점원　ポイントカード 포인트 카드　びっくりする 깜짝 놀라다　飛行機 비행기　気づく 알아차리다　間違える 잘못하다, 착각하다　意味 의미　一人で 혼자서　笑う 웃다

---

② **편지, 팩스** **공략 3단계 실전 문제 풀기** ▶ 370쪽

정답 1 (D)　2 (A)　3 (B)　4 (B)　5 (C)　6 (D)　7 (A)　8 (B)

[1~4]

지문	해석
英子さんへ 英子さん、お元気ですか。私も元気に過ごしています。もうあちこち花が咲き始めました。早いもので韓国へ来てもう６ヶ月経ちました。韓国の生活にはすっかり慣れましたが、韓国語の勉強は難しくなっ	에이코 씨에게 에이코 씨, 잘 지내요? 나도 건강하게 지내고 있습니다. 벌써 여기저기 꽃이 피기 시작했습니다. 어느덧 한국에 온 지 벌써 6개월이 지났습니다. 한국 생활에는 완전히 적응했지만, 한국어 공부는 어려워지기 시작했습니다.

てきました。慣れるために毎日、韓国語の本を読んだり、韓国人の友だちと話したり、テレビを見たりしています。先週の土曜日、友だちの家へ遊びに行きましたが、その家族は全部で６人という大家族でした。プルコギ、サラダなど、おいしい料理をいっしょに作って食べたり、いろいろな話をしたりして本当に楽しかったです。①まるで自分の家へ帰ってきたようでした。今度の夏休みには帰国するつもりです。では、会う日を楽しみにしています。家族のみなさんにもよろしくお伝えください。

みきこより

익숙해지기 위해, 매일 한국어 책을 읽거나, 한국인 친구와 이야기하거나, 텔레비전을 보거나 하고 있습니다. 지난주 토요일, 친구 집에 놀러 갔었는데, 그 가족은 전부 6명이라는 대가족이었습니다. 불고기, 샐러드 등 맛있는 요리를 함께 만들어 먹기도 하고, 여러 가지 이야기를 하기도 하며 정말로 즐거웠습니다. ①마치, 우리 집에 돌아온 것 같았습니다. 이번 여름 방학에는 귀국할 생각입니다. 그럼, 만날 날을 기대하고 있겠습니다. 가족 모두에게도 안부를 전해 주세요.

미키코로부터

1 ____①____ 에 들어갈 적당한 말을 고르세요.
(A) 아마도　　　　(B) 아무리
(C) 부디　　　　　(D) 마치

2 지금은 무슨 계절입니까?
(A) 봄　　　　　　(B) 여름
(C) 가을　　　　　(D) 겨울

3 한국어에 익숙해지기 위해 하고 있는 것은 무엇입니까?
(A) 놀이　　　　　(B) 수다
(C) 청소　　　　　(D) 여행

4 내용과 맞는 것을 고르세요.
(A) 에이코 씨 집은 6명의 대가족입니다.
(B) 이미 한국 생활에 익숙해졌습니다.
(C) 친구 어머니가 맛있는 요리를 만들어 주었습니다.
(D) 이번 여름 방학에는 고국에 돌아갈 수 없습니다.

단어 過ごす 지내다　あちこち 여기저기　咲き始める 피기 시작하다　経つ (시간이) 지나다, 흐르다　すっかり 완전히　慣れる 익숙해지다　〜ために 〜위하여　全部 전부　大家族 대가족　プルコギ 불고기　帰国する 귀국하다　つもり 생각, 작정　伝える 전하다

[5~8]

①拝啓

いつもお世話になっております。
さて、弊社東京支社は狭隘のため、長らくお客様に何かとご不便をおかけしてまいりましたが、このたび新宿から秋葉原に移転することとなりました。広さも従来の約２倍となりますので、お客様への対応などでもご迷惑をおかけしないで済むかと存じます。これもひとえに皆様のご支援のおかげと社員一同深く感謝しております。これを機に、より充実したサービスを約束いたしますので、これからもご支援、お願い申し上げます。

①배계

늘 신세를 지고 있습니다.

다름이 아니라, 폐사 도쿄 지사는 협소하여 오랫동안 고객 여러분께 여러모로 불편을 드려 왔습니다만, 이번에 신주쿠에서 아키하바라로 이전하게 되었습니다. 넓이도 종래의 약 2배가 되기 때문에 고객 분들을 대함에 있어서도 불편을 드리지 않으리라 생각합니다. 이것도 오로지 고객 여러분의 성원 덕분으로, 사원 일동은 깊이 감사 드리고 있습니다. 이를 계기로 보다 충실한 서비스를 약속드리오니, 앞으로도 성원 부탁 드립니다.

5 ___①___ 에 들어갈 적당한 말을 고르세요.

(A) 경구   (B) 귀사

(C) 배계   (D) 하기

6 무엇에 대해 쓴 것입니까?

(A) 내장 공사 알림

(B) 고객에 대한 감사의 말

(C) 고객에게 알림

(D) 도쿄 지사 이전 알림

7 지사를 이전한 이유는 무엇입니까?

(A) 좁아서   (B) 오래되어서

(C) 멀어서   (D) 교통이 불편해서

8 어디에서 어디로 이전했습니까?

(A) 도쿄에서 신주쿠로

(B) 신주쿠에서 아키하바라로

(C) 도쿄에서 아키하바라로

(D) 아키하바라에서 신주쿠로

단어 拝啓 배계, 첫인사 お世話になる 신세를 지다 さて 다름이 아니라 弊社 폐사(자기 회사에 대해 낮춰서 표현) 支社 지사 狭隘 협애, 좁음 長らく 오랫동안 不便 불편 新宿 신주쿠〈지명〉 秋葉原 아키하바라〈지명〉 移転する 이전하다 従来 종래 対応 대응, 응대 迷惑をかける 폐를 끼치다 済む 해결되다 存じる 알다, 생각하다(겸양어) ひとえに 오로지, 전적으로 支援 지원, 성원 社員 사원 一同 일동 感謝 감사 充実 충실 サービス 서비스 いたす 하다(겸양어) 申し上げる 말씀드리다(겸양어)

---

③ 광고, 안내문 **공략 3단계 실전 문제 풀기** ▶ 376쪽

정답 **1** (B)   **2** (C)   **3** (C)   **4** (C)   **5** (D)   **6** (B)

[1~3]

지문	해석
<プロフィール> ・山本太郎：1984年生まれ。東京大学国文科卒。現在、出版社勤務。趣味は水泳。 ・天川美代子：1992年生まれ。日本大学数学科卒。アメリカ、ミシガン大学院情報技術科修了。現在、福岡電気のコンピュータープログラマー。 ・中村順子：2001年生まれ。京都大学で経済学専攻中。 ・高橋次郎：1996年生まれ。大学を出て、アメリカに留学中。	〈프로필〉 ・야마모토 다로 : 1984년생. 도쿄대학 국문과 졸. 현재, 출판사 근무. 취미는 수영. ・아마카와 미요코 : 1992년생. 니혼대학 수학과 졸. 미국 미시간대학원 정보기술과 수료. 현재, 후쿠오카 전기의 컴퓨터 프로그래머. ・나카무라 준코 : 2001년생. 교토대학에서 경제학 전공 중. ・다카하시 지로 : 1996년생. 대학을 나와 미국에 유학 중.

1 컴퓨터 관련 일을 하고 있는 사람은 누구입니까?

(A) 야마모토 다로   (B) 아마카와 미요코

(C) 나카무라 준코   (D) 다카하시 지로

3 위 내용과 맞지 않는 것을 고르세요.

(A) 야마모토 씨가 가장 연상이다.

(B) 다카하시 씨는 미국에서 공부하고 있다.

(C) 나카무라 씨는 어학을 가르치고 있다.

(D) 수영이 취미인 사람은 야마모토 씨이다.

2 아직 대학을 졸업하지 않은 사람은 누구입니까?

(A) 야마모토 다로 (B) 아마카와 미요코

(C) 나카무라 준코 (D) 다카하시 지로

[4~6]

今、人々が求めているものは何でしょうか。
お金でしょうか？ 地位でしょうか？
いいえ、それは安全です！

西日本安全サービスは、そのような社会の①ニーズに応える会社です。
24時間皆様の安全を保障し、個人や企業の大切なものを守る仕事を私たちと一緒にしてみませんか。

資　格：未経験者可、要普通免許
教育制度：入社後研修有、各種資格取得可
待　遇：寮・社保完備、賞与年2回、交通費支給
応募方法：電話連絡の上、履歴書持参

(電話受付 9:00〜17:00)

西日本安全サービス(株) 電話 XX-9999-1111
大阪府○○市○○町 1-2-3

지금 사람들이 원하는 것은 무엇일까요?
돈일까요? 지위일까요?
아뇨 바로 안전입니다!

서일본안전서비스는 그러한 사회의 ①요구에 부응하는 회사입니다.

24시간 여러분의 안전을 보장하고 개인이나 기업의 소중한 것을 지키는 일을 해 보지 않겠습니까?

자　　격 : 미경험자 가능, 보통 면허 필요
교육제도 : 입사 후 연수 있음, 각종 자격증 취득 가능
대　　우 : 기숙사, 사회보험 완비, 상여 연 2회, 교통비 지급
응모방법 : 전화 연락 후 이력서 지참
　　　　　(전화 접수 9:00~17:00)

서일본 안전서비스(주) 전화 XX-9999-1111
오사카부 ○○시 ○○초 1-2-3

---

4 어떤 회사의 구인광고입니까?

(A) 보험회사 (B) 운송회사

(C) 경비회사 (D) 건축회사

5 ___①___ 에 들어갈 적당한 말을 고르세요.

(A) 카테고리 (B) 위험

(C) 타겟 (D) 요구

6 본문의 내용과 맞지 않는 것을 고르세요.

(A) 입사하면 교통비를 받을 수 있다.

(B) 메일로 응모할 수 있다.

(C) 미경험자도 응모할 수 있다.

(D) 운전면허를 가지고 있지 않으면 응모할 수 없다.

---

④ 뉴스, 신문기사 **공략 3단계 실전 문제 풀기** ▶ 382쪽

정답 1 (C)　　2 (B)　　3 (A)　　4 (C)　　5 (B)　　6 (A)

[1~3]

지문	해석
福祉国家、共生社会、循環型社会、バリアフリー。近頃メディアを賑わす言葉は21世紀の社会環境が大きく変わろうとしていることを象徴している。しかし、①現状は公共施設や民間施設など、ハード面での取り組みは進んでいるものの、ソフト面でのバリアフリーは今一歩の感がある。その解決に向けての大きな一歩が、2002年12月に策定された「障害者基本計画」であり、重要な骨子として障害者のデジタル・デバイド(情報格差)を解消し、社会参加の機会を一層推進することが盛り込まれた。	복지국가, 공생사회, 순환형 사회, 배리어 프리. 요즘 미디어를 떠들썩하게 하는 말은 21세기 사회 환경이 크게 변하려고 하는 것을 상징하고 있다. 그러나 ①현재 상태는 공공시설이나 민간시설 등, 하드웨어적인 면에 있어서의 대처는 진척되어 있기는 하지만, 소프트웨어적인 면에서의 배리어 프리는 이제 막 시작 단계라는 느낌이 든다. 그 해결을 향한 커다란 한 걸음이, 2002년 12월에 책정된 '장애인 기본계획'이며, 중요한 골자로, 장애인의 디지털 디바이드(정보 격차)를 해소하고, 사회 참여의 기회를 한층 더 추진한다는 내용이 담겨 있다.

1 ①현재 상태는 어떻습니까?

(A) 공생사회, 복지국가가 되어 있다.

(B) 하드웨어적인 면에서도 소프트웨어적인 면에서도 이제 막 시작 단계란 느낌이다.

(C) 하드웨어적인 면에서는 괜찮지만, 소프트웨어적인 면에서는 이제 막 시작 단계라는 느낌이다.

(D) 소프트웨어적인 면에서는 괜찮지만, 하드웨어적인 면에서는 이제 막 시작 단계라는 느낌이다.

2 요즈음 미디어를 떠들썩하게 하는 말이 아닌 것은 어느 것입니까?

(A) 공생사회　　　　　(B) 정치 참여

(C) 복지국가　　　　　(D) 배리어 프리

3 무엇에 대해 이야기하고 있습니까?

(A) 정보 격차의 시정

(B) 복지국가 만들기

(C) 국민의 정치 참여

(D) 자국민의 정보화

단어 福祉 복지　国家 국가　共生 공생　循環型 순환형　バリアフリー 배리어 프리(고령자나 장애인의 생활상의 장해가 되는 것을 제거하는 것)　近頃 근래, 요즈음　メディア 미디어　賑わす 떠들썩하게 하다　世紀 세기　象徴 상징　現状 현상(태)　公共施設 공공시설　民間施設 민간시설　取り組み 대전(표), 대처　~ものの ~이긴 하지만　今一歩 이제 막 시작함, 이제 한 걸음　解決 해결　策定 책정　障害者 장애인　基本 기본　骨子 골자　~として ~로서　情報 정보　格差 격차　解消 해소　一層 한층　推進する 추진하다　盛り込む 포함시키다

コンピューター上の手順や計算方法を「アルゴリズム」といいます。利用者が口コミで評価を書き込める大手グルメサイトの「食べログ」でチェーン店であることを理由にアルゴリズムを不当に変更されて評価点を下げられたとして、焼き肉チェーン店運営会社「韓流村」は食べログ運営会社「カカクコム」に約6億3900万円の損害賠償などを求める訴えを起していました。東京地方裁判所は16日、カカクコムに3840万円の支払いを命じる判決を下しました。

韓流村の焼き肉店の多くが評価点(5点満点)を平均0.17点下げられました。アルゴリズムを一方的に変えることは取引上、有利な立場にある側がそうでない側に不当な要求をすることなどを禁じた独占禁止法に違反すると判断されました。

컴퓨터상의 순서나 계산 방법을 「알고리즘」이라고 합니다. 이용자가 입소문으로 평가를 매길 수 있는 대형 맛집 사이트 「타베로그」에서 체인점이라는 이유로, 알고리즘을 부당하게 변경해 평가점을 낮추었다고 해 불고기 체인점 운영 회사 「한류촌」은 타베로그 운영 회사 「카카쿠콤」에 약 6억 3900만 엔의 손해 배상등을 요구하는 소송을 제기했습니다. 도쿄 지방 재판소는 16일, 카카쿠콤에 3840만 엔을 지급하라는 판결을 내렸습니다.

한류촌 불고기집 상당수가 평가점(5점 만점)이 평균 0.17점 하락했습니다. 알고리즘을 일방적으로 바꾸는 것은 거래상 유리한 입장에 있는 측이 그렇지 않은 측에 부당한 요구를 하는 것 등을 금지한 독점 금지법을 위반한다고 판단했습니다.

4 본문의 내용으로 보아 소송을 당한 곳은 어디입니까?

(A) 타베로그   (B) 한류촌

(C) 카카쿠콤   (D) 체인점

5 「평가점(5점 만점)이 평균 0.17점 하락했습니다」의 이유로 가장 올바른 것은?

(A) 입소문의 평가가 좋지 않기 때문에

(B) 알고리즘이 부당하게 변경되었기 때문에

(C) 불고기 체인점이 소송을 제기했기 때문에

(D) 독점 금지법을 위반했기 때문에

6 본문의 내용과 맞지 않는 것을 고르세요.

(A) 「카카쿠콤」은 약 6억 3900만 엔을 배상해야 한다.

(B) 「타베로그」는 대형 맛집 소개 사이트이다.

(C) 한류촌은 재판에서 승소했다.

(D) 알고리즘을 일방적으로 바꾸는 것은 법률에 위반된다.

단어 手順 절차 計算方法 계산 방법 アルゴリズム 알고리즘 利用者 이용자 口コミ 입소문 評価 평가 書き込む 써넣다 大手 대형 グルメサイト 맛집 사이트 食べログ 음식 정보 사이트, 맛집 소개 사이트 チェーン店 체인점 理由 이유 不当 부당 変更 변경 運営会社 운영 회사 損害賠償 손해 배상 訴え 소송 裁判所 재판소 判決 판결 平均 평균 有利 유리 要求 요구 独占 독점 禁止法 금지법 違反 위반 訴訟 소송 勝訴 승소

⑤ 설명문 공략 3단계 실전 문제 풀기　▶388쪽

정답　1 (B)　　2 (C)　　3 (A)　　4 (D)　　5 (A)　　6 (B)

[1~3]

지문	해석
カラオケは空(カラ＝歌のない)のオーケストラの略語で、岡山県が発祥地である。元来はプロが使用したレコーディングの練習用で、伴奏だけのテープを言う。70年代から一般用として登場したが、80年代にLD(レーザーディスク)が普及して爆発的なブームとなる。このLDには初めて歌詞の字幕がつくようになり、今までのように歌詞カードを読まなくても堂々と前を向いて歌えるようになった。そしてこの歌詞のバックに流れる映像を見るのが意外と面白くて人気を得た。	가라오케는 비어 있는 (노래가 없는) 오케스트라의 준말로, 오카야마 현이 발상지이다. 원래는 프로가 사용한 녹음 연습용으로, 반주만 있는 테이프를 말한다. 70년대부터 일반용으로 등장했는데, 80년대에 LD(레이저 디스크)가 보급되면서 폭발적인 붐이 일었다. 이 LD에는 처음으로 가사 자막이 나오게 되어, 지금까지와 같이 가사 카드를 읽지 않아도 당당하게 앞을 보고 노래할 수 있게 되었다. 그리고 이 가사의 배경에 흐르는 영상을 보는 것이 의외로 재미있어서 인기를 얻었다.

1　가라오케의 발상지는 어디입니까?

　(A) 아오야마　　　　　(B) 오카야마

　(C) 후쿠오카　　　　　(D) 후쿠야마

2　무엇에 대해 이야기하고 있습니까?

　(A) 노래　　　　　　　(B) 가사

　(C) 가라오케　　　　　(D) LD

3　내용과 맞는 것을 고르세요.

　(A) 80년대에 LD의 보급에 의해 폭발적인 붐이 일었다.

　(B) 90년대가 되어 폭발적인 붐이 일었다.

　(C) 가사의 배경에 흐르는 영상은 이상하다.

　(D) LD에는 가사의 자막이 없었다.

단어　カラオケ 가라오케　空 빈　オーケストラ 오케스트라　略語 준말　岡山県 오카야마현〈지명〉　発祥地 발상지　元来 원래　プロ 프로　使用する 사용하다　レコーディング 리코딩, 녹음　練習用 연습용　伴奏 반주　一般用 일반용　登場 등장　レーザーディスク 레저 디스크　普及 보급　爆発的 폭발적　ブーム 붐　歌詞 가사　字幕 자막　堂々と 당당히　バック 백, 뒤　流れる 흐르다　映像 영상　意外 의외

[4~6]

日本には、昔からお正月におせち料理という特別な料理を食べるという伝統があります。このおせち料理には毎日欠かさず、ごはんを作ってくれるお母さんたちをお正月ぐらいは休ませてあげようという意味が込められています。そのため、長持ちするおせち料理を年末にたくさん作っておき、お正月中はそれを食べるのです。	일본에는 옛날부터 설날에 오세치 요리라는 특별한 요리를 먹는다는 전통이 있습니다. 이 오세치 요리에는 매일 거르지 않고 밥을 해주시는 어머니들을 설날 정도는 쉬게 해드리자는 의미를 담고 있습니다. 그래서 금방 상하지 않는 오세치 음식을 연말에 많이 만들어 놓고 설 연휴에는 그것을 먹는 것입니다.

おせち料理には縁起(えんぎ)のよい食べ物がたくさん入っています。①たとえば、数(かず)の子(こ)には「子どもの数が多く、子孫(しそん)が栄(さか)える」という意味があります。エビは「腰(こし)が曲がるまで長生(なが い)きできるように」、黒豆(くろまめ)は「まめ(まじめ)に暮らす」といった意味があります。

오세치 요리에는 한 해의 운이 좋기를 바라는 음식이 많이 들어 있습니다. ①예를 들면, 청어알에는 '자녀의 수가 많아 자손이 번성한다'라는 의미가 있습니다. 새우는 '허리가 구부러질 때까지 오래 살기를', 검은 콩은 '부지런히 살겠다'는 의미가 있습니다.

4 왜 설날이 되면 오세치 음식을 먹나요?
(A) 어머니가 1년동안 건강하게 지내시길 바라기 위해
(B) 새우를 먹으면 오래 살기 때문에
(C) 연말에 과식해서 지친 위를 쉬게 하기 위해
(D) 매일 밥을 해주시는 어머니를 쉬게 하기 위해

5 ____①____ 에 들어갈 적당한 말을 고르세요.
(A) 예를 들어   (B) 하지만
(C) 하지만   (D) 따라서

6 운이 좋기를 바라는 음식으로, 자손의 번성을 바라며 먹는 것은 어느 것입니까?
(A) 새우   (B) 청어알
(C) 검은콩   (D) 초밥

단어 おせち料理(りょうり) 일본의 설날 음식 特別(とくべつ) 특별 伝統(でんとう) 전통 欠(か)かさない 빠지지 않다 込(こ)められる 포함되다 長持(なが も)ち 오래 감 年末(ねんまつ) 연말 縁起(えんぎ) 재수, 운수 数(かず)の子(こ) 청어알 子孫(しそん) 자손 栄(さか)える 번성하다 エビ 새우 腰(こし) 허리 曲(なが)がる 구부러지다 長生(なが い)き 장수 黒豆(くろまめ) 검은 콩 胃(い) 위

PART 8 독해 실전모의테스트 ▶390쪽

정답

171 (D)	172 (A)	173 (B)	174 (C)	175 (D)	176 (B)	177 (C)	178 (B)	179 (D)	180 (B)
181 (A)	182 (C)	183 (A)	184 (D)	185 (A)	186 (C)	187 (D)	188 (A)	189 (B)	190 (D)
191 (A)	192 (C)	193 (B)	194 (C)	195 (D)	196 (A)	197 (B)	198 (A)	199 (D)	200 (C)

독해편

[171~173]

지문	해석
平日は朝6時ごろ起きて、すぐ近所の公園に行きます。そこで1時間ぐらいジョギングをしたり、テニスをしたりしてから家に戻ってきます。7時ごろ、朝ごはんを食べて、7時30分ごろ①仕事に行きます。家から会社までは歩いて20分ぐらいかかります。会社に着いたら、会議の準備をします。私は営業担当なので、午前中は営業活動の報告と取引先との連絡が主な仕事です。昼ごはんは会社の食堂で簡単にすまして、午後から本格的に取引先をまわります。夜は時々お客様との食事の約束があるので、12時ごろ帰ってくる日もあります。週末は平日にできなかった掃除、洗濯などをしています。	평일에는 아침 6시쯤 일어나, 바로 근처 공원에 갑니다. 그곳에서 1시간 정도 조깅을 하거나 테니스를 치거나 하고 나서 집으로 돌아옵니다. 7시쯤 아침밥을 먹고 7시 30분쯤 ①일하러 갑니다. 집에서 회사까지는 걸어서 20분 정도 걸립니다. 회사에 도착하면, 회의 준비를 합니다. 저는 영업 담당이라서 오전 중에는 영업 활동 보고와 거래처와의 연락이 주된 업무입니다. 점심은 회사 식당에서 간단히 해결하고, 오후부터 본격적으로 거래처를 돕니다. 밤에는 때때로 고객과의 식사 약속이 있기 때문에, 12시쯤 돌아오는 날도 있습니다. 주말에는 평일에 못했던 청소, 빨래 등을 하고 있습니다.

171 이 사람은 보통 몇 시에 회사에 도착합니까?
(A) 7시쯤　　(B) 7시 20분쯤
(C) 7시 30분쯤　　(D) 7시 50분쯤

172 ＿①＿에 들어갈 적당한 말을 고르세요.
(A) 일하러　　(B) 공부하러
(C) 놀러　　(D) 운동하러

173 내용과 맞는 것을 고르세요.
(A) 주말에는 고객과의 약속이 있거나 합니다.
(B) 평일 아침 6시부터 7시까지 운동을 합니다.
(C) 잔업으로 가끔 12시쯤 집에 옵니다.
(D) 주말에는 늦잠을 잡니다.

단어 平日 평일　近所 근처　ジョギング 조깅　テニスをする 테니스를 치다　～たり～たりする ~하거나 ~하거나 하다
準備 준비　営業 영업　担当 담당　活動 활동　報告 보고　取引先 거래처　連絡 연락　主な 주된, 주요한　簡単だ 간단
하다　すます 끝내다, 마치다　本格的 본격적　まわる 돌다, 다니다　時々 때때로　掃除 청소　洗濯 세탁, 빨래　いっぱい
한 잔, 가득, 힘껏　朝寝をする 늦잠을 자다

[174~176]

ますます多様化する世界各国の日本語教育のニーズ。あなたの日本語教師としての「資質」や「やる気」を必要としている海外の日本語教育の現場があります。まずはお問い合わせの上、選考試験にチャレンジしてください。	점점 더 다양화되어 가는 세계 각국의 일본어 교육에 대한 요구. 당신의 일본어 교사로서의 '자질'과 '의욕'을 필요로 하는 해외 일본어 교육 현장이 있습니다. 먼저 문의해 보시고, 전형 시험에 도전하세요.

해설집 **독해편** 119

○ 派遣予定国：カナダ、アメリカ、韓国、中国、タイ、フランス、イギリス
○ 派遣期間：6カ月～1年
○ 派遣人員：若干名ずつ
○ 参加資格：健康で異文化適応力のある20歳以上の方で、日本語教育能力検定試験の合格者
○ 選考方法 1次：書類審査、課題作文
　　　　　 2次：面接(東京本社)
○ 選考料：7000円(消費税別)

○ 파견 예정국 : 캐나다, 미국, 한국, 중국, 태국, 프랑스, 영국
○ 파견 기간 : 6개월~1년
○ 파견 인원 : 약간명
○ 참가 자격 : 건강하고 이문화 적응력이 있는 20세 이상 된 분으로, 일본어 교육 능력 검정시험 합격자
○ 전형 방법 1차 : 서류 심사, 과제 작문
　　　　　　 2차 : 면접(도쿄 본사)
○ 전형료 : 7,000엔(소비세 별도)

174 이것은 무슨 광고입니까?

(A) 일본어 학교 소개

(B) 해외의 일본어 학교 입학

(C) 해외 파견 일본어 교사 모집

(D) 해외 비즈니스 방법 책

175 파견 예정국이 아닌 것은 어느 것입니까?

(A) 한국　　　　　　(B) 중국

(C) 미국　　　　　　(D) 말레이시아

176 내용과 맞지 않는 것을 고르세요.

(A) 20세 이상이 아니면 참가 할 수 없다.

(B) 면접 장소는 자기가 살고 있는 곳이다.

(C) 파견 기간은 6개월에서 1년이다.

(D) 전형 방법은 2차까지 있다.

단어 ますます 점점 더, 더욱 더　多様化 다양화　各国 각국　教育 교육　ニーズ 필요, 요구　教師 교사　資質 자질　やる気 할 마음, 의욕　必要とする 필요로 하다　現場 현장　まず 먼저, 우선　問い合わせ 문의　～上 ～후에　選考試験 전형시험　チャレンジ 챌린지, 도전　派遣 파견　予定国 예정국　カナダ 캐나다〈지명〉　タイ 태국〈지명〉　フランス 프랑스〈지명〉　イギリス 영국〈지명〉　期間 기간　人員 인원　若干 약간　参加 참가　資格 자격　異文化 이문화　適応力 적응력　検定 검정　合格者 합격자　審査 심사　課題 과제　作文 작문　面接 면접　選考料 전형료　消費税別 소비세 별도

[177~179]

　私たちは昔から植物の香りを楽しんできました。たとえば、ネギやシソなど香りの強い葉を料理のやくみとして使います。お菓子の香りづけや香水の原料としても、植物を使ってきました。植物の香りはいくつかの「香りの成分」が集まってできていますが、これらの成分の中にはさまざまな働きを持つものがあります。日本でよく見られるクスノキの香りの主な成分には虫をよせつけない働きがあるから、この木はタンスなどの家具の材料として使われてきました。また、さしみにつけるワサビのツーンとした香りの成分にはカビや細菌が増えるのを抑える働きがあります。このように、私たちは香りの成分が

　우리는 옛날부터 식물의 향을 즐겨 왔습니다. 예를 들어, 파와 차조기 등 향이 강한 잎을 요리의 향신료로 사용합니다. 과자에 향을 입히는 것이나 향수의 원료로도 식물을 사용해 왔습니다. 식물의 향은 몇 개의 「향의 성분」이 모여 만들어졌는데, 이러한 성분 중에는 여러 가지 효능을 갖고 있는 것이 있습니다. 일본에서 흔히 볼 수 있는 녹나무 향의 주성분에는 벌레를 쫓는 효능이 있기 때문에 이 나무는 옷장 등의 가구 재료로 사용되어 왔습니다. 또한 생선회에 곁들이는 와사비의 톡쏘는 향의 성분에는 곰팡이와 세균이 증가하는 것을 억제하는 기능이 있습니다. 이와 같이 우리는 향의 성분이 가지는 다양한 기능을 생활 속에서 능숙하게 이용해 온 것입니다.

持つさまざまな働きを生活の中で<u>たくみに</u>利用して
きたのです。

177 식물의 향을 즐기는 방법으로 맞지 않는 것을 고르세요.

(A) 요리의 고명으로 사용한다.

(B) 향수의 원료로 쓴다.

(C) 벌레를 가까이 오게 하는 데 사용한다.

(D) 과자에 향을 입히는 데 사용한다.

178 「이 나무는 옷장 등의 가구 재료로 사용되어 왔습니다」의 이유는 무엇입니까?

(A) 옷장을 아주 튼튼하게 만들 수 있어서

(B) 옷장 속 옷에 벌레가 달라붙지 않게 하니까

(C) 옷장에서 아주 좋은 냄새가 나니까

(D) 옷장에 곰팡이가 피니까

179 「<u>능숙하게</u>」의 의미로 가장 적합한 것을 고르세요.

(A) 빈둥빈둥

(B) 나도 모르게

(C) 불편하게

(D) 능숙하게

단어 植物 식물　香り 향기, 향　たとえば 예를 들어　ネギ 파　シソ 차조기　香水 향수　原料 원료　成分 성분　さまざま
여러가지　クスノキ 녹나무　主な 주요한　タンス 옷장　家具 가구　ワサビ 와사비　カビ 곰팡이　細菌 세균　増える
늘어나다, 증가하다　抑える 억누르다　たくみに 교묘하게, 능숙하게　薬味 음식에 곁들이는 향신료, 양념, 고명
あり得る 있을 수 있음　最も 가장

[180~182]

私は木村はなこです。韓国に来てから半年になります。だいぶ韓国の生活に慣れました。私は学生時代に日本文化を専攻しましたが、韓国の文化についても勉強したくて韓国に留学しました。①両国の文化を比較しながら勉強したいと思っています。まだまだ韓国語は上手ではありませんが、一生懸命に勉強しています。私にとって一番難しいのはハングルを書くことです。発音も難しいですが、字を書くのはもっと難しいです。時々泣きたくなる時もありますが、韓国語は面白いし、韓国の友達と付き合うのも楽しくて幸せな毎日を過ごしています。

저는 기무라 하나코입니다. 한국에 온 지 반년이 됩니다. 꽤 한국 생활에 익숙해졌습니다. 저는 학창시절에 일본 문화를 전공했는데, 한국 문화에 대해서도 공부하고 싶어서 한국에 유학 왔습니다. ①양국의 문화를 비교하면서 공부하고 싶습니다. 아직 한국어는 능숙하지 않지만, 열심히 공부하고 있습니다. 저에게 있어서 가장 어려운 것은 한글을 쓰는 것입니다. 발음도 어렵지만, 글씨를 쓰는 것은 더 어렵습니다. 때때로 울고 싶어질 때도 있지만, 한국어가 재미있고, 한국 친구와 사귀는 것도 즐거워서 행복한 매일을 보내고 있습니다.

180 ①양국은 어디입니까?

(A) 한국과 미국　　(B) 한국과 일본

(C) 일본과 미국　　(D) 미국과 영국

181 「나」는 언제 한국에 왔습니까?

(A) 6개월 전　　　(B) 1년 전

(C) 1년 6개월 전　(D) 2년 전

182 한국어 중에서 가장 어려운 것은 무엇입니까?

(A) 한글

(B) 발음

(C) 글씨를 쓰는 것

(D) 양국 문화에 대한 공부

単어 〜てから 〜하고 나서　半年(はんとし) 반년　だいぶ 꽤　生活(せいかつ) 생활　慣れる(なれる) 익숙해지다　文化(ぶんか) 문화　留学(りゅうがく) 유학　両国(りょうこく) 양국
比較(ひかく)する 비교하다　まだまだ 아직, 아직도　一生懸命(いっしょうけんめい) 열심히　ハングル 한글　発音(はつおん) 발음　字 글자, 글씨　もっと 더욱,
월씬　時々(ときどき) 때때로　付き合う 사귀다

[183~185]

　各地で梅雨明けする中、急激な猛暑が続いています。暑さに慣れていない時期に気温が急に上がると、熱中症のリスクが高まります。環境省によると、本来ならだんだん暑くなっていくことで汗がたくさん出るようになり、体が暑さに慣れて熱中症になりづらくなるそうです。このようになるまで数日はかかるとのことです。しかし、今年のように急に暑くなると、体が十分に慣れていない状態なので、特に気をつける必要があります。喉が渇いていなくても①こまめに水分を補給するなどしてください。また環境省はマスクを着けていると熱中症になるリスクが高まるため(1)人との距離が2メートル以上確保できる(2)会話をほとんどしない場合は、屋外ではマスクを外すように呼び掛けています。また、屋内でマスクをする時はエアコンなどで温度調節するように求めています。

곳곳에 장마가 끝난 가운데 급격한 폭염이 이어지고 있습니다. 더위에 익숙하지 않은 시기에 기온이 갑자기 올라가면 열사병 위험이 높아집니다. 환경성에 따르면, 원래대로라면 서서히 더워지면서 땀이 많이 나게 되고 몸이 더위에 익숙해져서 열사병에 걸리기 어려워진다고 합니다. 이렇게 되기까지 며칠은 걸린다고 합니다. 하지만 올해처럼 갑자기 더워지면 몸이 충분히 익숙하지 않은 상태이기 때문에 특히 조심해야 합니다. 목이 마르지 않더라도, ①자주 수분을 보충하세요. 또 환경성은 마스크를 쓰고 있으면 열사병에 걸릴 위험이 높아지기 때문에 (1) 사람과의 거리를 2미터 이상 확보할 수 있고 (2) 대화를 거의 하지 않는 경우는 바깥에서 마스크를 벗도록 권하고 있습니다. 또한 실내에서 마스크를 할 때는 에어컨 등으로 온도 조절을 하도록 요구하고 있습니다.

183 마스크를 벗어도 되는 경우를 고르세요.
(A) 밖에서 대화를 거의 하지 않는 경우
(B) 사람과의 거리를 1미터 이상 확보할 수 있는 경우
(C) 땀이 많이 날 경우
(D) 폭염이 계속되고 있는 경우

184 본문의 내용으로 보아 ___①___ 에 들어갈 가장 적당한 문장은 무엇입니까?
(A) 물을 마시지 않는다
(B) 밥을 먹는다
(C) 에어컨을 튼다
(D) 자주 수분을 보충한다

185 본문의 내용과 맞지 않는 것을 고르세요.
(A) 마스크를 벗으면 열사병에 걸릴 위험이 높아진다.
(B) 기온이 갑자기 오르면 열사병에 걸릴 위험이 있다.
(C) 실내에서 마스크를 쓸 때는 에어컨 등으로 온도를 조절한다.
(D) 장마가 끝나면 기온이 급상승한다.

単어 各地(かくち) 각지　梅雨明(つゆあ)け 장마가 끝남　急激(きゅうげき)な 급격한　猛暑(もうしょ) 폭염　熱中症(ねっちゅうしょう) 열사병　リスク 리스크, 위험　環境省(かんきょうしょう) 환경성
〈일본의 환경부〉　本来(ほんらい) 본래　だんだん 점점　汗(あせ)が出(で)る 땀이 나다　十分(じゅうぶん)に 충분히　喉(のど)が渇(かわ)く 목이 마르다　こまめに
성심껏, 자주　水分(すいぶん) 수분　補給(ほきゅう) 보급　マスクを着(つ)ける 마스크를 쓰다　高(たか)まる 높아지다　距離(きょり) 거리　メートル 미터
確保(かくほ) 확보　ほとんど〜ない 거의〜지 않다　屋外(おくがい) 실외, 바깥　マスクを外(はず)す 마스크를 벗다　呼(よ)び掛(か)ける 호소하다, 권하다
屋内(おくない) 실내　エアコン 에어컨　温度調節(おんどちょうせつ) 온도 조절　求(もと)める 요구하다, 요청하다

日本の国技である相撲は本場所が一年に六場所あります。初場所、夏場所、秋場所は東京の国技館で、春場所は大阪、そして名古屋場所と九州場所があります。力士たちは試合に全力をそそぎ、その合間は稽古と毎日大変な生活です。力士になるためには義務教育を終えなければなりません。力士は上位から横綱、大関、関脇、小結、前頭と強さによってその地位が細かく分かれています。勝負はどちらかの力士の体の一部分が土に触れたり、土俵から押し出されたりした方が敗けです。一場所は十五日間で、力士は毎日違う相手と対戦します。

일본의 국기인 스모는 정규 대회가 1년에 6차례 있습니다. 첫 대회, 여름 대회, 가을 대회는 도쿄의 국기관에서, 봄 대회는 오사카, 그리고 나고야 대회와 규슈 대회가 있습니다. 스모 선수들은 시합에 전력을 다하고, 경기가 없는 동안에는 기술 연마를 하는 등 매일 힘든 생활을 합니다. 스모 선수가 되기 위해서는 의무 교육을 마쳐야 합니다. 스모 선수는 상위부터 요코즈나, 오제키, 세키와케, 고무스비, 마에가시라 라고 하는데, 실력의 차이에 따라 그 지위가 세세하게 나누어집니다. 승부는 어느 한 선수의 몸의 일부분이 땅에 닿거나 씨름판에서 밀려나거나 하는 쪽이 지게 됩니다. 한 대회는 15일간이며, 선수는 매일 다른 상대와 대전합니다.

186 무엇에 대해 설명하고 있습니까?

(A) 야구   (B) 유도

(C) 스모   (D) 가부키

187 가장 강한 스모 선수는 무엇이라고 불립니까?

(A) 오제키   (B) 고무스비

(C) 마에가시라   (D) 요코즈나

188 내용과 맞는 것을 고르세요.

(A) 스모 선수가 된 사람들은 모두 의무 교육을 마쳤다고 생각할 수 있다.

(B) 스모 선수는 매일 같은 상대와 대전한다.

(C) 씨름판에서 밀려 나면 승리다.

(D) 스모는 정규 대회가 봄, 여름, 가을, 겨울 네 번 있다.

단어 国技 국기 相撲 스모, 일본의 전통 스포츠 本場所 일본의 정식 씨름대회 六場所 6번의 스모 시합 初場所 스모의 첫 대회 夏場所 스모의 여름 대회 秋場所 스모의 가을 대회 国技館 국기관(스모 대회가 열리는 경기장) 春場所 스모의 봄 대회 名古屋場所 스모의 나고야 대회 九州場所 스모의 규슈 대회 力士 스모 선수 全力 전력 そそぐ 쏟다, 집중하다 合間 틈, 사이 稽古 연습, 익힘 義務教育 의무 교육 上位 상위 横綱 요코즈나 大関 오제키 関脇 세키와케 小結 고무스비 前頭 마에가시라 ~によって ~에 따라서 地位 지위 分かれる 나누어지다, 구별되다 勝負 승부 一部分 일부분 土 땅 触れる 닿다, 접촉하다 土俵 씨름판 押し出す 밀어내다 対戦する 대전하다

約束の時間を守らないで、他人に迷惑をかけることは悪いことであることはだれもが認める。それなのにどうして私たちはこんなに時間にだらしがないのだろうか。その理由は日本人は時間をムダにしたり、ムダにされたりすることにあまり細かく気にかけない性質であるからだと思われる。十人の会合に十分遅れてやってきた人は他の九人の人たちから十分ずつ、合計九十分の時間をうばい取ったわけだが、当人はそれほど重大な誤りを犯したと思わず、十分ぐらいの時間のムダはほとんど気にかけない。

약속 시간을 지키지 않고 남에게 피해를 주는 것은 나쁜 일임을 누구나 인정한다. 그런데도 왜 우리는 이렇게 시간을 야무지게 사용하지 못할까. 그 이유는 일본인은 시간을 낭비하거나 낭비되는 것에 그다지 세세하게 신경 쓰지 않는 기질을 지녔기 때문이라고 생각한다. 10명의 모임에 10분 늦게 온 사람은 다른 9명의 사람들로부터 10분씩 합계 90분의 시간을 빼앗은 셈이지만 정작 본인은 그렇게 중대한 실수를 저질렀다고 생각하지 않으며, 10분 정도의 시간의 낭비는 거의 개의치 않는다.

①もしこれがお金だったら人々はこんなにのん気にしているわけにはいかないだろう。つまり多くの日本人にとって、時間はそれをすぐお金の値打ちにかえて考えるほど大切ではないからといって、他人もそうであると考えることは誤りであろう。だいたい、時間を正確に守らないのは忙しすぎる人と暇すぎる人に多いようである。前者の場合、他人は自分ほど忙しくないだろうから、少しぐらい待ってもらっても許されるだろうと考え、後者は他人にも暇な時間がどっさりあると考えているのである。どちらも自分中心の考え方であることは②言うまでもない。しかし、これからの若い人は他人の時間を大切にすることを大いに学ぶ必要がある。そうでなければ、満足した共同生活を送ることはできなくなるであろう。それは人々がますます忙しくなり、それだけに自分の時間をいよいよ大切にするようになるからである。

①만약 이게 돈이라면 사람들이 이렇게 태평하게 있을 수는 없을 것이다. 즉 많은 일본인에게 있어서 시간은 그것을 곧 돈의 가치로 바꾸어 생각할 정도로 중요하지 않다고 해서 타인도 그렇다고 생각하는 것은 잘못일 것이다. 대체로 시간을 정확히 지키지 않는 것은 너무 바쁜 사람과 너무 한가한 사람에게 많은 것 같다. 전자의 경우 타인은 자신만큼 바쁘지 않을 테니 조금만 기다려도 용서받을 수 있으리라 생각하고, 후자는 타인에게도 한가한 시간이 잔뜩 있다고 생각하는 것이다. 둘 다 자기중심의 사고방식임은 ②두말 할 나위가 없다. 그러나 이제 젊은 사람들은 타인의 시간을 소중히 여기는 것을 많이 배울 필요가 있다. 그렇지 않으면 만족스러운 공동 생활을 할 수 없게 될 것이다. 그것은 사람들이 점점 바빠지고 그만큼 자신의 시간을 점점 소중히 여기게 되기 때문이다.

189 「본인」은 어떤 사람입니까?
(A) 대부분의 일본인
(B) 10분 늦게 온 사람
(C) 다른 사람
(D) 그 이외 아홉 사람

190 _____ ① 에 들어갈 적당한 말을 고르세요.
(A) 또
(B) 오히려
(C) 그러니까
(D) 만약

191 _____ ② 에 들어갈 적당한 말을 고르세요.
(A) 두말할 나위가 없다
(B) 말할 리가 없다
(C) 말하지 않는 편이 좋다
(D) 말하지 않으면 안 된다

192 본문의 내용과 맞는 것을 고르세요.
(A) 모두가 만족할 수 있는 공동 생활을 위해서는 무엇보다 자신의 시간이 중요하다.
(B) 시간을 지키지 않는 사람일수록 다른 사람에게는 시간을 지키라고 요구하는 법이다.
(C) 이제는 자신의 시간과 마찬가지로 남의 시간을 소중히 여겨야 한다.
(D) 대부분의 일본인은 시간을 돈만큼 소중하게 여긴다.

단어 守る 지키다　他人 타인　迷惑をかける 폐를 끼치다　認める 인정하다　ムダ 쓸데없음　細かく 까다롭게, 세세하게　気にかける 마음에 두다, 걱정하다　性質 성질, 기질　会合 회합, 만남　当人 본인　ずつ ～씩　重大 중대　誤り 잘못, 실수　犯す 범하다　のん気 성격이 느긋한 모양, 태평　値打ち 가치　正確 정확　前者 전자　許す 용서하다　後者 후자　どっさり 잔뜩　自分中心 자기 중심　言うまでもない 말할 것도 없다　大いに 많이　学ぶ 배우다　満足 만족　共同生活 공동 생활　ますます 점점　いよいよ 점점

活発な梅雨前線の影響で今日の日本列島は九州から北海道の南部にかけての広い範囲で、局地的に強い雨が降りましたが、これからあすの日中①にかけても西日本や、東北、北海道では大雨の恐れがあります。気象庁によりますと、梅雨前線はあすの朝には東北北部から九州の北部に達し、その後、さらに南下する見込みです。このため、これからあす日中にかけてこれまでに大量に雨の降っている西日本と東北、北海道地方を中心にまた大雨になり、今後の雨量は多いところで100ミリから200ミリに達するおそれがあります。

활발한 장마 전선의 영향으로 오늘 일본 열도는 규슈에서 훗카이도 남부에 걸친 넓은 범위에서 국지적으로 강한 비가 내렸습니다만, 앞으로 내일 낮 ①에 걸쳐서도 서일본이나 도호쿠, 홋카이도에서는 큰 비가 올 수 있습니다. 기상청에 따르면, 장마 전선은 내일 아침에는 도호쿠 북부에서 규슈 북부에 이르겠고, 그 후 계속해서 남하할 전망입니다. 이 때문에 앞으로 내일 낮에 걸쳐 지금까지 많은 양의 비가 내린 서일본과 도호쿠, 홋카이도 지방을 중심으로 계속 큰 비가 내리겠고, 이후의 강우량은 많은 곳에서 100mm에서 200mm에 이를 우려가 있습니다.

193 오늘 날씨는 어땠습니까?

(A) 전국적으로 강한 비가 내렸다.

(B) 국지적으로 강한 비가 내렸다.

(C) 오늘은 비가 내리지 않았지만, 내일부터는 내릴지도 모른다.

(D) 비가 내리고 있는 지방은 홋카이도뿐이다.

194 앞으로의 강수량은 가장 많은 곳에서는 최대 몇 밀리미터가 될 가능성이 있습니까?

(A) 100mm (B) 150mm

(C) 200mm (D) 250mm

195 ① 에 들어갈 적당한 말을 고르세요.

(A) 에 의해서도 (B) 에 따라서도

(C) 에 대해서도 (D) 에 걸쳐서도

196 내용과 맞지 않는 것을 고르세요.

(A) 장마 전선은 이제부터 북상할 전망이다.

(B) 장마전선의 영향으로 오늘도 비가 내렸다.

(C) 서일본은 지금까지 많은 양의 비가 내렸다.

(D) 일본은 지금 장마의 영향으로 여기저기에서 비가 내리고 있다.

단어 活発だ 활발하다　梅雨前線 장마 전선　日本列島 일본 열도　北海道 홋카이도〈지명〉　南部 남부　～にかけて ~에 걸쳐서　範囲 범위　局地的 국지적　日中 낮　西日本 서일본　東北 도호쿠〈지명〉　おそれ 우려　気象庁 기상청　北部 북부　達する 달하다　さらに 더욱더　南下する 남하하다　見込み 전망, 예상　地方 지방　今後 앞으로, 이후　雨量 강수량

フランスでは家や学校、列車などにエアコンが普通はありません。通りで日傘を差している人は①ほとんど見かけません。これまでは特別な暑さ対策をしなくても夏を快適に過ごせました。そんなフランスの夏も変わりつつあります。6月中旬、夏が始まったばかりだというのに、フランスの各地で日中の気温が40度を超える猛暑に見舞われました。南西部を中心に6月の最高気温が各地で更新されました。首都のパリでも39度まで気温が上がりました。気温の高い日はフランスの人々は室内に太陽の

프랑스에서는 집이나 학교, 열차 등에 에어컨이 보통 없습니다. 거리에서 양산을 쓰고 있는 사람은 ①거의 볼 수 없어요. 지금까지는 특별한 더위 대책을 마련하지 않아도 여름을 쾌적하게 보낼 수 있었습니다. 그런 프랑스의 여름도 바뀌고 있습니다. 6월 중순, 여름이 막 시작됐는데 프랑스 곳곳에서 낮 기온이 40도가 넘는 무더위가 찾아왔습니다. 남서부를 중심으로 6월의 최고 기온이 각지에서 갱신되었습니다. 수도 파리에서도 39도까지 기온이 올랐습니다. 기온이 높은 날에는 프랑스 사람들은 실내에 햇빛이 들어오지 않도록 하기 위해 낮에는 덧문을 닫아 둡니다. 방은 어둡지만 어쩔 수 없습니다. 또한, 폭염 경보가 내려진 지역에서는 각 가정의 판단으로 자녀들에게 학교를 ②쉬게 해도 됩니다. 하지만 학교에 에어컨을 설치하는 것이 좋다는 의견은 ③프랑스에서는

독해편

光が入らないようにするため、日中は雨戸を閉め切ります。部屋は暗いけれど仕方がありません。また、猛暑の警報が出た地域ではそれぞれの家庭の判断で、子どもたちに学校を②休ませてもよいことになりました。でも、学校にエアコンを取り付けた方が良いという意見は③フランスではまだ多くありません。エアコンを付けたら地球温暖化問題は解決できないという考えからだと思われます。パリなどではエアコンの代わりに校庭や中庭にたくさん木を植えて、快適な木陰をもっと作ろうという取り組みがあります。どのくらいの木を植えればどれだけ気温が下がるかを調べる研究も進んでいます。

아직 많지 않습니다. 에어컨을 키면 지구 온난화 문제는 해결 할 수 없다는 생각 때문인 것 같습니다. 파리 등에서는 에어컨 대신 교정이나 마당에 많은 나무를 심어 쾌적한 나무 그늘을 더 만들려는 노력이 있습니다. 어느 정도의 나무를 심으면 얼마나 기온이 떨어지는지를 조사하는 연구도 진행되고 있습니다.

197 ____①____ 에 들어갈 적당한 말을 고르세요.

(A) 아주

(B) 거의

(C) 꽤

(D) 절대

198 ____②____ 에 들어갈 적당한 말을 고르세요.

(A) 쉬게 해도

(B) 쉬고 싶어도

(C) 쉬지 않아도

(D) 쉬어도

199 본문의 내용으로 보아 ____③____ 에 들어갈 가장 적당한 문장은 무엇입니까?

(A) 프랑스에서는 많이 있습니다.

(B) 프랑스에서는 대찬성입니다.

(C) 프랑스에서는 아이뿐입니다.

(D) 프랑스에서는 아직 많지 않습니다.

200 본문의 내용과 맞는 것을 고르세요.

(A) 프랑스 학교에는 에어컨이 켜져 있어서 매우 시원합니다.

(B) 프랑스는 한여름에도 그렇게 덥지 않습니다.

(C) 프랑스에서는 시원하게 하기 위해 다양한 노력이 이루어지고 있습니다.

(D) 프랑스에서는 에어컨이 필수품이 되어 있습니다.

단어 フランス 프랑스　列車 열차　普通 보통　日傘を差す 양산을 쓰다　特別 특별　対策 대책　快適に 쾌적하게　過ごす 지내다, 보내다　〜つつある 〜중이다　中旬 중순　猛暑 폭염　南西部 남서부　最高気温 최고 기온　更新 갱신　首都 수도　パリ 파리〈지명〉　気温 기온　室内 실내　太陽 태양　日中 낮　雨戸 덧문　閉め切る 꼭 닫다　警報 경보　地域 지역　家庭 가정　判断 판단　取り付ける 설치하다　地球温暖化 지구 온난화　解決 해결　校庭 교정　中庭 안뜰, 마당　快適 쾌적　木陰 그늘　取り組み 노력　真夏 한여름　様々 여러가지　必需品 필수품

126

JPT 600

한권으로
끝내기
해설

실전모의고사

청해 (100문항)

1 (C)	2 (D)	3 (D)	4 (A)	5 (C)	6 (D)	7 (C)	8 (D)	9 (A)	10 (A)
11 (B)	12 (D)	13 (A)	14 (C)	15 (B)	16 (B)	17 (A)	18 (B)	19 (A)	20 (D)
21 (D)	22 (D)	23 (C)	24 (D)	25 (B)	26 (A)	27 (D)	28 (A)	29 (C)	30 (B)
31 (C)	32 (A)	33 (D)	34 (C)	35 (C)	36 (B)	37 (C)	38 (A)	39 (D)	40 (C)
41 (A)	42 (B)	43 (C)	44 (B)	45 (B)	46 (D)	47 (C)	48 (B)	49 (D)	50 (A)
51 (A)	52 (D)	53 (D)	54 (D)	55 (C)	56 (C)	57 (C)	58 (B)	59 (B)	60 (C)
61 (D)	62 (D)	63 (D)	64 (A)	65 (A)	66 (B)	67 (C)	68 (B)	69 (C)	70 (B)
71 (B)	72 (C)	73 (D)	74 (B)	75 (C)	76 (B)	77 (C)	78 (B)	79 (A)	80 (B)
81 (A)	82 (D)	83 (A)	84 (C)	85 (C)	86 (B)	87 (A)	88 (D)	89 (A)	90 (B)
91 (A)	92 (C)	93 (B)	94 (C)	95 (A)	96 (B)	97 (D)	98 (C)	99 (B)	100 (B)

독해 (100문항)

101 (A)	102 (C)	103 (D)	104 (A)	105 (B)	106 (C)	107 (A)	108 (A)	109 (D)	110 (C)
111 (A)	112 (D)	113 (A)	114 (C)	115 (B)	116 (D)	117 (B)	118 (A)	119 (C)	120 (D)
121 (D)	122 (A)	123 (A)	124 (C)	125 (D)	126 (D)	127 (A)	128 (D)	129 (B)	130 (D)
131 (B)	132 (A)	133 (B)	134 (D)	135 (C)	136 (D)	137 (B)	138 (B)	139 (B)	140 (D)
141 (C)	142 (B)	143 (C)	144 (D)	145 (D)	146 (B)	147 (A)	148 (B)	149 (D)	150 (C)
151 (D)	152 (A)	153 (C)	154 (D)	155 (A)	156 (B)	157 (D)	158 (A)	159 (C)	160 (D)
161 (B)	162 (A)	163 (A)	164 (D)	165 (C)	166 (B)	167 (C)	168 (C)	169 (D)	170 (A)
171 (C)	172 (D)	173 (C)	174 (A)	175 (C)	176 (B)	177 (D)	178 (A)	179 (A)	180 (C)
181 (D)	182 (B)	183 (A)	184 (C)	185 (B)	186 (C)	187 (C)	188 (B)	189 (D)	190 (C)
191 (C)	192 (A)	193 (B)	194 (C)	195 (A)	196 (B)	197 (D)	198 (B)	199 (C)	200 (D)

1

(A) 入園料が書いてあります。

(B) 数字は漢字で書いてあります。

(C) 夏と冬は開園時間が違います。

(D) 数字の下に波線が引かれています。

(A) 입장료가 쓰여 있습니다.

(B) 숫자는 한자로 쓰여 있습니다.

(C) 여름과 겨울은 개원 시간이 다릅니다.

(D) 숫자 아래에 물결선이 그어져 있습니다.

단어 入園料 입장료　数字 숫자　漢字 한자　開園時間 개원 시간　波線を引く 물결선을 그리다

2

(A) 案内パンフレットが置いてあります。

(B) 電車内では禁煙してはいけません。

(C) 東京メトロの忘れ物取扱所の案内図です。

(D) ドアの閉じかけた電車に駆け込んではいけません。

(A) 안내 팸플릿이 놓여 있습니다.

(B) 전철 안에서는 금연해서는 안 됩니다.

(C) 도쿄 메트로의 분실물 센터 안내도입니다.

(D) 문이 닫히려는 전철에 뛰어들어서는 안 됩니다.

단어 禁煙 금연　忘れ物取扱所 분실물 센터　案内図 안내도　閉じかける 닫히려 하다　駆け込む 뛰어들다

3

(A) 女の人が浴衣を縫っています。

(B) 浴衣を着て遊んでいます。

(C) 女の人が浴衣を選んでいます。

(D) 女の人の帯は蝶結びになっています。

(A) 여성이 유카타를 꿰매고 있습니다.

(B) 유카타를 입고 놀고 있습니다.

(C) 여성이 유카타를 고르고 있습니다.

(D) 여성의 허리띠는 리본 모양으로 되어 있습니다.

단어 浴衣 유카타〈여름에 입는 일본식 홑옷〉　縫う 꿰매다　選ぶ 고르다　帯 허리띠　蝶結び 나비 매듭, 리본 모양 매듭

4

(A) 猫が丸くなっています。

(B) 猫が尻尾をピンと立てています。

(C) 猫が爪で床をひっかいています。

(D) 猫が飼い主のひざの上で居眠りしています。

(A) 고양이가 둥글게 웅크리고 있습니다.

(B) 고양이가 꼬리를 꼿꼿하게 세우고 있습니다.

(C) 고양이가 손톱으로 바닥을 긁고 있습니다.

(D) 고양이가 주인의 무릎 위에서 졸고 있습니다.

단어 尻尾 꼬리　爪 손톱, 발톱　床 바닥　ひっかく (손톱 따위로) 세게 긁다　飼い主 주인　ひざ 무릎　居眠りする 졸다

5

(A) 駅の改札口を通っています。

(B) 地下鉄が通り過ぎています。

(C) 地下鉄のホームドアが開いています。

(D) 地下鉄の切符を買っている人々がいます。

(A) 역 개찰구를 지나고 있습니다.

(B) 지하철이 통과하고 있습니다.

(C) 지하철의 스크린 도어가 열려 있습니다.

(D) 지하철 표를 사는 사람들이 있습니다.

改札口 개찰구　地下鉄 지하철　通り過ぎる 통과하다

6

(A) 塀と道の隙間に雑草が生えています。

(B) 庭に植木鉢とプランターが散乱しています。

(C) 家の軒下に植木鉢がずらりと並んでいます。

(D) カップ型の植木鉢が壁に沿って置いてあります。

(A) 담장과 길의 틈새에 잡초가 나 있습니다.

(B) 정원에 화분과 화분 용기가 흩어져 있습니다.

(C) 집의 처마 밑에 화분이 죽 늘어서 있습니다.

(D) 컵 모양의 화분이 벽을 따라 놓여 있습니다.

단어 塀 담장　隙間 틈　雑草 잡초　生える 자라다　植木鉢 화분　プランター 플랜터, 식물 재배용 용기　散乱する 흩어지다　軒下 처마 밑　ずらりと 죽　〜に沿って 〜을/를 따라서

7

(A) 陳列棚ががらがらになっています。

(B) スーパーの陳列棚に冷凍食品があります。

(C) 商品が売れて、棚には少し空きがあります。

(D) 床にも所狭しと商品が置かれています。

(A) 진열장이 텅텅 비어 있습니다.

(B) 슈퍼마켓의 진열장에 냉동 식품이 있습니다.

(C) 상품이 팔려서 선반에는 다소 공간이 있습니다.

(D) 바닥에도 빼곡히 상품이 놓여 있습니다.

단어 陳列棚 진열장　がらがら 텅텅 비어 있는 모양　冷凍食品 냉동 식품　空き 빈 곳, 여백　所狭しと 빼곡히

8

(A) 下を向いて立っています。

(B) 髪を三つ編みにしています。

(C) 女の子は袖をまくっています。

(D) バス停の案内看板をじっと見ています。

(A) 고개를 숙이고 서 있습니다.

(B) 머리카락을 세 갈래로 땋았습니다.

(C) 여자아이는 소매를 걷고 있습니다.

(D) 버스 정류장의 안내판을 지그시 보고 있습니다.

단어 三つ編み 땋은 머리　袖をまくる 소매를 걷다　看板 간판　じっと見る 지그시 보다

9

(A) ストローが差してあります。

(B) 紙コップがつぶれています。

(C) グラスを伏せて置いています。

(D) グラスが下向きに置かれています。

(A) 빨대가 꽂혀 있습니다.

(B) 종이컵이 찌그러져 있습니다.

(C) 유리컵을 뒤집어 놓고 있습니다.

(D) 유리컵이 뒤집어 놓여 있습니다.

단어 ストロー 빨대　差す 꽂다　紙コップ 종이컵　つぶれる 찌그러지다　伏せる 엎어 놓다

10

(A) しおりが挟んであります。

(B) クリップで止められています。

(C) ページの角が折ってあります。

(D) 箱の中に本が詰められています。

(A) 책갈피가 꽂혀 있습니다.

(B) 클립으로 고정되어 있습니다.

(C) 페이지 귀퉁이가 접혀 있습니다.

(D) 상자 안에 책이 담겨 있습니다.

단어 しおり 책갈피 　挟(はさ)む 끼우다 　クリップ 클립 　折(お)る 접다 　詰(つ)める 채우다

11

(A) 駐車料金(ちゅうしゃりょうきん)は前払(まえばら)いです。

(B) 夜(よる)に利用(りよう)する方(ほう)が得(とく)です。

(C) ２４時間(じかん)最大料金(さいだいりょうきん)は２０００円(にせんえん)です。

(D) ２０分(にじゅっぷん)ごとに３００円(さんびゃくえん)ずつ加算(かさん)されます。

(A) 주차 요금은 선불입니다.

(B) 밤에 이용하는 쪽이 이득입니다.

(C) 24시간 최대 요금은 2000엔입니다.

(D) 20분마다 300엔씩 가산됩니다.

단어 駐車料金(ちゅうしゃりょうきん) 주차 요금 　前払(まえばら)い 선불, 먼저 지불함 　得(とく) 이득 　～ごとに ～마다 　加算(かさん)する 가산하다

12

(A) 販売機(はんばいき)で鳥(とり)のえさを売(う)っています。

(B) 海(うみ)のパンフレットが置(お)いてあります。

(C) チケットが取(と)り出(だ)し口(ぐち)から出(で)ています。

(D) 入園券(にゅうえんけん)は年齢(ねんれい)によって料金(りょうきん)が異(こと)なります。

(A) 판매기에서 새 모이를 팔고 있습니다.

(B) 바다에 관한 책자가 놓여 있습니다.

(C) 표가 투출구에 나와 있습니다.

(D) 입장권은 연령에 따라 다릅니다.

단어 販売機(はんばいき) 판매기 　入園券(にゅうえんけん) 입장권 　年齢(ねんれい) 연령 　～によって ～에 따라 　異(こと)なる 다르다

13

(A) 男(おとこ)の人(ひと)は肘(ひじ)をついています。

(B) 男(おとこ)の人(ひと)は額(ひたい)に手(て)を当(あ)てています。

(C) 男(おとこ)の人(ひと)は椅子(いす)に座(すわ)って居眠(いねむ)りをしています。

(D) 男(おとこ)の人(ひと)は腕(うで)を組(く)んで椅子(いす)にもたれています。

(A) 남성은 팔꿈치를 괴고 있습니다.

(B) 남성은 이마에 손을 얹고 있습니다.

(C) 남성은 의자에 앉아 졸고 있습니다.

(D) 남성은 팔짱을 끼고 의자에 기대어 있습니다.

단어 肘(ひじ)をつく 팔꿈치를 괴다 　額(ひたい) 이마 　居眠(いねむ)をする 졸다 　腕(うで)を組(く)む 팔짱을 끼다 　もたれる 기대다

14

(A) 枕(まくら)が干(ほ)してあります。

(B) 布団(ふとん)が畳(たた)んであります。

(C) 障子戸(しょうじど)が閉(し)めてあります。

(D) 和室(わしつ)にこたつが置(お)かれています。

(A) 베개를 말리고 있습니다.

(B) 이불이 개어져 있습니다.

(C) 격자문이 닫혀 있습니다.

(D) 일본식 방에 고다츠(난방용 탁자)가 놓여 있습니다.

단어 枕(まくら) 베개 　干(ほ)す 말리다 　布団(ふとん) 이불 　畳(たた)む 접다, 개다 　障子戸(しょうじど) 장지문

15

(A) くねくねした坂道(さかみち)です。

(B) 柳(やなぎ)の枝(えだ)が垂(た)れ下(さ)がっています。

(C) 路地(ろじ)にゴミが散(ち)らかっています。

(D) 石垣(いしがき)に沿(そ)って並木(なみき)が植(う)えられています。

(A) 구불구불한 언덕길입니다.

(B) 버드나무 가지가 드리워져 있습니다.

(C) 골목길이 쓰레기로 어질러져 있습니다.

(D) 돌담을 따라 가로수가 심겨 있습니다.

くねくねする 꾸불거리다　坂道 언덕길　柳 버드나무　垂れ下がる 아래로 드리워지다　路地 골목길　散らかる 흩어지다, 어지러지다　石垣 돌담　並木 가로수

16

(A) 犬が吠えています。

(B) 犬が横たわっています。

(C) 犬が横跳びをしています。

(D) 犬が前脚を噛んでいますいます。

(A) 개가 짖고 있습니다.

(B) 개가 누워 있습니다.

(C) 개가 옆으로 뛰고 있습니다.

(D) 개가 앞다리를 물고 있습니다.

吠える 짖다　横たわる 눕다　前脚 앞발, 앞다리　噛む 물다

17

(A) 魚を串焼きしています。

(B) 釣り堀で魚を釣っています。

(C) 魚をまな板でさばいています。

(D) 魚を一匹丸ごと煮付けています。

(A) 생선을 꼬치에 꽂아 굽고 있습니다.

(B) 낚시터에서 낚시를 하고 있습니다.

(C) 생선을 도마에서 손질하고 있습니다.

(D) 생선을 한 마리 통째로 조리고 있습니다.

串焼き 꼬치구이　釣り堀 유료 낚시터　まな板 도마　さばく 처리하다　丸ごと 통째로　煮付ける 조리다

18

(A) 雑草だらけの空き地です。

(B) うっそうと木が生い茂っています。

(C) 枯れ木が池の周りに立ち並んでいます。

(D) 銀杏並木が一定の間隔で植えられています。

(A) 잡초가 무성한 공터입니다.

(B) 울창한 나무가 우거져 있습니다.

(C) 마른 나무가 연못 주변에 나란히 서 있습니다.

(D) 은행나무 가로수가 일정한 간격으로 심겨 있습니다.

雑草 잡초　～だらけ ～투성이　空き地 공터　うっそう 울창, 나무가 빽빽하게 우거져 있는 모양　生い茂る 우거지다　枯れ木 마른 나무　池 연못　立ち並ぶ 줄지어 서다　銀杏 은행나무　間隔 간격

19

(A) 蛇口から水が出ています。

(B) シンクに水がたまっています。

(C) 水道管から水が漏れています。

(D) 折り畳み式の水切りラックが載せてあります。

(A) 수도꼭지에서 물이 나옵니다.

(B) 싱크대에 물이 고여 있습니다.

(C) 수도관에서 물이 새고 있습니다.

(D) 접이식 식기 건조대가 놓여 있습니다.

蛇口 수도꼭지　水がたまる 물이 고이다　水道管 수도관　漏れる 새다　折り畳み式 접이식　水切りラック 식기 건조대

132

20

(A) 四角いお菓子を作っています。

(B) テーブルの上に段ボールがあります。

(C) ギフトボックスは一人一個まで購入できます。

(D) 箱入りの商品が台の上に積み上げられています。

(A) 네모난 과자를 만들고 있습니다.

(B) 테이블 위에 종이 상자가 있습니다.

(C) 선물 상자는 1인당 1개까지 구입할 수 있습니다.

(D) 상자에 담긴 상품이 선반 위에 쌓여 있습니다.

단어 四角い 네모나다　ギフトボックス 선물 상자　購入 구입　箱入り 상자 속에 들어 있음　積み上げる 쌓아 올리다

21

最近、運動を始めたそうだね。

(A) うん、最近ペットを飼い始めたんだ。

(B) 本当だよ。運動をしないといけない。

(C) 本当だ。もう運動会が終わったね。

(D) うん、週に二回、ジムに通っているよ。

최근, 운동을 하기 시작했다고 하던대.

(A) 응, 최근 동물을 기르기 시작했어.

(B) 정말이야. 운동을 안 하면 안 돼.

(C) 정말이다. 이미 운동회가 끝났네.

(D) 응, 일주일에 두 번 체육관을 다니고 있어.

단어 ペットを飼う 동물을 기르다　運動会 운동회　ジム 체육관

22

昨日の飲み会、どうだった？

(A) ３対２で勝ってよかったね。

(B) 盛り上げ役はもてないそうだよ。

(C) 友だちの紹介で１回会ってみたんだ。

(D) 久しぶりに思い出話に花を咲かせて楽しかったよ。

어제 회식, 어땠어?

(A) 3대 2로 이겨서 다행이네.

(B) 분위기 띄우는 역은 인기 없대.

(C) 친구 소개로 한 번 만나 봤어.

(D) 오랜만에 추억 얘기로 이야기꽃을 피우고 즐거웠어.

단어 盛り上がる (소리·기세·흥취 따위가) 높아지다　もてる 인기가 있다　紹介 소개

23

山田さん、具合はどう？

(A) では、お大事にしてください。

(B) だいぶ暑くなったね。暑くて外に出たくないよ。

(C) 少し熱が下がったよ。明日なら行けると思う。

(D) そうだよ。調味料をたくさん入れて煮込むと味が濃くなるよ。

야마다 씨, 컨디션은 어때?

(A) 그럼, 몸 조리 잘 하세요.

(B) 꽤 더워졌네. 더우니까 밖에 나가고 싶지 않아.

(C) 조금 열이 내렸어. 내일이라면 갈 수 있을 거라 생각해.

(D) 맞아. 조미료를 많이 넣어 푹 끓이면 맛이 진해져.

단어 熱が下がる 열이 내리다　調味料 조미료　煮込む 푹 끓이다　味が濃い 맛이 진하다

24

あ、電気がチカチカしている。

(A) あ、窓を開けましょうか。

(B) あ、クーラーをつけます。

(C) あ、ろうそくを消さなくてもいいよ。

(D) あ、蛍光灯を交換しないと。

아, 전기가 깜빡깜빡 하네.

(A) 아, 창문을 열까요?

(B) 아, 냉방기를 틀게요.

(C) 아, 촛불을 끄지 않아도 괜찮아.

(D) 아, 형광등을 교체해야겠다.

단어 チカチカ 그리 세지 않은 빛이 반짝거리는 모양, 반짝반짝 ろうそくを消す 촛불을 끄다 蛍光灯 형광등

25

青信号が点滅してる。走ろう。

(A) 歩行者優先を守らないとだめだよ。

(B) 赤になりそうだからやめましょう。

(C) 横断歩道を渡っています。

(D) ユニークな歩道橋が見えるね。

파란불이 깜박이고 있어. 달리자.

(A) 보행자 우선을 지키지 않으면 안 돼.

(B) 빨간불이 될 것 같으니까 그만둡시다.

(C) 횡단보도를 건너고 있습니다.

(D) 독특한 육교가 보이네.

단어 点滅する 점멸하다, 깜박이다 歩行者 보행자 優先 우선 守る 지키다 歩道橋 육교

26

バイクの鍵を落としたようです。

(A) スペアキーがあるから持ってきます。

(B) はい、落ちた柿を食べたことがあります。

(C) おしゃれなキーホルダーを持っていますね。

(D) 何よりもスマートロックが便利なようです。

오토바이 열쇠를 떨어뜨린 것 같습니다.

(A) 예비 열쇠가 있으니까 가져 오겠습니다.

(B) 예. 떨어진 감을 먹은 적이 있습니다.

(C) 멋진 키홀더를 갖고 있네요.

(D) 무엇보다도 스마트 록이 편리한 듯 합니다.

단어 落とす 떨어뜨리다 スペアキー 스페어 키, 예비 열쇠 柿 감(나무) 何よりも 무엇보다도

27

この長さでよろしいですか。

(A) はい、通勤時間は短ければ短いほどいいです。

(B) はい、ちょうどいい感じです。甘くも辛くもなくて。

(C) はい、長靴とレインコートを用意してください。

(D) はい、そして前髪は眉毛が隠れるくらいで切ってください。

이 정도 길이로 괜찮습니까?

(A) 예, 통근 시간은 짧으면 짧을수록 좋습니다.

(B) 예, 딱 좋은 느낌입니다. 달지도 맵지도 않아서.

(C) 예, 장화와 우비를 준비해 주세요.

(D) 예, 그리고 앞머리는 눈썹이 가려질 정도로 잘라 주세요.

단어 通勤時間 통근 시간 長靴 장화 レインコート 우비 前髪 앞머리 眉毛 눈썹 隠れる 숨다, 가리다

28

山田さんは肥満じゃなく中肉中背ですね。

(A) そうですね。平均的な体格です。

(B) 山田さんは肉が好きなようです。

(C) はい、中世時代の言葉を研究しています。

(D) 筋肉のコリをほぐすため、ストレッチをしています。

야마다 씨는 비만이 아니라 평균 키에 보통 몸집이네요.

(A) 맞아요. 평균적인 체격입니다.

(B) 야마다 씨는 고기를 좋아하는 것 같아요.

(C) 예, 중세의 언어를 연구하고 있습니다.

(D) 근육 뭉친 것을 풀기 위해 스트레칭을 하고 있습니다.

단어 肥満 비만　中肉 알맞게 살이 찜　中背 중간 정도의 키　平均的 평균적　中世時代 중세시대　筋肉 근육　コリをほぐす 굳은 것을 풀다, (근육) 결림을 풀다

29

工事現場の状況はどうなっていますか？

(A) ここから現場までは遠い方です。

(B) 工事現場のアルバイトをしたことがあります。

(C) 工期は厳しいですが、なんとかなると思います。

(D) バスだと現場まで一時間ぐらいかかると思います。

공사 현장 상황은 어떻게 되고 있습니까?

(A) 여기부터 현장까지는 먼 편입니다.

(B) 공사 현장 아르바이트를 한 적이 있습니다.

(C) 공사 기간은 빡빡하지만, 어떻게든 될 거라고 생각합니다.

(D) 버스라면 현장까지 1시간 정도 걸릴 겁니다.

단어 工事現場 공사 현장　状況 상황　工期 공사 기간

30

また紙がつまっちゃったんです。

(A) それじゃ、楊枝はどう？

(B) 急いでいる時にかぎっていつもこうだ。

(C) 時間が経って少しずつ流れ始めました。

(D) 鼻がつまって食べ物の味がしないんです。

또 종이가 걸려 버렸어요.

(A) 그럼, 이쑤시개는 어떨까?

(B) 급할 때에는 꼭 이래.

(C) 시간이 지나서 조금씩 흘러 나가기 시작했습니다.

(D) 코가 막혀서 음식 맛이 나지 않습니다.

단어 紙がつまる 종이가 걸리다　楊枝 이쑤시개　～にかぎって ～에 한해서　鼻がつまる 코가 막히다

31

来週の人事評価で、業務に対する1次評価を頼めるかな。

(A) はい。でも、適切な人材配置が苦手で…。

(B) はい。でも、私は実績を積みあげていきます。

(C) はい。でも、私は人を評価するのが苦手ですが。

(D) はい。でも、私は評判のいい映画を知っています。

다음주 인사 평가에서 업무에 관한 1차 평가를 부탁할 수 있을까.

(A) 예. 하지만, 적당한 인재 배치를 잘 못해서….

(B) 예. 하지만, 저는 실적을 쌓아 가겠습니다.

(C) 예. 하지만, 저는 사람을 평가하는 것을 잘 못하는데요.

(D) 예. 하지만, 저는 평판이 좋은 영화를 알고 있습니다.

단어 業務 업무　頼む 부탁하다　適切だ 적절하다　人材 인재　実績 실적　評判 평판

32

新入社員の青木さんは遅刻が多いそうだけど、ちゃんと教育をしているんですか。

(A) いつもきつく言っているのですが…。

(B) 学生気分がまだ抜けていなかったです。

(C) 遅刻しそうなら連絡した方がいいですね。

(D) 青木さんに言葉遣いについて注意を払うように言っておきました。

신입사원인 아오키 씨는 지각이 많다고 하는데, 제대로 교육을 하고 있는 건가요?

(A) 항상 단호하게 말하고 있습니다만….

(B) 아직 학생 기분에서 벗어나지 못했습니다.

(C) 지각할 것 같으면 연락하는 편이 좋지요.

(D) 아오키 씨에게 언어 사용에 관해 조심하도록 말해 두었습니다.

단어 新入社員 신입사원　きつい (정도가) 심하다, 엄하다　抜ける 빠져나가다　言葉遣い 말씨, 말투　注意を払う 주의를 기울이다

33

電車で寝過ごして、授業時間ぎりぎりに着いたよ。

(A) 寝坊して遅刻したんですね。

(B) 逆方向の電車に乗ってしまったんですね。

(C) だから乗り越しをして取引先に行ったんですね。

(D) 私もうっかりして終点まで行ったことがあります。

전철에서 깜빡 졸다가 수업 시간에 빠듯하게 도착했어.

(A) 늦잠 자서 지각했던 거네요.

(B) 역방향 전철을 타버렸던 거군요.

(C) 그러니까 내릴 곳을 지나쳐서 거래처에 갔었군요.

(D) 저도 깜빡해서 종점까지 간 적이 있습니다.

단어 寝過ごす 시간이 지나도록 자다, 늦잠자다　ぎりぎり 빠듯함　寝坊する 늦잠자다　乗り越しをする 내릴 곳을 지나치다　取引先 거래처　うっかりする 깜빡하다

34

工事後のアフターサービスはどうなっていますか。

(A) 快適な空間作りを目指しています。

(B) リフォームはアフターサービスが重要です。

(C) 定期的に訪問、点検して、修繕にも対応します。

(D) 安全な工事とアフターサービスが当社の売りです。

공사 후의 사후 관리는 어떻게 됩니까?

(A) 쾌적한 공간 만들기를 지향하고 있습니다.

(B) 리폼은 사후 관리가 중요합니다.

(C) 정기적으로 방문, 점검해서 수선도 진행합니다.

(D) 안전한 공사와 사후 관리가 당사의 장점입니다.

단어 快適だ 쾌적하다　空間 공간　目指す 지향하다, 목표로 하다　リフォーム 리폼　定期的 정기적　訪問する 방문하다　点検する 점검하다　修繕 수선　売り 팖, 상품 판매 시 특히 강조하는 그 상품의 이점

35

そろそろお花見のシーズンだね。

(A) 水面にきらめく花火はきれいだね。

(B) お散歩がてら花火デートでもしよう。

(C) 来週、家族水入らずで桜を見に行こう。

(D) 花びらがたくさん落ちて汚くなりました。

이제 곧 꽃구경 시즌이네.

(A) 수면에 반짝이는 불꽃은 예쁘네.

(B) 산책하는 김에 불꽃축제 데이트라도 하자.

(C) 다음 주, 우리 가족끼리 벚꽃을 보러 가자.

(D) 꽃잎이 많이 떨어져 더러워졌습니다.

[단어] きらめく 빛나다, 반짝이다　～がてら ～하는 김에, ~을/를 겸하여　家族水入らず(かぞくみずいらず) (남이 끼지 않은) 집안끼리

36

そのプロジェクト、どんな感じで進んでる？

(A) 企画(きかく)を通(とお)していただきたいんです。

(B) 締(し)め切(き)りぎりぎりまでかかると思います。

(C) 退勤(たいきん)ボタンを押(お)し忘(わす)れて帰(かえ)ってしまいました。

(D) 仕事(しごと)を思(おも)い通(どお)りに進(すす)める交渉(こうしょう)テクニックがあります。

그 프로젝트, 어떻게 진행되고 있어?

(A) 기획을 통과시켜 주셨으면 합니다.

(B) 마감 직전까지 걸릴 것 같습니다.

(C) 퇴근 버튼을 누르는 것을 잊고 집에 와 버렸습니다.

(D) 일을 생각대로 진행하는 교섭 테크닉이 있습니다.

[단어] 企画(きかく) 기획　締(し)め切(き)り 마감, 마감 날짜　退勤(たいきん) 퇴근　交渉(こうしょう) 교섭　テクニック 테크닉, 기술

37

洗濯物(せんたくもの)が通(とお)り雨(あめ)で濡(ぬ)れたの。午前中(ごぜんちゅう)は晴(は)れていたのに…。

(A) 取(と)り込(こ)んで畳(たた)んでおいたのに。

(B) 干(ほ)した洗濯物(せんたくもの)が夕焼(ゆうや)けで赤(あか)く見(み)える。

(C) それじゃ、洗(あら)い直(なお)した方(ほう)がいいかも。

(D) 洗濯物(せんたくもの)が飛(と)ばないように固定(こてい)しないといけないね。

빨래가 소나기에 젖었어. 오전 중에는 맑았는데….

(A) 거두어서 개어 놓았는데….

(B) 널어 놓은 빨래가 노을 때문에 빨갛게 보여.

(C) 그럼, 다시 세탁하는 편이 좋을 지도.

(D) 빨래가 날아가지 않도록 고정하지 않으면 안 되겠네.

[단어] 通(とお)り雨(あめ) 지나가는 비, 소나기　濡(ぬ)れる 젖다　取(と)り込(こ)む 거두어들이다　夕焼(ゆうや)け 노을　固定(こてい)する 고정하다

38

田中(たなか)さん、いける口(くち)だと聞(き)きましたよ。

(A) 人並(ひとな)みですよ。

(B) 行(い)けそうなら行きます。

(C) 何(なん)のお構(かま)いもできませんで…。

(D) 貴重(きちょう)なお時間(じかん)を割(さ)いてくださったのにすみません。

다나카 씨, 술을 잘 마신다고 들었습니다.

(A) 남들이랑 비슷해요.

(B) 갈 수 있으면 가겠습니다.

(C) 아무런 대접도 못해드려서….

(D) 귀중한 시간을 내 주셨는데 죄송합니다.

[단어] いける口(くち) 술을 잘마심　人並(ひとな)み (남들과 같은) 보통 정도나 상태　お構(かま)い 손님 접대, 염두에 둠　貴重(きちょう)だ 귀중하다
時間(じかん)を割(さ)く 시간을 할애하다, (바쁜 와중에도) 그 일을 위해 특별히 시간을 내다

39

鈴木(すずき)さんの結婚祝(けっこんいわ)いなんだけど、キッチン用品(ようひん)はどうかな。

(A) 料理(りょうり)が楽(たの)しくできそうなキッチンだね。

(B) このホテルで両家(りょうけ)の顔合(かおあ)わせをしたんだ。

(C) やっぱりキッチンで野菜(やさい)を育(そだ)てるのは難(むずか)しいね。

(D) そうね、調理器具(ちょうりきぐ)を買(か)いたいって言(い)ってたから。

스즈키 씨의 결혼 축하 선물 말인데, 주방용품은 어때?

(A) 요리를 즐겁게 할 수 있을 것 같은 주방이네.

(B) 이 호텔에서 상견례를 했었어.

(C) 역시 주방에서 채소를 기르는 건 어렵네.

(D) 그렇네. 조리 기구를 사고 싶다고 말했었으니까.

[단어] キッチン用品(ようひん) 주방용품　両家(りょうけ) 양가　顔合(かおあ)わせ 첫 대면　調理器具(ちょうりきぐ) 조리 기구

40

すごく頑張ったのに苦労ばかりで、結果がよくなかった。

(A) 鬼の目にも涙ですね。

(B) 鶴は千年、亀は万年ですね。

(C) 骨折り損のくたびれもうけですね。

(D) 捨てる神あれば拾う神ありですね。

매우 열심히 했는데 고생만 하고, 결과가 좋지 않았어.

(A) 비정한 사람도 때로는 눈물을 흘린다는 거네요.

(B) 학은 천년, 거북이는 만년이네요.

(C) 고생만 하고 애쓴 보람이 없네요.

(D) 하늘이 무너져도 솟아날 구멍은 있다는 거네요.

단어 苦労 고생, 애씀　鶴は千年、亀は万年 학은 천년, 거북이는 만년(장수하거나 운수가 좋음을 축하하는 말)

41

来ないなら、もっと早く言ってくれたらいいのに。

(A) 仕事が忙しくてうっかりしてたんだ。

(B) おかげで気持ちがすっきりした。

(C) 通信エラーで絵文字が表示されないそうなんだ。

(D) これからはちゃんと言うからそんなに心配しなくてもいいよ。

오지 않을 거면 좀 더 빨리 말해주면 좋을 텐데.

(A) 일이 바빠서 깜빡했던 거야.

(B) 덕분에 기분을 말끔해졌어.

(C) 통신 오류로 그림 문자가 나타나지 않는다더라.

(D) 이제부터는 제대로 말할 테니까 그렇게 걱정하지 않아도 괜찮아.

단어 うっかりする 깜빡하다　すっきり 산뜻한 모양, 상쾌한 모양　通信エラー 통신 오류　絵文字 그림 문자

42

ふらふらしているし、ずっと居眠りしているね。どこか悪いの？

(A) 夜泣きも発育過程の一つなんだよ。

(B) ただの時差ぼけだから、大丈夫だよ。

(C) 二日酔いで歩けない人がいるんだ。

(D) アロマテラピーで気持ちが落ち着いたからだよ。

비실비실하고, 계속 졸고 있네. 어딘가 안 좋아?

(A) 밤에 우는 것도 발육 과정의 하나인 거야.

(B) 단지 시차 적응 문제니까 괜찮아.

(C) 숙취로 걸을 수 없는 사람이 있어.

(D) 아로마 테라피로 마음이 진정되었기 때문이야.

단어 ふらふらする 빌빌거리다　夜泣き 갓난애가 밤중에 자지 않고 울　発育過程 발육 과정　時差ぼけ 시차병　二日酔い 숙취　落ち着く 진정되다, 침착하다

43

田中さんとお兄さん、双子のように似ていますね。

(A) はい、あっさりですよね。

(B) はい、がっしりですよね。

(C) はい、そっくりですよね。

(D) はい、きっかりですよね。

다나카 씨와 형님, 쌍둥이처럼 닮았군요.

(A) 예, 산뜻하지요.

(B) 예, 다부지지요.

(C) 예, 꼭 닮았지요.

(D) 예, 꼭 맞아 떨어지네요.

단어 双子 쌍둥이 あっさり 산뜻하게, 간단하게 がっしり 튼튼하고 실팍한 모양 そっくり 전부, 꼭 닮음

きっかり (시간·수량 등이) 꼭 들어맞아서 우수리가 없는 모양, 아주 뚜렷한 모양

44

今度の旅行の予算はどれぐらいなの？

(A) ５日間のツアーだから４泊５日になるね。

(B) 航空券と宿泊のパッケージで10万円だよ。

(C) 見どころもたくさんあるから最低でも3泊がいい。

(D) 一般的には1日10時間から12時間くらいでしょう。

이번 여행의 예산은 어느 정도야?

(A) 5일 동안의 투어이니까 4박 5일이 되네.

(B) 항공권과 숙박 패키지로 10만 엔이야.

(C) 볼 만한 곳도 많이 있으니까 최소한이라도 3박이 좋지.

(D) 일반적으로는 1일 10시간부터 12시간 정도지요.

단어 予算 예산 見どころ 볼 만한 곳 一般的 일반적

45

急いでプリントしたいものがあるんだけど、ちょっと使わせてもらえない？

(A) スマートフォンでも手軽に描けるよ。

(B) 私はもう終わったから、ごゆっくりどうぞ。

(C) 授業で使うプリントを学生に配布しました。

(D) わざわざ電子データにしましたが、捺印が必要です。

급하게 출력하고 싶은 것이 있는데, 잠깐 써도 될까?

(A) 스마트폰으로도 손쉽게 그릴 수 있어.

(B) 저는 이제 끝났으니까, 천천히 쓰세요.

(C) 수업에서 쓸 프린트를 학생에게 배부했습니다.

(D) 특별히 전자 데이터로 했지만, 날인이 필요합니다.

단어 手軽に 손쉽게, 가볍게 配布する 배포하다 電子データ 전자 데이터 捺印 날인

46

出かける前にはガスの元栓や水道の蛇口を確認しないと。

(A) 栓抜きを忘れてしまった。

(B) 蛇口の水漏れはもう修理したよ。

(C) ガス代をうっかり払い忘れてしまった。

(D) 窓の鍵とコンセントも忘れないようにして。

외출하기 전에 가스 밸브와 수도꼭지를 확인해야겠네.

(A) 병따개를 잊어 버렸어.

(B) 수도꼭지에서 물새는 것은 이미 수리했어.

(C) 가스 요금을 내는 걸 깜빡하고 잊어 버렸어.

(D) 창문 잠금장치랑 콘센트도 잊지 않도록 해.

단어 ガスの元栓 가스 밸브 蛇口 수도꼭지 栓抜き 병따개 水漏れ 물이 샘, 누수 修理する 수리하다

47

子猫なのにやんちゃでパワフルなんだよ。

(A) いつかは強くなるでしょう。

(B) 子どもの寝顔に癒されています。

(C) でもかわいくてたまらないでしょう。

(D) ワンちゃんにしつけ方を教えてね。

아기 고양이인데 장난꾸러기이고 힘이 넘쳐.

(A) 언젠가는 강해지겠지요.

(B) 아이의 잠자는 얼굴에 치유되고 있습니다.

(C) 하지만 귀여워서 어쩔 줄 모르겠지요?

(D) 멍멍이에게 예의 범절을 가르쳐 줘.

단어 子猫 아기 고양이 やんちゃ 개구쟁이, 장난꾸러기 寝顔 자는 얼굴 癒す 치유하다

48

おいしそう。一口食べてもいい？

(A) それでは、お言葉に甘えて。

(B) どうぞ。お口に合ったらうれしいです。

(C) 「食い物と念仏は一口ずつ」と書きました。

(D) どうか人の話に口をはさまないでください。

맛있겠다. 한 입 먹어도 돼?

(A) 그러면, 호의를 받아 들여서.

(B) 드세요. 입맛에 맞으면 좋겠네요.

(C) 「먹을 것과 염불은 한 입씩」이라고 썼습니다.

(D) 제발 다른 사람이 하는 말에 끼어 들지 말아 주세요.

단어 口に合う 입맛에 맞다　口をはさむ 남의 말에 끼어들다, 말참견하다

49

大みそかには何をしますか。

(A) 母と一緒に味噌を作ったからです。

(B) 昨日、図書館で大みそかについて調べました。

(C) もうすぐ大みそかですね。時間が経つのは早いですね。

(D) 私は除夜の鐘を聞いた後、家族そろって神社へ行きます。

섣달 그믐에는 무엇을 합니까?

(A) 엄마와 함께 미소(일본식 된장)를 만들었기 때문입니다.

(B) 어제, 도서관에서 섣달 그믐에 대해 조사했습니다.

(C) 이제 곧 섣달 그믐이네요. 시간이 가는 것은 빠르네요.

(D) 저는 제야의 종소리를 들은 후, 가족이 모여서 신사에 갑니다.

단어 大みそか 섣달 그믐　時間が経つ 시간이 가다　除夜の鐘 제야의 종　そろう (모두 한 곳에) 모이다

50

恐れ入りますが、パスポートを見せてください。

(A) あっ、忘れてきてしまいました。

(B) 免許の更新をうっかり忘れてしまったんですが…。

(C) パスポートは有効期間が切れてしまったら無効です。

(D) あ、パスポート用の写真を持ってくるということですね。

죄송합니다만, 여권을 보여 주세요.

(A) 아, 잊고서 와 버렸습니다.

(B) 면허 갱신을 깜빡하고 잊어 버렸는데요.

(C) 여권은 유효기간이 끝나버리면 무효입니다.

(D) 아, 여권용 사진을 갖고 오라는 것이군요.

단어 恐れ入ります 송구스럽습니다　免許 면허　更新 경신, 갱신　有効期間 유효기간　無効 무효

스크립트	해석

51

女 山田さん、いつも早いですね。会社まで何で通ってるんですか。

男 普段は自転車です。雨の時は妻に車で送ってもらいます。

女 うらやましいなあ。私の家は遠くて、飲み会で最後までいたことがありません。

男 だからこの前も途中で退席したんですね。

Q 女の人について正しいのはどれですか。

(A) 先日、飲み会の途中で帰った。

(B) 両親に車で送ってもらっている。

(C) 市内バスに乗って出勤している。

(D) 会社の徒歩圏内に住んでいる。

여 야마다 씨, 항상 빠르네요. 회사까지 무엇으로 다니고 있습니까?

남 보통은 자전거입니다. 비가 내릴 때는 아내가 데려다 줍니다.

여 부럽네요. 저희 집은 멀어서 회식에 끝까지 있던 적이 없습니다.

남 그러니까 지난번에도 도중에 일어났던 거군요.

Q 여성에 관해 옳은 것은 어느 것입니까?

(A) 지난번, 회식 도중에 집에 갔다.

(B) 부모님이 차로 데려다 준다.

(C) 시내 버스를 타고 출근한다.

(D) 회사의 도보권 내에 살고 있다.

단어 普段 항상, 평소 うらやましい 부럽다 退席する 퇴장하다, 자리를 뜨다 出勤する 출근하다 徒歩 도보, 걸어감

52

男 田中さん、ファイルにこんな物が挟まっていましたよ。

女 あっ！失くしたのかと諦めていました。ありがとうございます。

男 これは何のレシートですか。

女 私のカードで立て替えておいた印刷代のです。

Q ファイルに挟まっていた物はどれですか。

(A) 印刷物 (B) 立替金

(C) 請求書 (D) レシート

남 다나카 씨, 파일에 이런 것이 끼어 있었어요.

여 앗! 잃어 버렸다고 생각하고 포기하고 있었습니다. 감사합니다.

남 이것은 무슨 영수증입니까?

여 제 카드로 대신 지불한 인쇄비입니다.

Q 파일에 끼어있던 것은 어느 것입니까?

(A) 인쇄물 (B) 대신 치른 돈

(C) 청구서 (D) 영수증

단어 挟まる 틈에 끼이다 失くす 잃어버리다 諦める 포기하다 立て替える 대신 치르다 印刷代 인쇄비 請求書 청구서

53

女 見て、見て！大粒でおいしそうなぶどうがいっぱい！

男 そんなことより、ここは蚊も多そうだし、嫌だなあ…。

女 手作りの虫除けスプレーを持ってきたの。使ってね。

男 あ、ありがとう。

여 봐봐! 알갱이도 크고 맛있을 것 같은 포도가 가득해!

남 그런 것 보다, 여기는 모기도 많을 것 같고, 싫은데….

여 손수 만든 벌레 퇴치 스프레이를 가져 왔어. 써 봐.

남 아, 고마워.

Q 男の人はこれから何をしますか。	Q 남성은 이제부터 무엇을 합니까?
(A) 種まきをする。	(A) 씨 뿌리기를 한다.
(B) ぶどう狩りをする。	(B) 포도 따기를 한다.
(C) 大粒のぶどうを買う。	(C) 큰 알갱이의 포도를 산다.
(D) 蚊よけスプレーをふきかける。	(D) 모기 퇴치 스프레이를 뿌린다.

단어 大粒 알갱이가 큼　蚊 모기　虫除けスプレー 벌레 퇴치 스프레이　種まき 씨 뿌리기　ぶどう狩り 포도 따기　ふきかける 내뿜다, 뿌리다

54

女 渡辺さん、引っ越しの片付けは終わりましたか。	여 와타나베 씨, 이삿짐 정리는 끝났습니까?
男 まだです。	남 아직이에요.
女 前のマンションは会社から近かったんですよね。どうして引っ越したんですか。もしかして転職？	여 예전 아파트는 회사에서 가까웠지요? 왜 이사했어요? 혹시 이직?
男 いいえ、繁華街から離れて、憧れの田舎暮らしを始めようと思ったからです。	남 아니요, 번화가에서 떨어져서 동경하던 시골 생활을 시작하려고요.

Q 男の人の引っ越し理由はどれですか。	Q 남성이 이사한 이유는 어느 것입니까?
(A) 転勤になったから	(A) 전근을 가게 되었기 때문에
(B) 会社から遠かったから	(B) 회사에서 멀었기 때문에
(C) 騒音トラブルがあったから	(C) 소음 문제가 있었기 때문에
(D) 田舎で暮らしたかったから	(D) 시골에서 살고 싶었기 때문에

단어 片付け 정리　転職 이직　繁華街 번화가　離れる 떨어지다, 거리가 멀어지다　憧れ 동경　騒音 소음

55

男 あ～あ、こんなに散らかして…。	남 아아, 이렇게 어질러 놓고….
女 海外旅行に行きたくてパンフレットを取り寄せたの。	여 해외여행을 가고 싶어서 팸플릿을 가져 왔어.
男 パッケージツアー、買い物ツアー、世界遺産、テーマパークか…。どこに行きたい？	남 패키지 투어, 쇼핑 투어, 세계 유산에 놀이동산인가…. 어디로 가고 싶어?
女 文化財を見てその国の歴史を感じたい。世界遺産めぐりはどう？	여 문화재를 보고 그 나라의 역사를 느끼고 싶어. 세계 유산 순례는 어때?

Q 女の人の海外旅行の目的はどれですか。	Q 여성의 해외여행 목적은 어느 것입니까?
(A) グルメめぐり　　(B) 買い物めぐり	(A) 맛집 순례　　(B) 쇼핑 순례
(C) 文化遺産めぐり　(D) テーマパークめぐり	(C) 문화 유산 순례　(D) 놀이동산 순례

단어 散らかす 어지르다　取り寄せる 가까이 끌어당기다, 가져오게 하다　世界遺産 세계 유산　文化財 문화재

56

男 明日のミュージカルで使う衣装(いしょう)がロビーに届きました。

女 分かりました。では、みなさんに渡してきます。

男 紛失(ふんしつ)のおそれがあるから、誰がどれを持って行ったかリストを作っておいてください。

女 はい、本番(ほんばん)が終わったら責任(せきにん)を持って回収(かいしゅう)します。

Q 女の人はこれから何をしますか。
(A) 紛失物(ふんしつぶつ)を探(さが)す。
(B) 衣装(いしょう)を分類(ぶんるい)する。
(C) リストを作成(さくせい)する。
(D) 荷物をロビーまで運ぶ。

남 내일 뮤지컬에서 사용할 의상이 로비에 도착했습니다.

여 알겠습니다. 그럼, 모두에게 건네주고 오겠습니다.

남 분실 우려가 있으니까, 누가 어느 것을 가져갔는지 리스트를 만들어 두세요.

여 예, 본방이 끝나면 책임 지고 회수하겠습니다.

Q 여성은 지금부터 무엇을 합니까?
(A) 분실물을 찾는다.
(B) 의상을 분류한다.
(C) 리스트를 작성한다.
(D) 짐을 로비까지 옮긴다.

단어 ミュージカル 뮤지컬　衣装(いしょう) 의상　紛失(ふんしつ) 분실　おそれ 염려, 우려　責任(せきにん) 책임　回収(かいしゅう)する 회수하다

57

男 来週は弁当は要らないよ。

女 どうして？来週は外回(そとまわ)りなの？それとも出張(しゅっちょう)？

男 仕事が一区切(ひとくぎ)りついたから、一週間有休(ゆうきゅう)を取ったんだ。

女 じゃ、休暇中(きゅうかちゅう)、実家(じっか)に帰って畑仕事(はたけしごと)を手伝ったらどう？

Q なぜ有休を取りましたか。
(A) 実家(じっか)の農業(のうぎょう)を継(つ)ぐため
(B) 外回(そとまわ)りが多かったから
(C) 仕事が一段落(いちだんらく)ついたから
(D) 海外出張が延期(えんき)されたから

남 다음 주는 도시락은 필요 없어.

여 왜? 다음주는 외근인거야? 아니면 출장?

남 일이 일단락되어서, 1주일 유급 휴가를 얻었어.

여 그럼, 휴가 중에 본가에 가서 밭일을 도와주는 건 어때?

Q 왜 유급 휴가를 얻었습니까?
(A) 본가의 농업을 잇기 위해
(B) 외근이 많았기 때문에
(C) 일이 일단락 되었기 때문에
(D) 해외 출장이 연기되었기 때문에

단어 外回(そとまわ)り 외근　一区切(ひとくぎ)りつく 일단락 지어지다　有休(ゆうきゅう) 유급 휴가　畑仕事(はたけしごと) 밭일　農業(のうぎょう) 농업　継(つ)ぐ 잇다　一段落(いちだんらく)つく 일단락되다　延期(えんき)する 연기하다

58

男 先生、これはどうしたらいいんでしょうか。

女 それは芽(め)を取(と)り除(のぞ)いてそれぞれ薄切(うすぎ)りにしてください。

男 分かりました。ウィンナーはどうしますか。

女 斜(なな)め半分にカットしてください。

남 선생님, 이것은 어떻게 하면 좋을까요?

여 그건 싹을 없애고 각각 얇게 잘라 주세요.

남 알겠습니다. 비엔나 소시지는 어떻게 합니까?

여 비스듬히 반으로 잘라 주세요.

Q **男の人はこれから何をしますか。**	Q 남성은 지금부터 무엇을 합니까?
(A) 水切りをする。	(A) 물기를 뺀다.
(B) 材料を切る。	(B) 재료를 자른다.
(C) ハムを炒める。	(C) 햄을 볶는다.
(D) 野菜を茹でる。	(D) 야채를 데친다.

단어 芽 싹 取り除く 없애다, 제거하다 薄切り 얇게 썲, 얇게 썬 것 斜め 비스듬함 水切り 물기를 뺌 炒める 기름에 볶다, 지지다 茹でる 데치다, 삶다

59

女 眠そうだね。昨日夜更かしして、アニメでも見ていたんでしょう？	여 졸려보여. 어제 밤새서 애니메이션이나 보고 있었지?
男 実はさっき、授業でつまらない映画を2時間も見させられてさ…。	남 실은 아까, 수업 시간에 지루한 영화를 2시간이나 보게 되어서….
女 そうなんだ。どんな映画だったの？	여 그렇구나. 어떤 영화였어?
男 世界的に高い評価を受けたドキュメンタリー映画らしいんだけど、後半はずっとあくびしていたよ。	남 세계적으로 높은 평가를 받은 다큐멘터리 영화라는데, 후반부는 계속 하품 했어.

Q **男の人が見た映画はどんな映画でしたか。**	Q 남성이 본 영화는 어떤 영화였습니까?
(A) 未来社会を描いたSF映画	(A) 미래 사회를 그린 SF 영화
(B) ノンフィクションの映像作品	(B) 논픽션 영상 작품
(C) 実話をもとにしたアニメ作品	(C) 실화를 바탕으로 한 애니메이션 작품
(D) 世界中の若者に人気の映画	(D) 전세계의 젊은 사람에게 인기 있는 영화

단어 夜更かし 밤늦게까지 자지 않음 ドキュメンタリー映画 다큐멘터리 영화 もとにする 기초로 하다, 바탕으로 하다

60

男 くしゃみも出るし鼻水も出るし、どうも風邪のようだな。	남 재채기도 나오고 콧물도 나오고, 아무래도 감기인 것 같아.
女 昨日、暴雨に降られたのにびしょ濡れのままでいたからだよ。	여 어제 비를 많이 맞고 젖은 채로 있었기 때문이야.
男 いや、昨日、布団を蹴っ飛ばして寝ていたようで、朝から寒気がするんだよ。	남 아냐, 어제 이불을 차버리고 잤는지 아침부터 한기가 들었어.
女 私は熱帯夜でも布団はちゃんとかけるけどね。	여 나는 열대야라도 이불을 꼭 덮는데 말이야.

Q 男の人はなぜ風邪を引いたと思っていますか。

(A) 雨に降られたから

(B) びしょ濡れになったから

(C) 布団をかけずに寝たから

(D) 熱帯夜で眠れなかったから

Q 남성은 왜 감기에 걸렸다고 생각하고 있습니까?

(A) 비를 맞았기 때문에

(B) 푹 젖었기 때문에

(C) 이불을 덮지 않고 잤기 때문에

(D) 열대야로 잠을 잘 수 없었기 때문에

단어 くしゃみ 재채기　鼻水 콧물　暴雨 폭우, 소나기　びしょ濡れ 흠뻑 젖음　蹴っ飛ばす 힘껏 차다, 차버리다　熱帯夜 열대야

61

女　さとみさんの披露宴の時の祝辞をお願いできるかな。

男　スピーチは苦手なんだけど、歌ならいいよ。

女　歌はもうサユリさんに頼んだんだ。じゃあ、マリさんに頼んでみようかな。

男　きっとやってくれるはずだよ。さとみさんのためにお祝いの言葉を贈りたいって言ってたから。

여　사토미 씨의 피로연 때 축사를 부탁할 수 있을까?

남　스피치는 잘 못하는데, 노래라면 좋아.

여　노래는 이미 사유리 씨에게 부탁했어. 그럼, 마리 씨에게 부탁해볼까?

남　분명 해 줄거야. 사토미 씨를 위해서 축하의 말을 보내고 싶다고 말했었으니까.

Q 女の人が歌を頼んだのは誰ですか。

(A) 男の人　　　　(B) マリさん

(C) さとみさん　　(D) サユリさん

Q 여자가 노래를 부탁한 사람은 누구입니까?

(A) 남성　　　　(B) 마리 씨

(C) 사토미 씨　　(D) 사유리 씨

단어 披露宴 피로연　祝辞 축사

62

男　来月から支店に転勤することになったんだって？

女　はい、今までお世話になりました。

男　こちらこそ。じゃあ、送別会をしないとね。今日、伊藤さんと食事に行くんだけど、一緒にどう？

女　それが…セミナーで使うプレゼンの資料の下書きを今日中に完成させなくてはいけないんです。

남　다음달부터 지점으로 전근하게 되었다고?

여　예, 지금까지 신세졌습니다.

남　나야 말로. 그럼, 송별회를 해야겠네. 오늘 이토씨와 식사하러 갈 건데, 함께 어때?

여　그게… 세미나에서 쓸 프레젠테이션 자료의 초안을 오늘 중으로 완성시켜야 합니다.

Q 女の人はこれから何をしますか。

(A) 食事会に行く。

(B) セミナーをキャンセルする。

(C) 伊藤さんに連絡する。

(D) プレゼンの準備をする。

Q 여성은 지금부터 무엇을 합니까?

(A) 식사하러 간다.

(B) 세미나를 취소한다.

(C) 이토 씨에게 연락한다.

(D) 프레젠테이션 준비를 한다.

단어 転勤する 전근하다　下書き 초고, 초안

63

男　明日の午前中、ちょっと伺ってもよろしいでしょうか。

女　明日は水曜日ですよね。10時から11時30分まで会議があるので、9時ならいいですよ。

男　9時はちょっと…。では、あさっての11時はいかがですか。

女　いいですよ。

Q　二人はいつ会いますか。

(A) 水曜日の9時　　(B) 水曜日の11時

(C) 木曜日の9時　　(D) 木曜日の11時

남　내일 오전 중, 잠깐 찾아 뵈어도 괜찮을까요?

여　내일은 수요일이죠. 10시부터 11시 30분까지 회의가 있으니까, 9시라면 괜찮아요.

남　9시는 좀…. 그럼 모레 11시는 어떻습니까?

여　좋아요.

Q　두 사람은 언제 만납니까?

(A) 수요일 9시　　(B) 수요일 11시

(C) 목요일 9시　　(D) 목요일 11시

단어 伺う 찾다, 방문하다의 겸양어　会議 회의

64

女　田中さんの具合について何か聞きましたか。

男　おとといお見舞いに行ってきました。だいぶ良くなったそうですが、今日のセミナーには来られないそうです。

女　あ、そうですか。じゃあ、悪いけど代わりにこの資料を10人分コピーして配ってもらえませんか。

男　はい、分かりました。

Q　男の人はこれから何をしますか。

(A) コピーをする。
(B) お見舞いに行く。
(C) セミナーの発表をする。
(D) 田中さんに資料を渡す。

여　다나카 씨의 상태에 관해 뭔가 들었습니까?

남　그저께 병문안을 다녀왔습니다. 꽤 좋아졌다고 하는데, 오늘 세미나에는 올 수 없다고 합니다.

여　아, 그렇습니까. 그럼, 미안하지만 대신에 이 자료를 10명분 복사해서 나눠주지 않겠습니까?

남　예, 알겠습니다.

Q　남성은 지금부터 무엇을 합니까?

(A) 복사를 한다.
(B) 병문안을 간다.
(C) 세미나 발표를 한다.
(D) 다나카 씨에게 자료를 건넨다.

단어 お見舞いに行く 병문안을 가다　代わりに 그 대신(에)　発表する 발표하다

65

女　あ、牛乳切らしてる。お願いしてもいい?

男　じゃあ、ついでにビールも買ってくるよ。他に何かある?

女　あ、コーヒー豆と歯磨き粉も切らしてた。

男　分かった。大荷物になりそうだから、車で行ってくるよ。

여　아, 우유 다 떨어졌네. 부탁해도 될까?

남　그럼, 가는 김에 맥주도 사올게. 그거말고 또 있어?

여　아, 커피 원두랑 치약도 다 떨어졌어.

남　알겠어. 짐이 많을 것 같으니까 차로 다녀올게.

Q	女の人が男の人に頼んでいないのはどれですか。	Q	여성이 남성에게 부탁하지 않은 것은 어느 것입니까?

<table>
<tr><td>(A) ビール</td><td>(B) 牛乳</td></tr>
<tr><td>(C) 歯磨き粉</td><td>(D) コーヒー豆</td></tr>
</table>

<table>
<tr><td>(A) 맥주</td><td>(B) 우유</td></tr>
<tr><td>(C) 치약</td><td>(D) 커피 원두</td></tr>
</table>

단어 切らす 끊어진 상태로 두다, 다 쓰다 ついでに ~하는 김에 歯磨き粉 치약

66

女 私のパソコン、見てくれない？パソコンの起動が遅くて…。

男 ドライブの空き容量がたりないんじゃない？ローカルディスクをクリックして確認してみて。

女 私、機械音痴だから、どこで確認すればいいのか分からないの。

男 どれどれ、空き容量だけじゃなくメモリも不足してるね。要らない常駐ソフトが多すぎる！

여 내 컴퓨터, 봐주지 않을래? 컴퓨터가 느려서….

남 드라이브 용량이 부족한 것 아냐? 로컬 디스크 클릭해서 확인해봐.

여 나, 기계치라서 어디서 확인하면 좋을지 모르겠어.

남 어디 보자, 용량뿐만 아니라 메모리도 부족하네. 필요 없는 상주 소프트웨어가 너무 많아!

Q パソコンの異常の原因はどれですか。

(A) 常駐ソフトのエラー
(B) メモリ容量の不足
(C) 複数のウィルス感染
(D) ローカルディスクの故障

Q 컴퓨터 이상의 원인은 어느 것입니까?

(A) 상주 소프트웨어의 오류
(B) 메모리 용량의 부족
(C) 여러 바이러스 감염
(D) 로컬 디스크의 고장

단어 起動 기동, 시동 容量 용량 クリックする 클릭하다 確認する 확인하다 機械音痴 기계치 常駐 상주 感染 감염

67

女 就活はどう？

男 なんかどうでもよくなってしまったよ。自己分析ももううんざり。

女 でも、もうすぐ面接でしょう？高橋くんならきっとできるよ。気持ちを引き締めて頑張ってね。

여 취업 준비는 어때?

남 왠지 조금도 중요하지 않게 되어 버렸어. 자기 분석도 이젠 지겨워.

여 하지만 이제 곧 면접을 보잖아? 다카하시라면 분명 할 수 있어. 마음을 다잡고 힘내.

Q 女の人が男の人に言いたいのはどれですか。

(A) 負けるが勝ち
(B) 笑いは人の薬
(C) 兜の緒を締める
(D) 渡る世間に鬼はなし

Q 여성이 남성에게 말하고 싶은 것은 어느 것입니까?

(A) 지는 것이 이기는 것
(B) 웃음이 보약
(C) 긴장의 고삐를 죄다
(D) 어디 가나 인정은 있다

단어 就活 구직 활동, 취업 준비 分析 분석 うんざり 진절머리가 남, 지긋지긋함 面接 면접 引き締める 다잡다

68

男 あのう、急で申し訳ないんだけど、今夜のシフトを代わってもらえないかな。

女 今夜？代わりたい気持ちは山々なんだけど、どうしても外せない定期の打ち合わせがあって…。

男 分かった。じゃあ、他の人に当たってみるよ。

女 ごめんね。

남 저, 갑자기 미안하지만, 오늘 밤 교대를 바꿔 줄 수 없을까?

여 오늘 밤? 바꿔 주고 싶은 기분은 간절하지만, 도무지 빠질 수 없는 정기 모임이 있어서….

남 알겠어. 그럼, 다른 사람을 알아 봐야지.

여 미안해.

Q 女の人はどうして勤務の交代ができないのですか。

(A) 山に登る約束があるから
(B) 定期ミーティングがあるから
(C) 宝くじで100円当たったから
(D) 急に打ち上げの約束が入ったから

Q 여성은 왜 근무 교대를 할 수 없는 것입니까?

(A) 산에 올라갈 약속이 있어서
(B) 정기 미팅이 있어서
(C) 복권으로 100엔이 당첨되어서
(D) 갑작스럽게 뒷풀이 약속이 생겨서

단어 シフト 시프트, 교대 근무제, 교대 근무 시간　～たい気持ちは山々だ ～하고 싶은 마음은 굴뚝 같다　外す 떼다, 빼다, (자리를) 뜨다

69

女 最近、多いよね。なんでも写真を撮る人…。

男 あ～、インスタ映えを狙っている人だね。

女 そうそう。田中さんもスイーツとか観光地とかの写真をSNSにアップするの？

男 うーん、僕も写真は撮るには撮るけど、それ以上は何もしないな。

여 최근에 많네. 무엇이든지 사진 찍는 사람….

남 아～, 인스타그램용 사진을 찍는 사람이네.

여 맞아 맞아. 다나카 씨도 디저트라든가 관광지 사진을 SNS에 올려?

남 음, 나도 사진은 찍기는 찍지만, 그 이상은 아무것도 안해.

Q 内容に合っているのはどれですか。

(A) 女の人はスイーツを食べている。
(B) 男の人はインスタ映えを気にしている。
(C) 女の人は写真を撮っている人を見ている。
(D) 男の人は写真をダウンロードしたことがある。

Q 내용에 맞는 것은 어느 것입니까?

(A) 여성은 디저트를 먹고 있다.
(B) 남성을 인스타그램 사진을 마음에 두고 있다.
(C) 여성은 사진을 찍고 있는 사람을 보고 있다.
(D) 남성은 사진을 다운로드한 적이 있다.

단어 インスタ映え 인스타그램 사진발, (인스타용) 멋지게 보이는 사진 효과　狙う 노리다　観光地 관광지

70

女　去年はうっかりしてタイミングを逃したけど、今年はちゃんとお中元を贈ろうと思うの。

男　それなら、明日ユカリさんとデパートに行く約束をしたんだけど、一緒に行く？

女　え、いいの？　一応、ユカリさんに電話して聞いた方がいいんじゃない？

男　それはそうだね。じゃあ、ちょっと待ってて。

Q　**女の人はこれからどうしますか。**

(A) タイミングを合わす。

(B) ユカリさんからの返事を待つ。

(C) ユカリさんとの約束を変更する。

(D) 男の人と待ち合わせ時間を決める。

여　작년에는 깜빡해서 타이밍을 놓쳤지만, 올해는 제대로 백중 선물을 보내려고 해.

남　그러면, 내일 유카리 씨와 백화점에 가기로 약속을 했는데, 함께 갈래?

여　어, 괜찮아? 일단, 유카리 씨에게 전화해 보는 편이 좋지 않아?

남　그건 그래. 그럼, 잠깐 기다려 봐.

Q　여성은 지금부터 어떻게 합니까?

(A) 타이밍을 맞춘다.

(B) 유카리 씨의 대답을 기다린다.

(C) 유카리 씨와의 약속을 변경한다.

(D) 남성과 약속 시간을 정한다.

단어　うっかりする 깜빡하다　逃す 놓치다　一応 우선, 일단　待ち合わせ (때와 장소를 미리 정하고) 약속하여 만나기로 함

71

男　窓から見える景色が素晴らしくて気持ちいいですね。

女　それはよかったです。では、お夕食は6時ごろ、お部屋にお運びいたします。

男　はい、お願いします。

女　8時すぎにお布団を敷きに参ります。では、失礼いたします。

Q　**女の人はどうしますか。**

(A) 6時前に景色を見る。

(B) 8時すぎに床をのべに来る。

(C) 6時ごろ、部屋で食事を楽しむ。

(D) 8時すぎに部屋に食事を運んでくる。

남　창문에서 보이는 경치가 멋져서 기분이 좋군요.

여　그건 다행입니다. 그러면 저녁 식사는 6시경, 방으로 가져오겠습니다.

남　예, 부탁합니다.

여　8시 지나서 잠자리를 살펴 보러 오겠습니다. 그럼, 실례하겠습니다.

Q　여성은 어떻게 합니까?

(A) 6시 전에 경치를 구경한다.

(B) 8시 지나서 이부자리를 보러 온다.

(C) 6시경, 방에서 식사를 즐긴다.

(D) 8시 지나서 방으로 식사를 가져온다.

단어　景色 경치　敷く 깔다, 밑에 펴다　床をのべる 이부자리를 펴다

72

女　今日の歓迎会、行きますか。

男　悪いんだけど、妻が入院していて、娘を迎えに保育園に行かないとだめなんだ。

女　どこか悪いんですか。

男　実は昨日、息子が産まれたんだよ。

여　오늘 있는 환영식에 갑니까?

남　미안하지만, 아내가 입원해서 딸을 데리러 어린이집에 가지 않으면 안 돼.

여　어딘가 아픈 겁니까?

남　실은, 어제 아들이 태어났어.

男の人はどうして歓迎会に行かないのですか。

(A) 子どもの入園式のため

(B) 両親の入院手続きのため

(C) 子どもの面倒を見るため

(D) 息子を迎えに行くため

Q 남성은 왜 환영식에 안가는 것입니까?

(A) 아이의 입학식 때문에

(B) 부모님의 입원 수속 때문에

(C) 아이를 돌보기 때문에

(D) 아들을 마중하러 가기 때문에

단어 歓迎会 환영회　入園式 입학식　手続き 수속　面倒を見る 돌보다

73

男　見たがっていた舞台のチケットが手に入ったんだけど、一緒に行かない？

女　ありがとう。行きたいんだけど、父が入院していて…。

男　公演の日まで時間があるから、行けなくなったら当日キャンセルすればいいよ。

女　でもドタキャンしたら悪いし、チケットももったいないから、今回はせっかくだけどごめん。

남　보고 싶어했던 연극 티켓을 손에 넣었는데, 함께 가지 않을래?

여　고마워. 가고 싶지만 아빠가 입원하셔서….

남　공연 날까지 시간이 있으니까 못 가게 되면 당일 취소하면 괜찮아.

여　하지만 갑작스레 약속을 취소하면 안 좋고, 티켓도 아까워지니까, 이번은 모처럼이지만 미안해.

Q 内容について正しいものはどれですか。

(A) 男の人は都合が悪い。

(B) 女の人は骨折している。

(C) 女の人は頻繁にドタキャンする。

(D) 男の人は演劇鑑賞に誘っている。

Q 내용에 관해 옳은 것은 어느 것입니까?

(A) 남성은 상황이 좋지 않다.

(B) 여성은 골절했다.

(C) 여성은 빈번하게 약속을 갑자기 취소한다.

(D) 남성은 연극 감상을 권유하고 있다.

단어 舞台 무대, 연극　公演 공연　ドタキャン 막바지에 이르러서 약속을 취소함　もったいない 아깝다　骨折する 골절하다
頻繁に 빈번하게　鑑賞 감상

74

女　京都近辺を旅行したいんですが、手ごろなプランはありますか。

男　京都近辺でしたら、和菓子作り体験プランや歴史探訪プランなどからお選びいただけます。

女　いいですね。では、メールで資料を送っていただけますか。

男　はい、かしこまりました。観光スポットのパンフレットのファイルをお送りしますので、ご確認ください。

여　교토 부근을 여행하고 싶은데, 적당한 여행 상품이 있습니까?

남　교토 부근이라면, 화과자 만들기 체험 상품이나 역사 탐방 상품 등에서 고를 수 있습니다.

여　좋네요. 그럼, 메일로 자료를 보내주시겠습니까?

남　예, 알겠습니다. 관광지 팸플릿 파일을 보내드리니, 확인 바랍니다.

Q 女の人はこれからどうしますか。	**Q** 여성은 지금부터 어떻게 합니까?
(A) 和菓子を作る。	(A) 화과자를 만든다.
(B) ファイルをチェックする。	(B) 파일을 확인한다.
(C) 京都の文化財を確認する。	(C) 교토의 문화재를 확인한다.
(D) パンフレットをアップロードする。	(D) 팸플릿을 업로드한다.

단어 近辺 부근 手ごろ 알맞음, 적당함 体験 체험 探訪 탐방 観光スポット 관광지 確認 확인

75

男 ああ、疲れた。あそこで一息つこう。	남 아, 지쳤어. 저기서 한숨 돌리자.
女 うん。いろいろな店を回ったかいがあって、いいかばんが見つかって嬉しい。	여 그래. 여러 가게를 돌아다닌 보람이 있게 좋은 가방을 발견해서 기뻐.
男 それはよかった。あ、そうだ。これ、合格のお祝い。	남 다행이다. 아, 맞다. 이거, 합격 선물.
女 わあ、ありがとう。さっそくSNSにアップして、みんなに見せなくちゃ。	여 와, 고마워. 빨리 SNS에 올려서 모두에게 보여 줘야지.

Q 女の人は合格のお祝いをどうしますか。	**Q** 여성은 합격 선물을 어떻게 합니까?
(A) かばんに付ける。	(A) 가방에 단다.
(B) 男の人にあげる。	(B) 남성에게 준다.
(C) 人々に自慢する。	(C) 사람들에게 자랑한다.
(D) ドライフラワーにする。	(D) 드라이 플라워로 한다.

단어 一息つく 한숨 돌리다 かいがある 보람이 있다 さっそく 즉시 自慢する 자랑하다

76

女 天気がはっきりしない日が続いているね。	여 날씨가 흐릿한 날이 계속되고 있네.
男 明日、晴れたら何する？	남 내일, 맑으면 뭐 할거야?
女 久しぶりに遠出をしたい気持ちもあるけど、それよりシーツを洗って、布団を干さないと。	여 오랜만에 멀리 가고 싶은 기분도 들지만, 그것보다 시트를 빨고 이불을 널지 않으면 안 돼.
男 そんなこと言わないで日帰りキャンプに行ってバーベキューしようよ。	남 그런 말 하지 말고 당일치기로 캠핑 가서 바비큐 하자.

Q 女の人は何をしようと思っていますか。	**Q** 여성은 무엇을 하려 합니까?
(A) 遠出　　　(B) 家事	(A) 멀리 외출하기　　　(B) 집안일
(C) キャンプ　　(D) バーベキュー	(C) 캠핑　　　(D) 바비큐

단어 遠出 멀리 나감 日帰り 당일치기

77

男 さっき、経理課の石田さんから電話があったよ。

女 石田さんなら、エレベーターの前で会いました。

男 福利厚生費のことで電話したみたいだったけど…。

女 はい、私が書類を一つ添付するのを忘れて連絡した
そうです。じゃあ、これを出しに経理課に行ってきま
す。

남 아까, 경리과의 이시다 씨로부터 전화가 왔어.

여 이시다 씨라면, 엘리베이터 앞에서 만났습니다.

남 복리후생비의 일로 전화한 모양이던데….

여 예, 제가 서류를 1개 첨부하는 걸 잊어서 연락했다고
합니다. 그럼, 이것을 내러 경리과에 다녀 오겠습니다.

Q 女の人はこれからどうしますか。

(A) 福利政策を確認する。

(B) 経費の種類を説明する。

(C) 経理課に書類を届ける。

(D) 書類を添付ファイルで送る。

Q 여성은 지금부터 어떻게 합니까?

(A) 복지 정책을 확인한다.

(B) 경비 종류를 설명한다.

(C) 경리과에 서류를 보낸다.

(D) 서류를 첨부 파일로 보낸다.

단어 福利厚生 복리후생　添付する 첨부하다　政策 정책　経費 경비

78

男 売れ筋の商品になるためにはデザインが決め手です。

女 私はそれより消費者のニーズの変化を反映していく
方がいいんじゃないかと思います。

男 既存顧客の維持も大切ですから、発売中の人気商品
をリニューアルした方がいいと思います。

남 잘 팔리는 상품이 되기 위해서는 디자인이 승부수입
니다.

여 저는 그것보다 소비자의 수요 변화를 반영해가는 편
이 좋지 않을까라고 생각합니다.

남 기존 고객의 유지도 중요하니 발매 중의 인기 상품을
리뉴얼 하는 쪽이 좋다고 생각합니다.

Q 女の人の考えについて正しいのはどれですか。

(A) 流行を先取りする。

(B) 市場の変化に対応する。

(C) 人気商品をリニューアルする。

(D) 消費者のためにデザインを変える。

Q 여성의 생각에 관해 옳은 것은 어느 것입니까?

(A) 유행을 선점한다.

(B) 시장의 변화에 대응한다.

(C) 인기 상품을 리뉴얼한다.

(D) 소비자를 위해서 디자인을 바꾼다.

단어 売れ筋 잘 팔리는 상품　デザイン 디자인　決め手 결정적인 방법, 승부수　消費者 소비자　ニーズ 니즈, 요구　反映する
반영하다　既存顧客 기존 고객　維持 유지　先取り 선취, 남보다 먼저 가짐

79

女　課長、コートの販売数調査の結果が出ました。

男　結果はどうだった？

女　平均温度が20度を下回るタイミングで販売数が伸びました。

男　来月からは気温が20度を下回る可能性が大きいから、サイズやカラーなどの欠品がないよう、補充してくれ。

Q　二人は何について話していますか。

(A) 気温に合わせた販売対策
(B) コートの在庫調査
(C) 在庫切れ商品の種類
(D) 販売低迷の原因把握

여　과장님, 코트 판매량 조사 결과가 나왔습니다.

남　결과는 어땠지?

여　평균 온도가 20도를 밑도는 시기에 판매량이 늘었습니다.

남　다음 달부터는 기온이 20도를 밑돌 가능성이 크니까 사이즈나 색 등 빠지는 물건이 없도록 보충해주게.

Q　두 사람은 무엇에 관해 이야기 하고 있습니까?

(A) 기온에 맞춘 판매 대책
(B) 코트 재고 조사
(C) 품절 상품의 종류
(D) 판매 저조 원인 파악

단어　調査 조사　平均温度 평균 온도　下回る 밑돌다　伸びる 증가하다　欠品 품절　補充する 보충하다　在庫 재고　在庫切れ 품절　低迷 저조, 침체　把握 파악

80

女　今日は海岸を散歩するにはぴったりだね。

男　そうだね。灯台まで足を延ばして、きれいな夕日を撮りたいんだけどいいかな。

女　もちろん。太陽が水平線に落ちていく様子を眺めるのもロマンチックだね。

男　早く行かないといい場所を取られるかもしれないから急ごう。

Q　二人はこれからどうしますか。

(A) 写真を撮る。　　(B) 灯台に行く。
(C) 釣りに行く。　　(D) 場所を取る。

여　오늘은 해안을 산책하기에 딱 알맞네.

남　그렇지. 등대까지 멀리 가서 예쁜 석양을 찍고 싶은데 괜찮으려나?

여　당연하지. 태양이 수평선에 떨어져 가는 모습을 바라보는 것도 로맨틱하지.

남　빨리 가지않으면 좋은 장소를 뺏길 수도 있으니까 서두르자.

Q　두 사람은 지금부터 어떻게 합니까?

(A) 사진을 찍는다.　　(B) 등대에 간다.
(C) 낚시하러 간다.　　(D) 자리를 잡는다.

단어　海岸 해안　ぴったり 꼭 알맞는 모양, 딱　灯台 등대　足を延ばす 더욱 멀리 가다　夕日 석양　水平線 수평선　ロマンチックだ 로맨틱하다

스크립트	해석
母は毎日家の中をこまめに掃除します。玄関は家の顔だと思って、玄関をおしゃれに飾ります。そして、床、ドア、蛇口、換気扇、洗面所などを隅から隅まで丁寧に磨き上げます。ゴミ箱は満タンになる前にゴミ袋を交換します。畳の掃除の時はほうき、掃除機、ぞうきんを準備します。ほうきでほこりを掻き出したあと、畳がいたまないように心がけて畳の目に沿って掃除機をかけ、乾いたぞうきんで拭きます。また、母は几帳面で、物の配置にもこだわりが強く、物を置くところも決まって、常に整理整頓します。	엄마는 매일 집을 부지런하게 청소합니다. 현관은 집의 얼굴이라고 생각해서 현관을 멋지게 장식합니다. 그리고 마루, 문, 수도꼭지, 환기 팬, 세면대 등을 구석구석 정성 들여 닦습니다. 쓰레기통은 가득차기 전에 쓰레기 봉투를 교체합니다. 다타미를 청소할 때는 빗자루, 청소기, 걸레를 준비합니다. 빗자루로 먼지를 긁어낸 후, 다타미가 상하지 않도록 주의를 기울이며 다타미의 짜임에 따라 청소기를 돌리고, 마른 걸레로 닦습니다. 또, 엄마는 꼼꼼하고 물건의 배치에도 고집이 강해서 물건을 놓은 곳도 정해, 늘 정리 정돈합니다.

81 母はどんな人ですか。

(A) 几帳面である。

(B) 朗らかである。

(C) おしゃれ好きである。

(D) イベント好きである。

81 엄마는 어떤 사람입니까?

(A) 꼼꼼하다.

(B) 쾌활하다.

(C) 꾸미기를 좋아한다.

(D) 이벤트를 좋아한다.

82 母はどうして玄関を飾りますか。

(A) カビを隠したいから

(B) 油汚れがあるから

(C) 心だと思っているから

(D) 家の顔だと思っているから

82 엄마는 왜 현관을 장식합니까?

(A) 곰팡이를 숨기고 싶어서

(B) 기름 때가 있어서

(C) 마음이라고 생각해서

(D) 집의 얼굴이라고 생각해서

83 母が畳を掃除する時に準備するものはどれですか。

(A) 雑巾　　(B) ブラシ

(C) ゴミ袋　　(D) 換気扇

83 엄마가 다타미를 청소할 때 준비하는 것은 어느 것입니까?

(A) 걸레　　(B) 브러시

(C) 쓰레기 봉투　　(D) 환기 팬

84 畳が傷まないように掃除する方法はどれですか。

(A) 心がけて祈ること

(B) きれいな水をかけること

(C) 畳の目に沿って掃除すること

(D) 隅々まで丁寧に磨き上げること

84 다타미가 상하지 않도록 청소하는 방법은 어느 것입니까?

(A) 주의를 기울여 기도하는 것

(B) 깨끗한 물을 뿌리는 것

(C) 다타미의 짜임새에 따라 청소하는 것

(D) 구석구석까지 정성 들여 닦는 것

단어 こまめに 성실하게　換気扇 환기팬　隅 모퉁이, 구석　磨き上げる 닦아서 마무리하다, 충분히 잘 닦다　満タン 가득 채움　ほうき 빗자루　ぞうきん 걸레　ほこりを掻き出す 먼지를 긁어내다　拭く 닦다　几帳面だ 착실하고 꼼꼼하다　整理整頓 정리 정돈　朗らか (성격이) 쾌활한 모양　カビ 곰팡이

154

스크립트	해석
家の近くにパン屋があります。白とブルーの外観(がいかん)でこぢんまりとしていますが、ペットと一緒に楽しめるテラス席もあります。週末は犬の散歩がてらに寄(よ)って、パンを食べながらゆったりと時間を過ごします。店内に入るとパンを焼(や)いている香(こう)ばしいにおいがし、ほっこりとした温かい感じがします。クロワッサン、ロールパンなどいろいろな種類のパンが所狭(ところせま)しと並んでいてどれを買おうか迷(まよ)ってしまいますが、私はバゲットを買うことが多いです。	집 근처에 빵집이 있습니다. 하얀색과 파란색 외관으로 아담하지만, 반려동물과 함께 즐길 수 있는 테라스 좌석도 있습니다. 주말은 개 산책을 가는 김에 들러 빵을 먹으면서 느긋하게 시간을 보냅니다. 가게 안에 들어가면 빵을 굽고 있는 고소한 향이 나고, 따끈따끈하고 포근한 느낌이 듭니다. 크로와상, 롤빵 등 여러 종류의 빵이 가득하게 늘어서 있어 어느 것을 살까 고민되지만, 저는 바게트빵을 사는 경우가 많습니다.

85 店について正しいのはどれですか。

(A) ペットが入れないテラス席がある。

(B) 古(ふる)びたレンガ造(づく)りの建物である。

(C) 小さいけれど落ち着いた雰囲気(ふんいき)である。

(D) 白とベージュの外壁(がいへき)の店舗(てんぽ)である。

85 가게에 대해 옳은 것은 어느 것입니까?

(A) 반려동물이 들어갈 수 없는 테라스 좌석이 있다.

(B) 오래된 벽돌 양식의 건물이다.

(C) 작지만 차분한 분위기이다.

(D) 하얀색과 베이지색 외벽을 가진 점포이다.

86 店内の雰囲気(ふんいき)はどうですか。

(A) 異国風(いこくふう)である。

(B) ぬくもりがある。

(C) レトロな雰囲気(ふんいき)である。

(D) おごそかな雰囲気(ふんいき)が漂(ただよ)っている。

86 가게 안의 분위기는 어떻습니까?

(A) 이국적이다.

(B) 온기가 있다.

(C) 레트로한 분위기다.

(D) 엄숙한 분위기가 흐르고 있다.

87 この人は主(おも)に何を買いますか。

(A) バゲット

(B) ロールパン

(C) ケーキ

(D) クロワッサン

87 이 사람은 주로 무엇을 삽니까?

(A) 바게트

(B) 롤빵

(C) 케이크

(D) 크로와상

단어 外観(がいかん) 외관   こぢんまり 조촐하고 아담한 모양   〜がてら 〜하는 김에, 〜을 겸해서   ゆったりと 마음 편히, 느긋하게
香(こう)ばしい 향기롭다, 구수하다   ほっこり 따끈따끈한 모양   所狭(ところせま)しと 빼곡히, 잔뜩   古(ふる)びる 낡다   レンガ造(づく)り 벽돌 양식
落(お)ち着(つ)く 안정되다, 차분하다   外壁(がいへき) 외벽   店舗(てんぽ) 점포   雰囲気(ふんいき) 분위기   ぬくもり 온기, 따스함   おごそか 엄숙함
漂(ただよ)う 떠돌다, 감돌다   主(おも)に 주로, 대부분

스크립트	해석
美術館「東京ギャラリー」で「着物展」が5月10日から6月15日まで開催されます。着物、帯、和装小物などの展示はもちろんのこと、落語公演、着物体験、撮影会など着物にまつわるイベントが毎日日替わりで行われます。着物展の会場への入場は入場券が必要になります。入場券は専用ウェブサイトから購入できます。お一人様、前売り200円、当日500円です。当日券は会場にて現金のみでの販売となります。チケットは4月10日から発売いたします。日程は5月10日から15日までです。	미술관 「도쿄 갤러리」에서 「기모노 전시회」이 5월 10일부터 6월 15일 까지 개최됩니다. 기모노, 허리띠, 일본 복장의 부속품 등의 전시는 물론, 만담 공연, 기모노 체험, 촬영회 등 기모노와 관련된 이벤트가 매일 날마다 새롭게 이루어지고 있습니다. 기모노 전시회 회장의 입장은 입장권이 필요합니다. 입장권은 전용 웹사이트에서 구입할 수 있습니다. 1인당 예매는 200엔, 당일 구입은 500엔입니다. 당일권은 현장에서 현금으로만 판매하고 있습니다. 티켓은 4월 10일부터 판매합니다. 일정은 5월 10일부터 15일까지입니다.

88 着物展の日程はいつですか。

(A) 4月10日から5月10日まで
(B) 4月10日から6月15日まで
(C) 5月10日まで6月10日まで
(D) 5月10日から6月15日まで

88 기모노 전시회의 일정은 언제입니까?

(A) 4월 10일부터 5월 10일까지
(B) 4월 10일부터 6월 15일까지
(C) 5월 10일부터 6월 10일까지
(D) 5월 10일부터 6월 15일까지

89 当日券について正しいのはどれですか。

(A) 現金で購入する。
(B) 一人200円である。
(C) 4月10日から発売する。
(D) 専用ウェブサイトから購入できる。

89 당일권에 관해 옳은 것은 어느 것입니까?

(A) 현금으로 구입한다.
(B) 1인 200엔이다.
(C) 4월 10일부터 발매한다.
(D) 전용 웹 사이트에서 구입할 수 있다.

90 行われるイベントはどれですか。

(A) 飲み会
(B) 着物体験
(C) 落書きアート
(D) 和装小物の寄付

90 진행되는 이벤트는 어느 것입니까?

(A) 회식
(B) 기모노 체험
(C) 낙서 아트
(D) 일본 복장의 부속품 기부

단어 開催する 개최하다　和装 일본식 복장을 함, 일본식 장정　小物 자질구레한 도구　展示 전시　落語 만담　公演 공연
まつわる 관련되다　日替わり 매일 바뀜　入場券 입장권　専用 전용　ウェブサイト 웹사이트　購入 구입
前売り 예매　にて (동작이 행해지는 때·장소·상태) ~에　のみ ~만, ~뿐　日程 일정　~について ~에 관해서
落書き 낙서　寄付 기부

스크립트	해석
台風が接近し悪天候が見込まれるので、ボート、サーフィンの試合の日程が変更されました。猛暑による選手への影響を配慮してサッカーの開始時間も変更されました。サッカーの決勝は、開始時間が午前11時から午後9時に変更されました。その影響で準決勝は午後8時から午後6時に繰り上げになりました。一方で野球、ゴルフの予選リーグの試合は予定どおり開催されることになりました。	태풍이 접근하고 악천후가 예상되므로 보트, 서핑 시합 일정이 변경되었습니다. 무더위가 선수에게 끼칠 영향을 고려해 축구 시작 시간도 변경되었습니다. 축구 결승은 시작 시간이 오전 11시에서 오후 9시로 변경되었습니다. 그 영향으로 준결승은 오후 8시에서 오후 6시로 앞당겨졌습니다. 한편, 야구, 골프 예선 리그의 시합은 예정대로 개최하기로 하였습니다.

91 サーフィンの日程が変更された理由はどれですか。

(A) 台風
(B) 猛暑
(C) 積雪
(D) 極寒

91 서핑 시합 일정이 변경된 이유는 어느 것입니까?

(A) 태풍
(B) 무더위
(C) 적설
(D) 강추위

92 サッカーの準決勝の開始時間はどうなりましたか。

(A) 予定どおりに行われる。
(B) 午後9時に変更された。
(C) 午後8時から2時間前倒しになった。
(D) 午後6時から午後8時に変更された。

92 축구 준결승의 시작 시간은 어떻게 되었습니까?

(A) 예정대로 행해진다.
(B) 오후 9시로 변경되었다.
(C) 오후 8시에서 2시간 앞당겨졌다.
(D) 오후 6시에서 8시로 변경되었다.

93 サッカーの日程が変更された理由はどれですか。

(A) 台風
(B) 猛暑
(C) 積雪
(D) 極寒

93 축구 시합 일정이 변경된 이유는 어느 것입니까?

(A) 태풍
(B) 무더위
(C) 적설
(D) 강추위

단어 接近する 접근하다　悪天候 악천후　見込む 기대하다, 예상하다　猛暑 혹서, 심한 더위　〜による 〜에 의한, 〜에 따른
影響 영향　配慮する 배려하다　開始 개시, 시작　準決勝 준결승　繰り上げ (예정보다) 앞당김　一方で 한편
予選 예선　開催する 개최하다　積雪 적설　極寒 극한, 강추위　前倒し (예정·예산 등을) 앞당겨 씀

스크립트	해석
暑い夏、寒い冬を過ごすのに欠かせないアイテムです。このプレミアムモデルのエアコンは狭いスペースにもすっきり収まります。「A.I.自動」ボタンを押すだけで、外気温の変化や体感温度などを先読みし、運転を自動でコントロールします。「エアコン内部クリーン」をセットしておくと、運転後に自動で内部を乾燥させてカビを抑制します。また、0.5度単位で温度コントロールが可能です。さらに、設定温度まで一気に暖める「ヒートブースト制御」があります。平日14時までの代金引換でのご注文は当日出荷いたします。	더운 여름, 추운 겨울을 보내는 데 빼놓을 수 없는 아이템입니다. 이 프리미엄 모델의 에어컨은 좁은 공간에도 말끔하게 수납됩니다. 「A.I.자동」 버튼을 누르는 것 만으로, 외부 온도의 변화나 체감 온도 등을 예측하여, 운전을 자동으로 조절합니다. 「에어컨 내부 청소」를 설정해 두면, 운전 후에 자동으로 내부를 건조하여 곰팡이를 억제합니다. 또 0.5도 단위로 온도 조절이 가능합니다. 게다가, 설정 온도까지 한 순간에 따뜻하게 하는 「히트 부스터 제어」가 있습니다. 평일 14시까지 대금을 지불한 주문은 당일 출고됩니다.

94 冷房・暖房の運転をひとりでにコントロールするのはどれですか。
(A) 「省エネ」ボタン
(B) 「クリーン」ボタン
(C) 「A.I.自動」ボタン
(D) 「設定温度」ボタン

94 냉방·난방 운전을 저절로 조절하는 것은 어느 것입니까?
(A) 「에너지 절약」 버튼
(B) 「클린」 버튼
(C) 「A.I.자동」 버튼
(D) 「설정 온도」 버튼

95 どのような場合に当日出荷されますか。
(A) 水曜日午後1時に代金引換で注文した場合
(B) 木曜日午後4時に代金引換で注文した場合
(C) 土曜日午後1時に代金引換で注文した場合
(D) 日曜日午後4時に代金引換で注文した場合

95 어떤 경우에 당일 출고됩니까?
(A) 수요일 오후 1시에 대금 지불한 주문
(B) 목요일 오후 4시에 대금 지불한 주문
(C) 토요일 오후 1시에 대금 지불한 주문
(D) 일요일 오후 4시에 대금 지불한 주문

96 このモデルについて正しいのはどれですか。
(A) 設置できる場所が限られている。
(B) 運転後に自動で内部を乾燥させる。
(C) 5度単位で温度コントロールが可能である。
(D) 設定温度まで徐々に暖める「ヒートブースト制御」がある。

96 이 모델에 관해 옳은 것은 어느 것입니까?
(A) 설치할 수 있는 장소가 한정되었다.
(B) 운전 후에 자동으로 내부를 건조시킨다.
(C) 5도 단위로 온도 조절이 가능하다.
(D) 설정 온도까지 서서히 따뜻하게 하는 「히트 부스터 제어」가 있다.

단어 欠かせない 빠뜨릴 수 없는, 없어서는 안 될 アイテム 아이템 プレミアム 프리미엄 すっきり 산뜻한 모양, 말끔한 모양 収まる 수습되다, 잘 들어가다 体感温度 체감 온도 先読み 예측함 乾燥する 건조하다 抑制する 억제하다 さらに 그 위에, 더욱더 設定 설정 一気に 단숨에 暖める 따뜻하게 하다 制御 제어 引換 교환, 상환 出荷 출고 冷房 냉방 暖房 난방 ひとりでに 저절로 省エネ 에너지 절약 設置 설치 限る 제한하다, 한정하다 徐々に 서서히

스크립트	해석
ゴミ出しの注意事項です。ゴミの種類によって処理方法が異なります。可燃・プラスチック類・不燃のゴミは必ず指定袋に入れて集積所に出します。決められた日の午前7時30分までに出します。資源ゴミは午前8時30分までに出します。可燃ゴミ袋やプラスチック類ゴミ袋の中の、ビンや缶が分別されずに出されたゴミは収集できません。また、使い切っていないライターなどで車両火災の事故が発生しています。ライターは必ず中身を使い切ってから、不燃ゴミ袋で出してください。なお、集積場の適正な管理のためにゴミ袋への名前の記入をお願いしています。	쓰레기 배출시 주의사항입니다. 쓰레기 종류에 따라 처리 방법이 다릅니다. 가연·플라스틱 류·불연 쓰레기는 반드시 지정 봉투에 넣어서 분리수거장에 내놓습니다. 정해진 날의 오전 7시 30분까지 내놓습니다. 재활용 쓰레기는 오전 8시 30분까지 내놓습니다. 타는 쓰레기 봉투나 플라스틱 쓰레기 봉투 안의 병이나 캔이 분류되지 않고 내놓은 쓰레기는 수거할 수 없습니다. 또, 다 사용하지 않은 라이터 등으로 인해 차량 화재의 사고가 발생하고 있습니다. 라이터는 반드시 안의 내용물을 다 사용하고 나서 타지 않는 쓰레기 봉투로 내놓아 주세요. 또, 분리수거장을 적절하게 관리하기 위해 쓰레기 봉투에 이름 기입을 부탁드리고 있습니다.

97 指定袋に入れて出すのはどれですか。

(A) 缶類　　　　　　(B) ビン類

(C) アルミニウム類　(D) プラスチック類

97 지정 봉투에 넣어서 내놓는 것은 어느 것입니까?

(A) 캔 류　　　　　(B) 병 류

(C) 알루미늄 류　　(D) 플라스틱 류

98 資源ゴミはいつまで出しますか。

(A) 午前7時30分　(B) 午後7時30分

(C) 午前8時30分　(D) 午後8時30分

98 재활용 쓰레기는 언제까지 내놓습니까?

(A) 오전 7시 30분　(B) 오후 7시 30분

(C) 오전 8시 30분　(D) 오후 8시 30분

99 ライターの処理方法はどれですか。

(A) 燃えるゴミとして出す。

(B) 燃えないゴミ袋で出す。

(C) 中身を確認して市役所に出す。

(D) 中身がある時は資源ゴミで出す。

99 라이터의 처리 방법은 어느 것입니까?

(A) 타는 쓰레기로 내놓는다.

(B) 타지 않은 쓰레기로 내놓는다.

(C) 안의 내용물을 확인해서 시청에 내놓는다.

(D) 안의 내용물이 있을 때는 재활용 쓰레기로 내놓는다.

100 ゴミの適正な管理のために住民に何を求めていますか。

(A) 住所の記入　　　(B) 姓名の記入

(C) 電話番号の記入　(D) ごみの種類の記入

100 쓰레기의 적절한 관리를 위해서 주민에게 무엇을 요구하고 있습니까?

(A) 주소 기입　　　(B) 이름 기입

(C) 전화번호 기입　(D) 쓰레기 종류 기입

단어 注意事項 주의사항　～によって ～에 따라　処理 처리　異なる 다르다　可燃 가연, 불에 탐　不燃 타지 않음　指定 지정　資源ゴミ 재활용 쓰레기　集積所 분리수거장　分別 분별, 분류　収集 수집　使い切る 다 쓰다　車両 차량　なお 더욱이, 또한　適正 적정　図る 목적하다, 노력하다　記入 기입　姓名 성명

101

해석 이 컴퓨터는 가볍고 <u>조작</u>도 간단해서 꽤 인기 있는 상품입니다.

단어 軽い 가볍다   操作 조작   簡単だ 간단하다

102

해석 일본의 회사에서는 연령이나 지위의 <u>상하</u> 관계에 신경을 써야 합니다.

단어 年齢 연령   地位 지위   上下 상하   関係 관계
気を使う 신경을 쓰다

103

해석 오늘은 몸 <u>상태</u>가 좋지 않아서 아무 데도 가고 싶지 않습니다.

단어 具合 상태   悪い 나쁘다

104

해석 아침부터 콧물이 나기도 하고 열이 있기도 했지만, 약을 먹었더니 꽤 좋아졌다.

단어 鼻水が出る 콧물이 나다   熱がある 열이 있다
大分 꽤   よくなる 좋아지다

105

해석 죄송하지만, 남편은 지금 <u>부재중</u>이니 나중에 다시 걸어 주시겠어요?

단어 主人 자기 남편   留守 부재중   後で 나중에

106

해석 가능하면 국가 간의 무역 <u>마찰</u>은 피하는 편이 좋겠지요.

단어 できれば 가능하면   国家間 국가 간   貿易 무역
摩擦 마찰   避ける 피하다

107

해석 여동생은 나에게 <u>의지</u>하려고만 해서, 아무리 사소한 고민거리라도 나에게 상담을 하러 온다.

단어 頼る 의지하다   〜きり 〜만, 〜뿐   悩み 고민
相談を持ちかける 상담을 해 오다

108

해석 당신이 잘못했으니 지금 바로 <u>사과하는</u> 것이 좋다.

단어 謝る 사과하다   誤る 실수하다, 실패하다   過つ 잘못하다, 실수하다

109

해석 편의점에 갈 거라면 맥주와 소주를 <u>3병씩</u> 사 오세요.

단어 焼酎 소주

110

해석 스무 살이 되면 술을 마실 수 있고 담배를 피울 수 있게 됩니다.

111

해석 6세 이하는 <u>무료로 버스를 탈 수 있습니다</u>.
(A) 무료로 버스를 탈 수 있습니다
(B) 무료로 버스를 타면 안 됩니다
(C) 버스를 탈 때, 돈을 지불해야 합니다
(D) 돈이 없으면 지불하지 않아도 됩니다

단어 以下 이하   無料 무료

112

해석 호텔 방은 비교적 <u>청소가 구석까지 잘 되어 있었습니다</u>.
(A) 청소를 하고 있는 중입니다
(B) 청소를 하고 있지 않은 것 같았습니다
(C) 청소는 했지만, 별로 깨끗하지 않았습니다
(D) 구석구석까지 청소되어 있었습니다

단어 比較的 비교적   行き届く (주의가) 구석구석까지 미치다
すみずみ 구석구석

113

해석 <u>어쩔 수 없는</u> 급한 볼일 때문에 유감이지만 내일 캠핑은 갈 수 없다.
(A) 어쩔 수 없다
(B) 터무니없다
(C) 한심하다
(D) 어색하다

단어 やむを得ない 어쩔 수 없다   急用 급한 볼일   残念な
がら 유감이지만   しかたない 어쩔 수 없다   とんで
もない 터무니없다   ぎこちない 어색하다

114

해석 학창 시절에 이 영화관에서 가끔 영화를 보곤 <u>했다</u>. (회상)
(A) 당신에게 준 <u>것</u>은 어디에 있습니까? (것)
(B) 어머니가 만들어 준 <u>것</u>은 뭐든지 맛있다. (것)
(C) 옛날에 이 강에서 자주 수영하곤 <u>했다</u>. (회상)
(D) 매우 편리한 세상이 <u>되었다</u>. (내용 강조)

단어 学生時代 학창 시절   世の中 세상

115

해석 오늘처럼 소나기가 내리는 날은 옛날 일이 생각<u>난다</u>. (자발)
(A) 내일은 아침 일찍부터 회의가 있는데, 일어날 수 있을지 어떨지 걱정입니다. (가능)
(B) 혼자서 시골에 살고 있는 어머니가 걱정<u>된다</u>. (자발)

(C) 부사장님은 매일 7시쯤 회사에 오십니다. (존경)

(D) 교실 청소를 하지 않아서 선생님께 야단맞았습니다.
(수동)

단어 〜かどうか 〜인지 어떤지　案_{あん}じられる 걱정되다
副社長_{ふくしゃちょう} 부사장(님)　来_こられる 오시다(존경어)
叱_{しか}られる 야단맞다

116

해석 휴일에는 일본인 친구와 자주 노래방에 갑니다. (〜와, 공동 작용)

(A) 지금 시기라면 꽃구경이 한창이겠지요?

(B) 고기는 숯불로 구우면 더욱 맛있어집니다.

(C) 저는 주위가 시끄러우면 집중할 수 없습니다.

(D) 지하철에서 그녀와 우연히 만나 깜짝 놀랐다.

단어 休日_{きゅうじつ} 휴일　時期_{じき} 시기　盛_{さか}んだ 한창이다　炭火_{すみび} 숯불
焼_やく 굽다　もっと 더욱　周_{まわ}り 주위　集中_{しゅうちゅう} 집중
出会_{であ}う 우연히 만나다　びっくりする 깜짝 놀라다

117

해석 그녀는 울면서 소리치고 있었다. (그 상태 그대로)

(A) 주의했는데도 또 틀렸다. (〜데도, 지만 : 대립)

(B) 이것은 타고난 습관입니다. (그 상태 그대로)

(C) 음악을 들으면서 공부해도 됩니까? (동시 동작)

(D) 차를 마시면서 천천히 이야기합시다. (〜하면서)

단어 叫_{さけ}ぶ 소리치다　間違_{まちが}える 틀리다, 잘못하다
生_うまれながら 타고난　習慣_{しゅうかん} 습관

118

해석 개를 좋아하는 사람도 있거니와 싫어하는 사람도 있다.

(A) 이 식당은 가격도 비싸거니와 서비스도 나쁘다.

(B) 다이아몬드는 크면 클수록 비싸다.

(C) 아버지가 엄하셔서 9시까지 집에 들어가지 않으면 안됩니다.

(D) 들으면 분명히 알 수 있을 겁니다.

단어 ダイヤモンド 다이아몬드　〜ば〜ほど 〜하면 〜할수록　厳_{きび}しい 엄하다

119

해석 택시 승강장까지 가는 데(에) 어느 정도 걸립니까?

(A) 저 사람은 돈도 없는데 사치스러운 생활을 하고 있다.

(B) 정답을 알고 있는데 모른 체한다.

(C) 새 컴퓨터를 사는 데(에) 돈이 많이 들었습니다.

(D) 열이 있는데 외출했다가 엄마한테 혼났다.

단어 タクシー乗_のり場_ば 택시 승강장　ぜいたくだ 사치스럽다
生活_{せいかつ} 생활　正解_{せいかい} 정답　〜ふりをする 〜인 체하다

外出_{がいしゅつ} 외출

120

해석 이제 더 이상 잠자코 있을 수 없다.

(A) 앞으로도 지금까지대로 의견을 말할 생각이다

(B) 앞으로도 지금까지대로 잠자코 있을 생각이다

(C) 지금까지는 의견을 말했지만, 다음부터는 말하지 않을 생각이다

(D) 지금까지는 잠자코 있었지만, 이번에는 확실히 말할 생각이다

단어 これ以上_{いじょう} 이 이상, 더 이상　黙_{だま}る 침묵하다　〜わけにはいかない 〜할 수 없다　はっきり 분명히

121

해석 어제의 결승전은 응원도 좋았지만, 한국 선수의 힘도 대단했습니다.

단어 決勝戦_{けっしょうせん} 결승전　応援_{おうえん} 응원　選手_{せんしゅ} 선수

체크 すごいでした → すごかったです 대단했습니다(い형용사의 과거형)

122

해석 야마다 씨가 입원한 것은 병 때문이 아니라 산에서 부상을 당한 것 때문이라고 한다.

단어 〜で(は)なく 〜이/가 아니라　けがをする 부상을 입다

체크 もの → の 〜것

123

해석 운전을 할 거라면, 반드시 자동차 보험에 가입해야 합니다.

단어 保険_{ほけん}に入_{はい}る 보험에 가입하다

체크 したら → するなら 〜할 거라면(조건)
조언이나 충고를 할 때에는 조건 표현 なら를 쓴다.

124

해석 요즈음 무더운 날씨가 계속되고 있어서 냉방병이 유행하고 있다.

단어 むしあつい 무덥다　冷房病_{れいぼうびょう} 냉방병　流行_{はや}る 유행하다

체크 続いてある → 続いている 계속되고 있다(자동사 + ている : 상태)

125

해석 지금까지 많은 기계가 필요했지만, 그것이 1대로 해결되게 되었습니다.

단어 機械_{きかい} 기계　済_すむ 끝나다, 해결되다

체크 1冊 1권 → 1台 1대

126

해석 가장 가까운 역까지 가려면 여기를 곧장 가서 왼쪽으로 도

는 편이 가까워.

단어 最寄り駅 가장 가까운 역　まっすぐ 곧장, 똑바로

체크 を → に (〜に曲がる 〜로 돌다)

127

해석 문이 열리자, 키가 큰 여자가 하품을 하면서 나왔다.

단어 開ける 열다　開く 열리다　あくびをする 하품을 하다

체크 開けると → 開くと 열리자(자·타동사를 구별하여 사용하기)

128

해석 내기에 이겨서, 나는 요시다 씨에게 점심밥을 대접받았습니다. (→ 요시다 씨가 나에게 점심을 대접했습니다.)

단어 かけに勝つ 내기에 이기다　おごる 대접하다, 한턱내다

체크 おごれました → おごってもらいました

129

해석 내 친구가 공동 주택에 세들고 싶다고 해서, 함께 부동산에 갔습니다.

단어 不動産屋 부동산

체크 貸したい → 借りたい 빌리고 싶다

130

해석 다음 달 하순에 거래처에서 손님이 올 예정입니다.

단어 下旬 하순　取引先 거래처

체크 つもり → 予定 예정(つもり는 주로 주관적인 예정일 때 씀)

131

해석 일본인은 모두 낫토를 좋아한다고 생각하기 쉽지만, 실제로 어떨까요.

단어 納豆 낫토　好む 좋아하다　思いがち 생각하기 쉬움　実際 실제

체크 が → を (〜を好む 〜을/를 좋아하다)

132

해석 부실 공사를 한 부분이 폭우로 인해 지반이 약해져서 대형 참사를 일으키는 사례는 드물지 않다.

단어 不実 사실이 아님　部分 부분　豪雨 폭우　地盤 지반　ゆるみ 느슨해짐　大惨事 대참사　引き起す 일으키다　まれだ 드물다　手抜き工事 부실 공사

체크 不実工事 → 手抜き工事 부실 공사

133

해석 스즈키 씨는 건강을 위해 매일 아침 혼자 등산을 하고 있습니다.

단어 登山 등산

체크 毎朝に → 毎朝 매일(조사 に는 필요 없다)

134

해석 모두가 하고 싶어 하지 않는다고 해서, 김 씨에게만 이 일을 계속 시킬 수는 없습니다.

단어 〜といって 〜라고 해서　〜にだけ 〜에게만　続ける 계속하다

체크 続かせる → 続けさせる 계속 시키다(타동사 + 사역형)

135

해석 이 세상에는 부자도 있거니와 가난한 사람도 있다.

단어 世の中 세상　お金持ち 부자　貧乏だ 가난하다　〜も〜ば、〜も 〜도 〜하거니와 〜도

체크 いるなら → いれば

136

해석 이 주택은 햇빛이 방 안쪽까지 들어오도록 만들어졌다.

단어 住宅 주택　日光 일광, 햇볕　奥 안쪽　届く 미치다

체크 作られてある → 作られている 만들어졌다〈자동사 + ている : 상태〉

137

해석 절대로 있을 수 없다고 생각했던 일이 현실이 되어 버렸다.

단어 絶対に 절대로　現実 현실

체크 ある得ない → あり得ない 있을 수 없다

138

해석 그는 의사로부터 경고를 받았음에도 불구하고 음주 습관을 고치려 하지 않는다.

단어 医師 의사　警告 경고　飲酒 음주　習慣 습관

체크 もらって → 受けて〈대상물이 물리적인 것이 아닐 때는 '받다'의 의미를 나타낼 때 동사 受ける를 사용한다〉

139

해석 손님과의 약속이니까 3시까지 샘플을 가져가야 해요.

단어 お客さん 손님　約束 약속　サンプル 샘플

체크 から → だから

140

해석 동창회 간사를 부탁 받았는데, 마음이 내키지 않는다.

단어 同窓会 동창회　幹事 간사　頼まれる 부탁 받다(頼む의 수동형)　気が進まない 마음이 내키지 않다

체크 を → が

141
해석 신주쿠역은 복잡하기 때문에 일본인도 길을 헤매는 경우가 있다.
단어 新宿駅 신주쿠역〈일본의 전철역〉　複雑だ 복잡하다
체크 道に迷う 길을 헤매다

142
해석 신문의 역할은 사실을 전달하는 것입니다.
단어 役目 역할　事実 사실
체크 こと 일, 것

143
해석 택시는 앞을 천천히 달리는 버스를 추월했다.
단어 ゆっくり 천천히　通過 통과　通行 통행　追い越す 추월하다　乗り越す 목적지를 지나치다

144
해석 기대했던 콘서트가 취소되어 실망했다.
단어 楽しみにする 기대하다　中止 중지　うっかり 무심코, 깜박　はっきり 똑똑히, 확실히　どっきり 덜컥　がっかり 실망한 모양

145
해석 가와무라 씨는 어학적 재능을 타고났다고 모두들 말합니다.
단어 語学 어학　才能 재능　めぐまれる 혜택 받다　うまれる 태어나다　いきる 살다　そだつ 자라다

146
해석 신주쿠역에서 전철에서 내려 3번 출구를 이용하세요.
단어 電車を降りる 전철에서 내리다
체크 ご + 한자어 + ください : 존경 표현

147
해석 시험 중에 깜빡 졸아서 선생님이 깨웠다.
단어 試験 시험　うっかり 깜빡　居眠りをする 졸다　あっさり 산뜻하게　てっきり 틀림없이　たっぷり 듬뿍

148
해석 구조에 나선 현지 경찰에 따르면, 사고의 원인은 버스의 브레이크 고장이라고 한다.
단어 救助 구조　～にむかった ～에 나선(향한)　地元 현지　警察 경찰　～によると ～에 따르면, ～에 의하면　ブレーキ 브레이크　故障 고장　～によって ～에 의해

～にかわった ～로 바뀐　～にしたがって ～에 따라

149
해석 그녀는 꽤나 지친 듯 죽은 듯이 잠들어 있다.
단어 よほど 어지간히, 꽤, 상당히

150
해석 중요하게 생각하지 않는 것도 아닌데도 남자 친구에게 보내는 메시지의 답장은 뒷전으로 밀리기 쉽다.
단어 ～ないわけではない ～지 않는 것은 아니다　後回し 뒷전
체크 동사의 ます형 + がちだ ～하기 쉽다

151
해석 손님, 화장실은 이곳에서 곧장 가서 에스컬레이터 왼쪽에 있습니다.
단어 まっすぐ 곧장
체크 ございます 있습니다(あります의 공손한 표현)

152
해석 음식 구매는 현금 또는 전자 결제로 가능합니다.
단어 飲食 음식　購入 구입　または 또는　電子決済 전자 결제　それでは 그럼　いわゆる 이른바　それに 게다가

153
해석 공항까지 일부러 마중 나갔는데 그들은 오지 않았다.
단어 空港 공항　迎えに行く 마중 나가다　さすがに 과연　しきりに 자꾸　あいにく 공교롭게도
체크 わざわざ 일부러(긍정적 의미 → 부정적 의미로는 わざと를 씀)

154
해석 야키소바에는 마요네즈를 듬뿍 뿌리는 편이 맛있다.
단어 マヨネーズ 마요네즈　たっぷり 듬뿍　かける 곁들이다, 뿌리다　たちまち 금세　ますます 더욱 더　もっぱら 오로지

155
해석 장사에 있어 가장 중요한 것은 인간관계라고 생각합니다.
단어 商売 장사　～において ～에 있어서　一番 가장　重要だ 중요하다　人間関係 인간관계

156
해석 뭐니 뭐니 해도 월급이 좋은 것보다 나은 것은 없다.

단어 何と言っても 뭐니뭐니 해도　給料 월급

체크 ～に越したことはない ～더 나은 것은 없다

157

해석 나쁜 일인줄 알면서 인터넷에서 찾은 문장을 복사해서 리포트를 제출해 버렸다.

단어 ～つつ ～면서　文章 문장　提出 제출

158

해석 다음 주에 문화제가 있어서 문화원에 자료를 조사하러 갈 생각입니다.

단어 文化祭 문화제　文化院 문화원　資料 자료　調べる 조사하다　～に行く ～하러 가다(목적)

체크 見る는 시각적으로 '보다'라는 뜻이므로 맞지 않다.

159

해석 곤란한 점이 있으시다면, 언제든 말씀해 주세요.

단어 伺う 여쭙다(겸양어)　おっしゃる 말씀하시다(존경어)　申し上げる 말씀 드리다(겸양어)

160

해석 집 근처에 슈퍼가 생겼다고 해도 일본인은 채소는 꼭 단골 채소 가게에서 산다고 한다.

단어 としても 라고 해도　必ず 반드시　行きつけ 단골　八百屋 야채가게　～にしたがって ～에 따라서　～だけあって ～만큼　～における ～에 있어서

161

해석 경찰서 게시판에 교통 안전을 호소하는 포스터가 붙어 있습니다.

단어 警察署 경찰서　掲示板 게시판　交通安全 교통 안전　呼びかける 호소하다　ポスター 포스터　貼る 붙이다

체크 ～が + 타동사 + てある ～가 ～하여져 있다(상태)

162

해석 매년 8월 오봉(추석) 연휴가 되면 지방으로 향하는 고속도로는 매우 붐비고 느릿느릿 운전(거북이 운전)이 된다.

단어 盆休み 추석 연휴　地方 지방　のろのろ 느릿느릿　おずおず 쭈뼛쭈뼛　たらたら 주르르　ねばねば 끈적끈적한 모양

163

해석 이런 멋진 아파트로 이사했다니, 겨우 꿈이 이루어졌군요.

단어 ～なんて ～하다니　夢がかなう 꿈이 이루어지다

164

해석 일본인은 마당이 딸린 단독 주택에서 살고 싶다는 사람이 많은 듯한 기분이 듭니다.

단어 庭付き 마당이 딸림　一戸建て 단독 주택

체크 気がする 기분이 들다

165

해석 젊은이의 말은 어구를 단축한 것이 많은 것 같다.

단어 若者 젊은이　語句 어구　短縮する 단축하다

체크 多いようだ(＝多いみたいだ) 많은 것 같다

166

해석 솔직히 말해 새 정권이 시작됐을 때 많은 사람과 마찬가지로 나도 기대를 했다.

단어 政権 정권　同様に 마찬가지로　期待 기대

체크 正直に言って 솔직히 말해

167

해석 남자 친구의 행동이 수상해 떠 봤더니 바람피우는 상대가 있음을 자백했다.

단어 行動 행동　かまをかける 마음 속을 떠보다　浮気相手 바람피우는 상대　白状 자백　かけをする 내기하다　油を売る 농땡이 부리다　猫をかぶる 시침을 떼다, 내숭을 떨다

168

해석 앞으로의 경기에 영향을 줄 요인으로서 가장 많이 (예로) 들어진 것은 물가였다.

단어 景気 경기　要因 요인　挙げる (예를) 들다　物価 물가

체크 影響を与える 영향을 주다

169

해석 사고 후, 전화 회사는 응급 대책을 서두르고 있지만, 마비 상태는 계속될 전망입니다.

단어 応急 응급　対策 대책　麻痺 마비　状態 상태　見込み 전망

170

해석 엄청난 비네요. 금방 그칠 것 같지 않습니다.

단어 しばらく 잠시　やむ 그치다　～がちだ ～하기 쉬운 경향이 있다

체크 ～そうに(も)ない ～할 것 같지 않다(～そうだ의 부정)

지문	해석

지문:

アジサイ①という花を知っていますか。アジサイは梅雨の季節に咲く花です。青や紫の小さい花が集まって、丸い形の花になります。日本では５月から７月の間に、１か月くらい雨が多く降る時期があります。その時期は梅雨と呼ばれています。雨の日が多いから、梅雨が嫌いな日本人が多いです。でも、梅雨の時にだけ咲く、きれいなアジサイを見るのが好きな人も多いです。アジサイは花屋でも買えますが、街の中でもよく見ることができます。梅雨の時期に日本に行ったら、②ぜひアジサイを探してみてください。

해석:

수국①이라는 꽃을 아시나요? 수국은 장마철에 피는 꽃입니다. 파란색이나 보라색의 작은 꽃들이 모여 둥근 모양의 꽃이 됩니다. 일본에서는 5월부터 7월 사이에 1개월 정도 비가 많이 내리는 시기가 있습니다. 그 시기는 장마라고 불립니다. 비오는 날이 많기 때문에, 장마를 싫어하는 일본인이 많습니다. 하지만 장마철에만 피는 예쁜 수국을 보는 것을 좋아하는 사람도 많습니다. 수국은 꽃집에서도 살 수 있지만, 거리에서도 자주 볼 수 있습니다. 장마철에 일본에 간다면 ②꼭 수국을 찾아 보세요.

171 ① 에 들어갈 적당한 말을 고르세요.

(A) 있는 (B) 어떤
(C) 라고 하는 (D) 또는

172 「장마를 싫어하는 일본인이 많다」의 이유로 올바른 것은 무엇입니까?

(A) 수국을 볼 수 없으니까
(B) 빨래가 잘 마르지 않아서
(C) 수국이 많이 피어 있으니까
(D) 비오는 날이 많으니까

173 ② 에 들어갈 적당한 말을 고르세요.

(A) 그럼 (B) 결코
(C) 꼭 (D) 마침내

174 본문의 내용과 맞는 것을 고르세요.

(A) 장마를 싫어하는 사람도 수국을 기대하고 있는 사람은 꽤 있다.
(B) 수국은 봄에만 피는 꽃이다.
(C) 수국은 꽃집에서 팔지 않는다.
(D) 장마철에 일본에 가도 수국은 볼 수 없다.

단어 アジサイ 수국 梅雨 장마 季節 계절 紫 보랏빛 集まる 모이다 時期 시기 花屋 꽃집 街 거리 ぜひ 꼭 探す 찾다 洗濯物 빨래

지문:

お知らせ！

４月からニューヨーク支社で働くことになりましたので、アメリカに持って行けない物を必要な方にあげます。ご関心のある方はおいでください。

日時：今月（３月）の第３日曜日、１０時〜２１時
場所：呼子町３−５サクラマンション６０２号室
品物：たんす、冷蔵庫、本棚、洗濯機、ソファーなどの家具

＊食器などの台所用品もあります。

＊遅くとも今月末までに取りにおいでください。

高橋はるこ

해석:

공지！

4월부터 뉴욕 지사에서 일하게 되어서 미국에 가지고 갈 수 없는 것을 필요한 분께 드립니다. 관심 있으신 분은 와 주세요.

일시 : 이 달(3월) 셋째 주 일요일, 10시~21시

장소 : 요부코초 3-5 사쿠라 아파트 602호실

물건 : 옷장, 냉장고, 책장, 세탁기, 소파 등의 가구

* 식기 등의 주방 용품도 있습니다.

* 늦어도 이번 달 말까지는 가지러 오세요.

다카하시 하루코

175 이 사람이 자신의 물건을 사람들에게 주는 이유는 무엇입니까?

(A) 새로운 것을 사기 위해서

(B) 미국에 유학하기 때문에

(C) 근무지가 바뀌기 때문에

(D) 결혼해서 이사하기 때문에

176 이 사람은 누구에게 자신의 물건을 줍니까?

(A) 같은 아파트에 살고 있는 사람

(B) '공지'에 쓰여 있는 물건이 갖고 싶은 사람

(C) 같은 회사에서 일하는 사람

(D) 독신인 회사원

177 받을 수 없는 것은 무엇입니까?

(A) 옷장이나 책장

(B) 냉장고나 세탁기

(C) 밥그릇이나 접시

(D) 책이나 잡지

178 물건을 받고 싶은 사람은 어떻게 하면 됩니까?

(A) 3월 30일까지 아파트로 가면 된다.

(B) 4월 30일까지 아파트로 가면 된다.

(C) 3월 30일까지 다카하시 씨에게 돈을 지불하면 된다.

(D) 3월 셋째 주 일요일에 전화하면 된다.

단어 知らせ 공지, 알림 ニューヨーク 뉴욕〈지명〉 支社 지사 関心 관심 日時 일시, 시일 呼子町 요부코초〈지명〉
たんす 장롱, 옷장 冷蔵庫 냉장고 ソファー 소파 家具 가구 台所用品 주방 용품 末 말 ちゃわん 밥공기

[179~182]

明治時代の鉄道開通後しばらくして、①これが登場しました。これは駅で売る弁当のことで、電車の中で食べるために作られました。当時、これは高級品であったと言われています。鉄道が全国各地に延びるにしたがって、これも広がりました。昭和の鉄道旅行ブームでこれも最盛期を迎えます。現在は特急の登場や自家用車の発達など交通手段が多様化するにつれて鉄道利用者が減り、これの数も減りました。しかし、有名なところは今でも連日早い時間に売り切れるほど②人気を集めています。

메이지 시대의 철도 개통 후 오래지 않아 ①이것이 등장했습니다. 이것은 역에서 파는 도시락으로, 전철 안에서 먹기 위해 만들어졌습니다. 당시, 이것은 고급품이었다고 합니다. 철도가 전국 각지로 연결됨에 따라 이것도 퍼졌습니다. 쇼와시대의 철도 여행 붐으로 이것도 전성기를 맞이합니다. 현재는 특급(열차)의 등장이나 자가용차의 발달 등 교통 수단이 다양화됨에 따라 철도 이용자가 줄어, 이것의 수도 줄었습니다. 그러나 유명한 곳은 지금도 매일 이른 시간에 다 팔릴 정도로 ②인기를 모으고 있습니다.

179 ①이것은 무엇입니까?

(A) 기차 안이나 역에서 파는 도시락

(B) 역

(C) 전철

(D) 과자

180 ②인기를 모으고 있습니다는 무슨 의미입니까?

(A) 사람들이 보고 싶어 하고 있습니다.

(B) 철도를 이용하는 사람이 많습니다.

(C) 많은 사람들이 사 갑니다.

(D) 고급품으로서 인정받고 있습니다.

181 ①이것이 번성하게 된 이유는 무엇입니까?

(A) 도시의 발달에 의해서

(B) 노동자의 증가에 의해서

(C) 교통 수단의 다양화에 의해서

(D) 철도의 발달에 의해서

182 내용과 맞는 것을 고르세요.

(A) 이것은 메이지 시대에 붐이었다.

(B) 이것은 철도와 함께 발달해 온 것이다.

(C) 최근에 이것을 파는 가게는 거의 볼 수 없게 되었다.

(D) 이것이 처음으로 등장했을 때, 싸서 인기가 있었다.

단어 明治 메이지〈일본의 연호, 1868년~1912년〉 鉄道 철도 開通 개통 登場 등장 高級品 고급품 各地 각지 延びる 연장되다, 늘어나다 昭和 쇼와〈일본의 연호, 1926년~1989년〉 最盛期 전성기 特急 특급(열차) 自家用車 자가용(차) 発達 발달 手段 수단 多様化 다양화 ～につれて ～에 따라서, 그와 더불어 利用者 이용자 減る 줄다, 감소하다 連日 연일, 매일 駅弁 기차 안이나 역에서 파는 도시락 都市 도시 増加 증가 ほとんど 대부분, 거의, 하마터면

[183~186]

スーパーやコンビニなどで買った食品に、賞味期限が表示されているのは知っていますね。では、賞味期限が切れたものはどう処理をしているのでしょうか。実にもったいないことにそれらは捨てられているのです。でも、賞味期限が切れたからといってすぐに悪くなってしまうものではありません。先日、新聞にスーパーマーケットに並べられたおにぎりは6時間を超えたら、ほとんど捨ててしまうということが書かれていました。先進国で最も食料自給率が低く、外国に食べ物の大半をゆだねている日本でこんな無駄なことをしているのです。いったいどれくらい捨てているかというと、賞味期限切れの食べ物、学校給食や家庭、観光地の残飯、それから過剰農産物など、なんとこれらを年間2000万トンも捨てているのです。そのうち小売店から出る賞味期限切れや返品などの売れ残り食品は約60万トンです。この60万トンを基準に計算してみると、大人1人1日に500グラムを食べるとして、毎日300万人分も捨てていることになるそうです。

슈퍼나 편의점 등에서 구입한 식품에 유통 기한이 표시되어 있는 것은 알고 있지요. 그럼 유통 기한이 지난 것은 어떻게 처리를 하고 있는 것일까요. 참으로 아깝게도 <u>그것</u>들은 버려지고 있습니다. 하지만 유통 기한이 지났다고 해서 바로 상해 버리는 것은 아닙니다. 얼마 전 신문에 슈퍼마켓에 진열된 주먹밥은 6시간이 넘으면 거의 버려 버린다는 내용이 적혀 있었습니다. 선진국에서 가장 식량 자급률이 낮고 외국에 음식 대부분을 <u>맡기고 있는</u> 일본에서 <u>이런 쓸데없는 것</u>을 하고 있는 것입니다. 도대체 얼마나 버렸냐면 유통 기한이 지난 음식, 학교급식이나 가정·관광지의 잔반, 그리고 과잉 농산물 등 무려 연간 2000만 톤을 버리고 있는 것입니다. 그 중 소매점에서 나오는 유통 기한 만료나 반품 등의 팔다 남은 식품은 약 60만 톤입니다. 이 60만 톤을 기준으로 계산해보면 어른 한 명이 하루에 500그램을 먹는다고 하면 매일 300만 명분이나 버리는 것이라고 합니다.

183 「그것들」은 무엇을 가리키고 있습니까?

(A) 유통 기한이 지난 식품

(B) 과잉 농산물

(C) 맛이 나빠진 식품

(D) 팔다 남은 식품

184 「맡기고 있는」의 의미로 가장 적합한 것을 고르세요.

(A) 주문하고 있다

(B) 빼앗고 있다

(C) 맡기고 있다

(D) 내밀고 있다

185 본문의 내용으로 보아, 「이런 쓸데없는 것」은 어떤 것입니까?

(A) 식품이 상할 때까지 계속 파는 것

(B) 아직 상하지 않은 것을 버리는 것

(C) 식품을 너무 많이 만들어서 많이 팔리지 않는 것

(D) 국내에서 식품을 거의 만들지 않는 것

186 1년 동안 버려지는 팔다 남은 식품의 양으로 가장 적합한 것을 고르세요.

(A) 2000만 톤

(B) 성인 한 명이 하루에 먹는 양의 300만 명분

(C) 약 60만 톤

(D) 500그램

단어	賞味期限 유통 기한	表示 표시	処理 처리	もったいない 아깝다	おにぎり 주먹밥	先進国 선진국	食料自給率

식량자급률　大半 대부분　無駄だ 쓸데없다　学校給食 학교 급식　残飯 잔반　観光地 관광지　過剰農産物 과잉 농산물

小売店 소매점　返品 반품　売れ残り 팔다 남은 물건　基準 기준　計算 계산

[187~189]

かいどく
お買得キャンペーン実施中！2/5(日)まで

SOHO・個人事業主の皆様におすすめ。

価格を超えた安心品質！万一の障害時にも短時間で復旧！

お求めは当社営業担当／販売パートナー、または下記窓口までお問い合わせください。

富士コン(PC)購入相談窓口 0120-319-342

受付時間／平日９：００～２１：００,土・日・祝日９：００～１７：００

TEL. 03-3747-2780(有料)

今回ご購入されない方にもチャンス！〈1/29(日)まで〉

先着1000名様に特製ノートをプレゼント！

＊送料別途：3150円(税込)

알뜰 구매 캠페인 실시 중! 2/5(일)까지

소호・개인 사업주 모든 분께 추천.

가격을 초월한 안심 품질! 만에 하나 고장이 나더라도 단시간에 복구!

구입은 당사 영업 담당/ 판매 파트너 또는 아래에 적힌 창구로 문의해 주십시오.

후지 콘(PC) 구입 상담 창구 0120-319-342

접수 시간/평일 9:00~21:00, 토・일・공휴일 9:00~17:00

TEL. 03-3747-2780(유료)

이번에 구입하시지 않는 분에게도 찬스! 〈1/29(일)까지〉

선착순 1000분께 특제 노트를 선물!

* 배송료 별도 : 3,150엔(세금 포함)

187 이것은 무엇에 관한 광고입니까?
(A) 특제 노트　(B) 신형 휴대폰
(C) 컴퓨터　(D) 카메라

188 주말에는 몇 시까지 전화하면 됩니까?
(A) 오후 4시　(B) 오후 5시
(C) 오후 7시　(D) 오후 9시

189 내용과 맞는 것을 고르세요.
(A) 1월 29일부터 2월 5일까지 캠페인을 한다.
(B) 쉬는 날에는 상담할 수 없다.
(C) 전화 상담은 무료이다.
(D) 이번에 사지 않아도 선물을 받을 기회는 있다.

단어	お買得 사면 득이 됨, 알뜰 구매	実施 실시	個人 개인	事業主 사업주	皆様 여러분, 모두	万一 만에 하나, 만약	障害

장애, 방해　復旧 복구　求め 요구, 청구, 구매, 구입　担当 담당　下記 하기, 아래에 적음　窓口 창구　お問い合わせ 문의

購入 구입　祝日 공휴일　先着 선착순　特製 특제　送料 운송 요금　別途 별도　税込 세금 포함　広告 광고　新型 신형

機会 기회

①これは何歳まで健康に暮せるかを示す数字で、平均寿命から日常生活を大きく損ねるけがや病気、寝たきり状態などの期間を差し引いた年数で算出する。従来の平均寿命より、実質的な健康状態を反映する重要な指標として、2000年から世界保健機関(WHO)が国際比較数値を発表してきた。2003年の日本人の健康寿命は男性72.3歳(平均寿命78.4歳)、女性77.7歳(平均寿命85.3歳)で、4年連続世界一だった。政府の経済諮問会議が策定を進めている「日本21世紀ビジョン」では2030年に健康寿命を現在より男女5歳ずつ上げて、平均80歳にすることを目標にしている。

①이것은 몇 살까지 건강하게 살아갈 수 있는가를 나타내는 숫자로, 평균 수명에서 일상생활을 크게 침해할 정도의 상처나 병, 자고 있는 상태 등의 기간을 뺀 햇수로 산출한다. 종래의 평균 수명보다 실질적인 건강 상태를 반영하는 중요한 지표로서, 00년부터 세계보건기구(WHO)가 국제 비교 수치를 발표해 왔다. 03년 일본인의 건강 수명은 남성 72.3세(평균 수명 78.4세), 여성 77.7세(평균 수명 85.3세)로, 4년 연속 세계 1위였다. 정부의 경제 자문 회의가 책정을 진행시키고 있는 '일본 21세기 비전'에서는 2030년에 건강 수명을 현재보다 남녀 5세씩 올려 평균 80세가 되게 하는 것을 목표로 삼고 있다.

190 ①이것은 무엇을 가리킵니까?

(A) 일본인의 수명
(B) 평균 수명
(C) 건강 수명
(D) 여성과 남성의 수명

192 내용과 맞는 것을 고르세요.

(A) 일본인은 남성보다 여성이 수명이 길다.
(B) 일본인은 여성보다 남성이 수명이 길다
(C) 건강하게 사는 것보다 오래 사는 것이 행복하다.
(D) 03년, 세계보건기구는 처음으로 국제 비교 수치를 발표했다.

191 일본 정부는 2030년의 여성 건강 수명의 목표를 몇 세로 하고 있습니까?

(A) 83.4세
(B) 77.3세
(C) 82.7세
(D) 80세

단어 平均 평균　寿命 수명　日常 일상　損ねる 망가뜨리다. 건강이나 기분 등을 상하게 하다　〜たきり 〜한 채, 〜한 그대로　状態 상태　差し引く 빼다, 차감하다　年数 연수, 햇수　算出 산출　従来 종래　実質的 실질적　反映する 반영하다　指標 지표　世界保健機関 세계보건기구　国際 국제　比較 비교　数値 수치　発表する 발표하다　連続 연속　世界一 세계제일　政府 정부　経済諮問会議 경제 자문 회의　策定 책정　世紀 세기　男女 남녀　指す 가리키다, 지적하다

私は1週間に5回、日本語学校で勉強をします。日曜日と水曜日はアルバイトに行きますから勉強には行けません。日本語の勉強は毎日、授業の内容が違うので、とても面白いです。月曜日は会話、火曜日は漢字、木曜日は文化の授業があります。私はその中で月曜日が一番好きです。先生は私たちに短い会話を暗記させて役割練習をさせます。とても緊張しますが、実際に体を動かしながら話すのは面白いので、私はこの時間がとても①たのしいです。しかし、漢字は書き方も読み方も難しくていくら勉強しても覚えられません。先生は私たちに漢字を読ませたり書かせたりしますが、ニューヨークで生まれた私には大変なことです。

저는 1주일에 5번 일본어 학교에서 공부를 합니다. 일요일과 수요일은 아르바이트를 가기 때문에 공부하러 갈 수는 없습니다. 일본어 공부는 매일 수업 내용이 달라서 매우 재미있습니다. 월요일은 회화, 화요일은 한자, 목요일은 문화 수업이 있습니다. 저는 그 중에서 월요일을 제일 좋아합니다. 선생님은 우리들에게 짧은 회화를 암기시켜 역할 연습을 시킵니다. 매우 긴장되긴 하지만, 실제로 몸을 움직이면서 이야기 하는 것은 재미있기 때문에, 저는 이 시간이 매우 ①즐겁습니다. 그러나 한자는 쓰는 방법도 읽는 방법도 어려워서 아무리 공부해도 외워지지 않습니다. 선생님은 우리들에게 한자를 읽게 하거나 쓰게 하는데, 뉴욕에서 태어난 저에게는 힘든 일입니다.

193 ____①____ 에 들어갈 적당한 말을 고르세요.

(A) 분하다　　　　　(B) 즐겁다

(C) 슬프다　　　　　(D) 외롭다

194 이 사람은 어느 나라 출신입니까?

(A) 영국　　　　　　(B) 프랑스

(C) 미국　　　　　　(D) 러시아

195 이 사람이 가장 좋아하는 과목은 무엇입니까?

(A) 회화　　　　　　(B) 문화

(C) 한자　　　　　　(D) 문자

196 등교일이 아닌 날을 고르세요.

(A) 화요일　　　　　(B) 수요일

(C) 목요일　　　　　(D) 월요일

단어 文字 문자, 글씨　暗記 암기　役割 역할　練習 연습　緊張 긴장　実際 실제　動かす 움직이다, 작동시키다　読み方 읽는
방법　生まれる 태어나다　くやしい 분하다　かなしい 슬프다　さびしい 쓸쓸하다, 외롭다　イギリス 영국〈지명〉
フランス 프랑스〈지명〉　ロシア 러시아〈지명〉　科目 과목　登校日 등교일

[197~200]

　大切なのは視線です。どこを見るかということですが、特に、相手の目と視線を合わせることを①アイコンタクトといいます。これは文化によって違います。例えば、バングラデシュでは目上の人に対しては下を向いたまま話をするそうです。日本でも、昔はどちらかというとそうだったようですし、今でも、日本では子どもが親に怒られる時、じっと親の目を見たりはしません。話を聞いているという印として、相手の目を時々は見ますが、じっと見つめることはむしろ反抗の気持ちを表すことになるのではないでしょうか。一方、イギリスの人から聞いたのですが、小さいころ親から叱られる時、よく「私の目を見なさい！」と言われたそうです。相手の目を見ないことは相手の話をきちんと聞かないということなのだそうです。学生時代、面接試験の時は相手のネクタイのあたりを見なさいと教えられましたが、自分が面接官になった時の個人的な印象では、ぼんやりと目を合わさないままでいるよりは②むしろ時々は相手の目を見てしっかりアイコンタクトを取るほうが自信をもって話をしているような気がします。

중요한 것은 시선입니다. 어디를 보느냐 하는 건데, 특히 상대방의 눈과 시선을 맞추는 것을 ①아이 콘택트라고 합니다. 이것은 문화에 따라 다릅니다. 예를 들어 방글라데시에서는 윗사람에 대해서는 고개를 숙인 채 이야기를 한다고 합니다. 일본에서도 옛날에는 어느 쪽인가 하면 그랬던 것 같고, 지금도 일본에서는 아이가 부모에게 혼날 때 가만히 부모의 눈을 보지 않습니다. 이야기를 듣고 있다는 표시로 상대방의 눈을 가끔은 보지만 가만히 바라보는 것은 오히려 반항하는 기분을 나타내는 것이 아닐까요. 한편 영국 사람들에게 들었는데 어렸을 때 부모님한테 야단맞을 때 자주 "내 눈을 봐라!"라고 들었다고 합니다. 상대방의 눈을 보지 않는 것은 상대방의 이야기를 제대로 듣지 않는다는 것이랍니다. 학창시절에 면접 시험 때는 상대방의 넥타이 주위를 보라고 배웠지만 내가 면접관이 됐을 때의 개인적인 인상으로는 멍하니 눈을 마주치지 않고 있기보다는 ②차라리 가끔은 상대방의 눈을 보고 제대로 눈을 마주치는 편이 자신 있게 이야기를 하는 것 같습니다.

197 ____①____ 에 들어갈 적당한 말을 고르세요.

(A) 가성비　　　　　(B) 자원봉사자

(C) 앱　　　　　　　(D) 아이 컨택트

199 영국에서 상대방과 이야기할 때, 가장 알맞은 대화법을 고르세요.

(A) 상대방의 눈을 안 보고 이야기한다.

(B) 윗사람에 대해서는 고개를 숙인 채 이야기를 한다.

(C) 가만히 상대방의 눈을 보고 이야기한다.

(D) 상대방의 넥타이 주위를 보면서 이야기한다.

198 ___②___ 에 들어갈 적당한 말을 고르세요.

(A) 마치 　　　　　　　(B) 차라리

(C) 아주 　　　　　　　(D) 꽤

200 방글라데시에서 상대방과 이야기할 때, 가장 알맞은 대화법을 고르세요.

(A) 윗사람의 눈을 똑바로 보면서 이야기한다.

(B) 상대방의 넥타이 주위를 보면서 이야기를 한다.

(C) 상대방의 눈과 시선을 맞추며 이야기를 한다.

(D) 윗사람에 대해서는 고개를 숙인 채 이야기를 한다.

단어 視線 시선　特に 특히　相手 상대방　合わせる 맞추다　例えば 예를 들어　バングラデシュ 방글라데시〈지명〉　下を向く 고개를 숙이다　じっと 가만히　印 표시　時々 가끔　むしろ 오히려, 차라리　反抗 반항　表す 나타내다　一方 한편　イギリス 영국〈지명〉　場合 경우　普通 보통　面接 면접　面接官 면접관　個人的 개인적　印象 인상　ぼんやりと 멍하니　アイコンタクト 아이 콘택트　自信を持って 자신 있게　コスパ 가성비　ボランティア 자원봉사자　アプリ (스마트폰) 앱

NEW JPT
한권으로
끝내기 600

지은이 이최여희, 양정순, 사토 요코, 송경주
펴낸이 정규도
펴낸곳 (주)다락원

책임편집 이지현, 임혜련, 손명숙, 송화록
디자인 장미연, 박은비

다락원 경기도 파주시 문발로 211
내용문의: (02)736-2031 내선 460~465
구입문의: (02)736-2031 내선 250~252
Fax: (02)732-2037
출판등록 1977년 9월 16일 제 406-2008-000007호

ISBN 978-89-277-1275-6 14730
978-89-277-1273-2 (SET)

http://www.darakwon.co.kr

- 다락원 홈페이지를 방문하시면 상세한 출판 정보와 함께 동영상 강좌, MP3 자료 등 다양한 어학 정보를 얻으실 수 있습니다.
- 다락원 홈페이지를 방문하거나 QR코드를 스캔하면 MP3 파일 및 관련 자료를 다운로드 할 수 있습니다.

NEW JPT 한권으로 끝내기 600 INTER-MEDIATE

3단계 공략법으로 JPT 600점을 따자!

청해
공략
3단계

짧은 표현을 듣고 채워 넣으며 **표현 다지기**

듣고 받아쓰며 **실전 감각 익히기**

실전 같은 미니 테스트, **실전 문제 풀기**

독해
공략
3단계

어휘나 기본 문법을 정리하는 **필수 표현 익히기**

시험에 자주 나오는 주요 구문 보며 **실전 감각 익히기**

실전 같은 미니 테스트, **실전 문제 풀기**